波段交易大师

[美] 艾伦 · S · 法雷（Alan S. Farley） 著
艾博 译

THE MASTER SWING TRADER

中国人民大学出版社
· 北 京 ·

推荐序

随着互联网的爆炸性发展与金融市场发生的重大变化，一种新型交易人士开始出现。这些新型交易人士配备了高科技工具，在他们的家里直接通过电脑进入华尔街，寻找他们的希望之乡。多个世纪以来，投资艺术的各种形式早已存在，金融媒体把这些网上交易人士称为“没有赶上去大西洋赌城巴士的赌徒”。

获利投资者使用技术来获取利益，他们和赌徒完全不同。如今，通往华尔街的大门向所有希望参加投资的人敞开，高明的投资者不断磨炼自己的交易技巧、运用正确的工具，以期成为这一行的高手。在任何领域想要成功，其最根本的要素是教育，股票交易也不例外。你现在正在读着我说的这些话，那你就已经踏上了正途。因为你正在向当今业界最优秀的导师之一学习。

好友艾伦·法雷（Alan Farley）面向全世界教授高概率短线交易的艺术。他建立的 Hard Right Edge 网站（http：//www. hardrightedge. com），对于短线交易新手来说，是非常好的网站；同时它也是一个综合性的网上资源，每日更新，为成千上万的交易人士提供资料。艾伦积极浏览信息留言板，并非常慷慨地回答交易新手和股市专业人士提出的具有挑战性的问题。他极为热心地帮助刚刚踏入股市的新股民，教他们如何避免短线交易中的错误和陷阱。我问艾伦，你怎么会有那么多时间来回答那么多的问题，他说，时间是挤出来的，新股民需要老股民给他们指点指点。他还说：“如果我帮一个新股民避免了代价沉重的错误，那我的时间就没白白付出。”

艾伦积极为人们提供高端的教育，而且多次前来参加我们面向全国的网上交易介绍。虽然我们给他的出场费不高，但我特别愿意和他在一起，因为他是性情中人，而且幽默感极佳。他成功的最大原因就是他的坦诚。他是股民的财富。能有他这样的朋友，我备感欣慰。

祝交易成功！

托尼·奥兹（Tony Oz）
StockJunkie. com 总裁

著有：

《股票交易向导：高级短线交易策略》（*Stock Trading Wizard*：*Advanced Short-Term Trading Strategies*）

《股票交易者：我如何通过炒股谋生》（*The Stock Trader*：*How I Make a Living Trading Stocks*）

前言

缘起

我对股票市场的了解，来自非常诡异的渠道。1983 年 3 月，我参加了一个课程，在新泽西州西部一个非常寒冷的农场待了一周的时间，学习印第安人生存和追踪的技术。晚上，我们班的同学睡在谷仓的地上，冰凉无比；白天，我们学习模拟声响、探摸巢穴，研究无数改变我们观察自然的角度的小窍门。经过一周的地狱式培训，我们终于掌握了一些实际经验。通过观察地上杂乱的脚印，我们可以推测出这里发生过一场突如其来的打斗。猫头鹰的视角让我们能够按照动物的视角而不是人类的视角去观察环境。我们可以像狐狸一样蹑手蹑脚地靠近猎物，而不让它们察觉到我们强烈的捕食欲望。

后来，我对金融市场的兴趣不断增长，我很快就意识到：成功的交易也需要同样的天然本能。股票价格图表就像动物的踪迹，但需要我们运用知识才能诠释永无休止的冲突。通过洞察广大股民的眼神并分析其欲望与恐惧的程度，我们就会察觉到机会。我们悄悄地跟在他们身后，把他们鼓鼓的腰包掏空，我们就可以不断累积财富。

很多投资者没有完全理解市场竞争的本质。基督教主日学校或善良的父母教育我们在日常活动中要对人友善。这对于培养捕食动物的敏锐本能构成了障碍，而这种本能正是成功交易所必需的。每天早晨股市开市的时候，想想你来股市的唯一目的是什么。投身股市的唯一目的就是在别人把我们的钱拿走之前把他们的钱拿走。实现这一任务的唯一方法就是使用市场的观点或交易优势，来打倒竞争对手。

模式周期的诞生

我还记得第一次看到布林带时的情景。我非常惊讶，这样的东西竟然存在。当时，我技术分析的水平还很嫩，简单的股票图表都看不太明白。但这个上下跳动的布林带已经远远超出了我当时所学的模式啊、指标啊什么的。似乎这个布林带可以更快地、更有效地预测未来，那几乎像是魔法，我根本看不懂。

我盯着这玩意儿研究了几个星期的时间。我打印出一只股票的图表，用一张纸遮住这个布林带。接着，我推测下一个价位会是什么，然后移动那张纸来检验我的推测是否正确。有时候我能绝对准确地推测到价位的走向，有时候却错得很离谱。经过一段时间的练习，我的推测技术有了进步，我的价位推测也更精准了。我很确定我已经找到了市场交易成功的金钥匙。但此时，我遇到了约翰·叶科（John Yurko）。

当时，约翰是 Compuserve 投资者论坛的员工，人缘很好。在互联网流行之前的岁月里，这种论坛是唯一能够和业界专业人士、交易人士及其他菜鸟交流的平台。在 7 月 4 日国庆节放假的那个周末，我见识到了约翰在技术分析栏里发布的精辟见解，于是我决定向他请教关于布林带的事情。我的这个询问开始了我们之间的友谊，直到几年之后他不幸英年早逝。

约翰是技术高手，他给我介绍了财经图书上完全找不到的市场方面的知识。他在论坛长长的回帖里跟我解释，使用布林带，并不是在预测未来，相反，是在用它解读过去，因此，才能够预知下一步将会如何。布林带确实让我大开眼界，布林带里含藏的模式和走势向我透露了价位将如何变化。约翰还说，复杂无比的股票图表模式世界，构建在一个单一统一的基础之上。他从来都没有描述过这个基础的状况，但我渐渐看清，这个主要模式或许能够解释任何时间段的价格运动。我开始对这样的概念非常痴迷，决定要继续深造。

我四下找寻这个主导市场的主要模式，但只找到蛛丝马迹。我发现，股票图表的模式会不断地重复又重复，有三角形的、楔形的还有反转形的，约翰·墨菲（John Murphy）、爱德华兹（Edwards）和麦基（Magee）等人的经典著作里已经描述过了。我还注意到在大抛售的时候，有更多的证据，如股市的 W 形触底还有五波下降等。

我也看到了斐波纳契级数和艾略特波浪的迹象，但我还是看不到所有这一切是如何成为一个有机体的。

看来这些备受欢迎的大师对市场的真实了解也没有领先多少啊。对于那些交易的方法和策略，他们可以侃侃而谈，却极少谈及真正创造机会的内在机制。他们都自称拥有一套行之有效的图表，对那些愿意购买他们的秘籍的人，他们收取不菲的价钱。对于他们在股市里实践得来的几个小小的经验，他们更是向那些懵懵懂懂的学生狮子大开口。

最后，有两位优秀的投资者拓宽了我对标准模式的视野。琳达·布莱德福特·拉斯克（Linda Bradford Raschke）充分理解了约翰的理论，并且在杰克·施瓦格（Jack Schwager）编著的《新股市天才》（*The New Market Wizards*）所收录的访谈中形象地把这个模式描述为一段音乐。她通过这个巧妙的比喻，来介绍大脑的两个半球必须搭配合作才能对广泛的价格模型进行视觉化处理并加以诠释。史丹·温斯坦（Stan Weinstein）也发现了这个强大机制，在《笑傲牛熊》（*Stan Weinstein's Secrets for Profiting in Bull and Bear Markets*）一书中，他介绍了如何运用阶段分析进行经典交易的策略。

他们二人的卓越洞察力渐渐发展，并成立了“投资者舵轮”（The Traders Wheel）网站。在Compuserve网站早期刊载的资料中，“投资者舵轮”介绍了历来股市是如何从底部攀升到顶部，然后又无情地跌回去的。这个早期的粗糙理论随着时间的推移也不断发展，出现了几种不同的交易策略。我后来把它改名叫作“模式周期”，以说明股市的变化阶段是有序重复的。这些宽泛的概念是我讲座材料和Hard Right Edge网站（http：//www.hardrightedge.com）的核心基础。

起初，我没有真正了解市场是如何通过重复的价格模式进行周期性运转的。那些原始的材料已经远远超出了我最初的预期。那些原始材料囊括了所有的市场运动，并且提供了一个简单的定义来解释如何预测价位的变动；它们还为波段交易者提供了很多强有力的工具，使他们获得竞争优势。

模式周期是对股市机会的描述。它们揭示了交易的根本性质，以及如何利用熊市和牛市每个阶段冲突带来的机会而获利；它们还指导波段交易者如何不断获利，同时能在市场状况发生变化之时，提供迅速调整策略的简单自然的方法。最为重要的是，这个主要模式能够精确地预测股民情绪对行情走势、波动范围和价格变化的影响。

谁应该阅读本书?

本书介绍的是一种原创的交易方法，它很大程度上依赖于传统的技术分析和对模式的解读。本书提供了几十种具体的交易策略和技巧，其中包括回报、风险和止损等；还为读者提供了很具体的建议、概念和操作流程，让读者在短期交易的每个阶段都能做出合乎情理的决断；并对经纪人、操作风格和股票特点等进行重点分析，使个人操作风格和交易管理能协调一致。读者会发现，本书贯穿了一种高度原创的股市观点，为新股民提供了全面的帮助，使他们在股市中能有稳健的表现。

本书内容丰富，交易策略多样，不论新手熟手都会喜欢。不过，本书写作的前提是读者已经对市场机制和技术分析有一些基本的了解。如果读者没有这些基础知识，那就最好先去了解一下金融市场的一些重要原理之后，再来看这本书。本书对职业交易者和业内人士也会很有价值，能丰富他们的技巧，提高他们的业绩。股市熟手会发现，经过几百年的历程，技术分析依然是“苟日新，日日新”。

在现代的股市中，“波段交易”到底是什么意思呢？过去几十年中，“波段交易”指的是一种股市操作策略——通过持仓 1 至 3 天，靠股票买卖进出的周期性波段来获利。如今，“波段交易”指的是所有避免当日交易过于频繁的操作方法。不过，这种泛泛的定义低估了这种强有力的艺术的能力。在实际操作中，波段交易是一种策略，它不受时间段的控制，主导着单向直接的价位移动。在股票流动性如此巨大的年代，在股票的 5 分钟线图和周线图上，波段交易者都可以找到极好的机会。

不仅波段交易者应该阅读本书，当日交易者也应该阅读本书。长线交易者和侧重技术分析的人也不例外。当日交易者能从本书中找到无须依赖疯狂小道消息的短线策略。共同基金投资者也可以利用这些经典的原则，提高自己的水平，更好地把握时机，获得更高的回报。仅此一种交易概念方法就能有如此广泛的作用吗？没错，因为这种交易方法涵盖了所有的股市的价格模式。

内容概览

本书首先对“模式周期”和“走势/区间轴”的基础知识进行了详细的介绍；一步一步地为波段交易者介绍每一次交易的预备和执行——准备、分析和策略考虑；接下来，书中阐述了几十种具体的实战应用，其中包括获利和亏损目标还有价位管理等。请在掌握第一部分之后，再学习第二部分的实例和案例分析。本书在介绍交易流程时，使用了很多原创的术语、概念和策略。

本书内容的编排较为合理。首先，让波段交易者掌握模式周期、高级技术面的工具以及如何进行时机管理。然后，书中阐述了如何使用这些超强的技术来发现并执行短线良机。最后一部分讲述了每个进入现代股市的读者都必须掌握的操作技巧和系统化决断技术。阅读时请特别注意，波段交易成功者的操盘态度，以及大众投资者如何让每个转折点成为获利的源泉。

第 1 章：根据模式周期来交易

本章学习市场行情为何会不断重复出现同样的模式。了解走势/区间轴，并学习它如何对每个交易产生影响。学习波段交易与动量交易之间的差别。通过了解市场的重要影响力，开始掌握交易的艺术。

第 2 章：做好交易日的准备

随着前一天的股市收盘，交易者开始忙碌地为第二天的开盘做准备。创建一个极佳股票关注清单，以备短期交易图利。学习使用立体图表，看模式将导致什么样的回报及风险。注意股市两极化现象是如何不断影响内部交易机制的。

第 3 章：行情分析

随着模式周期开始筑底，股价大幅上升，在主要价位驻足，接着又开始狂跌。学习这个主要模式的密码，看它是如何在各股市、各时间段内运作的。学习如何运用成交量工具，这是理解普通股民情绪最高潮及最低谷的方法。

第 4 章：构建波段投资策略

培训能够不断获利的优势。测量动量交易及主要策略的风险，掌握在强势及平淡行情都能成功的诀窍。学习如何远离普通股民，并利用大众的非理性行为来获利。在机会适合的时候，运用有效的卖空策略、高超的风险管控技术，使自己能长期在股市弄潮。

第 5 章：掌握操作工具

在股市弄潮，需要多种高效的工具。要熟练掌握这些工具的用法，更要知道什么时候弃之不用。学习一种新的指标，它能在大众股民介入之前很久，就发出反转和突破的主要信号。掌握晨市的跳空并快速分辨哪些会立即回补，哪些永远都不会回补。学习模式失败的原因，学习如何逆大众股民的行为而使用普遍的技术模式进行交易。

运用多时间段的斐波纳契折返来寻找一根价格线的转折点。

第 6 章：理解时间

密切留意交易日当天的时间点对股市的影响。看交易日当天哪些时间显示牛市或熊市趋势。学习 90 分钟 S&P 替换周期是如何对买卖双方的行为产生影响的。通过学习开盘第一小时和收盘前一小时的剧烈波动来掌握交易策略。

第 7 章：掌握股市行情

学习经典与原创股票走势图之间的区别。研究一下，为什么原创走势图能提供更多好的交易成果。学习如何使用双杀状况来为自己图利。要学会在最佳行情最低风险的时机进行图利交易。还要学习罕为人知的可图利原创模式。

第 8 章：探底

学习折返的所有情况以及各种演变，并进行交易。使用斐波纳契折返来预见反转点。看懂牛市旗形，并学习如何密切关注这种形态的自然突破水平。复习交易的个案分析，增加竞争的经验。

第 9 章：盘旋上升

从较窄的价格线中也会出现突破。不论行情如何，都要学会从这个复杂的模式中获利。掌握清淡的横盘整理与爆发出现趋势行情的区别。复习模式的各种变形，这些变形在复杂的股市中会不断出现。

第 10 章：指形模式

学习一根价格线引发的反转，这能带来重要的波段交易信号。学习使用多时间段分析，通过十字星、锤头还有被包含形、K 线来构建可图利行情。在日内交易市场中发现这些模式，寻找转折点以及图利机会。在波段交易者工具箱中再添上三种 K 线图的形态。

第 11 章：墙上孔洞

学习一种新的跳空模式，这是可图利行情以及可靠利润的来源。了解数十年来其他作者和交易者都错在哪里。构建复杂的策略，学会利用跳空之后的价格运动。学习如何预测大众股民介入之后的未来趋势。

第 12 章：强势脉冲

学习预测大成交量如何对之后的交易行为产生影响。运用大成交量的事件来实施

第一部分

短线交易入门

第1章

根据模式周期来交易

获得交易能力的途径

过去，波段交易者需要和交易场里消息灵通的人斗智斗勇。金融机构花了数十年的时间建立起昂贵的堡垒，让它们的中间人能够继续保有他们的交易权。网络的发展不幸打碎了这个壁垒，为普通投资大众敞开了大门。如今，只要能上网，就能获得最新消息、进行低佣金交易并且立刻看到结果。普通投资大众也懂得了技术分析。网络让每个人都知道自己股票的最高点和最低点；并且，只要他们关注的股票走势图出现了某些常见的模式，他们都可以立刻辨识出来。

因此，要管理好信息、寻找更好的机会，日益艰难。普通投资大众对市场的各种状况越来越了解，因此某些人也很难因为市场无效率而轻松获利。但普通投资者的反应却相对缓慢，还是继续针对错误的决策砸进更多的金钱。相反，波段交易者一旦意识到状况出现变化，就会比普通投资者提前一步采取行动，因而获得成功。这种做法看似简单，但需要高度的自律，因为他们需要经常放弃他们的盈利策略，在看到普通投资大众改变方向的时候，进行新的交易。

这一百年来，股市变得非常复杂。咱们来看看当年查尔斯·道（Charles Dow）在《华尔街日报》上分析走势和反转的文章，或者看看埃德温·勒菲弗（Edwin Le-

Fevre）的《股票大作手回忆录》（*Reminiscences of a Stock Operator*）中描写的20世纪20年代，即“沸腾的时代”中的杰西·利弗莫尔（Jesse Livermore）吧。当时，中间人赚取了交易的巨额佣金，只有少数神通广大的精英才能够从股市的跌宕起伏中获益。试想一下，当时没有电子通信网络，没有衍生市场，也没有电视股评。

不过，波段交易和技术分析的核心内容却数十年不变。股票仍旧一如既往地上下波动，验证着支撑与阻力。炒股新高不断刺激着贪婪的欲望，远远超出大家应有的理性期待。如今的交易者所面对的情绪化的普通投资大众，与利弗莫尔在20世纪初面对的投机股民完全一样。

如今的普通投资大众往往把运气和操作混为一谈。快速的下单工具和联系方式，为所有对股市有兴趣的人提供了一个平等的平台。再加上一些高科技的软件，不需要在玻璃幕墙的金融大厦里，在家里就可以操作了。虽然有了这些复杂的系统，但可能把持续获利的最关键因素给掐断了，因为：把握市场时机所需的是准确度而不是速度。另外，买卖的操作极其容易，稍有失误，后果随即显现，交易者也将以最快的速度被淘汰出股市。

当新手入场，看到这花花世界，他们会立刻奔入书店找来关于股票的书，如饥似渴地吸收股市的知识。但是，正如墨菲、埃尔德（Elder）还有史瓦格（Schwager）向我们所揭示的，股市这个有机体需要慢慢地分解、消化。菜鸟必须慢慢来，守住自己的资本，等有了经验，股市的知识也就丰富了。随着时间的推移，交易开始赚到钱了，惨痛的经历也会让他们的野心渐渐收缩，他们长期生存的能力也会逐渐培养起来。只有到了这个时候，他们才开始成为初级交易者，他们才了解在关键时刻，哪些东西有用，哪些东西没有用。

股市老手对市场的实际情况的认识也常常有缺陷或不完整。他们只用几种老套的操作方法来操作，却无法对整个股市的复杂机制进行整体的了解。当股市没有出现他们有限的策略能够应对的完美状况时，他们就只能退却一旁，苦等时机。但是，如果他们没有坚决的自律能力，他们浮躁的心理通常会带来错误的抉择和不良的后果。他们有限的策略还可能在其他方面断送他们的交易生涯。如果他们的投资已是千疮百孔，那他们可能就走不下去了，导致他们没有一毛钱的收入。

每天进行交易，要求高度集中；许多有一搭没一搭的投资者可能会变得懒散，并且会出现自我毁灭的情况。他们想努力看清这复杂的股市，但却力不从心，渐渐地，很多有价值的灰色地带最终演变为白纸黑字的空幻。如果出现这样的情景，他们炒股就变成了孤注一掷的赌博；对收入的幻想扭曲了重要的收入信号。当期望取代了合理的判断，又一名股市败将被淘汰出局，去寻求其他更安稳的兴趣爱好。

不同层次的交易会带来不同级别的幻觉。突如其来的获益会让我们误以为我们坚不可摧，痛苦不堪的损失又让我们看清我们并非完人。于是，我们心外求法，渴望获得他人对我们的认同。或者，我们会抱怨那是外部体系导致了我们的失败。总而言之，每个人都知道，是那些操控股市的人通过邪恶的手段把我们的钱骗光了；是网络不够好，是软件有缺陷，害我们没法赚到大钱。

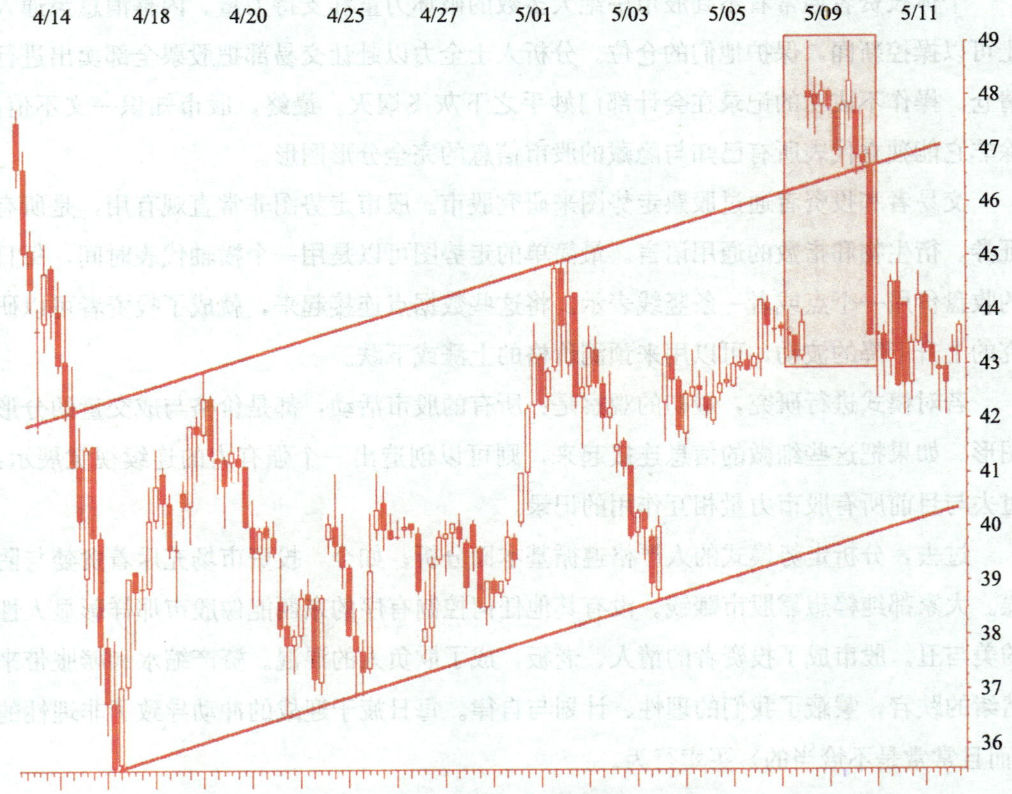

图 1—1　3COM 公司股票 60 分钟线图

注：平行价格通道是经典的突破模式，许多有经验的投资者对之钟爱有加。但是，普通投资大众明明看到此模式的出现，他们的操作却以失败告终。请看，如果有人在 5 月初因为 3COM 公司股票出现跳空而买入，在股票反转之前一直都没有机会获益。即使在上升通道里的第一个回抽价位买进，如果持仓过夜，那么损失代价也是极大。

资料来源：RealTick® © 1986—2000。保留所有权利。Townsend 公司授权使用。

要获得现代股市的交易能力，投资者必须能够快速应对新的缺陷问题，在变化的条件中不断找到获利的机会，并快速精准地分析所有的系统信息。投资者必须能够去除所有精神和情绪方面的幻觉。这些市场知识必须简单易懂，同时也能随时不断提供反馈。另外，它必须能够提供宽泛的框架，可以管理交易的安排、风险和买卖操作，其方法多种多样，包括日内交易、波段交易以及投资。

隐蔽的市场

个体投资者通常看不到股市中绝大多数的破坏力量和支持力量。内幕消息灵通人士可以操控新闻，保护他们的仓位。分析人士全力以赴让交易部把股票全部卖出进行清仓。操作不成功的记录在会计部门妙手之下灰飞烟灭。最终，股市知识一文不值，除非它能独立代表所有已知与隐藏的股市信息的完全分形图形。

交易者和投资者通过股票走势图来研究股市。股市走势图非常直观有用，是所有证券、衍生物和指数的通用语言。最简单的走势图可以是用一个横轴代表时间，每日的收盘价用一个点或者一条竖线表示。将这些数据点连接起来，就成了投资者可以研究的上升下降的波动，可以用来预测价格的上涨或下跌。

若对模式进行研究，最初的观察是：所有的股市活动，都是价格与成交量的分形图形。如果把这些细微的信息连接起来，则可以创造出一个强有力的连续视觉展示：过去与目前所有股市力量相互作用的记录。

过去，分析走势模式的人严格遵循基本面分析；如今，投资市场充斥着贪婪与阴谋。大家都纯粹想靠股市赚钱。没有其他任何控制有序的东西能像股市那样彰显人性的美与丑。股市成了投资者的情人、老板，成了欺负人的混混。资产缩水和膨胀带来情绪的跌宕，蒙蔽了我们的理性、计划与自律。每日疲于迎战的冲动导致了非理性的（而且常常是不恰当的）买卖行为。

冲动的情绪所导致的行为，清晰无比地体现于股票走势图的起起落落。对模式有研究的人可以观察到这样的不稳定举动，并且能预测到股价的下一个运动方向。但是，成功交易需要的是准确的预测以及对时机的精准把握。还好，解读模式不是靠水晶球和神力的加持。模式犹如一张股市的全息地图，它能揭示具体的触发点；波段交易者可以利用普通大众情绪化行为的特点来获利。

模式将庞杂的股市作用力简单明了地加以浓缩，使投资者能够轻松决定相应的操作。之后的分析即是启动大脑右半球的主观思维，而不是依靠左半球的冷静分析。波段交易者此时应集中精力，正确解读大众的冲动在股票走势图上的具体表现。靠神机妙算来预测股价起落的人，或可称为艺术家，但他们绝对不是科学家。

虽说爱德华兹和麦基在 1948 年写的《股票趋势技术分析》（*Technical Analysis of Stock Trends*）已经是经典，但他们可不是最初发明模式的人。他们发现，价格走势中存在着一种规律，就像自古以来拍卖时候就有的规律。他们还发现，在任何时间、在任何市场，大众的行为都有周期性。单个的元素容易理解，这些不断重复的现象也给预测整个金融世界提供了最神奇的方法。

模式周期

美国股票交易市场每天交易的股票超过 9 000 只。世界上其他地方新兴的股市与公司还在交易很多股票。所以，每一天，都会有牛市与熊市，惊喜与恐慌都会出现在我们这个地球上的某一个地方。在这个股价跌宕起伏的世界里，完美的交易策略正等待着我们去发现。但是，投资者要如何才能从这个利润的深井里打出利润，而又不被过量信息淹没和伤害？

几十年来，技术分析派的投资者通过道氏理论来解读股票走势图。有的还努力学习爱德华兹和麦基的理论，并牢记常见的价格模式的特点，每天对照着，看他们关注的股票和期权是否出现类似特点。这些投机者在投资行业里算是少数。正因为他们是少数，他们才可以在观察到较罕见的股票模式后，进行有效的操作。

网络在普通投资大众对股票走势图的研究中发挥了革命性的作用。普通投资大众不需要支付昂贵的订阅费就可以实时关注股票的价格。如今，大家都研究股票走势图，并相信自己对技术分析的精髓有了很好的理解。前文说过，普通投资大众对市场的各种状况越来越了解，因此某些人也很难因为市场无效率而轻松获利。大家都知道什么是三角形、旗形、双重顶，通过老套路来交易已经行不通了。

还好，对股票走势图的研究还是比较普遍，这就给波段交易者提供了新的强有力的机会。波段交易者可以利用普通投资大众对模式不太了解的这一现状来让自己获利。新派的技术分析人士倾向于把注意力放在那几个百年来屡试不爽的模式上面。老练的交易者则能站在大众普遍认知的对立面，渐渐避免交易时错误使用模式。最重要的是，他们能够掌握一种可以解释所有模式发展的统一架构，并且激发成功的交易技术，让他们能够使用那些名不见经传或无人问津的交易方法进行成功交易。

模式周期就是股市不停地在牛市和熊市之间交替的发展轨迹。走势可以预测，盘整的范围也有迹可循。价格走势上升下降又上升，每个阶段都有可测量的特征。大多数的普通投资大众只看到典型的顶部、底部或收缩模式，而没有看到更复杂的整个交易世界。

贪婪与恐惧是创造市场机会的动力。大众在每个价格发展阶段的反应都通过这两个因素表露无遗。股价一降，恐惧出现，大家清仓，好股落入耐心人士的口袋。股价一涨，贪婪现形，哄抬新高，优股装进动量交易人手中。股市规律，周而复始，运转无穷。

股价上涨，助长贪婪。账面价值造成假象，导致滥用保证金交易。股价猛涨，投资者疯狂追求速来之利益。更多人入场交易，纯粹是跟风而至，犹如在游乐场搭上过山车。但是，只要“更大笨蛋理论”继续有效，由贪婪所推动的股价将不断上涨。最终，大家的盲目热情使他们无法正视利坏消息，只看得到利好消息。当动力耗尽，上涨势头终结。

随之而来的股价下跌将引发恐惧。随着利润不断蒸发，损失不断加剧，理性投资者开始设定止损目标。股市不断盘整，不断冲破那些止损底线，投资者的动物性开始展现。负面情绪快速飙升，因为投资者的口袋迅速被掏空。人性的黑暗吞噬了伤痕累累的买空者的心智，突如其来的卖空补仓又燃起虚幻的期望和随之而来更多的痛苦。随后股价跳水，投资者终于忍无可忍，饱受煎熬之后他们纷纷清仓，随后股市却又回升。

情绪化的普通投资大众所造成的股价波动，则可以被波段交易者加以利用。但是，成功的交易需要时机与股价方向的双重精准。幸好，在股价疯狂起落的背后，隐藏的是有序的模式周期，这种结构能在任何股市情况下进行正确的预测，并创造可图利的好机会。这个内在秩序能让投资者放松思想，不断提供反馈，做出执行获利交易的正确决定。

波段交易者通过控制自己的情绪，在别人失控的情况下获利。模式周期不断提醒波段交易者，要随时远离那些普通投资大众。用最简单的话来说，那些普通投资大众是他们赖以生存的可口猎物。犹如野山猫在羊群边缘紧紧跟随，旨在获得一顿可口的大餐，波段交易者也必须每天通过观察价格的起伏、放量的多少，以及股市的杂音来抓住最佳的时机。

在任何证券、衍生品和指数交易中，价格出现走势的情况通常只会占所有时间的

15%到20%。这可以说是放之四海皆准的数据，从每分钟的走势图到月线图均是如此。其他的时间，股市则慢慢吸收和消化由波动所带来的不稳定成分。波段交易者可以在股票走势图上看出价格的上下波动、支撑点与阻力点。

普通投资大众爆发热情之后，随之而来的往往是长时间的相对低迷。成交量减少和逆行趋势说明股市动力的削减。波幅缩小，振荡也随之减弱。股市就像弹簧，在通过平衡点之后，动力再度启动，朝反方向移动。低迷的尽头与回升的开始之间是高回报空档区，有能力的人能够抓住。

人在呼尽一口气，吸入下一口气之前，中间都会有短暂的静默期。股市也用类似的方法来重新蓄积力量。这个空档区的出现，表明价格已经回归稳定。因为只有不稳定性才能改变那种条件，波动才能激发新的价格运动周期。一出空档区，价格开始飞升，出现动荡的波动。

波段交易者通过辨识模式来寻找这些可以获利的转折点。通常在价格靠近稳定的时候价格幅度较窄。在股票强势回抽之后，训练有素的投资者会开始寻找横向收缩盘整的一系列价格窄线。一旦找到，投资者立即会对空档区的两头下单，不管股市往哪个方向突破，他们都开始建仓。

令人深感困惑的是，绝大多数以数学为基础的指标都无法揭示这些重要的交易临界。那些现代化的工具，如平均线还有变动率等，在股票价格靠近空档区的时候，通常会变成一条水平的直线，或朝平衡点靠齐的线。这种失败现象证明了技术分析的一个重要特点：可以用以数学为基础的指标来验证价格模式，而不是揭示交易临界。

股价的波动为动量的产生提供了力量。这个宽泛的概念为交易提供了机会，所以，请仔细研究一下这方面的知识。《股票与商品的技术分析》（*Technical Analysis of Stocks and Commodities*）杂志说，波动“是对股票上下走势的一种描述，其根据是最近12个月的每日股价”。虽然这个定义是针对某个时间段进行描述，但它确实说明了价格的相对波段能够揭示市场运动的主要特色。

变动率指标用来测量某段时间内价格的走势。波段也研究同样的内容，但不研究方向。波段研究把价格的起伏波拉成一条直线，然后计算其长度。在同样时间内，波动大的比波动小的距离长。但是，这样的内部机制如果不能创造利润，那就没有什么价值了。还好，价格波动有一个重要特性能够让我们可以进行精准的预测。价格的波动通常是按照有规律可循的周期来运行的。

随着价格的起伏，波动振荡在活跃与低迷状态之间出现。波段交易者可以在证券或期货市场使用原创技术对这种现象进行测量。例如，10 个或 100 个历史波动周期，研究的是周期性价格波动与目前运动状况之间的关系。托尼·克莱博（Tony Crabel）研究了区间扩展，写出经典著作《通过短线价格模式进行日内交易和开放式价格区间的突破》（*Day Trading with Short Term Price Patterns and Opening Range Breakout*），其中，他通过宽幅与窄幅的价格线的模式来预测股价的波动。

走势/区间轴

在任何时间，股市都在压缩的区间和有向走势里进行周期性的循环。收缩盘整说明价格在明确的区域内波动，但没有方向性，因而引发范围明确的价格运动的负面反馈能量。上涨和抛售说明正面反馈能量，能引发有方向性的价格运动。从盘整中发生的突破将市场力量从负面引向正面。高潮事件将市场力量从正面引向负面。反馈临界一经出现，利润机会立刻蜂拥而至。

随着波动演变成有方向的价格运动，动量就会产生出巨大的力量。此力量会迅速激发正面反馈，引发价格幅度超出收缩盘整的范围。普通投资大众注意到了这个充满活力的新状况，大家的期待不断上升。这就给蓄积了动力的引擎增加了燃料，并导致更大的价格变化。这个机制不断自我发展到高潮，然后开始反转，构成新的收缩盘整。

随着时间的推移，价格的高低起伏描绘出走势的范围。所有市场的历史走势图中都有这样的重要记录，记录了价格的上涨与下跌。一系列位于低位的低点和高点，说明股票呈下降趋势；反之，位于高位的高点与低点则说明股票呈上升趋势。通过观察不同时间段的情况可以发现，单个市场反映的是强大的相对走势。同一股票可能在日线图中显示为上涨趋势，在周线图中却显示熊市情况，如果从 60 分钟线图来看，却像横向收缩盘整。

大多数股市是较为清淡的。强有力的有方向性的运动需要较长的休整期来消化不稳定性。长期盘整或逆向活动说明股市不活跃，此时正处于新支撑位或阻力位的建立期。在这个收缩盘整的过程中，价格行为减弱，波动渐渐变缓。之前提过，这样的低迷股市会导致出现下一个上升趋势的条件。当价格达到平衡点，动量又会迅速生成，导致新一轮的活动。

价格模式代表的是强劲走势或变化区间所带来的可测量的结果。每种结果都展示了有方向性的运动的可能性，并反映了当下内部与外部的条件。波段交易者根据该模式进行交易，获取这种模式可以提供的最高利润。同时，他们还衡量风险，如果模式没有达到预期效果，他们会运用防御技术离场。

不同的走势范围需要运用不同的策略来获利。但很多投资者对自身的状况无法正确判断，在错误的时间使用了错误的策略。或者，他们在各种市场环境下，都把交易方法局限在一个狭小的范围内，而大多都以失败告终。波段交易者会避开这些危险的陷阱，在不同的环境不同的条件下，他们会用不同的策略来应对。不过，首先他们必须理解走势/区间轴这样的复杂机制。

- 价格的运动显示的是有方向性的走势和无方向性的区间。
- 区间的运动与走势运动交替进行。
- 走势反映的是一种正面的反馈状态，其中价格运动朝某方向累积发展。
- 区间反映的是负面的反馈状态，其中价格运动在最低和最高点之间进行脉冲运动，不表现方向性。
- 走势反映的是向上或向下的一种趋势。
- 当发展到某些复杂的节点，走势会改变，开始反转。
- 区间反映的是不断重复的模式，持续或反转趋势，以及随后应该出现的走势强度。
- 当运动超出区间的范围以外，其走势可能继续，也可能反转。
- 区间波动的最高峰出现在走势高峰和新的收缩盘整起点的临界处。
- 区间波动在最高峰处开始滑落，其位置正好是模式起点的临界处之前。
- 波幅大的区间＝价格幅度大，高成交量和低价格变动率。
- 波幅小的区间＝价格幅度小，低成交量和低价格变动率。
- 收缩盘整突破模式反映从负面反馈到正面反馈的转移。
- 波幅大的波动与正面反馈的结束有关，引发非方向性的价格运动。
- 波幅小的波动与负面反馈的结束有关，引发有方向性的价格运动。
- 负面反馈体现在振荡上的是超买与超卖状态之间的移动，但是在动量指标上没有体现。
- 正面反馈通过有方向性的运动在动量指标上体现，但会提供错误的振荡读数。

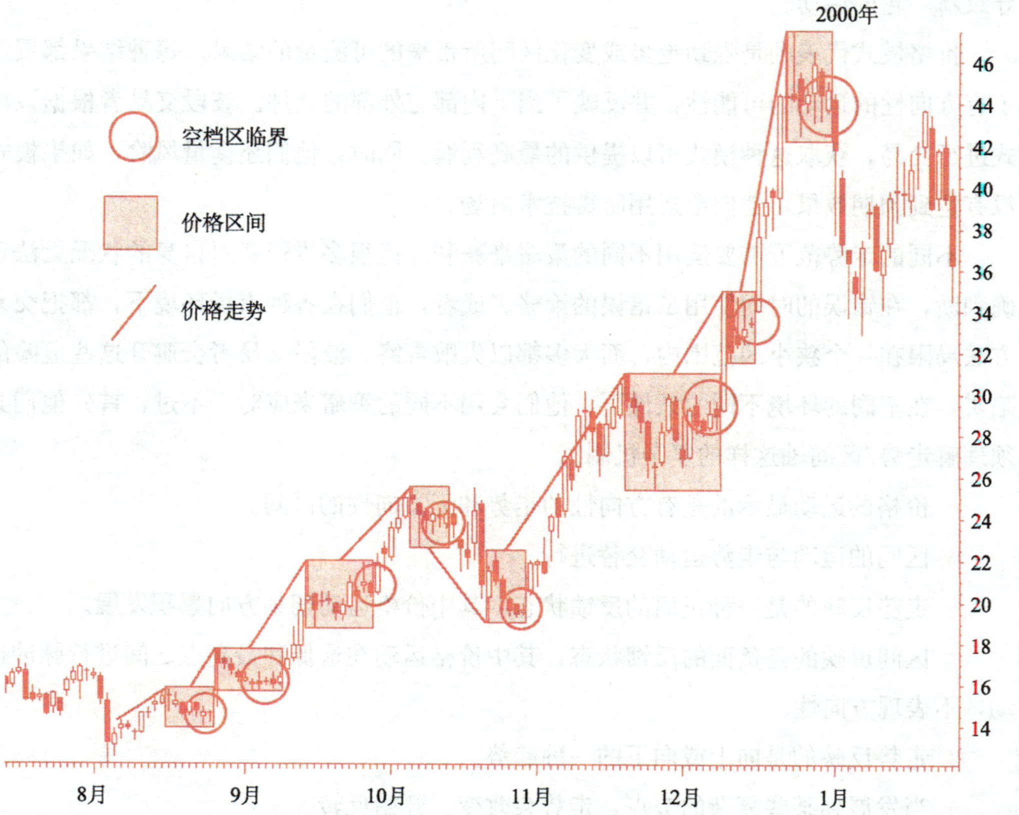

图 1—2 AFCI 公司股票日线图

注：股市在有向走势和盘整区间之间不断交替运行。上升或抛售之后会渐渐出现稳定状态，同时也再次出现一个新的区间。这个不活跃的市场最终会发展出合适的条件，再创造出一个新的走势开始突破。请注意观察，在一个新走势突然出现之前，每个区间是如何展现狭窄的空档区临界，继而开始一个新周期的。

资料来源：RealTick® © 1986—2000。保留所有权利。Townsend 公司授权使用。

钟摆在走势与区间之间不停地运动着。当股市走完一个强有力的过程，会稍做停顿，对刚刚过去的运动做个告别，同时吸引新投资者的加入。价格最终将波动消化完毕，于是，又一个新的走势开始了。由于这种周期性的运动规律，我们能够对所有时间段内不断重复的走势模式进行预测。如能尽早发现这些规律和规则而进行交易，则可获取利益。

市场会不断地分析消化新的信息。这种市场机制驱动着周期性稳定与不稳定的产生。每一条新的信息总会冲击陈旧的知识，并形成巨大的摩擦，通过以波动为驱动的价格运动来进行释放。波动通过其最纯粹的形式产生负面反馈，此时的价格会随机前后波动。但是，如果出现了有方向性的波动，正面反馈启动，产生动力，并开始形成强有力的走势。对这些正负面状态的辨识与否，决定了波段交易者交易成功与否。

波段交易者通过模式周期重要的走势/区间轴来决定交易策略。当突破出现，动量分析派的投资者开始依靠直觉的主导。高买更高卖，只要更大的傻蛋愿意接手。成交量一旦减少、价格缩水，需要立刻辨识出来。接下来就可以套用传统的波段交易策略，用价格临界来对方向的改变进行控制。

波段与动量

股价变化快的股票最能吸引人们的关注，让大家兴奋不已。但很多股市菜鸟对热门股经常头脑发热，而且他们又从不探究其他的投资方法。财经媒体疯狂报道超级赢家和输家的状况，也使这些菜鸟出现危险的幻觉。但获取动量利润需要超强的技能和自律。情绪化的普通投资大众点燃了价格剧烈运动的火苗，贪婪的欲望迅速掩盖了风险意识。许多投资者做出愚蠢的反应，在反转时还不断进仓。对大多数交易者来说，动量吞噬了股票的利润，摧毁了看似充满希望的前程。

股价总在不断地寻找平衡点。如果股票让股市开始不稳，一定有反向作用力出现，使股市趋于平稳。每次的上涨之后也会出现反作用力。菜鸟们没有考虑到这样的作用与反作用力，就匆匆随着动量买进。他们盲目交易，依靠的只是一个普遍却错误的策略：在股价加速上升时跟着买空的一方买进。反转突然出现，许多弱小投资者被淘汰出局。典型的动量操作者在这些剧烈的逆市行情中，往往缺乏有效的风险管理计划，只想随大流清仓。但因为没有买家，这些人只能贱价斩仓。

在动荡的股市中追逐动量，也会消耗交易资金。这种流行的做法需要强有力的走势环境才行。之前提过，方向性价格变化只停留相对较短的时间，比横向收缩盘整的时间短。但很多投资者不愿袖手旁观，他们一厢情愿地期许，还以为看到了走势。他们在价格小幅振荡时入场，误以为那就是一个新的突破。这样的举动或许不会造成大的灾难，但是对收益和信心会造成损害。

于是，搞动量行情的幸存者开始了解到股市的复杂性，交易手法的纯熟需要多种不同的技巧。随着股价的周期变化，需要迅速改变策略才能有效利用普通投资大众来赚取利润。在支撑或阻力的临界点附近进行波段交易就是一种替代策略。这种经典的交易不能靠动量，必须靠精准的计划安排，但同时也允许可管控的风险，并获得持续的高回报。

表 1—1　　动量与波段的特性

交易	动量	波段
状态：	正面反馈	负面反馈
策略：	奖励	风险
基础：	需	求
走势图：	走势	区间
冲动：	作用	反作用
目的：	冲刺	测试
条件：	不稳定	稳定
指标：	滞缓	领先
价格变化：	方向性	水平线

走势与区间的交替，产生了不同的交易风格。当股市进入股价快速运动时期，有经验的动量交易者能够利用普通投资大众的兴奋状态来获得巨大利益。

不可避免的支撑位与阻力位显示了精准的波段技巧的主导。动量和波段互相依存。股市若发生变化，为了生存，成功的交易者需要运用这两种技术，快速采取应对措施。

波段交易者在股价进入支撑点或阻力点的时候进仓，直接针对价格的冲刺获得利益。他们根据走势图的模式特点，在走势与区间里针对市场的不足进行短线交易。这个经典的策略与交易方法密切关联，需要持仓 1 至 3 日，或者 1 到 3 周。但波段交易则是一个独立于时间段的交易方法。如今的投资者可能绝不会持仓过夜，同时长线交易者也使用同样的交易方法。

波段交易这个词来源于乔治·泰勒（George Taylor）20 世纪 50 年代写的《泰勒交易技术》（*The Taylor Trading Technique*）一书，书中对“波段”一词的解释是期货市场上的经典诠释。他的“三日法则”把每个周期的每一天都看成是可能“买进”“卖出”或“卖空”的机会。狭义波段策略的核心内容是，在盘整行情中支撑位买进，阻力位卖出。它与短线发展的方向逆行，因为它能预测出某个阻力会坚挺并开始反转的价格。现代的交易将这个概念进行了扩展，即通过许多其他的股市条件来寻找波段，扩大了获利策略的范围。

证券市场对波段交易者来说是一个天然的角斗场。期货与证券的共生关系决定了所有市场中买卖行为的周期性。证券的高流动性和时间段多样性是其重要的特征。也就是说，机构投资者可以花多年时间建仓，而波段交易者可以在任一市场随时进行交易。

我们需要对传统的波段交易概念加以调整，以便在当今的市场上发挥作用。交易速度的革命使过去需要数天才能执行完毕的波段交易，在几分钟内就能执行完毕。我们在所有时间段里都整理出可依赖的价格模式走势图。现代交易者都使用实时走势图，给日内波段交易提供了以往较长线图中才有的每日数据相同的机会。

能够在各种不同条件下进行交易，是成功的标志。波段交易提供了一个天然的框架，可以辨识变化中的条件、运用新方法来加以利用。这揭示了大家对这个多样化交易方式的一种错误的认识。归根结底，波段交易并不是动量交易的对立交易法。当市场的价格运动强劲，应该使用自律性强的动量交易策略。同理，现代波段交易者可以采用风险管理的原则和价格控制区间原则来应对投机市场的疯狂，并利用动量交易者的贪婪来获得利益。

时间

模式周期在每个时间段里都均衡地进行振荡。不管是 1 分钟线图还是月线图，交易方法都有效。每种走势图都会吸引某种特定的交易者与其他交易者进行互动，充分分享本性的贪婪与恐惧。这个立体的过程导致的结果是不同时间段内出现的走势的收敛与离散。波段交易者通过调整对走势图的看法来调整持仓时间，提高他们交易的技巧。如表 1—2 所示，现代的波段策略既指导了日内交易者也指导了长线交易者。

成功的交易者通过多层面的时间走势图来安排他们的交易。首先，他们选择一个主要屏幕界面，上面是持仓时间和相应的策略。接着，他们研究高一级时间段的走势图，以辨识支撑/阻力点，以及另一个能影响收入的走势图特征——回报/风险率。最后，研究次一级时间段的走势图，以辨识低风险介入点。亚历山大·埃尔德（Alexander Elder）在《炒股谋生》（*Trading for a Living*）一书中介绍了“三屏幕系统”，对这种策略的诸多元素进行了描述。现在，我们应该来扩展一下他的那些传统概念，以适应现在高速运作的市场。

评估一下某个交易在所有时间段内的表现。在预定持仓期以外的走势图上，看不出重要的走势线、缺口或模式。如果时间允许，在执行操作之前必须研究一下往年的历史数据，以确定大规模波动轴心。如果交易的目标点高于或低于数年前的最高或最低点，那就必须引起高度重视。其他投资者可能也会看出这些走势图的特点，并因此判断是否进行买卖。但是需要小心，之前的极端价格随着时间的推移也会失去价值。因为陈旧的障碍而放弃交易之前，需要考虑当下普通投资大众的情绪。

对时间段以外的走势图进行分析，在大多数情况下会发现机会和风险。例如，在5分钟线图上如果出现了一个不错的机会，波段交易者会去查看60分钟线图，看看是否有支撑位和阻力位；还会查看1分钟线图，根据短线市场行情来确定操作时间。这种多层面的分析可以运用在任何时间段。甚至共同基金的投资者也可以利用这种方法来获利——他们可能在周线图上发现一个潜在投资机会，然后根据日线图和月线图来确定成功概率高的交易时间。

但是，股市投资者往往在时机的管理上出现错误。许多人甚至在买入之前从来就不能确定该持仓多久。其他人则在针对60分钟线图进行操作的时候，却无法发现日线图上的支撑位与阻力位。有些人在不可图利的价位上持仓数周，套牢了重要的资金，错失了良机。在任何情况下时间和价格一样，稍纵即逝。

表1—2　　交易风格与相关价格走势图

投资者	价格走势图
投机者	1分钟
日内交易者	5分钟
头寸交易者	60分钟
职业投资者	每日
机构投资者	每周

每月每周每日的任何时间，都可能出现独特的状况，可能增加也可能减少获利的概率。高明的内部人士会利用开盘第一小时内的波动情况，根据明显的走势来止损，赚得利益。期权到期的那一周，可能会扼杀强有力的股市，也可能使低迷行情发生剧烈爆发。放假期间，行情清淡，也可能会出现戏剧化的高涨或抛售，让人措手不及。另外，政府公布数据常常出现在周五的一大早，通常这也会造成价格的剧烈波动。

每个获利机会的出现，都会伴随着一个时间的影子。投资者应该学会观察，在正确的时间点上可能会出现对市场产生影响的重要反馈。这反馈可能会开启一个几分钟的操作窗口，或者提供一个出口；一旦出现，机不可失，时不再来。另外，投资者需要辨识时间对回报/风险率的影响；每个新价位出现之后，要随时调整自己先前的结论。

波段交易者还必须有效地管理时间和价格。针对新价位和下一个高风险区域的距离，计算应该持仓的时间。还要利用时间和价格的预设触发点来进行止损。如果操作没有效果，即使没有达到预设的价格触发点，还是应该离场。只有在时间上能够提高获利的概率的情况下才进行交易，其他时间则应多观望，等待最佳时机。

相对走势

走势的有效性只存在于它出现的时间段内。不能用某一时间段的走势来预估下一级时间段的价格变化，除非较短的那个时间段穿越了较大时间段的脉动线。不同级别时间段的模式周期都相对独立，并各自有独特的走势/区间轴属性。1 分钟线图和 1 年线图之间也是相互关联的。

波段交易者必须永远在这个立体的相对走势中进行操作。最有利可图的位置会与上一级走势图上的支撑和阻力点相符，并在下一级走势图上体现低风险进入点。但是需要考虑的相对走势不只是这些。价格在牛市和熊市的不断交替中上下起伏。如果有持续走势超出了既定时间段的走势图区域，交易就容易变得主观性太强，并且很危险。

如果安排得当，在波段交易者的持仓期应有较好收获。但是，要使交易成功，还必须考虑到市场的大环境。市场上大波段出现的时间与整个市场交易时间相比，不超过 20%，在三种时间框架下，这都不是有利交易的条件。完美的条件几乎不存在。如果某个走势图上出现了激动人心的突破，但长期来看，可能会伴随着巨大的阻力，而且就在预计的入场价位之上。或者，在某个短线走势图上可能出现了剧烈波动，导致所有的入场都变得非常危险。

实际的操作很少能和走势图完全相符。成功的交易需要仔细分析有冲突的信息，只有在出现了利好条件时才执行交易。如果在某个时间出现了利好机会，但是周边条件却一般，此时需要施展所有的技巧来分析整体的风险。如果回报/风险率的范围还能承受，即使其他诸因素不利，仍应进行交易。这就是交易游戏的性质。

在整个股票走势图中必须优先考虑的是支撑/阻力点。应利用这个优越性来找寻高概率的交易点，避开低回报交易。例如，日线图上的主要高点和低点比5分钟线图上的高点和低点要重要得多。如果窄幅价格线长期往低处靠拢，说明有强支撑存在，可能会出现强势反弹。这些立体的机制也表明，如果阻力线短于持仓期，但有其他条件支持交易，则可以安全地忽视该阻力线。

获利的机会与特定的时间段相符。但许多投资者从未明确他们的目标持仓期，因而被毁灭性的错误所困扰。他们在一个时间段里看到交易机会，但却在另一个时间段里交易。短线波动太严重而导致不利交易，关于相对走势的错误通常会导致一个新的仓位的产生。股市新手往往落入这样的陷阱之中。当他们在自己喜欢的走势图上看到即将出现某个走势，他们会奋不顾身地入场。随后，作用力与反作用力开始发挥效力，价格走高之前开始验证支撑力，接着，这些股市新手就会被振荡出局。

相对走势的错误也会把入场正确的交易搞砸。没有人愿意把钱闲置着。所以，保证金交易者一看到有新仓位对他们有利，立刻会冲动。但是，非精准计算的目标价格能对一个走势进行测量，而最初的入场交易可能会测量另一个走势。接着，自然的波动将会出现双杀，先造成巨大的损失，然后才触底回报目标。

通过视觉认知信息能减少干扰，增加信号，因为眼睛会直接把信息传入大脑。理性的大脑看清了大走势，之后很自然地过滤了许多障碍。或者，保证金交易者扭曲了预定的持仓期，使走势曲线符合他们目前的计划。大多数的投资者在没有具体的实现计划时，不会改变他们的持仓期。要有独特的技术才能定下具体的持仓期，每位波段交易者都必须掌握这一技能。不要以高姿态来挽救做错了决定的失败者。

除这种心理的偏向之外，还要辅以精准的交易管理。首先，在预先指定的时间段内，密切关注即将出现的下一个直接变化。将交易计划用书面形式确定下来，写明预计持仓期，并严格遵守。对每个计划安排的利润做一个合理的估计，并关注价格的变化，看价格需要到达哪个位置才能获得预计的利润。把纯时间因素考虑在交易计划之内。要决定在经过多少个时间单位后必须离场，不论是获利还是亏损。

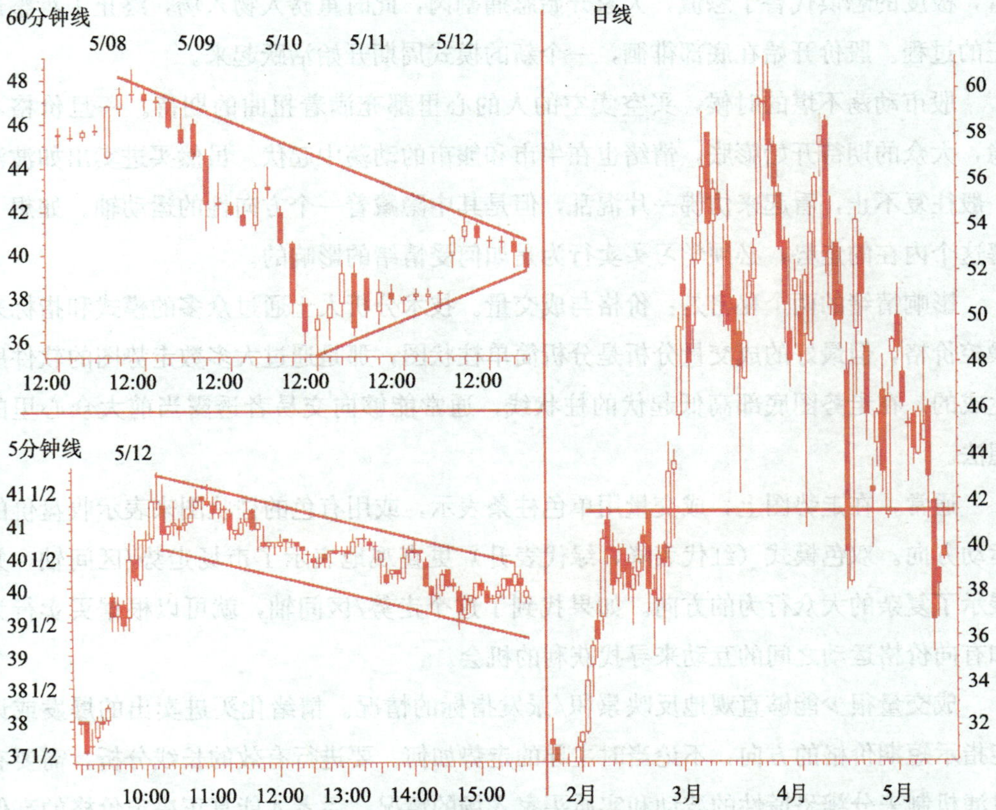

图 1—3　爱特梅尔公司股票价格走势图

注：同一个价格运动，用三个不同的时间段来制表，会有完全不同的走势图出现。在日线图上，爱特梅尔公司（ATMEL Corp.）股票价格突破主要的水平支持线，再进行回抽，验证阻力位。在 60 分钟线图上，该公司股票价格没有显示这个重要的验证，而是显示了一个紧密的对称三角形。但是，在 5 分钟线图上，只能看到一个突破，还有一个旗形盘整。在某一走势图上看到交易的机会，而根据另一个走势图进行交易，这将会导致严重的相对走势的错误。

资料来源：RealTick® © 1986—2000。保留所有权利。Townsend 公司授权使用。

成交量

所有的股市条件都是由股市里的情绪力量造成的。新的上升走势造成大众的热情高涨，引来一波一波贪婪的买家。随着价格慢慢推向新高，大家的赌博心态渐渐取代了理智的判断。疯狂的上涨最终冷却，大众开始变得紧张。股市开始逆转的时候，恐慌的抛售取代了贪婪的兴奋。下跌开始加速，不断跌破大家的理性接受范围。紧接着，极度的恐惧代替了恐慌，大家开始忍痛割肉，此时重磅人物入场，终止了盘整修正的过程。股价开始在底部徘徊，一个新的模式周期开始活跃起来。

股市动荡不堪的时候，买空卖空的人的心里都充满着扭曲的期待。一旦价格不稳，大众的期待开始膨胀，情绪也在牛市和熊市的动荡中起伏。虽然买进卖出如波浪一般往复不止，看起来仿佛一片混乱，但是其中隐藏着一个方向性的运动轴。如想了解这个内在的走势，必须学习买卖行为是如何受情绪的影响的。

影响情绪的两个秘密是：价格与成交量。技术分析人士通过众多的模式和指标来操控价格，但最好的成交量分析是分析简单柱状图，那是通过大多数走势图的软件所生成的。在走势图底部高低起伏的柱状线，通常能够向交易者透露当前大众心里的想法。

通常，在走势图上，成交量用单色柱条表示，或用有色的柱状图来表示收盘价的运动方向。双色模式（红代表降，绿代表升）更直观地表示了市场走势/区间轴，并展示了复杂的大众行为的方向。如果找到了这个走势/区间轴，就可以根据买卖行为和有向价格运动之间的互动来寻找获利的机会。

成交量很少能够直观地反映累积/派发指标的情况。情绪化买进卖出的爆发或许能指示短期价格的方向，不论当时主导的走势如何。要进行有效的长线分析，需要有过滤机制来分辨恐慌性的波动和实质买家入场的情况，后者才能真正决定价格的高低走势。

成交量和价格变动之间有一个无形的弹簧。累积/派发指标可能领涨也可能停滞。某个力量往前走一步，弹簧上的压力就大一些。领涨的冲力在释放点出现之时会稍作暂停，此时，另一种力量开始加入。对价格和成交量之间对峙力量的测量，成了市场运动的重要信号。正面反馈需要两种因素的同时作用，成交量可以预示价格的变化。

经典技术指标不断记录累积/派发指标的情况。另外还有较不为人知的技术可以用来测量价格与成交量之间那个弹簧的力量。要烧开一壶水是一个渐进的过程，成交量则反映了在走势中慢慢释放的内在能量。累积/派发指标和柱状图可以用来测量这个情绪化的力量。

通过成交量来分析普通投资大众的参与度没有太多价值，除非它能正确预计价格的变化。如能认准成交量的最高峰，或看出关键的上下行突破点的情绪化力量，即可设定可获利的交易安排。在任何时候，人的本性都在某个稳定的界限之内，在贪婪与恐慌之间摇摆。波段交易大师能够认准那些波动剧烈、让普通投资大众开始出现情绪极端化的细微机会。

累积/派发指标比其他任何一种技术分析都更容易变成普通投资大众的行为。要过滤众多无用的信息，要专注于普通投资大众的主要互动行为，都需要付出很多努力。股市也会因为许多非情绪的原因出现巨大成交量，如证券的第二次发行或巨额交易报告。但是这些技术性的事件，从不会像贪婪和恐慌那样影响走势。大多数情况下，还是那些能够看透股市恐慌行为的人才能执行成功的交易。

跨市场分析

市场的行为超越了内部模式周期与外部模式周期。因此，波段交易者必须在交易前充分考虑这两个因素。世界证券市场互相作用，每天都自上而下地对股票或期货产生影响。要精准预测某个时间段里的影响，必须对宏观经济力量和各个不同实体之间的套利区别有详尽的了解。

在进行交易之前，必须先了解信贷和期货市场的影响。在这两个市场中如果突然出现了抛售现象，会立刻对股票产生影响。股票、期货和信贷之间的套利也会导致所有证券市场的日内交易的波动。请仔细观察价位牌（TICK）显示屏上的有节奏的律动，以及主要指数的周期性价格变化。波段交易者可以利用这个著名的现象，随着市场的主导力量及时把握时机进行交易。

单个市场的影响每天变化非常迅速。市场在不断寻找领军力量的出现。在没有主导力量的情况下，标普指数、纳斯达克指数和道琼斯 30 工业指数会起到主导的作用。某个主要的板块可能会突然成为焦点，并在没有任何征兆的情况下，把市场往某个较高或较低方向拉动。这些波段对个人持股的影响或有或无。而波段交易者则必须对这可能发生的影响迅速做出判断，如有需要，应改变交易策略。

跨市场影响力可以在当地市场和全球性市场发生。在市场较清淡的情况下，简单的套利行为可以产生重大的影响。但世界级的事件或大范围货币问题则可能导致对美国股市的重大影响。需要通过及时掌握最新动态，做好紧急情况下的安全退路，对自己实施最好的保护。在波动剧烈的时期，不要持仓过夜，要多做反向思维。最佳时机可能是在大家都抛售之后出现的。

每天都要密切关注主要指数和标普期货的情况。日内交易者在每个阶段都必须实时关注价格的波动。还需要注意当前债券的回报数据，以辨识主要的支撑/阻力的程度。每天都应该尽量尽早发现市场的主力。然后用其价格的变化来预测市场未来的短期变化。如果发生了宏观经济事件，不妨考虑休假一天，除非情况很明显很严重，你不得不采取行动。在这种情况下，原先预计的可图利交易都会成不了事，因为没有投资大众的呼应。

回报/风险率

波段交易需要严格进行技术、知识与情绪上的控制。不管什么时候，都必须把它当作一件生意来好好对待。建议制订个人的交易计划，认真评估资本风险，制定可实现的目标。如果你希望迅速挣到钱，那不如去另找一个爱好，或干脆赌博算了。市场是不会对那些想不劳而获的人给予回报的。还有，请牢记这条智慧话语：关注利润是不成熟交易的标志，关注损失是经验交易的标志。

要有正确的心态，可以放弃保证金交易的心理，等待下一个更好机会的出现。要耐得住两个疯狂市场之间长时间的枯燥和寂寞。在市场没有机会时，要懂得冷眼观看，不要冲动进场。要像所有成功交易者那样，坦然接受这样的冷漠场面。想要刺激的心理是造就危险交易的开始。

认真选股比任何止损机制都能更好地控制损失。交易时机不对而造成的损失比重大的损失还大。在交易之前就做好明智的选择，这样就能在离场的时候不至于损失太大。要注意那些与利润没有关系的二级获利的情形。执行交易会让人心惊肉跳兴奋不已，不管此举是会赢钱还是输钱。在进行波段交易的时候，要随时清楚自己的初衷。投资是要把别人口袋里的钱给抢过来。请放心，专业的投资者随时也都在想把你的钱从你口袋里抢过去。

每个行情都可能有突破模式的点。这个点与交易的入场点不同，是这个仓位的风险点。在设定交易的时候，关注短期内价格是否只会移动很短的区域，以观察交易设定是否错误。然后，将这个差别放大，用以查找利润目标，并将这样的方法运用在每一个新出现的机会上。只在可承受的低风险范围内交易，并依据利润目标来进场交易，以获得最高回报/风险率。

每个波段交易者各自的风险承受能力是不同的。有些人能驾驭纽交所的超级大股，有些人只喜欢低成交量的股票。要跟着自然的规律走，并牢记，波段交易可按个人的评估来实施。交易者必须自己决定何时入场、何时离场、何时观望。每年每月或每周结束的时候，看看自己的盈亏状况如何。赚钱赔钱，一看就知道。

掌握交易的技巧

如果想要不断交易成功，必须正确认识行情，并且能运用正确的策略来获利。模式周期可以让交易者在各种走势图和时间段内找到有效的方法。波段交易的扩展理论通过不断的信息反馈，在某些行情之下——牛市、熊市还是盘整——开拓获利的机会。

但是，信息不等同于利润。在任何时候，市场能提供的机会并不多。两个价格高峰之间的时间拖得非常遥远。其间，许多不同的信息也纷纷出现，获利和亏损的明确因素都跃然纸上。另外，这些不一致的现象也透露了下一个交易的信号。但更多的时候，我们必须摒弃很多不良的噪音和表象。能够分辨上述两个的差别者，就已经走在成功交易的大道上了。

交易的噪音通常出现在有正面或负面反馈的时候。这时，交易者应该冷眼旁观，不要冲动行事。每个人账户上的钱总是有限，应该把钱用在最该用的交易上。有效的交易总能带来好的利润，而很多交易者在买进卖出之间紧张不已，往往造成过早出手。要在股市长存，不就得严格自律嘛！波段交易者不知不觉中总爱在清淡的市场中追寻获利的快感。大家得学会让枯燥与乏味来给自己的情绪降温，耐心等待下一个真正机会的到来。

正面和负面的反馈都可能产生可图利的交易，但是如果把两个状况搞混了，那结果会是严重的损失。传统的波段交易方法，最有效的是在负面回馈的状态下；而正面反馈则适合准备进行动量交易。不要过多地使用扩展波段交易理论，以免错误选择交易方法而导致危险。关于市场阶段的判断，所有交易中都应该用这个简单统一的方法：低风险进场，高风险离场。这样的机制与传统波段交易法中支撑点买入、阻力点卖出的方法一致。这种扩展的定义可以让交易者安全精准地进入动量交易的领域。

波段交易者在评估动量交易环境、设定交易的时候，会考虑作用力与反作用力。这需要非常复杂的计划安排与冷静的执行，将仓位与主导趋势对应起来，但是，却要反大众情绪而行之。这样的策略自然比传统的动量交易更适合。逆市作用力提供了极佳的日内交易进场介入点。一旦持仓，在下一个加速上涨的走势中即可找到一个理想的抛售出口，而新手则会从反方向入场。

极有经验的投资者可以用较复杂的技巧来找出明显的低风险交易入口，赶上加速的动量。这些振荡剧烈的仓位需要移动止损来保护风险资本。虽然入场技巧多种多样，但成功的离场策略保持不变。等待加速的动量，在价位不断涨到风险区域的时候，把这些仓位留给其他饥渴的投资者。

交易的执行必须与作用力/反作用力的动量协调一致，否则会导致不良后果。每位投资者都经历过这样的痛苦，在低风险情况下入场，经历了有利可图的获利趋势，但因一个动作失误而损失一切。如有明确的波段交易的离场技巧，就能避免这种痛苦的经历。如果使用了多趋势技术分析和交叉验证技术，即可在价格变动之前很久就识别可能的反转点。不幸的是，大多数的投资者在入场之时都不知道自己何时该离场，在出现利润之时，贪婪之心就蒙蔽了技术的分析。波段交易大师总在入场之前就找到很自然的离场路径与主要的获利程度。

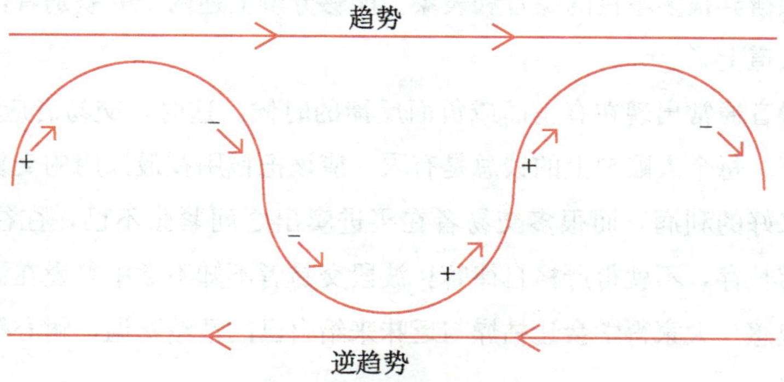

图 1—4　趋势与逆趋势示意图

注：连续的动量周期给波段交易者提供了一个计算时间的核心，可用于确立获利操作。趋势在反向阻力的作用下不断向前推进。动量减低、价格下降，并验证之前的价位边界。当趋于平衡点时，最初的趋势又重新开始发展，启动行动动量。通过重复的走势图就可以看出这些回抽的情况，再根据较大的脉冲，进行长线或短线操作。

在交易的两侧都需要进行风险管理。集中精力，最大化利用入场离场点的利益，尤其重视价格的单向直线运动。请记住，低风险入场进入普通仓位，比高风险入场进入好市场的灵活性高得多。要避免依靠短线基本面分析来进行交易。如对某公司内部运营有了主观的偏见，在机会出现的时候，会造成对价格走势图的错误理解。

波段交易者能使用多种方法来提高利润。可以通过调整持仓规模，更有效管理时间，或在大赢家面前逐渐减仓，保留一小部分仓位，等待下一次价格的突破。不过，谨慎选择交易对象比其他任何方法都能更好地累积资本。只有在各种信号都指向一个方向，并发出了明确信息之时，才进行操作。谨慎观望时也需要做同样多的准备工作，每次交易之前都必须谨慎观望。

要赢钱绝非易事。每个波段交易者都必须与所有入场的投资者竞争来获得胜利。股市的规矩保证了内幕人士有绝对的优势。股市的大户和专家们使用可靠的技术来吓唬小投资者，把他们淘汰出局。根据原计划执行交易，遵守好原则，控制好情绪，这是超越普通交易大众水平所必需的基础。

进行细致的技术分析，把波动的价格铭记在心。争夺可行的利润，避免损失。要记住，交易的平均利润必须远远大于平均损失，如果要生存，60%以上的成功率就可以了。首要任务是降低损失，其次才考虑提高利润。准确做好交易记录。光靠记忆，难免会带来严重的后果。

要充分了解现有资金及杠杆能产生的作用。通过大量的竞争、大笔的交易，可以化解交易费用。但小账户持有人必须密切关注交易的量与频率。持有小额股票又大量支付佣金，最终将导致投机的行为。若想增多股票，必须增长持仓时间，每次交易多争取利润。若有抛售，应视为主要信号，进行减仓，放缓脚步。

第 2 章

做好交易日的准备

收盘钟声

收盘钟声的响起，就是为明日开盘做准备的开始。好好利用这段宝贵的时间，对这一轮的周期进行计算，为下一次的开盘寻找下一个赢家。在股市里寻找最新最佳的机会，通过走势图快速辨识可能的交易条件。利用这段时间，审视之前交易中的决策。调整股票关注清单，把错过的机会剔除，增添应该关注的有潜力的股票。

评估每次交易之后，调整自己的交易计划和策略。每天都对自己的策略进行小规模修正，只有经过数周的数据累积与观察，才能做大规模的策略变动。每天收盘后，需要对自己当天的表现坦然以对。有机会离场时，是否及时离场？是否用良好的期待取代了理性的判断？自己定下的规矩，是否遵守了？遵守与否，是不是对交易的后果产生了影响？每天都做好交易记录的更新，避免对账文件的积压。

收盘之时，你所关心的市场都会有很多新的信息反馈。趋势线的突破，大幅度的价位跳动，都会改变重要的假设。重大新闻可能需要用新的策略来应对，或使你形成一种新的短期观点。分析一下，看看哪些特殊问题可能在明天开盘的时候导致市场出现变动。股市情绪出现了哪种变化？会对一般股民有什么影响？尽快将当前行情进行分类，并采取相应措施来应对。

查看政府何时会出台新的重要政策。星期五发布失业数据或期权到期，需要格外小心。若利坏消息可能导致巨大的波动，大可休息一天，让竞争对手们去承担那些风险。在其他人被深套或者赚了大钱之后，市场还是会不断提供更多的机会的。

必须避免信息过多的累赘。给自己安排合理的时间来进行分析，主要针对重要的股票和指数。把自己的关注清单、信息和图片的范围缩小，确保自己的个人生活的品质。要劳逸结合，饮食有度，睡眠充足，为新的一天做好准备。精力不佳的波段交易者容易做出可怕的决策。

利用收盘后的安静时间对交易的设定与安排进行评估。在交易日对新出现的机会草率反应容易导致危险。因为此时容易忽略重要的走势图信息，而 LEVEL Ⅱ上的激动人心的事件很难忽视。并且，在繁忙的开盘期间，波段交易者可能无法清醒地对回报/风险率进行分析。事先做好的准备，会让交易日的进展有条不紊，可以充分关注当日的行情。

在开盘的时候，准备就绪，可以应对一涌而来的新信息和数据，并迅速做出反应。利用新的立体走势图的技巧来迅速筛选机会并管控风险。对传统的策略进行新的解析，使每个问题都能够通过模式周期来应对，并在整个过程中不断获取新的信息反馈。随时关注价位的变化，预防外部因素的影响，并采取与一般股民相反的策略来不断获利。

支撑位与阻力位（S/R）

在 S/R 的作用下，股票走势图上出现了上下起伏的图线，其中内含波段与突破的机会。在重要临界点附近的价位移动，取决于它们的独特性质，以及在走势/区间轴上的具体位置。股票价格会在 S/R 之间荡来荡去，而不会在高点或低点停留。支撑位与阻力位可能会提供一个无法突破的绝对的壁垒，或展示一个弹性空间，可以拉伸但不会破裂。在一般的 S/R 水平情况下，当价格上升超过此线，阻力变成支撑，反之亦然。波段交易者就是根据这些 S/R 线上的机会进行操作，在股市中生存。

走势图上所有的时间段都会出现多样化的 S/R 临界点。大多数情况下，它们会有一个独特的负载指标，若过量买卖，其范围会被击破。若价格突破某个水平，通常会冲向下一个 S/R 的临界点。这种机制是许多获利操作的基础。传统的波段交易是在支撑位买入，在阻力位卖出。因此，这些价格水平是赚与赔的界限。当最近的阻力位高高在上，此时应在支撑位买入；当最近的支撑位低低在下，此时应在阻力位卖出。不过，必须确认走势图中没有暗藏的危险障碍。若忽视了某个关键的价位，可能会带来灾难性的后果。

获利与否取决于对 S/R 临界点的正确判断。有经验的投资者可以快速找到这些临界点，并评估它们对自己的交易安排会有什么影响。先准备一张走势图模板，上面可以密密麻麻地画满所有类型的 S/R 价位临界点。接下来就开始分析每个元素，看它们如何影响回报/风险率。先从最长线的走势图看起，看其最高与最低的价位，然后再渐渐转入最新的价格数据。要特别关注那些可能让单独 K 线产生巨大 S/R 的股票事件。例如，强劲的跳空现象可能几年都无法恢复。

可以按每个 S/R 的重要性进行简单排序。持续时间长的水平线比较短的线更为重要。主要的高点与低点可以提供强势的 S/R，可能高于移动平均线（MA）或其他价格指标。隐藏的价格水平能够比明显的价格水平提供更明确的机会，可能导致双杀以及割肉止损。如果多个障碍聚集在同样的价位，S/R 就增强；如果单一障碍阻挡了价格的运动，S/R 就减弱。

S/R 的种类

水平价位是最普通形式的 S/R。这些重要的高点和低点记录的是牛市和熊市博弈留下的伤疤。它们会带有情绪化的阴影，在价位反转之时，会产生永久性的影响。股市通常会在低谷时得到高成交量的支撑，然后不断验证支撑点。随着时间的推移，这些验证在未来的修正中越来越重要。另外，在疯狂的上涨中不断刷新的高点可能数年持久不衰。在这些价位的失败验证会加强阻力位，并产生投资资金池，在上升趋势持续之前必须得以消化。在上述两种状况中，水平 S/R 都很明显，可以一目了然地看出。

请注意超高与超低的水平 S/R 线，是否有第一次验证就击破价位的情况。不过，下一个验证可能就会有成功的上扬。这样的经典价位波动情景，有三重顶或三重底的突破。常见的单柄杯子的模式很清楚地描述了这种强劲的过程。还要密切关注第一次验证失败的位置。如果价格在反转之前无法接近水平阻力位，那么第二次的验证也不太可能成功，除非这个模式往反方向出现剧烈突破。

波段交易者必须评估远远超出最低位和最高位的许多价格限制。若能找到这些鲜为人知的支点，它们将是极佳的入场和离场的机会。普通投资大众通常在这个位置上无法正确解读价格的波动，还往往会朝反方向进行操作。正如先前分析过的，普遍的常理通常会影响技术操作安排的可靠性。而从另一角度来说，市场却会青睐那些原创的观点和策略。可以考虑使用传统的 S/R 模式加上逆向入场的思维，看看会带来什么样的可观利润。

趋势明显的股市会有明显的 S/R 线。移动平均线的上升或下滑都不断地展示着重要的临界点。经济学书、技术分析手册还有股票制图的程序中都收录了不少大众化的设置。最流行的计算方法是画出 20 日、50 日和 200 日的移动平均线。大家都普遍认为这三条线是价格反弹的自然临界点。有两股重要的力量在推动着这些平均价格。首先，它们确定了某些价位指标，如有重大价格变动，收益或损失的程度将会降低。其次，大家普遍的认知使普通投资者在看到靠近某些价位时，做出自圆其说的操作。

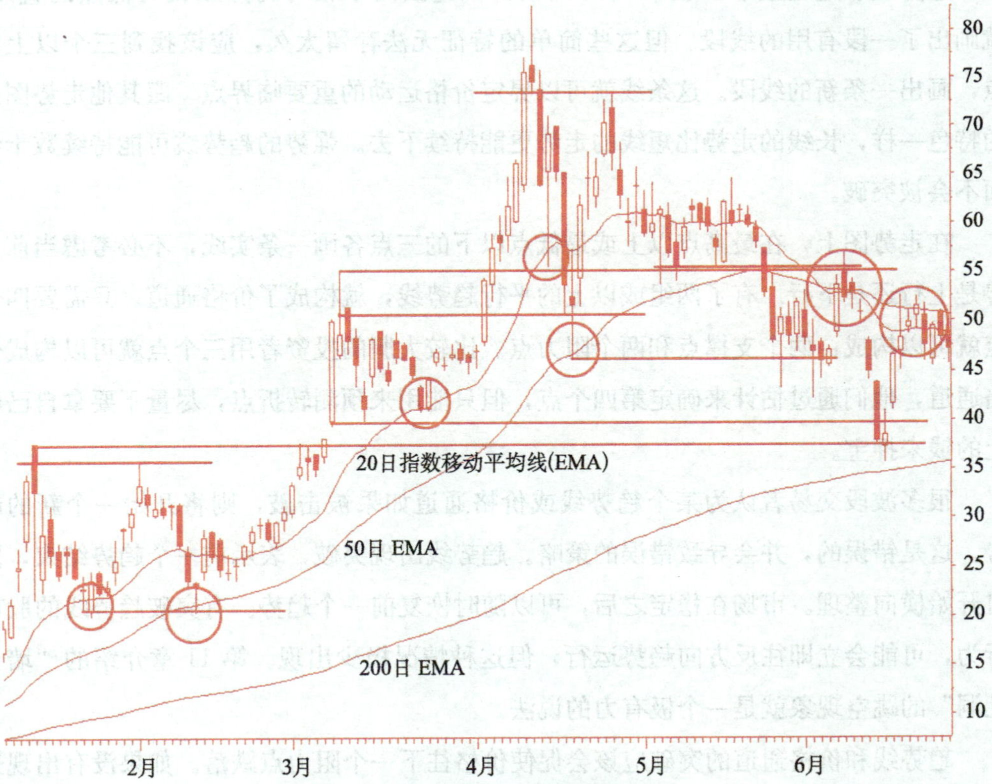

图 2—1　CMGI 公司股票价格走势图

注：波段交易者不断扫视股票走势图，意在辨识水平 S/R 以及能揭示自然反转水平的主要移动平均线。这项工作虽然看似简单，但价格运动所产生的许多变数让执行计划错综复杂。尽量梳理各种价格的盘整状况，以选出最高概率的交易设定。

资料来源：RealTick® © 1986—2000。保留所有权利。Townsend 公司授权使用。

移动平均线的S/R特色随着它们趋于平缓或反转而出现改变。某个平均线出现反转，即表示在那个时间段中，动量开始降低。这就给主要的线性突破创造了机会。不过，不要把这种情况与股市较长期横盘调整混淆起来，后者有数个水平延伸，互相拉近。在这样的死气沉沉的股市里，价格无疑会在小范围内来来回回地密集波动。波段交易者会在这样的环境里找到一些机会。

表2—1　　移动平均线的设置与相关趋势

移动平均线	趋势
20日	短线
50日	中线
200日	长线

趋势线和通道显示了股市S/R的活力。连接两个相对高点或相对低点的直线，就画出了一段有用的线段。但这些简单的特征无法存留太久，应该找到三个以上的点，画出一条新的线段。这条线就可以界定价格运动的重要临界点。跟其他走势图上的特色一样，长线的走势比短线的走势更能持续下去。强势的趋势线可能持续数十年而不会被突破。

在走势图上，在最高点以上或最低点以下的三点各画一条实线，不必考虑当前走势是上行还是下行。有了两组或以上的平行趋势线，就构成了价格通道。只需要四个点就可以构成：两个支撑点和两个阻力点。比较大胆的投资者用三个点就可以构成价格通道，他们通过估计来确定第四个点，但只能用来预测转折点，尽量不要拿自己账上的钱来押宝。

很多波段交易者认为某个趋势线或价格通道如果被击破，则将开始一个新的趋势。这是错误的，并会导致错误的策略。趋势线出现突破，表示前一个趋势结束，同时开始横向整理。市场在稳定之后，可以随时恢复前一个趋势。有突破趋势线的股市行为，可能会立即往反方向趋势运行，但这种情况极少出现。第11章介绍的“墙上孔洞”的跳空现象就是一个极有力的说法。

趋势线和价格通道的突破应该会促使价格往下一个阻力点跌落。如果没有出现这样的突破，那就应该是出现了假突破，促使价格弹回趋势线，将普通投资大众的钱套牢。双杀状态与模式的破坏是现代股市的特征。随着大家对技术分析的深入了解，内部人士不断将价位推过S/R水平，其目的只为终止趋势以及成交量。这样的行为只有在操控者弹尽粮绝之后才能停止，此时的价位才悄然恢复至先前的水平。

有人利用数学统计来研究趋势这一背离中心价格轴心的深奥问题。分析师则每天记录市场价格与期待值之间的差距，及其回归平均值时的状况，进行研究计算。超买超卖条件的笼统概念需要依靠这些复杂的变数来进行精确的计算。波段交易者依靠这些神秘的科学，通过布林带以及其他中心趋势的工具，来辨识强势的标准背离阻力。

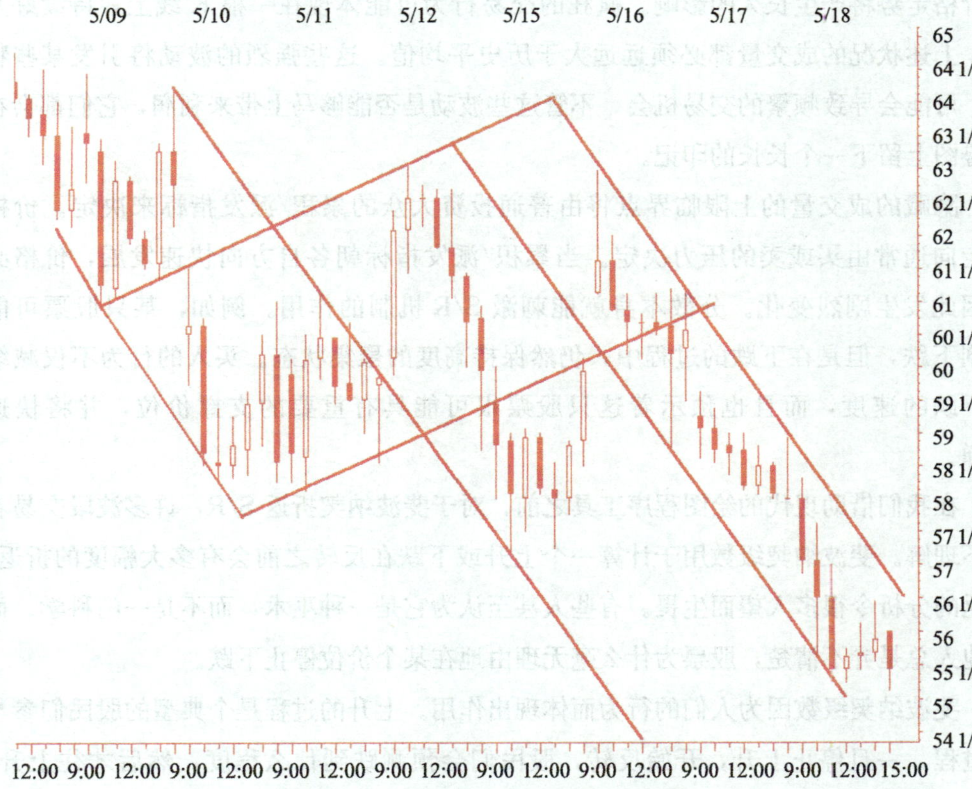

图 2—2　思科公司股票 60 分钟线图

注：趋势线与平行价格通道的运行情况贯穿整个走势图。请注意在短短的 9 天范围内，思科股票的 K 线图的 60 分钟线图是如何构建多个价格通道的。通道常常能产生和谐的价位，能在主要的临界点构成额外的平行线。

资料来源：RealTick® Ⓒ 1986—2000。保留所有权利。Townsend 公司授权使用。

股市价位摇摆波动，留下了历史足迹。价位能够摇摆多远，由中心趋势决定。正如橡皮筋不断拉伸至极限，拉力放开时，它必将急剧反弹。这些独特的工具比其他任何方法都能更加有效地分析淡市行情。当价位往低方向靠近极限区域时，价值将朝某个点汇集，可能激发剧烈的波动，并使价位朝预期反方向反弹。

中心趋势提供了很好的交易机会，但是必须花时间去了解其运作机制。极端情况通常会大大超过预期，并将反向操作者震荡出局。当极限拉伸过头，突破了之前的趋势，可能会导致趋势的相对错误。这个强有力的工具可以弥补其他经典模式和S/R方法的不足，但无法代替它们。应该利用中心趋势找到成熟的交易条件，但用其他指标来确定低风险的入场价位和合适的时机。

成交量能够确定重要的S/R临界点。当出现巨量交易，会有大量股权转移，这对价格走势将产生长久的影响。疯狂的交易行为可能体现在一根K线上，持续好几天。上述状况的成交量都必须远远大于历史平均值。这些强烈的波动将引发某些特性，可能会导致频繁的交易机会。不管这些波动是否能够马上带来利润，它们都会在走势图上留下一个长长的印记。

隐藏的成交量的上限临界点将由普通投资大众的累积/派发指标来决定。价格的走向通常由买或卖的压力决定。当累积/派发指标朝各自方向快速发展，价格必定因此发生剧烈变化。分散本身就能刺激S/R机制的作用。例如，某只股票可能急剧下跌，但是在下跌的过程中，仍然保持高度的聚集状态。买入的行为不仅减缓了下跌的速度，而且也预示着这只股票很可能具有重要的支撑价位，并将快速反弹。

在我们借助现代的绘图程序工具之前，对于斐波纳契折返S/R，许多波段交易者都不理解。斐波纳契级数用于计算一个上升或下跌在反转之前会有多大幅度的折返。折返的分析令很多人望而生畏。有些人甚至认为它是一种巫术，而不是一门科学。而其他人总是弄不清楚，股票为什么毫无理由地在某个价位停止下跌。

斐波纳契级数因为人们的行为而体现出作用。上升的过程是个典型的股民们参与的过程。一旦停止上升，开始反转，股民们会预测跌到什么程度，然后才往上升。不少盲目的人以为，折返1/3就算不错的反弹点了。此时会有不少人入场，但是股票却经常不出现反弹，继续跌破之前的中低水平。一般股民的贪婪就此打住，大家开始用理性来思考。忧虑的人们现在认为1/2的折返是支撑点，结果股票如期反弹了。

折返可以在任何时候击穿不同的S/R临界点并改变方向。但是，从支撑位开始出现一个新的回升之前，走势回落行为常常以1/3或1/2的幅度进行折返。很多活跃的走势确实常常会在最初的运行方向继续进行之前，一直折返到2/3的水平。这样的跌幅对于普通投资者影响很大。跌幅达到一半，将使一般股民理性全无，恐惧开始滋生。大家惧怕这个趋势可能彻底反转，于是在最后阶段疯狂抛售，直至最后一次震荡出局，下跌方才停止。

下跌趋势所经历的情绪和上升时的情绪类似。数字与比例完全一样。不过，抛售时的折返从恐慌开始，然后在相同折返水平上演变为一段时期的理性操作。如果折返逼近 2/3 临界点，那就还有希望。举步维艰的熊市上升步伐较容易转变成下跌的趋势。此时若出现反转，通常是价格达到中央阻力点时出现急剧的反转。

现代市场的临界点，藏得非常深。数字的大小会影响所有时间段里的价位发展情况。随着数字末尾“0”的增加，S/R 的强度越来越大。例如，靠近 100 美元的股票，所遭遇的阻力，比 10 美元以下的股票大。整数位的 S/R 值通常按 10 的倍数达到峰值。也就是说，10、20、30 等代表着自然的阻力位。也可以在 10 的约数位，如 5、15、25 的 S/R 也值得关注。

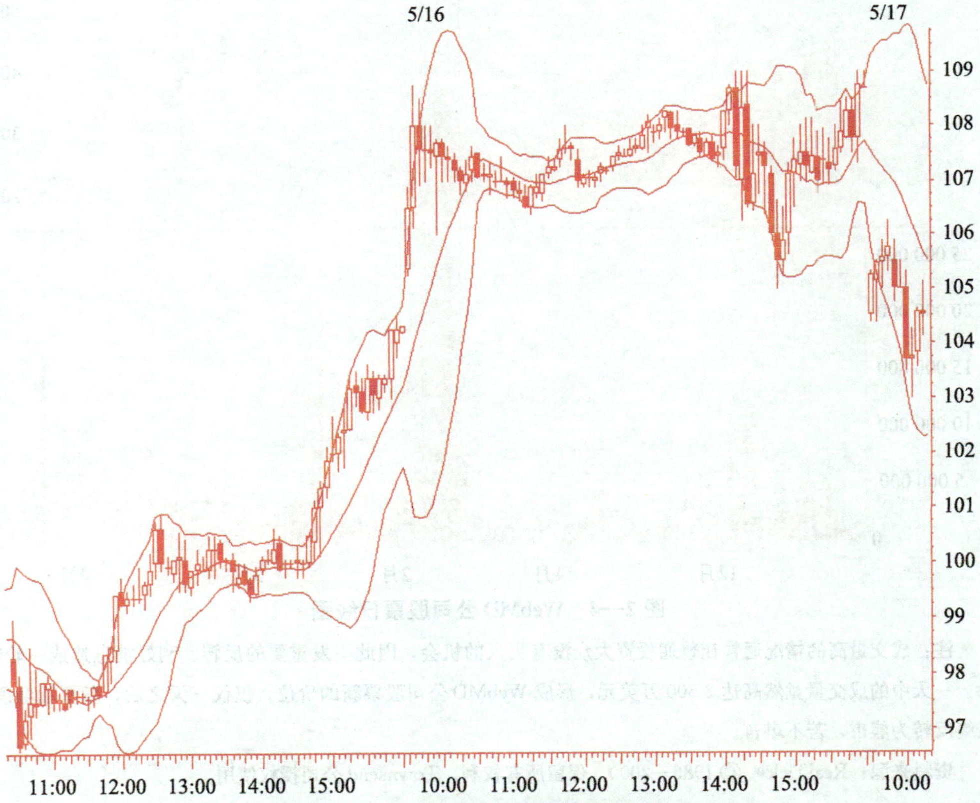

图 2—3　Qualcomm 公司股票 5 分钟线图

注：中心趋势工具对波动与方向上的短期变化有效。当价位变化超过历史水平，它们会发出警告。这些 13 个时间段的、2 个标准偏差的布林带精确地跟踪了 Qualcomm 公司股票的发展过程，在 5 分钟线图上表现急剧的回升和顶部反转。当 K 线靠拢时，要一直密切关注变化中的布林带的角度。水平的带形走势显示隐藏的阻力位，它能够快速地逆转价格移动。

资料来源：RealTick® © 1986—2000。保留所有权利。Townsend 公司授权使用。

普通投资大众每天都和整数位现象打交道。投资者会用几个月的时间来追踪观察道琼斯指数首次突破万点大关的情况。当股票靠近 50 或 100 时，很多交易者会进行获利了结。日内交易者在 Level Ⅱ通过一个极小的数位波动就可以套利。买进卖出的订单在整数位聚集，从而形成一个神秘的 S/R。投资者和交易者常常会关注交易的目标，而在这些闲散的价格点进行止损。

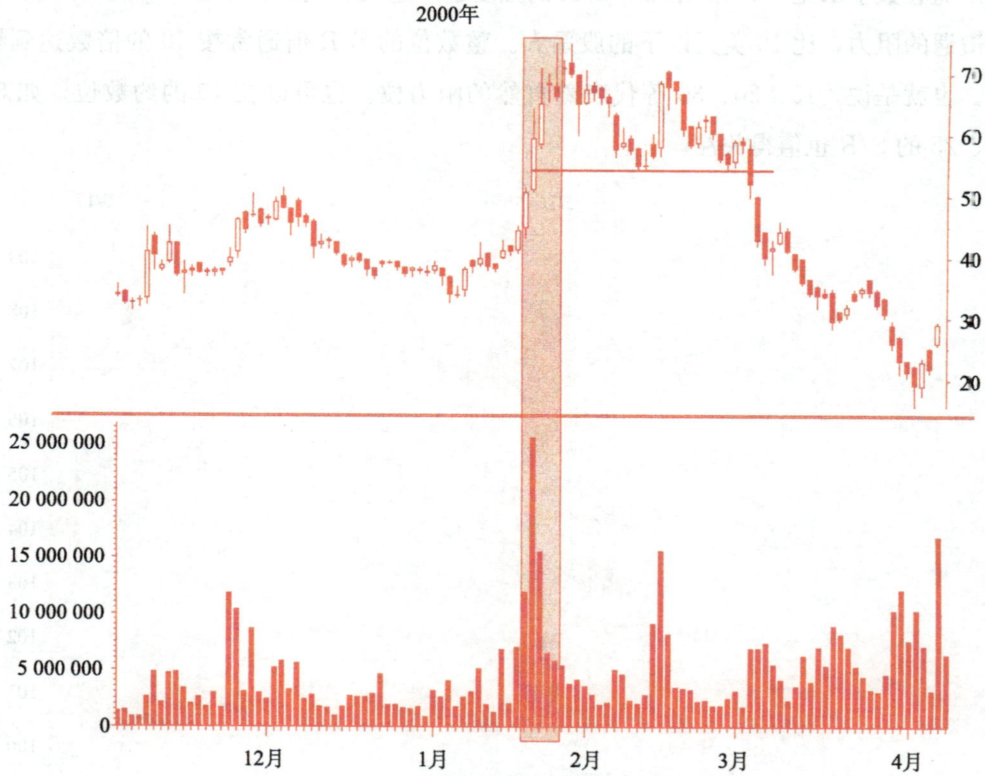

图 2—4　WebMD 公司股票日线图

注：成交量高的情况通常让普通投资大众没有买入的机会，因此引发重要的反转。利好消息造成一轮哄抢，一天中的成交量竟然高达 2 500 万美元，形成 WebMD 公司股票新的价位。仅仅三天之后，股票就触顶，最终反转为熊市，苦不堪言。

资料来源：RealTick® © 1986—2000。保留所有权利。Townsend 公司授权使用。

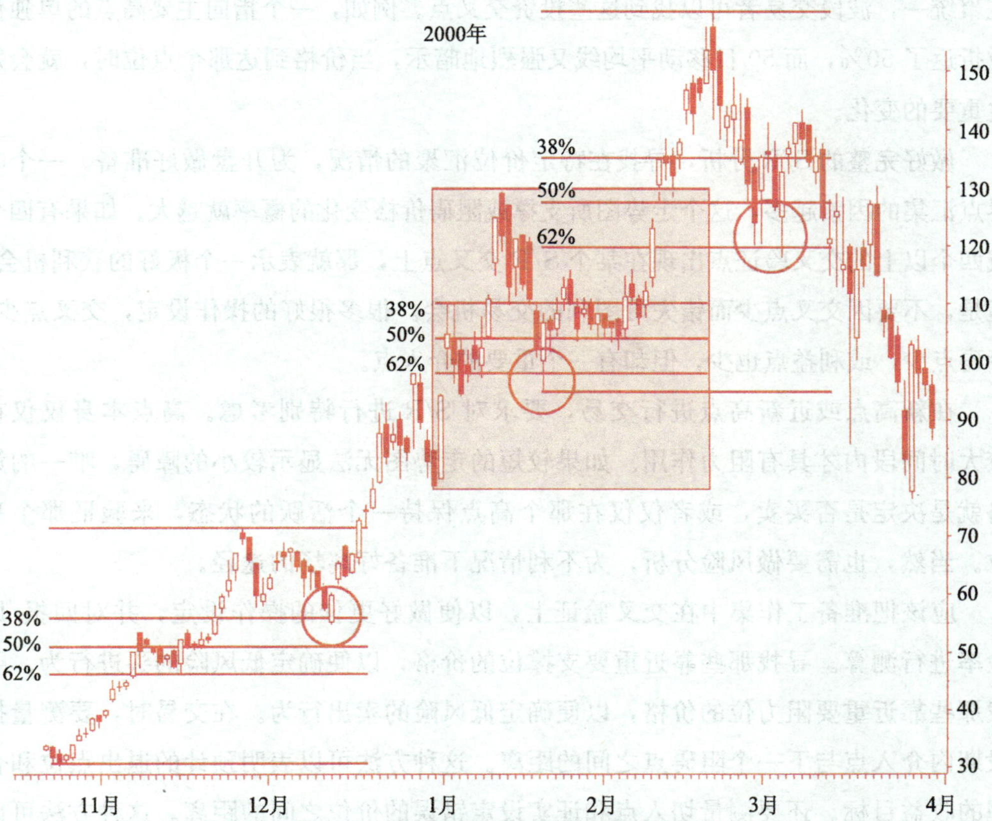

图 2—5 JDS Uniphase 公司股票日线图

注：JDS Uniphase 公司股票的上涨过程中有数个折返的过程，其中隐藏着内在的斐波纳契级数。请注意下跌走势如何在经典的折返点位结束，然后又开始新的趋势的。斐波纳契波动的中间范围，即38%～62%，常常表现为密集的盘整与剧烈的波动，这是普通股民情绪波动的体现。

资料来源：RealTick® © 1986—2000。保留所有权利。Townsend 公司授权使用。

交叉验证

不同走势图之间复杂的相互作用让很多波段交易者感到头昏眼花。他们无法正确评估 S/R 值的所有重要影响，这些影响能预测价位移动的方向。理智的投资者常常反对过度分析，而只将收到的数据简化成可管理的信息。这种情况与波段交易者的利益相背，因此会使准备工作不充分。懒惰的人可能会抓住一个 S/R 临界点，但却忽略了新投资价位所必须面对的很多危险的障碍。

交叉验证方法即通过研究走势图来寻找交易机会的基本标志。多个交易群体中，不同的人会对不同的价位特别青睐，这是常识。由于不同的 S/R 类型和时间段相互汇聚统一，波段交易者可以找到这些投资交叉点。例如，一个指向主要高点的单独价位折返了50%，而50日移动平均线又强烈地暗示，当价格到达那个点位时，就会发生重要的变化。

做好完整的S/R分析，寻找在特定价位汇聚的情况，为开盘做好准备。一个临界点汇集的因素越多，这个走势图所支撑或阻碍价格变化的概率就越大。如果有四个或四个以上的交叉验证点出现在某个S/R交叉点上，那就表示一个极好的获利机会。但是，不要因交叉点少而错失可图利的交易机会。很多很好的操作设定，交叉点少，障碍点少，或利益点也少，但却有一个重要的介入点。

在新高点或近新高点进行交易，要求对S/R进行特别考虑。高点本身仅仅在较大时间段内才具有阻力作用。如果较短的走势图无法显示较小的障碍，唯一的策略就是决定是否买卖，或者仅仅在那个高点保持一个活跃的状态，来验证那个高位。当然，也需要做风险分析，为不利情况下准备好离场的途径。

应该把准备工作集中在交叉验证上，以便做好更佳的操作设定，并对回报/风险率进行测算。寻找那些靠近重要支撑位的价格，以便确定低风险的买进行为。寻找那些靠近重要阻力位的价格，以便确定低风险的卖出行为。在交易时，要测量持股期内介入点与下一个阻碍点之间的距离。这种方法可以表明预计的退出点位和合理的收益目标。还要测量切入点和证实设定错误的价位之间的距离。这种方法可以表明非计划退市点以及可接受的失败目标。只进行高收益目标值和低失败目标值的交易操作。

立体走势图技术

要实现成功的波段交易，首先需要原创的策略和准确的预测。正确选择时机，在K线扩张之前入场，在普通股票失去控制之前离场。要计划周详，才能使操作的每个阶段都顺利通畅；也要制订离场计划，以防情况变糟。时间点、价位和安全，缺一不可。这样，利润会很快出现。

精确的预测要求能够以多个层面来观察价格移动。投资者和机构投资者常常可以通过一个股票走势图就能精确预测。但是波段交易者则需要更多的信息，利用立体走势图技术来观察行情。选定一个持股期，观察三个不同时间段的走势图。对应自己关注的价位，向上向下分别找出相应的一段走势图。例如，很多日线交易者依靠1分

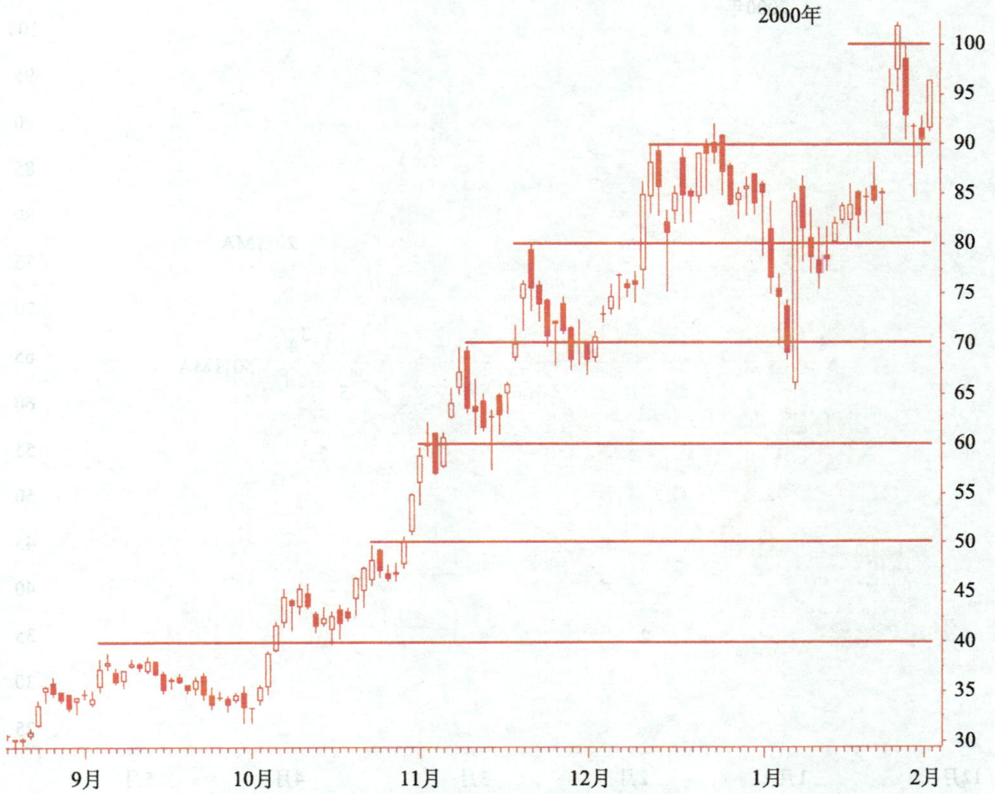

图 2—6　Seibel 公司股票日线图

注：这是 Seibel 公司股票价格以 10 美元为进阶向 100 美元进军的走势图。这些经典的整数位展示的是 S/R 的通常状态，价格突破阻力位，然后又折返来验证新的支撑位。请注意看，价格线第一次穿越水平阻力位时的巨大变化。

资料来源：RealTick® © 1986—2000。保留所有权利。Townsend 公司授权使用。

钟、5 分钟和 60 分钟线图，而很多交易者则使用 60 分钟线图、日线图和周线图相结合的方法。

你是否不知道应该持仓多久？大多数的波段交易者都定好了具体的持仓期，即考虑到自己的生活规律，而且在没有认真分析获得新策略之前，不会轻易改动。如果持仓时间错误，理智的投资者也会遭遇重大的亏损。交易变成了投资，前交易者也变成了卑微的投资者。随着策略的改变，应该对不同的时间段进行尝试。在这些不同的时间段里，要做好准备，需在每个交易操作前明确回答时间方面的问题。把时间写下来，并如实奉行，否则成功不会轻易实现。

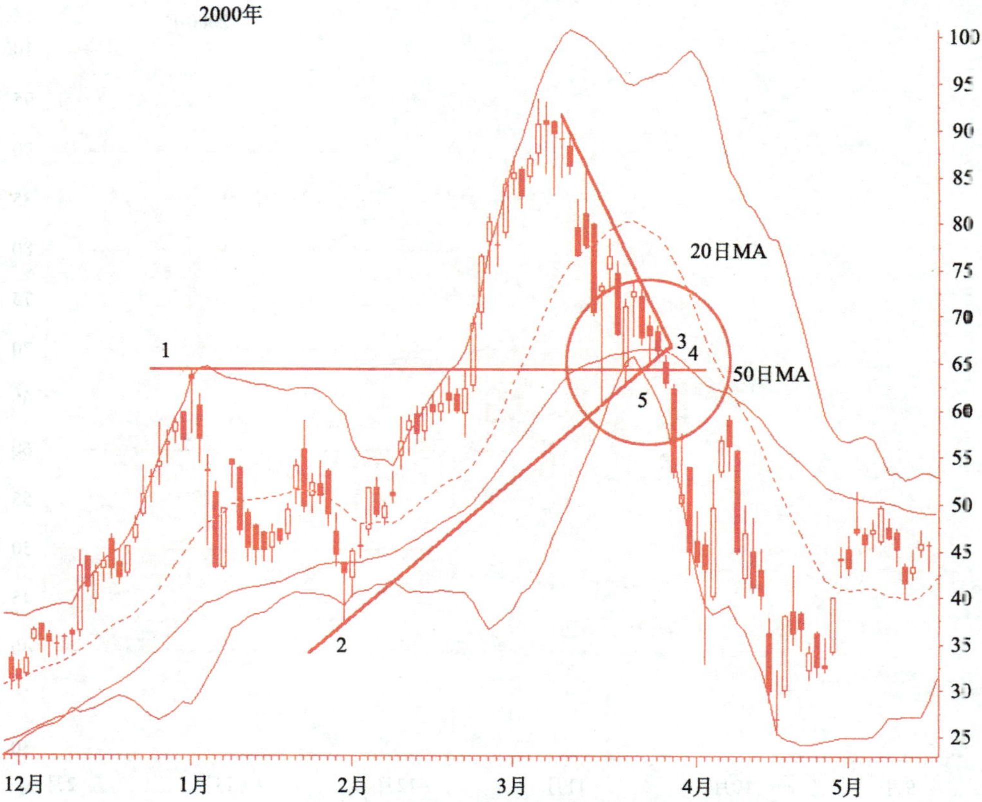

图 2—7　Broadvision 公司股票价格走势图

注：通过交叉验证的方法可以找到较好的交叉点，时间价位都好的交易设定。请注意看 Broadvision 公司的股票，走势图上的各元素是如何汇集，从而产生一个极佳的卖出点的。(1) 价格跌破前最高支撑点——65 美元。(2) 同一 K 线突破了 2 个月移动平均线。(3) 同一 K 线突破了 50 日移动平均线。(4) 价格突破，低于支撑位、趋势线以及移动平均线。(5) 最底部的布林带出现扩张，表明未来的低价位。

资料来源：RealTick® © 1986—2000。保留所有权利。Townsend 公司授权使用。

走势图

由于贪欲，交易者无法做好充分的交易安排与精确的时机操作。始终如一的自律是应该关注的焦点，因为它是成败的关键。股市新手可能买下了热门股票，并轻易获得了不菲的收益，然后就产生了错误的自信。而真实情况是：这种做法在宽泛的模式周期的短期阶段有效，但是，一旦市场冲劲消退，他们的冒失投资很快就以失败告终，波段交易者用强有力的立体走势图技术把他们的腰包掏空了。

立体走势图技术要求波段交易者通过不同时间段的走势图来识别趋势，并且分析它们之中的交叉点将如何影响价格。支撑位与阻力位能够揭示隐藏的但时机成熟的波段价位，那是获利的切入点。立体走势图技术将各种复杂信息融入到非常狭小的走势图内，从而快速地揭示这些交易热点。交易者直观地看到走势图上的移动平均线、折返线、价格带、K线模式和相互交织聚集的趋势线。这些独立的时间/价格区域是获利切入的好战场。

走势图中的每个因素都有一个独特的形态。应该花些时间来学习每个因素所体现的特殊信息，因为其相互作用、相互影响，同时也要清醒地认识到这些因素的局限性。如果你能充满自信地忽略某个指标，通过有理论基础的直觉来管理股票，那你一定对你的操作回味无穷。

表2—2　持股周期和走势图相关性

交易类型	持股周期	立体走势图综合分析
投机者	从秒到分钟	1分钟　5分钟　15分钟
日内交易者	从分钟到小时	1分钟　5分钟　60分钟
头寸交易者	从小时到天	60分钟　日线　周线
职业投资者	从天到周	日线　周线　月线
机构投资者	从周到年	周线　月线　年线

交易者要在算术图（线性）和对数图（几何性）之间频繁切换。用对数走势图来研究增长的百分比。价格涨得越高，其增量幅度越来越小。用线性走势图来研究价格的增长情况。价格涨得越高，其增量幅度基本保持一致。在对数或线性走势图上都能看出趋势。如果拿不准哪个走势图能够体现最佳信息，有个规则可以用来做快速的分析：对于低价股或者在短期内经历了重要价格变化的股票，使用对数图；对于高价股或移动缓慢的股票，使用线性图。

走势图下方的信息的唯一用处是为分析上方的信息提供辅助。应该利用指标来支持模式分析，但不能反过来操作。很多股民过分追求数学上的完美，却丧失了洞察力。说到底，技术分析是视觉上的艺术。在开始为操作做准备的时候，首先瞄一眼价格走势图。如果有什么特殊信息，就看看下方的数据，看是否能够支持或否定你的观察情况。如果下方的数据不支持客观观察的情况，缺乏经验的投资者必须舍弃这样的投资机会。如果投资者对下方数据有充分的经验，若其数据跟走势图信息有些冲突，可以忽略下方数据，进行理性的判断。

设立路线图

波段交易者如果多花时间认真观察，就会发现股市的很多秘密。在每个走势图上详细作图，就能够看出趋势以及模式的一些重要的点位，那将是普通股民力量汇聚的焦点。这些重要的时间/价格区域可以揭示那些隐藏的点位，那是即将出现反转和突破的点位。当价格抵达这些热点时，如果投资者能够定好目标计划，那他们就掌握了波段交易的艺术。

如有可能，应该实时观察这些点位，以随时查看股价与走势图的信息是否相符。一经确认，就可以在事先设定的低风险点入场。彻底理解立体路线图的每个组成部分，是实现准确入场的基础。每一个汇聚现象都会引发一个不同的反应。

经验丰富的技术分析师会测算每个力量的相对影响力，并对后续的价格移动进行较为精确的预测。要培养精准的眼力，不要依赖复杂的数学指示工具。波段交易主张在时间和价格汇聚基础上进行自主操作，而不需要机械的模型或系统。大家应意识到，大多数的指标是从一些非常简单的基础资料发展而成的。要认真掌握这些基本要素，不断完善优秀操作所必需的绝活儿。

要注意走势图上出现的新作用力。股市行情演变飞快，机会的出现稍纵即逝，原来可以依靠的 S/R 价位也将变得不可依靠，新的状况层出不穷。老方法失灵后，应快速调整，以适应新情况，才能确保长期获利。若市场出现重大变化，用模式周期来识别并验证新采用的策略的效果。

移动平均线

绘制走势图的时候，必须画出移动平均线。这些经典的动量工具可以确定趋势与自然折返水平的范围。在所有时间段的走势图上都要使用移动平均线的功能。移动平均线能够反映某个持股期内的公众主导行为的特殊设定。所以，一定要非常谨慎，选择合适的数值。平均数值必须符合当前的波段交易策略，否则交易时机将会出现差错。

移动平均线上的数据信息非常直观，都是价格的直接反映。走势图下方的数据提供的指示，可以帮助过滤众多噪音。但是，这个过滤行为同时也会去除一些重要的数据。移动平均线发出一些信号，但它们不是噪音，因为它们处于价格窗口内部。它们显示实时模式，体现 S/R 的特征，揭示获利的汇聚点位。

要识别价格和移动平均线的收敛与离散情况。因为价格总是围绕一个内在的平均值运动，每一个新棒线或 K 线都揭示了动量、趋势和时机的特征。在两条或多条移动平均线之间，这种作用依然存在。例如，经典的 MACD（平滑异同移动平均线）

就是利用这个技术来测算行情的趋势变化。

较长时间段的走势图应使用指数移动平均线（EMA），较短时间段的走势图应该使用简单移动平均线（SMA）。EMA 具有加速和平滑的作用，因为它更为重视最近的价格变化。SMA 则对每一个数据点平等对待。当日间行情产生一些无意义的脉冲数据时，SMA 能够让波段技术交易者观察其他人群的行为。大多数人根据 SMA 的简单表现，来维持自己的操作设定，因为他们不太了解 EMA 的优势。日内交易中，有价值的信号更多地取决于如何理解竞争对手目前的想法，而不是他们如何使用技术分析。

波段交易者结合多个 MA 指标和立体走势图技术，构成一个强有力的信息工具，并组合成一个完整的多时间段趋势体系。代入一个时间数学关系，形成移动平均线带（MAR）。日线图里常见的是 20 日、50 日和 200 日的移动平均线。应该注意，每一段约是前面一段 3～4 倍长。这些比例关系在短期日内平均线上较窄，但它们的作用是一样的。这些移动平均线提供了一种有效的框架，可用来分析三种截然不同的交易方式：短期、中期和长期。

从移动平均线带上能不断看出趋势信息。例如，当它们在日线上反转，200 日移动平均线处于上位时，就预示一个熊市行情的出现。当短期平均线上行穿过长期平均线，使各条线又重新按顺序排列，此时就出现了牛市行情。当平均线相互交叉，顺序混乱时，就会出现不断波动的行情。当价格陷入顺序混乱的平均线之间，在发生突破前，价格可能会像弹球一样振荡几次。

日线图通常使用 20—50—200 的标准组合方式，如果想要分析得更加详细，可以使用 18—50—150 的组合。高成交量股票的日平均线为快速理解大量的股票走势图提供了一种简易的结构。仔细观察这些线，可以分析普通股民的行为。要注意这个普遍的观点：短期趋势常常向 20 日平均线折返，而中期和长期趋势则常常在 50 日和 200 日平均线找到支撑。

进行日内交易时，观察走势图必须要迅速，因为投资者的反应通常很快，而且趋势的变化常常在几分钟内完成，而不是几天。对应 1 分钟、5 分钟和 60 分钟走势图，可安排用于 5 日、8 日和 13 日的设置组合。这些斐波纳契级数对应于具体股票、指数及相关特征内的动态的、惯例性的以及弱的趋势，而且它们与短期趋势工具，如布林带之间，存在着密切的相互作用。

MAR 产生多层收敛与离散的反馈信息。价格不再与平均线相互作用，取而代之的是平均线之间的相互作用。经典的交叉策略演变成复杂的模式，并且具有很多独特的形态。移动平均线反映了价格、时间和趋势之间的微妙关系。主要的平均线之间常常相互表现 S/R 特征。当其他价格行为确定投资机会后，波段交易者常常利用这种机制来制定新颖的操作方法。这种特点也有利于确定精确的执行时机，因为移动平均线滞后于价格移动。若移动平均线缓慢地转向，来适应新情况，就降低了双杀和假突破的可能性。复杂的数学指标常常能够精确地显示介入点，此时主要的移动平均线相互聚集。移动平均线带在视觉上显而易见，且分析范围独特，能够简化波段交易者的工作。

趋势行情不断地呼应特定的价格行为。要测量每只股票每次趋势脉冲后出现的盘整形成的碎片形态的深度。可以通过 MAR 快速分析情况，来确定普通的折返价位，以便下次折返时入场。波段交易者特别喜欢看到这样的情况。要认真观察价格如何穿

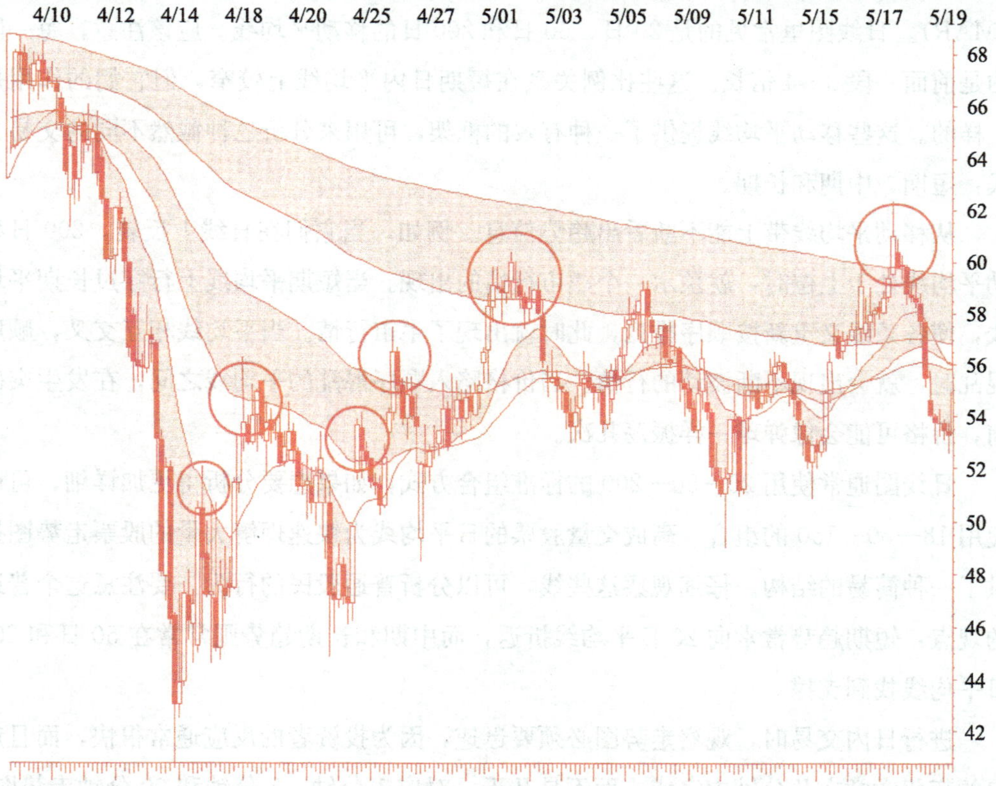

图 2—8　亚马逊公司股票 60 分钟线图

注：经过一个重大抛售之后，MAR 显示价格的变化。MAR 能在很多时间段中就相对动量提供连续信息反馈。请注意观察价格穿过 MAR 中的深度，以及两线交织产生的模式的类型。亚马逊公司股票价格盘整重新验证低位之前，发生上扬，突破一个主要移动平均线。

资料来源：RealTick® © 1986—2000。保留所有权利。Townsend 公司授权使用。

过 MAR。价格在聚集之前穿过 MAR 的程度，就是趋势不断重复达到的水平。当股票价格突然改变方向，MAR 会发生扭曲，波动加剧。每一条平均线都需要不同的时间段来消化其价格的变化。这就形成一个范围宽大的彩虹模式，具有明显的预测功能。

当价格剧烈波动，引发一个新趋势时，MAR 会缓慢反转来适应变化的情况。要好好利用这些视觉图形体现的相互关系来管理仓位。如果 MAR 出现交叉，预示价格沿轴线波动，就需要实施短线波段交易策略。一旦反转过程完成，就应该动量介入，充分利用新出现的聚集情况。当 MAR 在相邻时间段内呈分层状态时，那是动量加速的信号。

技术分析的手法常常不够精简。很多波段交易者认为，没有繁杂的数学分析工具来分析价格的变化，他们不会成功。其实，很多人只通过简单的价格与成交量关系，再加上移动平均线，就足以谋生了。这些初级的指标反映了时间、价格和趋势之间的重要联系，而且这些自然的因素可以很容易地结合起来，成为强有力的视觉交易系统。

K 线图

K 线图的历史比标准价格棒线图还要早。在 18 世纪的时候，日本商人就使用它来预测大米的价格。据说有一个投机商利用这个简单的工具连续成功交易 100 多次。很多 K 线图形态沿用军事名称，那是封建时代的产物。300 年来，日本一直把交易喻为浴血奋战。

K 线图比标准的棒线图涵盖的信息还要丰富。K 线图将某个时间段内的价格最高和最低点，以及开盘收盘价都表现出来。K 线图的身体部分代表的是从开盘到收盘的价格范围。上下影线表明了开盘收盘以外的价格范围。K 线图反映的是涨跌价位之间的相互作用，显示了走势图上前一个时间段的价格变化。

彩色 K 线图给价格运动又增加了一个分析的角度。当开盘价位于收盘价之上时，K 线为中空形态，表明价格上升。当开盘价低于收盘价时，K 线就充以黑色、红色或其他颜色。中空与实色的 K 线显示了超短期的波动及其剧烈的程度。它也显示了棒线收盘价形成的隐藏的跳空。西方的许多走势图分析常常忽视这些重要的失败情况，波段交易者能够利用 K 线图分析出很多隐藏的价位信息，并确定重要的支撑位和阻力位情况。

K 线图仅用 1～4 根 K 线就可以进行多种预测，是个优秀的短线交易工具。K 线图预测是通过走势图内模式的位置来实现。在不同的 S/R 临界点出现的两个相同的形态可能产生相同的结果。

所有时间段的走势图都可以使用K线图，但是在分析极短期走势图时要谨慎。日内K线图的极值（影线部分）会因不好的价格而表现不精确的信息。要先在大脑中把价格极值过滤掉，以避免依据错误的数据进行价位操作。只有当K线图的长度和成交量都大大高于之前的平均值，或正好位于主要的S/R轴线时，才进行操作。必须避免所有低价位或低成交量状况给出的信号。

K线图比其他任何技术工具都能更有效地显示反转模式。很多趋势的变化发生在波段交易者关注的时间段以下的区域。一些常见的形态，如"射击之星""锤头""十字星"和"被包含形"，为交易者提供了早期预警，以应对普通股民的举动。但所有的信号都必须结合K线图的整体环境考虑。

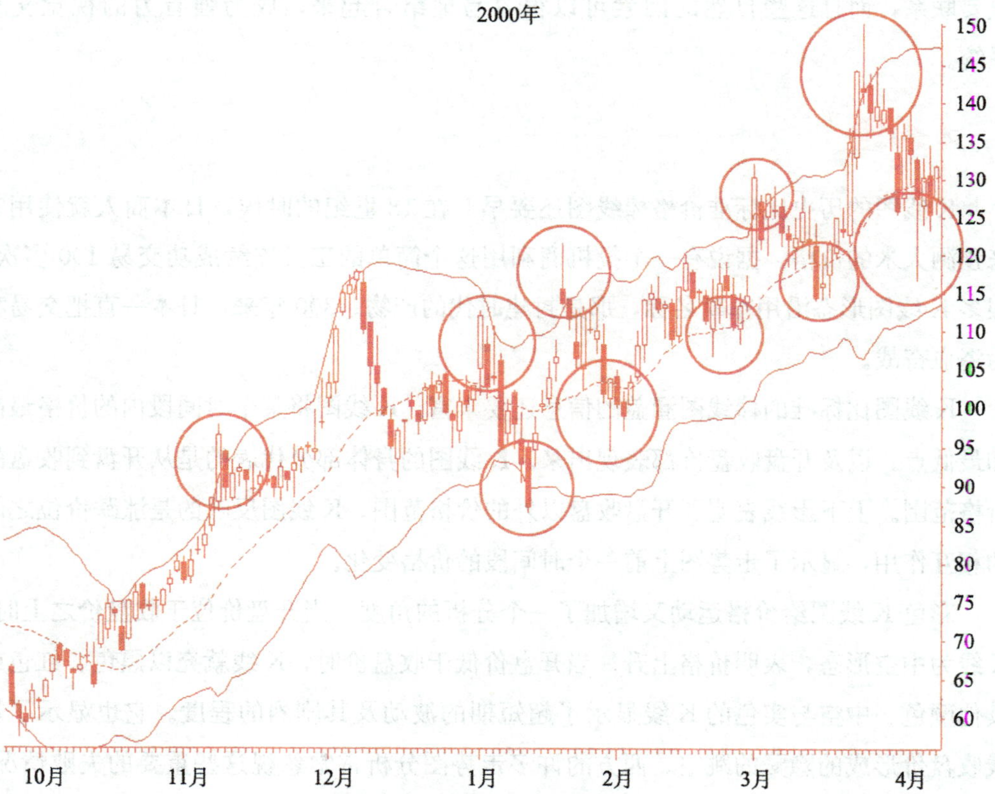

图 2—9 苹果公司股票日线图

注：K线图与布林带和其他的中心趋势工具可以有效结合。当价格突破布林带的顶部或底部时，注意找寻其反转形态。苹果公司股票中心带的K线图的移动，显示了几个中期波动行情，之后出现了强势移动，向布林带的极值逼近。请注意，很多这样的反转形态也与主要的高点、低点和折返相对应，在突破之后形成支撑。

资料来源：RealTick® © 1986—2000。保留所有权利。Townsend公司授权使用。

在决定使用任何模式之前，必须先通过交叉验证来确定S/R聚集的位置。日本的K线图与西方的经典技术分析相结合，效果良好。注意观察趋势中K线图移动平均线的阻力位置。在高点和低点验证位，注意高成交量反转的K线图情况、主要的S/R区域和标准斐波纳契折返情况。

止损操作行为会扭曲标准棒线形成的趋势线，但是K线图不受这些短期的已知S/R突破的影响。利用棒线图分析的投资者认为支撑位已经被破坏并形成新机会时，利用K线图分析的投资者却知道，原来的趋势并没有受到破坏。K线图可以在影线位置和实体边缘构建趋势线。当所有人都知道技术分析的基本知识时，上述方法为投资者提供了一个强有力的反面分析视角。

在主要S/R位置进行操作会导致价位频繁波动并增加风险。K线图是应对这种混乱局面的完美工具。十字星和锤形反转模式常常穿越很多S/R价位障碍，在遇到支撑时折返回来。它们的位置和形态表明边界的支撑作用依然完好无损。这些重要的价位能够产生一些有趣的逆向操作策略并创造更好的时机（见第10章）。

不要理会现代财经书中所介绍的大多数标准K线图模式的定义。把精力集中在少数几个体现普通股民发生冲突和希冀解决的主要形态上面。每一个具体操作都因价位、成交量和趋势而有不同。要弄清其本质，看是符合还是违反普通股民的观点。具有强大预测能力，且从没出现过的模式每天都会出现。必须仔细分析K线图里所包含的信息，虽然没有以武士的名字来命名。大多数隐藏的原始形态体现的是普通股民的兴奋和恐慌，以及在人们潜意识的作用下出现的反转，交易者可以通过直觉和分析进行理解。

布林带

波段交易者必须对每个可图利的投资机会进行中心趋势分析。市场在朝任何一个方向延伸之后都会折返。在行情活跃的情况下，这个中心轴常常会在下方支撑价格，在上方阻碍价格。在行情清淡的情况下，价格通常沿轴线来回波动，直到波动引发某个方向的突破。

布林带关注当下的中心趋势。随着行情的发展，这个强有力的工具画出上下方的通道，可以根据最近的行情来预测可能出现的极值。为了有效地利用布林带，根据预设的持股期，制作一个相应的中心移动平均线。必须谨慎选定这个重要的指标。长期的平均线产生滞后的信号，短期的平均线则容易造成双杀的局面。对于日内走势图，如5分钟线和60分钟线，应该选择短期的平均线。波段交易者在这种剧烈的波动时间段内不能依靠滞后的信息。对于日线图和周线图，则应该选用较长时间段的平均线，以便观察更大范围的行情周期和新趋势。

设定一个标准偏差尺度来限定在布林带范围内价格可以延伸的程度。大多数的技术分析资料标准偏差尺度设置为2。如果要快速获得信号，就要减少这个长度，但是同样要面对移动平均线操作中所遇到的双杀问题。大多数的波段交易者在刚开始的时候，对每个时间段都使用最通行的设定，并根据波动的市场调整设定。当布林带设定值为2时，价格应该很少超越平均线趋势的上下边界。但是，当设定值为3或以上，抛物线形的上涨和下跌会远远超越平均线趋势的上下边界。

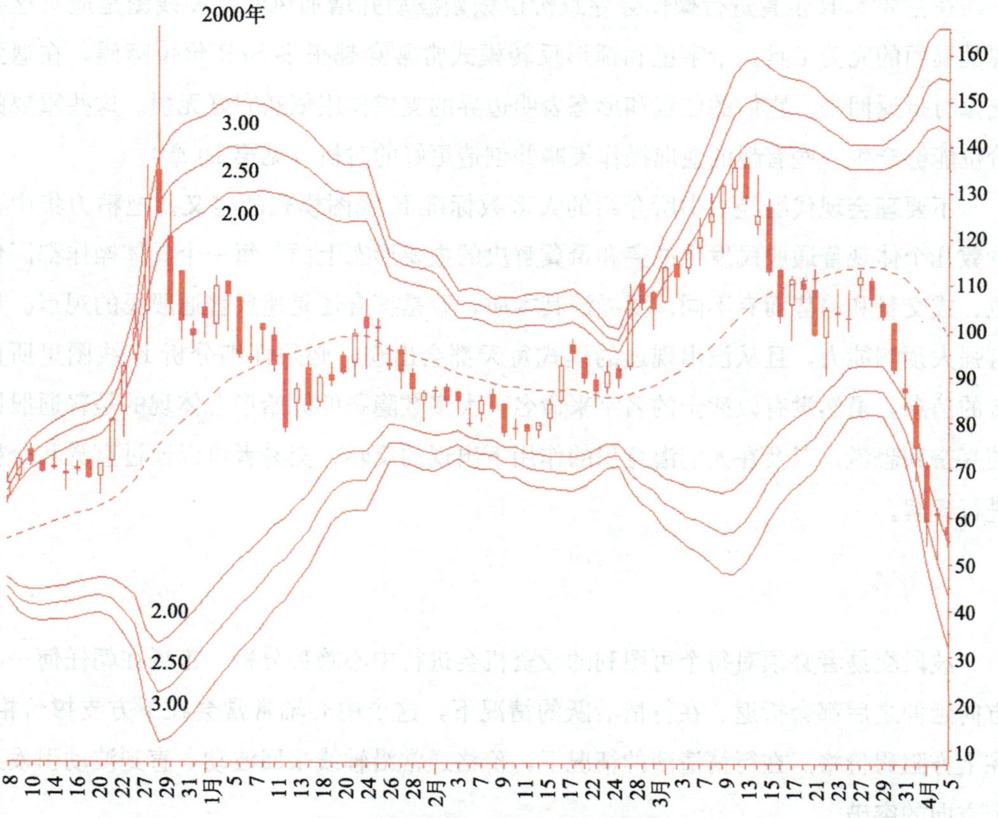

图2—10　CMRC公司股票日线图

注：标准偏差尺度能够预测价格在发生反转之前会运行多远。如果参数设置为20日移动平均线，布林带设定值为2，就能够反映大部分的行情。但是，当频繁波动的股票开始超出这些通常的设置情况时，布林带设定值应调整为3。这样就能适应峰值波动，并在很多抛物线形行情中使用。

资料来源：RealTick® © 1986—2000。保留所有权利。Townsend公司授权使用。

别妄想寻找什么完美的设定。看看不完美的设定有什么运作规律，特别是在出现虚假信号的时候。相似的棒线可能会不断突破布林带，同样能够对即将发生的反转提供有价值的信息反馈。不论投入多少，起预测作用的布林带模式在所有走势图上都会出现，并且提供准确的介入点。当对某行情不知用哪个参数设置时，可以在一个走势图上构建一个多层背离的布林带。然后，在不同趋势阶段的行情下观察布林带的情况。

大多数的绘图程序常用的默认设置是 20 日平均线，布林带设定值为 2。多用这个图形，对比一下普通股民对自己仓位是如何反应的。这个标准的布林带设置能够提供简单的操作策略，符合普通股民的一致选择。当价格触及布林带的水平顶部或底部，虽然遭到冲击却没有被破坏，此时应止损。在熊市行情中寻找收缩盘整的布林带，等待大突破的机会。在活跃行情中，价格靠近布林带中心时，通常会形成并保持收缩盘整形态；价格会急剧穿过阻力位，或反转失败发生变化。应该沿布林带的扩张方向入场，或者在两个极值收缩盘整处设置介入的终止范围。当价格超出布林带上限 50%时，应该考虑卖出；当低于下限 50%时，应该考虑买进。

波段交易者需要比投资者更快地获得信号反馈。对于大部分日线图，可以考虑使用 13 日平均线、布林带设置为 2 的做法。这种更为合理的设置能比 20 日平均线更有效地捕捉趋势的活动和具体的细节。所有的布林带及其附近的平均线结合使用时效果最好。加入 5 日、8 日的移动平均线，形成 5—8—13 的组合。这个斐波纳契级数组合能够提供主要日内波动和反转的信息。把 5 日线用于强趋势的 S/R，8 日线用来分析折返情况，13 日线用来确定趋势变化和反转情况。

布林带可以用来识别当前趋势内更小阶段内的情况。当价格上升超过中心带时，就进入了牛市阶段。该中心轴在折返中支撑着价格。当这个中心轴被穿越后，价格就会一直移动到布林带的顶部，然后发生重要的反转。当其他指标也支持时，就证明是买入的机会。当中心带被价格下行击破，中心带就成了阻力位。当中心轴被下行击破后，价格很有可能会一直下跌到布林带的底部。当其他指标也支持时，就证明是卖出的机会。

布林带综合了复杂的数学知识和简单模式的识别。任何方向的强烈趋势都会紧贴价格线。通常它们显示的是一系列的小幅度折返，但在汇入趋势前不会到达中心带。当价格移动至布林带之外超过 50%时，趋势就会急剧变化并达到峰值。这就是超买或超卖，将形成巨大阻力，把价格拉回布林带的范围之内，但这种操作的时机很难掌握。可能有好几根价格线会以高成交量穿过中心趋势线，然后退回到布林带范围之内。

布林带为多时间段走势图分析提供了更强大的火力。交易者可以在周线和日线之

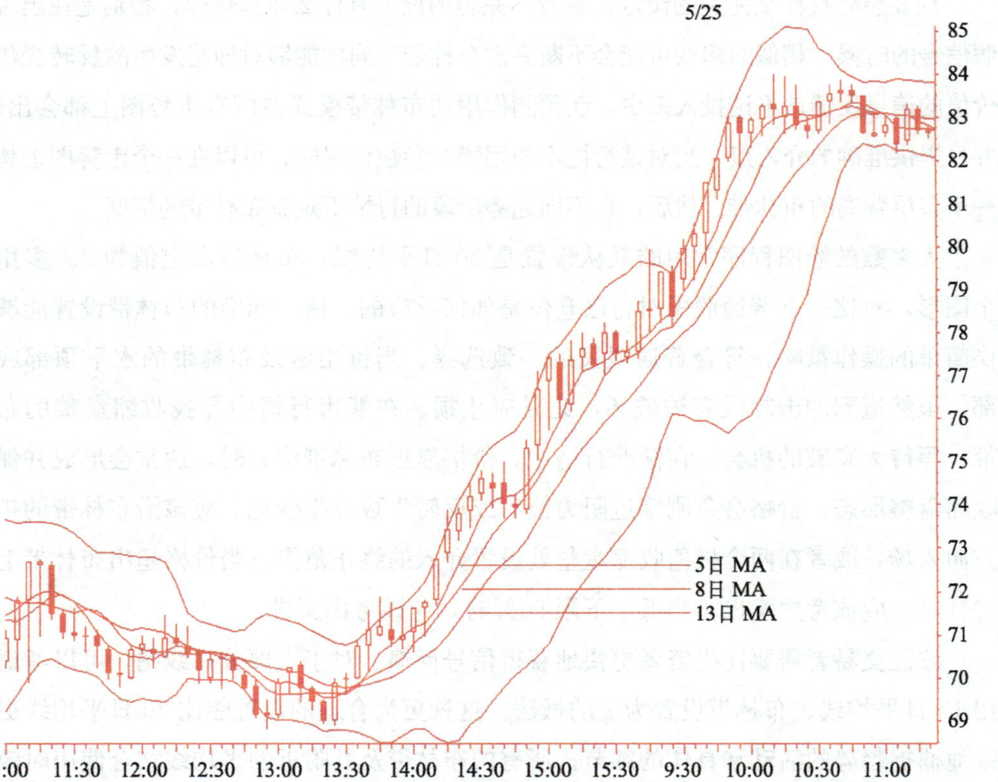

图 2—11 Applied Materials 公司股票价格走势图

注：5—8—13 组合布林带是日内交易者强有力的分析工具。可用于 1 分钟、5 分钟和 60 分钟走势图，来追踪极短期的行情波动和机会。请注意，Applied Materials 公司股票从 69 美元飙升到 83 美元时，价格不断地弹回 8 日平均线。5—8—13 的组合经常能显示单一价位的低风险介入点。

资料来源：RealTick® © 1986—2000。保留所有权利。Townsend 公司授权使用。

间游弋，而不需改变设定。这种方法可以提供立体视图，而且预测能力极佳，甚至可以显示隐藏的支撑位和阻力位，并通过一根价格线就能确定反转。同样的办法能够同时显示三个走势图，追踪不同时间段的行情。任用一种方法，结合埃尔德的三屏法，根据对应带内的牛市/熊市价位来确定介入点。

将来有一天还会出现像查尔斯·道、爱德华兹和麦基这样的人，他们能够将错综复杂的带/价格模式进行更为合理的分类，并制定更为有效的交易规则。但现在，我们还是继续使用以下有关布林带的简单规则，来进行每日操作的准备工作吧。

（1）位置和方向决定交易的阶段：

- 上部运动与下部运动：价格线的位置决定了目前阶段行情的强度。处于带内上部的价格表示力道强劲，位于底部的价格则表示力道衰弱。

- 价格移动方向：布林带内价格的移动方向表明当前趋势内的聚集/背离的情况。价格在带内下部上升或顶部下降，就会出现背离的情况。价格在带内上部上升或底部下降，就会出现聚集的情况。
- 验证趋势：布林带的上、中、下部都表示相应趋势的S/R。任何偏离布林带的反转，都增加了价格沿此方向发展的概率，然后价格又会返回，最后穿越或接触布林带。

（2）穿越中心带的情况会增加定向移动的动量：

- 当价格从中心带下部穿越到上部：上行趋势的力量增强。当价格靠近布林带顶部时，注意观察它的定向移动。
- 当价格从中心带上部穿到下部：下行趋势的力量减弱。当价格靠近布林带底部时，注意观察它的定向移动。

（3）当趋势形成时，布林带上扬：

- 爬梯子：如果布林带顶部的角度随价格升高，之后价格应该会出现一系列的上行，并沿顶部布林带逐步攀升。这表明上升趋势正在形成。
- 滑坡：如果布林带底部的角度随着价格降低，之后价格应该会出现一系列下行，并沿底部布林带逐步降低。这表明下降趋势正在形成。

（4）当趋势形成时，布林带表现平直：

- 顶板头：如果布林带顶部的角度随价格变小，之后应该会出现价格线穿过布林带并发生反转的情况。这极有可能使一个上升反转为下跌行情。但当布林带再次上扬，价格就缓慢折返。这表明将很快发生一个上升突破。
- 地板脚：当价格接触到布林带时，如果底部布林带角度变缓，价格线将穿越布林带发生反转。这很有可能使一个下跌行情转变为一个上升行情。但当布林带再次上扬，价格就缓慢折返。这表明将很快发生一个下跌突破。

布林带能够确定趋势发展过程中规律性的极值。当价格接触到布林带时，通常会反弹回去，直到有足够的力量将布林带移走。如果整个布林带支持正在增大的动量，在布林带顶部之下或底部之上就极有可能形成收缩盘整的形态。这种情况会一直延续到布林带反转并与价格背离，表明阻力位被击穿。然后，价格进入一个新的发展趋势，并保持在布林带的边缘。但是，要注意的是，最终的移动将取决于所有S/R临界点的相互作用，而不仅仅是那些与布林带有关的S/R控制。

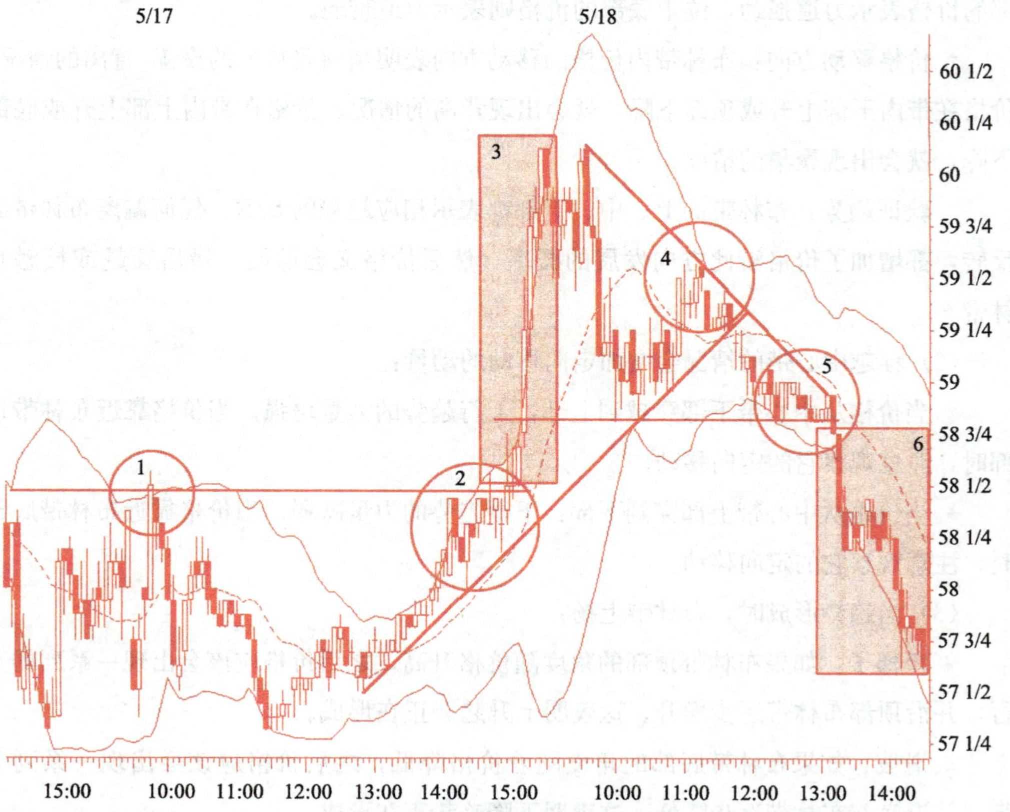

图 2—12　朗讯公司股票 5 分钟线图

注：朗讯公司股票的 5 分钟线呈现普通的布林带模式，同时，重要的布林带转折点出现经典的集中情况：(1) 短期双顶出现顶板头的反转情况。(2) 布林带顶部背离价格再次验证高点时，预示即将出现突破。(3) 新趋势渐渐攀升至新高。(4) 价格上升，最终急剧下跌，布林带预示另外一个下跌的波动，并跌破 2 日平均线。(5) 价格呈现下降三角形，再次验证低点，同时，布林带底部背离价格，预示即将出现下跌。(6) 新下跌趋势沿陡坡急速下滑。

➤ 走势图的极化对立

各种模式、指标、带形、线性不胜枚举，要一一分析，很让人头疼。还好市场通过其本身的极化对立将这个过程简化了。价格运动要么在两个极值之间不断徘徊，要么在中心地带小幅摇摆。这个隐形的轴线是几乎所有行情阶段、市场状况和指标的共有特征。例如，价格只有在上升或下降行情之间无方向的整理阶段才出现变动。这就可以预示股市未来的牛市、熊市或横向整理状态。

牛市/熊市

有效的波段交易操作首先需要正确识别目前行情的阶段。但在进行交易之前需要更为详细的信息分析。可以问自己以下问题：市场状况变化是否迅速？变化幅度是大是小？行情波动对交易环境有什么影响？这些问题的正确解答可以让我们分辨行情是一个简单的价格盘整还是暴跌。

在牛市行情阶段，买方力量强，主导价格的移动。在熊市行情阶段，卖方力量强，主导价格的移动。这些走势图与某个具体的时间段没有联系，仅仅记录价格在日线图上的行为。最流行的观点认为，200 日移动平均线是个股牛市和熊市划分的参考标准。

波段交易者可以把这个观点用于任何时间段的操作，定出一个牛市/熊市划分轴线。在这方面，斐波纳契折返比标准的移动平均线更为有效。首先要建立起主要的上升或下跌的参考标准来指导交易设定。然后利用斐波纳契级数标出极限价位。在相对上升阶段，当价格已高于低点 38%时，不应卖出。在相对下跌阶段，当价格已低于高点 38%时，不应买入。或者，当价格沿牛市/熊市轴线波动时，要注意触及 62%折返点的点位。

这个简单的理念刚开始让人有点儿摸不着头脑。实际上，趋势和牛市/熊市的情绪代表不同的力量。熊市中可能存在着升势，牛市中也可能存在着跌势。事实上，新趋势通常在敌对的环境中形成，但普通股民不知道。除了主要牛市/熊市能使价格在短期内发生逆向运动，相对趋势也有这种功能。可以利用这种极化现象做好准备，在折返时入场。确定当前市场的情绪以及趋势。当买卖双方对峙时，应该会有折返的可能性。关注价格的变化，直到它抵达一个强力的 S/R 水平，当价格再次与主要趋势相符时入场。目前的主要趋势应该会较快形成主导作用，并把价格向另外一个方向推进。

走势与区间

在所有类型的短线交易准备工作中到处都可以遇到走势与区间中的极化现象。操作时应紧随这个基本的轴线，否则将会损失利润。走势极少以直线形式发展。随着价格的不断推进，它会经常停下来进行验证、折返、休息。这种与走势相反的折返把投机的、亏本的和持怀疑态度的人都振荡出局。这样就降低了波动的幅度，同时有一些人又入场，希望行情出现新的涨势。在这种新形势下需要更精准地把握时机。入场过早会使波段交易者面临双杀的难题，入场太迟又会错过机会，风险也更大。价位波动幅度增大了相对趋势出错的概率。当投资者只关注一个较大范围的走势时，就会使自己陷入小范围的价格波动中。虽然波幅限制了损失的程度，但是资金被套也损失了其他的投资机会。

图 2—13　微软公司股票价格走势图

注：200 日移动平均线之上的是牛市行情，下面的是熊市行情。在这样的时间段内操作时，应该根据有利的行情特征进行总体设置。例如，当价格移动到平均线之上时，应该买空，当价格进入平均线下方时，应该卖空。短线交易者应该了解，大规模牛市或熊市的压力会多大程度地影响他们所使用的操作策略。但是，他们必须根据小规模的买卖压力位来操作，以获得利润。

资料来源：RealTick® © 1986—2000。保留所有权利。Townsend 公司授权使用。

应根据走势/区间轴设定交易策略，同时根据内在的波段动量周期来确定交易的时机。市场正面信息的反馈（价位的有向移动）通常以波浪形式出现。这些动量的移动包含了波段交易者所寻找的所有回报。市场负面信息的反馈（价位的无向移动）确定调整阶段，提供了获利介入点所需要的市场条件。在具体操作时，要把握这两种反馈情况与最佳时机。当价位区间靠近主要的S/R临界点时，确定价位入市操作，然后观察下一个短时间周期中的动量变化，进行获利。当价位开始快速变化时，根据介入点所在时间段内的动量确定离场点，以获得最大利润。

通过识别模式和指标的方法来确定走势和区间情况。当价格猛涨，走势都会一一记录。这样会迫使价格变化率和定向移动指标急速上扬。当行情折返、价格收缩盘整或横盘整理，价格的波动都体现在区间里。在区间发展的过程中，应该关注成交量和价格变化率出现下降的情况。它们会迫使移动平均线根据周期长度变得平缓。指标波动，如股票随机指标会在波动范围内进行小幅的快速往返移动。当走势发生逆转，要注意指标朝极值方向移动并停留的情况。

要利用不断重复的走势图形态来寻找重要的短线操作价位。经典的三角形、旗形、三角旗形能够帮助确定交易设定，有效地界定入场价位和风险的水平。当价格线收缩盘整、波动性降低、波幅发生改变，预示着一个波段期的结束和一个新周期的开始。根据预期的走势，设定好多头或空头的操作，但是如果形态发展失败，应该在相反的角度寻找更好的交易机会。

扩展与收缩盘整

随着波段周期的演变，价格线有秩序地往两极方向扩展与收缩盘整。价格线通常因价格上涨和抛售股票而快速发展出一个峰值。然后会出现小幅振荡，波动性减弱，同时价格波幅依价格变化率而收缩盘整。这个负面反馈是趋势发展的特征，直到出现密集的收缩盘整，这预示着价格线立刻会重返扩展的区域。模式派交易者在交易上有一个优势，因为这里的介入点非常明显。相反，很多数学指标在这种环境下通常处于中性区域，无法引起人们的兴趣。

波段交易者必须特别重视这些被人们忽视的中性状态。平静的平衡点在市场中通常能引发特别强烈的、获大利的机会。大多数人不会重视空档区。这些区域在低波动状态获得最初的能量，然后通过有向性运动和剧烈波动释放能量。它们能预示高回报、低风险的入场价位，波段交易者可以利用这种情况抢在普通股民前面入场操作。因为价格线振幅较窄，所以入场之后如果行情变坏，投资者必须在短时间内快速止损。

在设定投资回报的时候必须积极考虑扩展与收缩盘整因素。当扩展的价格线进入已知 S/R 区域，后面几根价格线收缩盘整的概率则大大增加。因此，如有大幅度价格线出现，应该谨慎操作。重新审视走势图，识别所有障碍，重新评估原来确定的持仓期。折返的概率增加，会大大降低收益率，然后才转变为另外一个运动趋势。

对于大多数操作来说，当价格线进入 S/R 区域后，应该准备离场。正如老话所说："在行情温和时入场，在行情疯狂时离场。"当行情振荡幅度大，远离通常的价格，但又不处于上行突破点时，应该考虑清仓。这些情况通常标志着短期的走势、短暂的平稳走势和逆趋势的峰值行情。

除非特别有利的情况，波段交易者一般从单个的、直接的价位突破来寻找获利机会，这需要高度的灵活性。当动量周期在几个时限内表现一致，而且交易设定已经产生了利润，此时可以捕捉一系列的扩展价格线。但是，应该牢记，行情形成趋势的时间只占所有时间的 15%～20%。若有几根价格线呈现出优势，应该立即捕捉获利，然后再进行下一步的观望，这样获利概率才高。只有经验丰富的投资者才有能力根据正确的设定不断选择出最佳的路线。要学会进行全方位观察，培养交易的智慧。

超前与滞后

大多数的技术分析指标依靠简单的价格/成交量信息进行总结。当这些数据上下波动时，在走势图中也有极端的表现。这种相互关系也说明了波段交易者不需要寻找完美指标。躁动不安的普通股民造成价格的波动，但是数学分析只能解释他们的行为所留下来的痕迹。在数字能够预示趋势出现之前，眼睛早就可以预见这种情况了。因此，需使用技术指标来辅助分析模式，反之无效。

对于超前或滞后于波动周期的走势图的极端价位或周期变动，可用流行的价格指标来分析。波动指标主要用来判断主要的反转。随机指标和怀尔德相对强度指标（Wilder's Relative Strength Indicator）都用来监测超买超卖行情的轴线变动，以此判断转折点。趋势追踪指标主要用来分析价格发展的规律。移动平均线带或经典的平滑异同移动平均线柱状图主要用来测量走势/区间轴，并判断当前波段动量周期所处的阶段。

股市里某个时间点买家卖家的数量是有限的。这些普通股民的行为推动着股市的上涨与盘整。上涨越强或盘整越弱，股票推进力量的消耗也就越快。波动指标通过超买超卖的两极化转换来计算这个重要的量值。这些前瞻性指标通常在极值附近徘徊，

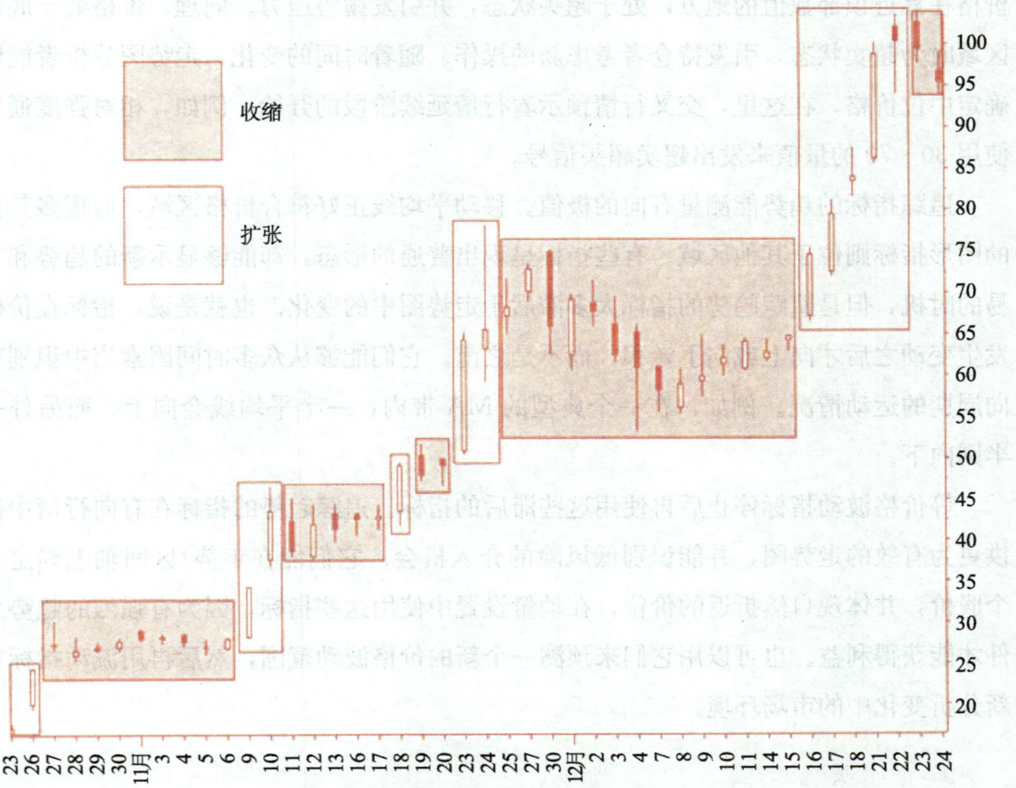

图 2—14 ebay 公司股票日线图

注：所有市场周期都在收缩盘整与扩张之间无休止地变化。但是，价格线通常密集出现在整理阶段。所以，在股票市场中赚钱非常困难。大多数投资者看到一个急剧的上升或下跌的时候，一个趋势可能早就结束了。甚至，当股价向前推进的时候，可能发生反转或进入新的收缩盘整阶段，交易风险会急剧攀升。只要有可能，波段交易者应该在价格线向上扩张之前从低风险价位入场，然后让追涨的普通股民推波助澜，自己迅速获利。

资料来源：RealTick® © 1986—2000。保留所有权利。Townsend 公司授权使用。

然后急速向相反方向转移。波段交易者应该在安排入场和离场设置时预测到这种变化发生的位置。

随着股市行情的变化，新人不断加入。新加入的股民会很快地填充能量。虽然量值已经表明早就应该出现反转，但是，这种不断自我填充的机制导致了更大的交易行情。当价格靠近一个极值并保持停留状态时，价格振荡指标能够反映这种情况。因此，在趋势运行阶段不要依靠这些指标。它们在收缩盘整波动范围内效果良好，因为自然周期变化本身就允许供求关系的规则变化。

前瞻性的指标在 0 和 100 之间来回波动，或沿一个中心轴变化。大家一般认为，价格在靠近顶部数值的地方，处于超买状态，并引发抛售压力。同理，价格处于底部区域时为超卖状态，引发持仓者考虑新的操作。随着时间的变化，走势图分析者能够确定中位价格，在这里，交叉行情预示着行情延续阶段的开始。例如，相对强度通常使用 30～70 的量值来发出超卖超买信号。

追踪指标的趋势能测量有向的极值。移动平均线正好符合价格区域，而很多其他的图形指标则位于其他区域。有些指标呈现出普通的形态，却能够显示新的趋势和交易的时机，但是追踪趋势的指标大多滞后于走势图中的变化。也就是说，指标在价格发生变动之后才向上或向下转移，而不是之前。它们能够从众多时间因素当中识别有向周期的运动情况。例如，在一个典型的 MA 带内，一半平均线会向上，而另外一半则向下。

等价格波动指标停止后再使用这些滞后的指标。追踪趋势的指标在有向行情中提供更为有效的走势图，并能识别低风险的介入机会。它们能在走势/区间轴上确定一个股价，并体现自然折返的价位。在动量设置中使用这些指标，因为有强烈的趋势条件才能获得利益。也可以用它们来预测一个新的价格波动范围，然后再用波动指标重新分析变化中的市场环境。

收敛与离散

成功的股票交易需要正确理解收敛与离散轴。这个强有力的概念解释了价格和所有走势图上其他因素之间的关系。如有指标所指的方向与趋势不同，则预示着价格发生离散。当指标与价格运动方向一致，则为收敛。离散行情表示负面的市场反馈，收敛行情表示正面的市场反馈信息。不同市场之间也可以发生互相收敛或离散的现象。如果 S&P500 上扬，纳斯达克指数下降，这两个指数就构成离散。当债券和指数期货都上升时，这两个指数就构成收敛。

波段交易者在离散行情结束后必须识别哪些因素将起主导作用。例如，当价格线下降而移动平均线上升时，两者中必有一条线最终会反转并沿另一条线移动。一般的技术分析理论认为，指标比短期的价格更能精确地显示内在的趋势。但是，这种说法通常会失效，因为指标会顺从地转向价格运动的方向。

应该用逻辑策略来评估离散现象，以避免操作失误。首先应该认识到，每一个市场行情都具有多个收敛与离散关系。再就自定持股期内支持或干扰操作设定的因素进行详细分析。确定主要的收敛与离散的方向，把次要的小变化过滤掉。有些离散状态比其他的结束得快。在上涨停止以前，累积情况会长时间地滞后于价格变化。但是，当短期上涨触及移动平均线时，下降的移动平均线会对价格产生巨大的影响。

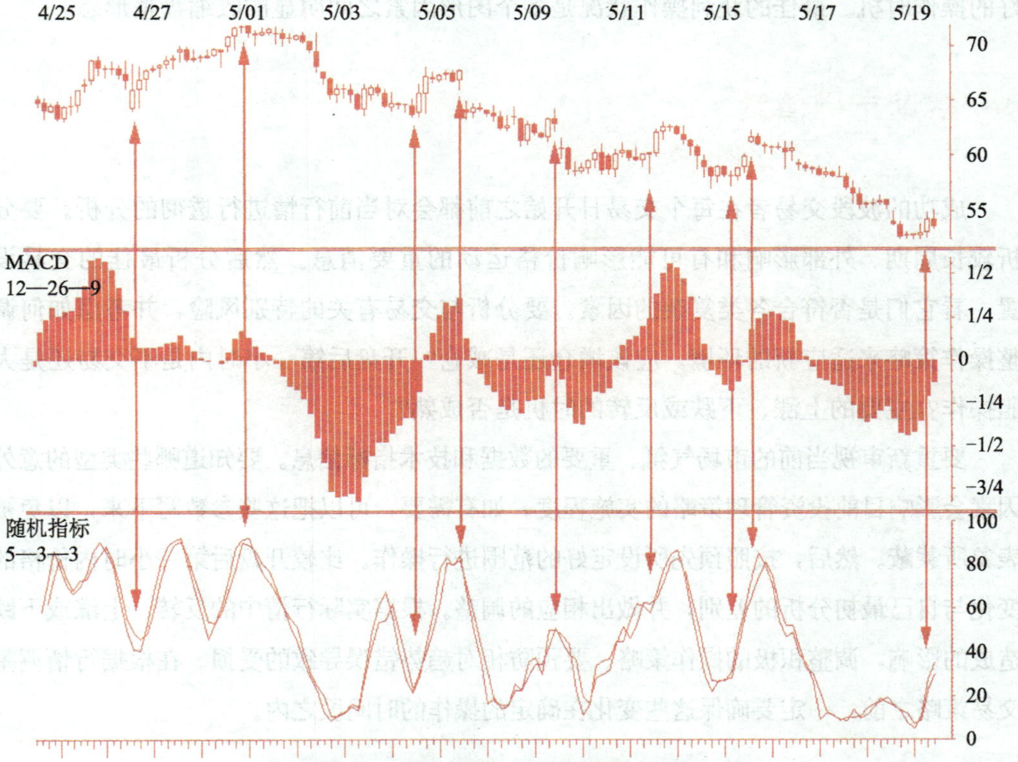

图 2—15　思科公司股票价格走势图

注：波动指标能够比其他的趋势追踪指标更快地发现行情的变化。请注意，思科公司股票每次反转时，随机指标是如何快速做出回应的，而相对较慢的平滑异同移动平均线柱状图则是针对每一根价格线做出反应的。在波动剧烈的行情中，应该使用波动指标，但在上升或下跌阶段，则使用趋势追踪指标。

资料来源：RealTick® © 1986—2000。保留所有权利。Townsend 公司授权使用。

要在收敛与离散交易分析中采用交叉验证的方法。要多注意不连续的，并支持有利模式的收敛。把这些模式与离散因素相比较，从而得出有关价格下一步走势的逻辑结论。若在某个价位点重复出现收敛现象，在那个位置发生重要上涨或反转的概率就大幅度增加。把这种认识与界线明确的 S/R 信息相结合，就可以自信地进行操作。S/R 对于价格发展的影响比收敛与离散的影响要大。如果指标处于下跌形态，而市场构建牛市行情，后续的价格行为极有可能比离散数学指标更能支持行情走势。

在进行交易之前，要关注其他支持目前行情或与目前价格运动趋势相抵触的因素。需分析季节因素或交易当天的时间因素如何影响价格的预测。还要考虑指数的局限性，或显示背离情况的走势图的局限性。趋势行情的波动指标和平淡行情中的趋势追踪指标都可能发出很多虚假的信号。如果吃不准，应该暂时保持观望状态，等待更好的操作时机。最佳的获利操作状况是多个图形因素之间明显的收缩盘整形态。

解读市场情绪

成功的波段交易者在每个交易日开始之前都会对当前行情进行透彻的分析。要分析较长周期、外部影响和有可能影响价格运动的重要消息。然后分析最佳的交易设置，看它们是否符合各类复杂的因素。要分析与交易有关的特别风险，并考虑如何调整操作策略来适应新的环境。应该增仓还是减仓？开盘后第一小时内是不交易还是大胆操作？主要的上涨、下跌或反转的时机是否成熟？

要重新审视当前的市场气氛、重要的数据和技术指标信息。要知道哪些类型的意外因素会影响目前投资管理策略的实施程度。如有需要，可以把这些参数写下来，以免被表象所蒙蔽。然后，按照预先所设定好的范围进行操作。比较开盘后第一小时内价格的变化与自己最初分析的差别，并做出相应的调整。根据实际行情中的反转、上涨或下跌造成的影响，调整积极的操作策略。要预防相对趋势错误导致的受损。在根据行情调整交易策略之前，一定要确保这些变化在确定的操作的时间段之内。

注意动量陷阱

交易是否成功取决于市场的总体强弱状况，以及如何根据市场的变化进行获利了结。有人根据逆市场情绪入场，并能产生良好的收益，但随着时间的推移，当持仓情况与重要的指标和市场周期严重偏离，成功的概率就会下降。波段交易者能顺势而为，又不为行情所累，因此能够产生良好的效果。

市场行情的盘整通常会持续几个月的时间，但大多数投资者过分关注相对短期的强势上行动量阶段，希望能有极佳的收益。这些令人兴奋的时期同时也激起人们的贪欲，忽略了风险管理。投资者们通常违反自己的操作规则，进行危险操作，并养成一种不健康的心态，认为自己不会犯错误。他们忘了，上涨行情很快就会消失，并且事前不会给出任何警告。

在暴涨行情中行之有效的策略在清淡行情中却会造成极大的损失。大多数投资者判断错误，在行情见顶和盘整的情况下，继续持仓。这会导致仓位不当，错过好时机，从而使上涨行情中可以轻易填满的口袋被掏空。随着经验的不断增多，应该避免陷入这个常见的陷阱。要学习整体市场的情况，并根据市场的变化迅速做出调整。要建立自己的周期测算指标，不要被财经刊物和股票舆论左右。要用常识来预测并验证普通股民可能永远注意不到的获利新策略。

结合市场情绪和模式周期来确定当前最佳的操作时机。个股的不同操作设定要与大范围的影响因素吻合。首先分析当前的市场状况，然后确定在这种环境中什么类型的交易方式效果最好。要保证自己的投资策略所对应的是所分析的时间段。如果主要的指标出现收缩盘整，要尽可能按照行情在模式周期中所处的阶段进行操作。如果主要的指标没出现收缩盘整，应该选择对应总体市场情绪和当前风险程度的仓位。在股票和更大范围的指标分析中利用 S/R 临界点来锁定获利离场的时机。

波段交易者进行卖空必须像买空一样轻松自如。这就要求大多数新股民放弃自己进入现代证券市场时所持有的偏见。现在仍然有很多人没有理解股票交易多方面的特征。多年了，金融投资机构总是想方设法阻止散户了解卖空的规律。暴涨的规则使入场更为艰难，但华尔街却说广大投资者的行为正在损害美国的经济，而其真正的目的是希望自己能继续占有这种有利的交易策略。如今时代变了。直接入场操作的系统允许卖空与买空同样快速地进行。要尽快学习如何利用这些系统。

模式周期理论要求从两个方向实施多种操作策略。通过学习简单的途径来识别大范围内的新情况，以快速调整，应对市场中的情绪变化。认真踏实的工作，总会带来丰厚的回报。赚钱的机会总是在普通股民尚未觉察趋势之前就出现了。要学会从动量行情中获利，但不要把这种行情当作唯一的情况。收益增加了，风险也会增加。要努力丰富自己的操作技巧，增强在任何环境下都能捕捉良好机会的能力。对于参与股市游戏的人们来说，能够抓住多个交易机会的人比那些只能打出几个“全垒打”的人坚持得更长久。要做到坚持原则，做法一致，在上涨和下跌趋势中游刃有余。

见树亦见林

为获得投资机会和风险的直接结论，波段交易者必须分析消化大量的市场信息。首先应该进行跨市场的分析，然后确定本地或世界市场的影响是否会改变价格的运动状态。必须了解有可能会影响市场的消息和基本情况，但是注意力应该放在模式和数字上面。除非发生了重大事件，技术分析一般都能预测到行情的发展，因为内部人士已经在公众之前把新闻交流过了。

债务、货币和商品方面的相互影响会很大程度地影响美国证券市场。这些巨大的力量在指数期货和债务之间通常造成套利交易，从而推动股票价格的变化来获利。幸运的是，大多数主要市场的变化过程是缓慢进行的。波段交易者通过研究几篇新闻报道或进行每周指数走势图分析就能了解它们带来的实质性影响。

消息要灵通。今天的消息不会推动明天的行情走势。要学会见树亦见林，通过研究宏观经济、媒体信息和世界政治来识别领军的力量。基础准备做好之后，就可以简单地追踪财经新闻，那么当天哪条新闻最重要就会变得明朗了。现代证券市场具有一套自我实现的机制，它可以把最热门的股票在市场中推向最高的位置。要分析这些主题，然后确定它们的影响程度、持续的时间等。

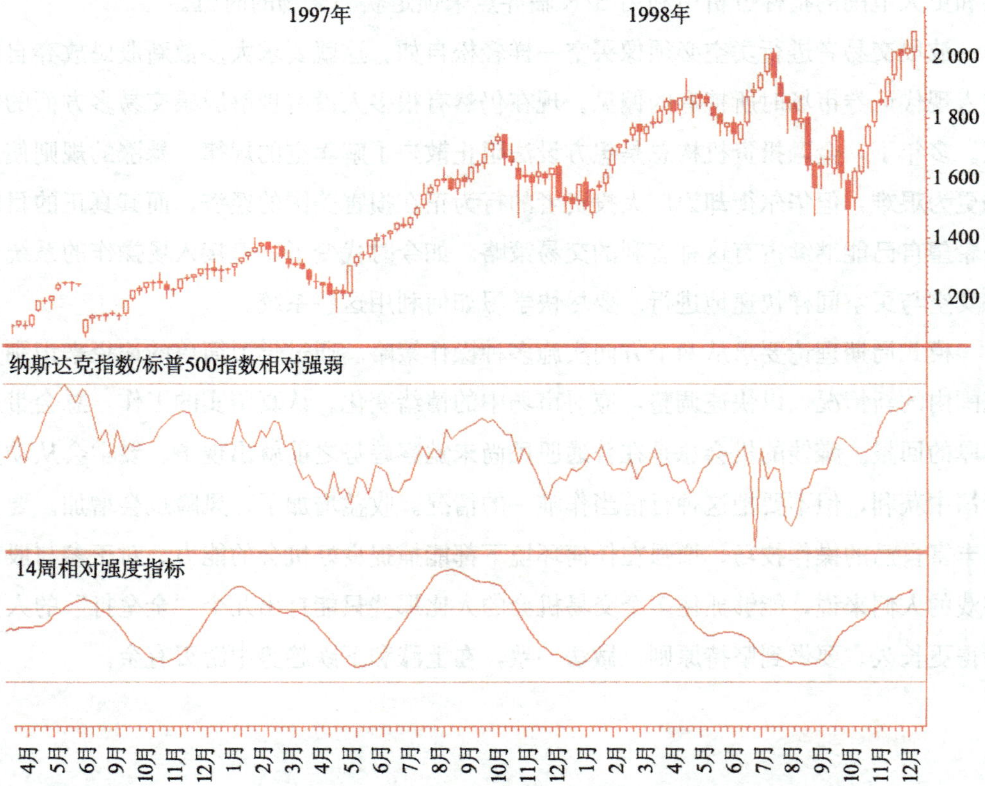

图 2—16　纳斯达克指数周线图

注：指数相对强度指标体现的是当前交易和周期的情况。纳斯达克指数和标普 500 指数之间的状况，使上涨股票的活动与蓝筹股的安全性之间形成了鲜明的对比。当纳斯达克指数领先于其他指数时，股市行情通常见底。14 周相对强度指标反映了长时间的纳斯达克买卖压力。通过使用 5～7 个周期的平滑平均线，一旦图形开始反转，就可以避免出现双杀的情况。波段交易者可以把买卖的策略与广泛市场的情绪对应，以提高自己的业绩。

资料来源：RealTick® © 1986—2000。保留所有权利。Townsend 公司授权使用。

要识别美国股市超前指数和滞后指数。在每个指数中找到对应的模式周期，判断目前所处的交易阶段。是处于价格波动范围之内，还是正在发展的趋势中？波动指标是在上升还是在下降？它们是收敛还是离散？每个指数都有其能够影响或歪曲每天行情结果的特点。要花点时间来学习它们的构造以及个股运动所产生的侧重信息。例如，微软股票 1999 年某段时期的上升或下跌，导致了道琼斯 30 和纳斯达克 100 的变化。

追踪那些影响每日决策的指数和量值。纳斯达克指数、纳斯达克 100、S&P500 和道琼斯指数有进入美国股市所需的大部分数据。波段交易者能根据这些主要的影响来识别某些次指数的上涨和抛售。同时也应该关注公债期货和利息回报的情况，还有一些可以产生特别利息的小市场。但是如果这些信息不能改善自己的收益，那就应该尽快抛弃。

很多证券交易者在实时行情屏幕上都保存了当前的期货数据。芝加哥商业交易所收费的降低和 S&P 交易小型指数期货合同的诞生，让散户们可以查看这些衍生行情，而几年前公众是看不到这些行情的。应该开始用流行的小型指数期货指标代替 S&P500 指数报价来分析期货行情。然后观察那个市场与自己股票之间的相互关系。这种日常的互动关系能够解释众多短期价格波动的情况，而大部分人认为这些波动是干扰的噪音。经过少量练习以后，波段交易者就可以进行投资设定，利用这些波动情况，谨慎地选择时机。

S&P 期货的玩家当中，专业人员较多，多过股票的数量。波段交易者能够在日内走势图上看到他们交易的情况。几乎每个大幅度的价格运动之后都有明显的渐变盘整的阶段。这就使价格运动呈现出奇怪的样子，就像刺猬一样。在进行证券交易时，可以把这种现象作为噪音的过滤工具。真正意义的上下行突破都会突破这些止损退出点位，而虚假移动则在这些位置终止。当别人在小型日内价格波动中被套时，应该引起重视，并采取旁观态度，因为它们会给自己带来损害。

道氏 2000 年理论

应该更新道氏理论并把它运用于现代美国股市。如果还有专家仍然在使用道氏运输和应用平均线预测中长期趋势，那么他们的观点不值得我们重视。道琼斯指数、S&P500 指数和纳斯达克指数之间的关系，就是当前股市内部相互作用的关系。波段交易者可以通过这三个指数来评估大多数主要的止跌回升和行情回落的情况。工业时代进入了信息时代，大家应该更加重视纳斯达克市场不断形成的主导作用。几年后，甚至道琼斯指数都可能少有人问津了。

市场行情中的大部分问题可以由主要指数中的超前/滞后关系进行解释。当纳斯达克领先于蓝筹股，就预示着一个散户推动的投机性技术阶段的到来，此时，价格波动会加剧，不稳定性会增加。S&P500 指数或道琼斯指数的上升表明趋于安全的变化过程，说明机构资金在推动行情的发展。这些指数处于领先状况，表明会出现一个低波动性阶段，平稳整理形态的概率就会提高。

纳斯达克有几个对投资者非常不利的怪现象，但是通常会引起人们的关注。纳斯达克有三个大板块：巨型技术公司、中型技术/服务公司和大量的小型公司。只有在分析了每个板块当前的表现之后，才能对纳斯达克的价格变化进行评估。一般情况下，四只最大的纳斯达克股票的表现能够解释大部分指数中体现的价格变化。在其他情况下，这些巨型股票的清淡行情会掩盖小型股票的上涨或下跌行情。

要确保实际的市场行情支持波段交易策略的实施。大型股的交易跟小型指数一样，不需要过多的外部分析。但是小仓位持股可以依靠板块的指数来正确选择策略。大部分波段交易者应该根据主要的纳斯达克指数和一个小型指数来过滤干扰信息。可以另外选用纳斯达克 100 指数或特定大型股来追踪这些巨型股票的影响。在进行任何日内仓位交易之前，只要有可能，就需要关注这些参考指数的变化情况。

几乎所有的上升或盘整的趋势都会推动主要的移动平均线。牛市行情和熊市行情之间来回波动剧烈，其实就保证了价格会朝某个方向大大偏离轴线。这种大面积行情低迷的状况会激发一种强大的机制，该机制存在于所有波段交易获利过程之中：当有向动量开始推动价格运动时，价格会保持运动的状态，直到出现另外一个干预的力量才会发生改变。

看准升势确定日，通过有向背离进行获利交易。在出现指数线大范围波动以后，行情通常会在第二天早晨沿同一方向飙升。可能出现一个巨大的跳空，也可能只出现一个小幅的移动。不管哪种情况，持股过夜的交易者可利用这种趋势来获利。有个常见的交易方法，就是在一个趋势发展过程中的大范围波动之后，在高位收盘时清仓。波段交易者可以设定好，在开盘前就清仓，或者在开盘后第一小时内（当价格变化消耗掉自己的利润之前）就获利了结。

如果在开盘后的第一波涨势之后仍然持仓，风险将越来越大。开盘出现跳空上涨，通常标志着一个短期趋势的高潮。只有非常强势的行情才能形成两个连续的同向的长棒线，所以在出现后指数通常会立刻急速反转。波段交易者应该识别出这种趋势，并认真观察高波动性的早市行情。他们会事先分析好自己所关注的股票，制定应对突然性反转的策略。当行情出现反转，他们就坚定地按照设定的指数进行操作。

寻找赢家股票

要努力寻找股票市场中新的获利机会。刚开始的时候，应该把大部分股票都当作不适宜交易的股票，包括房地产投资信托公司、封闭性基金、美国证券托存收据和公用事业股票。然后根据平均日成交量，将选定的股票再减少到2/3。寻找成交量高、价差小、入场离场容易的股票，这就把选择的范围降低到了大约2 000种股票。这些成交量高的股票有九成缺乏获得合理利润所需要的特征。所以，每日看盘搜索时，必须发现隐藏的那一成有利于建仓获利的机会。大多数情况下，昨日的股票无法与未来的股票相媲美。所以，如果放弃了过去关注的股票，必须更新自己的股票关注清单。

大海捞针

波段交易者有两种方式来寻找极好的交易：自己找，或让别人找。经常在聊天室讨论或者在某些网站里面浏览，可能有较多机会发现好股票，但前提是这些机会必须符合自己的操作风格，否则风险会很大。在选股时，一定要亲自进行分析，不要单纯依靠他人的分析。在股市长期获利，绝对不可能依靠他人的分析。网站管理员、新闻通或者股票论坛主持人在持股策略和操作方法上跟普通投资大众都有区别。

每天进行计划分析，应该可以找到以下三要素：优秀的模式周期投资机会，权衡回报/风险率，并能事先确定合适的操作设定。要建立一个自动的选股淘汰机制来评估每一只待选股票，或者客观地浏览这些特征。通过正确的工作流程，可以找到符合以上三个要素的投资组合。要意识到，任何一个不符合交易计划的重大缺陷都可以否定交易。例如，如果潜在的回报不能带来满意的收益，或者模式与其他的走势图相冲突，即使有形态很好的三角形突破，也不要进行交易。

要密切关注趋势，发现尚未出现的事物。详细查看、分析走势图，通常可以找到成功的投资设定所需的基本要素，但又通常不具备良好的入场条件。不幸的是，这种分析过程可能会造成二级强化作用。这种分析可以使投资者的大脑进入游戏理论模式，抚慰自尊心，因为他们看到了本来可以入场投资获利的机会却没有实施。这种潜意识的自娱自乐，通常促使大脑在考虑有疑问的新模式的时候，自行补充形态模式所缺少的某些要素。所以，寻找投资机会的时候一定要睁大眼睛，有严格的自律精神。

最关键的准备工作要把第一次观察时觉得非常完美的因素全部抛开。如果某个设定没有成功的希望时，要懂得去寻找下一个机会。晚上做分析的时候，要能发现某些特别有投资价值的股票，让自己等不及明日的开盘。但在开盘前，还是必须把昨晚筹划的设定再重新审视一遍。真正好的投资设定，即使早晨再次审视，应该还是好的计划。请记住下面这个寻找赢家股票的黄金法则：要费尽苦心去找的机会就不是真正的好机会。大学文凭什么的，且放在一边，相信你的直觉。

机会成本

考虑使用离线制图分析软件，不要受限于那些固定的指标。用分析软件来发现一些新的适合个人操作风格的投资机会。分析软件能比最繁杂的网络提供更适合的功能。它也能够让我们更好地理解那些通过流行的计算方法所得出的机器的语言，并使得出的数据更加适合个人的需求。不要把走势图分析软件与数据库程序混为一谈。对行情不断扫描的软件通常能够提供一套基本的指标，很容易在线复制。制图程序会对行情进行扫描，但是它们的功能是建立在大量的数字处理基础之上的。

网络仍然是一个很好的资源，可以获得行情资讯，帮助筛选股票，确定投资机会。根据较有利的价位，建立一个筛选后的股票关注清单。然后利用最佳网上资源对这些股票在多个时间段内的走势图进行详细分析。再建一组股票关注清单，不管其短线机会如何，都天天关注。要对这些股票价格变化的方式、行情的演变以及总体市场的反应等内容了如指掌。活跃的行情在一定时期内会提供某些好的获利机会，但我们应该寻找那些带来长期固定收益的股票。

不要投资那些成交量很高的短线股票。经验非常丰富的职业投资人通常会积极参与买卖以下股票，如戴尔计算机公司（DELL）、英特尔公司（INTC）、思科公司（CSCO）和微软公司（MSFT）的股票。如果缺乏丰富经验和技巧的投资者买卖这些股票，大部分人会一败涂地。要注意目前的交易风格可能不适合那些价格波段的情况。这些成交量高的股票通常在价格通道内运行而不是以简单的价格线的方式运行。任何买卖此类巨型股票的投资策略必须考虑与这种走势类型有关的下跌行为。

股票经纪人和交易系统对某些股票提供快速交易服务，而对其他股票的服务则相对较慢。要只投资那些反应迅速的股票，不要投资那些反应慢的股票。直接投资的股票必须在电子通信网（ECN）上有深刻的体现，否则它们就会引发严重的损耗。赚取佣金的经纪人与股票批发商之间有协议，他们喜欢某些股票，不喜欢其他的股票。有些交易的速度甚至和 ECN 订单配对的速度一样快。在进行入场和离场操作时，请使用下面这个总体指导原则：持仓期越长，交易的迫切性就越低。例如，大型纳斯达克股票经纪人通常花费很长的时间将小投机商挤出局，1～3 天内运作的波段交易者在这种情况下正好可以很容易地在低风险价位交易，连续获得利润。

交易机会的多少与用于市场分析的时间数量有直接关系。如果每周用于交易的时间只有一两个小时，就应该只选择一两只股票专心观察。如果交易多种股票而又想获得成功，每天至少需要几个小时的工作。分析股票的时间若有增加，股票关注清单也该加长。如果能对 2～3 只股票进行透彻的分析，比追逐 20～30 只不太了解的股票的成功概率要高得多。

实时看盘的能力能够做出正确的交易设定。如果不能对价位实时追踪，那就可以把持股时间增长到几天。使用人工方法以及限价订单来止损，控制风险。实时交易系统对于日内波段交易者和小投机商比较有效。大量的股市投资者在每个交易阶段所关心的内容非常广泛，但内容又没有太多联系，容易让人分心。不要依赖主页面下简单快捷的报价或网络信息来管理交易。当市场真正开始启动时，大老板们也会站在行情显示终端进行观察。

股票网络论坛是与朋友交流的好地方，但有时却会给自己的交易账户造成巨大损害。因为在网上几乎每一个人心里都打着自己的算盘，所以不要轻易相信任何信息。成功的波段交易者不一定完全了解股票公司的所有基本面信息。而参加网络论坛讨论的人有可能只会加强自己潜在的偏见。要有心理准备，接受事实，不管事实对你有助还是有害。技术分析派不相信公司的表现。他们只相信数字。

价格、时间和风险才能引发交易行为。对走势图要了如指掌。在每个走势图的模式周期中确定自己具体的操作价位。应该寻找普通股民会疯狂跳入场的 S/R 位置，或者可以在空中安全抓到飞刀的位置。寻找赢家股票要求具有很高的情感控制能力，大多数人实践起来很痛苦，但是痛苦和利润往往是共存的。

制定股票关注清单

现代通信技术能够让我们快速制定短线股票关注清单。免费的网上服务可以让我们实时观察股市行情，并生成多种类型的超前/滞后指标。随着时间的推移，波段交易者发现股票关注清单不能满足他们不断增长的需要，于是他们开始构建自己的数据库。这些有价值的工具能够快速管理行情信息，扫描行情，寻找下一步的操作设定，而且通常是实时的。不断扫描行情是很有效的办法，它可以找到整个市场中符合个人风险控制范围的股票。随着经验的增加，投资者可以把自己限定的板块、股票成交量和股票的波动性紧密联系起来。扫描行情，过滤干扰因素，对特定信息的效果很好。

大多数光盘和网上数据库包含了各种股票的所有交易信息。可以对所有股票进行分类，从而把各主要类型的股票分别管理，确定自己所关心的股票板块。很多类型的数据库允许用户设定自己的浏览方式，通常包括技术指标强弱排名，并通过成交量、市值大小和价格/收益增长率等方式对结果进行分析。但不要过多使用交易规则和过滤工具。目前股市中表现不佳的板块可能在相对较短的时间内成交量变大，波动增大。所以，定好软件扫描行情的时间设置，等待行情的复苏。

要认真评估成交量对股票关注清单产生的影响。通常来说，如果资金有限，就无法操作某些价位的交易。小资金的散户应该避免买卖高于 100 美元的股票，而某些专业炒股人士则不会考虑那些股价低于 30～40 美元的股票。小资金的散户还应该避免买卖超低价股的错误习惯，不要认为这种做法会克服资金不足的情况。这些股票分散严重，不会有较高的价格百分比变化。散户如果能控制好风险，会比单纯追逐快速回报的人获得更多利益。

要根据成交量和每只股票的具体特征进行行情扫描。纳斯达克证券公司中短线交易十分流行，所以对于日内短线交易的投资者是一个优先选择的市场。但是交易者通常认为纽约证交所提供了很好的机会，风险也容易控制。大多数的投资者可以通过下面这个简单的方法制定有效的股票关注清单：只关注纽约证交所最好的一半的股票，只关注纳斯达克最好的 1/3 的股票。避免纳斯达克成交量低的股票，除非是通过直接交易的方式，并会定期自动回补。如果没有操作优势，流通量小的股票会夺走利润，破坏风险管理。对于买入的机会，应该多考虑一个过滤工具，通过相对强度来筛选成交量低的股票。通过这样的筛选，得出最佳股票，并把它们加入普遍高流通量的股票清单。

把第一次筛选过后得出的 1 000～3 000 只股票作为每日结束后交易分析的原始资料。把这些股票按照特定要求进行筛选，产生不同的关注清单，以便制定股票的交易设定（见第 7 章到第 14 章）。请牢记，最好的筛选的方法是用多重方法进行过滤。关注清单的长度必须适合所安排的分析时间。如果发现一些非常优秀的操作机会，却根本不能具体实施，那是没有意义的。

要考虑使用独特的扫描标准来发现有价值的卖空机会。请记住，这些股票需要具有更高的平均成交量才能使逼空的危险最小化。要找到这些股票，需付出更多的精力。强势股通常是买空的对象，而弱势股却不一定是卖空的对象。股市下跌的速度要高于上升的速度，而且没有什么预兆。常用的扫描筛选的方法必须能够找到能引发恐惧的特征——恐惧会造成行情的暴跌。

利用扫描筛选方法找出即将出现的趋势，为即将可以实施的交易做好准备。确定 50～100 只主要股票作为独立分析清单的核心内容，每天晚上进行分析研究。把这个清单中活跃的股票添加到特定交易组的优先股票的位置。这样就形成了最终热门关注清单，波段交易者可以在下一个交易日把注意力集中到这个清单上。尽量密切关注这些股票的每个价位的移动，捕捉预先设定的价位。如果这个清单太长，不能在开盘期间进行观察，那就设一个 20～30 只股票的小清单就好了。每天晚上更新一下热门清单，但核心关注清单要连续观察几个月。

记录扫描

我们用 Worden，TC2000 EasyScan 软件来分析一个典型的数据库扫描，以寻找经典的 MACD 柱状图的特色。这个扫描工具运用了常用的 12—26—9 的参数设置，它在一个逻辑过滤过程中一步一步地移动：

（1）平滑异同移动平均线以一个短期移动平均线和一个长期移动平均线的差开始：扫描：（AVGC12）－（AVGC26）；解释：用 12 日简单移动平均收盘价减去 26 日简单移动平均收盘价。

（2）在平滑异同移动平均线上可以看出在 9 日内这个差值变缓。扫描：AVG（AVGC12，9）－AVG（AVGC26，9）；解释：用 12 日简单移动平均收盘价最后 9 日的值减去 26 日简单移动平均收盘价最后 9 日的值。

（3）平滑异同移动平均线根据走势向上穿越柱状图零线发出购买信号：扫描：（AVGC12.1－AVGC26.1）－（AVG（AVGC12.1，9）－AVG（AVGC26.1，9））＜0 且（AVGC12－AVGC26）－（AVG（AVGC12.1，9）－AVG（AVGC26.1，9））＞0；解释：昨天的平滑异同移动平均线在柱状图零线下方，而当前的平滑异同移动平均线在柱状图零线的上方。

（4）平滑异同移动平均线基于向下穿越柱状图零线发出卖出信号。扫描：（AVGC12.1－AVGC26.1）－（AVG（AVGC12.1，9）－AVG（AVGC26.1，9））＞0

且（AVGC12－AVGC26）－（AVG（AVGC12，9）－AVG（AVGC26，9））＜0；
解释：昨天的平滑异同移动平均线高于柱状图的零线，而目前的平滑异同移动平均线低于柱状的零线。

初看起来，这种扫描分类方法可能显得复杂了些，其实它仅仅使用了简单的价格参数，并可以利用前几天的数据与当前的价格运动进行比较。在重要指标水平生成的交叉点会发出信号，可以匹配用户的个人爱好。幸运的是，不太喜欢数学的波段交易者可以找到这些免费扫描的结果，也可以通过各种在线数据库来获得。如果技术型投资者进行仔细的研究，就会发现这些扫描工具使用的语言很容易掌握，而且功能很多。

要记住扫描的两个主要目的。第一，它们可以在庞大的数据库中进行扫描，生成的结果却是基本满足波段交易者总体要求的股票清单。第二，它们对这些剩余的股票进行集中分析，寻找特定的操作设定以及模式。原始的股票关注清单应该经常更新，但是不必每天都重新更新数据库。自行摸索一下，看看数据多久会失效，需要进行更新。但是，应该在晚上定好扫描软件，才能获得当天最新数据。市场行情瞬息万变，在开盘钟声敲响之前，能做好充分的准备、有新交易策略的人，才具备成功的优势。

第3章

行情分析

模式周期

波段交易者必须通过对行情的第一手分析判断高获利的交易机会、入场时机，并能发现自己的失误。对所有时间段都需如此，要凭直觉，要能支持准确实时的决策。这种分析必须在开盘期内严格执行，并不断反馈信息，让交易既简单又容易获利。

模式周期满足所有这些严格的要求。模式周期还是发现机会的好方法，不管市场状况如何变化。随着走势图中不断重复常见而又可预知的因素，这些经典的阶段也不断发展。因为行情不可能无限上涨，也不可能跌到零线以下，所以在每个时间段内都存在界线明确的价格波动。趋势在这些狭窄范围内慢慢复苏，并不断起伏向前。

股票及其相关走势图以确定数目在牛市和熊市行情中进行周期性变化。价格线形成的常见模式可以持续几分钟，也可以延续数十年。如果波段交易者能识别出行情的不同阶段，他们就开始具备了高超的识别能力，即开始了低风险交易。所以，交易者必须好好掌握模式周期各阶段的特色，要善于发掘主要模式的隐藏信息。

在财经市场的走势图上到处可见极值的现象。可以利用模式和轴线的关系来简化决策的过程。利用模式周期的原理可以快速识别行情趋势，再根据逻辑寻找获利的投资机会。模式周期是一种有效的视觉工具，它把大脑左右半球的功能结合起来。看多了模式周期，交易者的眼睛能够快速捕捉到水到渠成的交易机会，又可以通过客观测算进行验证。复杂的交易系统，或以数学知识为基础的交易系统，都无法像模式周期那样快速反映价格实时变化的情况。

模式周期的推动力是投资者贪婪与恐惧的心理。走势图模式就是情绪化普通股民行为的表现。这种普通股民行为演变为股价的有向运动，为获利操作提供了丰富的资源。不过，若使用任何一种新的投资分析，波段交易者必须首先确定自己与普通股民之间的竞争关系。这就要求我们了解内部人士是如何逆公众行为而行、对于明显的交易机会进行止损的。

在每一个模式周期的交易设定中都要寻找一个低风险的操作目标。这个难以捉摸的目标可以提示每个交易的最佳价格、时间和风险参数。要捕捉这个重要的交易节点，需要多分析，要有经验和常识。再看看今后几个交易日是不是能启动这个交易节点。如果不成立，那就把这个交易设定删除，转向另外一个模式。不要盲从操作目标，勉强执行交易。要把它当作实时选择的工具，以避免时机上出现重大失误。

价格谷底

价格谷底是模式周期运动的直接结果。脉冲的自然运动及其反应导致了每个周期内必然形成的两个具有特色的模式。上升趋势中，较低的高点会不断往前推进，直到形成一个新的顶部。下跌趋势中，不断降低的低点，会最终在最低点稍微反弹，形成一个略高的低点。这就是双底的现象。

双底具有预测的功能。双底在走势图上的表现通常是一系列越来越低的低点。普通股民都会注意到这个下跌趋势，并且形成一边倒的观点，认为下跌趋势不会停止。接着会突然出现最后的低点，并停止下跌。普通股民会注意到这种情况，抄底的人开始慢慢入场。价格的明显稳定使更多投资者意识到潜在的模式，于是他们开始抢着入场。

股票增长百分率的潜在高峰就在这个新趋势开始的地方出现。因此，任何交易只要能在最底部建仓都会产生最大的利润。但是，选择在底部进行交易非常危险。波段交易者在入场交易之前必须自己权衡所有的事实，并且严格执行风险管控，以便在出状况时能够安全退出。若行情继续跌破之前的底部，应该立刻止损。

双底是个极佳的波段交易机会，此时的价格首先向最后一个相对高点（中间峰值）靠近，之后出现一个底部，作为下一个上涨的支撑。可以用亚当与夏娃底来说明中间峰值在这个经典反转形态中的重要性。第一个底陡而深（亚当底）是这个模式的开始。然后，股票向上反弹形成一个中间反弹，又回落为一个较为温和的滚动谷底（夏娃底）。最后，价格在一个狭窄的范围波动，强势突破上行。在很多情况下，夏娃顶会构建一个持续走高的平台，这是极佳的入场时机。平台的阻力通常沿着中间折返支点沿顶部延伸。这个中心支点与当前价格是一个重要的焦点，波段交易者需要密切关注，因为它是形成预期模式的关键点。

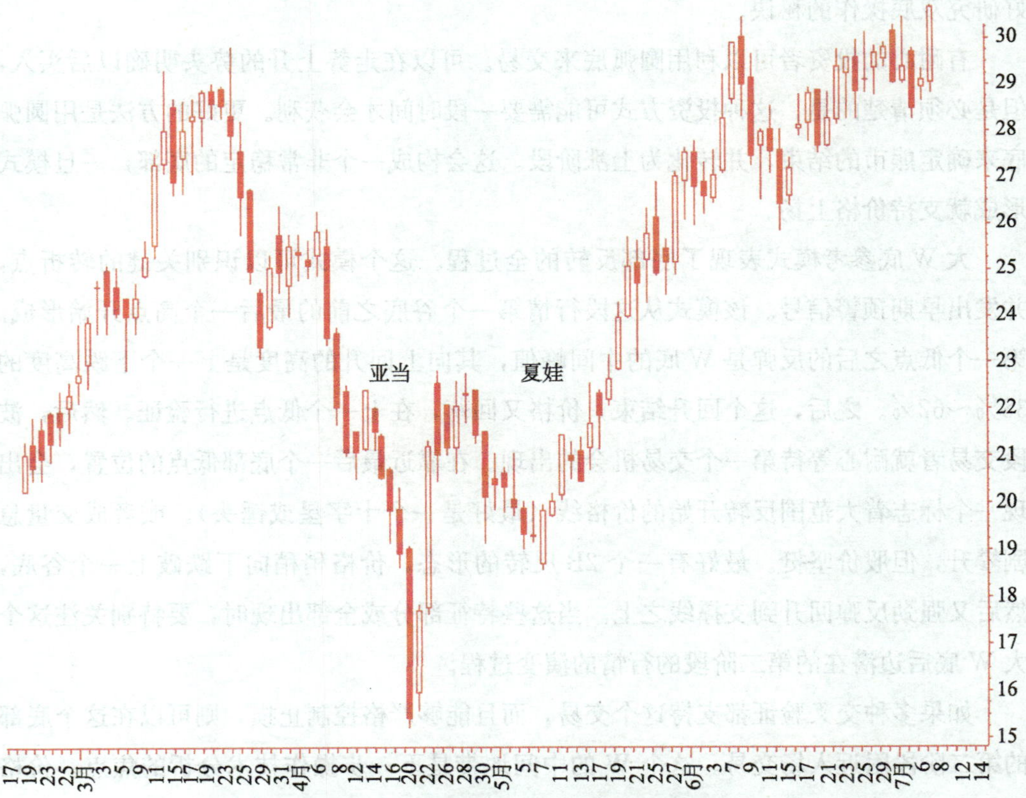

图3—1　Legato Systems公司股票日线图

注：Legato Systems公司的股票在日线图上形成一个标准的亚当与夏娃反转。夏娃底较平缓，亚当底像一个楔子，所以前者需要较长的时间来形成。注意股票成交量是否下降，此时股票需要盘整，准备形成一个新的上涨趋势。亚当与夏娃模式不仅仅局限于谷底，急剧上升行情的末端通常也会出现。

资料来源：RealTick® © 1986—2000。保留所有权利。Townsend公司授权使用。

因此在行情下跌时出现的防御性谷底需要管控风险。贪婪的人过早判断模式已经形成，忽略了明智的判断而进行了匆忙的操作。如果价格不能脱离谷底上扬，即便来势汹汹的反转也不会带来太多收益。如果前一个低点又被跌破，这就是止损的第一个自然时机。如果在这个位置入场，则要确保在这个价位止损也可以接受。如果上行行情开始下跌，不要过久逗留。当价格击穿低点寻找新的支撑位时，价格下跌的势头会越来越强。

在谷底入场需要很大的勇气。即便此时所有的 S/R 指标和其他技术指标都表现一致，悲观市场情绪也会影响这些波动性很大的转折点。但是，这些可图利的价位可能带来很高的利润，回报/风险率很高。除了想买进的人想趁高涨之势入场交易，想卖出的迫切心理也推动了价位的高涨。或许仅仅因为这个原因，波段交易者就必须好好研究双底操作的秘诀。

有耐心的投资者可以利用圆弧底来交易。可以在走势上升的势头明确以后买入，但是必须清楚的是，这种投资方式可能需要一段时间才会获利。更好的方法是用圆弧底来确定熊市的结束，并转化为上涨阶段。这会构成一个非常稳定的底部，一旦模式形成就支持价格上扬。

大 W 底参考模式表现了底部反转的全过程。这个模式可以识别关键的转折点，并发出早期预警信号。该模式从这段行情第一个谷底之前的最后一个高点开始形成。第一个低点之后的反弹是 W 底的中间峰值，其向上回升的高度是上一个下跌高度的 38%～62%。之后，这个回升结束，价格又回落，在上一个低点进行验证。然后，波段交易者就耐心等待第一个交易机会的出现。在靠近最后一个底部低点的位置，会出现一个标志着大范围反转开始的价格线（最好是一个十字星或锤头）。或者成交量急剧攀升，但股价坚挺。最好有一个 2B 反转的形态，价格稍稍向下跌破上一个谷底，然后又强劲反弹回升到支撑线之上。当这些特征部分或全部出现时，要特别关注这个大 W 底后边潜在的第二阶段的行情的演变过程。

如果多种交叉验证都支持这个交易，而且能够严格控制止损，则可以在这个底部的第二阶段附近入场交易。这个 W 的中间地带是下一步操作技术分析的焦点。价格必须出现 100%的回升才能入场操作。这个小小的回升标志着熊市下跌周期的结束。较谨慎的做法是，当价位回升到第二个底部深度 62%时再介入操作，但是介入点与 W 底中间顶之间必须具有足够的利润才能使操作有效。如果股价无法向上突破这个阻力位，长线投资者可以继续持仓，但是大部分交易者应该立刻离场。

当双底中心点支撑位建立以后，通常会有另外一波的涨势。下跌趋势的破坏会吸引很多新的投资者入场，价格很可能会进一步上涨。此时应留意下一个折返的出现，其上涨的幅度应该等于形成第一个底部时下跌的幅度。最后这段行情完成了双底模式和大 W 模式。这种模式也可能出现一个快速的折返，并提供交易机会；但是在这个区域，行情也可能演变为较长时间的收缩盘整，然后才上涨形成新高。所以，此时应该观望为主，等待市场发出下一个方向的指示。

突破

主要的下跌行情会演变为长时间的底部盘整，其特征是回升受阻，或者不断验证新低。但是，随着新的能量慢慢地积累，并把最后的普通股民振荡出局，牛市的特征也逐渐改观。价格开始向主要阻力位的顶部靠拢。短期行情的相对强度逐渐加强，走势图上形成一系列的牛市走势，收盘位靠近交易价位的最高点。最后，股价开始沿着过去的受阻位置稳健上涨。

股价必须克服阻力才能形成新的上涨趋势。大型投资者通常会推动谷底平台的形成，但却不能提供强势上涨所需要的能量。还好，普通股民及时入场，弥补了这种不足。随着股价慢慢超过阻力位，人们的贪欲使交易规模加大，这些投资者几乎在同一时间入场，使股价持续走高。

上升行情中出现的强势上涨突破，表现出了巨大的买入能量。但是，如果这个价格变化没有伴随着较大的成交量，波段交易者应该提高警惕。爆发性的买进必然会引起人们的广泛关注，结果造成股价的进一步上涨。如果没有相应的大成交量，突破就会迅速回补，把那些被情绪推涨的投资者一一套牢。如果没有突破，巨大的成交量也会形成类似突破的股价猛涨的平台。但是，支持的力度也可能不够大，促使股价不能快速上扬，而被迫演变为一个新的盘整。

中等强度的突破通常出现折返，因而提供了极佳的交易机会。上涨趋势会遇到很多阻力，大多是之前跌势中的急跌或收缩盘整的状况。这些阻力位通常会导致股价回落，所以是极佳的买进机会。波段交易者必须事先发现这些能够图利的股价阻力区，并做好交易准备。当股价接触到一个强有力的阻力位时，要特别关注股价击穿布林带顶部的情况。这很有可能是股价的转折点。如果是这样，就要追踪股价回落到合理的支撑位，在低风险处入场。

价格波动在追踪趋势变化的指数，如平滑异同移动平均线和平均趋向指标（ADX）上，出现动量的累积。股价波动很快就消化了每个新突破和直线上升的能量。能量一旦耗尽，就要放弃下跌的形态，转到次一级时间段的走势图寻找较小的支撑力量，并利用这些即将消失的扩张行情，达到获利的目的。随着股价的不断升高，趋势不断向顶峰靠拢，成交量也出现峰值，并最后一跃到达顶峰，同时耗尽所有的能量。

市场需要一定的时间来稳固因价格快速移动所产生的失稳状况。当成交量和价格变化率急剧下降时，行情也需要停下来喘息一下。在这样的盘整阶段，新的价格范围连续验证支撑位和阻力位。对于模式分析者来说，这些盘整阶段表现为他们所熟悉的形态，如旗形、细长三角旗形和三角形。在盘整模式的形成过程中也存在着一些相对简单的规律。股价有秩序地向行情平均值趋近，构成了朝原方向突破的新基础。股价折返伴随着成交量下降，但是不会破坏任何重要的支撑线。当股价稳定之后，原来的趋势得到确认并继续挺进。

收缩盘整的过程通常以一系列急速变化的趋势波形式出现，其模式有简单的、有复杂的。这种奇怪的现象在一定的盘整时间和范围内都会出现。例如，在上涨之后出

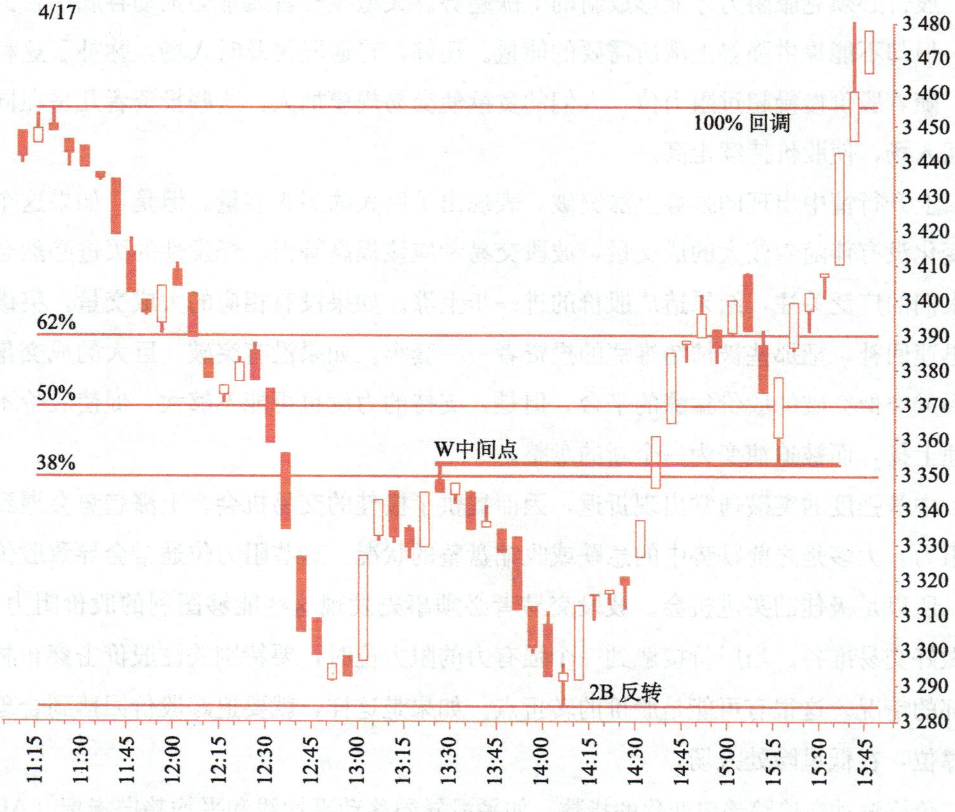

图 3—2　纳斯达克指数 5 分钟线图

注：大 W 底模式为波段交易者提供了一个强有力的工具，使他们能够在所有行情、所有时间段中确定低风险谷底的入场时机。中间轴心点的反弹高度可能使第一个底部下跌 38%、50% 或 62%的幅度。第二个谷底的结束使下跌趋势停止，那么在行情上涨之前，要注意可能出现的一个快速折返，其标准就是 W 中间点的顶部。当股价上升幅度是 W 底之前最后一次下跌幅度的 100%时，模式才算最终形成。

资料来源：RealTick® © 1986—2000。保留所有权利。Townsend 公司授权使用。

现的第一个下跌可能仅仅表现为 8～10 根密集的价格线，而之后的收缩盘整会有较大范围的价格变化，可能通过 20～25 根价格线来实现。在预测新盘整阶段中价格移动情况的时候，要参考上一个收缩盘整的情况。如果上一个模式又短又简单，那么交易时就以防御为主。只有观察到上一个阶段的行情会持续时，才能主动出击。

波段交易者在分析连续模式的时候，要特别重视比例关系。通过这种直觉因素来确定其他预测性的观察是否有效。盘整的幅度在时间和大小上都要和之前的行情成比例关系。若盘整幅度比用视觉分析所预测的大，则说明所观察的行情范围实际上与一个更大的趋势相连，而不是与刚刚完成的回升趋势相连。这种情况可能导致严重的趋势相对性错误，此时交易者操作的基础是比预定持股期长（或短）的行情模式。

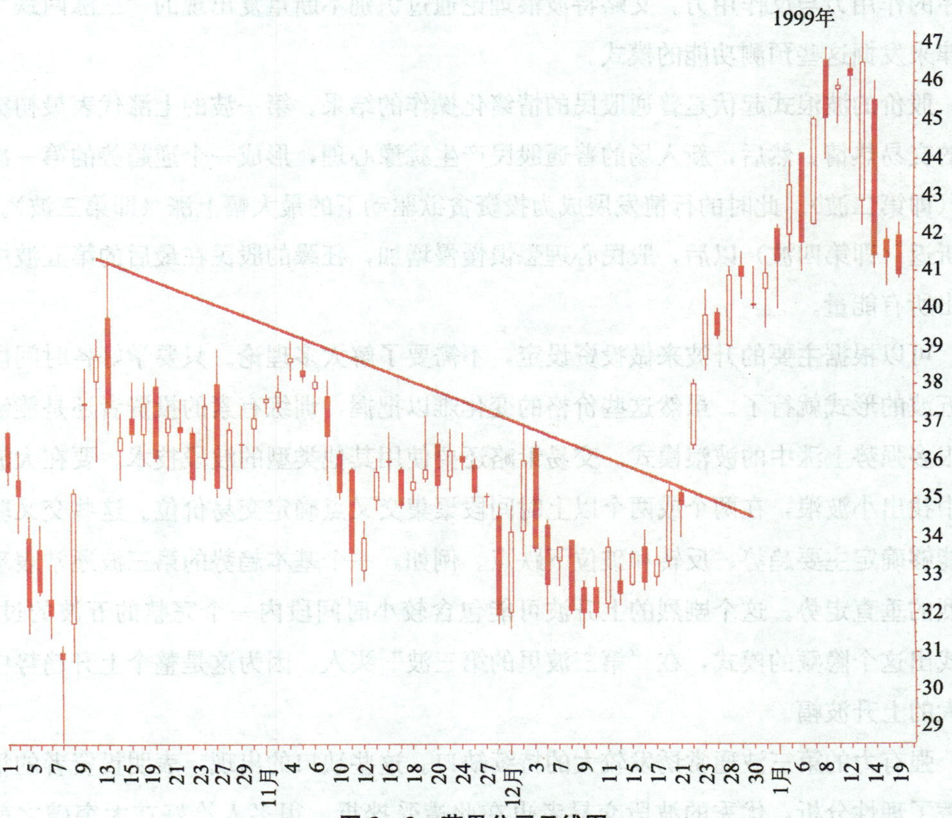

图 3—3 苹果公司日线图

注：大型跳空突破能比简单的阻力位突破更快地形成行情新高。所以，等待折返进行低风险入场的策略可能无效，因为新的趋势通常以直线上升的形态出现。普通股民极度兴奋、不断买进，行情也不需要回落来积蓄力量。在这种情况下应该使用动量策略进行买空，并利用绝对价格或百分比进行止损。

资料来源：RealTick® © 1986—2000。保留所有权利。Townsend 公司授权使用。

要对这种与趋势的相对性相关的所有模式进行评估。一个低幅盘整的范围仅仅存在于某个正在研究的时间段内。例如，周线图上可能出现一个强劲的牛市状态，但在日线图上则显示为熊市状态，在 5 分钟线上为小幅波动的盘整状态，但以上三种状态都是同一段时间内的行情。某个时间段的走势图上出现的波段交易信号，不一定与另一个时间段走势图上出现的交易信号相符。

股票上涨

大多数老练的波段交易者都感到难以理解艾略特波浪理论。但是，这个神秘方法的简单因素对于模式周期的分析却有着非常大的帮助。坚挺的走势在走势图上表现为有序的作用力与反作用力。艾略特波浪理论通过识别不断重复出现的“三涨两跌”的规律来发掘这些预测功能的模式。

股价的波浪式起伏是普通股民的情绪化操作的结果。第一波的上涨代表最初突破时的交易热情。然后，新入场的普通股民产生犹豫心理，形成一个逆趋势的第一次下跌（即第二波）。此时的行情发展成为投资贪欲驱动下的最大幅上涨（即第三波）。一次折返（即第四波）以后，股民心理恐惧慢慢增加，狂躁的股民在最后的第五波中释放出所有能量。

可以根据主要的升波来做投资设定，不需要了解太多理论。只要学好各时间段内这五波的形式就行了。虽然这些价格的变化难以把握，训练有素的投资者还是能够发现很多强势上涨中的波浪模式。交易策略还要使用其他类型的波段技术。要在大波浪之中找出小波浪，在两个或两个以上时间段聚集交叉点确定交易价位。这些交叉验证区能够确定主要趋势、反转和破位下跌点。例如，一个基本趋势的第三波通常表现为强烈的垂直走势。这个剧烈的上升波可能包含较小时间段内一个完整的五波的过程。要找出这个隐藏的模式，在“第三波里的第三波”买入，因为这是整个上升趋势中最强大的上升波幅。

强有力的第三波通常诱发较大的持续缺口。这些缺口的出现，表明投资者的情绪代替了理性分析，优秀的波段交易者也在此遭受挫折。很多人恰好在大突破之前离场，因为常识告诉他们，正在上升的股票应该回落了。在这个大突破发生之前，要及时利用波动理论进行分析，并大胆预测股价的发展趋势。这个大突破通常就在几个直线上升的 K 线顶部之后开始出现。要注意接触到大型阻力位的最后一根价格线。价格在这个缺口应该突破阻力价位。在大型突破发生时，也要观察相对强度指标和其他的强度指标在走势图中的表现。

第四波的回落为最后的第五波形成情绪上的动力。急速下跌或长时间的横盘整理慢慢引发恐惧，普通股民经历了情感上的挫折。同样是这些动量信号使普通股民开始转变投资方向，进行逆大趋势方向的操作。但是，就在普通股民准备离场时，又有新的趋势开始形成，价格又激增，形成一个新的行情波浪。

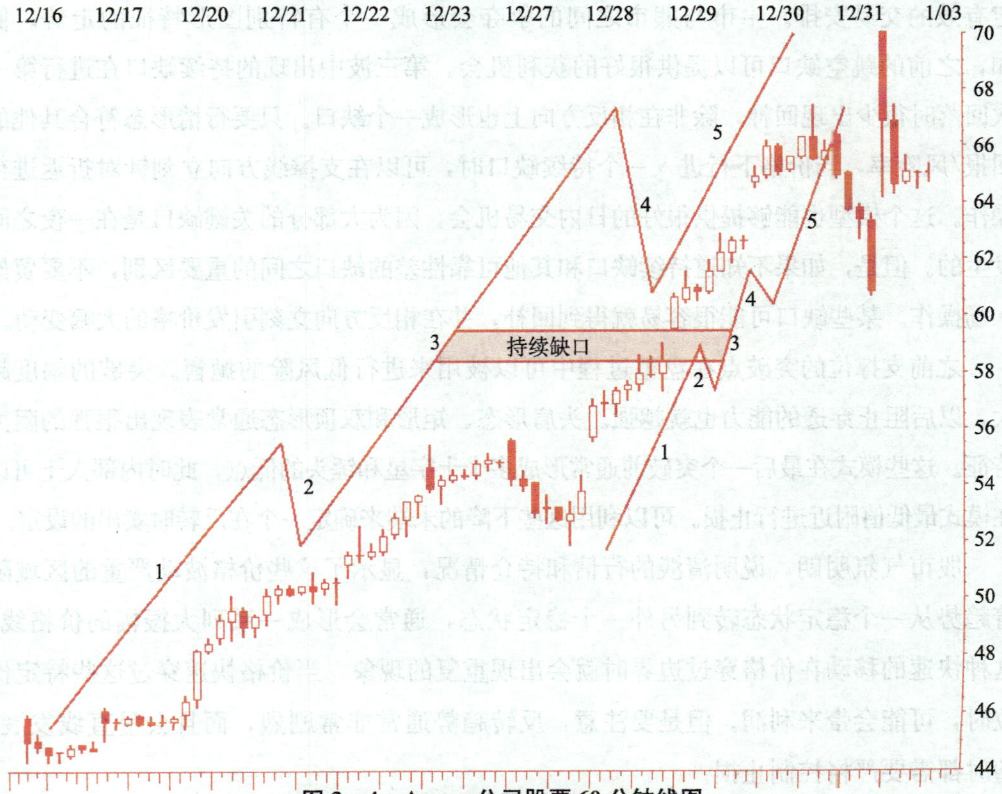

图 3—4 Amgen 公司股票 60 分钟线图

注：Amgen 公司股票走势图上，贪婪的普通股民引发了 12 月的一波大型的上涨行情。请注意观察在较大的基本模式中第三波中暗藏的五波行情。这种有用的时间段组合在上升趋势中经常可以看到，是一个重要的获利机会。这个“第三波里的第三波”对于整个上升行情来说是最强大的动量。

资料来源：RealTick® © 1986—2000。保留所有权利。Townsend 公司授权使用。

在最后出现的第五波中普通股民失去了判断能力。笔直上升和回升受阻的情况在这个阶段频繁发生。在经过之前急剧的回落（第四波）尚未被淘汰出局的大众，有了一种不健康的心态，认为他们不会失败。此时的价格行情开始变得难以预测，就在最后一批贪婪的普通股民入场操作后，上涨行情突然终止。

可以通过这个经典模式的特征来分析具体的波浪走势。第四波的谷底永远不能低于第二波的顶部位置。第二波和第四波的形态应该是简单与复杂形式交替出现的情况。第五波在条件合适时会表现为一个笔直上涨的行情，但也有可能在脱离第四波之后立刻结束。三个上升波中有两个通常会出现相同的价格变化。波浪的结构通常体现出非常明确的斐波纳契级数关系。例如，两个主升波形成的范围可能是整个波浪系统的38%。

当趋势最后又回落到之前的价格，并开始盘整，则可以利用之前的波动规律来确定有效的交易安排。牛市与熊市之间的争夺会形成一个有特别图形特征的走势。例如，之前的跳空缺口可以提供很好的获利机会。第三波中出现的持续缺口在进行第一次回落时很少出现回补，除非在相反方向上也形成一个缺口。只要行情形态符合其他的回报/风险率，当价格下行进入一个持续缺口时，可以在支撑线方向立刻针对折返进行操作。这个模型也能够提供很好的日内交易机会，因为大部分的关键缺口是在一夜之间发生的。但是，如果不知道持续缺口和其他可靠性差的缺口之间的重要区别，不要贸然入场操作。某些缺口可能很容易就得到回补，并在相反方向立刻引发价格的大幅变动。

之前支撑位的突破点在盘整过程中可以被用来进行低风险的抛售。突破的幅度越大，以后阻止穿透的能力也就越强。头肩形态、矩形和双顶形态通常表现出很强的阻力特征。这些模式在最后一个突破前通常形成多个十字星和锤头的低点，此时内部人士可以在模式最低值附近进行止损。可以利用这些下降的末端来确定一个在反转时卖出的设定。

股市气氛明朗，说明清淡的行情和持仓情况，显示了这些价格波动严重的区域随着趋势从一个稳定状态转到另外一个稳定状态，通常会形成一系列大振幅的价格线。这种快速的移动在价格穿过边界时就会出现重复的现象。当价格快速穿过这些特定价位时，可能会带来利润。但是要注意，反转趋势通常非常剧烈，而且会呈直线发展。随时都需要严格控制止损。

从立体图形上看，重要的特征通常不是水平形式的。眼睛所看出的上升或下降趋势可能包含多个不同走向的价格移动。平行价格通道是这种多通道现象最常见的例子。如此复杂的模式也可以明确地决定交易设定。当价格刚刚突破后就针对这个趋势进行止损以避免亏损。若价格移动到另外一个价格通道的极值，此时应获利了结。

高点

波段交易者在之前未到达过的地方都可以发现巨大的回报。位于新高点的股票具有特殊的动量特征，能够引发剧烈的价格移动。但是，这些剧烈的突破过程也可能出现异常的行为。在新高点位置，旧的S/R范围消失，没有什么走势图可以作为操作的参考。在这种波动剧烈的环境中，每个看好的交易机会都伴随着风险。最后的突破形成新高，也完成了回升的消化过程。但是，人们追逐利润的斗争仍将继续。这些坚挺的行情通常还要进行更多的验证和筑底，才发展成为强劲的上涨趋势。可以在这些过程中注意观察通过典型模式构建底部的过程。

创出新高的股票可能要数次验证前期顶部的阻力。这种情况就会迫使行情在最后急剧上涨之前形成一系列的台阶位。有些股票一旦出现这样的突破，就会立刻笔直攀升。对新高点位置进行的操作分析，需要能够预测哪种走势最有可能出现。在这些转折点可以使用集散指标和正在形成的模式来帮助做决定。集散指标能够连续预测新的高点是会立即攀升还是上下徘徊。价格可能出现超前或滞后于聚集的现象。当价格达到新高但又没有足够的持仓或买进压力作为支持，它们通常会停下来等待更大的力量的出现。当聚集的力量大于价格上升的力量时，最初向新高推进的情况就能确认指标所发出的信号。此时的突破则很有可能引发新一轮的买进，并在没有筑底阶段的情况下立即高涨。

如果股票进入从未到达过的区域，可以通过现存的模式特色来分析股票的情况。突破之前的最后一个收缩盘整阶段，通常表现为新的上升波之前的剧烈变化。要抓住双底形态中的这个位于突破价格范围之内的根本结构。这些低点和顶部阻力位之间的距离可以明确指明之后上升行情中的价格目标。这个新高能抵抗一些巨大的力量，在形成新范围之前，是低点和阻力顶点之间距离的 1.38 倍（见图 5—27）。

在冲破最初的突破阻力以后，一个强劲的牛市行情可以较长时间地急剧上升。在趋势最后收缩盘整的低点，价格运动甚至可以形成剧烈演变的第三波。当这个冲量与大规模的波动趋势重叠，它将轻易超越最初的价格目标。也就是说，当周线、日线和日内分时走势上的各种因素都重叠吻合时，趋势的运动结果可能会极大地超出期待值。这也就说明了为什么很多专业分析人士通常会低估股票的上升幅度。

可以通过平滑异同移动平均线柱状图来测量正在形成的高点。剧烈下跌之后的有效波段交易，取决于当前价格和动量周期之间的相互作用。当价格开始折返而平滑异同移动平均线又出现上扬，较为大胆的投资者可以开始买进。保守的投资者可以等到指标向上穿越零线时才开始操作。根据柱状图下降的形态来确定离场时机，预警超买指标，这有利于盘整和反转行情的操作。如果走势图特征明朗，并发出可进行操作的信号，则可以不必考虑平滑异同移动平均线的状况。例如，如果已经形成的趋势线可能降低到关键的低点以下，可以根据这条线确定重要的操作介入点，而不需要等待下降指标回升或下降。

如果价格和动量达到峰值，不可卖空，除非自己具有高超的操作技巧，能够有效地控制不断增加的风险。要记住，很多人因为在顶部操作而造成很多亏损。等到动量急剧下跌，但股价仍然处于波幅的高位时再进行卖空。模式周期分析可以帮助我们确定反转行情中的低风险操作的有利时机。

一只股票价格达到新高，行情会持续多久呢？物理学知识告诉我们，天空中最耀眼的星星的陨灭速度，比光芒暗淡的星星要快。股市上涨行情亦复如是。垂直上涨的行情不可能长久。即便在每一个阻力位都要奋力争夺的股票最终也会失势下跌。通过逻辑分析，我们可以知道，位于这两个极端情况之间的行情才有可能持续较长的时间。

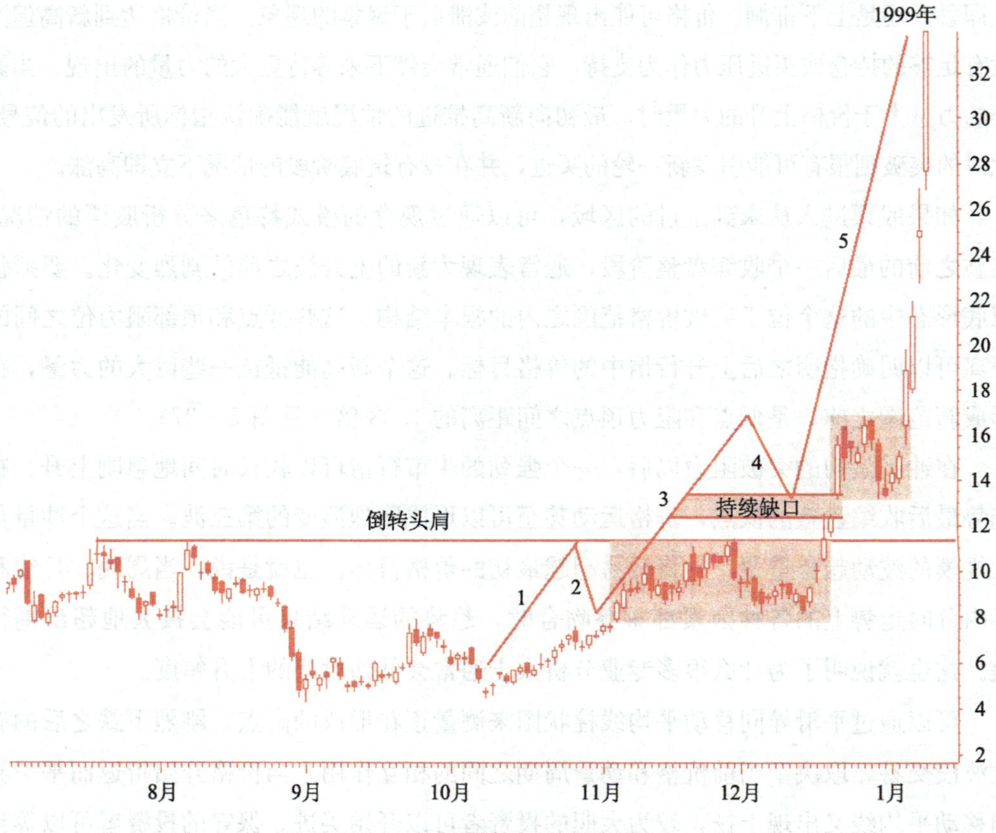

图 3—5　CMGI 公司股票日线图

注：当一个强势上升行情的初期出现了复杂的筑底行为时，交替的变化预示着主要的趋势波，其中夹杂少许折返现象。图中 CMGI 公司的股票表现出的急剧上升符合这个理论。请注意观察图中倒转头肩模式中右肩持续上涨的行情。如果聚集力量不足，股价就只能保持在突破高点之下，直到新的需求把股价推过阻力位。一旦这个发展过程完成，价格就会超越之前的高点，稍作盘整，接着才形成一个急剧上升的行情。

资料来源：RealTick® © 1986—2000。保留所有权利。Townsend 公司授权使用。

超买会引发价格动量的降低，也解释了在新高位进行操作一直存在的风险：股票的升势可能随时停止，然后开始长时间的盘整。对于这种发展状况，要密切观察其上升的趋势，尽早发现报警信号。在大型行情之后发生的关键趋势线的第一个突破，表明了一个趋势的结束和收缩盘整的开始。此时，根据动量进行的操作都应停止，直到行情适合快速的价格变化。在这种环境中，如果回报/风险率显示出较好的投资机会，应该考虑进行反趋势的波动操作。若不稳定因素慢慢消失，普通股民的参与欲望也较弱，则应采取观望的态度。

顶部

没有任何趋势会永远不变。普通股民对某只股票的投资热情最终会超过其基本面信息，于是行情不再上涨。但是，上涨行情的终止并不意味着形成顶部。这个停滞点可能仅仅表示一个短暂的停顿，最终演变为一个更高的价位。或者，它是一个行情大跌之前的长期高位。在评估顶部形态时，要理解形成顶部时的普通股民心理。然后，要迅速进入反转行情，让普通股民推动行情，引发股价的急剧膨胀。

经典的顶部形态好像一直延续，永远都不会发出反转的信号。在普通股民慢慢失去信心以后，头肩顶和双顶形态通常会形成多种复杂的离散形态。波段交易者观望等待之时，普通股民也看到这种情况，并一起等待最终的跳水下跌。简单的常识只能给我们带来有限的交易机会，所以，能够发现趋势的早期变化信号是投资获利的一个优势。

在进行操作之前，应该利用第一个“首升/首败”模式来判断新的盘整行情和反转行情的形成。这种简单的形式对所有时间段都有效，并且可以用于顶部和底部。“首升/首败”模式表示相关时间段内某个趋势出现的第一个100%反转的情况。在低于62%的反转范围内，趋势会寻找支撑点，其测量点是从上一波的起点，到一个中期的高点或低点。正常发展的趋势应该会以这个价位为基础，反弹形成一个新的突破。如果价格突破了这种重要的支撑位，行情就在这个特定时间段内发生反转。

当回落程度达到100%，价格原来的运动方向和趋势被破坏。这个回落的完成也提供了重要的S/R指标，波段交易者可以进行防御性反弹操作。从这个重要的转折点开始，如果行情跌破S/R的38%（即下跌趋势62%的水平），并继续跌破S/R的62%（即下跌趋势38%的水平），趋势力度在下一个时间段内不断削弱，并在上一个中期高点进行验证。

图 3—6　亚马逊公司股票日线图

注：大家熟悉的“首升/首败”三角形模式显示行情可能出现反转。上升趋势出现的第一个 62%幅度的折返，将趋势终止，并启动下跌行情的重要一步。波段交易者通常可以通过其他的走势图来交叉验证这个突破的情况。1998 年底亚马逊公司股票爆炸式上涨之后出现了 62%的回落，并在同一价位击穿了强有力的趋势线。

资料来源：RealTick® © 1986—2000。保留所有权利。Townsend 公司授权使用。

当达到 100%的折返，又与下一个大周期内 38%或 62%的回落相吻合，此时进行买空，因为回报/风险率很高。但是，这个行情状况可能比预期的要慢得多。也就是说，一个成功的行情状况必须要经过 38%～62%区域的密集收缩盘整，才能对之前的高点再次进行挑战，而且有可能升得更高。

在进行操作之前，应该考虑到斐波纳契折返可能出现的各种情况。内部人士知道这些隐藏的转折点，并开始止损，使成交量大增。此时，也要注意出现趋势相对性错误的可能。在牛市和熊市的所有时间段都存在。要做到只在回调时间段内进行“首升/首败”交易，除非有交叉验证支持更大范围的操作。

每一个常见的顶部构建形态都具有自己特殊的形态特征。但是，这一切都标志着普通股民投资梦的破灭。不论是在经历头肩顶还是上升的楔形之后失去了信心，最后的结果都一样。价格迅速猛跌，而股民急速清仓以泄愤怒。

在股票上涨初期，高明的投资者会看好股票的价值和基本面好转的情况。但随着趋势不断看涨，新投资者入场交易的动机逐渐降低。刚刚启动的股票，总会使股民兴奋，并吸引更加贪婪的投资者。这些关注动量的群体慢慢超过了那些根据股票价值进行投资的交易者，价格波段开始加剧。买方的狂热推动了股价上涨，远远超出大多数人认为的合理价位。

火和冰都能压住上涨的趋势。只要大多数人的愚蠢行为得以继续，每一个买空行为都会让前一个操作获利。但有利的交易条件最终会出现，把峰值再进一步向上推进。若有突发事件出现，人们买入的热情将被熄灭，从而形成一个急剧的反转。或者，最后一个买入交易之后，上升的动力耗尽。在这两种情况下，股票失去了抵抗抛压的能力，停止上升。

很多波段交易者错误地认为，剧烈的放量反转之后，牛市立刻变为熊市。模式还远远未将普通股民的投资热情耗尽，波段交易者就早早开始了错误的卖空操作。这些早期抛售行为给短期的回升提供了能量，这种回升在大多数构筑顶部中都存在。请记住，反转行为只是把趋势转变为盘整。构筑顶部的过程完成后才会开始横向盘整，之后行情才开始下跌。只在 S/R 边界内进行止损介入，按照保守的策略进行操作，直到下行跳空出现。然后，根据趋势的发展，利用普通股民的失望和惊慌进行卖空获利。

下降三角形比任何其他顶部形态都能更好地说明牛市慢慢变为熊市的过程。请仔细分析这个简单的形态中上升行情是如何慢慢失去动力的。这种具有破坏性的形态非常多样，在跳空下跌之前出现最多的就是这种形态。在所有周期图和所有行情中，我们都可以看到它们肮脏的身影。

反转

为什么下降三角形会如此精准？大多数波段交易者实际上并不理解，为什么模式能够预测结果，是如何预测的。有些人甚至认为这些重要的工具依靠的是神秘力量，或者刚好符合曲线匹配。越简单的原理越有效：收缩盘整模式反映出普通股民的心理对价格的影响。

三角形的第一个反转标志着主要顶部的形成，之后，震惊和恐惧很快就会出现。但是，很多股民坚信行情不会变坏，并期望抛售局面结束以后，又可以进入获利的状态。他们以希望代替了判断，继续坚决地持仓。最初的抛售超过预期目标，不安情绪迅速加深。就在痛苦不断升级的时候，盘整突然停止，股票开始强力反弹。

在大多数情况下，这种迟来的买进和卖空回补进一步强化了危险的偏见——他们自认为永远正确。有些人重获信心，甚至进一步补仓。但是，精明的投资者却改变心态，把这个反弹看成自己第一个全身而退的机会。他们悄悄退出，此时，强势反弹也失去动力。股票开始下跌，形成模式的第二个较低的顶部。那些仍然持股的人高兴地看到第一个反转的低点。

之前的下跌低点吸引了投机分子和投资者，他们非常了解双底的现象。随着价格从前一个低点构成的心理障碍点下降，他们开始入场，使下跌的势头停止。但精明的投资者还在观望，随后出现的反弹只能吸引那些时机选择错误的投资者。当模式发展出第三个顶部时，最后的上涨动力由于价格的来回振荡而消失。在盘整过程中，价格继续保持高位，但是相对强度指标预示会发生急剧下跌。动量指标掉头向下，布林带也随着价格带变窄而收缩盘整。

投机分子开始离场，最后的反弹此时告终。卖空的人士此时嗅到血腥的味道，于是大量地卖空。恐惧气氛进一步加强，到达双底平台下方才得以停止。随着消极情绪的迅速蔓延，价格再次回升，这是最后一次探底。然后，突破点的价格和振荡幅度出现压缩。牛市必须坚守这条战线，但是此时的力量对比已经明显不利。此时必须识别即将发生的跳空下跌，波段交易者利用所有上涨点位来卖空，并对较弱的牛市反应反向操作。最终，最后一波上涨行情结束，水平支撑位也失效。由于抛售，价格以螺旋方式大幅下跌。

股票走势图可以体现很多独特的顶部形态。其中许多很容易理解，也可以用来进行操作。但是，情绪化的普通股民也促成很多不可靠的模式，因为此时贪婪慢慢演变为无端的恐惧。复杂的上升楔形也经常与技术人士的最佳预测有所出入，而古怪的钻石模式无规律的波动，消耗了大量的资金。

要避免这些没有价值的操作，只有当情况非常支持自己所预测的结果时才进行操作获取利润。首先，找出大多数顶部反转都有的唯一特征：主要上升趋势被破坏之前，在大幅收缩盘整整理范围内，价格至少会有一个较低的高点。这种简单的双顶机制成为卖空的一个主要焦点。根据这个明显的标志来追踪价格的发展，直到它出现突破，而且当支撑位被破坏时才入场。

把亚当与夏娃底模式反过来看，就是一个具有高度预测功能的顶部反转机会。亚当与夏娃顶模式为波段交易者提供了很多可以获得高利润的卖空机会。当价格跌破反向行情的低点，此时应进行新的卖空操作，但是要严格止损，避免双杀和 2B 反转。在破位点下跌行为失败以后，突然回补上升，就是这种情况。

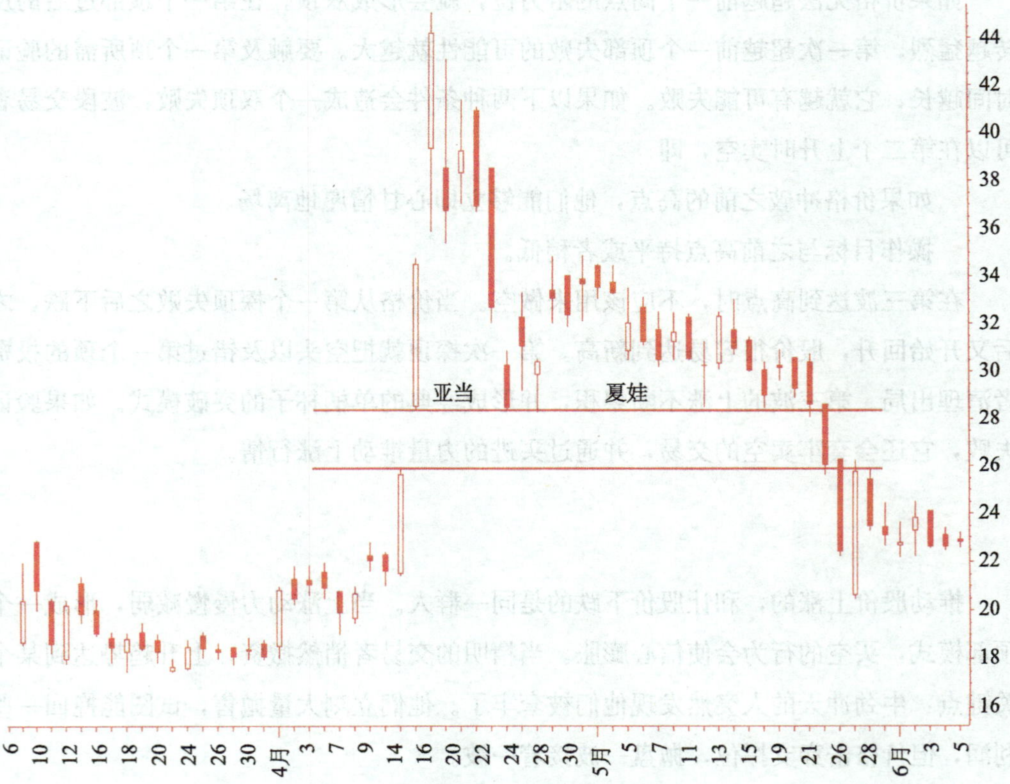

图 3—7 Infoseek 公司股票日线图

注：陡峭的抛物线上升行情确定了急剧变化的筑顶过程。在这个经典的例子中，1998 年，Infoseek 公司股价直线攀升后，形成了一个下降三角形反转形态。在最初的跳空下跌之后，价格折返回补了缺口，从而形成第二个卖空机会。这个三角形模式也是亚当与夏娃模式的一个变化形式。

资料来源：RealTick® © 1986—2000。保留所有权利。Townsend 公司授权使用。

每一次上涨都会产生正面情绪，这是构筑顶部形态必须克服的因素。亚当与夏娃顶是一种有效的价格线，可以完成这个任务。亚当顶发生的激烈反转，首先引发恐惧。然后，缓慢发展的圆形夏娃顶吸收了牛市中剩余的动力，同时消除重新开始上涨所需要的振荡。当圆形顶完成以后，价格就会快速移动到较低的价位，不会遭遇实质性的阻碍。

善于观察的波段交易者能够识别下降三角形的结构和较复杂的、反转中的亚当与夏娃模式。绝大多数的顶部都表现出这两个常见的模式的特征。普通股民的投资热情必须被消耗，才能使下跌得以继续。股价不断冲新高，又不断失败，买方热情最终熄灭。最后，行情由于自身的重力而下跌。

如果价格无法超越前一个高点的阻力位，就会形成双顶。在第一个顶部过后的反转越猛烈，第一次超越前一个顶部失败的可能性就越大。要触及第一个顶所需的验证时间越长，它就越有可能失败。如果以下两种条件会造成一个双顶失败，波段交易者可以在第二个上升时卖空，即

- 如果价格冲破之前的高点，他们能够立即心甘情愿地离场。
- 操作目标与之前高点持平或者稍低。

在第三波达到高点时，不应该用来做空。当价格从第一个探顶失败之后下跌，之后又开始回升，股价很容易达到新高。第一次探顶就把空头以及错过第一个顶的投资者清理出局。第三波的上涨不断累积，并形成经典的单柄杯子的突破模式。如果验证失败，它还会套牢卖空的交易，并通过买进的力量推动上涨行情。

下跌

推动股价上涨的，和让股价下跌的是同一群人。当上涨动力慢慢减弱，形成一个顶部模式，买空的行为会使信心膨胀。当精明的交易者悄然撤资，上升趋势达到某个关键点：牛劲冲天的人突然发现他们被套牢了。他们立刻大量抛售，试图能挽回一些利润，但价格击穿支撑位，抛盘一波接着一波。

大多数股价下跌的过程中也会出现一些常见的特征。由于抛售压力不断加大，抛售量也不断加大；虚假的底部出现，然后又很快被击破。大量的回补造成股价回升，把选错时机的卖空者振荡出局，给受伤的买空者提供了希望。此时的价格远远超出了理性目标，但是随着恐慌的加剧，股价确定了一个稳定的底部。

波段交易者利用这种重复的行情来套现，其方法与指导强力上涨趋势的波浪理论一样。但是在抛售过程中恐惧代替了贪婪，并且需要考虑不同的行情状况。当 R. N. 艾略特在 20 世纪 30 年代分析主要上升波时，他也注意到了“五波下降”模式中存在的特殊下跌趋势。这个价格下跌模式如今仍然像几十年前一样有效。并且，波段交易者可以不必详细了解复杂的艾略特波浪理论就可以利用它的功能，因为它能捕捉到普

通股民的恐惧。

“五波下降”跟上升波很像，也是由三个主趋势波和两个反作用波组成的。在这个复杂的模式中，直接趋势波在反趋势的熊市回升之间不断创出新低。中间的波通常形成一个下降的持续缺口，就像上升趋势中出现缺口一样的有力。最后的一波反映了巨大的恐惧所引发的价格的变化。在这个下跌以后，上升趋势可能立刻开始。但是，价格通常会形成一个双底或类似的模式，在下降趋势线上方造成了一个很好的底部准备突破。

第一波使价格创出新高，然后进行盘整。此时，通常会形成第一个失败的折返。它也引发股价下跌，完成股价通过第三波（1）中出现的跳空下跌，完成股价的技术突破。这个中间盘整成交量巨大，因为股民认识到了这个丑陋的形态。但是，最糟糕的情况总是出现在大型下跌行情的最后。当第三波完成以后，一个假底形成一个令人感到安慰的形态，使抛售情况变缓，有人又开始进行买空交易。行情此时又可能突然下跌，并加速下行到一个情绪化的第五波（2），打破了很多人的心理价位和合理的支撑区。请注意在“五波下降”的过程中，第四波的顶部能够达到第二波的底部。如果这种情况出现在上涨过程而不是在抛售过程，那就会打破EWT普遍规则。

第五波恐慌消除了抛售压力，使股价开始反弹。这个反弹快速把空头排挤出局，并可能引发又一轮的上涨。但这个强势的上涨很快就会消退。因为买空者承受了更多的痛苦，在前期低点也出人意料地被套牢。新股民注意到这个支撑位，并开始入场。股价又向1～2趋势线靠拢，同时形成一个双底。然后，力量平衡被打破，股价突破阻力线，演变成一个新的上涨趋势。

可以综合下跌趋势与更大范围的上涨情况来预测股价的变化。首先，利用斐波纳契级数进行分析，并根据之前的趋势来测算抛售压力的大小。典型的“五波下降”结构的第一波可能跌38%，第二波到50%，而最后一波可能是62%的幅度。这就预示着股价最终将回归，并考验跌势开始时的高点。但是，如果模式进行了100%或更高的盘整，随后出现的反弹可能动力很弱，而股价也可能走得更低。此时股价可能会击穿下跌趋势线，但又会很快停止，然后跌破新支撑位。此时应谨慎交易，并利用价格的波动来获利了结。当底部准备突破时，要迅速改变交易设定。

根据“五波下降”，卖空需要极高的准确性。1～2趋势线只有两个点，除非顶点与后面的两波的趋势完全符合。所以，在第二个主要的下跌行情跌到新的低点之前，

图 3—8　MMC 公司股票日线图

注：顶—1—2—跌—涨：通过分辨五波下降的每个过程，可以准确地预测趋势的反转。前面三波在“五波下降”模式中标记为“顶—1—2”。用一个趋势线将第三波（1）和第五波（2）连接起来。趋势线可以以各种方式穿过第一波。在下跌之后发生的第一个反弹，可能会靠近那条趋势线，但是很少能击穿它。

资料来源：RealTick® © 1986—2000。保留所有权利。Townsend 公司授权使用。

这个重要的标志性点位不会真正出现。如果股价很贴近趋势线，在峰值之后出现的第一个上升波就是一个很好的卖空机会。但这种结构比其他的下跌行为产生的回报要低，而且，由于价格最终应该高于之前的低点，因此需要逆趋势入场。

最佳卖空机会发生在击破之前的支撑位时出现的自然跳空下跌。不要在第一波的脉冲中交易，因为这一波可能没有出现技术性跳空下跌就完成了。第一个下跌也面临着逼空的危险，同时具有大量的潜在多头。“五波下降”中第二个下行波（1）可能在靠近顶点高点位置就开始形成了。这就形成了一个经典的双顶模式。随后出现的波对于空头操作风险较少，因为熊市心态阻止了价格的回升。可以在疲软行情反弹到主要阻力位的时候寻找可行的介入点。

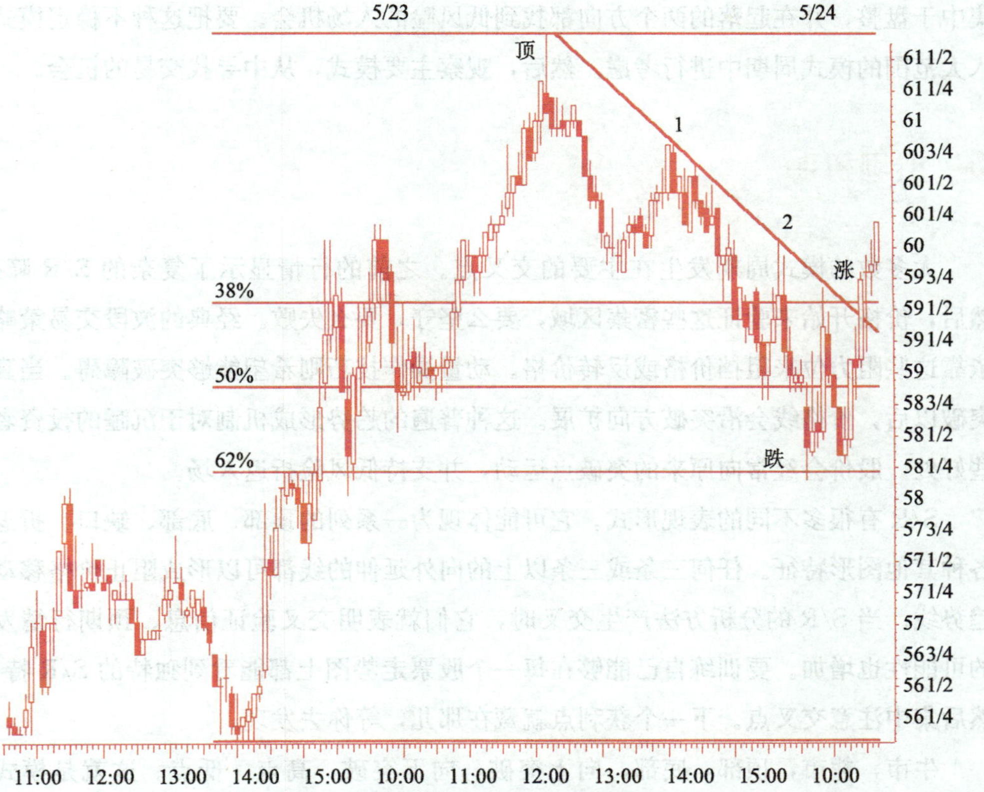

图 3—9 Tellabs 公司股票 5 分钟线图

注：要将每个下跌行情放在更大范围的价格运动背景下进行分析。Tellabs 公司的股票在 5 分钟线上上涨了 6 点，然后立刻折返 62%，这是标准的"五波下降"的情况。然后，行情形成一个简单的双底，又突破上扬。由于之前的上升趋势并没有遭到破坏，第 1 个目标应该是在之前高点 62% 的位置进行验证。在所有时间段的走势图上都要注意"顶—1—2—跌—涨"模式。

资料来源：RealTick® © 1986—2000。保留所有权利。Townsend 公司授权使用。

经验告诉我们，下跌趋势很难转变为一个新的上升趋势。1～2 趋势线上出现的突破标志着"五波下降"形态的完成，后续的价格移动不会产生太多的冲量。应该抓住价格趋势线出现的扩张机会或者第一个折返，进行快速交易。然后，小心观察新的上升趋势的演变。要记住这个秘密：价格移动幅度越大，底部也就越大。长期的下跌行情需要时间来回补，趋势线被突破可能仅仅会演变为横向盘整的过程。价位突破的动量与之前跌势中存在的离散水平成正比。应该识别那些很有可能与最初下跌持相同角度的上涨，而对于那些角度不同的情况则需要谨慎对待。

训练有素的投资者能够在所有时间段内发现"五波下降"模式。有些表现为垂直抛售，而有些则是横向盘整，不太引人关注。这两种情况都能够让波段交易者把精力集中于盘整，并在起落的两个方向都找到低风险的入场机会。要把这种不稳定模式放入大范围的模式周期中进行考虑。然后，观察主要模式，从中寻找交易的机会。

市场机制

大多数的模式周期发生在主要的交叉点。之前的行情显示了复杂的 S/R 障碍。然后，价格开始来验证这些密集区域，要么坚守，要么失败。经典的波段交易策略就依靠这些阻力位来阻挡价格或反转价格。动量操作技巧则希望能够突破障碍。当真正突破以后，价格线会沿突破方向扩展。这种普遍的趋势形成机制对于沉睡的投资者有些好处。股价会经常向原来的突破点运动，并支持低风险折返入场。

S/R 有很多不同的表现形式。它可能体现为一系列的顶部、底部、缺口、折返或各种其他图形特征。任何三条或三条以上的向外延伸的线都可以形成阻止价格移动的趋势线。当 S/R 的分析方法产生交叉时，它们就表明交叉验证信息、预期行情发生的可能性也增加。要训练自己能够在每一个股票走势图上都能看到独特的 S/R 特征，然后集中注意交叉点。下一个获利点就藏在那儿，等你去发现。

牛市，熊市，顶部，底部，向上突破，向下突破，高点，低点。这就是模式周期。模式周期在所有股票走势图上、所有的时间段内不断地重复。成功的波段交易要求对于股票目前的阶段进行准确的识别，并耐心等待低风险的交易机会。要了解每个阶段的特征，并开始以立体的方式进行思考。股市常胜的操作要求走势图因素在几个时间段内都能够相符。但是，同时共存的趋势通常相互冲突，并产生不可预测的结果。例如，在某个趋势上为买入信号，而另一个趋势则为卖出信号，很多交易的损失就是这样产生的。

最重要的是，模式周期能够区分牛市和熊市的差别。趋势的上涨和下跌机制非常不同。对于靠近牛市/熊市轴线的价位应该特别关注，并按照主要周期筛选交易机会。此时逆趋势入场交易策略较好，但需要具有高超的操作技巧。如果没有广泛的经验和详尽的计划，不要尝试这样的操作。在变化迅速的环境下，不要抢顶或抄底。市场还会提供相同回报的交易，但更加安全。

尽量在逆趋势运动终止和主趋势继续进行时进行交易。这些折返、下跌和熊市回升趋势中的回报/风险率的变化对波段交易者较为有益。趋势机制通常表现为可以预测的频繁逆趋势运动。在这些时期操作的难点在于控制自己的情绪。当恐惧说应该卖出，而你买进，当贪婪说应该买进，而你卖出，这样你就成功了。关键时刻是否能够获取利润，主要取决于是否坚持了技术分析的主要规律：按数字操作，不要听信故事。

模式特征

收缩盘整模式在主要的S/R水平之间徘徊不已。当新的趋势突破这个水平，演变成有向移动时，密集的盘整过程就完成了。这次的上涨可能与前面的趋势方向相同或相反。在相邻价格之间以相同方向移动的模式将继续那个趋势。相反，当出现突破，行情反转，并与上一个趋势相反，这个趋势即为反转的趋势。

所有模式都可能持续原方向或出现反转。这种倾向性确定了这些模式的预测功能。反转模式形成的时间比持续模式的时间长。当波段交易者发现同一趋势中有其他的收缩盘整区域，在比较价格线数目之后，就可以利用这种倾向。要学会在模式远未形成之前就能识别出来，并在价格动量很可能爆发的位置选择入场价位。要永远牢记，反转模式通常要比上涨突破模式更加可靠。

在价格到达一个阻力位时，有两种可能性：继续前行或反转。模式周期把交易的重点放在高概率的结果上，并利用低风险价位进行交易。但是，有效的技术分析必须考虑到事态也可能朝反方向发展。在多数情况下，因为这种模式的失败而带来的收益，高于原来计划的方案。所以，要随时注意是否朝另一个方向的交易会更有利。股票走势图经常会在临近常见突破价位的反常行为，来提供早期的预测信号。

价格在趋势的顶部和底部会有不同的表现。在趋势的底部需要较长的时间来形成上涨，而从顶部下跌往往更快速陡峭。这种现象证明股市存在着一个众所周知的重力原理。似乎有一种重量会控制价格线，影响它们的发展。这种倾向能产生一种奇怪的下跌偏向，有利于在急剧上涨之前就把它们识别出来。幸运的是，这种情况有自愈能力，能自我克服。把股票走势图铺在地上，绕着它走，直到你不清楚哪里是上哪里是下，这样的绕行会让你的头脑混乱，但你可能从中看出偏向，隐含的交易机会也会突然出现。

价格收缩盘整移动的极限往往隐藏着巨大的变动。如果价格越过波动范围内的中期高点或低点，这说明主要的突破即将出现。这些高点和低点也可以用来识别行情止损点位，因为此时明智的投资者了解到波动范围比趋势更长。首先，通过分析股票走势图来识别这些重要的特征。然后，不要贸然入场，而是等待普通股民对这些关键点位做出反应，之后才决定如何交易。

了解价格的突破

对待创新高的突破要有别于对待市场折返的情况。当股票创出新高，就会出现特殊信号：在那个时间段内不存在内在的亏损者。如果大范围趋势没有货源供应，股价很容易会直线攀升。这种情况下进行的折返，通常会以失败告终。在这些动力十足的市场中，波段交易者可能需要在高点附近入场，而不是在折返中入场，并且在没有支撑的情况下，要控制风险。

在新高价位进行交易的一个典型信号是看到价格在突破后形成窄旗的形状。这个常见的形态在5分钟线图和周线图上都可以看到。当趋势再创新高，价格线紧密集中，等待下一波的普通股民把价格推高。靠近顶部的收缩盘整状况激起了人们强烈的买进的贪欲。此时价格会击穿旗形的顶部，强势垂直上涨。

上行和下行突破都会吸引很多投资者，但只有精准把握时机才能最终获利。内部人士都知道，这些突破的热点会吸引资金盲目入场。每一次放量都会形成双杀局面，把弱者清理出局，这就使多数人正值反转之时入场。波段交易者很少追随情绪化的普通股民，也从不参与恐慌控制下的游戏。

成功的动量交易要求投资者提前对预期的交易价位进行彻底分析。要么按照设定的价位交易，要么放弃。这种波动状况可能需要投资者打破控制风险的通常规则。例如，盘前订单可能是一个热门股票的最佳入场机会，而平时大多数投资者会避免这样的操作。

波段交易者也可以使用动量原理，在远远高出通常价位的范围交易，但仍然可以获得很好的利润。但是这种做法在长线交易中会摧毁他们成功的希望。在上行和下行突破的情况下，通常没有轻松离场的路径。多变的市场会很快击垮那些不坚守止损原则的投资者。并且，某些完美的动量价位从技术分析层面来看，都是不错的投资机会，但可能带来巨大的损失。这是失败的公式。

如果严格按百分比或金额损失进行止损，可以让投资者避免严重的问题。但波段交易策略所依靠的是已知的S/R阻力位和价格轴心。新的走高趋势通常出现复杂的价格走势。如果可能，在选择上行突破入场时，交易点应该在某个关键点附近，该点若被击破，则证明自己的设定为错误。并且要牢记，即使市场不一定有巨大动量，也可以提供大量的机会。

表 3—1 根据模式进行交易——成功波段交易快速入门

● 所有模式都不一样。三角形和三角旗形是理想模式，但现实中极少按公式理想地出现。
● 经过三振，你必定出局。对关键价位的验证最多三次，价格就应该出现上行或下行的突破。如果价格不能通过三次验证实现某个方向的突破，则很可能往反方向突破。
● 应该通过交替规则来预测一个模式的发展。盘整应该是以脉冲的方式在简单和复杂图形之间交替出现。
● 每个模式都潜伏着阴和阳，都代表着可能出现的不同结果。所以，如果看起来像牛市，或像熊市，那么它可能就真的是。
● 如果在一个上升的三角形之上又出现巨大的突破，通常预示着上涨到了极端。
● 上涨的楔形能引发强势上行突破，但是在发动出现之前，非常不可靠。
● 倒转头肩的模式需要完整出现了才可以使用。只有所有条件都满足了，才引起人们的注意：颈线必须正确，两个肩部低点必须处于同一个价位，突破时必须穿越已知的阻力（如移动平均线、缺口等），而且放量要大。
● 在强力上涨之后形成的双三角形力度很强，和第一个三角形之前出现的价位变化可能力度一样。
● 价格幅度和新模式波动的收缩盘整，会寻找一个与新脉动位置对应的自然平衡点。可以通过布林带和价格变动率指标来提前识别这个关键轴点。
● 每个模式都可以通过支撑、阻力和波动来分析。要及时找出高点和低点来判定合适的离场时间点。在顶点股价的波动应该减弱，并不断扩张。
● 成交量也应该开始枯竭，因为头肩形态的三个上涨行情已经耗尽了所有的上涨动力。右肩上涨阶段的成交量越低，颈线最后被击穿的概率就越高。
● 当熊市模式的累积开始朝正面离散之时，是通过头肩形态进行买空的极佳位置，可以在右肩的颈线位开始。但当颈线被突破时，要留意观察，如价格立刻反弹超过颈线之上，表明有数个止损点在等待。
● 头肩形态的颈线下跌幅度越大，熊市突破的可能性就越大。千万不要在上升的颈线处进行交易。这些模式很容易演变为横盘整理。
● 可以根据斐波纳契级数关系来计算头肩模式中左肩峰值与头部长度的关系。如果左肩顶部按照斐波纳契级数上涨了 62%，右肩就不应该超过这个高度，此时应该是一个不错的卖空点。

上行和下行突破通常以波状形式出现，每个上升波会形成和前一波类似的角度、持续时间和幅度。可以利用这个规律来预测突破何时会发生，价格能够移动多少点等。在两个飙涨的高位之间，股价通常会有一段时间的停留和聚集，直到股价波动减弱并重新稳定下来。通过技术分析这个点位能够带来巨大的收益。通过对之前一波的状况的分析，可以识别所有可能出现的趋势或通道。计算前一波密集收缩盘整区域内 K 线的数目，找出可能产生下一个趋势波启动的 S/R 位置。观察上几根价格线或 K 线的价格范围，是收缩盘整了还是扩张了？现在就开始设定交易，并且设定好，如果下一个价格就突破了 S/R 缺口，应该如何应对。

价格的突破通常在第一次上升浪之后就停滞，并会折返到非常接近原来 S/R 阻力位的地方。这第二个机会是一个非常好的介入点。若价格折返，动量交易者的利润就会

图 3—10　铜山公司股票日线图

注：铜山公司的股票在价格通道突破，价格跳空上涨。然后形成一个高高的窄旗，之后数周内价格上涨50%。请注意那三个急剧上升的K线上的旗形。然后，它以一个小型的锤形线来折返，验证跳空缺口和价格通道，之后股价继续窜升到更高的水平。

资料来源：RealTick® © 1986—2000。保留所有权利。Townsend 公司授权使用。

减少，但是内在技术指标却有所加强，并支持介入。有时候，价格会反弹回突破时经过的阻力位，并回落到之前的价位范围内。如果突破发生时放量大，价格远远超出之前的收缩盘整，而且在折返时成交量较小，那么投资者就应该尽快入场操作。反趋势的行情会很快反弹，而且极少显示征兆。

一旦股价摆脱收缩盘整的束缚，行情发展会加速。扩张的价格线或K线反映出上涨的势头，在任何时间段的走势图上都是如此。扩张了就等于利润出现了。在第一个折返时就入场的波段交易者是想借下一波价格上扬来获利。这种投资策略在设定离场操作中极为重要。很多人误以为此时应该持仓，直到动量和价格运动的速度降下来。但是，这种情况对于自然的折返是较高的获利机会。利用价格线扩张模式来发出离场信号，保护自己的收益。结合布林带阻力的作用，当行情逆于普通股民之时，抓住高利润时机获利了结。

识别走势

股市永远是在密集盘整和有向移动之间运行。盘整的区间发出负面的信息反馈，这是一种无向性的状态，其中逐渐变化的价格线和指标在有限的范围内摆动。走势则发出正面的信息反馈，其中每个价格线或指标都在前一个价位基础上发展，并有明确的方向。对于波段交易者来说，这个强有力的轴线比其他任何因素都重要。这些相互对立的因素不断互动，形成各种模式，这是技术分析的核心。

这个基本走势/区间轴是所有时间段和行情走势的基础。通过观察价格对重要价位的反应来识别每个因素。然后，重点分析几根价格线或 K 线的聚散状况，预测行情的运动。在分析每个行情时都要回答三个重要的走势/区间的问题：

- 目前走势或区间的强度如何？
- 下一个价格运动的方向是哪里？
- 这个运动何时开始？

交易的利润取决于走势/区间轴的情况。随着走势强度和股价发展方向在不同时间段内的综合作用，每只股票总是不断重复着协作、平衡、冲突的周期。当多个时间段都出现定向移动的积极反馈时，强有力的走势就会出现。当离散现象在多个走势图中同时发出负面反馈信息并延迟价格的变化时，会出现最一致的行情区间。

近年来，负面反馈在很多经典走势图模式中得以广泛使用。头肩形、三角形和楔形都反映了在一个盘整区间价格无序摆动的情况。如果波段交易者希望继续在股市中生存，则必须尽早找到新盘整区间的信号，应该摆脱按动量交易的策略。价格的收缩盘整需要在极端收缩盘整的情况下才有卖强买弱的条件。

从负面反馈到正面反馈的转变是可能高度获利的机会。价格波动、扩张、成交量在盘整接近尾声时都会降低这种机会。成交量减少了，很多交易者开始转向他处寻找机会。但就在这些平静的空档区，价格扩张的可能性急剧增加。如果价格线狭窄，投资者入场需要格外小心，因为即使一个小小的变化也是一种波动的信号。

整体分析收缩盘整的模式，确定要根据哪一个走向进行交易。空档区很少在技术指标中出现，因为大部分的数学方式无法消化平缓的趋势线。需要用短期价格幅度来分析，以确定转折点的位置。NR7（前面 7 根价格线中的最短振幅）是一种捕捉空档区的经典方法。紧随 NR7 的那根价格线通常会引发一个主要的突破。否则，就会在 NR7-2（连续的第二个 NR7）引发更大的突破。因此，价格发生急剧攀升的概率急剧增加。

走势/区间轴会给当日短线交易提供所有需要的指示信号。短线交易的时间通常跨越几天的时间，可用多屏幕同时观看 5 分钟、15 分钟或 1 小时的走势图。在大多数行情中存在的正面反馈，通常发生在交易日中波动剧烈的第一小时和最后一小时，而负面反馈通常发生在其他时间段。日内交易或长线交易的安排是一样的：确定收缩盘整的范围并针对突破行情安排交易，或者安排离场。要记住，经典的波段交易策略要求当日价格大波幅运动，这样才能获得较好的回报。波幅极值之间至少应该是 2～2.5 个点，才值得操作。

波段交易者可以根据价格线简单而直观的扩张和收缩盘整，分析价格的波动。走势通常会反映价格线的扩张，而盘整则反映价格线的收缩盘整。最高的获利机会是在一个低波动阶段的末期（价格线收缩盘整时）入场，在走势折返出现振荡峰值时离场。

要学会识别走势变化的早期信号。当走势转变为盘整，或者行情反转，则需要改变操作设定才能获利。“首升/首败”模式为投资者提供了一个有效的视觉工具，可以击败竞争对手。当前一波价格运动猛跌了 100%，此时要谨慎操作。然后，利用经典的波段交易策略进行操作，等待中期高点或低点的出现。

趋势镜像

价格是会重复的。过去牛市和熊市之间的交锋，会留下长久的痕迹。股价在超过以往高度的时候，它们必须不断地重蹈以前的覆辙。这些趋势中的关键点在急剧变化的 S/R 区域、巨型成交量和逃逸缺口等地方体现。伤痕累累的战场没有扰乱投资者的视线，却给技术分析派指出了无比宝贵的交易方向。

可以用趋势镜像来理解这些波动的区域。通过观察过去的水平趋势，来预测股价在什么位置会反弹或下跌。目前的运动通常会模仿之前模式的角度和强度。趋势镜像能够找到 S/R 的热点位置。如果前一阶段价格不断从镜像中心往两边振荡，在下个阶段很可能会以同样的方式摆动。这些走势图记忆位的作用就像经典的 S/R，或者像下一个前后摆动的波动轴线。每一个类型都需要做出一个合适的交易。

这种时间和价格定位需要精准的技巧来解决。利用趋势镜像走势图在之前的低点到新高点的波动范围内锁定获利操作点位。但是，很多不同的外部力量可以像之前那样阻挡股票的自然反转。当价格反弹，股票会再次出现剧烈振荡，或某个事件也可能引起过多的关注，结果，其他相关的走势特征也变得不可靠了。要舍弃低回报的交易，并且当目前行情逼近这些价位时，寻找突出的趋势镜像价位。然后通过移动平均线、聚集趋势和折返工具对预计的行情进行交叉验证。

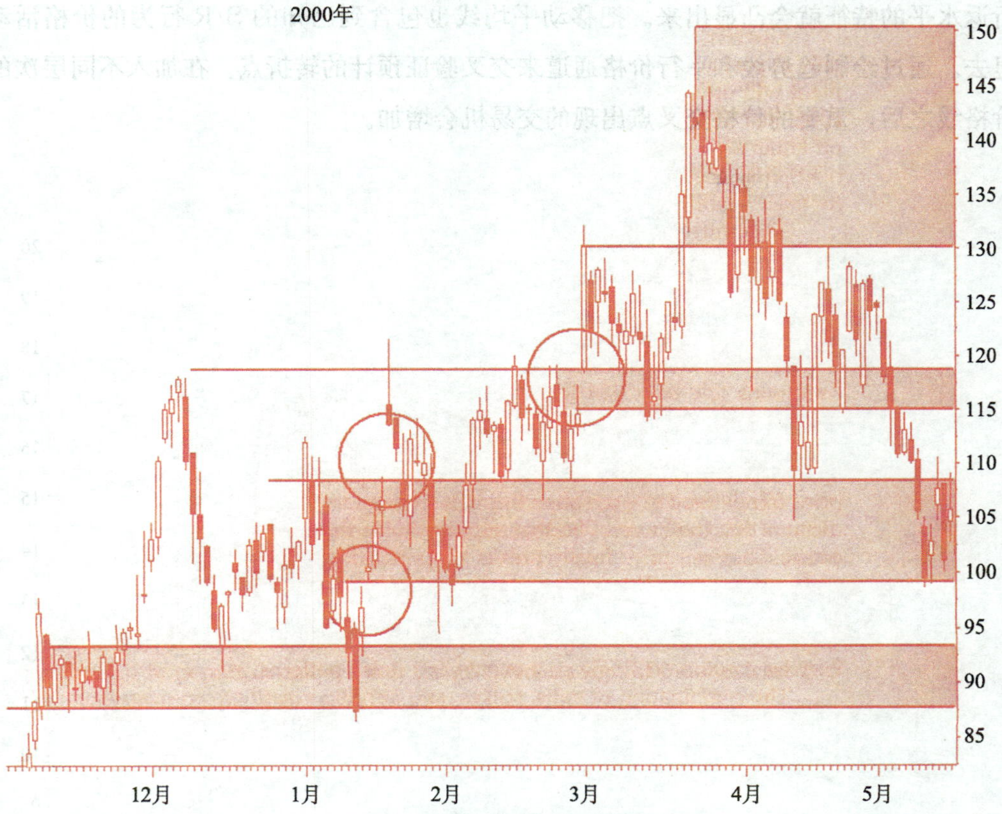

图 3—11　苹果公司日线图

注：趋势镜像从过去的牛市熊市冲突的遗迹中构建复杂的价格变化行为。虽然乍一看这个现象难以理解，但是它不过是从支撑和阻力的简单因素演变而来的。开始分析趋势镜像时要结合之前的缺口和水平价格极值。然后，关注收缩盘整和振荡反转的行情。当价格反弹验证这些价位时，就能通过这些重要的特征来预测最明显的行情走向了。

资料来源：RealTick® © 1986—2000。保留所有权利。Townsend 公司授权使用。

镜像存在的时间有限。随着时间的推移，之前趋势的具体特征被现阶段新价格增强或减弱。支撑位获得的验证频率越高，它的强度也就越大，这是常识。所以，如果价格突破了支撑位，在未来行情中它突破的概率也就越高。这些验证造成了一个简单的等级序列，波段交易者可以用来评估这些价位的强度。同样的方法也可以用来分析趋势线。也就是说，持股时间越长，投资力度要越大。应该谨慎对待过去单个事件和混乱的模式。

若缺口、楔形和飙升的局面同时出现，分析将变得极为困难。但是，这个复杂的走势图下面暗藏着秩序和结构。在之前的走势图上，放一个斐波纳契网格，许多主要折返水平的特征就会凸显出来。把移动平均线也包含到已知的 S/R 行为的价格活动里去。通过绘制趋势线和平行价格通道来交叉验证预计的转折点。在加入不同层次的价格线之后，重要的价格交叉点出现的交易机会增加。

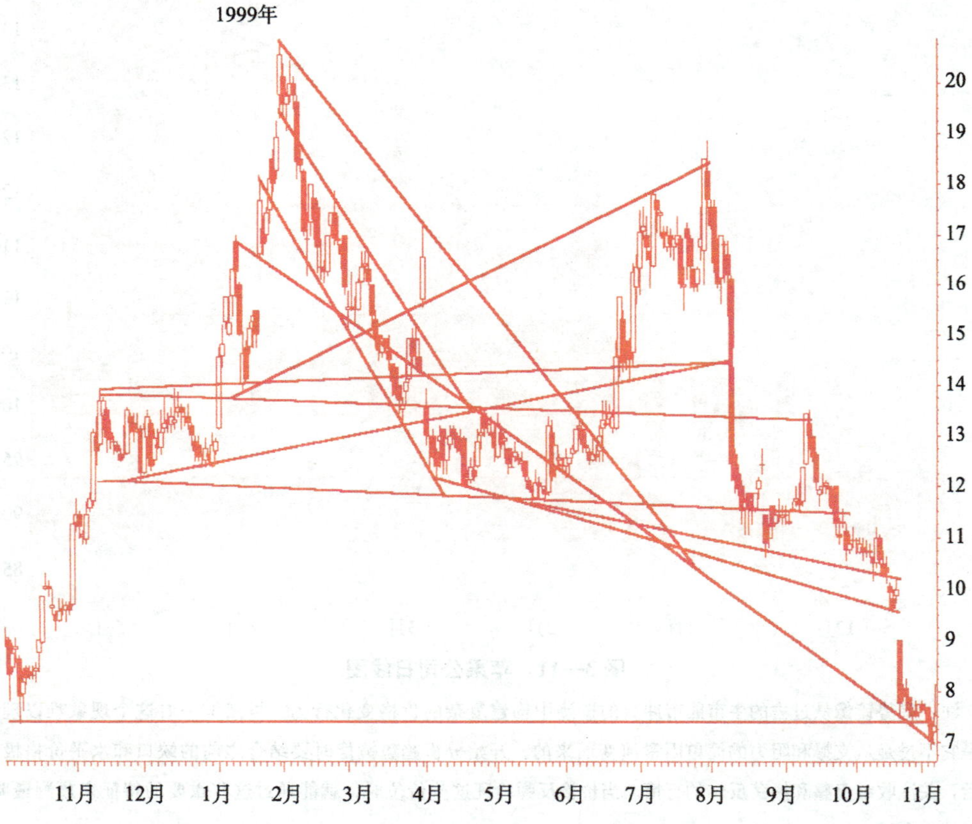

图 3—12　Silicon Graphics 公司股票日线图

注：Silicon Graphics 公司的股票趋势线和通道呈复杂的锯齿状。趋势镜像从各个角度反映了过去的价格动向。投资者可以在两个走势图交接的地方对其仓位自圆其说。内在的有向移动被掩盖，投资者有效的预测无法有效进行。注意力要集中在主要趋势特征上，也要考虑这些复杂的趋势线等造成双杀局面的可能性，以免交易遭受挫折。

资料来源：RealTick® © 1986—2000。保留所有权利。Townsend 公司授权使用。

当趋势发生突破，到达之前多个振荡行情发生的价位时，会出现复杂的价格形态。在这种情况下，新行情持续的时间和之前持续的时间很有可能相同。如果 S/R 边界明确，就是极好的交易机会。之前的一致表现增加了在收缩盘整行情中成功离场的概率。测算潜在行情区间的快捷方式就是看之前振荡的次数。振荡次数越多，价格最终脱离收缩盘整之前，实施止损退出策略的时间就越长。镜像也能够说明振荡的哪一边有较高的回报或风险。但是，一定要识别其他可能预示获利区域发生早期突破的特征。

趋势镜像可以在很多不同的 S/R 角度产生。明显的趋势是很多不同的价格运动产生的小趋势产生的。上行和下行的小趋势可以同时对价格移动产生作用。正常的趋势线或通道可能不会全部包含这些异常的脉动。小趋势在数月或数年的周期内会掠过几个交叉点，但是，当每个人都认为它们不会出现时，它们又会出现。

之前的价格行为对目前的价格会产生很大的影响。但不要以为每个脉动恰好停留在一年或两年前出现的位置。趋势的发展是由许多因素决定的。但波段交易者仍然可以分辨之前因素对目前价格的影响，并且预测主要的反转会在什么位置出现。

要好好掌握趋势，并了解影响行情的复杂因素。要注意主要行情变化的开始阶段，并且逐个追踪价格线的运动情况，直到普通股民的投资情绪超出走势图的范围。更好的做法是，逐步回顾制图的过程，把开始阶段的价位贴近右边的角落，然后依次移动价格线进行观看。每个趋势都有一个不同的身份和情绪特色。这种情感能决定贪欲和恐惧的相互作用，引发重要的转折点出现反转。研究股市的趋势镜像历史记录，看看这些潜在的情绪要如何分析。新的获利机会将在哪些躁动的投资行为中突然显现。

晴空

价格和时间之间的关系决定了利润的多少。当价格在较短时间内移动幅度较大，相应的价格线或 K 线图的长度就会拉长。这种现象就暴露了最重要的机会。波段交易者可以利用这些价格的波动而获利。即便成交量很高，股票走势图中也会呈现持有稀少的状况。当价格呈现如此范围明确的价位时，价格波动幅度很大，并会向下一个阻力位挺进。

晴空可以暴露趋势镜像的价格水平，在此处出现的振荡会急剧增加。之前的振荡越剧烈，此时价格变化的速度就越快。波段交易者可以筛选自己的优选关注清单来寻找最佳时机以获利了结。可以在与之前价格同等水平的基础上，通过不断寻找重复大波动的价格线来寻找晴空的区域。要预测行情很简单：在此价位价格大幅波动的次数越多，再次发生的可能性也就越大。

但并非所有的晴空都是可交易的条件。有些晴空会出现走势混乱以及不可预测的中期价格反转。通过回顾之前价格通道来评估模式的可靠程度。如果两个晴空极值之间没有什么折返现象，这就说明不会有严重的双杀现象。需要在晴空区域的边缘确定一个价位目标，再安排好一个离场设定，当价格线的数目达到之前穿越该区域所要求的平均价格线的数目，就需要离场。可以通过范围明确的水平价位极值来做好安全简单的离场设定，进行波段交易获得可观的回报。

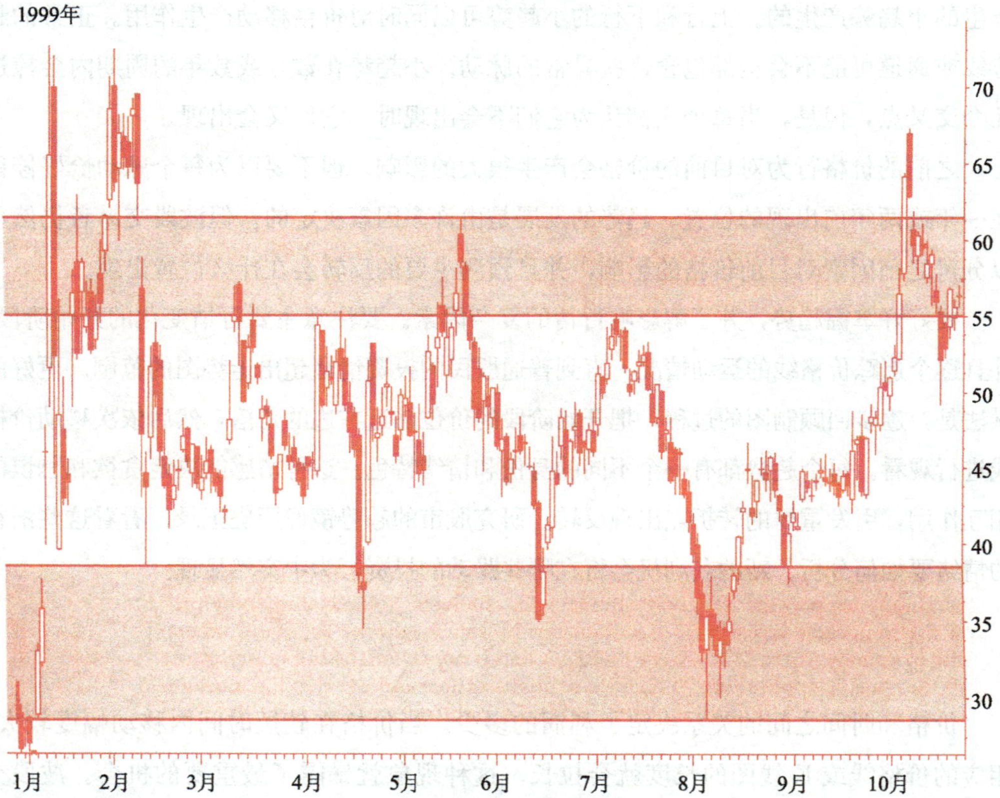

图 3—13　Lycos 公司股票日线图

注：晴空袋状可能会持续数月之久。Lycos 公司的股票在 1999 年多次穿过这狭窄的 17 点的区域。请注意，此阶段至少有 16 个快速振荡幅度是 10 点以上。这个走势图也指出了晴空交易的危险。急剧变化的反转通过价格移动来表现，尤其是上涨趋势结尾处、波动最厉害的地方尤为如此。

资料来源：RealTick® © 1986—2000。保留所有权利。Townsend 公司授权使用。

若出现收缩盘整状况，波段幅度就小了。区间扩张使得最终收缩盘整状况幅度小，波动大。但是它也提醒波段交易者，在面临机会与风险共存的情况下，应该严格管理风险。在活跃的行情中，应该采取防御性的交易策略。晴空区域能引发强烈的反转。可以根据已知的 S/R 范围和斐波纳契折返规律来预测已经存在的晴空范围内的波动点。再利用以前通道详细的价格/成交量资料，来确定最佳的入场离场时机，以获最高利润。

可以利用斐波纳契走势的详细资料来确定晴空的新高值。这些主要的突破形成的收缩盘整情况和振荡点位通常无法显示有用的 S/R 数据。但细心观察就能发现，上涨趋势最后 38%的幅度会表现为直线上升。在新高点之下的收缩盘整中寻找突破的底部，并就当前的升势绘制扩展的斐波纳契网格，以便确定最后的晴空水平。请记住，这个策略需要极高的自律，因为这个方法不靠之前的通道。

在一个晴空系列完成之后，用斐波纳契网格来分析在这个过程中隐藏着的反转区。这将有利于酝酿下一个振荡行情重回此区域。可以使用一个网格来对比股价新扩张的情况，以预测下一个折返会在什么地方出现。并且，一定要利用次一级时间段的走势图来确定低风险的交易位置。

走势路标

趋势是根据周期性的买卖行为而演变的，以价格线的方式表现在股票走势图上。在价格发展的关键阶段，普通股民随大流进行交易。走势路标可以用来判断普通股民的力量何时会被耗尽。在绝大部分时间里，分散的市场力量只会干扰市场。要耐心等待关键脉动出现交集。在这些微小的交集点，干扰性信号低，有效信号强。当更多的脉动进入这个区域，有效信号进一步加强，噪音可能会彻底终止。这些有效信号就是波段交易者的获利佳音。

股市的秘密通常需要高超的能力才能解读。幸运的是，波段交易者可以综合分析趋势和时间的正确元素，快速评估每一个新行情的可行性。走势路标可以显示股票走势图中的机会。双顶、跳空和阶段分析，还有其他的立体工具都可以用来分析复杂的股市变化。但是，对于每个具体的分析需要有很高超的技巧才知道如何选用正确的分析工具。

新手通常望而生畏，但是市场从来不会以同样的方式揭露其内在的秘密。算术方法制出来的走势图可能表现出趋势线较弱，但是对数走势图则可能表现出强烈的价格通道，支持交易的进行。对成交量的分析可能有利某个交易，但在很多其他的情况下则可以完全忽略。价格上涨可能预示着回升，而布林带却表示应该卖出。波段交易者必须学会运用所有资源，并培养直觉，在合适的时间利用合适的方法来分析最可行的行情状况。

这个关键的过程似乎变得既复杂又混乱。我想用工具箱来做个比喻。木匠如果要做个橱柜，需要用到很多锯子，波段交易者也需要许多正确的工具来做好交易。木匠天天需要用的工具只有几件，其他的工具只在少数特殊情况下才用得到。波段交易者也一样，他们每天都看到相似的走势图，但如果要解决复杂的问题，他们会用特殊的工具。这两类高级工艺人士都知道什么时候该用哪种工具来完成自己的作品。

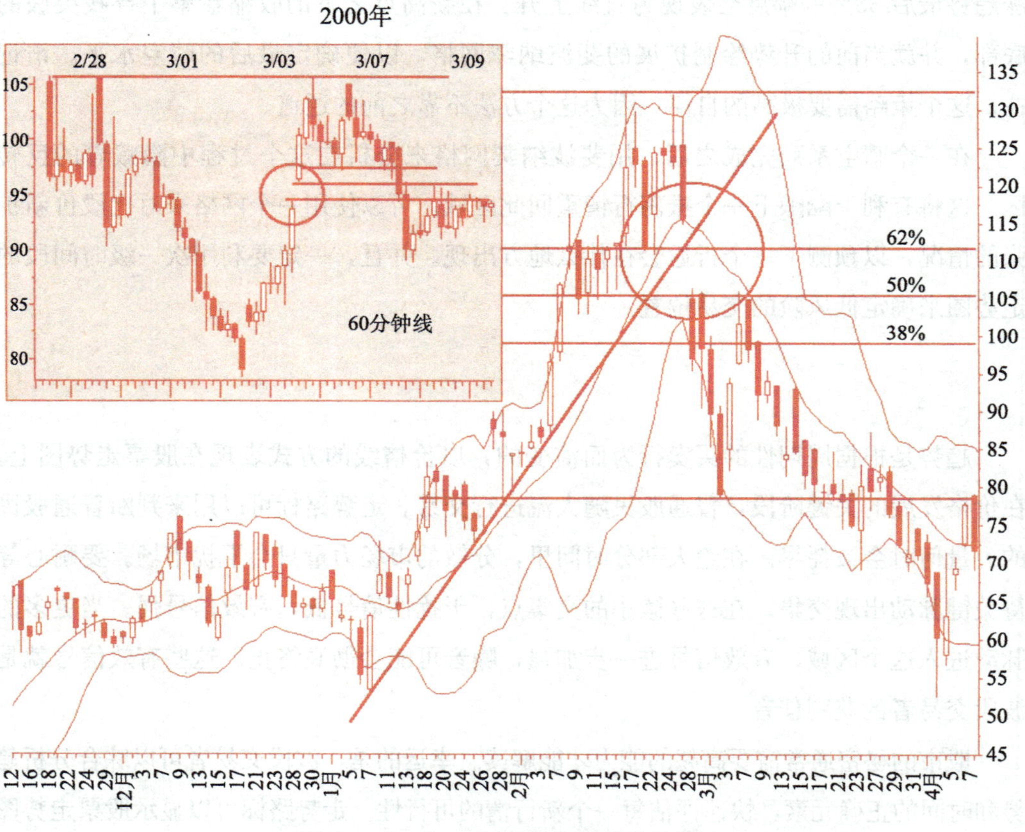

图 3—14　Conexant 公司股票价格走势图

注：走势路标在不同走势图中的信号可以预测重要的价格运动。Conexant 公司股票发生变化时，两个时间段里的跳空情况给波段交易者发出了信号。日线图上的巨大空洞终止了强劲的涨势，并确定了反转的基础。价格跌到 50%到达跳空位置，演变为一个长期的下跌行情。请注意 60 分钟走势图的小突破口和双顶形态。下跌价格跌破顶部支撑位，并填补了缺口。这是强劲熊市反弹的终结。之后，Conexant 公司股票在再跌 13 点之前，折返又回到突破点，使投资者可以进行低风险的卖空。

资料来源：RealTick® © 1986—2000。保留所有权利。Townsend 公司授权使用。

要发现走势路标，可以通过走势图上两个或更多因素的聚集来实现。这个交叉验证的方法比较客观，可以有较高的成功率。交叉验证的力量在于线性的原理：行情中交叉点越多，交易发生的概率也就越高。用正确的工具来分析走势图，在形成中的模式中寻找利益点。其实，这个简单的分析是每个交易之前所必需的所有准备和分析的内容。

新手通常会忽略很多走势路标，而交易老手则只需要分析价格就能揭开行情的秘密。新手应该专注于自己的股票关注清单，并依之进行操作。有很多股票分析的软件和网络制图方法非常实用，用户可以根据自己的具体情况来做安排。好好利用这些工具进行分析，可以在大海中捞到针。

价格跳空是一个强有力的走势路标点。当缺口处于一个趋势中的恰当位置时，它们就能够揭示隐藏着的 S/R 阻力位。跳空有很多种形式，波段交易者必须熟悉这些形式，以免在出现跳空时做出失误的决策。例如，日内交易者利用开放型的突破缺口来确定上升介入点，或通过能量消耗性缺口在价格折返验证时卖空。如果把这两者混淆了，后果不堪设想。

成交量和模式周期

普通股民的作用力与反作用力促成了主要的成交量数目。将之前的独特参与和目前的情况进行对比，以确定新行情的相对重要性。无论持股时间长短，当价格折返对这些关键点进行验证时，都要关注这些主要的参考点。但在分析成交量时，必须具体情况具体分析。一根价格线的微小影响，可能会导致对市场认识的严重偏差。跟历史成交量记录进行比较，看近期行情在趋势中的位置如何。

中期日线时间段是计算成交量移动平均线最常用的基础工具。50 日或 60 日成交量平均线与普通股民对所有高流通量的股票的预期形成对比。这个简单的测算方法可以用来当作分析主要规律的工具，以实时评估普通股民的情绪。如果成交量超过日平成交量的 150%，那就是一个重要的信号。如果日成交量低于平均成交量的 50%，行情低迷，多出现无明确方向的交易。

在价格发展过程中，成交量自然会形成高峰与低谷。它们通常以周期交替的方式出现，并与走势/区间轴相对应。将这个轴线上的价格分布情况与成交量中心趋势相比较，以判断即将出现的反馈性变化。例如，在较长的盘整过程中，成交量要低于正常水平。如果这些盘整区域的成交量峰值远远超过平均水平，它通常就预示着即将出现一个上升突破，形成新趋势。

不要被周期性的成交量异常情况所迷惑。1月份通常有大量的资金入场，因为此时投资者又把钱投入联合基金。夏天是一年之中成交量最低的阶段。在这个阶段，内部人士和机构投资者会去海边度假，留下少数的重量级人物在股市活动。每个月月中的星期五是期权结束的时候，经常会引发强劲的价格变化。

累积/派发指标

交易双方进行价值交换导致了价格的波动。随着市场周期在买卖力量的作用下发生周期性的变化，交易情况会慢慢反映出投资者的期待——是高位持有还是低位卖出。人们对这个演变过程了解不深，这是股票的累积/派发指标。累积/派发指标通常与价格移动的方向不同。因此，不要认为成交量的激增就立刻会形成持续性的上升动力。

股民买卖股票的原因也各不相同。短线投资的人不想注重长线投资，他们更重视当前的股票价格，他们可以随时清仓。机构投资者则很少进行这种零售式的交易，他们的建仓与平仓需要在一个较长时间内进行。他们是股市里最大的鱼，他们缓慢的动作主导了投资情绪、鼓动了投资动力。这就引发了新趋势移动的回补和验证。例如，在熊市过后的长期盘整阶段，价格会在一个关键的情绪阻力位（如200日移动平均线）附近不断地徘徊。

累积/派发可能超前或滞后于价格变动率。通常，二者之一会迅速发展，然后耐心地等待后者跟上脚步，然后再继续下一个阶段的发展。波段交易者会使用预测性指标来捕捉这种机制，并追踪这两种主要力量的累积/派发情况。累积/派发过程较为缓慢，而且通常把价格拉向自己的一方，而不是推开。在这样的累积/派发情况下，注意观察价格到达超买或超卖水平是出现的反转点。

这种紧张关系有利于验证之前的高点或低点。这些重要的区域对累积/派发的反应比对其他价格水平的反应明显。上行和下行突破都需要普通股民的支持才能继续发展。当股价创新高，只有大量交易才能把股价再拉高。当股价创新低，抛售所造成的恐惧导致股价继续下跌。因此，波段交易者在这些极值附近衡量累积/派发程度，决定是止损离场还是继续追涨。当累积/派发指标表现出成交量低，价格阻力位就会施加影响，产生反转。

不要根据较短的累积/派发指标进行决策。只有内部人士真正了解累积/派发的本质，其他人都不知其真相。机构投资者和共同基金这样的大型投资者，不希望让别人知道自己的动机，因为他们害怕在完成自己的操作之前走漏了消息，行情会出现变化。所以，他们通常慢慢地做强自己的仓位，或者在低价位时买进。这种重要的逆市行为让普通股民难以了解短期内成交量猛增的真正含义。

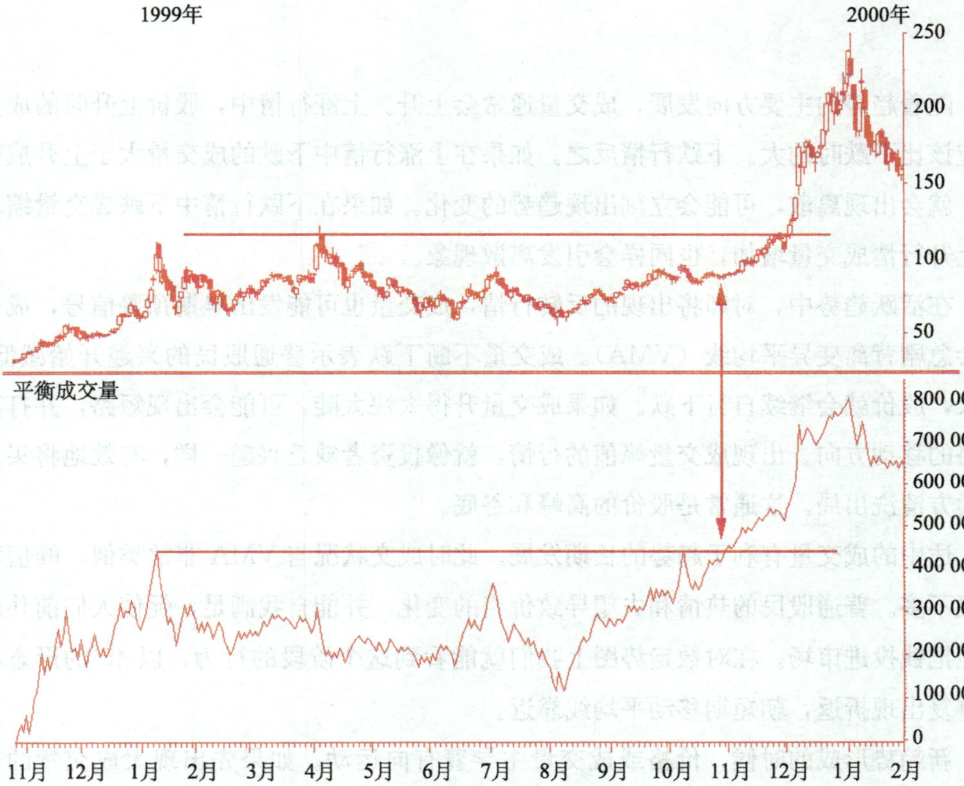

图 3—15　雅虎公司股票日线图

注：平衡成交量是一种经典的用来分析新高和新低的累积/派发工具。在雅虎公司股票发起千禧年急剧猛涨行情之前的一个多月，平衡成交量推进到前所未有的新高区域，聚集力量等待着上涨的到来。在股价突破之前的高点之时，因为有强劲的聚集力量，因此，即使没有进一步盘整，股价立刻就蹿升到新高。

资料来源：RealTick® © 1986—2000。保留所有权利。Townsend 公司授权使用。

在股市清淡的时候，行情可能与累积/派发指标均不一致。牛市和熊市行情以混合的方式各自消除较低的日成交量。在这样的环境中，股价在更大范围的行情中表现为上涨或下跌。普通的事件也可能急剧影响股价的走势，普通股民无能为力。当进行短线交易时，要避免情绪性聚集与恐惧性离散这样的中等波动的干扰。

使用波段交易的最佳股票应该是流通量1 000万股以上，每日成交量应超过 200 万。基于成交量的指标在这种成交量大的行情下效果非常好。但必须了解，纳斯达克成交量买入算一次，卖出又算一次。这可能会误导普通股民的行为。对小流通量股票不要使用累积/派发指标进行分析。对于这些股票，大户通常让普通股民觉得行情看好，而大户的最终目的是自己获益。

趋势与成交量

随着趋势的主要方向发展，成交量通常会上升。上涨行情中，股价上升时的成交量应该比下跌时的大。下跌行情反之。如果在上涨行情中下跌的成交量大于上升成交量，就会出现离散，可能会立刻出现趋势的变化。如果在下跌行情中下跌成交量缩水且上升行情成交量增加，也同样会引发离散现象。

在活跃趋势中，对即将出现的反转行情，成交量也可能发出早期预警信号，成交量会急剧背离变异平均线（VMA）。成交量不断下跌表示普通股民的兴趣开始减低。不久，股价就会继续自行下跌。如果成交量升得太快太陡，可能会出现短路，并打乱价格的移动方向。出现成交量峰值的行情，就像投资者缺乏兴趣一样，有效地将买方和卖方清洗出局。这通常是股价的高峰和谷底。

适中的成交量有利于趋势的长期发展。此时成交状况与 VMA 非常类似，峰值和谷底不多。普通股民的热情和失望导致价格的变化，并能自我满足，促使人们前仆后继地把钱投进市场。在对数走势图上我们就能看到这个阶段的行为，以 45°的形态不断重复出现折返，朝短期移动平均线靠近。

新趋势形成的时候，价格或成交量主导着有向运动。如果先出现大成交量的行情，而且双杀的情况较少，交易机会则极佳。当普通股民的热情哄抬股价，累积/派发指标之间就会出现强烈的拉锯。价格最终就像弹簧一样向前冲，释放出压力。波段交易者当然希望在这种情况发生之前就入场交易，但是，即使计算精确，根据成交量来安排的交易设定也可能遭受挫折。累积/派发指标引发的价格离散可以持续很长时间，不会立刻把能量释放完毕。

新的突破需要依靠成交量的支持。之后趋势是否能形成，需要看价格和成交量是否很快出现聚集现象。当价格冲向新高点或之前的趋势镜像时，当前的累积/派发指标必须支持下一个移动。要有一定的成交量才能形成新的价格水平。形成新高的突破需要充足的成交量，并且累积/派发指标要与成交量一致。如果要让股价突破到趋势镜像位置，成交量就需大到可以消化过去的供应和情绪的影响。离散现象快速发展，若成交量不能吸收阻力产生的影响，则会形成剧烈的双杀状态。

出现主要上涨突破时，成交量通常剧烈飙升，远远超过短期平均成交量的水平。当普通股民认识到趋势已经开始活跃，贪欲和恐惧心理开始进一步推动股市。成交量可能很快超过历史水平，并在新高或新低位置有扩张行为。强烈的上涨和下跌趋势都会有类似的成交量状况。活跃的行情中会在情绪化趋势峰值的位置形成巨大的跳空缺口，而短期的折返则表现出活跃程度减弱。在这样的活跃环境中，很少有人希望退出与趋势发展一致的行情。

波段交易者密切关注趋势的发展中是否有任何突破的预兆。这个重要的反转通过

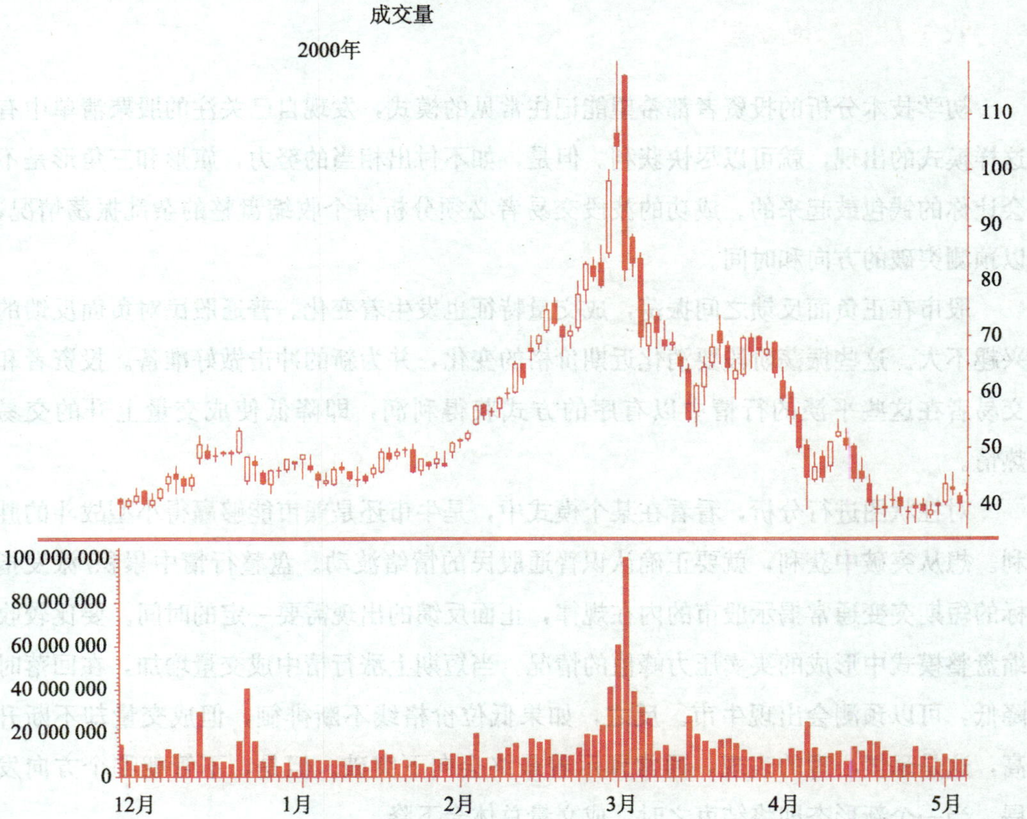

图 3—16 3COM 公司股票日线图

注：3COM 公司的股票（COMS）爆发性直线上升，然后崩盘。当这个技术大腕推出掌上电脑，普通股民疯狂入场，交易最达到顶峰。首发的新股开始交易，此时没有人继续推动 COMS。这只股票开始快速下跌，套牢了大量超买的投资者，之后很长一段时间，他们将万分煎熬。

资料来源：RealTick® © 1986—2000。保留所有权利。Townsend 公司授权使用。

远超近期水平的成交量来体现，而相关的价格扩张幅度大，并在反转时失败。这个高峰情况标志着目前趋势的结束和一个新盘整的开始。通过 K 线图就能快速发现这些主要的反转点。乌云盖顶、射击之星、十字星等图形在突破中经常出现。

趋势的最后阶段反映了一个牛市周期中普通股民最活跃的交易情况。这种疯狂的行为正如艾略特理论中的第五波的剧烈变化一样，随后的阶段使高峰时的能量耗尽。一旦出现这种情况，上行或下行的价格靠近这些位置，成交量再次飙升。突破期间形成的极值需要很高的成交量才能突破。因此，若价格朝这些峰值折返，根据经典的波段交易策略，应尽早止损退出。如果股价向高点或低点折返时的成交量极度萎缩，反转的可能性依然很高。

收缩盘整与成交量

初学技术分析的投资者都希望能记住常见的模式，发现自己关注的股票清单中有这样模式的出现，就可以尽快获利。但是，如不付出相当的努力，旗形和三角形是不会让你的钱包鼓起来的。成功的波段交易者必须分析每个收缩盘整的杂乱振荡情况，以预测突破的方向和时间。

股市在正负面反馈之间振荡，成交量特征也发生着变化。普通股民对负面反馈的兴趣不大。这些振荡阶段要消化近期价格的变化，并为新的冲击做好准备。投资者和交易者在这些平淡的行情中以有序的方式获得利润，即降低使成交量上升的交易热情。

对柱状图进行分析，看看在某个模式中，是牛市还是熊市能够赢得小型战斗的胜利。想从突破中获利，就要正确认识普通股民的情绪波动。盘整行情中累积/派发指标的短期突变通常揭示股市的内在规律，正面反馈的出现需要一定的时间。要比较收缩盘整模式中形成的买卖压力峰值的情况。当短期上涨行情中成交量增加，在回落时降低，可以预测会出现牛市。反之，如果低位价格线不断徘徊，但成交量却不断升高，这是恐惧心理的表现，通常预示着最终会向下突破。但是，不管朝哪个方向发展，当一个新形态即将结束之时，成交量总体会下降。

随着负面反馈不断增强，成交量应该慢慢下降并不断萎缩。成交量的趋势线也会倾斜向下，反映下跌行情。在区间发展的末期，价格和成交量在空档区出现同步状态，这是正负面反馈之间的平静边界。普通股民因厌倦而离场，成交量跌入谷底。请关注这个冷淡的交易点，留意新趋势出现的证据。若出现大的成交量，那就是设定未来交易的参考。设定之后出现的价格变化为行情的发展方向提供了有价值的反馈，并为下一步的走势提供了动力。例如，如果价格上涨创新高，但没有成交量的支持，出现假突破的可能性较大。

普通股民通过成交量来构筑趋势。在负面反馈中隐藏着斗争，影响着最终股市的走向。局面趋于明朗，开始出现一个支持或背离之前趋势的偏见。波段交易者希望通过分析价格线来发现这种偏见。分析时，首先要问自己几个重要的问题，如表 3—2 所示。

表 3—2　通过成交量发现市场偏见

通过成交量，发现市场偏见——在相对高点或低点，成交量是增加了还是减少了？
区间的条件引发的交易模式规模较小。股价来回振荡出现峰值，那都是普通股民的贪婪或恐惧心理的小小爆发。这些情绪因素将最终推动价格朝新的高度推进。
收缩盘整区以外是否有比区内其他部分成交量高但上涨失败的行情？
内部人士通常通过将买单止损来抢夺那一部分的市场。这是将股市往下拉的力量。
收缩盘整区以外是否有比区内其他部分成交量低但上涨失败的行情？
内部人士通常通过将卖单止损来抢夺那一部分的市场。这是将股市往上推的力量。
成交量高的日子是发生在窄幅还是宽幅价格线上？这样的日子是牛市力量大还是熊市力量大？
成交量高价格线长，表明股市有动力，产生大量交易。成交量高价格线短，表明股市聚散现象，其具体现象看价格线的情况。
是否有沉默的警告信号？
区间内成交量的某些情况可以消除所有之前活动的影响。如果出现一个巨量交易日，股市性质立刻就会改变。

日内成交量

不要过度解释当日成交量的意义。每日总成交量有 60%或更多发生在第一个和最后一个小时。波段交易者根据有利的成交量情况来精心设定，等待交易信号；若只在极短时间段使用日内成交量的数据，则容易歪曲结果。所以，对大部分的日内分析，应局限在柱状图内。也可以将下部窗口的成交量指标关闭，把注意力集中在时间和价位上。这个实时振荡指标提供了所有投资者的信息，是极短期持股操作成功的必须信息。

正常的日成交量不断对所有股票显示一个较高噪音与信号比，流动性特别大的股票除外。5 分钟柱状图上间隔出现的高峰和谷底就很难有预测的作用，特别是出现巨额交易，效果就更加大打折扣。这些机构投资者的大笔交易扭曲了交易走势图，因为大笔交易实施以后，其表现状况通常都很好。

随着成交量的加大，噪音开始降低。例如，由于大量的投资者产生一个虚拟的指数行情，技术类巨型股产生了独特的日内成交量特性。每一个价位都有足够的成交量，可快速提供数据以精确预测价格。在这种高成交量的情况下，最佳成交量信号来自短期的顶部或底部。带有明确反转价格线的峰值柱状图在交易中与日线或周线走势图一样可靠。

进行有效的日内交易，就是分析成交量的特征在日线图中的短期影响。这个数据确定了新机会成熟的行情，以及必须避免的操作。随着当期股价接近之前最高成交量范围，日内交易者应该注意可能出现的重复行情。这种提前的警告能够让波段交易者观察到行情振荡的增加。日柱状图也能确定突破点和所有日内交易机会中获利程度最高的剧烈变化趋势。

在适当环境下，很多股票都可以成为极佳的日内交易对象。突发消息、警告、公司合并等能够对低市值股票造成数天的高成交量。投资者从这些暂时性的获利股票中买进卖出，价格线急剧变窄，每天晚上都可以通过股票关注清单或股票网站来筛选这些临时宝藏。

无声的警告

隐藏的股市热点会发出无声的警告。这个非同寻常的区域是买卖压力剧烈的交锋处。投资者的狂热使某个价格的成交量放大，但牛市熊市的艰苦对峙也开始形成。当对峙冲突达到沸点，价格就静止不动。波段交易者如果看出无声的警告正在形成，而采取旁观的态度，但是当价格最后突破，不管方向如何，他们都入场交易。

在特殊情况下，短期成交量可能是一个强烈的信号。无声的警告很少出现，一旦出现，即预示一个重要的获利机会。当价格活动满足三个条件时，就发出了警告：

- 成交量超过 50～60 根价格线的成交量平均值的 3～5 倍。
- 价格范围低于前 7 根价格线的平均值。
- 价格位于收缩盘整行情内，没有由于高成交量事件被击穿。

无声的警告不应该在 S/R 内出现。当价格行为尘埃落定时，价格必须处于价格波动范围内。通过趋势镜像的分析，验证之前同样的价格水平的情绪化交易情况。同时还要确保高成交量反映的不是预先设定的交易，如二次销售。

解读普通股民的心理

成交量与价格的表现形式不同。低成交量可能导致剧烈的股市情绪，或者一个意想不到的清淡股市。不管哪个结果，对于波段交易者来说都有价值。这个衡量股市情绪的量化工具在日线图上效果良好，但是会持续弱化日内交易的信号。它既可发出早期预警信号，又可发出终结的信号，而且是在同一个时间发出。成交量反映了普通股民歪曲的心理，在短期内没什么意义，但在关键的趋势和时间的交叉点，其预测功能就非常显著。

成功的短线交易需要正确解读推动价格变化的普通股民的心理。成交量对股票走势图的影响，必须深刻理解。需要知道什么时候用成交量，什么时候不用。要特别注意普通股民参与股市的变化，以及股市的高潮与低谷。这通常能为重要的反转和即将发生的突破发出最清楚的信号。

对上行和下行的突破水平展开的关键成交量事件的认识，和对普通股民奇怪行为的正确理解，就能带来机会。要同时使用左脑和右脑的功能来分析这种复杂情况。在大部分时间里，人的本性在稳定通道的边界内游走于贪婪和恐惧之间。但是，投机者的收益取决于那些公众力量失衡的少数机会。

股票走势图上很多因素能够表现普通股民的情绪化行为，并预测下一步行动。成交量比其他任何工具都能更好地完成这个复杂的任务。但是，要记住，利润仅仅取决于价格的变化。要意识到，价格本身是整个模式周期中体现价格变化最好的超前指标。价格的上涨预示着更多的收益，价格的下降预示着价格会进一步下跌。

熊市行情

如今的投资者很少会遭遇严重的熊市行情。大多数的交易者错误地认为，即便行情大跌他们也能获利，只要把买空策略反过来用就可以了。但是，世界性的熊市对于大多数的卖空都非常艰难。趋势往往很难追踪，因为突然收缩盘整的行情使投资者难以脱身，从而导致严重的亏损。

每一个漫漫熊市都有其特色。通货膨胀或石油价格动荡可能会推动行情，过热的经济或过高评估市值也会引发其他情况。但所有熊市都会有一个共同的特色：在熊市行情短期获利比典型的牛市行情要难得多。波段交易者现在应该为下一个下行阶段做好准备，使自己立于不败之地，并等待更好的时机以实现获利。

模式周期可在熊市行情中为个股提供有效卖空的机会。但在全球范围的熊市行情中，成交量在大部分时间段都急剧下降。股票的流动性降低，交易状况也变得危险。进场离场价差增大，损耗也增加。随着很多股票经纪人卖空的货源耗尽，投资机会开始消失。可靠信息不见了，优秀资源也封闭了，因为人们缺乏交易的热情。

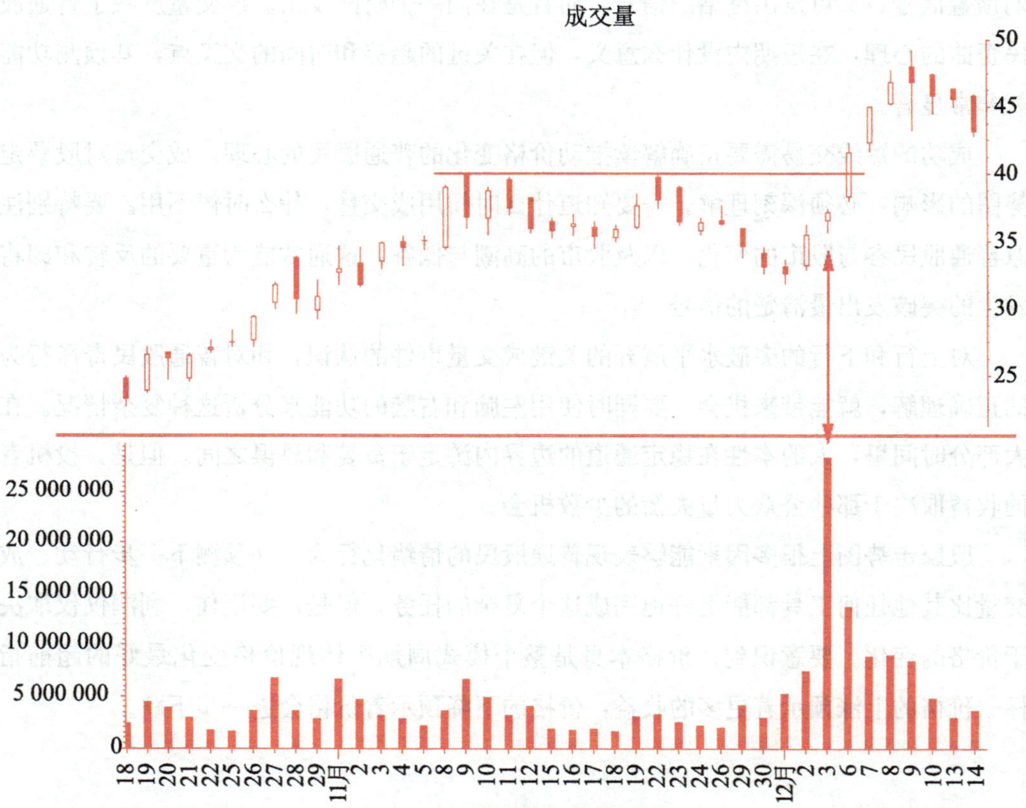

图 3—17　Dish 网络公司股票日线图

注：Dish 网络公司的股票在上涨 15 个点之前，发出一个无声的警告。日内成交量高，但价格幅度小，且一直没有突破 40 元的阻力位。可是第二天一早出现了直升突破，形成连续三天的上涨。

资料来源：RealTick® © 1986—2000。保留所有权利。Townsend 公司授权使用。

熊市行情在很多时间段内都会出现。熊市可以是大规模的、周期性的、中期回落的或者小型向下振荡型的。小型的下跌行情可以持续几分钟或者几天，较长的可能持续几个月。大规模行情可以延续几十年，其间掺杂着多个牛市熊市的振荡。这些周期性振荡行情对如今的波段交易者威胁很大。回顾历史，具体的牛市熊市周期大约延续四年的时间，其中 25% 的时间（即一年）为活跃熊市状态。

熊市行情重新调整市场基础，并重新梳理股市心理。事实上，价格下跌阶段的时间只占持续下降时间的很小比例。股票指数下跌的速度快于上升的速度，抛售也很快就结束。在其他时间，股市在下跌后开始愈合，成交量在低处徘徊。这也从另一方面说明这些时候进行交易很困难。典型的熊市在高成交量条件下不会结束，20 世纪 90 年代振荡的盘整就是这种情况。价值投资者又开始交易，股市开始渐渐愈合。在那之前，很多其他投资者对这种行情没有太大的兴趣。

相信财经媒体分析的交易者和投资者认为，股市从指数高位跌幅 20%，即进入熊市行情。很多投资者对此备感欣慰，如果交易出现较小的下跌，他们就不会信心受挫。但技术上的和心理上的破坏比低落的百分比更能准确展示熊市状况。这样的痛苦近 20 年来较少出现。

熊市是对之前牛市过度上涨的调整。其折返的情况遵守经典的斐波纳契级数规律。当之前的涨势出现小幅上扬，熊市可能不需要进行大规模修正来调节失衡的状态。但如果上涨超过历史最高点，就需要一个很深的折返，需要几年的时间进行底部盘整，之后才开始一个可持续的新涨势。

波段交易者在周期性熊市中应谨慎操作，除非日内走势图有明确的可交易信号。在这种情况下出现的上涨和抛售，是短线操作的好机会。严格控制持股期，并在短暂行情环境允许的情况下，尽可能多地持仓。要能预见短期回补上扬行情可能发生的位置。尾随那些内部人士一起入场，入场时要利用卖空方的恐慌心理来获利。然后要找到自然的反转点，在盘整后转向卖空操作。要追踪日线图里关键的转折点，但不要被频繁的验证所表现的希望或恐慌所影响。

表 3—3　熊市的严重程度

熊市	下降幅度	恢复时间（月）
1973—1974 年	59%	48
1983—1984 年	31%	18
1987—1988 年	35%	20
1989—1990 年	33%	7
1998 年	29%	2

周期性的熊市走势与普通个股和期权原理是一样的。注意寻找双底或大 W 形态，看大抛售何时结束。面对这些情绪化的事情，只要精准把握时机就能获得很好的长期利润。但这种情况犹如坠落的匕首，操作时要逆普通股民情绪而为。要密切留意技术指标，在进入下一轮牛市后使用交叉验证法来操作。

第 4 章

构建波段投资策略

系统和方法

波段交易者必须做出正确的决定和有效的策略。要尝试在不同股市环境采用创新技术，不受普通股民的疯狂行为影响。要制定一个适合自己操作风格的持股期，便于谨慎管理。要多花时间控制亏损，而不只是追求利润，而且，随着利润的增加，要做好准备，随时可以对一切进行调整。

市场无效率是机会的来源。价格模式能够显示市场如何通过价格的快速变化来释放不稳定因素。波段交易者要捕捉信息探索新的交易策略，从而快速获得利润。但是，随着高成功率的技巧被普遍了解，普通股民都开始使用，于是市场无效率现象开始结束。专业人士止损退出，开始引发双杀局面，把很多小户振荡出局。为获得利润而进行的激烈竞争，迫使很多波段交易者止损离场。他们会很快做出调整，使用其他的有效方法，总是比普通股民抢先一步。

有效的交易妙招可以带来持续的利润。但是，大多数现代的投资策略不断被公众的普遍知识所制约。投资者只要精通一种能够带来有效交易结果的模式即可。但如果意外的结果使利润降低，那就得引起注意了。要随时关注普通股民的反应，看他们何时认识到这种模式的优点。然后，要能够果断地转向下一个新的策略。

股市情绪失衡会使股票把你的生活搅得昏天暗地。开始交易之前，要控制好你的生活，要不然股市就会控制你的生活。有个残酷的事实需要牢记：波段交易者由于缺乏自律而交易失败的情况，远远多于由于缺乏知识而导致的失败。成功的交易主要取决于执行策略的人而不是策略本身。

要获得利润，既需有效的风险控制，也需要自律。贪婪/恐惧轴线经常会掩盖理智，使投资游戏更加危险。要用冷静客观的规定来进行自律，避免落入致命的陷阱而使投资生涯夭折。要经常推演股市行情的变化，想象该如何进行应对。对每一个交易，要充满信心，但也要做好最坏的准备。在股市，最好和最坏的事情，迟早都会发生的。

动量交易

模式周期能够提供强有力的交易策略，根据市场变化和主要转折点来获利。但大多数的投资者只懂动量，从来不学习其他方法。贪婪的眼睛通常只看到略带几个折返的上升趋势，大多数人在追逐狂热股市时仍然会亏损。动量交易策略需要进行精确的时机计算和严格的自律，等他们知道的时候，为时已晚。

贪婪/恐惧因素在价格运动过程中能够产生巨大的力量，会对准备充分的交易有影响。具有讽刺意味的是，利用动量理论进行交易的新股民，开始时却通常能获得较多的利润。新手的运气加上勇气使他们在开始投资的几周或几个月收入不错。但是，后来就不是如此了。各种层次的动量技术交易者在风险管理方面都做得不够。

很多人过分看重高利润而忘记巨大损失的可能性。内部人士通常快速跟随动量投资人群的方向，制造急剧的双杀状态，把他们振荡出局。迷惑的股民就经常在顶部买入，在底部卖出。他们放弃原则，并希望继续持仓盈利的股票，挺过股市的抛售，等待反弹。

波幅大的趋势里，价格线很长，跳空缺口很多。波幅大，危险程度高，还影响入场离场的安排。波段交易者依靠 S/R 指标确定操作和回报的目标。大多数的动量市场没有共同的走势图特征。这就要求在入场时价格线水平没有被破坏，否则就证明交易安排有错。在一片黑暗的环境中，只有采用立体走势图或坚决止损的方法才能使交易者免于巨大的危险。

动量交易技术可以掌握。以下三个原则可以帮助消除破坏性的坏习惯，帮投资者重新安排交易，获得成功：

- 避免冲动性交易：不要太过兴奋。投资获利的关键是冷静自律的操作。
- 做好基本的计算：必须熟知价格运动的本质，在交易中轻松运用，做出决策。
- 交叉验证：用客观的测算来消除主观偏见。

要通过立体走势图来减少动量操作的危险。分析在自己所关注的时间段里，可以获得哪些回报。要确认股票没有出现离散现象，即某个行情即将结束，或立刻发生反转的可能性。然后，根据次一级时间段的走势图来指导交易和仓位管理。当强劲走势在日线图上爆发时，利用 60 分钟走势图来确定低风险入场的机会，并确定合理的离场价位。对于日内操作，可以通过 1 分钟走势图来确定波动幅度，以控制 5 分钟价格线的突破。

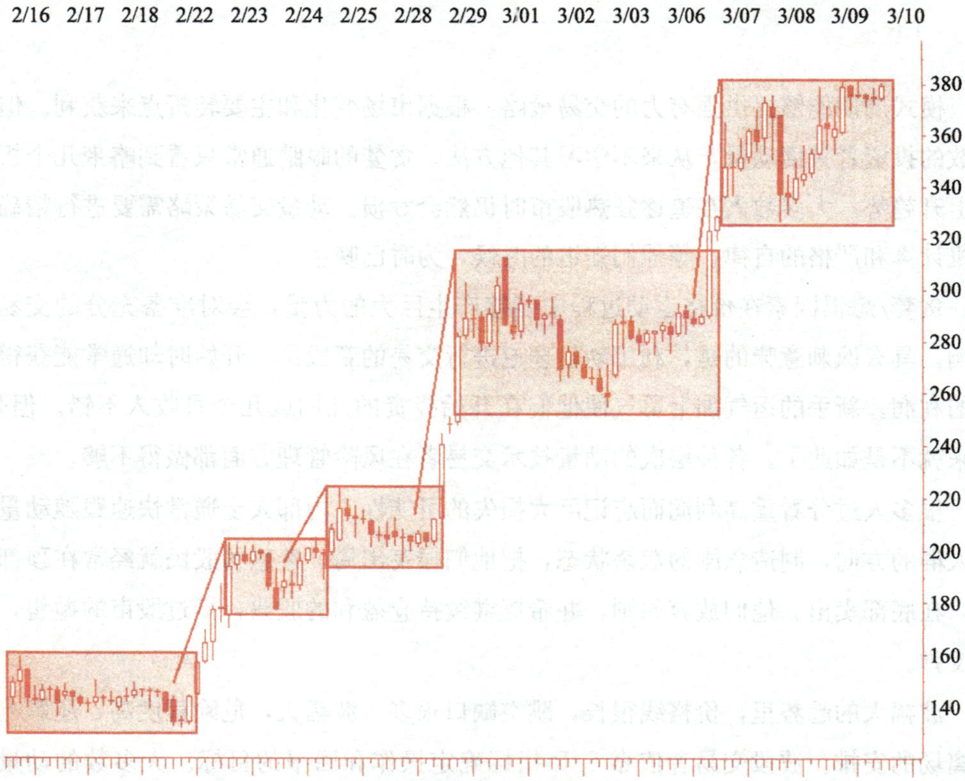

图 4—1 Rambus 公司股票 60 分钟线图

注：股市动量给投资者布下了太多的陷阱。在这个冬天的上升行情中，很多新手看到了持续的价格变化，但是有效的上升时间却很短暂。在这个演变迅速的阶段，Rambus 公司的股票只有 15 根价格线，而盘整阶段有 53 根价格线。

资料来源：RealTick® ©1986—2000 年。保留所有权利。Townsend 公司授权使用。

解读股票走势图的功夫是成功进行动量交易的基础。价格快速变化的内在机制靠时间和交易来反映。小投资者和专业的大投资者都需要在剧烈变化的行情中交易，否则就无法形成一波行情。要密切关注普通股民对于支撑位价格的反应。如果波段交易者觉得不需要入场交易，很可能行情真的不适合。当价格线进入从未出现的不明区域，应该用整数来衡量这些交易需求。10 的整数倍的价位，取代了经典 S/R 价位处，阻力作用非常强。大户们的投资动机推动行情的快速变化，要进行分析，并跟随他们获得有利的交易条件。如果大户们开始与上涨趋势反向操作，要和他们步调一致。

交易当天的时间趋势可能图利也可能造成危险。股市开盘后，前一天的失衡或新的小量资金流动会引发行情的振荡，需要通过价格的变化来消化。内部人士会引导普通股民进行止损，在午餐时间通过负面信息使他们从主要趋势中退出。收盘前一小时，许多复杂的状况都会以急剧上下行突破的方式得以消化。开盘期间，日内交易以 90 分钟时间段为周期有序振荡。

技术分析能够揭示动量的秘密，因为它能揭示内部人士的虚假行为和普通股民的行为。要通过模式和指标器来分析所有快速发展的行情。正确的分析可以减少交易的失误，因为这种方法就是在进行风险管理策略。绝对必须根据数字来交易，不能只依靠消息。要冷静地进行逻辑分析，从容交易，然后快速转移到下一个交易机会。

物理学知识告诉我们，运动物体通常会保持运动的惯性。这个众所周知的物理学理论是确保动量交易获利的重要依据。根据多个时间段设定的多条平均线能够通过其内在的联系来揭示趋势的剧烈变化。可以用经典的平滑异同移动平均线指标或平均线来测算这种加速/减速状况，并观察它们在不同时间段内扩展与收缩盘整的情况。在进行动量交易之前，一定要进行行情加速变化的交叉验证。

波段交易者在模式周期中的每个阶段都使用原创的策略。他们在新高位置进行动量交易，并有效控制风险。行情一旦改变，他们立刻转向新投资思路，以应对新出现的清淡行情。就像猛兽捕获下一个猎物一样，他们随时都要抓住机会。

动量交易在大多数行情条件下不会成功。股票的趋势只占所有总交易时间的 15％～20％。盘整的形成会束缚价格的波动范围。要在股市中长期生存，必须在趋势和盘整阶段使用不同的交易技巧。在正面和负面反馈信息交替之间，要灵活应变，要改变交易策略。也就是说，要根据行情变化快速调整交易安排，而不是坐等行情对热门股票出现利好的情况。

反趋势交易

盘整期要求反趋势操作。这种经典的波段交易策略利用明确的边界限制进行低买高卖。当 S/R 指标表现出严重收缩盘整，而且价格开始验证阻力位时，可进行卖空；当价格下落到支撑位时，可进行买空。要根据股票走势图来指导进行低风险交易。应该牢记，当股价第一次进入 S/R 极限值时，通常就是最好的止损退出时机，如果出现多次验证，退出的可能性就会降低。请记住，波段交易对价格非常敏感。

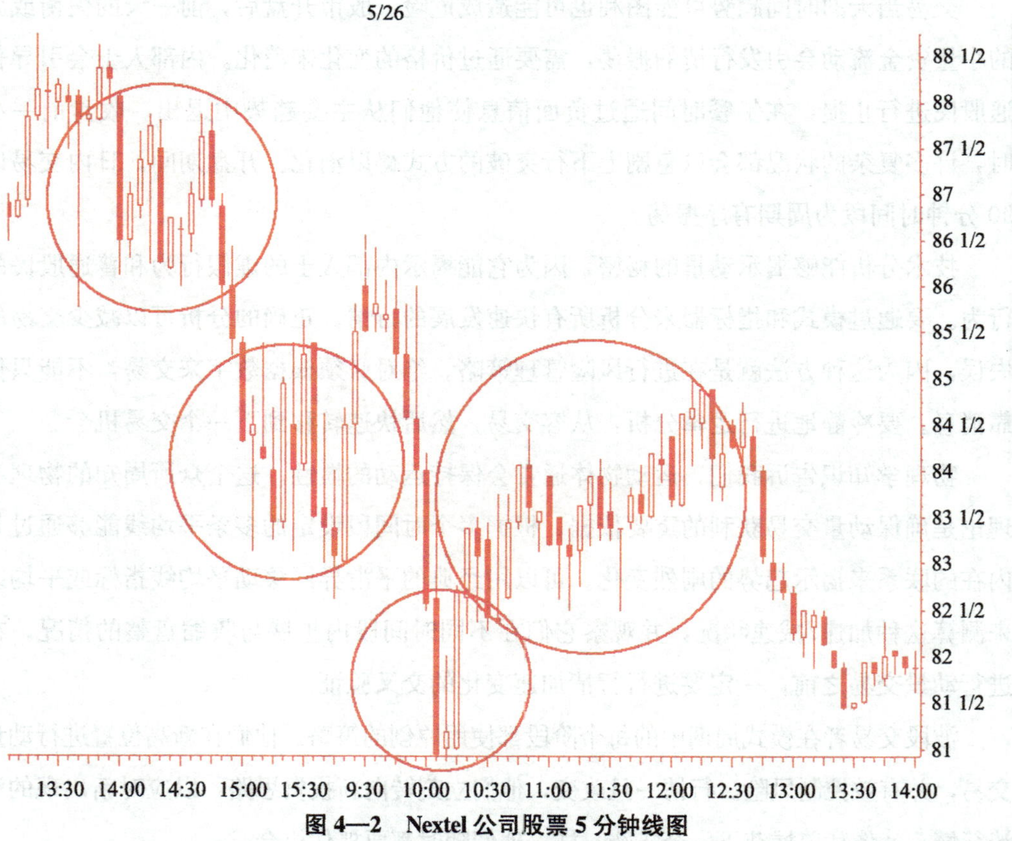

图 4—2 Nextel 公司股票 5 分钟线图

注：Nextel 公司股票通过六个小时的振荡，将许多日内交易者振荡出局。2～2.5 个点位小规模振荡掩盖了内在的下跌趋势，冲击了卖空，使不坚定的交易者清仓出局。很多日内走势都对矛盾的行情间周期做出反应，为动量普通股民造成一个波荡上行的走势。当利用短线动量进行交易时，要注意观察指数、期货和证券的聚集现象。

资料来源：RealTick® © 1986—2000。保留所有权利。Townsend 公司授权使用。

定好自己所设定的某一价位，坚持不改。绝对不要用追赶入场价位，要严格止损。反趋势交易必须在正好或靠近已知的 S/R 界线位置进行。如果盘口狭窄不适合短线入场，波段交易者观望即可。当价位突破具体 S/R 区域，可以通过小幅损失来控制风险。如果出现多次失误，其造成的较大损失会抵消巨大的利润。

通过分析具体特征，才能锁定回报目标。如果可能的话，在股价靠近另外一个极值之前，坚持持仓。大范围盘整可能反映中等的 S/R 量值，能限制价格的快速突破。很多波段交易者发现，没有折返的单个直接价格移动，是获利了结的最佳条件。当价格跳跃至第一个边界线时，应该考虑退出。如果自己风格如此，原来设定的回报/风险率应该保证在这个价格目标还能够获得足够的利润，则应该执行交易。

反趋势操作时进行低买高卖也必须谨慎。主要的高点和低点比走势图的任何其他特色都更能吸引注意力。有大量投资者会在此时介入，同时也促成更多的双杀状况和意料之外的结果。当行情开始验证之前高点和低点时，要使用这个基本的规则：在一个大型的折返后的第一个验证时止损退出，但是在后续的验证中，要在极值方向上进行交易。当价格第三次验证时（对一个高点或低点的第二次验证），价格通常会冲出盘整的范围。

利用短于持股期的走势图中的小型反转模式，在靠近 S/R 极值的位置止损。亚当与夏娃模式、双顶、双底模式是实施这种立体技术的简单模式。卖空的操作应该在价格跌破小型顶部模式的底部时进行，而价格向上突破小型底部模式的顶部时，则是买空信号。这种创新方法能够使交易者预测价格会向有利于自己的方向移动，要在靠近大型高点或低点的位置进行低风险交易。

维克多·斯帕兰迪奥（Victor Sperandeo）在《华尔街大师投资法》（*Methods of a Wall Street Master*）中介绍了“2B 交易法”，拉斯克、康纳（Connor）合著的《华尔街高手》（*Street Smarts*）中介绍了“甲鱼汤”方法，即在价格击穿一个高点或低点立刻反转之后，普通投资者会出现选择错误，导致损失。聪明的投资者会采取反向策略，当价格发生向上或向下突破之后，很多时候，价格极值发生快速反转的危险增加。最安全的“2B”止损交易法在价位介入之前与普通股民的做法有一定的滞后期。不要反向操作，而要等待价格穿越关键价位，直到价格又穿越支撑位或阻力位返回。

要慎用“2B 交易法”。行情会一直想要穿越阻力位。随着之后的折返，回到第一个自然的振荡位，然后可以离场。经过良好反应之后，行情趋势可能很快得到巩固，超越之前的极值。正如以前说过，当价格在第一次验证时的一个高点或低点止损离场，在第二次验证时要按趋势发展方向交易。明显的三重底或三重顶通常会在强势上下行突破时被破坏。

在靠近价格极值时，如果价格从一个新高或新低折返并形成盘整，此时需要小心操作。持续简单模式可能快速演变成新趋势的脉冲现象。在用“2B 交易法”入场交易时，不要用细长三角形和短距离折返模式。如果有剧烈折返发生在第一个高点或低点之后，这种模式发生的反转效果最佳。随后的验证行为所出现的价格线数目应该比之前的下跌行情要多。当验证行为靠近时，还应该注意走势图下部窗口的指标。如果之前的高点或低点被突破，波动指标又背离价格方向，就要进行交叉验证。

介入折返的强烈趋势，是波动策略的一个重要类型。根据这种经典的操作策略，

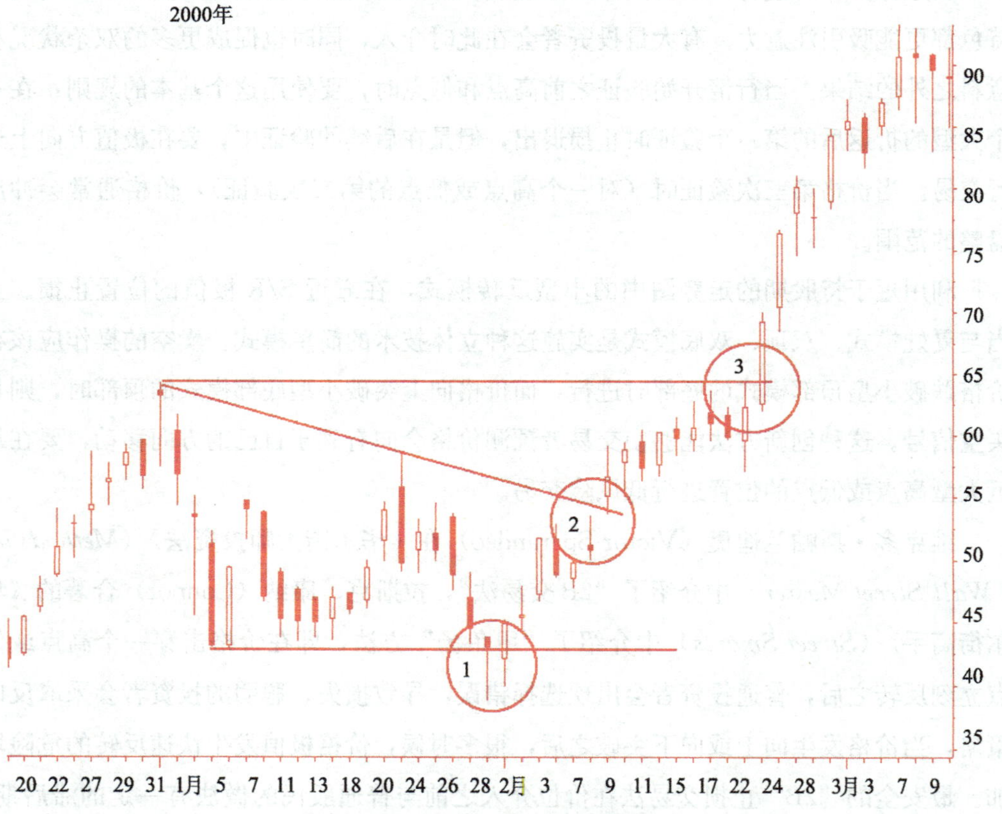

图 4—3 Broadvision 公司股票日线图

注：某些投资者在价格击穿之前的中期低点时进行卖空，此时 2B 反转行情（1）将他们套牢。这个经典处理方法也出现于新高之后的双顶模式。当价格再次跳回之前的 S/R 范围，此时应该根据反转入场。

Broadvision 公司股票的走势图说明了股市大幅上涨之前，行情大大削弱。请注意（2）和（3）如何为之后的上涨提供顺理成章的买空的机会。

资料来源：RealTick® © 1986—2000。保留所有权利。Townsend 公司授权使用。

应在急剧下跌行情第一次击穿支撑位时买入，在第一个熊市反弹到阻力位时卖出。是否离场取决于多种因素，包括个人操作风格、持股时间以及资金等。随后的波动行情也提供了安全的介入机会，但是随着趋势的发展到超买超卖状态时，风险也会增加。也就是说，第一个折返之后的每一个折返成为反转的概率，大于成为盘整的概率。第 8 章将更详细地分析这种最普遍的波段交易。

中心行情趋势在价格极值处提供高风险高回报的机会。这些投资技巧在盘整或在靠近峰值的极端振荡状态中效果较好。当一根价格线快速拉长，穿过布林带边界的部分 50%时，这个策略使价格变化的力度减弱。在盘整行情中，当顶部或底部带被击穿之前呈水平排列，并且价格突破进入已知的阻力位（而不是布林带本身）时，突破成功的概率大大增加。

在直线上升或抛售结束时，应该考虑使用这种交易策略。情况如此发展，布林带将渐渐变成垂直的状态。注意能量强烈爆发的情况，这会使价格线突破，穿越布林带。这种情况预示可能出现峰值，适合反趋势入场。但是，成功的交易要求高超的技巧和优秀的时机把握。某些爆发会导致一系列这样的价格线，然后出现剧烈的反转。要通过交叉验证和严格止损来管理风险。另外，在尝试这种危险的做法之前，需掌握好其他的交易技巧。

交易策略

在低幅盘整时，若预见突破即将发生，可从 S/R 边缘入场。螺旋上升状态和位置合理的简单盘整行情会造成较佳的回报/风险率。这些独特的机会可能只有在这种模式中才出现，但还是可以通过波动与价格变动率指标来证实狭窄的条件。对于这两种情况，在发生上行突破前的移动都很平缓。这表明，此模式利好，但并不表示立刻会出现变化。请参考第 9 章中讲述的螺旋上升策略，学会在重要收缩盘整中管理好自己的仓位。

趋势向前发展，不断验证很多高点和低点。当收缩盘整的价格试图冲破 S/R 的束缚，如果之后的价格线变短，通常表示即将出现上行或下行的突破。在价格突破阻力位之前，严重的收缩盘整可能出现很窄的操作窗口。这些临界面也表示，当价格走势改变方向，并沿错误方向缓慢发展时，会有低风险的失败。在第一次验证行情结束并发生折返之后，要特别留意行情的进一步变化。之后验证很少遇到双杀局面，因为大多数的投资者在之前的验证时就采取了行动。

很多波段交易者在上行突破的临界处恐慌不已，无法进行获利交易。因为大部分机会需要依赖普通股民的参与，他们长久等待确认的出现，而不接受模式发出的即将行动的信号。窄幅区域的行情需要先于普通股民的行动，然后让普通股民把价位推到一个可以快速获利的水平。要重新安排交易的节奏，密切观察这些独特的形式，在趋势出现之前就抓住蛛丝马迹。

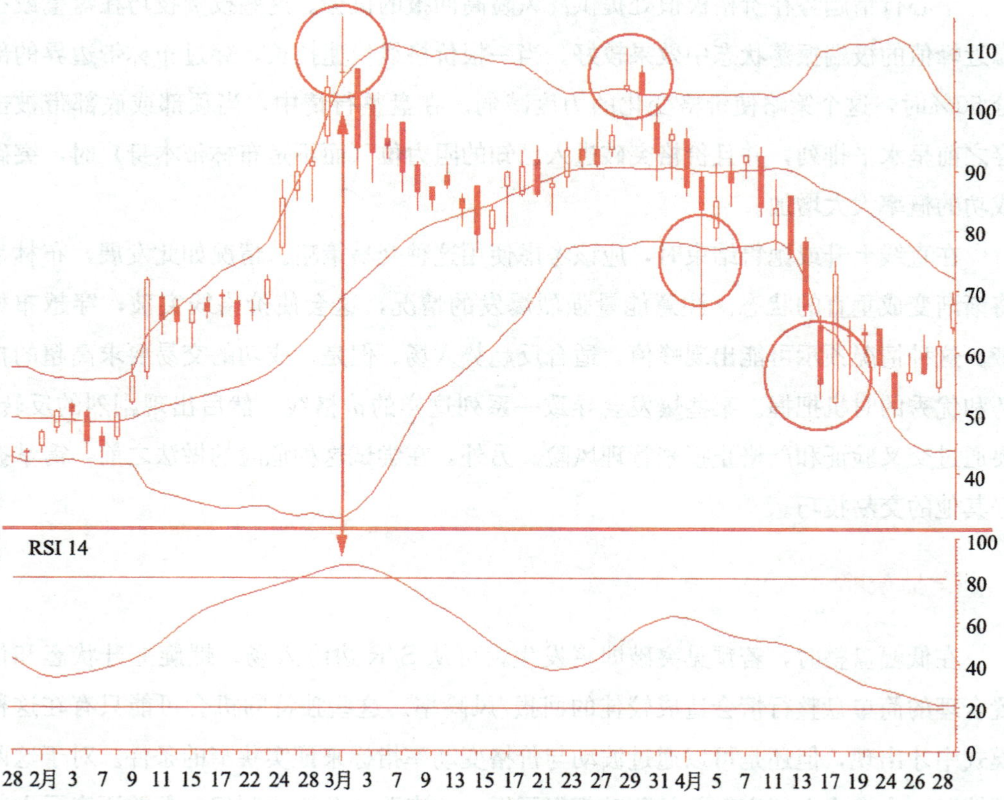

图 4—4　Vitesse 公司股票日线图

注：超买状态和一个大大超出布林带顶部的长十字星，预示着一个中心趋势的反转交易。在趋势行情中，应保持观望态度，直到极端的数值降低了风险。大概 20 根价格线之后出现的射击之星提供了一个较为容易的获利机会。请注意布林带顶部呈水平的状态和双顶验证行情，使快速反转的概率增大。过了几根价格线以后，Vitesse 公司的股票在之前突破的缺口以及布林带底部水平线上出现了一个类似的机会。最后，股票向下移动，出现了下跌 100％的行情，跌破趋势中布林带的底部出现了最后一个波段交易的机会。

资料来源：RealTick® © 1986—2000。保留所有权利。Townsend 公司授权使用。

当交易操作与行情相符时，效果最好。在火爆的上升行情中卖空或在低迷的行情中追逐趋势，投资者都会蒙受损失。要有高超的技术才能区分上涨行情和下跌行情之间的分界线。但是，在这种情况下转变策略，可以在新环境中击败普通股民。变化中的状况可能不会在临界处提供较好的操作机会。正在形成中的趋势可能仅仅动摇人们的信心，提醒波段交易者要保持观望，耐心等待时机。

在解读行情方面，要比普通股民先行一步。周期分析可以显示那些准备收缩进入盘整的趋势，是可以用来确定之后新趋势突破的位置的另一种工具。用一个 14 天的慢速随机指标或相对强度指标，来测算买卖双方之间长期的波动情况。或者在一个 5 分钟走势图上，绘制一个 5 根价格线的慢速随机指标，观察 90 分钟的 S&P 替换周期。观察可能的转折点，在趋势线、通道和其他自然的突破位置等候反转行情的出现。根据这些内在的周期和行情的变化进行交易。

通过扩张与收缩盘整的范围幅度来分析走势的振荡。寻找区间范围内的 NR7 和反映普通股民大众疯狂投资状态的价格线。用布林带进行价格线振幅的分析。振荡幅度降低就是即将返回到价格线扩张状态的信号，应关注布林带收缩盘整的状态。当价格动量不断增大，测量布林带如何快速地出现并扭转。或者绘制走势图下部窗口经典的振荡指标，其作用是追踪价格变化的中心趋势。

波动情况在趋势的早期会增加，在中期减少，当它进入横向盘整时达到最大值。摩擦和牛市熊市的剧烈冲突是新突破行情的特征，会产生宽幅的价格波动。价格的突变导致冲突程度减轻，普通股民开始起主导作用。交叉逆流此时接近最大值，股市参与度开始上涨。随着成交量的降低和价格线的变短，振荡程度在区间内慢慢下降。

这些高峰和谷底确定了波段交易机会的位置。新突破之后频繁出现的折返，提供了低风险逆势入场的机会。强劲的第三波趋势环境有利于动量策略的实施，因为价格线一根比一根升高。最大的顶部和底部的出现，有利于在出现超买超卖极值的位置进行中心趋势交易。横向收缩盘整行情即停止交易的信号，直到空档区发出新趋势开始的信号。

再谈交叉验证

股民对机会的本质不甚了解。股市老手说，有几个明确的模式是秘密启动获利交易的工具。他们的逻辑是，投资者必须尽快找到这些模式，并且在模式出现之前做好准备。但是，有效的策略需要非常认真的策划。价格不断释放未来行情走向的数据。每个新的走势图都可能影响行情的走向。如果价格选择正确，普通的模式也可以带来利润。如果价格选择错误，教科书上再好的理论都无法保证成功。

有向移动的可能性在负面反馈阶段降低，而在正面反馈阶段增加。但在交易机会出现之前，这种可能性没有意义。交易机会一旦出现，走势图上就会筛选出那些成功概率最高的机会。在价格走势图上，某些交叉点的预测功能极强。当不连续 S/R 形态在某个价位聚集时，某种行情出现的概率就会增加。可以通过这种交叉验证（CV）来测算交易设定的优劣。

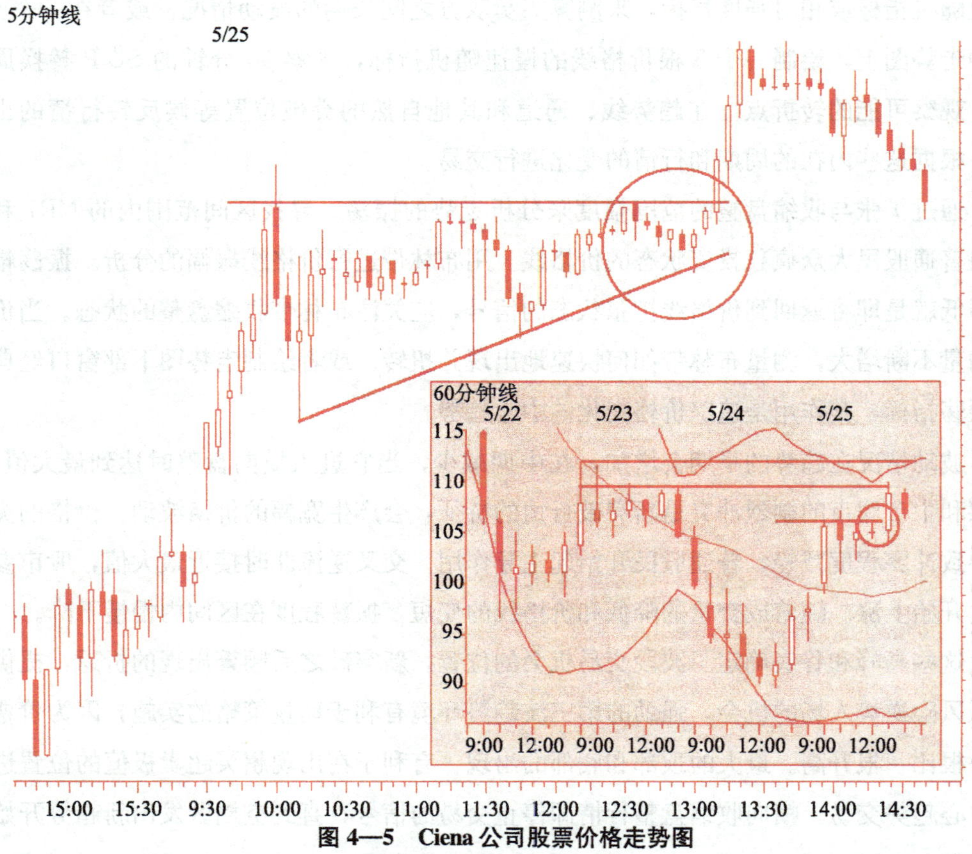

图 4—5　Ciena 公司股票价格走势图

注：Ciena 公司股票的 5 分钟线图上出现了一个突破信号。价格线形成了一个明显的上升三角形，看来立刻会上行突破。但是，头顶上的阻力线可能使这个最有希望的涨势短路。要事先分析所有交易的回报目标，并分析价格要到达那个目标必须经过的中期阻力位。请注意，该股票的 60 分钟线图在未到达 110 美元这个之前的高点时，一直势如破竹，直到下降的布林带开始介入。股价在 20 分钟内如期急剧上升了几乎 5 个点位，但是在 110 美元阻力位却完全停止下来。

资料来源：RealTick® © 1986—2000。保留所有权利。Townsend 公司授权使用。

每个仓位都会影响成功或失败的概率。只有交易设定成功概率高的情况下才可进行操作。通过计算 S/R 聚集点的数目来估算概率的高低。这个简单的分析方法可以确定，CV 越多，交易价位产生利润的可能性就越大。当 4 个或更多的指标交叉时（CV4），按照低风险执行交易（ET），这样的获利概率最高。要记住，交易概率必须和利好的回报/风险率相符。当潜在的收益很小时，朝获利方向的价格移动产生的作用很小。

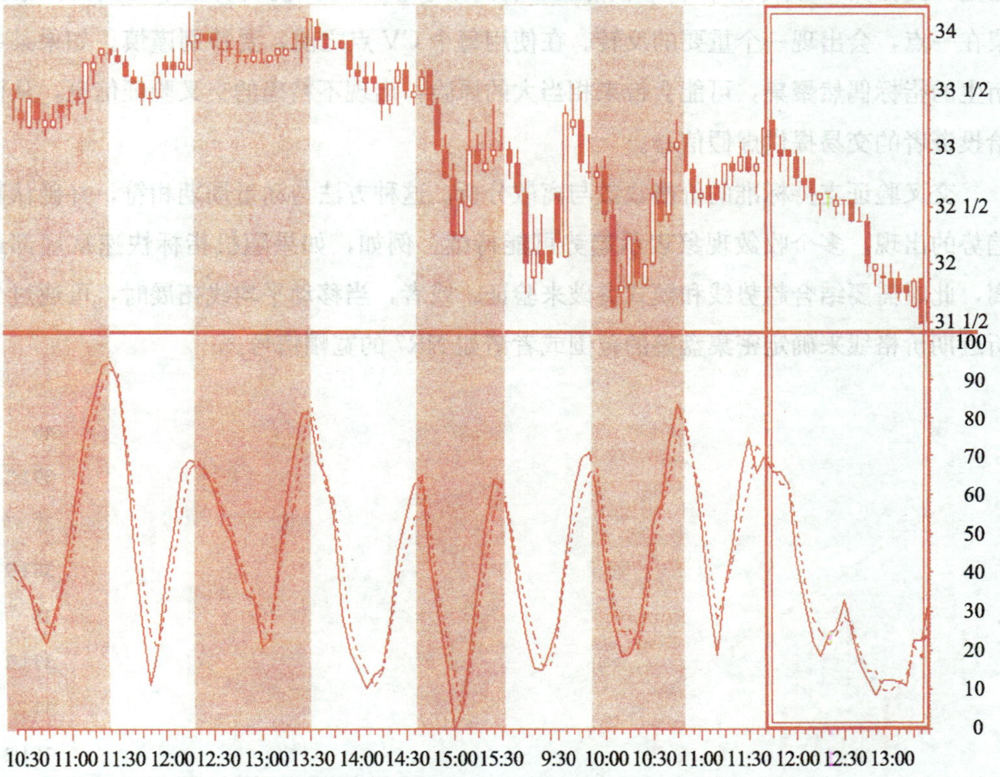

图 4—6 爱特梅尔公司股票 5 分钟线图

注：在现实股市里，90 分钟 S&P 指标的变化周期，很少形成完美设定。爱特梅尔公司的股票出现了一天以上的买进卖出的振荡节奏。但认真分析后就会发现，周期更接近 1 小时而不是 90 分钟。要灵活应变，利用交叉行情工具来安排交易设定。爱特梅尔走势图中最后两个小时的行情说明，当股价从盘整转为趋势，日内周期改变了交易时机。在观察短线周期时，要注意所有时间段内模式变化的情况。

资料来源：RealTick® © 1986—2000。保留所有权利。Townsend 公司授权使用。

要理解 ET 的本质及其与交叉验证的关系。这个重要的波段交易概念代表着入场必须考虑的价格、时间和风险。最佳 ET 通常发生在最强的 S/R 位置。但最有希望的 CV4 交易设定如果没有合适的 ET 来配合，也无法操作。残酷的股市会产生许多价格扩张的机会，但实际入场条件却非常不利。为了在股市生存，高明的投资者必须严格控制操作和投资机会。

信息不连续，因此不同特征会独立存在。很多类型的 S/R 数据实际上是由其他数据衍生得来的。例如，平滑异同移动平均线柱状图数据的来源是移动平均线。所以，如果平滑异同移动平均线和 MA 表现出相同的信息，不能用作交叉验证的标准。但是，当锤头 K 线与水平布林带底部之前的双顶接触时，就表明三个无关的因素聚集在一点，会出现一个重要的反转。在使用每个 CV 点之前，要特别谨慎。如果某些衍生的指标偶然聚集，可能会带来相当大的风险，出现不精确的交叉验证信息，从而给投资者的交易提供虚假信心。

交叉验证支持标准的价格收敛与离散分析。这种方法与动量周期相符，并确认新趋势的出现。多个收敛现象表示趋势可能持续。例如，如果随机指标快速从底部逃离，此时需要结合趋势线和模式突破来验证。或者，当移动平均线拓展时，可通过分析近期价格线来确定密集盘整的范围或者诸如 NR7 的宽幅信号。

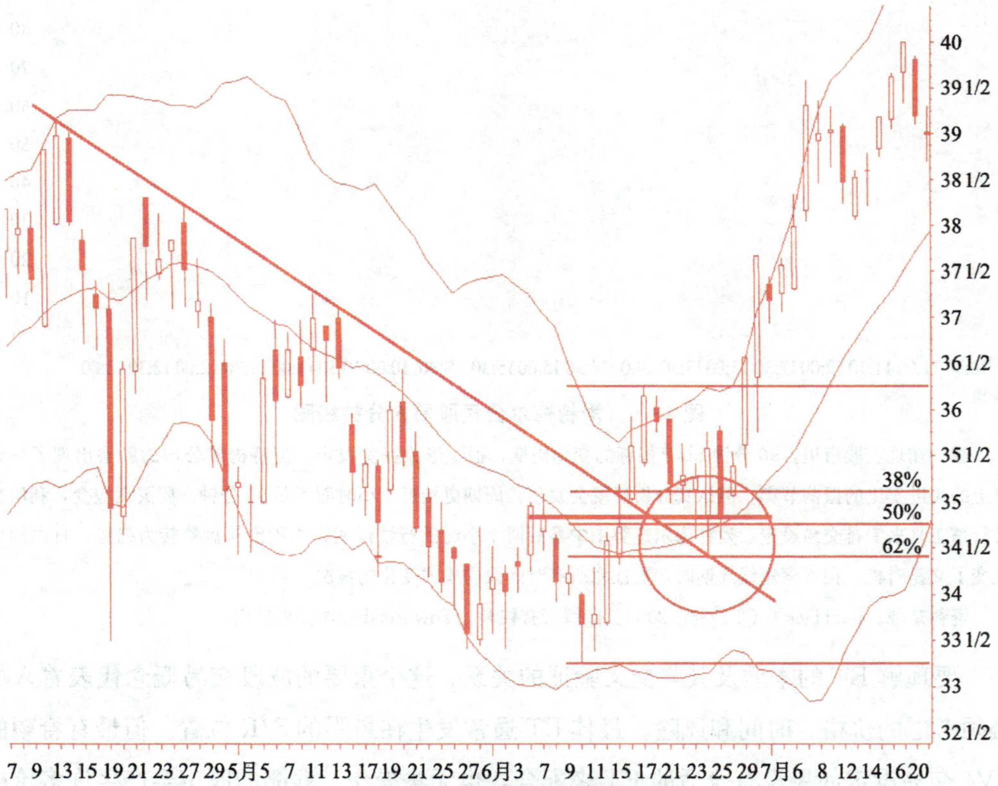

图 4—7　通用电气公司股票日线图

注：通用电气公司的股票在突破前的日线图上出现了一个强烈的 CV4 信号。这些没有关联的独立因素呈现出这样的聚集特征，预示股市出现变化的概率很高。(1) 价格折返，验证下降趋势线。(2) 价格折返，跌至之前上升趋势的 62%处。(3) 价格折返，验证大 W 形态的中心价位。(4) 价格折返，验证布林带中心。

资料来源：RealTick® ©1986—2000。保留所有权利。Townsend 公司授权使用。

斐波纳契级数比关系非常有利于 CV 分析。在股票最后反转或持续之前的趋势之前，价格通常会按某个固定百分比进行回调。当走势图底部的窗口指标和走势图本身的特征有利支撑位，这些台阶形的价格形态能够确定交易设定。利用斐波纳契级数指标网格来分析趋势极值，并注意回调程度分别为 38%、50%和 62%时候的情况。价格会像台球一样在数字之间荡来荡去。

交易者与普通股民的关系

交易者从其他交易者的口袋里赚取利润。虽然大家都知道，胜利者总在失败者左右，但是很少有人能真正理解这句话。股市不是团队协助的地方。波段交易者是猛兽，时刻准备扑向那些做出错误决定、判断失策、时机搞错的猎物。成功建立在他人的不幸之上。

普通股民到底是什么人？波段交易通常进行短期交易，关注在同一时间段内进行操作的其他投资者。普通股民群体对于新闻事件和 S/R 界限被击穿所做出的反应是可以预测的。当机会出现时，普通股民会进行反应而不是采取行动。大家都很自然地发现了市场的突然巨变，开始一一跟风，直到这种力量消失。普通股民蜂拥向前，突然碰到障碍，就开始扭头往回跑，他们才不管之前来的方向。

若在不同情况下进行的交易都是根据情绪而不依靠理性，精确计算也没有用。极度活跃的股市比平静的股市更能激起普通股民的群体本能。要在活跃的股市寻找获利时机。通过总成交量、交易时间和价位来解读普通股民的兴奋程度。当价格触及关键的 S/R 价位时，要关注交易的节奏。普通股民们是不是在争先恐后地进行交易？他们按照远远超过或低于内部市场的价格进行操作的愿望有多大？波段交易者可以根据他们的热情来判定价格突破能够持续多久，以及如何做出最佳的交易设定。

可以在普通股民交易之前、之后或逆向操作。所选择的交易设定要完全符合当前模式周期的具体阶段。要用心研究技术走势图，设定好目标。在出现上行突破之时，比普通股民提前进行窄幅操作，通常可获最佳效果。如果出现流行的头肩形态、对称三角形模式，让他人采取行动，自己采取观望态度，并观察内部人士是如何应对这样的流行模式进行止损。然后，仔细观察市场的真正走向，当内在走向最终出现、普通股民被振荡出局以后再采取行动。

当出现反转信号时，要毫不犹豫地与普通股民的情绪做逆向操作。但入场时，要做好分析、选好时机。由普通股民推动的走势极少能在短时间内发生方向性的转变。

再看下一级时间段的走势图，等待最先出现的小型反转模式。然后选择一个符合这个小型模式的 ET。反向操作也很容易。必须牢记，贪婪/恐惧因素通常给普通股民造成不良后果。要学会识别这些获利时机，准备好，在普通交易者错过这些赚钱机会时出手获利。模仿内部人士的做法就行了。行情制造者通常从交易的对立面采取行动，制造大流通量的行情。在重要的反转区域，如果普通股民都选择错误，波段交易者应该利用类似的交易方法。

价格线拉长的情况下，普通股民兴奋不已，波段交易者要在大幅反向趋势降低利润之前退出操作。一旦股市情绪出现高峰，反转行情即将发生。投资者如果贪得无厌或者对确认等待时间过长，强烈的折返会把他们套牢。波段交易者会在普通股民入场之前，将股票脱手，安全离场。当价格线扩展到主要阻力位即之前的高点或低点时，要快速离场。

要密切关注股票论坛里的言论。不要管针对个股的讨论，也不要轻信他人的言语。论坛里的人各自心怀鬼胎，会增加危险的偏见，影响你的独立操作。但这些热闹的论坛有一个很重要的功能：帮我们测算公众对某只股票的情感强度。它们也标志着波段交易者想从那些人的口袋里获利。

不要在同一个价位既做长线又做波段交易。长线投资表示自己相信股票的内在或其技术面的价值。有了这种偏见会抑制自己使用相反策略的能力，因此不适合具体环境的需要。长线投资是看是否能创造财富，而需求和供给则推动交易行为。两者不可混淆。

卖空

价格能量会朝任何方向发展，但是不同群体的动力会驱动内在的发展趋势。贪婪助股票上升，而恐惧和痛苦则使下跌加速。每一个趋势的方向都表现出某些特征，从而出现各种模式类型。也就是说，在非常活跃的行情中，不可能随便把走势图反转过来看就能预测股市。但盘整中的较小脉动在上升或下降的趋势中幅度较小，此时普通股民的交易行为较为理智。在这些区域里，小贪婪和小恐惧看起来很像。

在做交易设定的时候，要考虑上涨和下跌趋势之间的区别。股票下跌比上涨的幅度更大，速度更快。成交量增加引起行情上涨，行情下跌则是由自身造成的。贪婪燃烧的速度比恐惧快，消除恐惧需要较长的时间。恐惧诱发恐慌性抛售的可能性比贪婪诱发非理性买入的可能性要高。动量交易者在新高位置要躲避快速回补，而价值派通常在新低位置耐心等待。

很多活跃的交易者从来不进行卖空操作。长期牛市造成的上涨现象会给那些不进行防御性投资的做空者惨痛的教训。在尚未拥有股票之前就卖出股票这样的概念使那些缺乏逻辑知识的人搞不懂，虽然这种方法的原理也是低买高卖。不少新手尝试过几次卖空，得了几次教训，之后再不敢尝试。跟许多使用上行动量策略的人一样，他们从不使用其他的交易设定。

在股市长期成功的秘诀在于能够调整交易设定，以适应不同的交易状况。在很多模式周期阶段，会出现卖空获利的机会。就像长线投资一样，这些交易的设定必须与走势/区间轴相符。经典的策略是在一定范围内验证过去高点时卖出，在下跌动量行情中利用熊市上涨机会进行低风险入场。高明的波段交易者也会关注几个时间段中 ET 的变化情况，并通过 3D 技术获取利润。

投资者在股市直接交易，使波段交易出现了革命性的发展。多年来，股市经纪人因为订单操作低效而产生延误，使很多普通投资者错失极好的交易机会。卖空者需要容忍慢悠悠的服务和长久电话沟通才能得到许可，借到股票。新的交易方法能够实时显示可获得的股票数目，而且现代化的 ECN 系统能够以高于目前订单的价格快速完成交易。一旦这些订单被接受，波段交易者就可以像做长线交易一样进行卖空。

波段交易者必须以较大的牛市行情状况来进行卖空。虽然通常的持股时间较短，但绝不要低估普通股民群体推动股市的购买力。在对交易设定进行走势分析时，一定要用 3D 看图技术分析主要的指数。不要在靠近主要的行情支撑位卖空。要记住，随着盘整不断发展，指数方向也将不断调整。在纳斯达克分钟走势图上，下跌行情不断扩大，是卖空的不安全环境，除非是在一个非常狭窄的窗口中进行操作。

趋势由所在的时间段决定。若有持续的几根价格线或数天的盘整，波段交易者完全可以安全地卖空。但是这种短线交易需要精准地设定。分析其他时间段的情况，避免发生趋势相对性错误；认真分析模式，选择最佳的入场时机。一旦股市开始抛售，买方会撤出，操作会更加困难。等折返出现了再介入，或者在突破前窄幅价格处确定一个交易价位，以保证每次都可以获利。在 S/R 阻力位形成的经典盘整状况，为找到卖空甚至买空点提供了方便。

逆势卖空需要高超的技巧。首先，应该在下跌趋势和盘整中培养清仓获利的能力。上升行情中的中期下跌可以带来相当出色的利润。但是潜在的购买力，使安全的交易范围屈指可数。在这些模式中，新股民往往过早卖空，丧失良机。

耐心等候完美的反趋势机会的出现，锻炼交易经验。把握 S/R 从一个价位跌到另一个价位的过程进行卖空。此时须进行防御性交易，测算要精确，获利了结。在出现一个强劲上扬之后，要利用斐波纳契级数线性工具测量折返到 38%、50%和 62%的位置。要对当日的交易时间、水平 S/R 线和布林带极值进行交叉验证。行动要快，不要犹豫。这些折返现象可能会转变为长期趋势。例如，如果折返跌破 62%的位置，就发出强烈的信号：这是第一个可能失败的机会。如果此时还是卖空状况，那么可以持仓到 100%的水平。

200 日平均线之上方是牛市和贪婪，下方是熊市和恐惧。我们可以根据 200 日平均线来判断大跨度的策略性质是趋势还是反趋势。超越这个重要的平均线的上升行情能够吸引投资者大量买进，而低于这条线的行情则导致更多的抛售。三天以内的波段交易者在这种大范围的行情中可以不必考虑太多就进行买空或卖空。但长线交易者如果选择这个主要平均线来交易，则必须采取防御性的交易，而且交易设定必须精确。在这种持股期间，可以尝试经典的趋势追踪法。在熊市里，折返时卖出，并追踪下跌的过程，再回补价位锁定利润。在牛市里，反过来操作即可。

200 日平均线是大家公认的参考指标。此时应该利用模式周期而不是平均线来确定自己关注时间段内行情所处的阶段。然后根据首升/首败原理和斐波纳契折返线来精确识别多趋势中的牛市/熊市周期。13 日或 20 日平均线可以当作很好的趋势分析工具，但是它们被穿越时，它们无法显示长期阻力。50 日平均线可以用来预示下跌股票的中期阻力位。这种常见的设置在日线图上非常适合卖空，较短的期限会比 200 日平均线遇到更多的验证行情。

有些股票在股市总体上涨时，从不水涨船高，可以一直卖空，直到销声匿迹。这些正常价位的交易也为波段交易者提供了极佳获利机会。最佳策略是在等待持续下跌趋势中的熊市上升阶段，让股票达到 14 天相对强度指标的超买水平。当股价超越时，在下一级时间段中寻找反转的走势。即如果日线图上出现交易机会，则往 60 分钟线图上寻找一个双顶或类似的下跌模式，并以此价位作为启动交易的标准。在第 13 章我们将详细讨论这样的卖空策略。

卖空需要与逼空和平相处。这个久经考验的做法，其根据是普通投资者的行为。卖空时要早于、晚于或逆于普通股民的行为，以避免遭遇痛苦的熊市上升行情。下行价格扩张之后出现跳空，吸引后来的交易者进行卖空，此时的时机非常不利。这些波动行情来得快去得也快。这种行情在上行突破之后通常会比折返持续得更长久，因为市场的买空优势。请记住，逼空顶形态是最佳做空点之一。在下跌趋势中，做空行为能够把行情推高到一定的位置。要有真正的动力才能够继续推动股价的上涨。

追赶下跌行情就如追赶上涨行情一样，会造成损失。内部人士会很快收缩盘整，堵住自然的退出路径，造成严重的损失。在剧烈抛售即将结束之时入场的交易者经验很少，其动机却让人胆战心惊。小户们的潜在乐观心态迫使他们通常在错误时机做空，而不是非盈利的做多操作，这都让人痛心。他们惊慌之下快速回补，使价格线急速攀升。波段交易者应该利用这种内部交易者常用的震仓手法，而不要被震。

在折返后的涨势中卖空，减少风险，增加潜在的回报。当买进力度降低，在逼空结束时卖出。在大多数情况下，单靠挤压不能在下跌走势中产生 100%的折返。买入力度要大才行。这些行情通常从之前的位置的 62%处失败，除非出现了真正强大的买空。随着挤压的不断发展，要注意主要的 S/R 指标，并观察原来急剧上升趋势中回调 50%和 62%的情况。这样的情况可以揭示极佳卖空机会，而上涨行情总是很容易发现。

图 4—8　@Home 公司股票 60 分钟线图

注：@Home 公司的股票出现了短线回补上升，仅持续了一个小时，却套牢了很多人。股价因为流言上升了 11 点，而内部人士则利用这个机会来挤压行情，使之穿越好几个强有力的阻力位。只有 24 美元的持续缺口才最终能够把这个火箭给拖住。之后能量一耗尽，价格上升得快，跌得也快。

资料来源：RealTick® © 1986—2000。保留所有权利。Townsend 公司授权使用。

价格通道和趋势线也能提供极佳的卖空的机会。沿着下降低位的高点处画一条线，找出这些重要的价位。要兼看算术走势图和对数走势图——这些线总会出现在这两个走势图上，但是不会同时出现。价格上行靠近这条线的时候，需要认真关注。这条线是否与其他重要的S/R指标或主要平均线交汇？当价格掉头下行时，价格是否接触了最上方的布林带？如果是，那么交叉验证就会显示有潜在的卖空预期目标。

日内交易比长线交易需要更高的精确性。幸运的是，时间段降低了投资者参与所产生的影响。波段交易者可以把精力集中在S/R、趋势镜像、经典模式和盘整价格线的分析方面。尽可能寻找最佳卖空ET，如果交易无法实现，应立刻撤单，以控制风险。利用连续多日的日内走势图进行3D分析，并在开盘的第一小时和收盘前的一小时，特别注意防御性操作。这些时间段成交量很大，会产生日内交易中的大部分挤压行情。

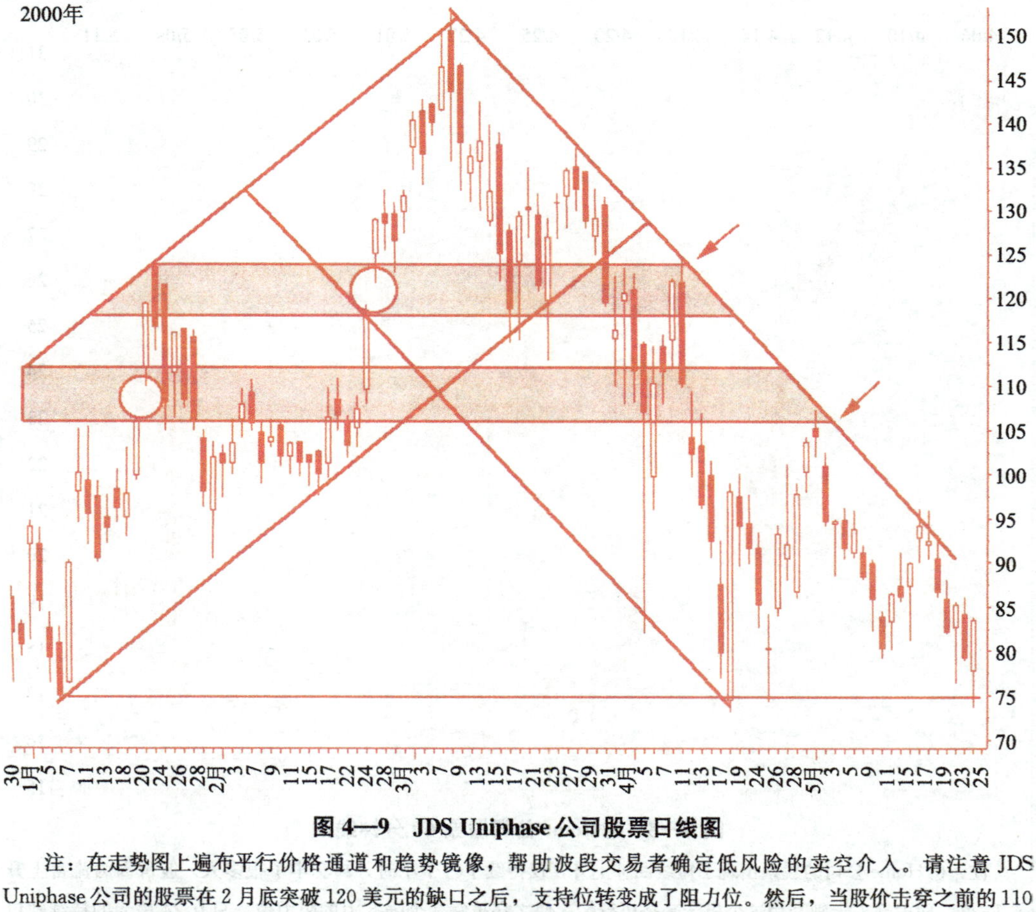

图4—9 JDS Uniphase公司股票日线图

注：在走势图上遍布平行价格通道和趋势镜像，帮助波段交易者确定低风险的卖空介入。请注意JDS Uniphase公司的股票在2月底突破120美元的缺口之后，支持位转变成了阻力位。然后，当股价击穿之前的110美元价位后，又发生了同样的事情。在两种情况下，熊市回升行情都把股价推升到下降通道的顶部，给波段交易者创造高成功概率的交易机会。

资料来源：RealTick® ©1986—2000。保留所有权利。Townsend公司授权使用。

卖空操作时，如果出现失误要立即止损，再用其他辅助性技术工具理智地离场。当股价接触或越过布林带底部，而阻力位仍然保持水平状态时，13 日和 20 日布林带就能显示明确的回补区域。锤头和十字星反转价格线能够预示随后的价格线将背离当前的状态。对于当日卖空来说，可以使用 5—8—13 布林带组合（见图 2—11），并且，从买空交易离场时，要使用同样的价格线扩张分析方法。

时间段

在交易的初期就要确定持仓期，直到出现另外一个更好的时间段才进行更换。所有的交易都要根据这个时间段来进行，直到你有自我约束能力，可以同时严格管理多时间段交易。多时间段交易同时进行，出现趋势相对性错误的概率较高，意志不坚定的交易者容易被套牢。成功的波段交易对时间有特定的要求。每个模式周期都有独特的趋势和条件。要认真分析每个选中的持股期的重要特征，提高交易回报。

选择持股期要明智。波段交易必须符合个人的生活方式，否则会引发严重损失。通过扩展持股期，技术完善之前要完全避免进行日内交易，这样才能持续获利。很多新股民容易对日内交易有错误认识，被噱头软件、华丽色彩和广告宣传等所蒙骗。但是，大多数股民缺乏足够的时间和资源，不能很好地管理日内交易进行获利。新股民渴望日内交易的自由，但忘记了其中的风险。所以，90%或者更多的股民交易失败，损失大笔的资金，而这些资金如果用于较长时间段的话，本可获得可观的收入。

非专职日内交易者可以在午饭时间抓住机会快速操作，小赚一笔，但他们却错误地以为自己掌握了交易的艺术。或许他们涉足相对时间较短的动量市场，并认为他们的运气会一直好下去。如果你也有类似行为，那应该立刻停止，并寻找符合状况的交易策略。只有投入时间和坚持不懈才能保证总体持续收益。极短期的交易需要投资者很大的努力才能产生良好的结果，而且成功的交易者通常每周花费 30 多小时在非交易时间分析新设定新策略。要在当代股市里成功，没有捷径可言。

日内模式周期比日线图模式周期提供更多的机会。波段交易者在每个交易日的小时间段内可以找到很多交易机会。但是，快速交易平均利润低，交易费用却很高。有两种策略可以用来应对。再缩短持股时间，并且通过提高成交量来解决回报小的问题。或拉长持股时间，利用波段交易技术在波动环境中捕捉较大幅度的价格移动。如果操作得当，这两种方法的效果都不错；如果操作不当，损失也会相当惨重。

日内交易需要不断分析盘整及其突破的情况。交易成功需要进行精确的预测和时间计算。在把这些技术用于短期操作之前，要先学会解读周期，记住长时间段里的数据。在交易时，要根据当时的行情方向做最佳概率的操作，一旦发现方案错误立即离场。要读懂日内交易投资者必须利用的狭窄时间窗口。投资者很少注意到日线图上的双杀行情长线，在 5 分钟和 60 分钟线图上会产生巨大的损失。

如果模式周期能够相符，可通过 Level Ⅱ进行短期投机。在这个时间内，经典的 ET 失去了价值，因为交易者们依赖自己所观察到的市场制造者和 ECN 之间的订单流动的情况。不应该在股市进行投机活动，这种危险操作需要高超的技巧和快速的反应能力。持股时间在 30 分钟到 2 小时的交易对大多数日内交易者来说是最容易获利的。在这种很常见时间段内使用经典的操作策略，获利概率很高。

有两个经典的时间段备受波段交易者的关注。1～3 天的持股期与潜在的 S&P 期货买卖周期一致。1～3 周的持股期与日线图上的自然趋势发展平行。这两种方法对时间的要求比日内交易少，却提供了既可获得利润又能管控风险的极好机会。它们与常见的模式周期阶段也密切对应。

1～3 天的波动持股期对于很多交易者来说比较理想。美国股票市场经常出现 3 天的小趋势。三根强势的价格线之后通常会有三根弱势的价格线。三天走势之后通常跟随三天的收缩盘整。找个最近的反转行情，数波动的数目，看这种自然杠杆在当前行情下是如何运作的。随着行情的演变，这个周期扩展也可能收缩盘整。这种方法不可乱用，要先培训对自然行情的波动反转的敏锐洞察力，然后把自己的入场时间与这些高获利点相结合。

根据 1～3 天时间段来设定交易，在每个行情变化时获得最大的收益。这种积极的交易方法需要严格的管理，并需要对开放价位认真观察。可以使用日内交易者所使用的策略，但要使用较长周期的走势图来确定 ET 和离场点。60 分钟线和日线很适合隔日操作。可以多交易，但要严格控制风险止损，把重点放在主要走势图相关特征上。

1～3 周的价位与一个月的买卖周期相符，可以获得较大的价格波动，而不需严格的仓位管理。这种方法适合那些不是天天对金融市场紧张不已的人。可以通过日线图和周线图来寻找获利机会，留意收盘的价位，不要管当日行情如何剧烈波动，就能避免发生趋势相对性错误。通过止损来管理利润和损失，给交易价位留有足够的空间进行移动止损，保护自己的获利。根据自然的下行跳空区来确定止损位，然后离场。

仓位交易者有较多时间来考虑交易设定和理想的策略。他们也寻求更高的单个交易利润，不频繁交易，交易成本低。日内交易者靠价格剧烈波动来获利，而较长线交易者可以利用更多种类的反向趋势折返策略。如果走势图上显示出一个强劲的趋势，等股票折返时就采取行动，通过移动止损来获利了结，然后稍事休息，等待下一个猛烈趋势的到来。

每次交易前都要考虑好时间段。必须通过认真的分析来确保在选定的持股周期内会有好的交易设定。这个过程很折磨人，因为它经常要求筛除很多有希望的交易机会，这些机会追不得。成功的策略只有在与波段交易者的设定相符的时间内才能实现，如果不能满足时间的要求，操作会惨败。行情周期在相邻趋势中会表现出极端的现象。当持股期缩小或扩大，行情会出现偏离并可能造成相反的结果。要慢慢尝试用新的时间段，确保以前证明有效的策略在自己所选定的时间段内仍然有效。

要注意在高于自己所选定的时间段的范围内寻找同样有效的交易设定。这些设定通常回报障碍较少、支撑位很好，且时间因素与较短时间段一致。交易开始之后，要密切关注较长周期内的走势，如果条件情况发生变化，必须立刻离场。例如，利用1分钟线进行操作的投机者通常追踪5分钟线图上重要的S/R特征，而利用1～3天的波段交易者则在日线图上分析回报，却根据60分钟线进行操作。

要学会解读不同趋势之间的诸多微妙关系。短期、中期和长期时间范围内，价格都会变化。但是这些趋势之间几乎不会同步，而是会有相当大的摩擦。这就使价格产生波浪式的反转，最终形成一个反转来释放行情压力。这些波动的过程也会产生机会。分析两个相邻的趋势，并在较短周期内找出一个好的交易设定。然后添加一个较短时间周期，根据显示出交易的那个趋势里的价位来确定具体交易时间。

交易工具在所有时间段内都能用得上。在所有走势图上用布林带、斐波纳契级数指标和趋势线通道进行分析。利用这种全面的分析方法来获得预测信息。在不同时间段之间比较分析预测工具的一致性，它能够交叉验证某些交易设定是否可行。这种汇合的做法通常可以确定多个获利机会。例如，当日线和周线布林带在某个突破点聚集时，价格在这个位置发生反转的概率就会增加。

趋势相对性错误比其他任何交易错误造成的后果都更严重。对某个持股期有效的交易策略，在其他较大或较小的持股期内不适应。在多个趋势中价格的自然波动，必须与回报目标和选定的时间段相符。要确保所有相关的交易因素都相符。

投资者经常犯趋势相对性错误，但是他们在更长时间段的操作通常使他们不会因此而蒙受损失。如果波段交易者错过了自己的时间段，将很快被淘汰出局。持股时间短比持股时间长所产生的严重时间错误要多。短期趋势会发出很多错误信号导致提前离场。根据错误信息进行的操作也会导致高交易成本和高亏损。在较长期走势图中对这种操作进行控制，较长期走势图可以捕获大范围的价格运动，避免发生错误。

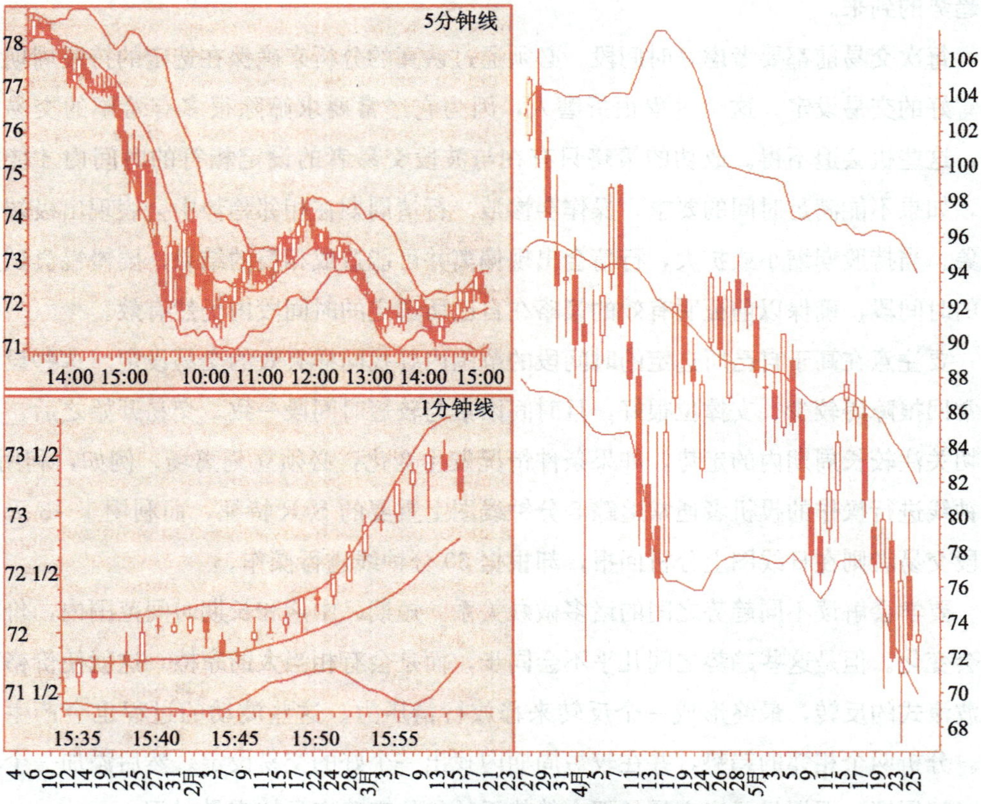

图 4—10　Sun Microsystems 公司股票价格走势图

注：不同的时间段会显示不同的趋势。Sun Microsystems 日线图显示，即将出现重大盘整。但 5 分钟线图则显示这股票即将出现双底，而 1 分钟线图显示强劲上行趋势的折返。用较高一级时间段的走势图来分析回报/风险率，用次一级时间段来微调交易时间。

资料来源：RealTick® © 1986—2000。保留所有权利。Townsend 公司授权使用。

子弹上膛

做好交易计划，按计划行事。波段交易者必须定下自己的风格，然后把它写下来，并经常改进、更新。如果这样的计划不写下来，交易者就不清楚，而且当下一次的交易结果真的取决于这个计划时，交易就会失败。个人操作风格决定了交易规则、持股周期、操股手段、操作标准，以及一系列的筛选方法，以确保在哪些具体条件下应保持观望态度。每个人对操作方法都各有所长。但是只有波段交易者的资金处于危险之中，其他人也不能替他们做出重要决定。

在交易之前要确定自己的风格。选择合理的持股期，因为它决定了交易策略中许多其他因素。这必须考虑个人的经验和可用资金有多少。根据自己的风格和时间来调整仓位。波段交易新手还要通过选用较长的持股期和较小的成交量来控制风险。

要回顾自己投资股市的主要目标。是交易时的刺激还是投资回报更重要？交易得来的利润是用来养家的，还是下一次全家度假的经费？在这些目标不明确之前，小规模交易就好。市场能够指导聪明的投资者，掌握获得最大利润的交易方式。他们刚入场时的状况并不一定是他们最终的结局。

小规模的投资需要谨慎，否则账户很快将被掏空。如果资金规模小，不要过度交易，不要图快速增加资本。应该把有限的资金用于可图利的交易机会，不要频繁操作，耗费交易成本。确定是否要进行保证金交易。因为保证金交易可能增加回报，但也会增加风险。要明智交易，不要盲目操作。

要定好入场离场的原则。首先定好回报/风险率，并列出交易前所必须符合的条件。很多波段交易者对于那些回报/风险率不足3：1的，不予考虑。短线机会也取决于操作区域。这个重要区域包含了操作目标，当价格线进入这个区域时要特别留意。分析市场间关系、解读行情，可以识别操作目标是否足以确定入场。根据原则，在交易前确定操作区域中会发生的事情。通过分析交易当日的时间点、技术指标的聚集和内在市场情绪的情况，以确定交易前所需要的最低外部支持条件。

对于当前的交易，需要确定一个交易价格的范围。每次交易的数量要适合，不管自己账户大小如何。如果一个点位出现多次交叉验证，要靠大成交量交易取胜，不能靠低价位。要通过限制持股总量来控制风险；在尝试新的交易策略或新时间段时，都要降低持股规模。要决定是否在某一价位增减交易。要确定从哪一方面进行交易。

表4—1　　典型的个人交易设定

- 交易价格范围>12美元
- 持股周期：1～2小时
- 入场时机：2日内高点的突破
- 入场时机：S/R突破
- 入场时机：亚当与夏娃双底
- 入场时机：折返62%
- 离场：价格接触布林带顶部
- 离场：在5分钟走势图上突破13日平均线
- 离场：股价重返第一小时的范围
- 排除：负面价位不入场
- 排除：在美国东部时间上午11：45到晚上12：45之间不入场

是使用限价订单，还是市场价订单？是手动止损，还是主观止损？这些重要的决定可能取决于是选择抽取佣金还是直接交易的券商。很多直接交易系统不支持市场订单或手动止损操作。这些系统认为交易者会始终坐在电脑面前随时关注行情。如果自己的生活风格与这种交易方式有冲突，就应该考虑一个要求不是如此严格的交易界面，允许自动管理交易价位。

交易技术在不断发展，交易者要经常调整交易方式。交易者如果经验丰富了，可以认识到新的交易策略要求考虑新风险。因为交易规则是针对交易策略的指导，所以它们不应该扼杀新的投资思路。更新交易规则，并在具体操作中分析自己的进步原因。请注意：要经常回顾自己的交易策略，对旧策略进行调整，先不要用新方法操作。

在每个交易日开盘之时就要定好，应该把重点放在什么地方。时间的限制会迫使大家抛弃很多极好的机会，剩下的就是分析那些看上去立刻能操作的机会。选择要明智，操作才能带来巨大利润。根据个人的风格来确定哪些方法能让自己生存，哪些能引起自己的重视。直觉在这个过程中起着非常重要的作用。让你兴奋的交易，比那些让你发困的方案更有可能出彩。

选择信息来源要明智。每天晚上能够分析几张走势图？新闻和数据是否能一起引发操作？在发布重要经济新闻时，行情是否仍然活跃，或是会因恐慌事件而导致大众清仓？必须搞清楚：实时信息渠道是否能够增强交易的效果；在交易期间，电视机是该开着还是关着。要界定好自己与股票价格板和聊天论坛之间的关系。在准备下个交易的时候，何时开始应该完全屏蔽外界的观点？

每天的交易记录配合书面的交易原则，能够产生良好的结果。要经常进行比对，看决策与个人风格的配合程度，交易是否与目标一致。找出惨败的交易，立即调整交易策略。股市游戏复杂，必须在实践中一直关注自己设定的目标。不过，也要避免把交易失败的原因说成是每日交易记录的错。自己认错最多能治疗自己的心情，利润才是硬道理。

日内交易

快速交易系统使短线操作策略广受欢迎，许多人在纳斯达克交易所中广泛应用。直接交易配合经纪人的操作，使客户学会这些策略，因为很多人过去就在交易所亲手操作，靠投机来谋生。很多职业投资者无法教授其他的技术，因为他们只懂那些交易类型。因此，很多交易者认为日内交易者都是在投机而已。

新手不要利用差价来倒买倒卖。要应对快速变化的股市，投资者需要嗅觉灵敏的直觉和对行情的理解，了解股市是如何因买卖行为而变化的。投机技巧教会人们如何利用短期股价和动量的波动变化进行交易。但大部分投资者需要多年的学习才能掌握微妙的反应，才能身手敏捷地进出快速变化的股票。

日内交易老手多年来在各种股票之间默默地交易。头天晚上对模式周期进行分析，可以找出许多极短期交易机会。在第二天的交易中，当股价达到锁定数值，自动的快速拨号程序就向经纪人发出快速交易的申请。虽然这样的操作需要通过电话来完成而不是直接上网，但是市场波动较低，可使日内交易得以有效实现。

成功的波段交易不依赖 ECN、SOES、BD、MM 等，它依赖于对下一步行情的精确预测。交易者们低买高卖，可以获得利润。但如果他们无法低买高卖，就无法获利了。随着持股期的缩短，这种基本策略的难度越来越高，这是常识。大多数成功的日内交易者都是以长线投资或是头寸交易开始的。当掌握了较简单的交易方法，他们开始训练如何预测短期行情的运动规律，之后才慢慢涉足日内交易。

头寸交易可以用来训练日内交易所需要的技术，而且人脑还算是能够快速适应头寸交易的速度的。日内交易者必须当下迅速分析行情，并在极差的状况下控制风险。大多数投资者需要多年才能有这样的经验。如果没有丰富经验就直接闯入日内交易，交易者犹如被扔进了绞肉机。

股市新手应该先练习传统的技术分析，别像玩电子游戏一样步入自杀的陷阱。要学会买卖的方法、时机和对象。然后利用软件和其他工具来优化自己的策略，获得更好的交易成果。普通股民为了追逐小利，一有小小的动量起伏就下单，而逆向操作通常会有较好的交易机会。

风险管理

很多人不进行风险管理，让人触目惊心。这些人被股市的兴奋冲昏了头脑，都不想错过下一个机会。我们每天都看到别人在股市中赚到钱。股票论坛整天在吹嘘有人赚大钱，但很少有人承认损失了大钱。股市通讯总鼓吹如何大把地赚钱，却从来不提如何避免亏损。我们的邻居好像总买对了热门股，而且可以提前退休了。

波段交易者如果不能正确管理自己的仓位，就会惨遭失败。在股市浸泡多年的成功者，在获得巨大收益之前，总得先学会有效地控制亏损。不幸的是，大多数新股民没有这种自律来好好进行风险管理。他们盲目追逐股价，又不做好安全离场的安排，他们的心被巨大利润所诱惑，无法做出正确的判断。

贪婪会导致投资者选用那些失败率很高的策略进行交易。在这种波动剧烈的环境中交易，风险程度很高。大幅度的波动使价格在很短时间内变动很大。热门股很少有安全的入场价位，却有很多内部振荡出局的情况。在临界点位交易的人，往往随普通股民疯狂追随价位入场，他们看到的总是股价的上行却忽略了下行的一面。之后的事情他们就无法控制了，因为他们没有计划，没有安排，没有回报目标，没有风险管理。

热门股被普通股民的行为所推动，通常会造成稳定的假象。当行情飙升，利润使人们自大自负。大笔收益不断增加，人们开始丧失理性思维。有这种心态的交易者很快变成了长线投资者，他们失去了持续获利的交易者所应具备的攻击性优势。所以如果行情扭转，他们会高傲地说行情一定会恢复。这些新手坚持股票的价值，而不进行技术分析，他们所获的利润消失殆尽。或者，他们的自负心态会继续膨胀，他们的投资坏习惯会恶化，自认为是股神。

股价快速发展的方向对粗心的交易者不利，可能造成更大的恐慌。走势图上看不出离场的机会，当股价剧烈逆转之时，这些交易者就像夜间车灯照射下的小鹿一样颤抖不已。此时求生的本能通常会显现，但他们没有进行止损，反而错误地期待股价能反弹至入场价位或全新的获利价位。在这种错误确定做出之后，后果不堪设想，因为他们完全放任命运或自负心态的操控，不再采取任何手段。于是，要么资金全盘皆损，要么奇迹可能出现。这两种情况都会促使投机者往被淘汰的边缘走近了一步，或者不在股市玩了。

股市新手应该选择那些波动较小的行情来练习自己的交易策略。要寻找那些变化缓慢的股票，让交易者有机会安排好安全保护措施。但是，如果交易者无法对危险行情做出快速反应的话，即使这种相对安全的操作方法也会导致失败。在这种环境中，应该频繁交易，赚到小利就进行了结。交易成本会快速上升，使收益减少，而清淡行情也会套牢资金，限制其他交易机会。

最重要的风险管理原则不需要太多的解释：如果不知道如何离场，就不要入场。每个操作目标都会产生一个风险特性，即入场点与主要的 S/R 破坏价位之间的距离。这个价位（失败目标）是证明交易计划错误的价位，应该抛弃这样的交易安排。每次入场前，投资者必须能够接受这个距离。

这种离场设定所产生的亏损，不能超过波段交易者预先设定的风险限度。要确定一个自己能够接受的平均损失量，作为个人交易策略和操作原则准备工作的一部分。小户们需要控制的亏损比大户们的小。风险容忍度也必须与回报管理高度一致。沿交易方向（获利目标），从入场点到最近的 S/R 阻力位之间的距离，能够表示回报的潜在程度。根据回报目标来寻找交易价位，至少要保证回报是风险的 3 倍。然后计算，万一交易设定失败，并击穿风险控制水平时，所持股票会造成的实际亏损金额。

应该避免许多可获利价位，或者快速离场。如果交易设定产生了利润，行情就会顺利发展；如果没利润，问题就会开始出现。对每个高风险但又可行的交易安排，必须在交易前就考虑好失败的概率。很多投资者在出现问题时，采取赌博的心态。他们想赌一赌，希望能度过危险期，并获得利润。千万不要如此危险行事。如果操作失误的后果超出风险控制的容忍度，那就不要交易。

成交价的价差会增加交易的成本。实际的成交价可能远远低于自己所期望的价格。波段交易者通过控制限价订单来控制成交价滑点，在入场点比在离场点容易。离场时要快速，要抓住任何可离场的机会。这样造成的损失通常超过风险控制的水平。成交价的价差和交易成本的增加在计算回报/风险率时都是必须考虑的因素。一个简易的方法就是把回报/风险率降低半个点位。例如，如果具体操作前预定的回报/风险率是 3：1，那么最终实际比例就不会超过 2.5：1。

尽量寻找低风险的入场机会。寻找交易机会时，目标要离 S/R 指标特别近，或者在发展良好的趋势中寻找大幅度的折返机会。窄幅盘整的价格线提供的入场机会要比扩张价格线提供的机会更安全。因为价差幅度小，所以交易者能在清淡的行情中按某具体价位快速交易。对价格要有筛除，交易时间也要有所筛除。开盘后第一小时和当天最后一小时行情波动剧烈，风险也高。在这些阶段，应该避免使用佣金经纪人来交易，否则会出现成交价价差大的情况；成交报告也慢，不利于风险管理。要多考虑午餐时的清淡时间交易，或等待下午出现上升行情。

盈利和亏损

波段交易的成功取决于交易的方法。有人为了获得较大利润而极力买进，却冒着巨大的亏损风险，因为价格可能会突然朝不利的方向发展。有人一步一个脚印地累积利润，一旦出现问题，立刻离场。交易必须符合自己的风格与特色，也要能随时应对自己的决定可能带来的结果。在你能够纵容自己之前，必须非常非常谨慎。

必须根据盈亏程度来评估自己的操作。简单的盈亏比率（%WIN），记录了盈利和亏损的状况，也记录新策略的成功轨迹。平均盈利（AvgWIN）和平均亏损（AvgLOSS）记录的是相对于风险容忍度的结果。这些指标以如下方式评估交易成果：

%WIN=盈利交易次数/总交易次数

AvgWIN=总利润/盈利交易次数

AvgLOSS=总亏损/亏损交易次数

例：某个波段交易者记录其盈利300美元、350美元、400美元，亏损为175美元。4个交易中有3个盈利。

%WIN=3个盈利交易/4个总交易次数

%WIN=75%

AvgWIN=（300美元+350美元+400美元）/3个盈利交易

AvgWIN=350美元

AvgLOSS=175美元/1个亏损交易

AvgLOSS=175美元

不同的投资策略会带来不同的风险。小投机交易通常有高%WIN和低AvgWIN，而仓位交易通常有低%WIN和高AvgWIN的特征。强劲动量行情会产生高AvgLOSS。如果可能的话，动量交易者为了获得较高的%WIN，必须接受较高的风险，但失败概率较高。波段行情使%WIN升高，但是却限制了AvgWIN和AvgLOSS。波段交易者比任何其他交易者都更能有效地在时间段和策略选择方面影响操作结果。根据他们对待风险的态度，他们的交易结果会出现两极化的现象。

交易风险随%WIN、AvgWIN、AvgLOSS的微小变化会发生巨大的差别。较高的%WIN交易设定比较低的%WIN计划能够消化更高的亏损可能，所以仍然可以获得利润。由于AvgWIN指标效率不高，被很多股市限制使用，但波段交易者通常可以通过小心控制风险来降低AvgLOSS。要注意观察AvgLOSS对25%～75%之间的%WIN有什么样的影响。大多数职业交易者的%WIN低于50%：是不是很触目惊心呢？真不知道他们怎么能全职干这个行当。

市场只有三种方法可以提高获利概率，但与交易风格无关：提高%WIN，提高AvgWIN，降低AvgLOSS。日内交易比仓位交易的获利机会少。由于时间的作用，价格通常远离入场价位。所以日内交易平均利润比长线利润少。极短期的交易往往也无法提高%WIN，因为短线交易的时机必须非常精准，而仓位交易可以在经历许多双杀局面后最终获得收益。

日内交易比仓位交易能更有效地控制损失。如今，价格/时间的优势开始显现。也就是说，平均损失会降低，因为仓位持有的时间较短。这就使日内交易的损失水平比仓位交易的更加接近零。但是频繁的日内操作使交易成本提高，削弱了这个优势。

控制损失比单纯追求收益更容易增加利润。根据行情获利了结，然后开始下一个交易。成功的交易者知道什么时候出错了，并会按计划离场。必须快速掌握这门技术，因为大部分投资者的损失通常比他们的获益要多。每次交易时，要在入场价位附近定一个离场点，以便出现问题时减少损失。如果交易顺利，在上升价格的高处再定一个离场点，以保护获得的利润。交易时可能遇到挫折，要有心理准备。很多股票在S/R位置会出现双杀的情况，并在沿正确方向快速移动以前，出现一些极好的交易机会。有经验的交易者会清除不愉快的事件，但又无法彻底消除。

表4—2 赚取1万美元利润的三种途径

%WIN	交易次数	AvgWIN	AvgLOSS	利润
75%	100	800美元	2 000美元	10 000美元
50%	100	800美元	600美元	10 000美元
25%	100	800美元	133美元	10 000美元

任何时候都要注意股票的成交量。波段交易者需要在成交价滑点小的条件下快速执行交易，但必须有活跃的群体操作才会发生。流动性低的股票交易成本高，而且状态不稳定，这会削弱有效的风险管理。若要进行1～3天交易，不要选择那些日成交量小于50万～100万的股票。日内交易的重点应该放在日成交量大于200万的股票，但特殊情况需要特殊处理。重大事件可能将成交量小的股票变成一个短期波段交易的股票。有重大事件的股票，如日成交量为300万～500万或更大，可能产生可观的利润，而且交易成本也低。

止损

只要能够实时管理，就应该避免进行人工止损。这样可以减少止损带来的风险，可以有多个渐进自然离场点。随着价格的变化，离场安排也应做相应的调整。波段的策略实行自主（自愿）的操作方法而不是系统（自动）的交易方法。这种灵活性遍布于每个交易的离场设定之中。当价格沿交易设定所预计的方向运动到一个自然阻力位时，应该离场，因为它可能会阻碍价格的进一步变化。当价格运动与交易设定所预计的方向相反，并穿过一个自然阻力位时，也应该离场，因为此时价格运动可能会加速。

要集中精力追踪 S/R，以确定日内交易中合适的止损点。移动平均线和布林带围绕价格绘制一个网格。使用 5—8—13 指数组合，并密切关注平均线。在发生一个强劲走势后如果出现 8 日线被穿过，则应离场。观察 13 日线的平稳状况，如果被穿过，则应离场。这个中心点如果被穿过，价格向布林带的另外一个极值急剧扩张的可能性加大。价格、平均线、布林带的相互作用能揭示一个低风险离场的位置，通常会出现在一个重大反转之前的数根价格线的位置。如果价格开始沿平均线边缘横向盘整，在平均线被穿过之前就应该离场。

表 4—3　　2000 年股市流动性

成交量	纳斯达克	纽交所/美交所	合计
前 10%	417	361	778
前 20%	895	663	1 558
前 30%	1 400	1 159	2 559

外部止损会影响大周期的反转。个股会发生转向，并根据波动市场间的状况发生变化，如定时销售或指数突破等。必须有止损的心理准备来识别能够终止股票活跃状态的外部条件。当无法解释的反转在期货图上或指数图上出现急剧的价格扩张时，先离场，之后再寻找原因。不要等待个股走势图上出现反应。要利用这个短暂的时间，在其他人注意到之前就离场。

随着大家对模式周期的认识不断加深，波段交易者能够不断发现即将出现的失败情况。不要等待普通股民从一个失败价位离场，应该在他们之前离场，然后寻找下一个机会。在强势行情中，在形态明确的 S/R 指标第一次被穿过之后，通常会出现折返的行情。有一种高级的操作方法，即在波动突破位持股，等待股价进入反弹后离场。自律的人总能在第一个机会出现时就离场，若没有防备，还可以在第二个机会离场。

如果没有明显的离场点，应自行设定一个止损位离场，使操作保持在风险容忍度之内。在变化的行情中入场，在可接受的损失水平内离场。但更好的方法是，随股价运动交易几次，在非常靠近买入价的位置止损。可以接受一系列的小损失，以期抓住股价剧烈突破机会。要记住，如果一个动量行情发生了急剧的转变，任何止损的方法都无法真正起到保护作用。

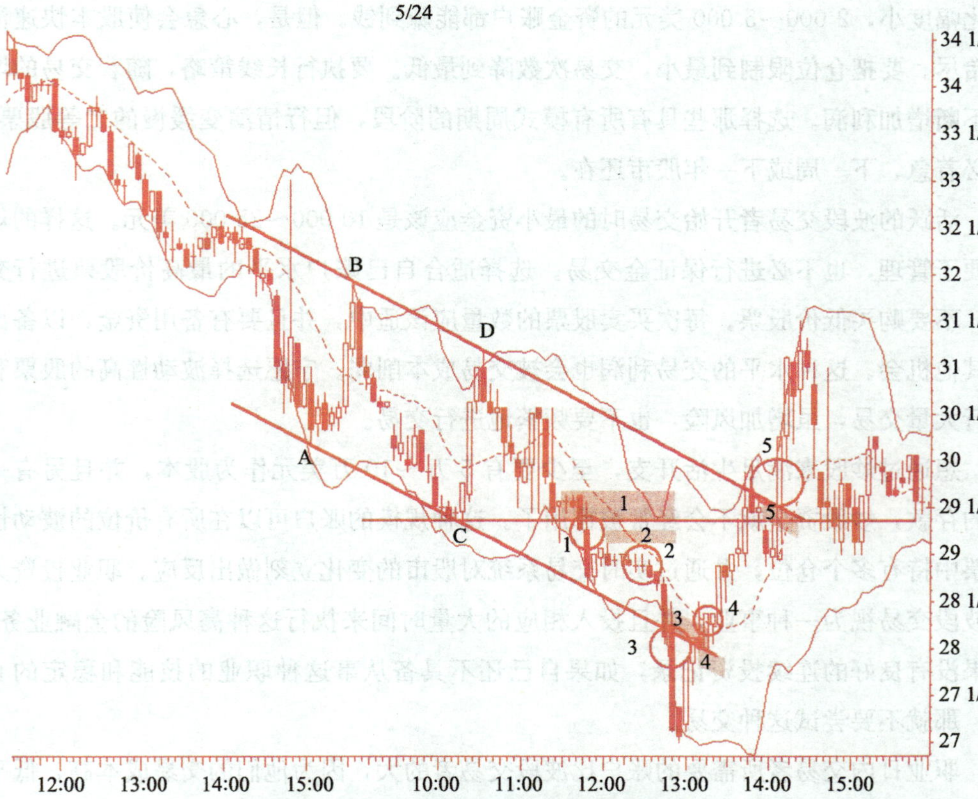

图 4—11 Immunex 公司股票 5 分钟线图

注：Immunex 公司的股票在 3 个小时里，多次出现低风险交易机会价格通道。每个交易机会都自然形成一个阴影带与所选策略相违背。这标志着交易设定价格失败，应该离场。要尽量在这些带内发出止损单，确保有效风险管理。如果此价格带无法靠近自己预计的介入点，就不要交易。

资料来源：RealTick® © 1986—2000。保留所有权利。Townsend 公司授权使用。

手动止损方式是兼职股民的方便操作工具，因为他们不能实时管理自己的股票。一旦交易发出一个新的回补信号时，立刻进行止损。在风险参数范围内已知的 S/R 范围的另一端，做限价卖单。要增加合理的回旋空间，避免在双杀时离场。如果仓位能挺过那个交易日，应在当晚重新分析止损设定，如有必要，则进行调整。每天晚上继续分析，一旦股价进入获利范围，就将离场价位推向当前价位。当价格接近目标，或时间接近设定的持股期时，应该把离场价位朝当前价位推得更近。如果股价沿预计方向发生急剧扩张，应该考虑获利了结迅速离场。

获利了结

小户们在进行波段操作时必须严格控制风险参数。现代股市交易成本降低，价格变化幅度小，2 000～5 000 美元的资金账户都能赚到钱。但是，心急会使股本快速消耗殆尽。要把仓位限制到最小，交易次数降到最低。要执行长线策略，随着交易的增多不断增加利润。选择那些具有所有模式周期的阶段，但行情演变缓慢的二等股票。不必着急，下一周或下一年股市还在。

活跃的波段交易者开始交易时的最小资金应该是 10 000～25 000 美元。这样的规模便于管理，也不必进行保证金交易。选择适合自己账户水平的最高价股票进行交易，不要购买低价股票。每次买卖股票的数量应该适中，并且要有备用资金，以备出现其他机会。这种水平的交易利润也会被交易成本削弱。宁愿选择波动性高的股票和进行大量交易，虽增加风险，也不要频繁地进行交易。

想通过炒股来满足生活开支，至少要有 5 万～10 万美元作为股本，并且另有一定的存款，炒股资金就不会经常被挪用了。这种规模的账户可以在所有价位的波动性股票中持有多个仓位，并通过实时交易系统对股市的变化立刻做出反应。职业投资人把波段交易视为一种事业，并且投入相应的大量时间来执行这种高风险的金融业务。如果没有良好的连续投资记录，如果自己还不具备从事这种职业的技能和稳定的心态，那就不要尝试这种交易。

职业日内交易者所需要的账户比波段交易者的大，因为他们的交易成本高，低平均盈利也降低了获利的可能性。日内行情出现的小波动要求较大的仓位才能获得令人满意的利润，如果出现损失，要立刻进行止损。日内交易使用资本的水平要比波段交易高，但是重大事件对交易产生的影响要小。交易者必须理解减少交易频率的原因，要利用波段交易策略而不是投机或极短期的日内交易。

很多投资者觉得，不管仓位大小，要同时管理几个仓位比较困难，不要因为持股量小而增加仓位规模。每一个交易都有对应持股量的风险水平。随着经验的增加，可以考虑对于同一个账户使用多个时间段进行操作。持股较长的仓位会占用一定规模的现金，但不需要投入太多的关注。当波段交易者了解了趋势相对性错误的性质，并有效地进行管理之后，这种投资策略效果就很好。

必须做好准确的操作记录，然后才能考虑在操作中加入保证金交易的成分。购买力度放大了，收益可能增加，损失也可能增加。保证金交易的放大效果，会使人对自己的能力产生错误的认识，加重赌博的心态。这样就会使交易过度或仓位过大，结果会很快断送有前途的投资。要记住，保证金交易是一个强有力的工具，如果操作失误，它会是一种很危险的武器。

记录和结果

大多数的投资者仓位不佳导致%WIN低，而出现亏损。除了严格自律，交易者还要对所有的交易目标及结果进行客观记录。要用电子数据表或软件来计算成功与否，不要被自己虚妄的心态所蒙骗。永远不要仅仅依靠经纪人的交易账户记录。他们经常会记录错误，而且这些错误通常对他们有益。要知道已经获得的利润，会使损失的数据失真。在进行记录时，要杜绝这种错误。

记录应该采用纳税申报表一样的格式。这样的做法在申报时很省事，显示利润/损失的方法就像政府部门审核纳税表一样简便。交易成本必须计入基本价格和销售价格。支付佣金也是隐藏的损失，对小户们尤其如此。可以对佣金另行记录，看这些费用对不同的策略影响程度如何，或者记录每个交易过程中分摊的损失，并评估过度交易所产生的影响。

经纪人的交易记录和交易清单无法对不同策略的效果进行评估。要检查交易计划，看还需要什么其他的信息来对每日的交易进行追踪记录。把这些补充信息存入电子数据表，计算出某段时间的交易平均值，得出交易业绩。实际持股期、持股数量、盈亏指标对于标准的%WIN、AvgWIN和AvgLOSS统计数据，进行补充和完善。

必须收集关键的每日交易数据，但也要避免信息过量。利润是决定波段交易者命运的唯一标准。运用知识、严格自律才能决定利润的多少。详细的记录能够显示缺点、完善策略，但是不能避免错误的操作。没有用的信息就不要用，把注意力放在决定业绩的因素上，要灵活应对。新策略会带来新挑战，需要新观点和客观的反馈。要不断更新电子数据表，出现重要变化时就可以做好分析的准备。

内部交易者

你做好准备知道自己为什么对股市这么着迷了吗？虽然在本行业中对交易失败的精确数据守口如瓶，但是波段交易者失败率远远超过70%。所以，新股民很有可能会全部或部分输光他们的账户资金，被迫离开股市，去做些压力不太大的事情。为了避免这种惨况，要特别严肃地对待这个职业，并寻找创新的交易策略，充分利用短期行情特有的性质。

股票交易的迷人之处在于时间/利润曲线。短期行情中价格剧烈波动，引起人们

们的理性行为与交易策略。注意力要集中，坚持按计划交易。那些精力不集中的交易者是在赌徒的世界里闯荡。在这种靠运气的赌博中，他们肯定会口袋空空地离开聚光灯下的赌桌。

贪婪和恐惧能使人类表现出极端的行为。但是，波段交易者可以通过可靠的交易原则和严格的自我约束来控制情感的影响。交易原则必须用在所有的交易环境中，不论人们的感受如何，或者短期的经济变化会带来什么影响。很少有人能够完美地执行交易原则，所以很多人都会发现自己处境危险。在这些关键时刻，他们要快速做出决定，在沉没之前把自己的投资之舟送入避风港。

要用大脑的两个半球来安排交易设定。当你的技术不断提高，智慧就会提升，分析价格走势图更加得以应手。随着你知识的不断增加，对市场波动的了解也趋于纯熟，更容易抓住规律性的交易机会。按照本能进行交易操作，除非有充足的理由要求采取另外一种策略。但是不能把直觉和冲动混为一谈。强烈的挫折感与兴奋可以毫无理由地导致交易的失败。如果你犹豫不决，那就依靠数据进行判断。

有时候好的交易机会可能演变成一场灾难。当行情变得危险时，时间越长对波段交易者越不利，此时等待时机好转是最错误的方法。那些在灾难面前犹豫的交易者会被振荡出局，很长时间不敢交易。幸运的是，大多数模式能够对即将发生的剧烈行情发出报警。单独的价格线极少能够造成剧烈的反转，而形态明确的行情信号则会发出强烈的警告，需要立刻离场。要好好保护自己的交易账户，而且无论走势图发出什么信息都要认真倾听。

很多投资者希望在股市中寻找刺激。每次进行新的交易时，他们的肾上腺激素就开始在体内冲撞。不幸的是，不论是盈是亏，他们都有这样的冲动。这样既可能带来收益也可能带来损失。在股市中寻求刺激是通往失败的高速公路。成功的波段交易者能够克服这种冲动，每次操作时都不受情绪的影响。他们会长时间在枯燥无味中等待，但他们绝对不会忍不下这种枯燥而利用普通的机会进行交易。

不要对持有某只股票抱有任何执着。要在基本分析技术之外对交易进行更深的了解。波段交易者明了，股票行情无非是数字而已。在股市论坛中浏览的人不指望获得真实信息，他们只是对自己的观点进行验证。人们可以很容易地找到支持自己错误观点的佐证，所以当需要离场的时候，自己很难脱身。如果连续几周几个月不看论坛，再看时，你就知道当出现行情时仅仅有一个观点是正确的。

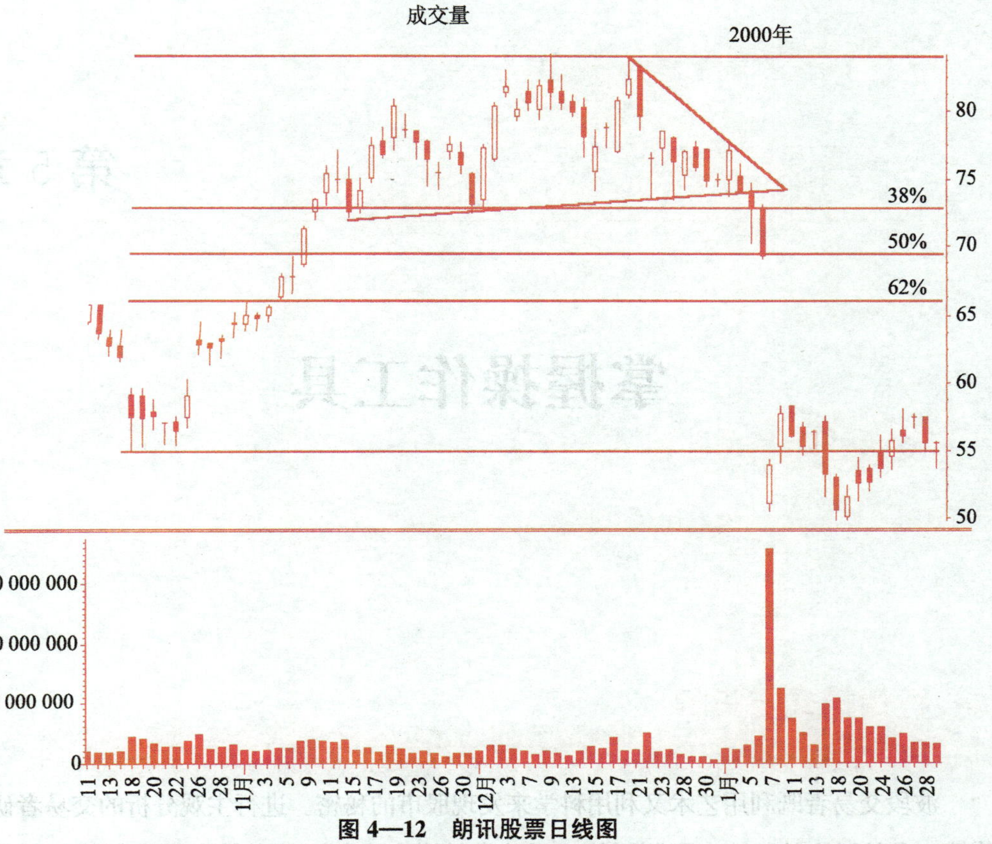

图 4—12　朗讯股票日线图

注：即将发生急剧振荡的行情很少发出警告。朗讯公司的股票形成上升趋势线，然后破坏一个双顶，在一个交易日就形成了一个 20 美元的下跌缺口，而在这之前仅仅出现了 2 根下跌价格线。波段交易者必须在早期发现危险信号后，立刻离场，才不会被公众的抛售行为打垮。

资料来源：RealTick® © 1986—2000。保留所有权利。Townsend 公司授权使用。

第 5 章

掌握操作工具

行情模式与指标

波段交易者既利用艺术又利用科学来发现股市的秘密。进行主观分析的交易者研究模式，是从过去的行情中预测可能出现的常见形态。务实的交易者很少相信他们的眼睛，他们喜欢从冰冰冷冷实实在在的数据中寻找真相。结合以上两种方法，就可以做好有效的交易准备。他们首先通过理性与感性的分析来消化大量信息，判断价格的走向，然后把分析结果融入操作理念和交易计划之中，用视觉方法和实际的计划来体现。

理性思维通常会和眼睛所看到的发生冲撞。大脑需要梳理杂乱无章的视觉信息，希望能从一些看似无序的数据中找出较好的交易机会。不幸的是，有可能得出错误的结论，能使视觉感觉良好，但却没有道理或缺乏预测功能。并且，自己的投资账户也会受损，除非自己开始启用有效的过滤功能，排除干扰信号进入大脑。

技术指标能够把真实状况体现在走势模式之中。它们筛除错误的视觉信息，简化交易策略，对当前的交易价格得出重要的结论。获利的交易安排必须基于真相而不是错觉。用数学方法进行交叉验证，能够看穿某些奇怪的走势，能对未来形势做出预测。走势图的下部窗口能通过价格的聚散来揭示隐蔽的走势特征，甚至可以测量周期性轴线的相对位置。

股市数学把大量的价格和成交量信息彻底消化，以得出一些结论。波段交易者把时间的限制考虑在内，把分析结果与观察到的价格运动进行对比。这种方法用上了股市交易所特有的立体策略。要利用具体的时间间隔来确定独特的走势和条件。然后将这些情况与其他类似时间的间隔数据进行比较，以预测之后的市场状况。

技术指标可能发出很多错误的信号。简单的价格输入可能产生危险的结果。有价值的结果可能会显示交易机会，但时间段不一定对。错误的交换或卖方数据可能产生无效的指标峰值和谷值。某些人虽然非常努力，但遭遇这些怪事和局限，备受打击。除此之外，还需要了解指标什么时候能真正有用，什么时候是无稽之谈。

走势图模式和技术指标并不是平等的。一个技术高超的交易者仅仅通过一根价格线就可以成功交易。但如果没有价格数据，功能再强大的市场指标都没有多少价值。试试这个简单的方法：不管价格如何，超卖时买进，超买时卖出。这不是赚钱的好办法。

走势图模式能够揭示普通股民的贪婪/恐惧行为的急剧变化。它们揭示了所有时间段内不断重复的碎片形态。最为重要的是它们能够精确地指出低风险交易的机会，但是新手一定不能只依靠模式进行交易。要分辨出三角形和旗形并不难，而理解技术指标需要认真的研究。要获得利润，必须正确利用这些强有力的工具，因此很多只走捷径的边缘交易者往往遭遇惨败。

技术工具的管理利用

学过物理的人都知道，能量以消耗或辐射的形式传递，留下痕迹。同理，真正能够预测的走势图模式也可以发出信息，让人通过数学方式了解并衡量。当交易信号在两种分析中聚集，交易产生良好效果的概率就会大大增加。

学会两个常见的指标，就可以缩短摸索的过程。很多知名作家写了无数著作，对于少数几个技术指标的各种变化形式进行了分析。交易者应该坚持使用那些经典的技术，除非没用了，或者限制了个人的操作风格。另外，所有的技术指标都有相同的局限：这些指标只有在某些特定的阶段才起作用，在其他情况下无效。在分析设定之前，先确定主要的条件，避免解读错误。

要注意行情中出现的超买超卖陷阱。这个名称非常方便，它暗示的状况是在波动指数进入极限范围时的反应。但是这个策略有待商榷，它会在趋势行情中削弱利润。例如，大家普遍认为，随机指标超过 80 时应该卖出，低于 20 时应该买进。但这种做法在大型的上行或下行突破中会失败。在试图解释一个技术指标以前，一定要先分析模式，要记住马丁·茨威格（Martin Zweig）的经典忠告："趋势是你的朋友。"

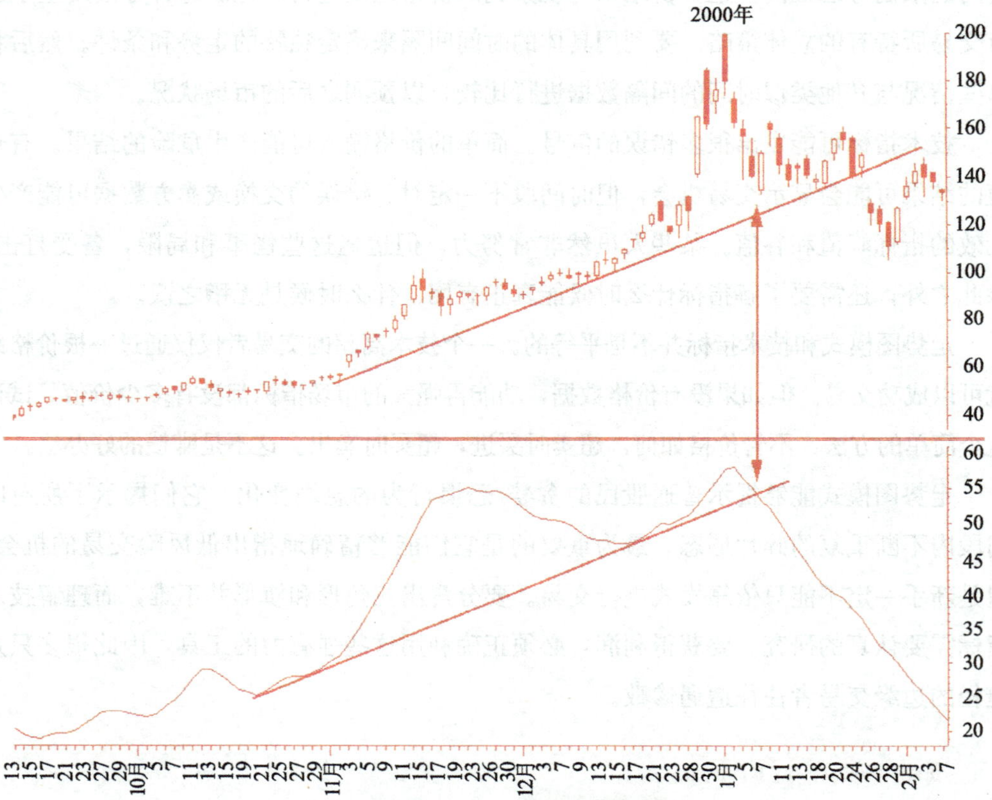

图 5—1　Qualcomm 公司股票日线图

注：在日价格趋势线被破坏之前，平均定向移动指标就发出警告，Qualcomm 公司股票两个多星期的破纪录上涨行情即将结束。技术指标早已形成，价格模式早就指出了公众投资行为的重要变化。要利用这些指标来分析聚散信息以及走势图的特征，筛除不合理的交易安排。

资料来源：RealTick® © 1986—2000。保留所有权利。Townsend 公司授权使用。

要同时用模式分析和技术指标来预测未来价格的走势。但是指标必须要支持模式，而不是模式支持指标。模式能够测量回报/风险率、价格目标，并能识别最佳操作目标。利用指标来发现隐蔽的离散现象，预测即将出现的反转。例如，当随机指标从超买状态急剧反转，则可能发生上行突破，此时就不该根据收缩盘整情况买进。或者，在熊市行情中，如果相对强度指标从一个超卖状态掉头向上，不该卖空。

交易工具必须能够针对交易的数据和交易者的情绪，以确定好的交易安排。虽然最新的软件能够整合非常复杂的买卖信号，但大多数的指标不能体现交易者情绪的紧张程度，而这是推动价格的力量。要解决这个重要的问题，需要重复审视价格和成交量模

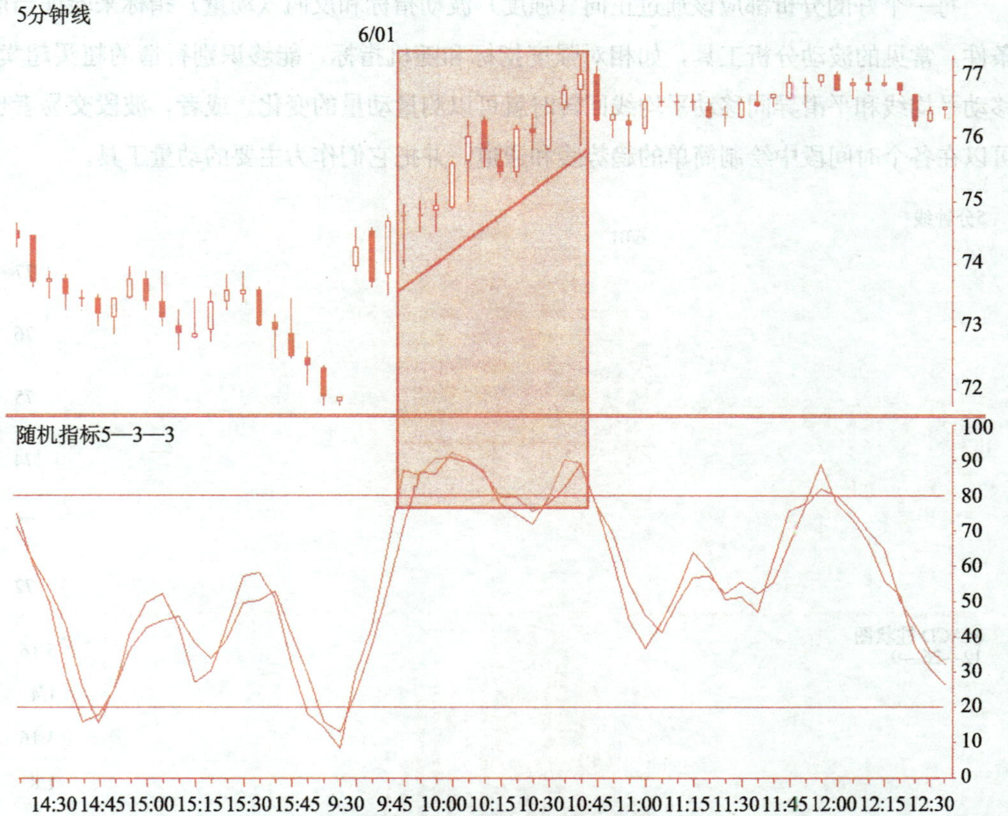

图 5—2　Oracle 公司股票价格走势图

注：振荡指标在股市低迷时作用明显，但在强势行情中不明显，而且常常发出错误的信号。根据经典交易法则，如果在超买区随机指标超过 80，交易者就应该卖出股票。但在 Oracle 公司股票日内上涨行情期间，这样的做法是错误的。虽然指标突破 80，但股票依然继续涨了 3.5 点。注意观察图中横向盘整之后，指标形成的双顶，发出更为有效的卖出信号。

资料来源：RealTick® © 1986—2000。保留所有权利。Townsend 公司授权使用。

式。有效的模式分析能识别普通股民的行为，在干扰信号中筛查出有用的信号。经典的形态包含碎片反馈，可以用来预测波动和价格变动随时间演变的情况。当走势图中内在的价格变化表现为剧烈波动时，经验丰富的交易者就会忽略数学指标（和基本面分析）。但大多数波段交易者仍需要用数学指标来验证自己的重要观察，纠正偏见。

要能够识别每个技术指标的特征。很多指标有特定模式，而另外一些则在两个极值之间来回变化。例如，和其他常用的指标一样，平衡成交量（OBV）能形成一个头肩模式进行预测。但最有效的指标也可能同时发出有效信号和干扰信号。要学会何时要听，何时不听。

每一个好的分析都应该通过正向（强度）波动指标和反向（动量）指标来验证当前条件。常见的波动分析工具，如相对强度指标和随机指标，能够识别行情的超买超卖。移动平均线和平滑异同移动平均线回转时就可以测量动量的变化。或者，波段交易者也可以在各个时间段中绘制简单的趋势线和通道，并把它们作为主要的动量工具。

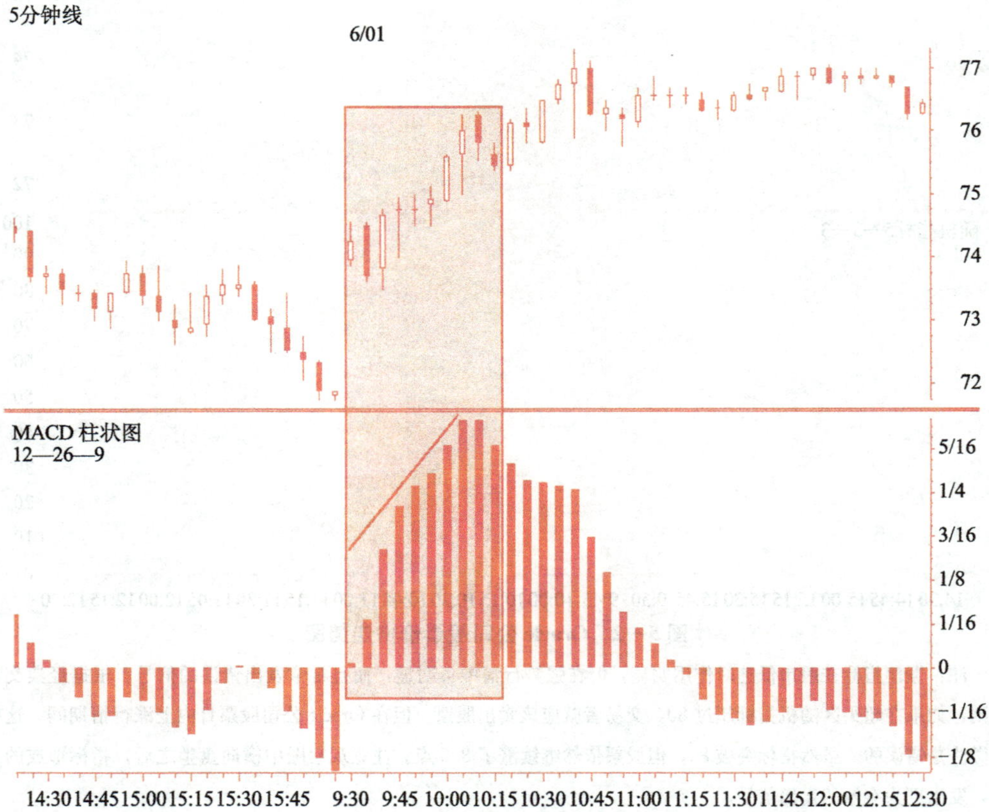

图 5—3　Oracle 公司股票价格走势图

注：让我们再看看前文 Oracle 公司股票的图标。此时位于价格线下方的不是随机指标，而是追踪趋势的平滑异同移动平均线柱状图。这个简单的平滑异同移动平均线策略显示，当曲线向上突破零线时买进，在柱状图第一次出现下降时卖出，这样就可以抓住 2/3 的上涨行情。追踪趋势的指标在上升和下降行情中效果良好，但是在横向盘整阶段会发出错误信号。

资料来源：RealTick® © 1986—2000。Townsend 公司授权使用。

通过个性安排来设定具体的交易风格和个人目标。现代的交易软件里有几十种内置指标，可以分析行情的不同方面。要注意观察这些常见工具随行情发展所做出的反应，并详细研究计算方法。慢慢调整这些设置，并观察调整所产生的变化。久而久之，微小的变化也会产生巨大的作用，带来丰厚的利润。

在所有时间段里都要使用分析工具，但要根据不同持股期的特征适当地调整指标。当数值与公众的观点一致时，很多交易策略可以达到最佳效果。这种方法能够分析普通大众的行为，使波段交易者可以预测行情的下一步走势。为了使操作更灵活，可考虑常用设定和定制设定，分析两者结果的区别。

在5分钟线图和60分钟线图上分别加入指标，追踪日内行情的变化。在上下窗口中加入多层的信息，就能对当前行情一目了然。利用5—8—13布林带组合来确定股票的短期走势和日内S/R指标。在价格线下方设置一个平滑的5根价格线随机指标，测量买卖行为之间的波动情况。然后在60分钟线下方设置一个经典的12—26—9平滑异同移动平均线柱状图，以便更直观地显示日内行情波动周期。

利用经典的20日布林带来追踪1天到3周股价波动引起的公众行为的变化。在价格线下方画一条平滑的14日相对强度指标线，以便体现较长时间段的超买超卖的状况。如果可以的话，利用彩色柱状图来观察每日成交量，上涨日为绿色，下跌日为红色。画一条60日成交量平均线，看哪些时间段的成交量发生了意外变化，穿过了价格峰值。一定要综合看日线图和周线图，观察所有的指标，以正确分析大周期走势对交易的影响。

价格、时间和成交量

要分析价格、时间和成交量的核心要素，积累有关指标器的知识。大规模的技术分析要求提供极其复杂的数学数据作为输入信息，才能分析公众的情绪以及大范围的资金流动的情况。但是常用的数据信息只能够有效地分析个股的走势。绝大多数的常用指标通常只根据特定时间的价格和/或成交量的简单数据来预测。

很多波动指标测量收盘价和振幅高度之间的距离，以预测内在的购买力度。对于这些简单的工具来说，价格是最重要的指标。但请记住，衍生数据指标所发出的信息速度要比数据本身慢。虽然平滑的波动指标对于那些操作太快的波段交易者有益，但是它发出的信号速度还是太慢。

时间能够证明指标的作用，它能比较主要的价值并能显示趋势的方向。周期基础走势图能够概括这种价格—成交量关系的活动，并能量化相对运动。通过重新计算分析每一条新数据，波段交易者就能对价格做较科学的预测。时间段指标如果与当前走势周期或持股期相符，其有效性会被大大破坏。但是，如果普通工具能够与时间相符，也能产生惊人的预测效果。

对股市成交量进行分析，有两个主要的功能。第一，它能够测量隐藏在巨大数字背后的实际累积/派发指标。第二，它能概括公众的投资冲动，并以走势图的形式表现出来。成交量指标对于所有技术分析都是一个重要的考虑因素。但是，与大多数以价格为基础的指标相比，它们提供的信息没多大用处。

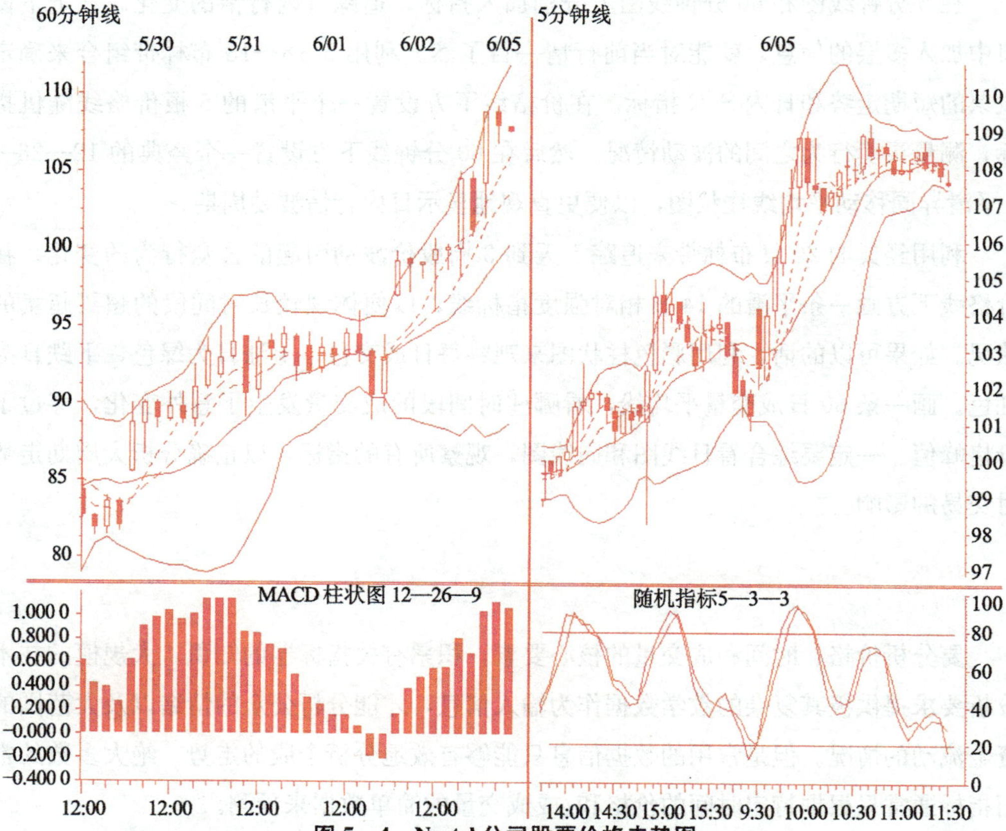

图 5—4 Nextel 公司股票价格走势图

注：多个时间段的多重指标对于短期趋势、周期和收缩盘整构成一个立体模式走势图。Nextel 公司股票的 5 分钟线图和 60 分钟线图都有 13 根价格线布林带和 5 根与 8 根价格线的简单移动平均线。60 分钟线图下面追踪趋势的平滑异同移动平均线柱状图，显示了动量的变化，而 5 分钟线图下面的波动随机指标则显示了短线买卖周期。当不同时间段内的特征非常一致时，就是最佳的交易机会。

资料来源：RealTick® © 1986—2000。保留所有权利。Townsend 公司授权使用。

成交量和价格变化之间没有简单的线性关系，这使人们很难进行精确的预测。成交量既带动公众行为，也被公众行为所带动，而且总在事后才能看出其完美的价值。只根据成交量就选择交易，结果会很糟糕。要结合价格与成交量同时分析，然后才做重要的决定。对于大部分走势图来说，波段交易者应该用简单的柱状图和总体聚散图来分析。但应该快速去处理更为重要的问题，除非大众股民的情绪化行为迫使我们不得不进行更为详细的分析。

定制指标

大多数指标的设置是由书籍作者、炒股软件和网站事先定好的。可以用这些固定数据来追踪公众行为，当自己的操作技术提高以后，需要使用更为新型的操作策略时，就可以不要这些指标了。趋势和机会在所有操作时间段内都有。要正确选择指标和相关的设置，交易者需要做出很多努力。常见的参数可能会和某些具体策略不符，因此会基于错误信息而安排错误的交易。

改变时间段来追踪价格的周期性变化，并建立一个立体的趋势模型。在一个中心指标的上下方各设置一个适合自己的模型，并与持股周期对应。这可能需要对每个时间段的走势图设计一个不同的指标类型。例如，为了追踪 1～3 小时持股期的快速行情信号，在一个 60 分钟线图上可以使用 6—17—9 平滑异同移动平均线柱状图，在 5 分钟线图上使用 5—3—3 随机指标，用 8 日布林带观察较大的当日价格走势。

很多指标的原始计算中使用了平滑平均线。这样就使变化放慢，筛除了某些具体的数据，减少了错误信号的数量。波段交易者以不同的方式来运用这些平均线，消除了经典公式中内在的偏差。指数移动平均线是最常用的一种方式。这种方法最适合最近输入的信息，并消除了简单平均线中重复计数的缺陷。当指标需要一个更为光滑的曲线外观时，可以用不同的移动平均值进行尝试。所产生的不同结果可能可以改善某个具体的策略或操作方法。利用这种定制的技术可以加速、减慢或筛除某种级别的数据。

当一个经典的分析方法为大众所青睐，价格会做出调整，最可能出现的结果出现的概率降低。如果大多数交易者都以某个价格指标作为操作依据，这个指标可能会完全无效。所以，指标越受欢迎，越要对这样的指标进行评估，看其有效性和参数的选择情况如何。根据常识，操作时应该把注意力放在具体的时间段和平滑平均线上。波段交易者的参数设定要么领先，要么落后于普通股民。这样就能利用普通股民的本能来不断获得利润。

固定的指标永远无法解答交易安排中的所有重要问题。因为这个局限总是对操作有负面影响，所以，对能够反映并支持特定策略的行情，我们要培养个性化的认识。先使用早已存在的常用工具，更为重要的是，要搞清楚新信息是如何支持不断演变的策略的。首先要认识问题，然后寻找方法来解决这个问题。

在进行下一步之前，要对新的数学方法的效果进行多方验证。验证之后，就要通过不断试验找到最佳平滑平均线。然后将这个新指标在一个系统验证软件中进行验证，如“交易平台”软件。这些软件能够分析海量的数据，并接受复杂的数据组合，并通过无数的行情来评估指标的作用，分析它们发出的基本买卖区域信号的效果。

模式工具

先使用价格模式工具，然后进行图形分析。价格模式工具是执行新获利交易策略所需要的核心知识。

表 5—1　　常用指标的核心要素

指标	元素
平均趋向指数	股价波幅
佳庆指标	成交量
顺势指标	价格背离
历史振荡性指标	价格背离
平滑异同移动平均线柱状图	价格移动平均线
麦克连指标	日价格线振幅
资金流量指标	上涨收盘价和下跌收盘价
价格变动率	价格
相对强度指标	上涨收盘价和下跌收盘价
随机指标	收盘价和股价波幅

趋势线

趋势线反映了隐藏的股市订单，以及能自我完善的预测。因为很多交易者都注意之前的两个高点和低点连接的延长线，所以当股价触及这样的延长线时，其支撑或阻碍作用的概率就增加。趋势线每次成功经受验证后，强度就会增加。有些趋势线能持续多年，而有些却可能几分钟之内就被突破。某条趋势线可能出现在一个算术走势图上，也可能出现在一个对数走势图上，但不会同时出现在两个走势图上。所以，要经常看这两种走势图，才能发现这些重要的 S/R 阻力位。

趋势线除了众所周知的用途，还有很多其他的用途。构成趋势线的指标表现的是平均动量的状况。价格变动率的上下波动通常固定在一条直线上。因此，当与其他价格参数相对照时，这些直线就能反映动量的聚散。例如，当价格扩张并远离趋势线，动量增加；当价格靠近趋势线，动量减小。同时，要关注趋势线与主要平均线之间的距离。这种振荡与模式周期结合使用时，能够提供重要的交易时机的反馈。

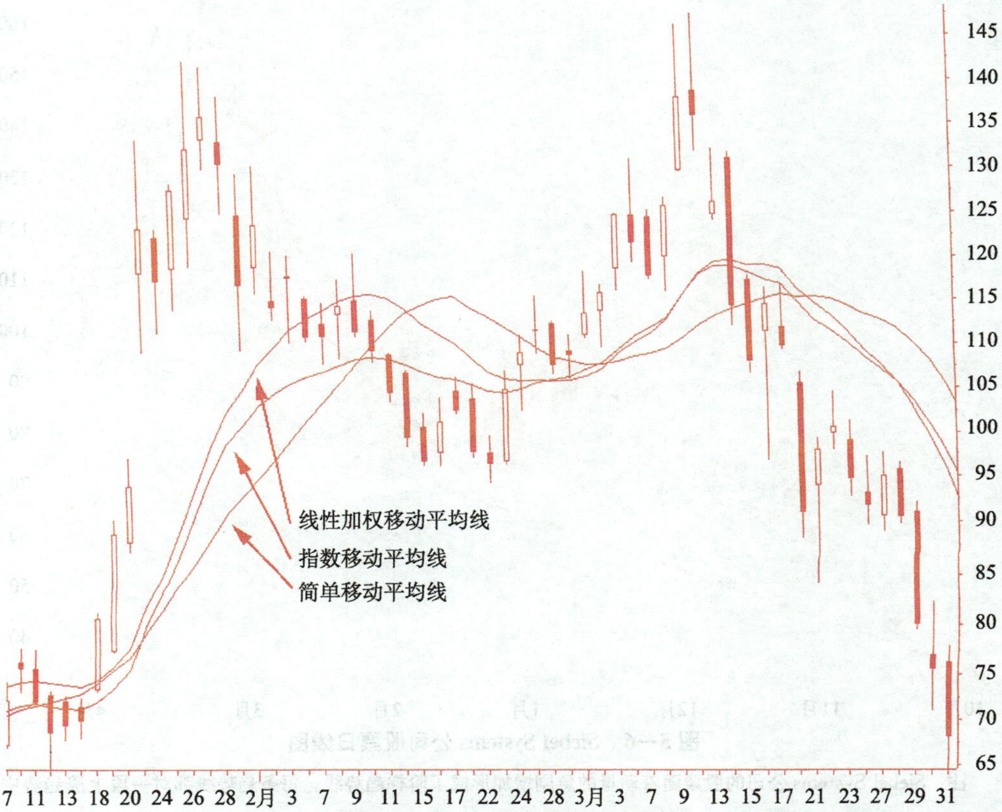

图5—5 Verticalnet公司股票日线图

注：一个20日移动平均线的三种变化可以产生非常不同的结果。线性加权移动平均线在Verticalnet公司股票走势图上总体信号速度最快，而简单移动平均线却远远落后。请注意，这只股票的简单移动平均线和线性加权移动平均线经过振荡期其幅度超过10%。所选择的移动平均线要与对应股票的具体性质与时机相符。例如，大胆的交易者可能对应较快的平均线信号，而谨慎的交易者则用较慢的平均线信号避免双杀问题。

资料来源：RealTick® ©1986—2000。保留所有权利。Townsend公司授权使用。

趋势线通常杂乱无章，这种现象在很多情况下都会出现。例如，没有任何明确的原因，一些重要的线和通道会消失，然后在几个月或几年以后又意外地出现，而且仍然起着重要的作用。或者，一个很普通的趋势线突然成了价格变化的转轴，而不是支撑或阻力。当价格第一次触及这条趋势线，不会有突破，但在第二次触及时就会突破。股价穿过趋势线，然后折返，成功地经受另一侧的考验，但是后来又被击穿，最后又跳回最初趋势线的那一侧。这个趋势线变成了一个中心回旋轴，把投资者都要逼疯了。

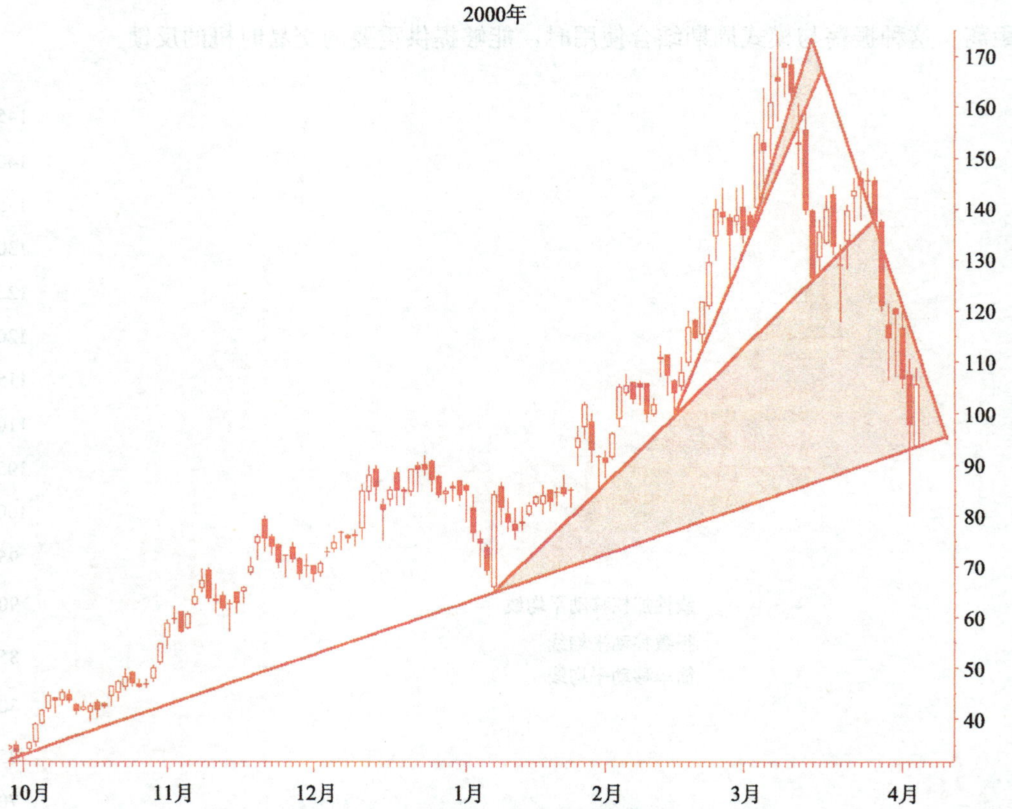

图 5—6　Siebel Systems 公司股票日线图

注：Siebel Systems 公司的股票随着动量的急剧增加形成了阶梯趋势线。每条趋势线都对一段上涨趋势中的价格变动率产生影响。行情出现直线上涨之后，股票突然暴跌，然后横向盘整。要注意股价反转、验证之前的趋势线，这标志着行情进入明显的下跌动量阶段。

资料来源：RealTick® © 1986—2000。保留所有权利。Townsend 公司授权使用。

趋势线突破情况有同样的价格规律。如果成交量大于平均值，价格线会急剧扩张，远离突破点。当价格远离突破点足够距离以后才会发生折返现象。如果折返缓慢趋近以前的阻力位，成交量会开始下降。当价格在低迷时突破一个趋势线，又没有快速扩张，通常会立刻回穿 S/R 价位。这种情况会引发相反方向的有利形态的被破坏。要关注价格可能会穿越趋势线，出现一个小型的反转。利用这些小型的双顶或双底形态作为信号，开始低风险操作。

趋势线和走势图之间的关系相对于每个元素的时间段发生变化。波段交易者必须选择好时机，充分利用动量的不同因素。要保证时间参数与交易操作的持股期相对应。例如，6 个月的趋势线对于日内交易没有什么意义，除非当天的价格触及了这条线。但是，如果 5 分钟 K 线返回到 3 小时趋势线，则可能形成一个获利的入场点。

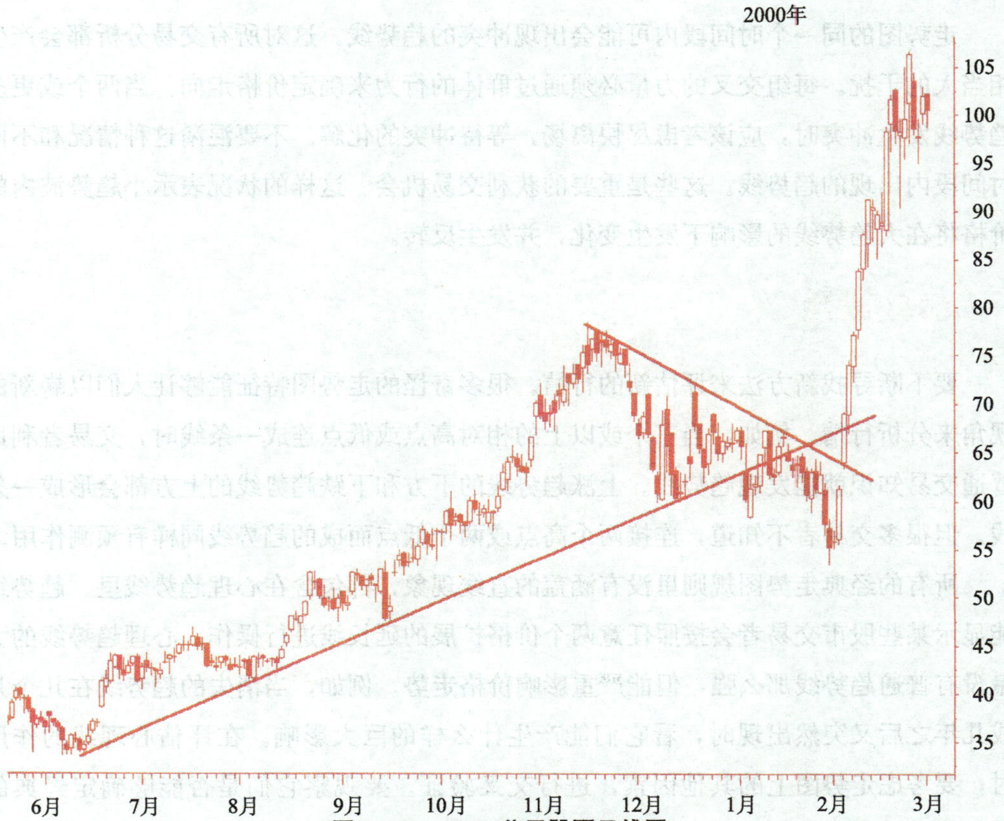

图 5—7　Adobe 公司股票日线图

注：Adobe 公司的股票在重新上行穿越一个以前被破坏的趋势线以后开始直线上升。股价第一次突破后出现的双杀现象表示动度不足，于是股价又回落并跌破 55 美元的价位。这次破位是发生在牛市旗形的模式中，其下跌倾角与之前的上涨行情角度一样。请注意，股价首先走出上行跳空缺口，跳出旗形的限制，并在下根价格线穿过趋势线。

资料来源：RealTick® © 1986—2000。保留所有权利。Townsend 公司授权使用。

一个主要的趋势线出现的第一个突破，并不表示一定会出现反转。它可能表示一个价格移动的结束和一个横向收缩盘整的开始。要花些时间来理解这个现象与实际趋势变化之间的区别。收缩盘整代表潜在趋势的一个重要特色，它也通常引发一个与前期行情同向的突破。有时收缩盘整会演变为一个标准的反转，但是前提是其他的条件必须支持这种变化。

当价格重新上涨至被破坏的趋势线位置，那就是可图利的买入信号。这种情况在下行跳空折返之后出现。动量反转发生的方向与趋势线相同，强有力的行情使价格快速穿越趋势线。这个新地板位置的支持力度应该较强，最终使发展中的上升行情演变成上行突破。要留意看一系列上升趋势波如何在原有高度继续飙高。

走势图的同一个时间段内可能会出现冲突的趋势线。这对所有交易分析都会产生相当大的干扰。每组交叉的力量必须通过群体的行为来确定价格走向。当两个或更多趋势线发生冲突时，应该考虑尽快离场，等待冲突的化解。不要混淆这种情况和不同时间段内出现的趋势线。这些是重要的获利交易机会。这样的状况表示小趋势波内的价格将在大趋势线的影响下发生变化，并发生反转。

心理趋势线

要不断寻找新方法来评估新的行情。很多奇怪的走势图特征能够让人们以崭新的视角来分析行情。例如，当三个或以上的相对高点或低点连成一条线时，交易者利用普通交易知识就能发现趋势线。上涨趋势线的下方和下跌趋势线的上方都会形成一条线。但很多交易者不知道，连接两个高点或两个低点而成的趋势线同样有预测作用。

所有的经典走势图规则里没有涵盖的直线现象，都包含在心理趋势线里。趋势线能显示某些股市交易者会按照任意两个价格扩展的延长线进行操作。心理趋势线的力量没有普通趋势线那么强，但能严重影响价格走势。例如，当消失的趋势线在几个月或几年之后又突然出现时，看它们能产生什么样的巨大影响。在评估心理线的作用时，要考虑走势图上的其他因素，进行交叉验证。要观察它们是否能够确定经典的S/R指标或形成波动轴线。

通过两个相对高点或低点确定的直线可能是没有预测能力的随机延长线。但在《华尔街大师操盘技巧》（*Methods of a Wall Street Master*）一书中，威克·斯普兰德奥（Vic Sperandeo）介绍了两点法的使用方法，并结合具体交易规则来确定上行突破的位置。心理趋势线也可用类似方法使用。但是使用任何交易策略时都要注意其不同的变化，因为这些线既可以表示价格转折点，又可以表示S/R指标的位置。

首先，在自己关注的走势图上找出心理线。观察价格缺口是否穿越这条线，或者价格线是否在心理线边界来回波动。这表明转折点背离心理线的水平。然后进行分类，看这个倾斜的趋势线是向上还是向下；主要功能是支撑线还是阻力线。如果心理趋势线具有经典S/R的特征，就沿着这个斜线方向进行交易。例如，如果趋势下降并表现为阻力，应该在这个线上卖出。

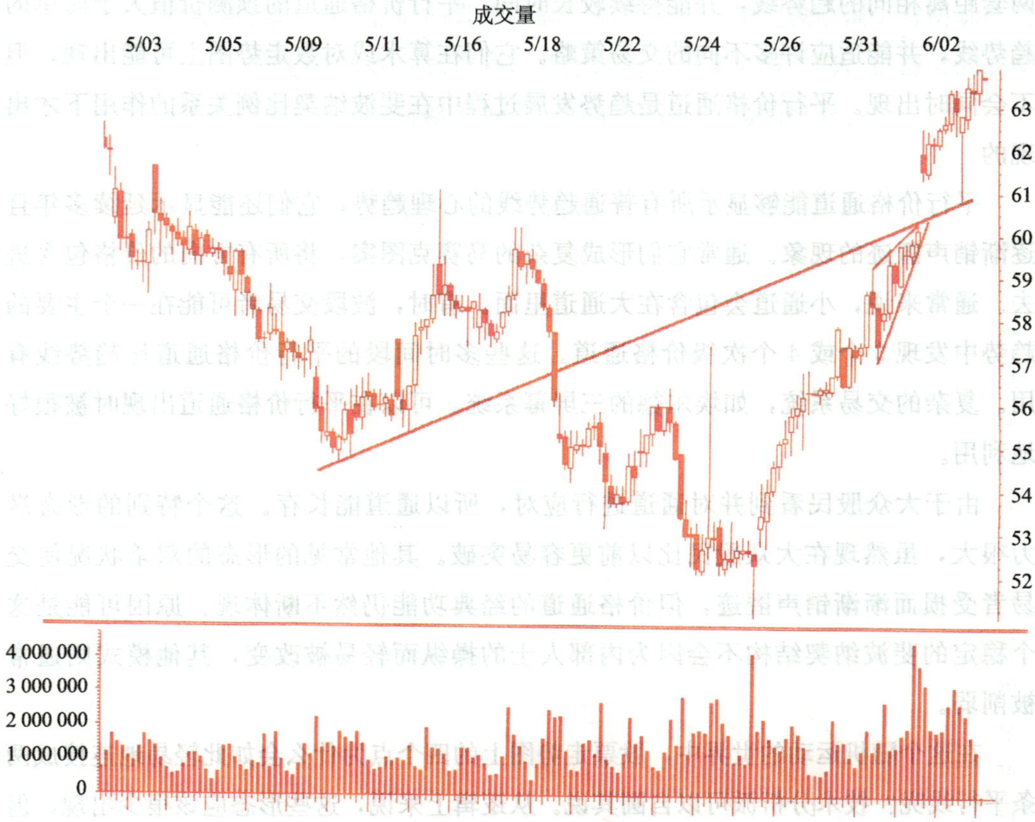

图 5—8　朗讯公司股票 60 分钟线图

注：朗讯公司股票 60 分钟线中出现了一个上行跳空缺口，穿越了心理趋势线。原来的趋势线在第一次考验时是支撑力，但之后出现了剧烈的波动。价格底部在随后的几周中走出一个简单的上升楔形，推动趋势线的发展，并在放量后击穿趋势线。这个走势图也说明了一种典型状态：当大众股民再次看涨时，趋势线又重新恢复到之前的位置。

资料来源：RealTick® © 1986—2000。保留所有权利。Townsend 公司授权使用。

无论趋势的斜度如何，都要使用简单的心理趋势线交易规则。价格应该在前两次接触时能够坚守，但第三次价格就会被穿过。这种方法与波段交易者在水平高点或低点的第二次验证时的方法一样。如果心理趋势线在穿越之前的转折点时出现多个缺口，那么某个缺口最终突破这个心理线的概率将增加。但除非进行过交叉验证，否则如果出现上行突破或反转，不要进行交易。

平行价格通道

平行价格通道（PPCs）在价格运动的相对高点和低点之间形成。它们会形成

通道可能需要数月时间来形成，会持续数年。由于大范围走势的周期较长，所以要用对数图而不是算术图来确定月线图和周线图的平行价格通道。要在这些复杂的大形态中观察所有的S/R信息，然后慢慢研究短期走势图，逐渐积累对内部价格运动的认识。

缺口

缺口是揭示公众投资情绪发生突然而且重要的变化的一根价格线。缺口可以出现在走势图的任何位置，主要以几个特定形式出现。缺口的每个形式能够预测持续的时间、在折返行情中的反应，以及对于趋势的影响。缺口会在多时间段和趋势中出现，但是在每一种下出现的区别很大。例如，在一个时间段中发生的上行突破在另外一个时间段中则可能表现为无力。

缺口的重要性取决于出现的位置、幅度和成交量。缺口可以沿着主要趋势的发展方向出现，也可以在相反方向出现。当一个大型的缺口与当前行情动量相反时，这是唯一的信号，说明在没有常见顶部或底部形态下出现的趋势改变。缺口的远端可能会有一根短的或是长的价格线。长的价格线表示会沿缺口方向发生一个快速突破。短的价格线表示横向盘整或者向突破区折返验证行情。

缺口的位置反映了随后发生的价格运动的特性与机制。如果有剧烈缺口穿越了界线清晰的S/R范围，表示有重要的上行或下行的突破行情。在这些价位趋势压力巨大，开盘价远高于前一天的收盘价。趋势继续积蓄动量，交易情绪的爆发可以形成多个缺口。收缩盘整时出现的缺口持续性很差，并且没有什么警告信号，成交量也小。发生在强烈上涨或下跌末期的高强度缺口通常标志着一个趋势的结束。

交易状况可能会限制或加强缺口的强度。某些S/R事件只在缺口出现，并在成交量很大的情况下进行验证。例如，上升缺口如果没有足够的成交量，即使缺口出现在一个非常完美的位置，也通常会出现强劲的反转。这种缺口和公众成交量的关系是复杂的综合作用的结果。例如，一个放量缺口如果用尽了趋势最后的能量，就会终止这个方向的价格运动。但成交量较小的缺口可能留下足够的能量，因此还会出现新的涨势。

传统的交易策略通常认为缺口会回补，这种简单的观点说明了为什么大多数趋势中会出现折返。但有些缺口永远不会回补，因此我们对这些特殊的形态要有一种新的认识。波段交易者必须分析每一个缺口的特点，以使自己的交易和缺口的行为非常一致。首要的任务是在走势/区间轴上确定缺口的位置。

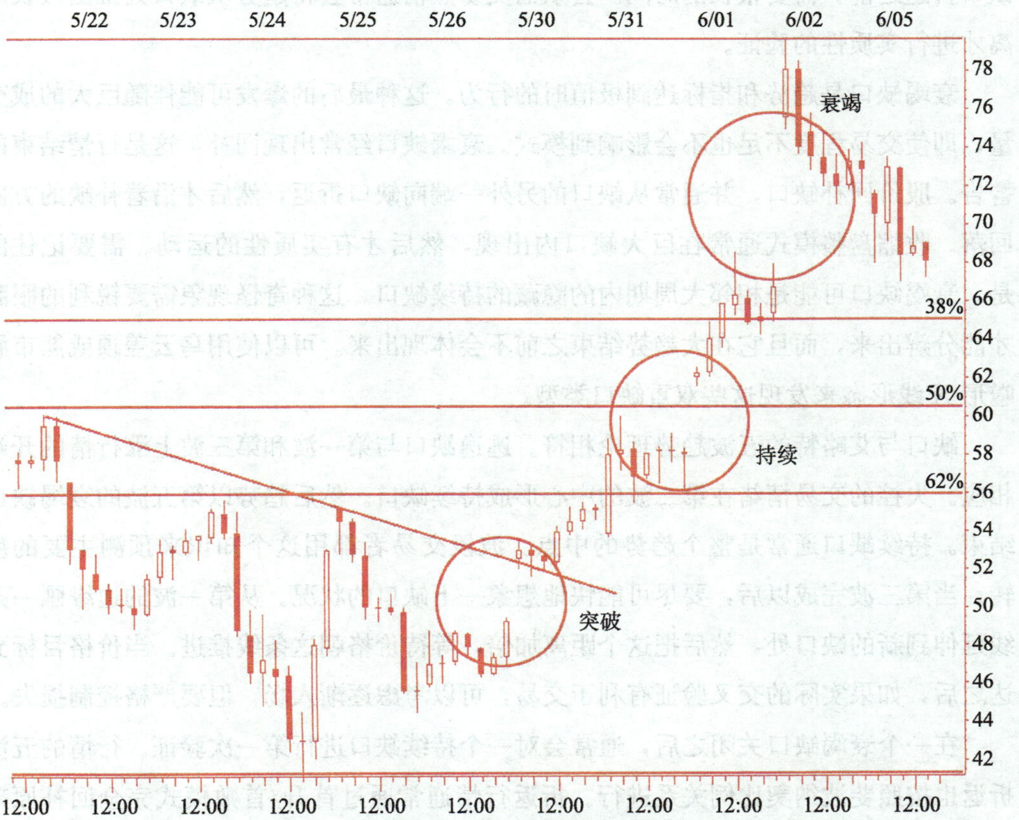

图 5—10　Sandisk 公司股票 60 分钟线图

注：Sandisk 公司股票在 60 分钟线图上形成了一个五波上涨的行情，并具有形态完美的跳空缺口结构。突破缺口将股价向上推过之前的下降趋势线，然后又发展成为倒转头肩形态的颈线水平。经过短暂折返，急剧上行的行情持续缺口恰好在上升趋势的中点出现。然后，在 62% 的位置三根价格线构成底部，之后出现了一个升幅很大的衰竭缺口，标志着上升行情的终结。

资料来源：RealTick® © 1986—2000。保留所有权利。Townsend 公司授权使用。

爱德华兹和麦基 50 年前在《股票趋势技术分析》一书介绍了缺口理论。这些老牌的高手把趋势缺口分为三个类型，在大多数的行情中它们都会出现。逃逸缺口是行情转变成上行或下行趋势的突破。持续缺口则出现在趋势的中间，交易的热情或恐慌心理战胜了人们的理智。衰竭缺口则以最后一波的情感爆发耗尽了推进趋势的能量。

逃逸缺口和持续缺口的成交量应该远远超过 60 日成交量平均线。当趋势第一次折返对这两种行情进行验证时，它们都提供了沿缺口方向的极佳交易机会。它们在大部分时间内是有效的 S/R 指标，并且是低风险高回报的交易入场点。绝大多数上行突破通常很快会进行突破验证。如果验证成功，股价就快速脱离折返位。但在向持续缺口折返之前，需要很长的时间。公众的交易热情通常会将趋势从缺口处推出很长距离才进行实质性的验证。

衰竭缺口是趋势和指标达到极值时的行为。这种最后的爆发可能伴随巨大的成交量，即使交易程度不足也不会影响到模式。衰竭缺口经常出现回补，这是行情结束的警告。股价回补缺口，并通常从缺口的另外一端向缺口折返，然后才沿着补缺的方向回落。收缩盘整模式通常在巨大缺口内出现，然后才有实质性的运动。需要记住的是，衰竭缺口可能是相邻大周期内的隐藏的持续缺口。这种奇怪现象需要锐利的眼睛才能分辨出来，而且它在大趋势结束之前不会体现出来。可以使用乌云盖顶或熊市吞噬形 K 线形态来发现这些双重缺口类型。

缺口与艾略特的五波趋势理论相符。逃逸缺口与第一波和第三波上涨行情的开端相应。失控的交易情绪在第二波的中心形成持续缺口。然后趋势以第五波的衰竭缺口结束。持续缺口通常是整个趋势的中点。波段交易者都用这个知识来预测主要的反转。当第三波完成以后，要尽可能快地想象一下缺口的状况。从第一波的边缘画一条线延伸到新的缺口处，然后把这个距离加倍，等待价格朝这条线推进。当价格目标到达之后，如果实际的交叉验证有利于交易，可以考虑逐渐入场，但要严格控制损失。

在一个衰竭缺口关闭之后，通常会对一个持续缺口进行第一次验证。行情的五波折返也按照斐波纳契比例关系进行。折返行情通常通过首升/首败模式完全回补原来的第五波。如果没有强劲的支撑，就会出现反趋势的运动，直到供给/需求力量达到平衡，并重新唤醒潜在的趋势。持续缺口折返 50%，就提供了反转行情所需要的支持力量。

要注意虚假的缺口回补现象。现代股市行情通常用 1～2 根价格线来关闭很多持续缺口，然后价格又向支撑位方向急速推进。这很可能就是人们对这个奇妙的 S/R 位不断认识的表现吧。但是，不要让这种两难现象否定这些极佳的获利机会。只要成交量保持不高，在缺口的远端介入操作危险程度很低。谨慎的交易者可以等缺口封闭又再次打开时进行操作。

持续缺口具有很高的可介入性，但需要注意，在随后发生的行情重新验证衰竭缺口之前，很有可能会失败。随着趋势波动的消失，要经历一段时间的价格考验才能发生深度折返。长线交易可以不受这个过程的影响，但波段交易则不行。在决定利用缺口进行交易之前，要利用趋势镜像确定一个可以接受的回报目标。在第一次剧烈反转行情时要快速离场，除非自己有足够的耐心做长期交易。

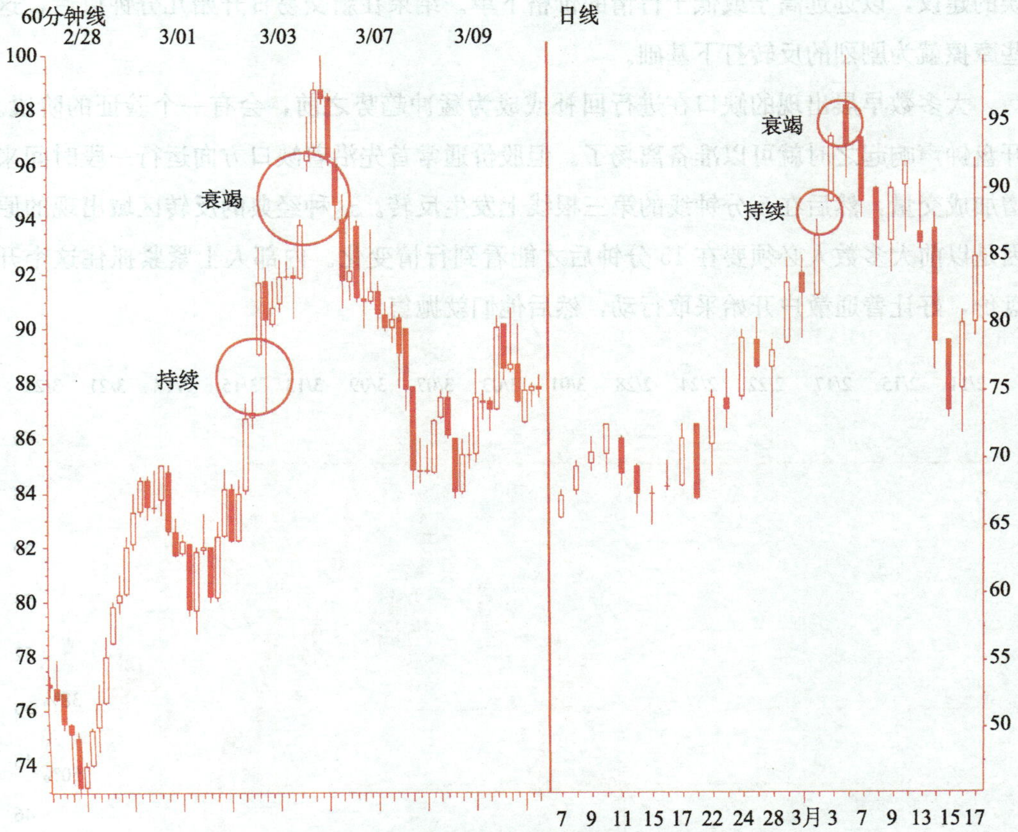

图 5—11　得州仪器公司股票价格走势图

注：可以利用 K 线的反转发现隐藏在其他时间段里的重要缺口。得州仪器公司股票日线图上的回转顶 K 线，其中隐藏了 60 分钟线图中的衰竭缺口。这种经典的缺口出现在五波趋势运动的最后，此时买方或卖方的力量刚好耗尽。衰竭缺口回补的速度要快于逃逸缺口或持续缺口。请注意，股价短暂地回落到 85 美元之下，一天之内就回补了持续缺口，然后第二天早晨又反弹上升 7 个点。

资料来源：RealTick® © 1986—2000。保留所有权利。Townsend 公司授权使用。

一定要区分当前与趋势同方向和反方向的缺口。反方向的缺口通常预示在短时间内会有大型的反转行情。最重要的惊人行情通常发生在主要高点或低点的附近。在强势上升之后，相反方向突然出现的突破会产生恐慌，从而引起普通股民不理智的行为，使价格大大降低。这种缺口就像“墙上孔洞”一样，有很多的波段交易的机会，我们将在第 11 章详细讨论。

开放的缺口很吸引人，但操作起来需要有过硬的交易技术。股市内部人士知道在交易日开始的时候，会有新资金寻找投资机会，于是他们就会造势，鼓励人们入场。这种盘前准备工作会引起供求关系失衡，因为很多交易者看到这些数据后，就根据错误的建议，以远远高于或低于行情的价格下单。结果在新交易日开始几分钟以后，这些摩擦就为剧烈的反转打下基础。

大多数早晨出现的缺口在进行回补或成为猛冲趋势之前，会有一个验证的阶段。开盘钟声响起之时就可以准备离场了。但股价通常首先沿着缺口方向运行一段时间来增加成交量，然后在 5 分钟线的第三根线上发生反转。这种经典的反转区域出现的原因是以前大多数人必须要在 15 分钟后才能看到行情变化。内部人士紧紧抓住这个开盘价，好让普通散户开始采取行动，然后他们就抛售。

图 5—12　爱特梅尔公司股票 60 分钟线图

注：爱特梅尔公司的股票回补 54 美元位置的一个小型衰竭缺口，几个星期后又返回验证一个持续缺口。价格首先急剧下探跌破 44 美元，将一些大众股民振荡出局，然后又强劲逆转上升，急速向新高发展。三重交叉验证表示位于这个底部的是一个获利概率很高的交易设定。除了缺口本身之外，价格又正好在 62% 的位置折返，形成一个长尾巴锤头反转形态。

资料来源：RealTick® © 1986—2000。保留所有权利。Townsend 公司授权使用。

缺口所支持的交易策略是图利开盘价，或在开盘时止损。最危险的操作策略是在开盘时沿着突破方向介入操作。像其他动量交易一样，价格可能会快速远离缺口的位置，但没有迹象显示此交易应该终止。当缺口出现两根价格线扩展以后进行交易，虽然风险小，但是心理焦虑较严重。这种反趋势的交易需要在实施操作后进行防御性的管理，离场要快，或者当价格产生利润以后要严格止损。这个策略也要求结合集中趋势工具进行交叉验证。刚开盘的几根价格线必须远远超出短期布林带的极值，才能考虑离场。

如果价格突破开盘收缩盘整并回补缺口，则注意在之前收盘价的位置寻找反弹行情。若行情折返，缺口的另外一端就形成了一个新阻力位。远离此价位的反转会导致价格下跌并向之前的收盘价快速逼近。没有回补的缺口具有强烈的支持或阻力作用。如果是这种状况，股价应该最终突破早晨的价格范围，到达更高或更低的水平。

早期收缩盘整会形成一些标记位置，可作为缺口处的安全入场点。这些价格极值是早市行情力度强弱的重要信息。如果出现快速回补的缺口，应该避免沿趋势走向进行操作。在缺口被验证有效之后，应该利用经典的波段策略来准备操作。也就是说，在上升缺口折返时买入，在下跌缺口的熊市回升时卖出。也应该考虑在交易日的高点或低点的突破位进行操作。例如，要注意短期顶部的第二次验证，此时可以预计会出现上行突破并依此操作。

在较大的下跌缺口买空肯定会吓坏很多波段交易者，但如果要想持续获利，交易者就必须掌握这个获利的操作机会。要学会把恐惧放在一边，在适合的条件出现的时候，采取逆公众的交易行为。若出现骇人的下跌缺口，立刻调整自己的自然反应，并设身处地考虑被套牢的大众股民的心理。

设想一下，若在动荡收盘行情中买空，并在晚上花时间考虑第二天的行情对收益和损失的影响。很多重仓的交易者在这种非常危险的状况下，通常会非常紧张，甚至晚上睡不着觉。中大奖的狂喜和令人痛苦的损失都会使人失去理性。终于等到第二天，开盘了，最糟糕的状况出现了。开盘时的股价波动表明价位又深深跌进缺口之中。这个痛苦的结果很快打败了他们的理智，恐惧驱使的本能开始主导。在极度惊恐之中，他们在开盘后立即卖出，如释重负。

股票却很快发生反转，以火箭的速度飞越自己的买入价。

股市职业交易者都是利用人们的恐惧感来创造利润的。很多开盘时的缺口使一些大玩家通过远离大众股民的方法获利。当总体的交易环境有利于自己大量买进时，股

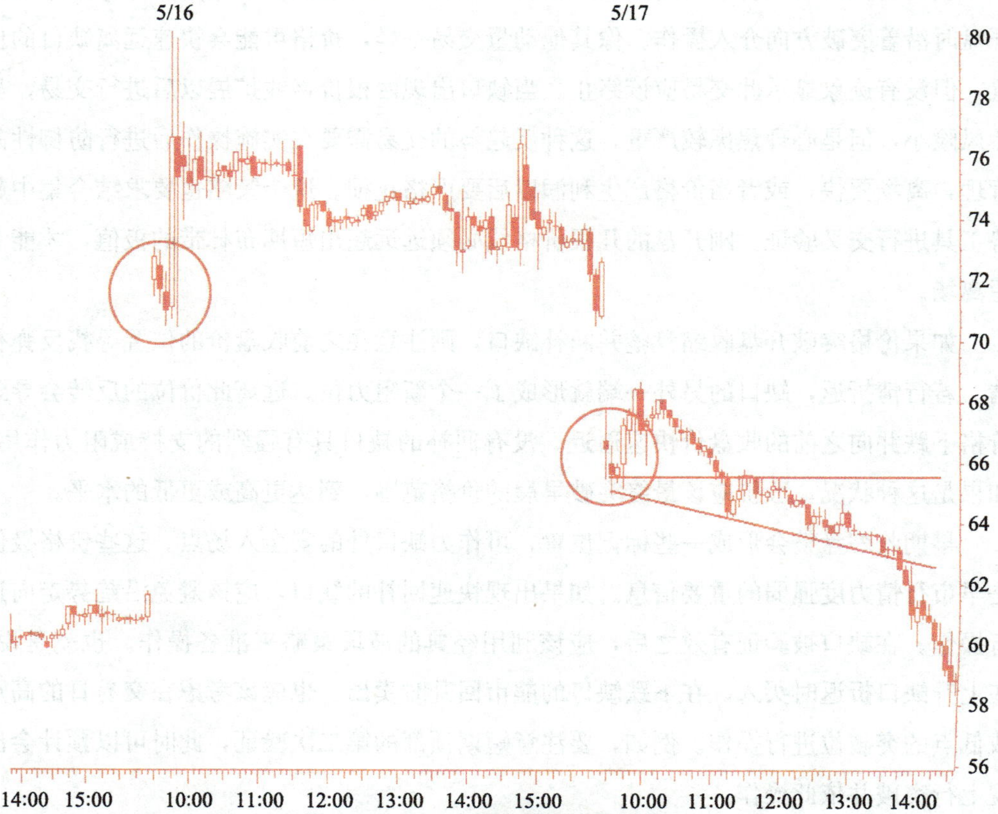

图 5—13　Lycos 公司股票 5 分钟线图

注：早晨的两个恶性缺口与 Lycos 公司的预报不相符。早上开盘股价是 70 美元出头，只有第四条日内交易线可以产生低风险收益。卖空交易者们第二天的运气会好得多，因为股票下跌的消息使股票价格在下午直线下降。请注意，5 分钟线图上每个缺口之后的第三根价格线是如何逆转的。这种典型的股票早市反应验证了供求关系。

资料来源：RealTick® © 1986—2000。保留所有权利。Townsend 公司授权使用。

票的缺口实际上对波段交易者来说是低风险的介入点。要学会正确解释市场情绪，并利用卖方的错误操作来获利。

但是，操作需要极其小心。波段交易者需要非常自律地进行风险管理，才能在下跌缺口处进行买空操作。若缺口交易的时机选择错误，对股票账户非常不利。尽量不要在开盘时交易，应该在第三根价格线反转位附近寻找交叉验证，若发现可以立刻介入的小型折返，就可以入场。同时，也要关注消息，看事件的严重程度。若发现没有明显的理由会导致股价下跌，就说明最佳的操作机会出现了。

重大事件并不总是否定下跌缺口的操作机会。坏消息给内部人士提供了一个机会，他们可以在有利的价位介入正在上涨的行情。当每个人都认为会下跌时，内线交

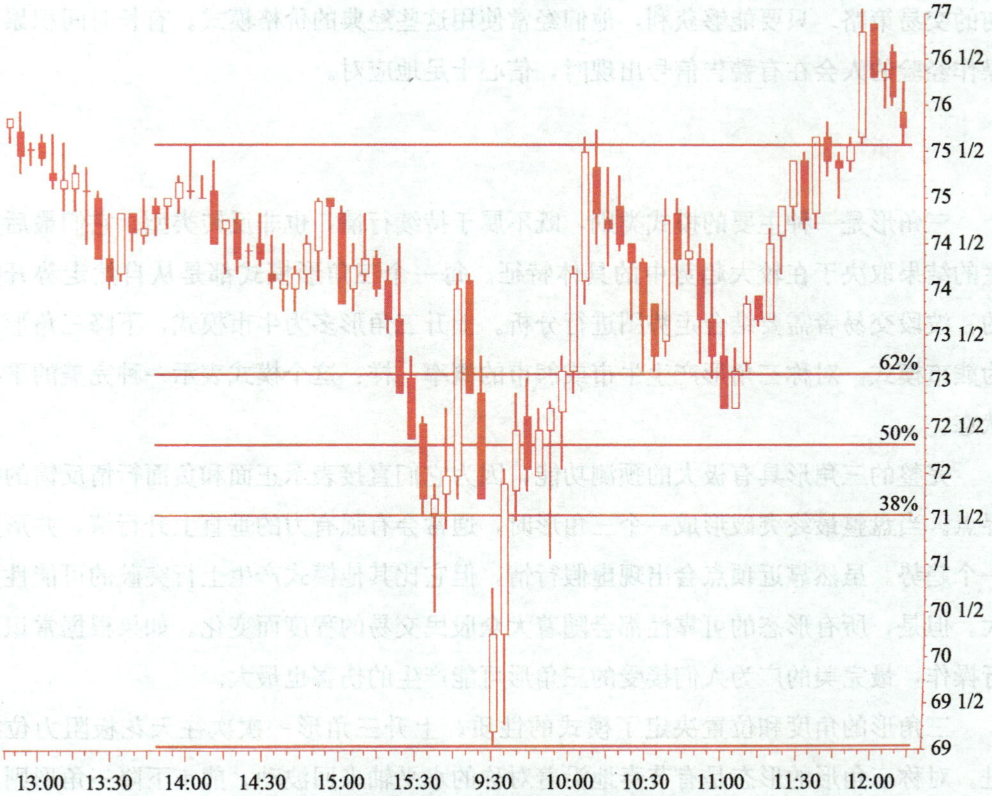

图 5—14　Oracle 公司股票 5 分钟线图

注：交易日开始后就出现振荡，Oracle 公司的股票出现下跌缺口。最终，这个开盘价是一天中的最低点，因为之后一小时内，股价急剧上扬，升了 6.5 个点。在这种情况下，要把注意力集中于缺口本身。要注意缺口回补的速度，以及回补后是否有折返的机会。注意 Oracle 公司的股票越过前一天下午被破坏的锤头线，这是缺口的延伸。在完成第一次上涨之后出现折返，形成一个单柄杯子的模式，然后飞涨成一个顶部。

资料来源：RealTick® © 1986—2000。保留所有权利。Townsend 公司授权使用。

易者就利用公众的恐惧心理进行交易，猛烈打压开盘的订单。在强势行情中，这种做法会导致开盘后的剧烈反弹。但是在这种波动情况下，波段交易者一定不要期望缺口会完全回补，行情能给多少利润他们都要接受，然后再转向下一个交易机会。

对风险警惕的交易者在这些吓人的晨市中也可以找到获利的机会。要注意寻找趋近的上个收盘价位的第一个上升模式。这种价格状态表示缺口会回补，第一阶段的反转行情中价格还会升高。可以把这种简单的价格验证行为当成双顶模式来考虑，并在下一个折返或者第三次上升向极值靠拢时寻找上涨机会。

反趋势缺口介入需要正确解读数据和公众情绪，找出最佳操作时机。经验丰富的波段交易者能够发现晨市中许多没有明显的特征。庄家和专家都不会一直坚持使用最初的交易策略。只要能够获利，他们经常使用这些经典的价格模式。有长时间积累的操作经验的人会在有警告信号出现时，信心十足地应对。

三角形

三角形是一种主要的模式类别，既不属于持续行情，也非反转类型。它们最后产生的结果取决于在较大趋势中的具体特征。每一个三角形模式都是从自然走势开始的，波段交易者需要结合走势图进行分析。上升三角形多为牛市模式，下降三角形多为熊市模式。对称三角形产生牛市或熊市的概率一样：这个模式表示一种完美的平衡状态。

完整的三角形具有极大的预测功能，因为它们直接表示正面和负面行情反馈的分界点。当盘整最终突破形成一个三角形时，通常会有强有力的垂直上升行情，并形成一个趋势。虽然靠近顶点会出现虚假行情，但它比其他模式产生上行突破的可能性更大。但是，所有形态的可靠性都会随着大众股民交易的程度而变化。如果根据常识进行操作，最完美的广为人们接受的三角形可能产生的伤害也最大。

三角形的角度和位置决定了模式的性质。上升三角形一次次往天花板阻力位推进。对称三角形的形态是有节奏地沿着对称的水平轴来回波动。熊市下降三角形则从底部支撑位无力地反弹。三种变化形式可能出现在趋势的底部、顶部，或者中间位置。但是，在模式走完并且从一边或另外一边突破之前，这种相对位置不会展现出来。

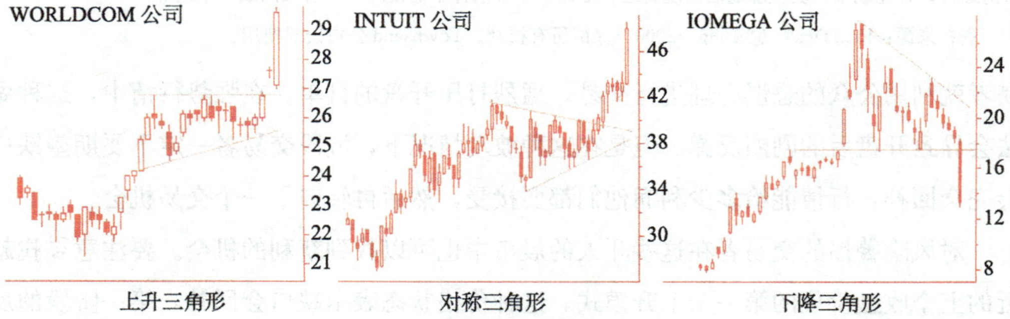

图 5—15　综合分析三种三角形

资料来源：RealTick® © 1986—2000。保留所有权利。Townsend 公司授权使用。

三角形是在高度振荡的行情中出现的。这种动荡在靠近结束点时会急剧下降。这也正好说明，根据这些模式进行交易有潜在的危险。如果振荡不能造成突破，波动性就会消失。这种情况会使价格长期盘整，从而失去它的作用。当出现这种局面，要毫不犹豫地离场。

当价格检验上方价位时，买入的压力会在上升三角形中增加。这种状况通常出现在第三波上涨触顶之时。在这个水平区域急剧扩张的价格线会出现一个突破。在第三个高点可能会失败，并可能形成三顶反转。最佳模式能精确表现水平阻力，并在这个水平之上积累购买力。缓慢上升的高点不是这些牛市三角形的特征。它们是熊市上升楔形的特征。这两者的区别是，如果每一个相对高点不能产生较大利润，购买力会降低。

上升三角形通常以持续模式出现在趋势的中间。当这些三角形在潜在底部附近出现时，上行突破会导致抛物线上涨的行情。很多人通常错过这种极佳的交易机会，因为它们通常发生在一个反趋势（熊市）的环境之中。无论上升三角形在哪里，如果上升低点构成的趋势线被价格下行突破，该模式即告失败。

对称三角形在走势图上通常形成最常见的收缩盘整状态。持续数年的模式在月线图上也可以看到，而日内交易者在纳斯达克 5 分钟走势图上也经常看到。这些三角形形成一个中心回转轴，能够导致强有力的价格突破。关键问题在于预测价格会往哪个方向突破。一般认为，它有牛市的趋势，但这个模式并没有明确的内在倾向，可以轻松地朝这两个方向推进。当模式发展到从起点到三角形两边交汇点上升了 2/3 的高度，此时要注意价格有向运动信号的出现。

要结合正在进行中的趋势来分析对称三角形。在行情早期出现的对称三角形通常会支持这个趋势的发展。一般的交易策略是利用三角形的上下两边来确定突破点。无论方向如何，在股价演变成新趋势之前，扩张的价格将在最初模式的高点或低点再次进行验证。这个最后的阻力位通常会产生突破线的折返，波段交易者通常以此作为后期介入点。要特别注意那些罕见的双重对称三角形，即一个三角形之后立即出现另一个三角形。两个形态之间的中心点是一个主要趋势的中点，就像持续缺口的情况一样。

要仔细分析对称三角形，找出其内在的秘密。在第二、第三底的位置分析价格和成交量的变化。等待牛市扩展 K 线的反转，有大利可图。要分析模式在第一个低点上的良好聚集状况的有效性。这给导致新趋势的突破提供了所需的能量。要注意那些已经存在于 2/3 点位之上一段时间的平缓价格线。很多波段交易者总是认真等待这个失败状态，如果没有效果，他们就寻找其他的交易机会。

图 5—16　CENT 网络公司股票日线图

注：CNET 网络公司股票在 1999 年的上升行情中走出了一个双重的对称三角形模式。这对孪生的三角形形状类似，而且在向更高价位突破前所需要的时间也几乎相同。两个模式之间的中点位置出现的持续缺口也是 6 个月行情的中点。在最后的顶部出现以后，一个急跌过程及时地把股价降低到 42 美元水平，对缺口进行了成功的验证。

资料来源：RealTick® © 1986—2000。保留所有权利。Townsend 公司授权使用。

三角形的顶点对价格折返和未来走势的镜像通道来说都是重要的 S/R 指标。当股价从一侧突破，但是又从顶点另一侧回落，这些常见的模式无法形成。一旦无法形成，价格回落还会持续一段时间，因为假突破会很大程度地释放另外一个方向的交易压力。

很多交易者把下降三角形与筑顶联系起来，但这些三角形可能在任何位置出现。这些熊市模式通常会通过三个下跌高点消耗购买力，最终导致下跌突破。水平底部会聚集卖出压力，在第一次对底部破坏时，很多人都会停止交易。当价格上升到由下跌高点形成的趋势线之上时，这个三角形就失败了。穿越这个破坏点出现的价格扩张行为通常比预计的下跌突破的力度更大。当价格击穿水平底部，运行一段距离以后，就会反弹到底部之上，此时应该注意股价对下跌高点趋势线出现的验证行情。任何对于这个点位的突破都标志着一个买入信号。

所有类型的三角形通常会演变为其他的模式。谁也不能保证模式会按教科书的描述来运行。人们对三角形模式认识得越多，它转变成收缩盘整的概率也就越高。因此，根据这些模式交易时，要制订严格的操作计划，并把成功突破和失败都考虑进去。要对价格线和成交量进行交叉验证，否则立刻离场。当模式价格达到交易目标时，日内交易者也必须考虑交易当天时间点的问题。要等待明确的信号，否则就让其他的交易者先试试。

旗形

旗形是强趋势行情波浪移动过程中出现的反趋势平行四边形。这些持续的模式行为有一定的特征，应依之进行交易。在清淡行情中，这种常见的形态通常与之前的趋势角度相同，但方向相反。旗形在牛市或熊市都会出现。牛市旗形下跌，与上升行情方向相反；熊市旗形上升，与下跌方向相反。

垂直价格运动往往出现在非常可靠的旗形模式之前。之前趋势的巨大成交量随趋势的发展会急剧下降。随着波动与大众股民兴趣的减退，价格线会变窄，这与其他负面反馈行情相同。当模式即将完成之时，朝最终突破方向的成交量应该增加，并且以放量开启一个新的趋势。旗形演变成新趋势的时间应少于 15～20 根价格线。熊市旗形完成的时间通常要少于牛市旗形。当这个模式持续的时间超过预期，则可能演变为长期盘整，获利机会变小。

旗形的形成至少要有四个相对点：两个高点，两个低点，它们形成平行的趋势线。S/R 也可能形成穿越模式中心的一个价格趋势轴。当每个极值第三次被验证之后，折返行情可能会出现模式的突破。要注意以下情况：价格三次接触一根线之后出现反转，继而出现折返。最后的突破行为与较为熟悉的平行通道类似。如果成交量变大，价格线会快速逃离被突破的线。

旗形反转会遵守经典的斐波纳契比例关系。主要趋势的第二个低点或高点通常出现在折返 50％的位置，而第三个点出现在 62％的位置。如果第二个点靠近 38％的位置，在基本趋势再次运行之前，第三个点不会超过 50％的位置。斐波纳契网格对于即将出现的旗形突破具有非常有效的交叉验证作用。例如，下降牛市旗形的第三次小规模上升，可能会上推到折返底部 38％的位置，这也是一个重要的移动平均线的位置。这种 S/R 聚集现象使上行价格强劲突破的概率提高。

一般的交易知识都认为，旗形通常只表现出半旗的高度。也就是说，模式只进行到趋势的一半。可以根据这个经典信息来估算普通价格目标。测量价格在趋势之前飙升的高度，把它加入旗形的底部，启动新趋势，再等价格靠近目标时出现的下一个反转。

K 线模式

波段交易者会花好几个月的时间去背流行股票书中的几十种 K 线模式，但知之者仍然甚少。技术分析派人士试图给很多不同的 K 线组合下定义，但是只有几个少数的组合值得重视。首先要弄清楚每个 K 线模式都具有一种内在的倾向，不是偏向持续就是偏向反转行情。但是，很多简单的价格线也是如此。K 线的真正功能是揭示大众股民如何将股价推升或降低。

常见的 K 线模式所关注的焦点是牛市/熊市的冲突，但很少指出轻松获利的机会。精确计算入场时间要求认真研究价格线以下的次一级时间段的情况，并解释公众的情绪化行为。要尽可能多地识别模式、S/R 指标和常见的走势图特征，因为它们能够反映更大范围的行情。这种 K 线的微观分析对于靠直觉交易的人作用较明显，可以做出精确而一致的预测。

要对每一种模式走势图进行研究。最重要的形态出现在发展的趋势中，而不是盘整期间。对每个趋势都要考虑时机。某些模式可能在价格运动初期表现出牛市倾向，但当价格成熟时则表示出熊市倾向。要注意观察其他形式的 S/R 中出现的具有预测功能的价格线，如之前的高点、低点和主要的移动平均线。然后把 K 线的长度和最近的价格运动进行比较。最重要的事件会导致成交量和价格移动范围高于平均水平。

K 线反转不会持续很长的时间：绝大多数的形态仅有短期预测功能。价格经常性的折返，并在 5～7 根价格线之内完成形态。这种趋势使 K 线成为波段交易者进行分析的好工具，但是它也可能造成严重的趋势相对性错误。长期反转很大程度上依靠成交量、趋势和位置。例如，较大的乌云盖顶可能形成多年的高价格状态。但是，这需要在一个急剧上涨达新高之后又出现疯狂交易时才能出现。

一个长长的实心 K 线代表强有力的单线 S/R 指标。如果价格折返进入这个范围内，而且没有经过几次较小的反转，价格运动不会突破整个 K 线的长度的。出现一

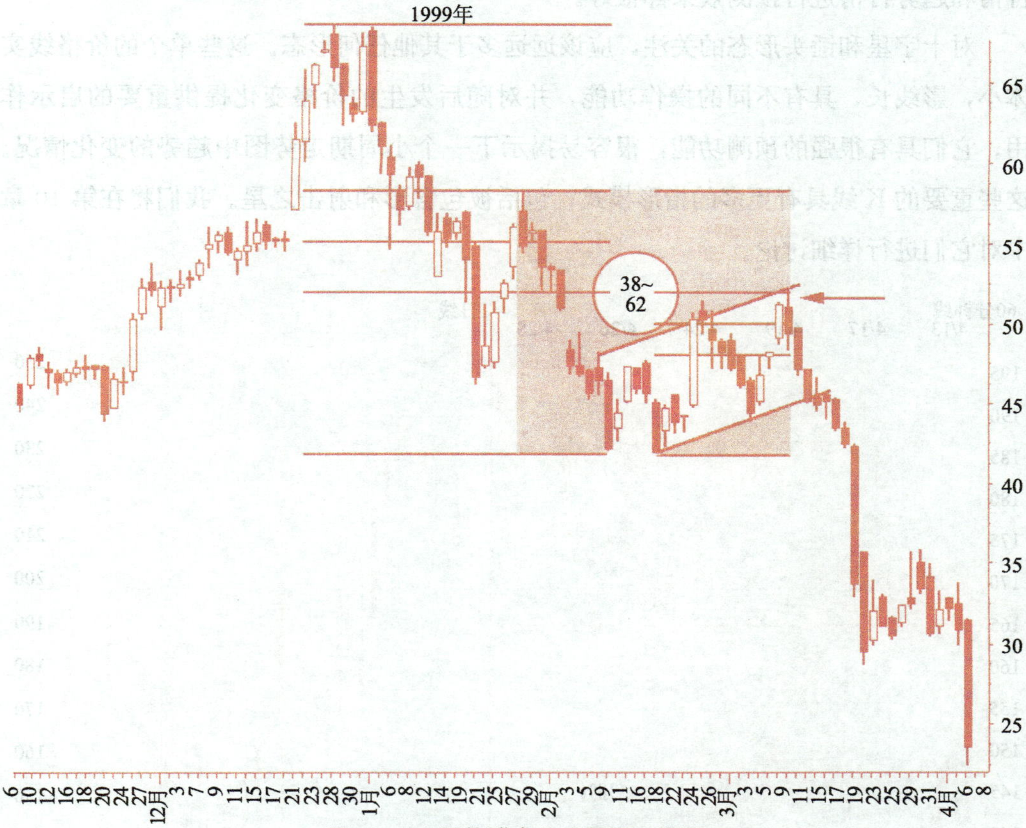

图 5—17　网络联合公司股票日线图

注：网络联合公司股票走出了一个熊市旗形，其中含有多个斐波纳契折返，从而引起了一个大规模的下跌行情。旗形相对于下跌趋势稍稍向上昂起，并形成三个较小的高点。最后的高点从前期下跌浪的 62%位置反转，然后很快回补了位于 50 美元位置的缺口。这个趋势标杆也恰好是整个下跌行情的 38%处的折返位。利用 38～62 的比例关系来寻找两个方向趋势的获利机会。

资料来源：RealTick® © 1986—2000。保留所有权利。Townsend 公司授权使用。

根较长的日内 K 线之后，下一根 K 线能够反转 100%的概率很低。因此，在一根较长的日内 K 线出现折返后立刻买进，在大多数情况下这是低风险操作。当开盘价位靠近上个收盘位置，并立刻减弱，这是最安全的操作。这对于那些在上一根价格线买空的人来说是一个获利的机会。当这个压力出现时，由于新参加交易的人们的介入，价格会快速反弹。

在集中趋势的边缘位置，K 线模式具有强大的预测功能。要密切注意 K 线的影线穿越布林带边缘的情况，尤其当它们的方向远离收缩盘整的布林带时更要注意。这种综合性的模式对立刻要发生的反转行情提供了重要的警示信号。在这个位置对整理行情和趋势行情进行预测效果都很好。

对十字星和锤头形态的关注，应该远远多于其他任何形态。这些单个的价格线实体小，影线长，具有不同的操作功能，并对随后发生的价格变化提供重要的启示作用。它们具有很强的预测功能，很容易揭示下一个小周期走势图中趋势的变化情况。这些重要的K线具有更多的指形模式，包括被包含形和射击之星。我们将在第10章中对它们进行详细讨论。

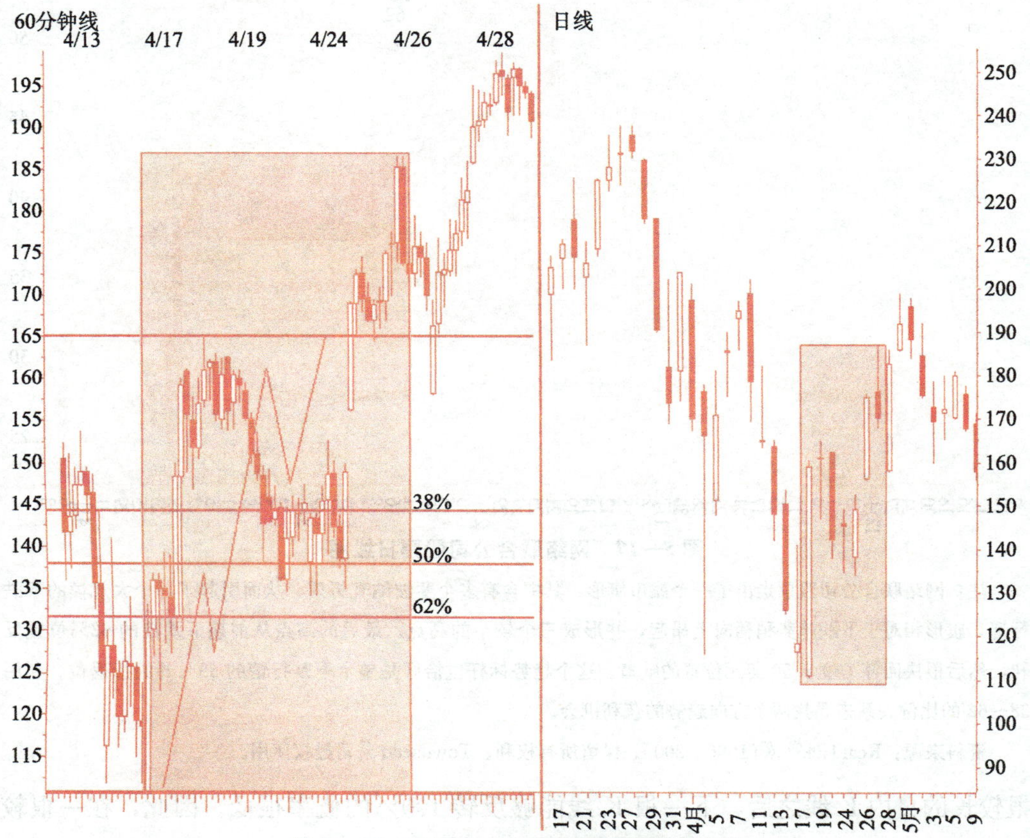

图5—18　PMC-Sierra公司股票价格走势图

注：PMC-Sierra公司的股票日线图上出现的长K线反转行情，其中包含重要的波段交易操作信息。这根价格线和下一根价格线在次一级的时间段里形成一个完整的五波上升的行情。这使折返与经典的机械原则相符。价格在升到更高价位之前，发生折返，并恰好在50%的位置筑底。扩张幅度大的K线很少立刻产生100%的折返，并且揭示隐藏的低风险介入点。

资料来源：RealTick® ©1986—2000。保留所有权利。Townsend公司授权使用。

被包含形与经典的日内交易很像。有一个区别，即允许价格线的影线超出上一个价格线的实体，只要该价格线的主体还在上一根价格线的实体内。这个模式如果在一个强劲价格移动之后的价格长线的范围内，说明可能发生反转。看看次一级时间段的走势图，开盘价经常位于上一个收盘价的缺口处。在上升趋势中，这种隐蔽的缺口对于进一步的价格运动可能是一个重要的边界。在下跌行情中，缺口可能导致一个向上突破的行情。

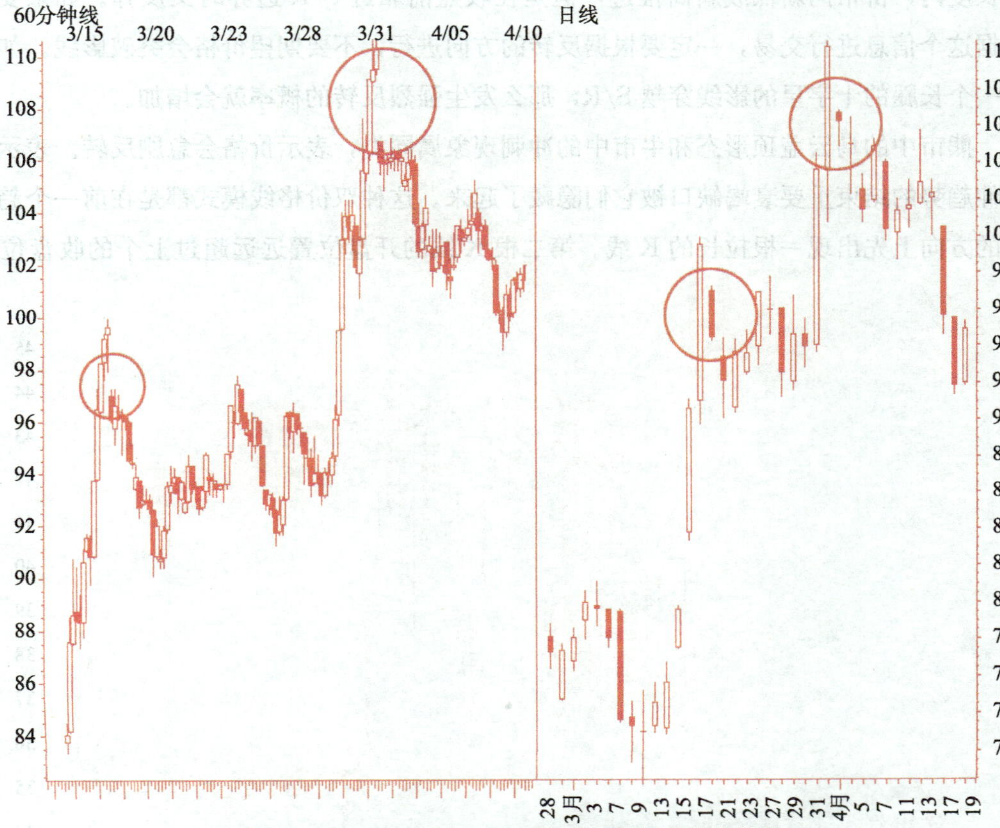

图 5—19　Marsh & McLennan 公司股票价格走势图

注：Marsh & McLennan 公司股票走势图上被包含形发出了两个趋势变化的信号。第一个日内行情变化在一个短暂抛售之后形成双杀态势，但是第二个抛售则导致了剧烈下跌。请注意晨市中 60 分钟线上出现的启动每个模式的隐蔽缺口。这两个模式都出现日内交易低位，而且没有折返。要利用隐蔽缺口和晨市缺口的状况，在收盘之前的被包含形进行交易。

资料来源：RealTick® ©1986—2000。保留所有权利。Townsend 公司授权使用。

对于被包含形的价格线，操作时要用三种不同的策略来应对渐进的风险。每一个策略都要与短期突破的方向相同。第一个策略用于价格高于或低于扩张价格线的高点或低点的时候，第二个策略用于价格超过被包含的内部价格线范围的时候，最后一个用于价格穿过被包含价格线实体的时候。对于每个操作水平都要设定止损目标。也就是说，如果交易是以K线实体作为参考进行的，当价格从相反方向破坏实体范围时，就要止损离场。

被包含形十字形态是这种模式的一个特别形式，其中一个十字星出现在前一根大实体的价格线内。它表示在次一级的时间段内可能出现一个2B反转。在那个走势图的长度内，价格向新低或新高推进，但是在收盘前靠近S/R边界时又反弹。如果要根据这个信息进行交易，一定要根据反转的方向进行，不要期望价格会突破影线。如果一个长腿的十字星的影线穿越S/R，那么发生强烈反转的概率就会增加。

熊市中的乌云盖顶形态和牛市中的冲刺现象属同类，表示价格会急剧反转。表示延伸趋势的结束重要衰竭缺口被它们隐藏了起来。这种双价格线模式都是在前一个趋势的方向上先出现一根拉长的K线。第二根K线的开盘位置远远超过上个的收盘位

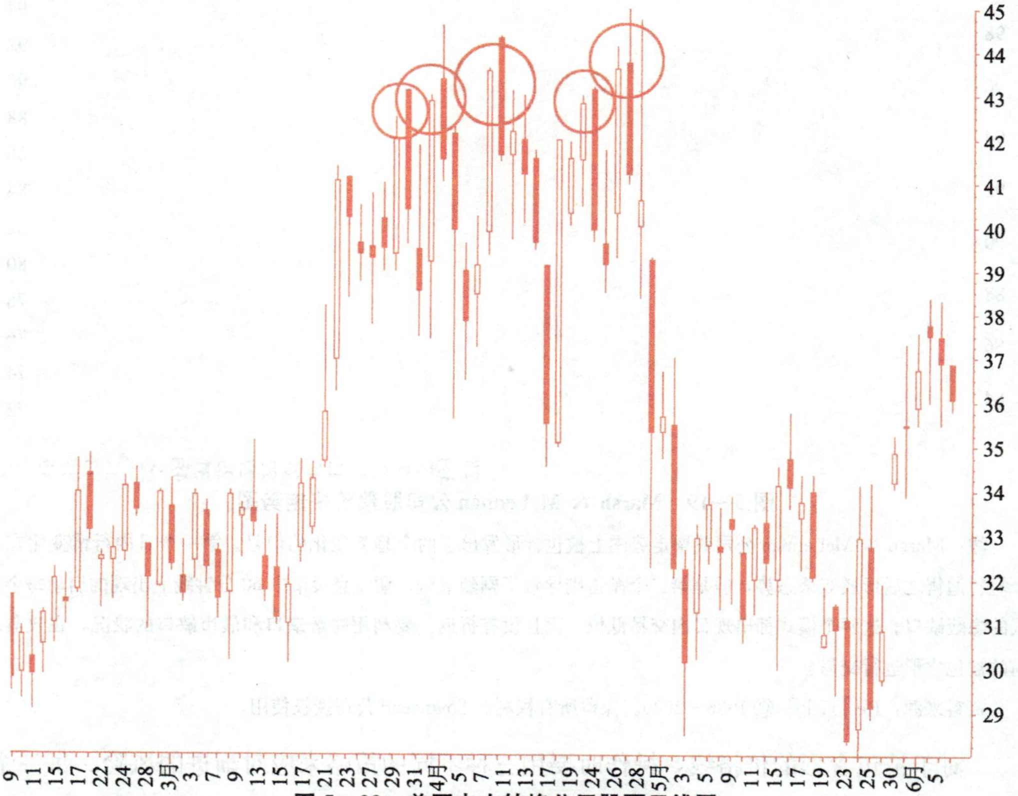

图5—20　美国电力转换公司股票日线图

注：美国电力转换公司的走势图中一组乌云盖顶形态构成一个主要的顶部。22根日线构成5组重要的反转，最后导致一个16个点位的下跌行情。这个熊市K线模式通常通过一个掉头行为就完成了。

资料来源：RealTick® © 1986—2000。保留所有权利。Townsend公司授权使用。

置，但反转后落入第一根价格线的范围。随后几根 K 线重复这个过程，最后往反方向剧烈突破。

如果在这个形态之下价格又返回来验证走势图上已经回补的衰竭缺口，就可以考虑价格已远离此区域并采取相应的操作策略。但是，当价格没有从缺口快速反转时，那么很可能就会演变成收缩盘整形态。这表明持续运动最终将使价格脱离这个区域，并形成新高或新低。如果没有发生折返现象，就可以在下一两根价格线剧烈冲破第二根价格线模式的范围时进行交易。反转完成之后，开始进入模式的边界进行验证，这是给后来的人们提供的最佳交易机会。

当乌云盖顶发生在上升日线图的明显新高位置时，它对上涨行情打压作用可能长达数月或数年。这两根价格线显示的趋势推动力量巨大，这些力量消化之后，行情才会继续攀升。在剧烈模式出现过后，第二个较低的高点通常形成亚当与夏娃顶模式中的圆形夏娃顶。要注意测量反弹高度和模式高度的比例关系。如果在折返前，这个比例不能达到 38%～50%，行情就很可能向更低的方向发展。

模式失败

如果模式的发展出乎预料，最佳的策略应该是朝反方向交易。很多经典的模式都有其内在的设定，会造成相反的操作机会。亚历山大·埃尔德在《炒股谋生》一书中，对巴斯克维尔猎犬信号进行了分析，当时人们不了解这个概念。他举了一个很有趣的头肩颈线不会被突破的例子。交易者发现这个失败后，可以买入并等待价格升到之前的高点。

模式会在急速推进的价格运动的末端出现。这些模式发展的主要特征是在主要支撑位和阻力位之间进行盘整。如果一段新的趋势出现突破并向外扩张，此时模式完成。这个新趋势可以延续之前趋势的方向或逆行。在相邻价格之间以相同方向移动的模式将继续那个趋势。然而，当一个突破行情沿着上一个趋势的相反方向运行时，这个介入的模式的出现会反转前期价格的运动方向。

经典的模式分类方法是根据它们持续或反转的倾向性质进行。这种熟悉的偏向是这些奇怪形态预测能力的基础。模式通常在所有时间段中重复出现。这两种特性在走势图上留下特征，交易者可以利用它们进行获利操作。大多数交易者通过普遍的知识来理解模式。大多数人选择符合模式的交易策略，并从可能发生的突破方向进行交易。

但是，有时候模式的发展出乎人们意料。某种交易的设定会失败，却发出了一个强烈的入场信号。模式的失败可能导致价格出现逆方向的急速运动。对于这种第二波的可能性，波段交易者应该做好逆向操作的准备。但首先要做好风险管理，考虑失败的可能性，等待机会低风险介入。

所有预测结果都有可能发生。波段交易者应预测未来的价格，并伺机进行交易。大多数情况下交易策略应该符合最可能的预测。但是，交易策略必须非常灵活，概率较低的交易机会也不能错过。交易时可以从形态通常突破的对立位置开始。例如，如果价格失败，剧烈上涨，就要分析三角形形态中的下降顶部，确定买入的位置。

过去百年来，没有哪个模式比经典的头肩模式研究得更透了。有一个调查发现，这个著名模式发生预期结果的概率为74%。虽然这个结果远远高于随机水平，但是交易者在头肩颈线位卖空，却还是经常亏损。在现代股市中，人们对这个模式越了解，就越降低这个模式的可靠性。

模式的失败状况远远超过近期交易书里说的情况。当今的股市中人们能够识别主要的经典价格模式，并按照教科书按部就班操作。这就降低了价格按照人们认为最可能的发展方向的概率。还好，没有多少培训课程教授逆向思维的好处。普通投资者不会抛弃自己的操作计划，他们会在模式失败的初期继续持有，希望自己的预测是正确的。这通常会导致最终的恐慌。

波段交易者对于每一个模式突破造成的机会都必须考虑反向操作的可能性。这个额外的评估也和正向操作一样分析着回报/风险率。然后就入场交易，如果价格的发展出乎自己的意料，或者往高概率的反方向突破时，那就应该采取某些行动进行调整。每一个失败的交易都有各自的意义。在新的交易设定通过所有常规筛选之前，不要反转操作。另外要注意，这种双重的做法对于双向的交易目标都提供了自然止损策略。对行情的任何表现都要做好准备，并按照交易设定进行操作。

每个常见价格模式的普及都会增加其失败的危险度。有鉴于此，波段交易者必须比过去更多地采取旁观的态度。由于成功率较低，回报率必须足够大才值得操作。不要盲目根据形态完美的三角形或牛市旗形能轻松带来利润，从而草率操作。很多时候，失败模式反而是更好的交易机会，而且是唯一应该考虑入场的方向。要学会在失败出现之前，充分关注走势图。这些设定通常没有任何警告，而且机会窗口很小。

模式失败的设定不会因为趋势线没突破而结束。双杀行情是现代股市的一大特征，而且内线人士利用它赚了很多钱。很多经典模式如期发生突破，出现几根价格线，然后急剧反转。如果之后价格折返并开始收缩盘整，波段交易者可以在价格掉头穿越反向的突破点之前从失败位介入操作。最初的假突破消耗了原方向的需求，降低了操作风险。这种双杀形态也预示着行情会朝反方向急剧发展形成趋势。

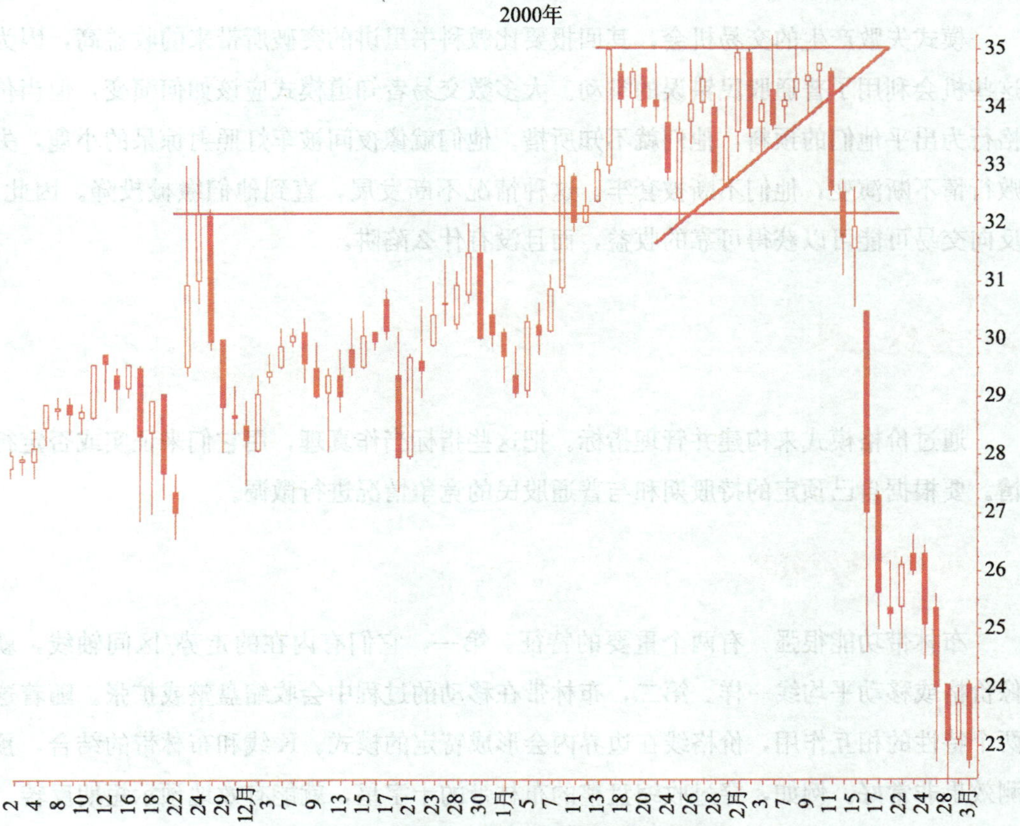

图 5—21　Sigma-Aldrich 公司股票日线图

注：上行三角形通常导致行情急剧上涨，但要留意模式失败的情况。当 Sigma-Aldrich 公司股票突然掉头暴跌时，上升趋势线就是一个下跌突破的标识。按照牛市模式买进的普通交易者当模式失败后，给朝反方向发展提供了巨大的能量。请看极端抛售压力是如何快速击穿位于 32 美元的强大支撑位的。

资料来源：RealTick® © 1986—2000。保留所有权利。Townsend 公司授权使用。

若根据不同 S/R 进行分析时，交易者会发现与最初交易设定不同的信号。没有被破坏的趋势线不会导致交易失败。收缩盘整会形成特定的上下边界线。失败模式是因为价格对模式的破坏和反向的结果。要能识别这些经典反向突破的位置。例如，当头肩颈线被破坏之后，就表示可以进行一个经典的短线卖出操作。但是，在价格越过头部和右肩顶部形成的下降线之前，不要进行止损。

最容易识别的模式通常失败的风险最大。观察入微才能获得完美；在其他情况下会进行观望的人亦是如此。当行情看上去完美，大多数交易者会从某个方向介入操作，导致双杀局面。在价格从某方向突破之前要通过狭窄的价格线介入，降低风险，并要确定能够快速退出。当高成交量突破之后折返到趋势线，此时进行操作也会增加交易成功的可能性。

模式失败产生的交易机会，其回报要比教科书里讲的突破所带来的收益高，因为这些机会利用了普通股民错误的举动。大多数交易者知道模式应该如何演变，但当价格行为出乎他们的预料，他们就不知所措。他们就像夜间被车灯照射惊呆的小鹿，失败行情不断演变，他们不断被套牢。这种情况不断发展，直到他们缴械投降。因此，反向交易可能可以获得可靠的收益，而且没有什么陷阱。

指标工具

通过价格模式来构建并管理指标。把这些指标当作真理，用它们来证实或否定行情。要根据自己预定的持股期和与普通股民的竞争情况进行微调。

布林带投资策略

布林带功能很强，有两个重要的特征。第一，它们有内在的走势/区间轴线，就像价格或移动平均线一样。第二，布林带在移动的过程中会收缩盘整或扩张。随着这两个特性的相互作用，价格线在边界内会形成特定的模式。K线和布林带的结合，预测效果非常好。例如，穿过收缩盘整的布林带的十字星，就能有效地预示短期反转。

布林带会随着价格的运动而转向或扭曲。这样的波动情况能够预测价格趋势向外延伸多远才会被中心轴拉回。在价格带的方向与布林带的收缩盘整之间会发生复杂的关系。例如，如果有收缩盘整的布林带抑制趋势的发展，趋势就会停止。要预测布林带对价格的最终影响，需要很高的技巧，但确实值得研究。布林带比其他任何工具都能更好地揭露隐藏的波动情况，并预报利润之门是打开的还是关闭的。

布林带能够在相对高点或低点之间波动，然后按比例折返，形成另外一个趋势运动。或者，它们可能形成一个扩展的范围，非定向性地来回波动。当价格上升进入一个下降布林带中，或者下降进入一个上升的布林带中，价格的波动通常会完全静止。横向的布林带在盘整行情和趋势行情中都可能出现。在布林带扩张扫清道路之前，价格通常不能到达新高或新低的区域。从很多方面来看，布林带预测时机的效果比预测价格要好。

经验丰富的交易者会实时观察收缩盘整的布林带，预估可以使布林带方向发生改变的买方卖方力量的大小。布林带在对一个重要的高点或低点的第二次验证期间效果极佳。当行情最终突破时，扩张的价格线通常会延伸到布林带的边缘，且收缩盘整的行情会形成旗形，直到布林带让步。横盘整理的时候，布林带在狭窄的范围内收缩盘整。此时可以运用 NR7 方法来预测即将发生的正面反馈。

布林带能够对趋势变化提前发出警告。价格剧烈移动，会推动布林带向外扩张。当行情最终演变成盘整时，布林带会慢慢收缩盘整并向价格线靠拢。随着时间的推移，在快速垂直的状况下，布林带渐渐闭合。有经验的波段交易者能够很快估计出布林带收缩盘整前所需要的时间，并制订相应的交易计划。

强劲的买卖行为可能会将价格远远推出布林带的范围。在极端情况下，一根长的价格线甚至可能完全穿越阻力位。大家普遍认为，重要的布林带被穿越之后，通常会出现剧烈的反转。但是根据这种事件进行交易会有一定的风险，因为可能出现一连串短小波动的价格线，然后才发生反转。需要注意的是，除非是在开盘时，否则这种情况在日内交易时很少出现。

如果要降低风险，可以关注次一级的时间段，等待出现反转，然后才实施一个反趋势的操作。如果强力推进的价格线进入其他形式的 S/R 范围，且交叉验证介入有效，交易成功的概率也会增加。要保持防御性交易。一旦价格退回布林带范围内，潜在的趋势可能很快出现，除非折返导致其他反转信号的出现。当布林带以外的价格线发生缺口时，要注意寻找回补这些缺口的乌云盖顶或类似的 K 线模式。如果管控得当，这种复杂的操作能够带来意外的收获。

13 日价格线和标准偏差为 2 的布林带对于日内行情效果极佳。若结合 5、8、13 条价格线的简单移动平均线，会获得更佳信息的流通。平均线可以测量趋势强度，布林带可以预测每根价格线的长度。在新的高点或低点，当所有三个平均线平行排列并指向趋势发展的方向时，强烈的价格运动会紧密地围绕在 5 日线和外面的布林带之间。当价格不断推进，布林带收紧，并发出行情变化的信号，而平均线可以确定反转和新 S/R 指标的位置。最终布林带改变方向，平均线反转，价格线突破，并向另一个极值靠拢。

为不断获利，波段交易者要重点分析布林带内相对安静的中心区域。根据一个布林带进行反趋势入场，根据另一个布林带离场。这些波段交易安排所面临的双杀情况

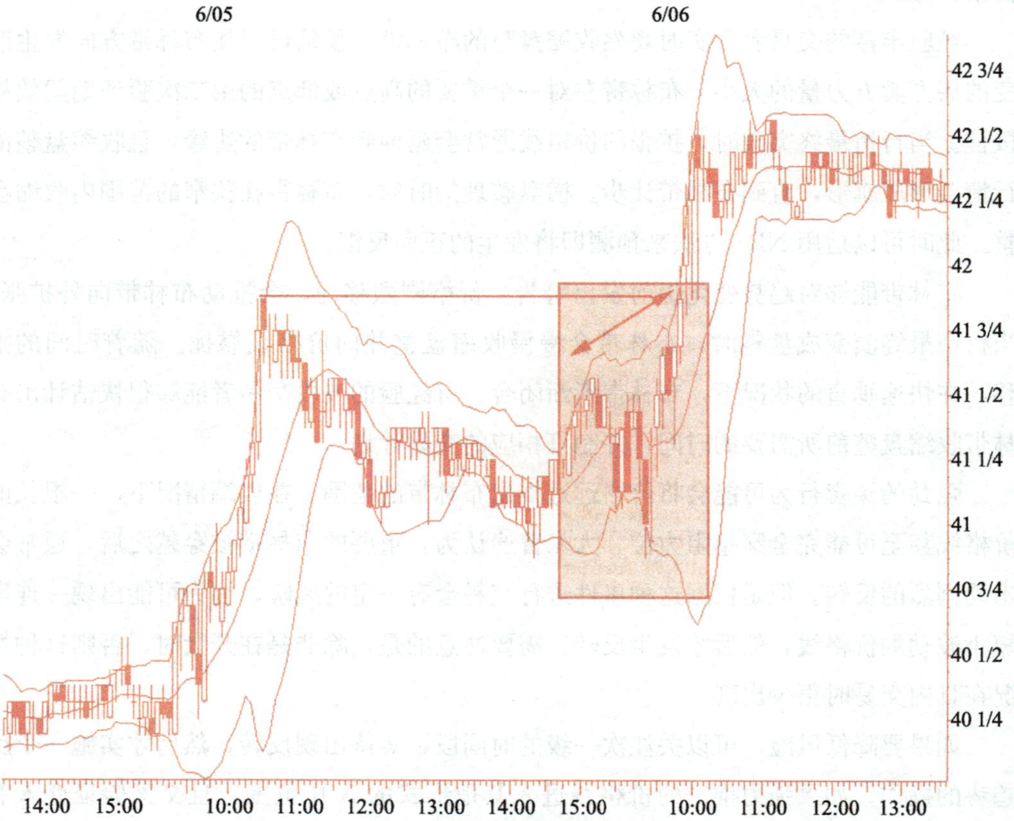

图 5—22 Worldcom 公司股票 5 分钟线图

注：当 Worldcom 公司的股票下跌时，顶部布林带上升并验证当日最高点。这个剧烈的背离说明，当价格从底部布林带反转后，最终会发生突破。当价格返回对重要的高点或低点进行验证时，要注意布林带的坡度。这通常会体现为将价格推过 S/R 阻力位所需要的时间和能量。

资料来源：RealTick® © 1986—2000。保留所有权利。Townsend 公司授权使用。

要少，而在布林带极值位置进行操作，面临双杀情况较多。在计算回报/风险率时，中心带通常是一个获利的障碍点，需要特殊对待。在靠近这个中心点进行操作时要保证能够安全退出，并能收益不错。

需要记住的是，所有布林带都会随着价格的发展而发生巨大的变化。这就可以不断有反馈，并且根据每一根价格线调整目标价值。详细了解这种强有力的指标能够帮助波段交易者预测布林带的走向。价格横向盘整时间越长，布林带收缩盘整越厉害。若布林带本身的趋势发生改变，最靠近之前价格趋势的布林带会首先改变方向。例如，上行趋势沿着一个顶部布林带发展时，如果价格进入盘整或下跌，这一侧的指标会在另一侧指标之前下降。

要结合动量指标来分析布林带。这样就能揭示价格的有向运动，并改善交易的时机。还要结合移动平均线，并观察下部窗口的平滑异同移动平均线柱状图情况。在一个新的正面反馈事件的早期阶段，价格通常会在收缩盘整布林带内运行。当这些指标表现出上升势头时，要把注意力转向自然模式/布林带的突破位置，并在狭窄的价格线内寻找介入点。

平滑异同移动平均线柱状图

杰罗德·爱派尔（Gerald Appel）提出的经典的平滑异同移动平均线，记录的是两个移动的平均线相互作用的情况。当一个短期平均线远离一个长期平均线时，动量增大；当靠近时，动量减小。平滑异同移动平均线指标对这些原始的数据进行了平滑处理，降低了可能发生的解读错误和双杀。它还能显示慢速平均值和最初计算值之间的关系，释放买进或卖出的信号。

当这个指标由垂直价格线构成而不是由两根直线构成时，就是一个优秀的模式分析工具。亚历山大·埃尔德在《炒股谋生》一书中普及了这种经典的平均线变化形式。这个方法计算每个数据点不同平均值之间的距离，并在价格之下显示这个长度。当动量波动时，会形成上升或下降的斜线，能准确地追踪行情内趋势的微小变化。

平滑异同移动平均线柱状图可以找到反转的位置，预测突破的时间。从经典的行情入手，随着经验的积累，自己有适合自己的招数。大多数的波段交易者根据标准的12日和26日移动平均线，以9个阶段来进行平滑处理。可以用这个常见的参数在所有时间段的走势图中追踪大众股民的操作行为。但不要在真空状态下使用这个指标，除非行情条件非常适合利用动量，否则它没有什么意义。因为每一个关注经典设置的交易者都会同时看到相同的结果，所以要成功的话，需要相当高超的交易功夫。

平滑异同移动平均线柱状图会发出两类信号。当柱状图从一个极端位置开始改变方向时，会出现第一类信号。这些剧烈的变化通常先行于价格变化，而且很少有错误信息。当价格穿越零线位置的时候，会出现第二类信号。大多数双杀行情会发生在靠近这条轴线的位置。一定要根据主要的S/R和价格模式中的突破位对这个中心信号进行交叉验证。

当柱状图在极端位置改变方向时，通常会形成双底或双顶。懂了这个自然规律，波段交易者就不会进行非获利操作。虽然这个指标通常先行于行情的变化，但它的双顶或双底通常在价格反转之后出现。用这种滞后的确认方法可以确定有效的交易行情，然后在第一个折返或其他低风险的时机进行操作。遗憾的是，柱状图可能仅仅形成陡峭的V形底或V形顶，所以当发生这种情况时，不一定要进行操作。

指标的零线确定了中心平衡区的位置。如果突破到这个线之上时，趋势就会加速。同理，如果突破到这个线之下时，趋势就会减速。当柱状图靠近这个重要的信号水平时，行情可能会变得平缓。当指标靠近时，要特别注意它上升或下降的角度。角度越大，价格突破的可能性就越大，阻力很小或没有阻力。

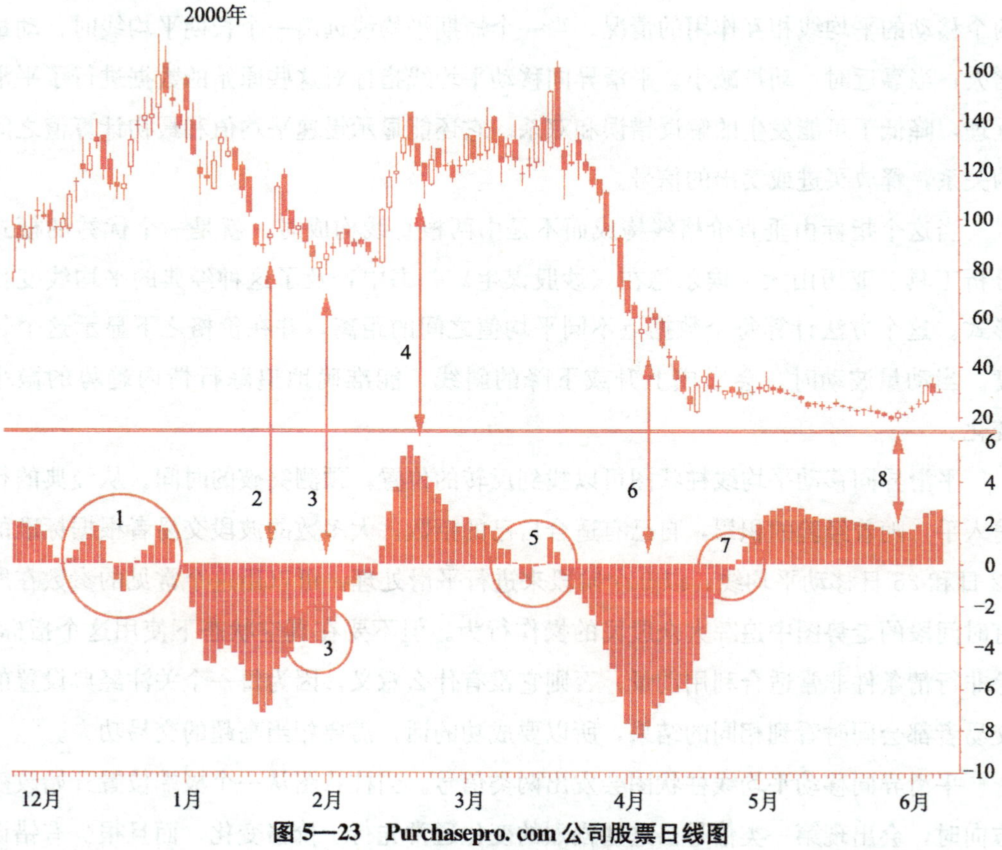

图 5—23　Purchasepro. com 公司股票日线图

注：平滑异同移动平均线柱状图体现市场动量的变化，但也会引起失误交易。一般认为，零线交叉情况是入场或离场的信号。但是，当 Purchasepro. com 的股票柱状图穿越（1、5、7）这根重要的线时，却出现了剧烈的双杀局面。即使在柱状图极值后的 2、4、6 位置介入也会失败。位置 3 的双底信号和位置 8 的上升斜坡是仅有的较好获利机会。

资料来源：RealTick® ©1986—2000。保留所有权利。Townsend 公司授权使用。

买卖信号通常也会在同样区域发生变化。在断定平滑异同移动平均线不会造成双杀情况时，若零线被穿越，则必须离场。或者把在指标极值位置的第一个反转作为离场信号，或逆向入场。在反转之前，柱状图通常在两个连续的价格周期内达到相同的水平。很多交易者会注意到第一个极值，以及在最后一个关口它是如何发出行情转向的信号的。当柱状图重新靠近这个水平时，上述情况会自动完成。

根据平滑异同移动平均线参数来加快信号发出的速度，你可以有自己的设定，或将其用来观察具体的行情。较短周期的柱状图容易使人解读错误，但它对于新趋势的反应速度会加快。可根据 8—17—9 柱状图来买入，但是在评估卖出区域时，要根据传统的 12—26—9 柱状图。或者，把两个柱状图分别放在价格下方不同的窗口中，并互相进行筛选。例如，当较短周期的柱状图发出一个买入信号，而较长周期的没有发出买入信号，就要观察价格模式，并决定哪一个提供的数据更为可靠。

日内交易者可以在 1 分钟线和 5 分钟线上使用 8—13—8 柱状图，以便捕捉非常短期的动量波动。但是对于 60 分钟线和更长周期的走势图，应该使用传统的 12—26—9 组合。日内交易信号发生的速度要比日线和周线的快，因为短期的机会出现得非常快。柱状图应该比有向指标转变更频繁，它更像一个振荡器。对于上一级时间段走势图中的多个信号，应该继续使用柱状图，如果要确定时机，则需要用短周期的走势图。

相对强度指标和随机指标

市场行情变幻莫测，交易的秘密通常隐藏在非常短期的价格运动之中。走势图的最右端可能提供十分重要的信息，能够判断交易计划是成功还是失败。强度指标对上一根价格线对最近价格走势的影响提供连续的反馈。当把这些指标微调好，它们会对新的波动情况很快做出反应，并使设定交易价位与自然行情周期相符。

振荡指标对于走势的相对强弱提供了重要的信息。交易者可能还在犹豫不决，且反转出现时，指标能够揭示超买/超卖情况。波段交易者一定要分析造成价格变化的内在因素。振荡指标能够揭示这些微妙的机制，因为它们能够根据市场信息进行预测，对新信息做出的反应，它们通常也比追踪趋势的指标更快。

强度工具可以用于简单的计算，也可以用于基于模式的复杂系统，但它们都由一个共同的主线来连接。振荡指标预测短期相对强度是否有利于目前的价格运动。虽然其他几个工具也能够完成这项工作，但有两个工具，在耐久性和多样性方面显得格外突出，即随机指标和怀尔德相对强度指标，它们是分析这些周期性波动情况的有力工具。

两个振荡指标都假设行情的强度会通过价格线的收盘价来体现。它们从根本上都利用了这个基本理论。随机指标测量的是收盘价和最高最低值之间的关系。相对强度指标则比较上升收盘价与下跌收盘价之间的关系。这两种方法产生的结果一样。如果想精确预测行情，需要选择性地使用这两种工具，以便分析行情的不同侧面。

随机指标和相对强度指标是针对盘整行情中超买超卖的情况，但它们在趋势行情中也很有价值。当指标随价格波动而运动，就能体现行情的加速/减速状况。这些下部窗口的图形模式与经典的形态类似。在靠近重要的波动行情时，要注意这两个指标形成的双底和双顶。随机指标在底部窗口内的移动也有1—2—3阶段的发展模式。它会先强力推进，然后在中途出现小波折返，最后又向另外一个方向推进。

股市交易者在调整每个指标的具体超买超卖曲线上，浪费了太多的时间。这两条曲线都在0～100%之间波动。经典的技术分析通常把极值线定在20～80之间，并认为振荡突破会增加反转的可能性。其他人则要用不同的方法来寻找这个反转点。例如，埃尔德就建议5%的规则。先测算过去4～6个月中相对强度指标变化小于5%的超买/超卖水平，然后在这些区域画出直线，并每3个月审核一次。

每个行情对于振荡指标的反应都不一样。大多数的波段交易者应该选择阻力最小的交易，并使用标准的行情。对于随机指标和相对强度指标来说，20～80范围在大多数情况下非常有效。这种常见的参数范围对于虚假信号能起到有效的抵消作用，避免造成亏损。但其实，这些交易设定对于获利或操作没有什么意义。交易的成功靠的是在波动指标反转时解读模式，而不是寻找反转的准确位置。

用随机指标来获得短期信息反馈，用相对强度指标来获得较长周期的信息。简单的相对强度指标信息比随机指标波动性更大，所以需要长期平滑平均线作为参照，以免解读错误。在日内走势图上随机指标可以有效利用非常短期的参数组设定。每一个指标在价格线下方会形成不同的曲线。平滑的相对强度指标形成单一线，在超买超卖极值之间缓慢走动。随机指标转换速度快，并在周期性变化时，追踪第二根上下快速穿越它的曲线。

随机指标能够精确地测量价格动量的短期变化。但是，一旦它穿越其宽带的极值，其信息的有效性就开始消失。随机指标在强劲趋势性行情中完全无效。随着行情的上涨或下跌，股价会移动到一端，并随机摆动。这种现象再次证明了价格模式超前于指标。但是，一旦波动指标开始掉头，就需要密切关注。在这些转折点，它们通常准确性很高。

对于日内走势图的主要持股期及其更小周期，要用5—3—3随机指标。例如，根据5分钟走势图进行交易时，要在1分钟线和5分钟线上都使用这个随机指标。如果随机指标表现出价值，可以将它用于上一级的时间段内。但是，当波段交易者在分析超过持股期时间段的走势的时候，趋势比波动指标更重要。在这些水平时，要把操作重点放在形态良好的平滑异同移动平均线（或其他动量指标）上，以便利用较大的行情。

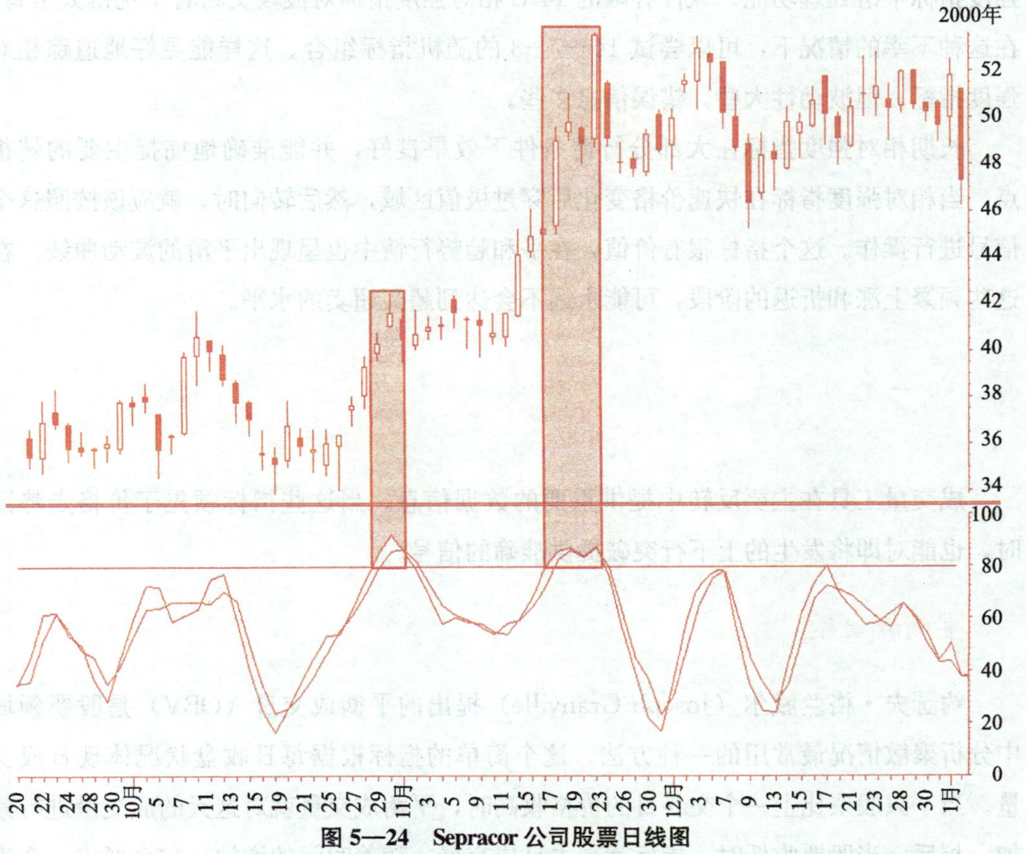

图5—24 Sepracor公司股票日线图

注：当设定为保守的80%水平时，随机指标突破仍然能够产生两个获利的操作机会。这种追踪趋势的技术需要控制风险。当快速随机指标穿越到慢速随机指标之下时，要迅速离场。

资料来源：RealTick® © 1986—2000。保留所有权利。Townsend公司授权使用。

杰克·波恩斯坦（Jake Bernstein）在《高端日内交易者》（*The Compleat Day Trader*）中分析了一个非常有趣的随机指标现象，他称之为“随机指标突破”。他说，当一个外部信号线向上穿过75%，或向下穿过25%的极值水平时，就应该追随趋势进行操作。这种交易策略总结出一个规律：波动行情最后阶段的价格运动动量最大。当其他交易者按照退出信号进行操作时，随机指标突破提供了一个反向入场的信号。同样，逆公众的操作能够提供特别的回报。他还说，当快速随机指标回转并穿越慢速随机指标时，应该立刻离场。这说明行情即将回转。

日波动指标必须能够显示较大周期的行情。为此，只要有可能，就要使用较长周期的相对强度指标，而不要用一个日内的随机指标。将此指标设定为一个带 7 日平滑平均线的 14 日周期标准，则走势图反应清晰，双杀现象少。某些应用软件没有相对强度指标平滑处理功能。软件有限的 14 日相对强度指标对波段交易者干扰得太厉害。在这种不幸的情况下，可以尝试 14—7—3 的随机指标组合。这样能更好地追踪相对强度指标，但波动性大些，错误信息多些。

长期相对强度指标在大部分行情条件下效果良好，并能准确地捕捉主要的转折点。当相对强度指标在快速价格变化后穿过极值区域，然后转向时，就应该按照这个信号进行操作。这个指标很有价值，在平和趋势行情中也呈现出平滑的波动曲线。在这些频繁上涨和折返的阶段，可能永远不会达到超买超卖的水平。

成交量工具

成交量工具在主要反转中提供重要的数据信息。当这些指标领先于价格走势图时，也能对即将发生的上下行突破提供准确的信号。

平衡成交量

约瑟夫·格兰威尔（Joseph Granville）提出的平衡成交量（OBV）是股票领域中分析聚散情况最常用的一种方法。这个简单的指标根据每日收盘状况体现日成交量。当一只股票比上一个交易日的价格收高时，平衡成交量就对这天的成交量进行累加。相反，当股票收低时，指标就减去日成交量。随着时间的增加，它会形成一个表现买卖行为的复杂图形。

平衡成交量的模式特征与价格线的模式特征类似。这就能让交易者通过走势图特征，如趋势线、三角形和双底，来分析行情走势。波段交易者应该将这些形态与内在的价格模式进行比较，并对具有预测功能的聚散现象进行分析。平衡成交量通常领先于价格，并在趋势运动之前出现重要反转。

要根据日线图确定所有的聚散分析的范围。日内时间的背离会扭曲成交量信息。

每日成交量的60%或以上发生在交易日30%的时间内。这就使当日价格线与成交量之间对比的真实性值得商榷。在交易时间内，要一直关注具体的成交量变化的情况，而不要依靠复杂的运算。要依靠时间和交易数据来分析成交量对于极短期趋势的影响。

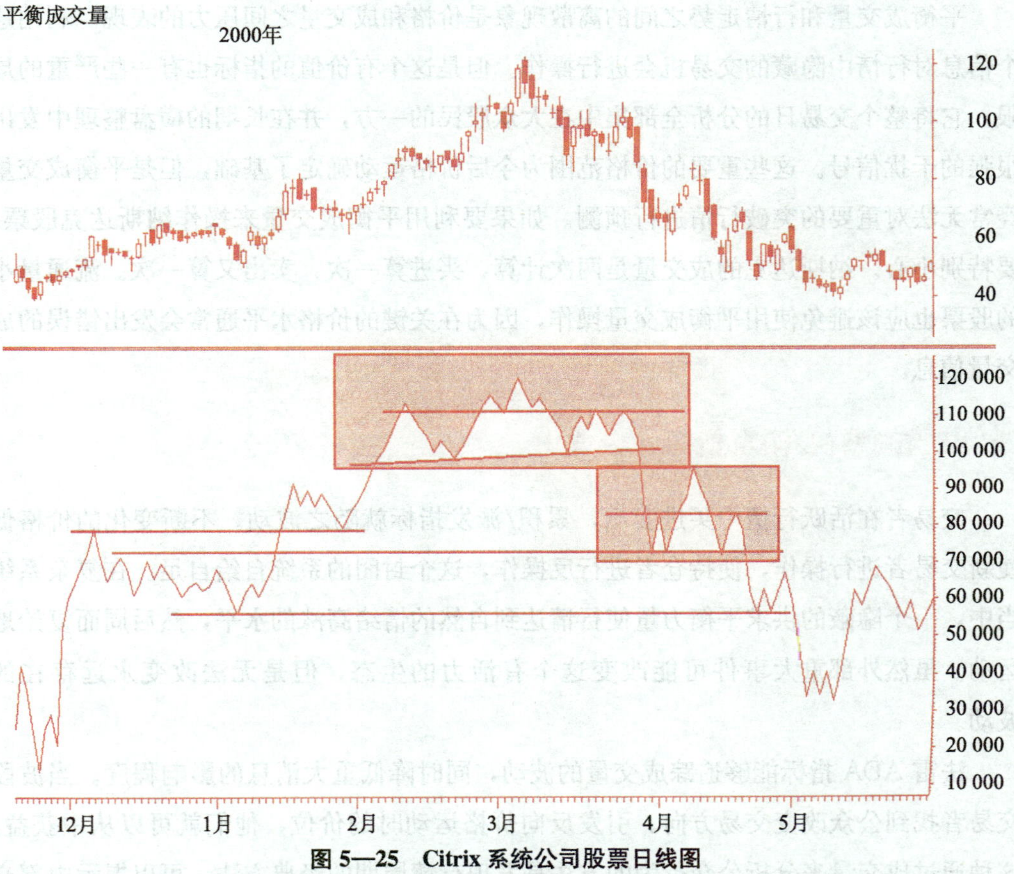

图5—25 Citrix系统公司股票日线图

注：在Citrix系统公司股票的下跌过程中，平衡成交量形成一系列的倒转头肩。要注意指标对于过去的收缩盘整是如何形成经典的折返，以及如何对水平的指标做出反应的。平衡成交量通常领先价格运动几根价格线。可以利用这种规律来测量新高或新低位置的供求关系。

资料来源：RealTick® © 1986—2000。保留所有权利。Townsend公司授权使用。

在新高点或低点一定要关注平衡成交量或其他的累积/派发指标，因为在这个位置它们才具有最大的预测能力。这种情况可能会产生两种不同的结果。平衡成交量可能先于价格达到新的水平，或者价格先于平衡成交量进行突破。股价上升需要普通股民的推动，但下跌仅仅依靠自身的势能就可以完成，这是至理真言。如果平衡成交量先于价格达到新高，就要寻找加速运动的价格线并进行相应操作。如果价格先达到新高，就可以预测价格会在哪个位置暂时休整，以蓄积力量。但是当价格先于平衡成交量到达新低位，股票自身的压力就会使价格进一步下滑，之后普通交易者才会跟进。但是如果平衡成交量在价格之前达到新低，赶快逃吧，因为这个行情已经失去了所有的支持。

平衡成交量和行情走势之间的离散现象是价格和成交量之间压力的表现。利用这个信息对行情中隐藏的交易机会进行操作。但是这个有价值的指标也有一些严重的局限。它将整个交易日的分析全部集中在大众股民的一方，并在长期的横盘整理中发出很强的干扰信号。这些重要的价格范围为今后价格运动确定了基础，但是平衡成交量经常无法对重要的突破行情进行预测。如果要利用平衡成交量来操作纳斯达克股票，要特别小心。纳斯达克的成交量是两次计算，买进算一次，卖出又算一次。流通量小的股票也应该避免使用平衡成交量操作，因为在关键的价格水平通常会发出错误的成交量信息。

法雷的累积/派发指标（ADA）

交易者在活跃行情中买进卖出，累积/派发指标就随之波动。不断变化的价格促使新交易者进行操作，使持仓者进行反操作，这个封闭的系统自给自足。在复杂系统当中，一个隐蔽的供求平衡力量使行情达到自然的情绪高涨的水平，然后周而复始地运动。虽然外部重大事件可能改变这个有活力的生态，但是无法改变永远存在的波动。

法雷 ADA 指标能够追踪成交量的波动，同时降低重大消息的影响程度。当波段交易者找到公众改变交易方向、引发反向价格运动时的价位，他们就可以从中获益。这种通过成交量来分析公众行为的方法是发现行情周期的经典方法，可以揭示内部交易活动以及意外的价格变化。

ADA 形态具有明确的 S/R 指标和趋势线，并在预知范围内波动。可以用 ADA 来测量价格和成交量之间的滞后情况。当价格领先，成交量就会暂时停下来等待 ADA 跟上来。当 ADA 超前，成交量就会发生非常强烈的突破。这个非常有价值的指标能比平衡成交量或其他常见的累积/派发指标更快地发出信号，模式形态也更明确。

这种方法源于拉里·威廉姆斯（Larry Williams）的累积/派发指标。威廉姆斯在 1986 年出版的《快速大量获利的选股秘诀》（*The Secret of Selecting Stocks for Im-*

mediate and Substantial Gains）一书中对这个有利的工具进行了分析。这个初步的计算方法是 X 变量的累积总值。把这个数据加到所有以前的价格线上就构成了这个指标。

1. 利用如下方法测算拉里·威廉姆斯的累积/派发指标

（1）如果当前的收盘价高于上一个收盘价，则：LWAccDis＝收盘价－实际低点。

（2）如果当前的收盘价低于上一个收盘价，则：LWAccDiS＝收盘价－实际高点。

（3）如果当前的收盘价与前面的收盘价相同，则：LWAccDis＝0 。

2. 计算实际低点

如果前期收盘价＜当前低点，则实际低点＝前期收盘价。

如果前期收盘价≥当前低点，则实际低点＝当前低点。

3. 计算实际高点

如果前期收盘价＞当前高点，则实际高点＝前期收盘价。

如果前期收盘价≤当前高点，则实际高点＝当前高点。

表 5—2　法雷的 ADA

1. 从上方的 LWAccDis 开始（大多数制图软件都有此功能）。	LWAccDis
2. 计算当前与前一根价格线 LWAccDis 的差额。	F1＝LWAccDis－LWAccDis [1]
3. 计算 14 根价格线的指数，绘制出该差额的 EMA。	F2＝@XAverage（F1，14）
4. 通过 7 根价格线来使该 EMA 平滑。	法雷的 ADA＝@XAverage（F2，7）
5. 绘制出零线。	F3＝0

观察指标的趋势线、通道和水平极值来确定规律性的突破点。ADA 模式通常比价格快 1～3 根价格线。要观察指标在规律性走势/区间轴线上的信号。当价格从多个月或多年收缩盘整中走出来时，就预示会出现能够获得丰厚利润的长期价格突破。ADA 趋势线不会像其他形态那样完美。如果波段交易者能够允许在两个方向上出现小幅突破，这个简单的工具效果良好。

特殊工具

利用特殊工具可以找出隐蔽的 S/R 指标，并能在交易中获得重要的优势。这些强有力的工具可以进行定制分析，但情绪化的普通股民没能好好地认识。用这些分析结果可以找到其他人很少看到或理解的交易机会，获得良好的收益。

斐波纳契级数

斐波纳契折返规律对所有基于价格折返的策略有效。波段交易者在利用斐波纳契网格线、简单的计算或物理工具在走势图上对相对高点或低点进行分析时，就可以发现这些隐蔽的走势。即使看起来似乎不可能或太过神秘，交易者每天都要对这些重要的价格关系进行分析。斐波纳契级数具有坚实的数学基础，但以前人们从来没有把它们明确地应用在现代的金融领域中。

12 世纪的修道士兼数学家莱昂纳多·达·比萨（Leonardo de Pisa，斐波纳契这个名字更为人所知）发现了一个自然界的奇异数学数列。这个数列以 1+1 开头，前两个数的和形成第三个斐波纳契级数值：

1+1=2，1+2=3，2+3=5，3+5=8，5+8=13，8+13=21，13+21=34，21+34=55，等等。

这些数字形成的主要比率显示了趋势与反趋势之间的一种可预测的相互作用。38%、50%和 62%是主要的折返水平。波段交易者在上涨和回落行情中利用这些百分比，就可以预测与内在趋势相反的运动程度。斐波纳契级数能够分析收缩盘整终止趋势之前，新高或新低能够移动多远。这些点位界定了隐蔽的 S/R 区域，在此价格会发生徘徊及/或反转。

斐波纳契级数通过一个简单的数学关系来显示自然界中存在的比例关系。这个级数的数字魔力表现为花瓣或贝壳纹饰的形式。这个数列 800 年前就有文献记载，但如今的中学生很少在数学课上运用。这种情况很可能会改变，因为这个数列正在逐步成为下个世纪数学分析和应用的主流思想。几十年后，我们的子孙很可能会发现，斐波纳契级数对他们认识左右大脑的相互作用会产生革命性的影响。

波段交易者交易时需要周详的计划和复杂的逻辑。但是情绪化的普通大众是率性而行。斐波纳契级数揭示的是数学与情绪之间隐蔽的界线，因为它们能够预测公众对于价格做出的反应。大多数交易者利用斐波纳契级数来分析反趋势，但很少分析它们在新高或新低位置推动价格的能力。交易者需要有很强的信心才能使用斐波纳契级数的扩展功能，因为走势图上缺少趋势镜像对被怀疑的反转水平进行交叉验证。

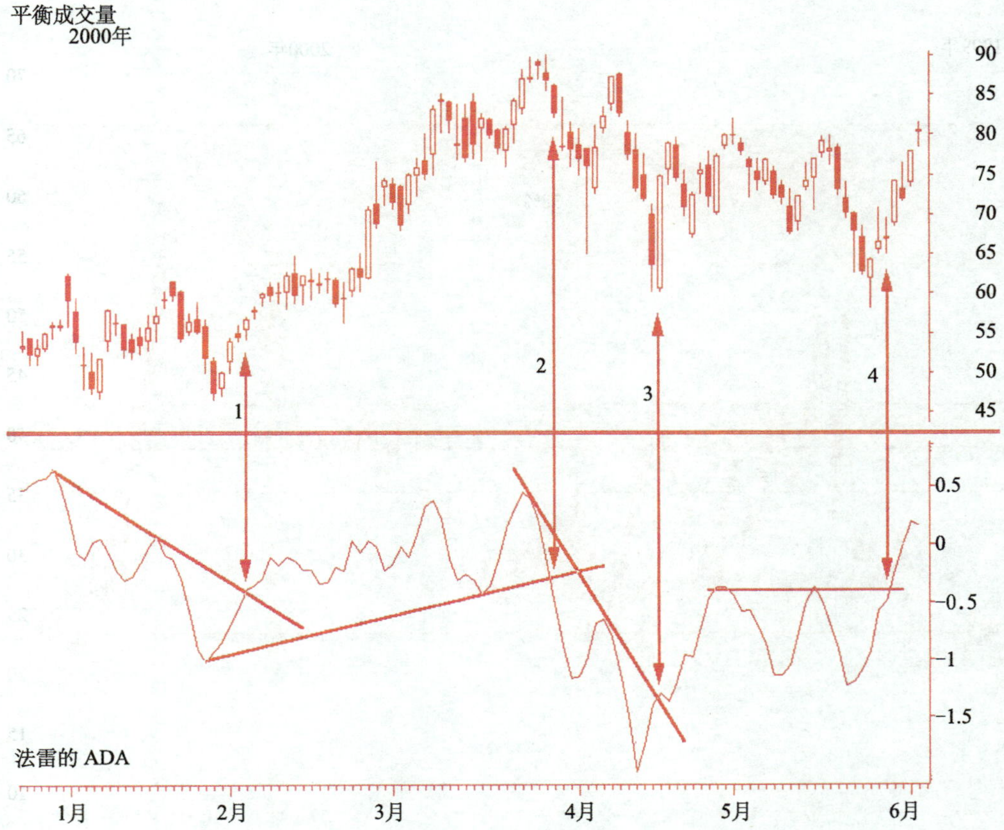

图 5—26 Oracle 公司股票日线图

注：ADA 趋势线的突破远在 Oracle 公司股票价格线之前就发出了重要的走势信息。在上升 30 个点位之前，第一个箭头在一个交叉的底部对价格底部进行了确认。第二个箭头在一个重要的顶部出现仅仅一根价格线之后，也对这个顶部发出了信号。然后，ADA 又预测了 4 月中旬的一个重要低点。最后，股价从一个新底部逃离，对上一个高点进行验证时，第四个箭头赶了上来。需要注意的是，ADA 形成的趋势线可以是上升、下降或水平，它们体现经典的 S/R 行为。

资料来源：RealTick® ©1986—2000。保留所有权利。Townsend 公司授权使用。

现代工具简化了斐波纳契折返分析。多年以来，波段交易者要用计算器手工计算每一个折返的情况。但是现在，大多数走势图软件提供网格工具，所有数学运算在几秒钟之内就可以完成。首先，确定一段动态趋势的相对高点和低点，通过它们绘制一个网格。然后，向外移动，覆盖不同长度的多个网格（还可以用不同颜色来表示），使它们能够揭示主要的上升和回落行情。最后，观察不同网格的主要折返水平之间的相互作用。找出这些聚集区域，用它们的 S/R 指标安排交易。

网格的水平按照标准的 38%、50%和 62%来设定，然后把它们抛在脑后。在

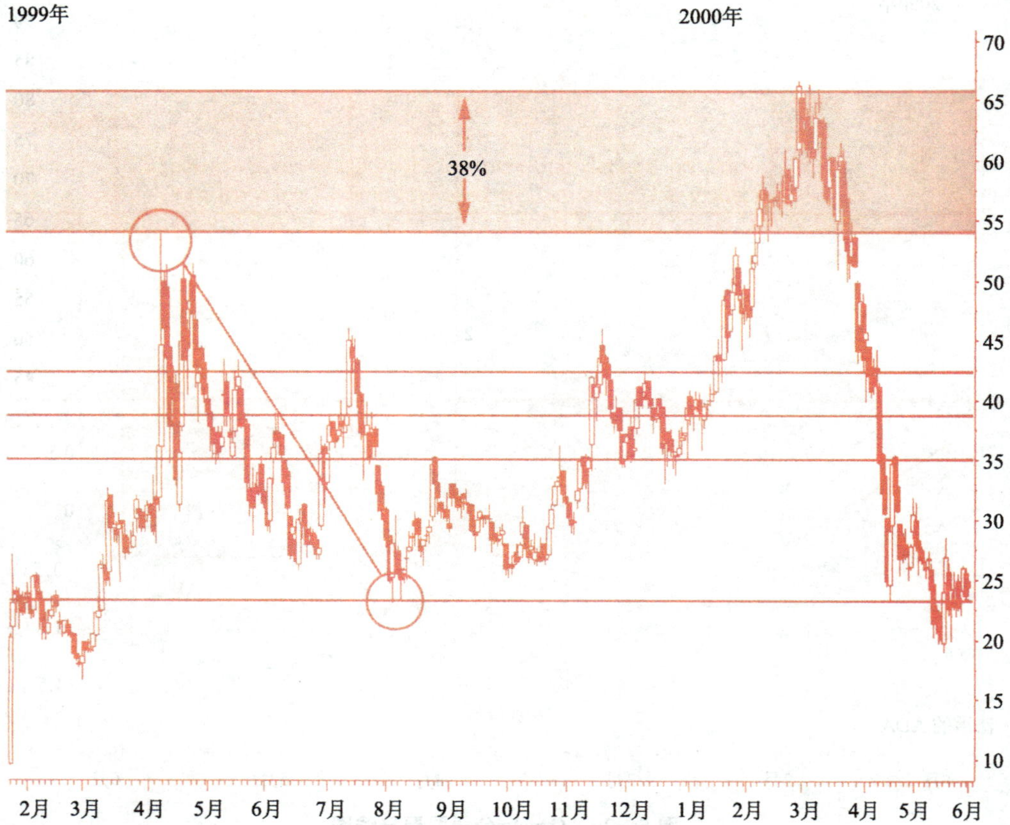

图 5—27　COVD 公司股票日线图

注：利用斐波纳契级数的扩展功能可以找到新高或新低的最初价格目标。在发生上下行突破之前，趋势推进的距离常超过上一个高点或低点与折返之间距离的 38%。在收缩盘整中寻找一个双底或双顶形态，从这个点到上一个高点或低点之间绘制斐波纳契网格线。然后，利用软件工具在这个水平之外绘制一根 38%的线，以表示未来行情的目标。

资料来源：RealTick® © 1986—2000。保留所有权利。Townsend 公司授权使用。

所有时间段的走势图上，当股价折返到这些折返价位时，行情就会反转。一般的交易策略是，如果一个折返穿越 62%的水平，那个周期的趋势就结束了，接着会发生一个 100%的折返。这种情况可以按照前面讲过的“首升/首败”的方式进行操作。

斐波纳契级数可以不断显示隐藏的 S/R 指标。根据这些关键的转折点入场离场交易获利。只有这些指标与走势图的其他指标交叉确认时，才能产生最佳的效果，主要折返水平对于随后的价格走势目标的意义很小。虽然可以根据斐波纳契级数关系的反弹做一个很好的交易安排，但是它可能很快结束，除非有交叉验证显示它支持一个更大周期的交易。如果价格不能找到强有力的支撑位，就会很容易滑落到下一个折返水平。但当斐波纳契级数水平位与重要的高点、低点和主要的平均线相符，发生实质性反弹的概率就会增加。

斐波纳契级数与艾略特波浪理论密切相关。幸运的是，波段交易者可以在不太了解波浪运动规律的前提下利用斐波纳契级数。要知道主趋势由5波形成（3波前进，2波倒退），而反向趋势由3波构成（2波前进，1波倒退）。这些简单的机制有利于斐波纳契网格的布置。要尽量把网格覆盖一个双顶或双底结构和一个第5波抛物线上升行情。然后对于预定的交易部位使用次一级的网格。从主趋势折返的行情通常是A—B—C顺序的反向趋势运动。在上行趋势中，价格通过一个A波回落，然后反弹为B波；B波通常不会达到之前高点，然后股价又回落成C波，破坏A波的底部。

所有时间段中的趋势都有相同的因素和类似的比例关系。大多数行情在从支撑位向阻力位移动然后返回的过程中，会出现波动逃离斐波纳契级数比例。在很多方面，这种成比例的运动揭示了价格走势的内在本质。但在所有时间段中，斐波纳契比例之间很少完美搭配。股票走势图上大部分的干扰信号就是这么产生的。这种不和谐情况会在走势图上形成双杀、盘整和很多的其他走势图特征。这种斐波纳契比例的阶段性对应关系揭示了它的数学功能。它也要求波段交易者观察不同时间段和不同水平的趋势之间强烈聚集情况的价格走势。这些搭配极好的价位对于价格走势具有很高的预测性，而且干扰性很低。

在利用斐波纳契折返行情进行交易时，要进行详细的回报/风险率分析。当价格反转之后，其他重要的斐波纳契百分比水平会阻碍走势的发展。如果交易针对的是较长的持股期，则不会影响交易的效果。但如果交易是根据单一直接的价格猛涨来安排的，那就要求回报水平相当高才能进行。必须在主要斐波纳契比例位关注交易的机会，而当价格在主要区域之间移动，则应该观望。对于大多数交易策略，最明智的操作方法是与短期趋势最直接的运动趋势逆向操作。

斐波纳契级数关系能够揭示大周期和极小周期中的趋势运动。这个折返技术在熊市和牛市行情中都适用。主要的下跌行情在回落验证低点之前，通常会对一个下跌过程进行50%或62%的回补。要记住，逼空不能对上一个反向的运动构成100%的折返。利用斐波纳契网格来寻找自然下跌的水平，以便进行低风险短线交易。

当波动性和成交量降低时，这种比例性的力量会对趋势进行验证。任何折返的水

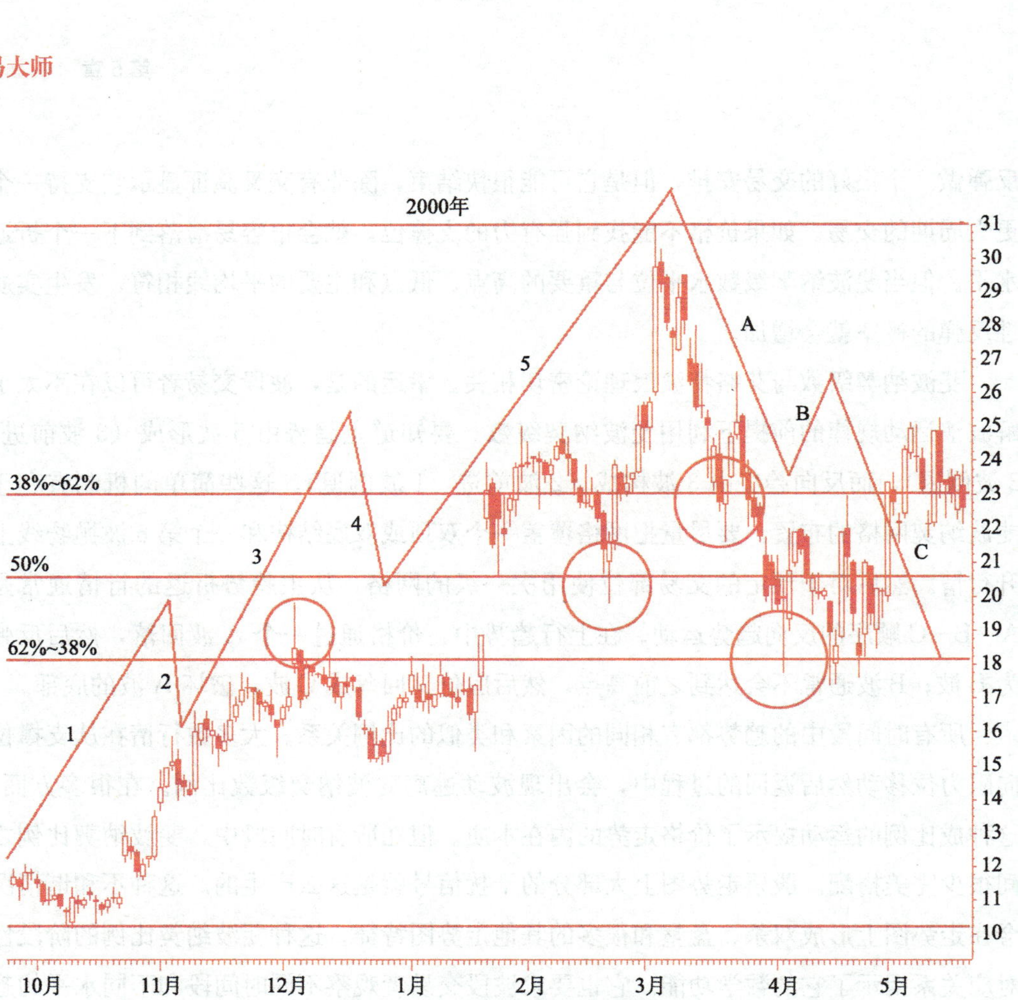

图 5—28 Sybase 公司股票日线图

注：五波上涨行情形成了斐波纳契级数关系的走势图。第一波上涨 38%，之后收缩盘整形成第二波的折返。然后在趋势的中点位置如期出现了一个持续缺口。当行情在 62%位置出现双杀时，第四波快速形成，最后第五波从 50%位置上攻突破。上涨行情触顶，A 修正波使价位跌至 38%的折返位，然后又从这个位置反弹为 B 波。这个小行情上升失败，将 C 波带上 62%位置成功验证。

资料来源：RealTick® © 1986—2000。保留所有权利。Townsend 公司授权使用。

平都无法保证价格保持不变，并引发有力的反弹。所以很多波段交易者都采取观望的态度。他们采取防御性的策略，直到股票升到 62%的阻力位。由于这反映的是最深的潜在反弹，高水平的 S/R 指标比其他量值的指标效果要好。当然，有很多趋势永远不会折返到这样的程度，所以就失去了交易的机会，但这个策略也能够避免假顶或假底的错误。

如果有 3~4 个指标对交易设定进行交叉确认，那么当折返达到这个深度时，就应该立刻进行交易。如果不行，则应旁观，等待机会。虽然 62%的水平线能够提供 S/R 指标，这个区域也可能出现剧烈的双杀局面。当 62%的水平位被破坏，并且价格超越被破坏水平，价格向 70%～75%水平靠近，这就是极佳的交易时机。虽然这与自然的趋势规则有冲突，但在现代股市操作，需要灵活处理。

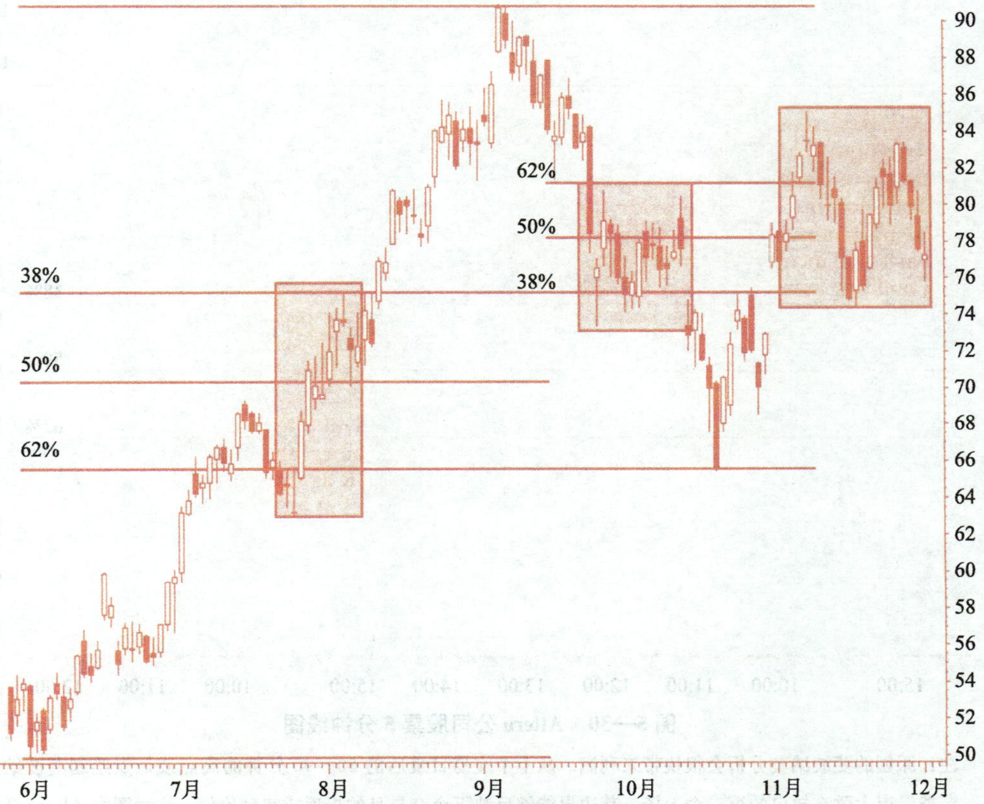

图 5—29　英特尔公司股票日线图

注：强劲的走势通常在 38%～62%的斐波纳契区域中形成第三波垂直上行行情。当这些基本的上涨和抛售折返形成典型的 ABC 盘整时，中间的 B 波通常在较小反趋势的 38%～62%区域里开始收缩盘整。多个斐波纳契和波浪水平乍看起来有点混乱，但它们相互缠绕形成一个比例系统，能够帮助波段交易者预测价格的急剧变化。

资料来源：RealTick® © 1986—2000。保留所有权利。Townsend 公司授权使用。

人们对斐波纳契级数了解不足，但情况可能会改变。大多数新软件都有斐波纳契网格这项功能，并会介绍如何使用。大家对经典折返规律的认识不断增多，这些重要的水平线还会有更多的表现。但是目前这个重要的工具不能闲置。自然的规律无法被人为地否定。虽然破坏和双杀情况可能会增加，在这些水平的 S/R 指标的作用将持续下去。当根据斐波纳契级数构建波段策略时，要学会超前于、滞后于或逆于大众股民的行为。

图 5—30　Altera 公司股票 5 分钟线图

注：原创的斐波纳契分析会很快带来利润。从上个交易日最后的 60～90 分钟的高点或低点绘制斐波纳契网格，穿越晨市大跳空缺口的第一个上扬。其边界能够反映下个交易日的折返或突破价位。注意图中 Altera 公司的股票正好下挫到 38%的水平，然后又返回进行确认，并以一个 2B 形态破坏了第一小时的范围。第二天晨市 Altera 公司的股票在最后一次折返后形成了一个标准的单柄杯子的形态。

资料来源：RealTick® © 1986—2000。保留所有权利。Townsend 公司授权使用。

在日内交易中使用斐波纳契级数可以使波段交易者比竞争对手领先一步。找一只活跃的股票，在某交易日最后一小时的高点或低点绘制一个网格，然后把它延伸到隔天开盘第一小时的高点或低点。这个网格揭示了隐蔽的 S/R 范围，并将股价带入下一个趋势。这个方法在跳空开盘的强势行情中相当成功。跳空的缺口经常会穿越一个主要的折返水平，提供低风险介入机会。另一种策略是在第一小时的行情中绘制一个网格。随着股价的不断波动，可以利用这些折返水平来确定 S/R 指标。很多股票发生突破前最后会在两边的 38%水平筑底。

日内走势图上，斐波纳契网格被破坏情况要比长周期走势图的破坏情况糟糕。单根价格线就能破坏一个完美的折返行情。不要依靠那些38%、50%和62%的运动情况。非常小的趋势也能化解较大的影响折返的数学力量。要用K线图而不要用棒线图来排除日内行情的干扰信号。另外要注意大趋势中交易日期斐波纳契水平线，因为价格可能出现穿越。在波段交易策略中，较大时间段的走势图的作用总是比较小时间段的重要。

利用斐波纳契级数的扩展功能确定新高点和低点的极值。在收缩盘整中找出导致突破趋势的起点。股价通常会超过这个点到之前高点或低点距离的38%（参见图5—27）。然后找到小型趋势的脉冲，用新网格将它覆盖。当股价进入全新区域，这些网格会解释中期的阻力位。

很多交易者不明白斐波纳契网格从哪里开始，到哪里结束。实际上，一个趋势内部的绝对高点或低点不一定会产生最佳的效果。但是，一定要进行分析，看中期水平是否与明显的S/R指标相符。如果折返穿越了不太引人注意的区域，可以尝试另外的方法。高位或低位的收缩盘整行情通常在趋势开始脉冲上升和价格退出模式之前，先验证行情。利用这种第二个顶部或底部进行操作，不要用绝对价位。在很多情况下，中期斐波纳契的水平与它们所处的行情阶段相符。

行情数字

支撑位和阻力位有很多种形式。趋势线、价格极值和隐蔽的斐波纳契价位都能够使行情来回波动。但是，走势图不会停止。趋势发展也和普通的十进制系统相呼应。这些重要的行情数字还可能生成另一个具有特殊交易价值的S/R阻力位。看看你的手指头和脚趾头，你就能理解这个系统的简单逻辑。

十进位的价位能够产生可预测的趋势动力，因为行情能够改变参与互动的模式。一只小型股可能会在10美元以下停留数月，或者，一只大型股会多次验证100美元但都不成功。要注意看某个指数如何最终突破重要的心理障碍，通常正好是10的倍数。这些数字在极小规模的交易中也有作用。在价格登上一个整数位之后，又折返穿越阻力位，达到1/16或1/8，此时投机者通常离场。接着，当折返降到3/4或13/16的位置时，他们又进行反转操作。

交易者通过市场的自我实现功能对整数价位规律做出反应。对这些数字没有明确认识的人，在计算投资的获利和亏损情况时，是按照整数位进行交易，不计分数部分。当股票达到预先设定的价位时，买方愿意卖出，卖方准备买进。股评家会给出合理的价位目标，大家也会把止损目标定在这些价位的上下。

某些投资群体通常在以10为单位的股价增量范围内进行交易。小型散户喜欢低价股，而机构投资者和职业投资者则通常选择那些较贵的股票。理解这些整数位（10、20、30、40美元等）的一个方法就是把价格变化看成是一批投资者在这些重要的转折点将接力棒转交给另外一批人。在新整数位的购买力必须足够大，能够吸收供应量，要不然价格就无法超越阻力位。

当价格靠近下一个价位时，价格波动范围会变窄，其范围很可能是由这些数字决定的。即使是强有力的趋势也可能缓下来，悄悄获利了结、频繁验证和小幅折返。这些强化巩固区域为价格的确认以及穿越下一个整数位打下基础。测量价格振荡的降低程度，可以利用经典的空档区操作策略，为峰值的重新形成做好准备。注意观察改变率的剧烈下跌以及狭窄范围K线的出现。这就给价位盘上整数位提供了基础。在清淡行情中要保持警惕，因为新趋势可能很快就会出现。

整数价位的突破与其他类型的S/R指标突破情况类似。当这些水平突破时，负面反馈就会演变成定向移动走势。价格会像经典的突破行情一样不断折返验证新的阻力位。如果巨额成交量随价格移动，对整数位的小规模破坏意味着可以进行低风险的介入。但是，如果收缩盘整行情在阻力位的一侧停留时间过长，离场订单就会累积，风险也会增高。

一旦趋势验证了一个新的行情数位，价位就会从这个水平急剧远离。价格通常会快速向上一个整数位和下一个整数位之间的中点靠拢。这种对10的平分（本例中为10/2=5）是一个自然的价格关键点。50、100和其他10的倍数位也会成为主要的阻力位。价格从这些价位折返的程度，比从其他较小整数位折返要剧烈得多。注意观察价位两侧出现的、比其他转折点多停留的复杂形态。

在关键行情数位之下的收缩盘整区域会发出错误的上升信号。主要的趋势变化在靠近整数价位附近发生的频率，要高于任何其他的位置。当突破这些阻力位以后，这些反转行情第一次出现。然后价格会回落，进行横盘整理，进入密集区域。局限范围的价格线筑顶之后，开始大成交量破位下跌。

当价格从整数价位急剧下跌时，应该退一步，来分析持续时间第二长的趋势。在这些重要的阻力位发生的反转，可能持续几个月或几年不折返。趋势的剧烈变化反映了特殊群体在每一个整数位持股的情况。一群人想要卖出股票获取利润，另一群人却不想买进。被套的买空引发抛售，终止了原来的趋势。

行情数字在下跌中起着强劲的支撑作用。一个可靠的投机策略是在行情数字第一次失败时买进，除非是跳空达到的价位。但对做这种经典的操作应该谨慎。反弹在重新上行超越整数位后很快就会终止，所以严格止损和保护性交易策略才能确保获利。对内部情况的了解使这种交易方法非常可靠。庄家和专家们都知道，通常要在整数位之下止损。他们精心算计这些价位，收集卖单，并促成新的卖空行为。然而这种破坏行为造成成交量的增加，快速减轻了逼空的压力，并导致逼空，使价格重新反弹超越整数位。

了解了整数价位，交易者可以进行有意思的卖空。在上升行情中，当价格运动符合某些条件并第一次接触某些股价水平时，较为大胆的交易者就可能进行卖空操作。看有哪些股票在持续上升之后能够达到这个价位。技术指标应该能显示超买的条件，并暗示会立即反转。如有可能，可进行交叉验证，加强操作安全。然后，要确保在这个关键阻力位直接下方没有收缩盘整行为。例如，当一只股票从28或29美元的底部上行，不要在30美元价位卖空。

第二个波段卖空的机会在行情数字最后被下行突破时出现。如果有交叉验证支持对其他支撑位（如移动平均线）的突破，从这个阻力位的下跌可能剧烈而惨烈。实际上，整数位通常就是主要的移动平均线、布林带极值和主要折返百分比。要留心整数位出现多个指标交叉的情况。在这些交叉点进行交易，回报率很高。

价位牌

日内交易中普通股民的行为造成了买卖压力的脉冲。虽然如今股市的一片混乱令人质疑，但这种持续的振荡也很有序和有范围。这些脉冲行为与S&P90分钟走势图相似，但是能揭示更小更详细的波动行为。波段交易者应该把这个重要的现象与日内交易相结合来看。

价格指标记录的是股票的数量，以及最后一个交易表现的是上涨还是下跌。这种测量能实时显示每个主要的交易。纽交所价位牌（TICK）是可以对美国所有股票行情做出高度预测的指标。交易者可以不用纳斯达克的交易的TICK信息，而在入场离场中使用纽交所的经典策略。

要随时关注TICK实时行情变化情况，并整理成近期行情走势图。这个强大的波动指标，不要天天看每周看。波动值总是在－500和＋500的短期极值之间移动。长期图表就像起伏的山峦在湖水中的倒影，对波段交易者来说不太有用。

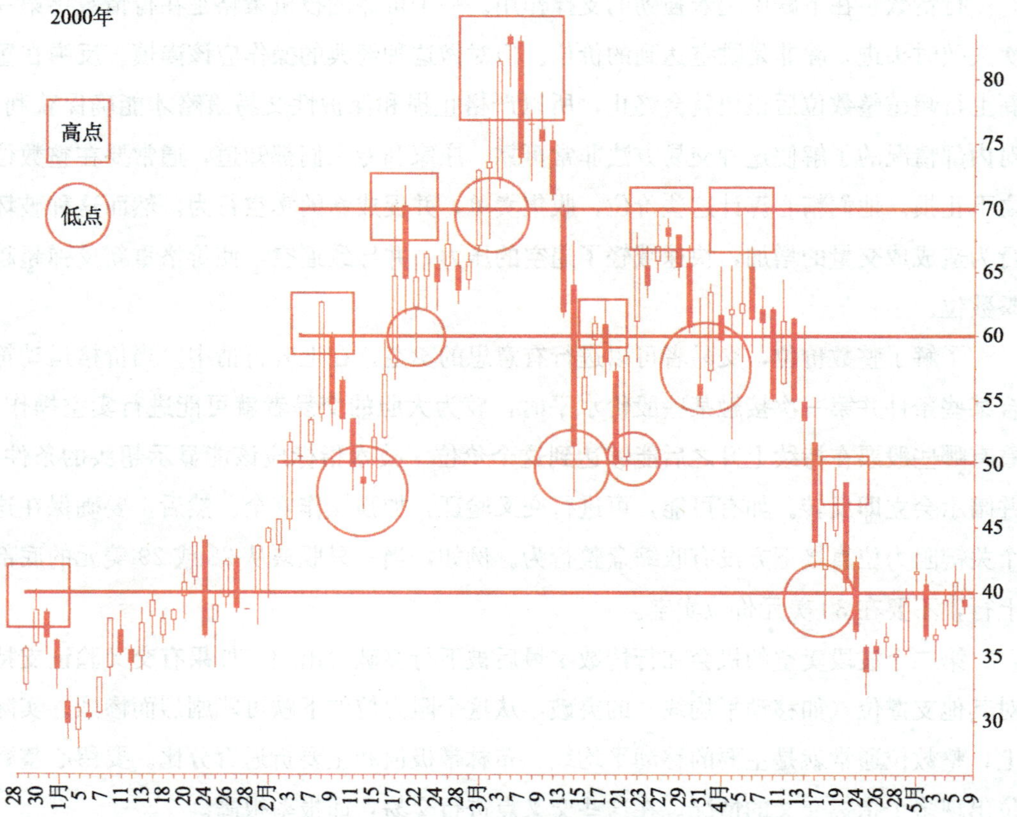

图 5—31 Immunex 公司股票日线图

注：Immunex 公司的股票与整数价位逻辑相符。为期 4 个月的周期中，至少有 8 次上升和 7 次抛售在整数价位出现反转。价格首先击穿阻力位，增加了成交量，然后几乎在每一次都进行了快速反转。整数位通常会形成短路趋势，因为在这些阻力位后面的巨大订单量能够快速抵消买卖双方的力量。

资料来源：RealTick® © 1986—2000。保留所有权利。Townsend 公司授权使用。

最有效的 TICK 走势图与日内行情的性质相符。对于 2～3 天的行情，可以尝试 5 分钟或 15 分钟的数据；对于 5～10 天的行情，可以尝试 60 分钟走势图，要用 K 线图。TICK 走势图能反映具有高度预测能力的十字星和锤头的反转形态。当买卖行为在极值之间波动时，K 线图通常显示 1—2—3 波的形式。在走势图上不需要任何上部窗口的指标，因为 TICK 走势图与趋势线分析的一致程度比任何其他分析方法都高。

纽交所价位牌通常形成体现复杂日内 S/R 指标的趋势线和平行通道线。它在某些近期的水平极值价位也会寻找支撑，自然限制了买卖的行为。绘制最近行情线和通道，开始分析 TICK 走势图。把这些线延长，并观察它们与日内交易中出现的反转、突破和收缩盘整行情之间的关系。

主要的突破行为不断刺穿这些线。但 TICK K 线图的实体保留了 S/R 指标，并在大部分时间内允许形态较好的趋势线。在穿过之前的地板或天花板水平时，剧烈的影线区域就发出了重要的反转信号。利用这些重要的指标时，一定不能要求完美。它的最大价值就在于它波动的纯粹性，揭示了公众行为的小周期规律。

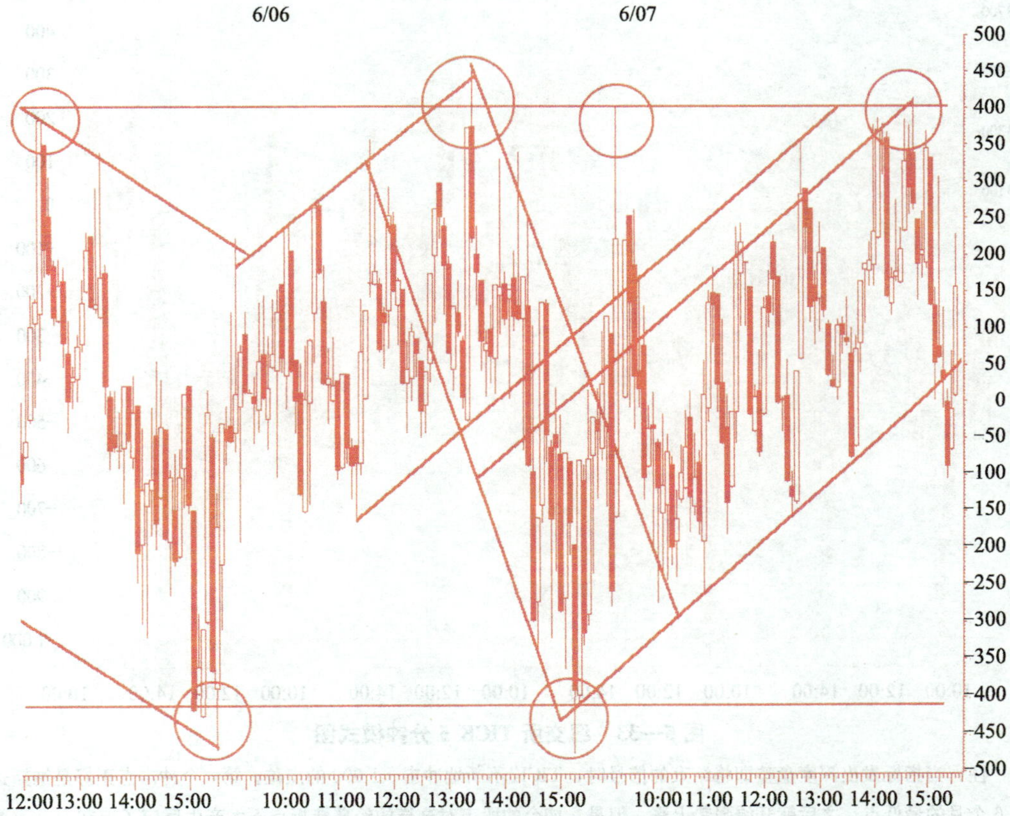

图 5—32　纽交所 TICK 5 分钟模式图

注：6 月初，TICK 展现出典型的 5 分钟模式。在不到 3 天的时间内，至少出现了 4 个平行通道和谐振形态。这些形态完好的区域在每个日内交易中揭示隐蔽的反转，预示即将出现的价格突破。请注意图中 K 线图的影线延伸到 400 和－400 的情况。水平阻力位构成买卖行为的峰值，并可持续几天的时间。

资料来源：RealTick® © 1986—2000。保留所有权利。Townsend 公司授权使用。

TICK 指标能够找到自然入场和离场的范围。当价格通道或趋势线发生突破，沿突破方向的交易活动将加强。这些价格线的扩张与其他形式的 S/R 有共同的特点。K 线在沿新方向推进之前，会经常折返，对突破点进行验证。TICK 运动比价格运动有天然的优势。价格可以沿某方向发展几个小时或几天，TICK 则表示短期的极值，供求情况一发生变化，会立即出现反转。可以将自己的仓位针对预估的 TICK 进行调整，并根据波动指标的反转和突破情况进行交叉验证。如果 TICK 发出了重要的反向信息，即使没有价格交叉验证，也应该准备终止交易。

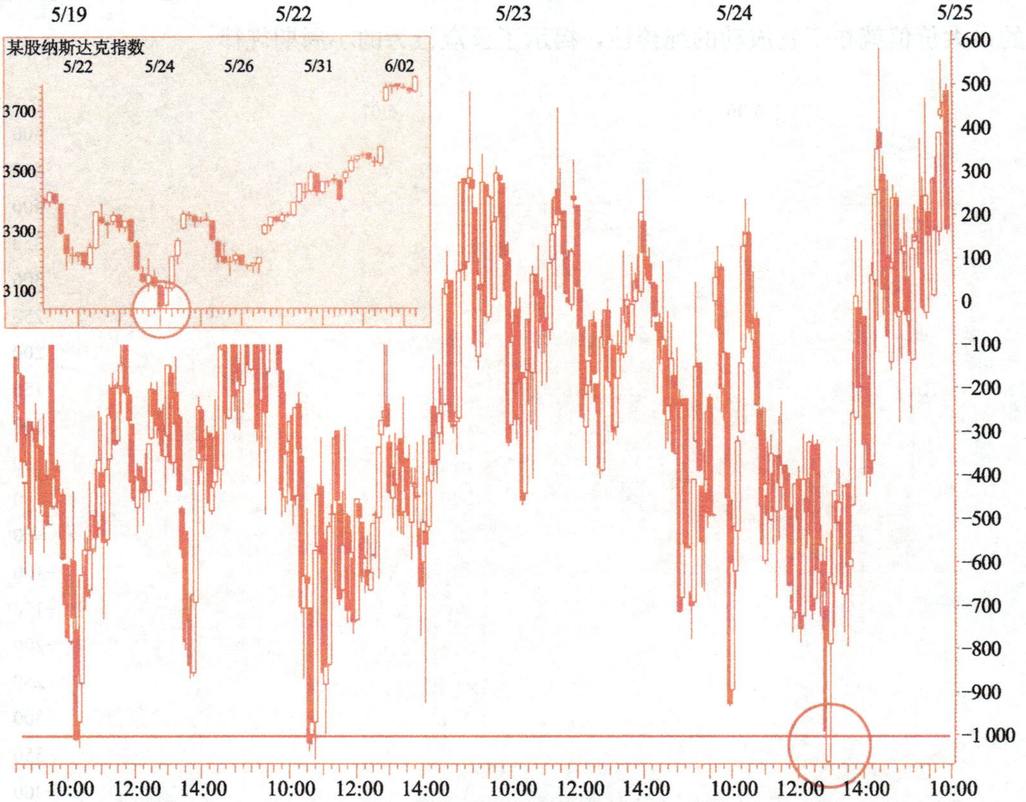

图 5—33　纽交所 TICK 5 分钟模式图

注：当指标发出深度盘整即将结束的信号时，TICK 不断地冲击－1 000 的点位。第 3 个冲击点正好是纳斯达克 6 个月的最低点，之后就开始强势上涨。但是，如今的股市对这样的经典转折点不太产生反应了。在一个重要反转出现之前，最近的盘整把指标朝－1 500 点拉近。要看在深度 TICK 极值位置是否有几个验证行为，以确定买卖压力的主要转变。

资料来源：RealTick® © 1986—2000。保留所有权利。Townsend 公司授权使用。

TICK 的通道行为把时间划分成独特的单位，能够预测高点或低点极值位置。这些碎片单位确定了时间阻力。换句话说，波段交易者可以估计，在一个新的上涨或反转行情发生之前 K 线的数目。进入较大的周期之后，这种波动情况也会持续。这可能和日内 S&P 周期内的片断相似，甚至可以和较宽泛的 3 日波动周期相似。

在重要的行情转折点，需要留意 TICK 数值。在过去，当指标接触到＋1 000或

－1 000 极值水平时，就会出现强劲的反转。这些自然的超买超卖界限能持续多年。但如今的股市振荡范围比以前大了很多。当振荡剧烈时，TICK 指标可以在＋1 500 和－1 500 之间波动。在一个相对基础上估计行情转折点时，波段交易者仍然可以利用之前的极值。但是，对于大型的反转行情，一定要通过指标走势图模式进行交叉验证。

第 6 章

理解时间

时间因素

价格模式能显示交易机会。但是，很多人不知道糟糕的时间管理会削弱交易设定的效果，造成亏损。每一个操作都有一个持股期可以将回报/风险率最大化，但这个理想阶段可能与个人交易计划的时间段不符。仓位和交易设定必须在时间上同步，否则后果很严重。不幸的是，很多人没重视这个重要的因素，就开始盲目交易。

能好好管理时间的是赢家，反之为输家。懒惰的交易者忽略了根本的因素从而误解了行情信号，浪费了有价值的资源。时间会对走势图的两个特征产生影响。第一，它决定了操作应该如何跟随价格的波动来进行。第二，它能够揭示市场内在倾向，可以影响日内、日、周、月的行情趋势。

对时间敏感的行情要选择与之匹配的持股期，并积极管理信息。实时行情显示和数据库必须与具体的时间段相符。应该对有利的重要时间特征进行技术分析，筛选数据。对走势图、指标组合和所关注的内容进行综合考虑，并将交易策略用于某一种行情。

只要有可能，就要对与入场点对应的操作期相邻的次一级时间段进行分析。这样能优化回报，更直观地看到短期风险。在活跃仓位管理期间更要密切关注这个走势图，但如果要离场，要按原来的走势图执行。即便股价还没有出现主要突破，也要预定好操作目标，管控持股期。

要深入研究行情时间的偏离状况。第一小时和最后一小时的行情，以及各种日内的异常波动都会改变短期价格的方向。较大周期会产生奇怪的现象，例如星期二回转、3 日周期波动和税务损失季节等。预定的重要事件通常会影响价格，扭曲指标的走势；期权到期日也会影响某个月当中的某些交易日的情况。

波段交易者会通过资金来操控机会成本。这个重要的理念证明了有效止损对长期生存非常重要。对仓位的规划决定了哪些资金不能用于另外一个交易。当错误决定导致操作失败或者引发保证金交易催款电话，账户缩水的主要问题就来了。操作水平低下也会影响机会成本。交易不当只会套牢资金，无法带来利润，也不会影响交易账户。

时间上的失误会导致趋势相对性错误，代价严重。在某个时间段内的良好操作，可能会导致在另一个时间段里的灾难。所有的有向移动都有时间段的限制。例如，在日线图上的上涨可能在月线图或日内走势图上没有什么意义。有效的交易计划能减少趋势相对性错误。要密切针对预期的交易时间段计算回报/风险率，分析持股期，确定 S/R 指标。

如果时间运用有误，技术指标也会无效。如果时间运用无误，普通数据也能预测准确。必须明了，预设的交易计划仅仅体现大众股民交易行为的概况，但极少对特定时间策略发出有效的信号。也必须注意，要分析的走势图的时间长度和交易设定一样会影响结果。

指标时间可以分为以下 3 种类型：

- 移动平均线，如价格或成交量。
- 开盘价、收盘价、价格线的高点和/或低点之间的关系。
- 价格或成交量行为重复出现的周期。

指标时间段分为 3 种类型：

- 短期。
- 中期。
- 长期。

时间段是行情的相对时间段，而不是绝对的时间长度。日内交易中的短期与共同基金当中的同一长度的行情，不是同样长度的时间。实际上，每个交易策略都要进行短、中、长期的分析。这和三屏幕的综合分析一样。如果要进行有效的准备，就要从走势图所处时间段的上一级和下一级时间段走势图进行分析。例如，日内交易者可能会综合分析 5 分钟线上的三角形；在 60 分钟线上分析双顶 S/R 形态；而在 1 分钟线上却要寻找一个低风险的折返行情。

技术分析的对象是时间碎片的行情。不要按每天、每周或每月来分析，要把时间分为独立阶段来看。因为没有任何两个交易者会用完全相同的方法来交易，所以要更广泛地利用模式和指标。不论指标是在 5 分钟线上出现还是在月线上出现，都有预测的能力，但只能对工具正在分析的时间段进行预测，必须小心操作。

股市时钟

超短期周期能推动股市往前冲。这种小型时间碎片每个都具有可预测的大众股民行为、价格、振荡等特征。在这些阶段，预期行为的强度大小或存在与否，都会产生反馈循环，推动之后行情的运动。市场间关系会产生很多基本的周期。芝加哥期货市场和纽约证券市场之间的竞争会不断推动股市套利行为。政府在上午 10 点发布的经济统计数据会在全世界股市引起动荡，而下午 3 点发布的信用市场清算报告，则会引发美国股票市场交易日中最后一小时的活跃交易。

股市的自然节奏能够影响其他的周期。随着交易日时间的不断推移，大众股民的行为会发生巨大的变化。小型散户们主导晨市时间，他们缺乏耐心，而且总是一开盘就进行交易。当他们的影响力渐渐消失，职业交易者开始登场，推动日内交易的平衡。他们的影响力在最后一小时达到顶峰，最后几分钟的交易尤为疯狂。

盘后交易会延长股市的时间，但很少能影响较大周期的走势。如果未来世界股市是 24 小时交易，这种情况就会发生变化。大多数的交易者会利用这个相对平静的时间来完成在正常交易时间内进仓的交易。他们可能在第二天早晨出现跳空缺口时，跟随大批普通交易者离场，或者把错过正常收盘时间的亏损交易进行了结。但经常会发生收盘后的重大事件，那都属例外情形。盘前交易不断发展，但是更大的力量仍然会推动前一天的走势。由于有内部的操控，所以大多数波段交易者都还是耐心等待开盘。

鲜为人知的 S&P 替代周期会推动日内价格的波动。90 分钟的弱势发展之后通常就是 90 分钟的强势行情。这种周期会自然地把交易日分成 5 个不同的阶段：与当前趋势方向相同的有三个阶段，另外两个相反。虽然套利所驱动的股市拉锯行为能推动股市的发展，但是把交易日分为 5 个具体的时间段也是确定短周期的一个有效的办法。

9：00—10：30 股市开盘，出现第一个脉冲，对上一个交易日的收盘阶段进行收尾。

10：30—12：00 晨市中期对开盘阶段行情做出回应，但没有影响价格的运动。

12：00—13：30 午餐期间行情产生第二个脉冲，对开盘阶段的行情进行收尾。

13：30—15：00 下午中期对午餐期间行情做出回应，但没有影响价格的运动。

15：00—16：30 出现第三个脉冲，对开盘和午餐期间行情做出回应，然后股市收盘。

上述每个 90 分钟的阶段都对上一个脉冲构成一个新的作用力或反作用力。每一个脉冲都会消化之前的行情，又引发影响价格运动的新冲突。这会产生一个反作用阶段，可以检验交易设定和之前脉冲的边界是否有效。最后，这个作用力与反作用力轴线引发下一个脉冲，对上一个脉动进行收尾，化解所出现的矛盾。同时也要注意，收盘脉冲的反作用是收盘后的夜间市场形成的，而不是股票交易形成的。

日内交易行情在这个复杂的结构中波动。波段交易者要能识别这些情绪的变化，并做相应的调整。请记住，短周期可能会产生相当大的干扰信号，或者干脆不出现。要在 5 分钟 TICK 走势图和日内随机指标变化中观察这些普遍的时间规律。当这些指标发出强烈的信号和有向反馈时，做相应的操作；但是它们的综合信息发出负面反馈时，不应操作。周期性的情况可能不会如期出现。负面反馈通常会超过它们自身的长度，而迅猛的趋势通常不到 90 分钟就会结束。当出现这种情况时，不要盲从狭隘的原则，要努力识别这个重要的波动时间段。

股市时间会形成 3 个不同的脉冲阶段和 2 个反向运动阶段。每个脉冲会完成上一个脉冲所引发的行情，并消化行情。例如，第一个 90 分钟的行情与盘前交易安排相对应，实际开盘和第一小时的交易相对应。这个重要的阶段把上一个交易日收盘前一小时内出现的不平衡，以及盘后夜间所产生的新问题加以消化。

每个脉冲后都会出现一个验证和反作用。这个反作用力能衡量推动力的强度和可持续能力。在这些反作用力阶段不太可能出现主要的反转，若有反转出现，会表现出巨大的力量。这种现象是因为某个验证的结果，其表现为上一个阶段中起控制作用的力量急剧降低，并套住股市一侧的人群的验证行为。

收盘脉冲没有简单的反作用阶段。夜间以及世界股市的作用会解决这个问题，它们会消化美国外汇的影响，以及美国股市产生的新脉冲的影响。全球 24 小时交易的 S&P 期货市场是盘后反作用的主要能量消化渠道。收盘后的作用机制可能会随着今后交易时间的增加，导致成交量加大而发生巨大的变化。

反作用阶段（上午中期和下午中期）不会解决之前脉冲所产生的矛盾。在价格运动成功消化新失衡状况之前，必须经历一个完整的作用力与反作用力的周期。反作用力阶段决定了潜在脉冲的强度，以及价格运动如何解决出现的矛盾。这个验证阶段的完成使交易者能够做出正确的决定，并为下一个脉冲提供动力。

若搭配和谐，脉冲时就发出正面反馈；若有冲突，就会发出负面反馈。例如，若强劲开盘脉冲之后出现可支撑性午间脉冲（在反作用阶段反向运动力量较小），产生强劲盘后脉冲的概率就会较高。或者，在强劲开盘之后出现较弱的第二个脉冲，则往往会演变为一个无向的或者反转的收盘行情。

交易时机

若要日内交易获利，需要按照日交易时间周期进行操作。动量策略通常与脉冲阶段相应，而波动策略则与反作用周期的特征相应。只要有可能，要根据大规模的走势/区间情况来设定交易。例如，在活跃行情中，要按动量价在推进阶段而不是在反作用阶段操作；针对折返交易时，要根据反作用阶段而不是正向推进阶段进行交易。

不要在杂音信号太多的周期进行操作。即使在日内交易水平，趋势阶段也只占行情时间的 10%～20%。在脉冲推进阶段很少有有向运动，也很少有大众股民的参与。反作用区可能没有发展方向或界限。这种躁动的市场行为会引发很多不协调阶段，也没有明确的交易信号和机会。如果 TICK 走势图无法显示当前的阶段，不要强行交易。

某些特定的交易策略不得在交易日中的某些时间实施。很多经验丰富的交易者在开盘阶段进行观望。他们利用这段时间将上一个交易日的交易进行了结，并收集反馈信息，在当日稍后时间做出合理的交易决策。有些人则非常大胆，一开盘就开始操作，但在午餐期间就离场，然后再也不买入。有些人则愿意在交易日中清淡行情里投机操作，因为这时成交量低，风险也低。在交易日的最后一小时里，很多晨市交易者又返回来，进一步推动收盘时期的振荡。

按走势图进行日内交易比较适合某些时间。隔夜跳空缺口的操作有利于在开盘几分钟内进行。第一小时发生的突破必须要等 60 分钟或者更长的时间，才能形成新的趋势。利用 5 分钟价格线的简单走势图可能数据不够，无法预测价格的变化；要等到上午快结束或者下午的早些时候才能确定。并且，很多复杂的日内模式一直要等到交易日的最后一小时才能完成上下行突破。

具体的持股期要看这种短期拉锯行为的许多方面。日内交易者通过单个的动量脉冲寻找获利机会。与周期性转折点相符的操作能提高回报率，将风险最小化。这种行情与经典的波浪运动周期相似，波段交易者能够发现特别有价值的机会，也就是说，脉冲与反作用之后会跟随着脉冲与反作用。这就会形成一种操作节奏，可以买弱卖强。交易者观察这些周期，会提高操作的效果，因为他们通过一些简单观察就能避免刚开盘就下单。

行情周期性提供一种强有力的改善操作时机的办法，与具体的持股期无关。然而在实际行情中日内周期不会干干净净地从一个阶段发展到另外一个阶段。一个周期结束另外一个周期开始的界限，需要经验来判断这样的时间区域，即使在最好的状况下也是如此。那么，没有经验的交易者如何才能训练出这样的能力呢？

每一个时间区域都有其独特的性质，这就是区分与其他的时间区域的方法。先从与具体阶段相符合的走势/区间轴线开始，然后再分析与交易当日时间相对应的共同特征。例如，开盘收盘时发生了什么情况使行情如此波动？午餐期间的行情如何影响自然的交易流程？低迷的中午行情开始后通常会持续多久？

经验丰富的交易者不需要太多的客观信息就能够感觉到日内波段周期。但是，其他人都应该考虑一些重要的问题，才能确定这种行情在这个无休止的作用力/反作用力的周期中的位置：

目前是什么时间区域？

不要依靠实际的时间来识别目前行情所处的阶段。应该根据价格运动来判断它在交易日中所处的阶段。第一小时的经典振荡行情可能仅仅持续 30 分钟，也可能需要整个上午的时间才能稳定下来。新的高点或低点能够预示脉冲阶段正在形成。对近期价位的验证行为、低迷或横盘整理都显示反作用力阶段的出现。

目前的运动最终会发展成什么趋势？

市场通过价格运动消化短期失衡的状态。最终，后续发生的每个脉冲形成新的失衡状态，都必然面对验证和平仓了结。既要分析价格也要分析短期情绪变化，才能看清当前的走势。通过一个句子表达行情信息，然后预测可能结束这种行情的价格运动。

这个脉冲与某个趋势是收敛还是离散？

收敛的状况是通过后续的脉冲来预测价格的变化。离散的状况则预测混乱的盘整和动荡的行情。要考虑大周期内的行情运动的水平。如果没有强劲趋势和剧烈的行情，收敛就没有什么重要性。要注意看所有指标都成熟时的情况。这可能促使收盘的脉冲状况快速上涨或下跌。

是应该根据下一个脉冲安排交易，还是应该根据下一个反作用力来安排，或是旁观就好？

在所有其他问题被回答以后，股市时钟才会使入场离场的决策达到最优水平。要分析日内时间周期，并结合交叉验证来确定合适的交易目标。当价格利落地出现脉冲，又通过反作用折返，然后又在下一个脉冲中推进，此时是最佳机会。

第一小时

股市的第一小时和最后一小时有利于形成强劲的有向价格运动。这种正面反馈通常在中午时耗尽，然后负面反馈开始起作用。这两个关键的小时里出现了许多阶段的重要价格运动。在这两个阶段交易的股票量可能超过整个开盘期间 6.5 个小时成交量的 60％。

在这段时间内出现的价格极值可能是全天的高点或低点。纽约时间的上午 10：30 到下午 3：00 这 4.5 个小时的价格运动通常是第一小时价格运动所限定的狭窄通道内的波动。在这个时间段里，价格线和成交量萎缩，因为推动价格的人们的操作焦点都转移到所预计的收盘价格脉冲上。

回顾一下第一小时所透露的信息。股民们通常会分析开盘前的市场情绪、价格线以及可能影响新交易日供求关系的最新消息。真正的行情是在上一个交易日的最后一小时开始的。最后一个脉冲通常会带来意料不到的价格运动，引发收盘阶段的动荡。因为这么晚才出现动作，可以预估明天第一个脉冲的情况。但需要注意，供求关系必须首先要经历当晚世界上其他股市的验证，然后才可能影响新的一天的行情。

开盘失衡

交易者通过观察开盘行情可以分析出新交易日内的重要短期价位。早期的波动情况决定了第一小时的价格范围，而出现的跳空缺口则是立即发生反转和突破的标志。对第一小时的价格线任何一端的穿越都预示急剧的价格扩张行为。在这段验证时间内能挺过来的缺口也有利于从原来的高点或低点进行扩张。或者，如果不能穿越这些价位，则应准备离场策略，因为此时的订单开始不断针对这些短期极值。

收盘动量会影响第二天开盘的交易行为。这个常见价格机制的物理原理如下：运动中的物体会保持运动状态，直到遇到阻力才会发生改变。虽然惯性会把行情慢慢拉向趋势的中心，但一个延续到收盘阶段的大型趋势想在第二个交易日继续推进。

很多因素会在下一个交易日来临之前影响收盘脉冲。最新出现的消息和盘后时间使人们可以在晚上充分考虑交易策略。世界证券市场会继续影响期货指数和较小的合同。东京证交所指数和香港恒生指数会对美国股市做出反应，影响自己市场的走势。接着欧洲股市也出场，对正在变化的环境产生新的影响。最后，美国市场又开始起主导作用，交易者们放出早期订单，ECN也开始进行交易。

夜间世界证券市场的影响体现了前日收盘后和下一日盘前之间投资者交易情绪的激烈变化。但是夜间的巨大影响对股市的推动没有大多数波段交易者所期待的那么频繁。因为趋势仅占开盘时间的10%～20%，所以美国股市产生的价格变化通常不会影响全世界的交易情绪。只有当地出现的新的交易行为才能最终解决市场内部的失衡情况。

日内交易者为了避免夜间的风险，通常在收盘时平仓。很多人利用开盘行情预测趋势的走向，指导日内交易策略。这些短期策略会使他们错过夜间的价格波动。不幸的是，在强劲走势中，股价会沿上涨或下跌方向形成缺口，并持续数天。这种情况并非巧合。因为只要有可能，内部人士就会利用价格的急剧变化将短线交易者挤出局，使他们久久不能入场、不能获得收益。

波段交易者利用交易日之间的波动因素实施两种交易策略。如果持仓过夜的话，第一种策略会预计行情将保持平淡。因为收盘平静，明日开盘也会平静。趋势明确的股票通常会持续近期交易日的价格走势，除非有其他因素的干预。如果交易风险在夜间增加了，那么仓位就伺机寻找更大的回报。但是如果夜间影响的因素或庄家的操控行为扭曲了开盘行情，这种策略就会产生反作用。

第二种策略是：波段交易者持股过夜，并希望下一个交易日会出现跳空缺口。这种非常普遍的策略在大多数行情中风险很大。虽然行情比较倾向于延续前一个交易日趋势，但如果不能实现，就可能立刻发生反转。而且，晨市缺口通常在上一个收盘的相反方向出现，因为内部人士利用众所周知的大众股民的心理进行调整。

持股过夜策略的前提是，估计行情趋势持续的概率会达到 80%～90%。正在按趋势运行的股票，如果收盘前向一个新的高点或低点靠拢，第二天的晨市通常会继续沿着那个方向移动。如果开盘第一小时提供了较好的交易机会，波段交易者可以按照上一个收盘价进行短线交易获利了结。但是，这种交易的风险总是大于日内交易或大周期价位策略的风险。这种方法可以用于离场，其他时间应该避免使用。

开盘火力侦察

收盘行情反映了供求关系的对峙，即行情的平衡或不平衡状况。夜间因素可能释放这种压力，但也可能把股价拉回到突破点。当太阳在纽约上空升起，西方股市希望通过价格变化寻求稳定。在挂盘的交易所中，专家们通过交易订单来估计零星交易的需求。纳斯达克证券商在开盘前就通过 ECN 来把持验证边界的价格，直至最大胆的交易者赢得内部出价/要价。

S&P 期货合同通过公平价值获利的方式对盘前股市产生影响。但是，这个疯狂股市没有领导能力，虽在开盘时会吸引人们交易，但是后来的局面无法维持。这些双杀局面是微型交易合同和电子交易带来的产物。纳斯达克 100 期货指数是开盘行情的新指标，颇受欢迎。但交易者们必须清楚，股市本身对最终的开盘价位能提供最佳的预测信息。

变化的行情寻找价格动量的移动目标。但是，当大行情展开时，谁也不知道大众股民或投资机构会如何影响价格的走势。开盘见涨会不会引发随后的趋势，谁也无法确定。第一小时的交易是在探索行情的走势，在此期间，为了确定需求的水平，市场会进行试探。这种试探价格的行为可以绘出一幅路线图，指导场内交易人员和普通股民的交易，以确定股票的平衡价位。

开盘 11 分钟或 12 分钟时，要注意第三根价格线可能出现的反转。这是指美国股市上午 9：30 开盘后在 S&P 期货或股票指数 5 分钟走势图上出现的第三根棒线或 K 线，这是经常出现的试探性行为。直到几年前，这个时间区域与 15 分钟线中的大部分零星交易的延迟现实有密切的关联。过去，这种因素使庄家和专家们有机会进行额外的交易。因为零星交易通常最后被处理，之后其他的市场力量就可以接手，引发反转或横盘整理。虽然股市实时操作已经取得了根本性的发展，但第三根反转线仍然出现在很多晨市交易中。

上午 10 点后的第二个时间段通常试图反转开盘时的趋势。这种反转可能是因为此时政府发布新的经济数据而引起的。但即使在某些没有新消息的交易日，对开盘 35 分钟后进行考验的强烈愿望可能演变成行情的自然行为。这个特定的时间范围对波段交易者来说极为重要。很多职业投资者在交易之前，需要看到进行交易所依据的趋势没有被破坏。他们比较依赖这个第 35 分钟的验证结果，而不依赖其他使他们做出过早决定的因素。

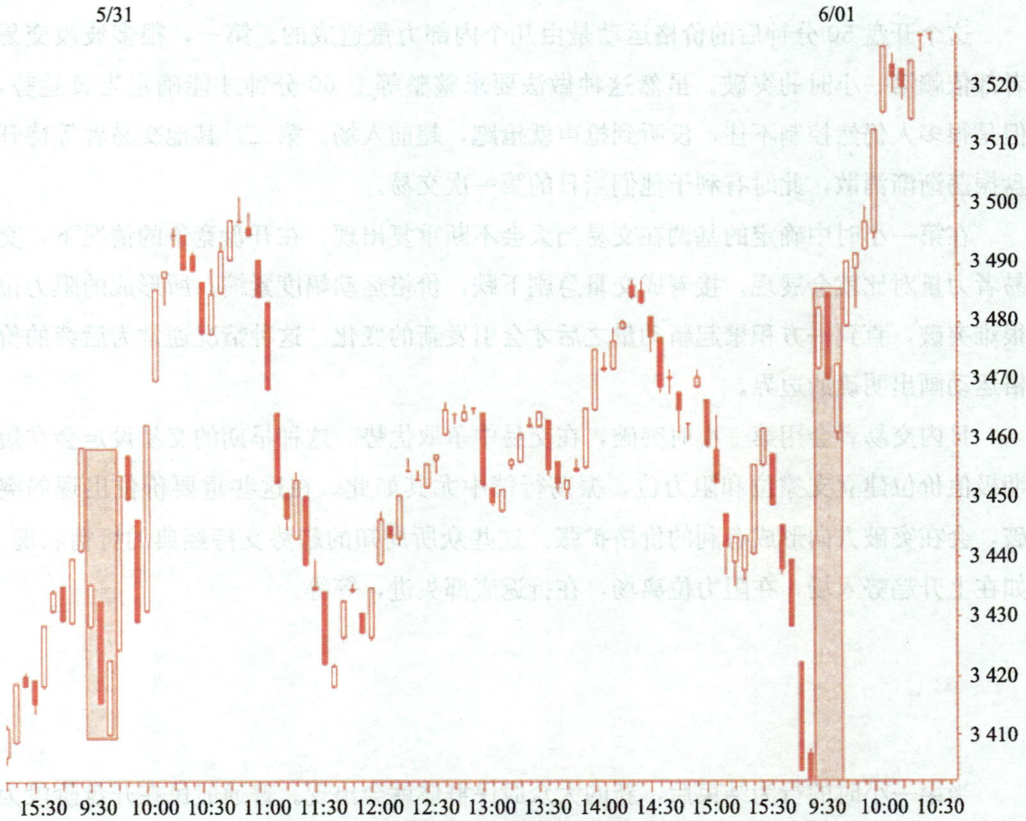

图 6—1　纳斯达克指数 5 分钟线图

注：纳斯达克两个连续的交易日中，第三根反转线如期出现在走势图上。纽交所 TICK 指数和 S&P 期货指数对于这种晨市变化的预报能力比指数要好，因为在开盘时成交量大，行情报告会延迟。第三根反转价格线会根据市场状况不断向前或向后移动。如果这根线没有出现，那么行情沿开盘方向推进的概率大大增加。

资料来源：RealTick® © 1986—2000。保留所有权利。Townsend 公司授权使用。

能承受第一小时行情考验的趋势可能会全天持续下去。这些早期机制会引发另外一种开盘时的特殊行为。在开盘第一小时的最后大约 15 分钟里，开盘竞争中失败的一方通常会做出让步。价格向当天获胜一方的趋势方向运动，而且随着众多波段交易者的参与不断升级。

要密切关注早上 10：20 的价格脉冲现象。如果开盘竞争中没有太大的逆趋势力量，开盘趋势将在这个时间继续进行。但是，如果预想的行情没有出现，立即出现的反作用力可造成一个重要的反转。要分析这个时间段之前的 10 分钟的行情，以预估可能出现的结果。例如，若较弱的反趋势延续到 10：20，通常会在这个地方引发强劲的抛售压力。

这个开盘 50 分钟后的价格运动是由几个内部力量造成的。第一，很多波段交易者都依赖第一小时的突破。虽然这种做法要求整整等上 60 分钟才能确定当日趋势，但是很多人仍然控制不住，没听到枪声就抢跑，超前入场。第二，其他交易者等待开盘振荡渐渐消散，此时有利于他们当日的第一次交易。

在第一小时中确定的基调在交易当天会不断重复出现。在开盘竞争的情况下，交易者力量对比就会展现。接着成交量急剧下跌，价格运动幅度紧缩，所形成的阻力位很难突破，直到一方积聚起新动量之后才会引发新的变化。这种情况通常为后续的价格运动画出明确的边界。

日内交易者会用第一小时突破，在交易中争取优势。这种早期的交易设定会在短期极值价位建立支撑位和阻力位，振荡行情中尤其如此。在这些重要价位出现的突破，会在突破方向形成有利的价格扩张。这些众所周知的趋势支持经典的行情状况，如在上升趋势入场，在阻力位离场，在折返底部买进，等等。

日中行情

当第一小时的行为结束后，新的大众股民群体就会出现。普通股民在开盘阶段为主导力量，其他时间则是机构投资者和专业投资者的天下。由于夜间行情引发的供需不平衡导致开盘订单被消化吸收，产生向上、向下或横向的走势，可能会在整个交易日中延续。行情最初的特色能在当天不断发展，影响交易策略。

股市形成趋势的日子，远远少于盘整的日子。波段交易者会利用市场发出的所有信息，进行买卖或观望。这就要求他们等待第一小时之后的逆趋势弱点的出现，然后再决定是要买进，还是逆趋势卖出。

专业人士的时间

很多低风险的机会出现在交易日中间阶段。此时的价格波动通常为可靠的运动，在小幅折返时入场，风险较低。在这些超短行情中套利的效果也不错。但日内交易者应该知道，股市在最后一小时会发生剧烈的变化。所以，如果他们的仓位无法在这个振荡环境获利，必须选择立刻离场。幸运的是，最后一小时也有机会让交易者获利离场。

在日中阶段拉长持仓时间，可以极大地改进回报/风险率。这个时间段的交易可以通过收缩盘整的价格线获利；投机者在观察指导开盘竞争的情况后，做出更好的决定。但要记住，不管时机多好，不好的交易也无法变成好的交易，只能把好的交易变得更好。

第一小时的价格范围、总成交量和目前价格线与短期高点或低点之间的关系，对潜在交易提供了重要的信息，可以确定回报/风险率。第一小时的波动范围被突破，或其他重要高点低点极值被突破，都会形成有利于价格线的扩张。波段交易者如果预测到反转，也可以在日内 S/R 位操作。例如，当一只股票脉冲达到第一小时的一个高点，缓冲一下，又折回晨市的范围，那么在这个高点附近成功卖空的概率大大增加。

日中交易者必须面对频繁的短期趋势验证。随着交易日时间的推移，第一小时情绪反转的可能性越来越小。虽然在大多数交易日中，这种早期趋势控制着趋势的发展，但强烈的日中振荡所引发的反向力量也能引发强烈的反转。上午 11 点和下午 1 点左右的位置会出现这种意外的运动。这些重要的时间与华尔街午餐时间进行的交易关系密切。

陡峭而简短的反趋势运动通常是临近中午时的行情验证的特征。股位交易者可能会注意到，推动行情的力量和机构投资者会在此时展开最后一次冲击，以便验证主趋势方向力量的强弱。一旦他们完成验证，可能会很快重新开始有向的价格运动。从上午 11 点过后到午餐期间，可能出现非常强劲的趋势发展行情。或者，如果预计的价格运动在上午 11：30 之前没有出现，行情通常会演变成不可靠的波动。

如果交易日的行情表现出强烈的有向移动倾向，那么反趋势运动就可能不会在刚过中午的时间段出现。在这些趋势形成的过程中，上涨或下跌行情可能在午餐后立刻

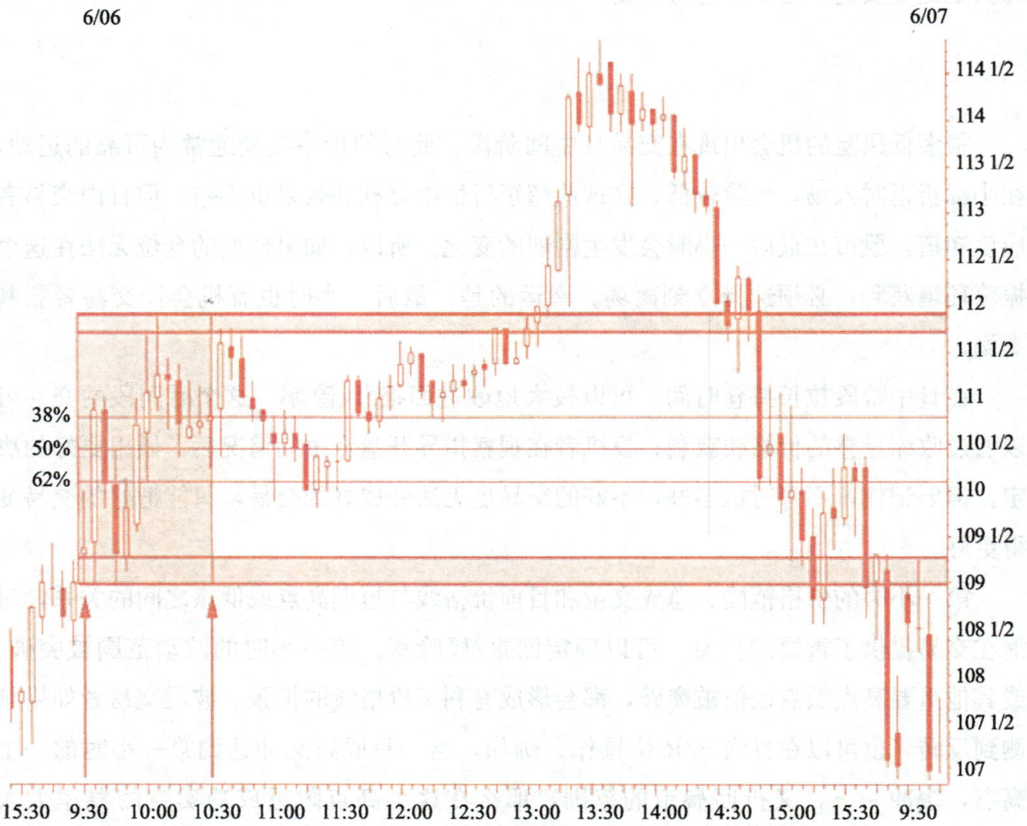

图 6—2　JDS Uniphase 公司股票 5 分钟线图

注：JDS Uniphase 公司的股票第一小时的表现范围很明确，但在下午出现了强劲的突破。接着，价格通过带有经典 S/R 性质的折返对价格范围进行反应。可以在这个早期趋势上放一个斐波纳契网格，以预测波动的水平，以及行情最终会朝哪个方向突破。要注意，利用第一小时行情进行交易，5 个交易日中可能会有 3 个很适合。

资料来源：RealTick® ©1986—2000。保留所有权利。Townsend 公司授权使用。

出现。但是，如果方向不明确，很可能出现混乱的行为。在这种时间段里，交易者可能会听到某些内部人士在纽约的某个角落的酒吧里，利用吃午餐或喝东西的时间策划操控的交易。

但是，不要相信在午餐时间看到的听到的东西。因为，当主要的市场投资者离开交易所出去填饱肚子时，有第二批人入场，制造了种种假象，引发巨大成交量，并验证了供求关系。虚假的上下行突破经常会发生，因为有人在股价穿越形态明确的 S/R 位时，巧妙地进行了止损。这种负面反馈可能对波段交易者有益。如果虚假价格运动对某个仓位有利的话，那么午餐时间就是一个非常诱人的离场机会。

中午的清淡行情对交易账户是最后一个危险。每个短线交易必须有足够的价格移动才会有收益或损失。在第一小时之后价格振荡幅度减小，没有足够振荡性的操作价位会产生很大的风险。股票交易从来就不是零资金的游戏，而小损失可能会造成相当大的交易成本。在交易前必须确定，所预测的行情是活跃行情，如果不是，就应该把机会留给别人。

寻找日中获利股票

日中波段交易者必须寻找波动范围可预测的股票。实时行情屏幕中一般显示50～60只股票，每天能有明确上升特征和振荡性的股票不会超过20%（即10或12只）。在对这些股票进行设定时，必须要用动量分析、重要的S/R指标和常见的模式周期。

持股过夜的分析要结合经典的日内价格分析进行。必须严格自律，别太关注Level Ⅱ，同时，要对所有技术要素进行无偏见评估，以决定下一步的操作。在开盘交易前一定要问自己一些必要的问题：

股价是否已经突破了第一小时所设定的范围？

第一小时价格范围的突破表示一种行情趋势正在形成。一个突破行为可能引发突破方向一连串的价格脉冲现象。或者，如果价格维持在早期交易的极值范围内，就说明大众股民缺乏热情，或他们害怕穿越这些价格的界线。行情位于这个早期价格范围内的时间越长，交易日结束之前价格发生重大变化的可能性就越小。

价格是当日高点还是低点？

许多双眼睛都关注着接近高点或低点的交易。在这些水平出现的重要验证行情会使交易者匆忙入场或离场。不要被这些极值的一两个点位的突破所蒙蔽，尤其是第一次验证时更要谨慎。职业投资者知道离场点就在这些点位的附近，他们最终会离场，而不考虑其他的意图。动量交易者应关注向高点的第3次上升推进或者向低点的第3次下探。这个波浪比第一次的验证更能引发急剧的价格突破。

有利可图的介入点位是否容易识别？

经验丰富的人很容易找到最佳的介入点。这些点位在杂乱的1分钟或5分钟线里很明显。没有两个模式会完全一样，但所有有价值的价位都有一个共同的特点：它们一目了然，不需要过多的解读。如果你苦思冥想，那么就应该转向别的机会。

行情表现的是正面反馈还是负面反馈？

死气沉沉的行情很容易对利润产生破坏。要通过成交量的分析来判断某个交易设定是否真的有价值。与近几个交易日相比，目前价格波动范围如何？要在波幅窄小的交易日交易获利非常困难。交易热情是否在时间和交易屏幕上聚集，或者是低迷的资金在控制着走势？如果行情停滞不前，那就另寻机会吧。

一旦出现一个交易机会，就应该按照合适的计划进行交易。日中行情有利于形成盘整，所以最有效的方法就是经典的波动策略。经验告诉我们，最好的结果是在上升趋势的低点买进，在下降趋势的高点卖出。原定的持股期和价格动量将决定哪一个日内趋势的回报/风险率最好。只要日中振荡可以引发大幅价格波动，即使 1 分钟和 5 分钟走势图上的趋势也可以提供有利可图的波段交易机会。入场操作要与市场时钟的脉冲或反向运动相反应，还要密切注意 TICK 的变化情况。

在下午 2：30 卖出的成功概率较高。这种时间上的特色源于债券市场。债券市场下午 3：00 收盘，在振荡大的交易日中，很多股票交易者在观望，避免反转或被振出局。长久以来，这个抛售区已经成了一个自然的离场点，如今在平静的信用市场上也出现了。内部人士也利用下午 2：30 这个机会来验证抛售压力，以便预测最后一小时的走势，而本地交易者在上升行情中向这个点位反转而快速获利。就像上午 10：20 的行情一样，如果在下午 2：30 没有出现抛售，就有可能引发强劲的买进行为。但不管日内趋势如何，这个较晚的机会总带着负面倾向。

最后一小时

日中交易者必须有明确的交易策略来应对收盘前的最后一小时。交易日的收盘阶段非常特别，能够增加也能够减少利润。日内交易者在收盘钟声响起之前总是寻找机会离场。专业交易者非常了解这种现象，会想尽办法从这些人的腰包里掏钱。持仓较长的波段交易者在收盘时可以平仓，或者按长期策略继续持仓。如果时间允许，他们应该快速评估回报/风险率，并估算持股过夜对交易账户可能产生的影响。

当信用市场收盘，美国股票的特征会快速转变。股市交易者都知道，下午 4 点是全天大多数交易进行了结的时间。这个简单的事实能引发日内交易新一波行情。散户和机构投资者都会活跃交易，推动这最后一小时的振荡行情。经典的买卖行为会在这最后 60 分钟内出现，而共同基金则在交易日最后 20 分钟加快交易速度。机构投资者交易激增使价格运动更剧烈，激起人们感情的波澜，并延续到收盘。

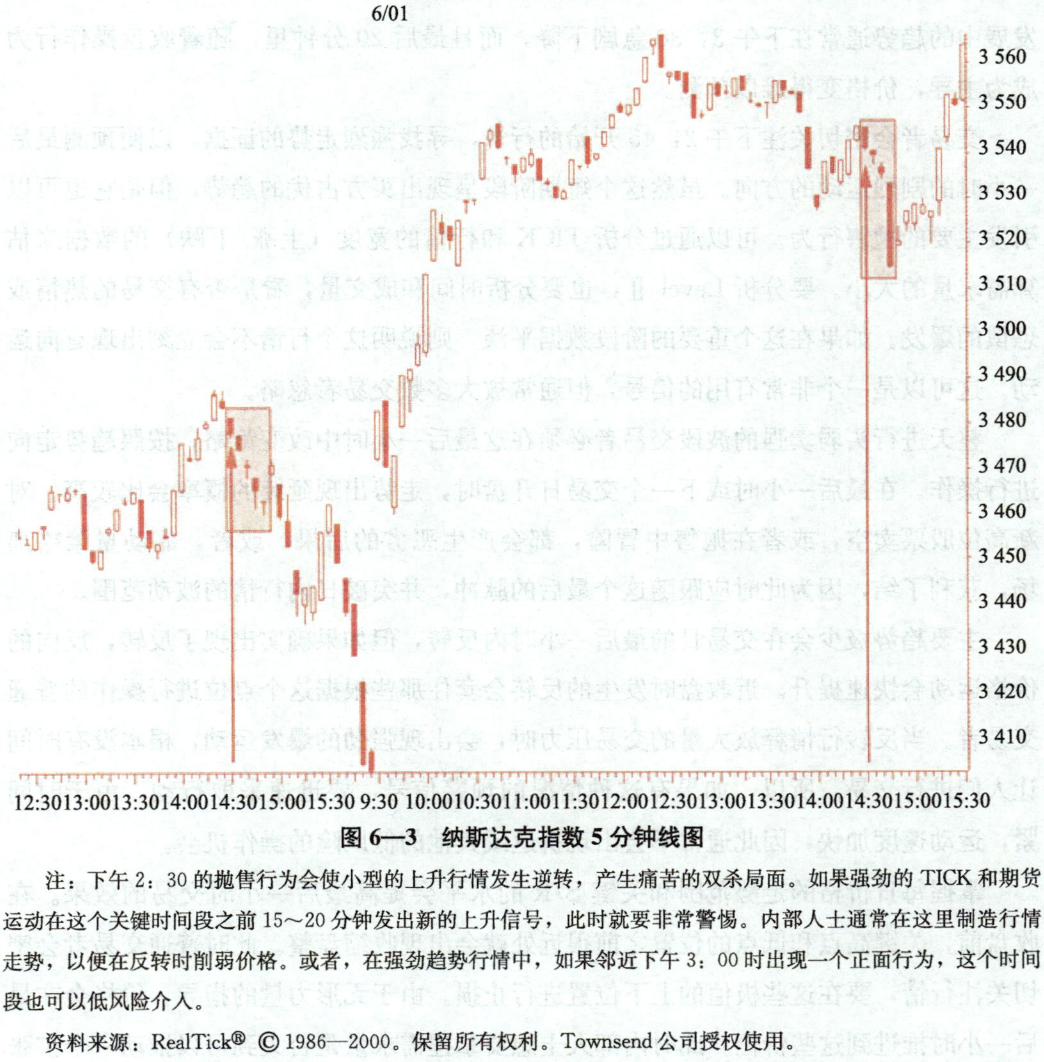

图 6—3 纳斯达克指数 5 分钟线图

注：下午 2：30 的抛售行为会使小型的上升行情发生逆转，产生痛苦的双杀局面。如果强劲的 TICK 和期货运动在这个关键时间段之前 15～20 分钟发出新的上升信号，此时就要非常警惕。内部人士通常在这里制造行情走势，以便在反转时削弱价格。或者，在强劲趋势行情中，如果邻近下午 3：00 时出现一个正面行为，这个时间段也可以低风险介入。

资料来源：RealTick® © 1986—2000。保留所有权利。Townsend 公司授权使用。

角色的转变

波段交易者在这个小时进行最后的交易安排，而且密切关注主要力量的作用。这个行情密集的阶段试图综合全天所有的新闻与情绪。有果必有因。如果行情平静或处于盘整阶段，当日行情不会有大起伏。但如果相互冲突的市场力量需要获得最终的化解，或者一个强势的走向需要持续，则可能出现价格线的扩张和双杀的局面。

最后一小时使股票从与信贷有关的套利行为中解脱出来，并导致指数期货套利行为推动价格的运动。这个股市第 3 个小时的脉冲也是必须对几个小时前的各种交易做出决定的时间。交易者必须明智地运用自己的时间。在最后一小时的前 20 分钟里，发展中的趋势通常在下午 3：30 急剧下降，而且最后 20 分钟里，随着收盘操作行为成为主导，价格变得难以预测。

交易者会密切关注下午 2：45 开始的行情，寻找强烈走势的证据，以便预测最后一小时的剧烈运动的方向。虽然这个短期阶段呈现出买方占优的趋势，但是它也可以引发主要的抛售行为。可以通过分析 TICK 和行情的宽度（上涨/下跌）的数据来估算需求量的大小。要分析 Level Ⅱ，也要分析时间和成交量，看是否有交易的热情或恐惧的爆发。如果在这个重要的阶段数据平淡，则说明这个行情不会立刻出现有向运动。这可以是一个非常有用的信号，但通常被大多数交易者忽略。

整天进行买弱卖强的波段交易者必须在这最后一小时中改变策略，按照趋势走向进行操作。在最后一小时或下一个交易日开盘时，走势出现延续的概率会比较高。对新高位股票卖空，或者在抛售中冒险，都会产生恶劣的后果。或者，靠动量策略离场，获利了结，因为此时应跟随这个最后的脉冲，并突破日内行情的波动范围。

主要趋势极少会在交易日的最后一小时内反转，但如果确实出现了反转，反向的价格运动会快速提升。近收盘时发生的反转会套住那些根据这个点位进行操作的普通交易者。当反转行情释放大量的交易压力时，会出现强劲的爆发运动，根本没有时间让人们进行交易。所以，如果有这种情况的预警信号，要迅速采取行动。由于时间紧，运动速度加快，因此通常不会出现折返或其他的低风险的操作机会。

掌握每日价格的走势范围和关键 S/R 的水平会提高最后一小时交易的效果。在收盘前，关键高点和低点的位置之前很近处就会出现收缩盘整。此时普通交易者会密切关注行情，要在这些极值的上下位置进行止损。由于无形力量的指导，价格会在最后一小时推进到这些价位。此时内部人士想要拿捏需求量是否大到可以推动一个扩张的走势。至少，他们会从抛售的成交量中受益，并保证在没有进行操作的前提下，订单不会一夜之间无故消失。而且，如果运气稍好的话，这些活动会产生足够的动量，使走势在收盘后仍然能够保持活跃。

离场时间

交易日最后的 15～20 分钟是大多数交易者、机构投资者和市场推动者的最后清仓时间。这个阶段非常特别，但价格行为又不可预测。价格的振荡幅度会不利于市场的一方或双方。这些行情在收盘前几分钟内会快速变化，以利用收盘订单，因为此时日内交易者想平仓、补仓。这最后的几分钟内不要进行新的交易，除非有特别的持股过夜的策略可以有效管理。应该利用这个时间以最好的价格离场。并且要注意机构投资者是如何应对收盘的。如果他们愿意投放资金，可以作为预测下一个交易日开盘情况的依据。

内部人士会在收盘时进行操控，以便利用下一个交易日晨市的零星订单造成的新推动力量的力度。过夜操作策略必须依靠这里的当日走势，但是在下午 4 点之前几分钟时可能会发生双杀情况。即使是流通量小的、依赖收盘信息的股票也会在这个时间造成走势的假象、产生虚假的技术指标。价差平均值超过 1/2 个点位的股票，如果连续数天正好收于要价或出价位置时，就可能发出很多不准确的信号。

如果某个交易日不能消化共同信息量，就会形成多日趋势。越靠近收盘，交易者的贪婪与恐惧会越重。当交易者的理性策略中慢慢渗透了损失和挫折的因素，许多交易者开始做出错误的决定。这些情绪会使供求关系进一步失衡，并持续到收盘阶段。此时的振荡逼近顶峰，最后几分钟变得非常危险、不可预测。高明的波段交易师在这个时间之前早已清盘，并坐等收盘钟声的敲响。

月中的第几个星期和星期几

时间的背离不会随着当日的周期结束而结束。月中的第几个星期和星期几，都会有形态明确的时间因素出现。波段交易者应该分析这些情况，以免出现状况时，发现自己逆市而行。首先分析一周当中的每个交易日，并分析它们的特殊性质。五个交易日会产生新的走势，然后进行验证，并在周五收盘之前解决价格的失衡情况。

星期一的早晨，股市迎接普通交易者的方式，就像全世界的办公室迎接像工蜂一样疲惫的员工。周末的突破使普通股民不知所措，并迫使他们对重要的预测重新进行评估。此时的开盘通常会很混乱，因为交易者们试图摸清行情的节奏，搞懂下一个行情的走向。成交量萎缩是星期一行情的主要特点，夏季尤为如此。这种缺乏交易热情的状况可能会持续几天。晨市行情可能引发抛售压力，而且可以持续数小时。温和的上升行情通常会在交易日的晚些时候出现，因为销售压力最终消失，行情也就开始向上浮动。

星期二的转向是著名的时间背离情况。从星期五开始延续到星期一的趋势通常会在这个交易日的第一小时出现反转。此时开始的新趋势可能在后面两个交易日中引发急剧的价格扩张。但如果没有明确的趋势出现，振荡行情也会贯穿整整一周的时间。

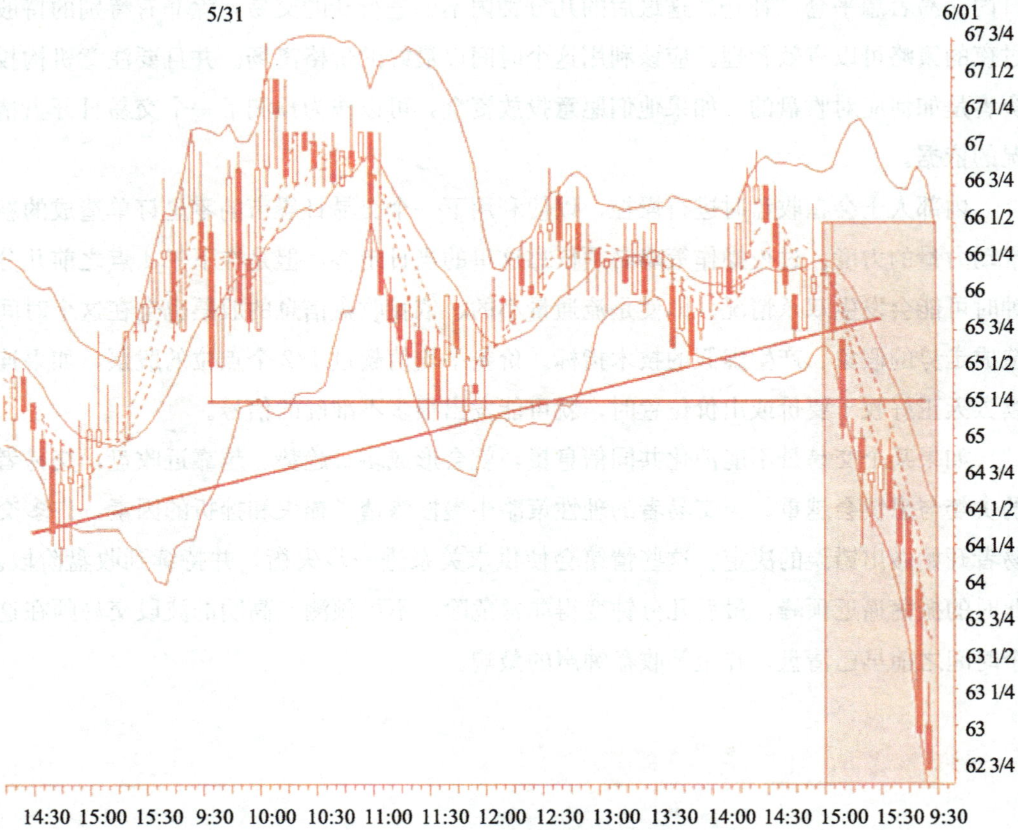

图 6—4　ebay 公司股票 5 分钟线图

注：ebay 公司的股票刚过下午 3 点就击穿了支撑线，成为主要的下跌趋势。如果出现收缩盘整和上升趋势，一些交易者也开始躁动不安。如果趋势线被突破，买空的人会变得不耐烦，并决定退出交易。同时，潜在的卖空的人也会停止操作，重新建仓。庄家与自动运行的机制能使趋势线保持完好无损，直到最后一小时，股票从横盘整理中获得力量，产生巨大的成交量。当最后一个下行推进突破了阻力位，大量的交易也在同一时间开始进行。

资料来源：RealTick® © 1986—2000。保留所有权利。Townsend 公司授权使用。

如果是大户在一周当中第一次出手，星期二的成交量通常会急剧增加。要盯着 Instinet 机看，密切关注机构投资者的仓位。

星期三和星期四会强化本周早期形成的趋势。强劲的趋势在这些交易日应该会继续发展，除非外部出现严重的干扰。从星期四下午开始，股市交易出现犹豫不决的特征，人们开始意识到周末即将来临。如果交易群体担心政府会在星期五早上公布统计数字，这道意识的阻碍墙作用就会加强。

政府会定期公布经济报表。重要的报表哪天出，就可能影响当天的交易行情。但月度的失业状况报告总是在每个月的第一个星期五公布，产生的冲击最大。信用市场和期货市场可能会对这些重要的数据产生剧烈的反应。这就使得套利行为和公众的反应会引发大范围的股票运动。如果在公布重要报告之前就投下赌注，那是非常危险的举动。通过看走势图来操作，比通过外部的影响进行投机更能获得利润。

星期五还有其他的重要的因素需要分析。每个月月中的星期五是期权到期的日子。这一周通常会走出不寻常的振荡行情，并在期权到期日达到顶峰。本阶段的行情非常难以预测。波段交易者应该在这个高峰到来之前的一个周末进行安排，并且对于这一周中的所有操作三思而行。大多数交易者也利用这一周的最后一天来消化趋势和前四天里的失衡现象。很多机构投资者的交易策略是把重点放在每周的股票走势图上。当这一周结束时，专业技术人士会确定是否需要对投资组合进行调整，是否需要对重仓位采取适当的保护。如果交易者在靠近周末时处于一个有较大利润或亏损的位置，很多人就会草率行动。亏损的人开始介入振荡严重的股票，期望能够拉低损失，而获利的人们则匆忙了结，股价还能继续有多个点位。

股市靠近周末时会寻求平衡点。这种情况可以引发任何一个方向的强劲趋势，以适应目前的走向。但星期五通常平淡无奇，不会有爆炸性的行情。很多交易者开始变得懒散，下午就下班了，夏季尤为如此。这种情况通常导致一个低成交量振荡收盘。但是，如果强劲的冲突或失衡状况延续到周五的最后一个交易时间段，那么，每个人都会坚守岗位，直到最后一分钟。

季节与季节性规律

形态完好的季节性变化可能发出错误的交易信号。例如，期权到期日会引发剧烈的操控行为。在这样的振荡时期，必须严格遵守经典的向上突破和向下突破规则，以避免造成严重的损失。每年其他的月份和季节有其特别的倾向性，会影响交易的定位。在这些影响因素条件下进行操作前先要分析这些周期性的活动规律。

假期和假期前的交易时间段能够引起积极的倾向，但风险也会随之增大。马丁·茨威格在他经典的《华尔街制胜法宝》(*Winning on Wall Street*) 一书中对这种有趣的现象进行了分类。他说，1952—1985 年期间，美国的假日行情有 83%的时间收盘上涨。在他发表了这个观点以后，假日交易的振荡更大，但是这种现象的牛市倾向依然存在。不幸的是，交易者们在这样的上涨中仍然会损失大量资金。

成交量萎靡是假日交易的特征。它为专业人士提供了一个非常好的机会来操控行情，引发宽幅的价格振荡。圣诞节的那一周和感恩节之后的一天，是形成这种虚假振荡的最佳环境。波段交易者可以设法在此时站对边，获得可观的利润。但是经典的技术分析通常容易出现失败，因为S/R、模式、价格极值被破坏，而且又没有折返或者公众参与。我建议在这些假日期间最好关掉计算机，然后到海边度假。

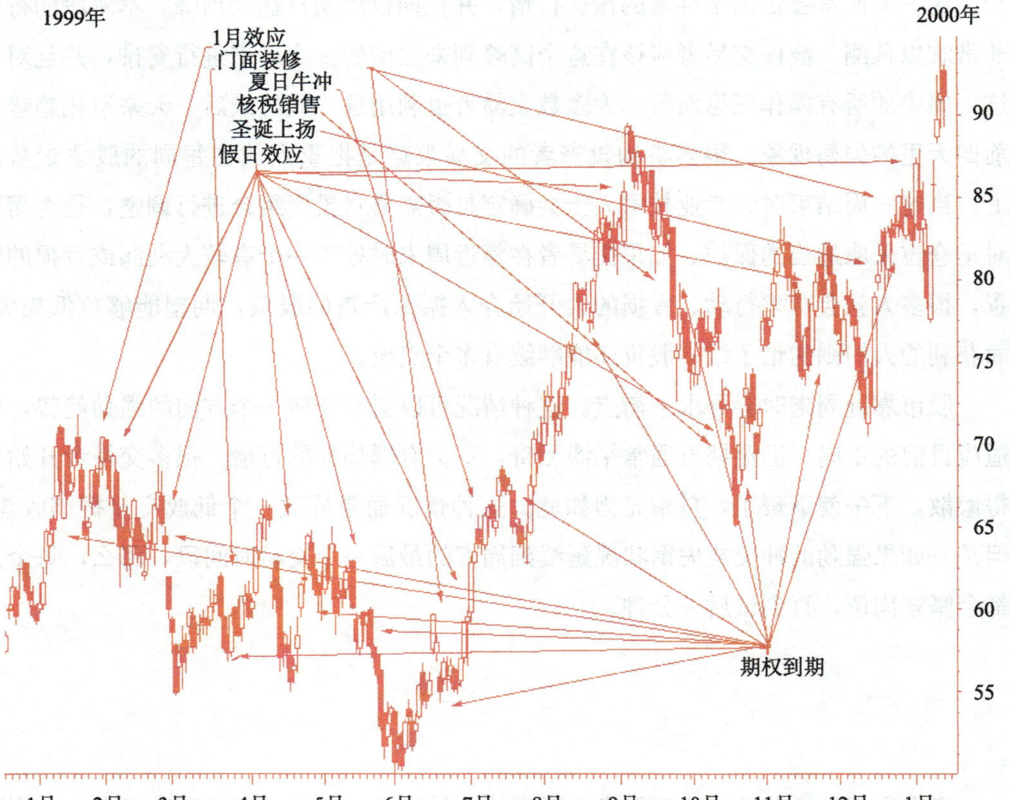

图6—5 英特尔公司股票日线图

注：特殊的交易条件造成了季节性的股票走势图。要多花些时间来理解这些影响股市的重要因素，并在安排交易时考虑这些重要力量。手边要放一本耶鲁·赫斯基（Yale Hirsch）撰写的《股票交易者年鉴》（*Stock Trader's Almanac*）。这是关于股票季节性和股市行为的极佳参考工具。

资料来源：RealTick® ©1986—2000。保留所有权利。Townsend公司授权使用。

季度结束的时候，许多共同基金和其他大型交易机构会制造一些花哨的假象。在一个非常强劲的上升行情之后，基金会大量买进股票。基金每个季度都必须报告自己损益情况。它们一定想报告的结果利好——基金的经理们都想保住自己的工作。即使它们错过了最初的上升趋势，基金也会在季度的最后一个月的末期买进某些股票，以便在公开报告中显示自己买入了股票。

“1 月效应”是一个流通量驱动下的季节性事件。每年开始的时候都会有新的退休基金投入股票市场。同时，核税销售的压力减缓，会吸引新投资者的介入。这两股力量结合起来，会形成一个非常强烈的牛市倾向，通常会造成强有力的上升行情。大多数投资者会把 1 月效应用在低市值股票上面。但近年来，高市值股票越来越受欢迎，1 月效应已经扩展到了更多的领域。

在夏天的几个月中，股市的特点会发生变化。但是，华尔街漫长的假期不再从 6 月份开始。大笔的散户交易现在使高成交量一直延续到 7 月末。虽然夏季的几个月通常会呈现出牛市倾向，最近几年已经出现了巨大的振荡性，而且在 6 月中旬到 7 月末期间可靠性更差。7 月份国庆节过后，股市开始低迷，职业炒股人士离场了，成交量减少、振荡行情增加，直到 9 月初的劳动节。这些小流通量的交易日和假日行情一样，价格波幅较大，很多技术指标被破坏。在秋季公众重返股市之前，应该选择那些较为活跃的股票和被某些事件推动的股票。

9 月份是一年中最具危险性的时期。45 年来，股票平均价值下降的一个月就是 9 月份。虽然 1929 年和 1987 年分别有“黑色 10 月”事件，但收获季节 10 月的历史回报纪录仍然相对较好。9 月份却很少给投资者们带来好回报。接近年底的紧张情绪是造成这种负面状况的部分原因，但是还有另一个更加基本的过程是罪魁祸首，那就是在秋季，散户和机构投资者们纷纷进行核税销售。

核税销售会影响秋季股市长达几个月的时间。投资者们通过清理无价值仓位来降低年底纳税的负担。这种抛售行为会在圣诞节之前一直限制大规模的上涨趋势。其抛售强度取决于几个月来的具体情况。长期的下跌行情会增加纳税损失的压力，而平稳上升的行情则能减轻压力。共同基金在 10 月底准备年底报告的时候，通常要面临主要的重新分配与调整。这种情况会导致剧烈振荡，股市普遍抛弃亏损的股票，追赶新的盈利的股票。

表 6—1　　1950—1995 年 S&P500 的平均月获利情况和行情上涨的时间百分比

月份	平均获利	行情上涨的时间百分比
1 月	1.55%	62%
2 月	0.38%	58%
3 月	0.78%	62%
4 月	1.23%	68%

续前表

月份	平均获利	行情上涨的时间百分比
5月	0.18%	58%
6月	0.09%	50%
7月	1.29%	59%
8月	0.39%	53%
9月	−0.60%	39%
10月	0.45%	58%
11月	1.42%	62%
12月	1.78%	77%
合计	0.75%	58%

资料来源：Technical Analysis of Stocks and Commodities V14：6，241-243。

圣诞上扬是核税销售的心理终点，它们是投资者们进行的整顿，为明年做准备。在圣诞节前的最后几个星期，行情有正面倾向，通常会引发一个实质性的上涨行情。虽然投资者们可以在12月31日卖掉亏损的股票，但大多数的负面影响在月中会消除。然后，交易者们会集中注意力，重新构建投资组合，把资金投向更广阔的区域。这个特点与假日牛市性质自然结合，有利于在交易年度结束时获得一个不错的结果。

第二部分

7座钟（7–Bells）：锁定良机的工具

第7章

掌握股市行情

经典模式与创新模式

波段交易者应该通过分析走势图来确定活跃的市场行情，寻找有价值的建仓机会。他们选定的交易机会应该符合当前的模式周期，对价位深思熟虑之后才进行交易，对变化的行情需要做出快速的反应。当操作错误时，他们能小额止损，不会迟疑或不敢进行第二次交易。从开始计划到最后获利的整个过程，他们都用防御性的交易管理办法来指导交易策略、交易情绪和投资逻辑。

行情的变化通过不断重复出现的模式表现出来。这些标志性的模式显示了普通股民行为在主要模式周期的交叉部位时的特征。它还揭示了一种可通过预测性的方法来解决经典行情的机制，并且具有一致的回报/风险率特征。这些机制通过公众的行为发生作用，但是当普通交易者最终学会并开始使用同样的机制，这些机制渐渐失效。

交易的机会多种多样。一个世纪以来，不少经典的交易方法已经引起交易者和媒体的注意。但股市走势图所表现出的几十种具有高度预测性的形态却很少有人能看得懂。因为这些模式并非人们普遍掌握的知识，所以它们在长周期交易中的效果要优于人们常用的交易方法。它们比起一个经典的双顶或深凹的圣杯形态更需要重视。波段交易者必须分析无数的走势图，利用各种复杂的筛选工具降低噪音的影响，而且，在任何时候，都只操作那些具有最高成功可能的形态。

在所有的交易机会中都存在着一个简单的机制：模式可以预测结果，因为模式是公众的意志的表现。模式可以指明走势的方向和时间，因为大众股民的情绪化行为会驱动股市拐点处相同的意愿。要在合适的时间，选择合适的走势，获取利润。不同的群体对于不同的时间段和条件都会做出反应。因此，立体走势图的不同侧面都会出现可预测的交易机会。

经验丰富的交易者既能发现经典的交易机会，也能发现新的交易机会。复杂的有向力量的作用推动着行情的演变。其中包括在所有时间段中呈现的大模式周期等。有些周期会完全按预计形态出现，但是有些虽有很大的预测功能，却从来没有被了解被总结。那么，波段交易者如何才能发现这些特殊的模式，并通过有效的交易来获利呢？关键在于大脑的左右半球的有效结合。

模式是股市低效的根源。较有艺术感的人会本能地通过纯视觉的观察来分析这种走势现象。也就是说，不管新的模式看起来是牛市或熊市，大脑是分不清的。接着，大脑通过理性来分析这个形态。通过客观分析，可以揭示隐藏在最初行情中的很多经典模式。这样的熟悉状态使波段交易者能快速分析回报/风险率、研究数据，制订回利较高的交易计划。

这些逻辑性的策略能够根据新型形态来交易获利，因为这些技术与大脑的艺术性感知功能相符。如果多个经典模式共同形成一些标志，显示强大的交易压力和释放点，那就是最佳的交易机会。如果在最初就能独具慧眼地使用这种复杂的模式周期行为，即可根据很多可靠的方法获利，虽然这些形态从来没有被人们命名过，也没有分过类，没有跟任何一本书的图表进行比对过。

识别模式

在学习经典操作模式时，首先要在任何时间段的走势图上都能够立刻识别出来，然后才去分析那些更为新型的预测模式。7-Bells 操作模式为下一代投资者提供了可靠的市场机制。这些经典的模式分析了各个时间段中出现的影响行情的可预测力量，为交易者提供了极佳的交易机会。这些模式填补了广为人知的设定和大范围的行情运动之间的策略空白。

波段交易者能够抓住那些在走势图上没有显示出来的新型交易设定。要特别关注模式周期向一个新形态运动时的状况。行情走势在那些逻辑交叉点会出现某些较易识

图 7—1　Xilinx 公司股票 60 分钟线图

注：三条放置正确的直线和一个三角形确定了可以从 Xilinx 公司的股票中获得 12 个点位的利润。这个复杂的模式利用了一些重要的元素，如大 W 形态、五波下跌形态、首升形态和观察第三根价格线等。但是，只需根据基本趋势线的解释和良好的时机把握就可以做好交易的设定。视觉压力最大的原创模式具有最大的获利的机会。

资料来源：RealTick® © 1986—2000。保留所有权利。Townsend 公司授权使用。

别模式的许多变化。即使是一些简单的反转也会出现很多可能产生巨大利润的变化。首先，要看看模式像不像经典模式。如果像，就要找出可能出现的走势和 S/R 指标形态的各种可能性。然后分析大范围内的形态，以便找出自然的爆发的点位。如果形态在时间、方向和突破价位方面都很完美，那就应该考虑进行操作。

在每日的干扰性信号中也存在着很多交易的信号，但同时也有双杀和虚假的逃离形态，要筛除那些发出虚假信息的类型。在重要的 S/R 阻力位，要注意观察那些导致策略调整的突破情况。当价格又重新回到那个价位时，人们的交易的热情或恐惧会变得迟钝。要评估模式中高点和低点的出现顺序。这些点位是否在通过一系列上升或下降的价格时，传递了一个共同的信息？或者是否有冲突会将走势推到意想不到的位置？要看外部力量是否与设定的背离相符。如果外部力量在较大行情范围内缺少支持，不要建仓。

如果波段交易者没有远见，他们的交易就容易失败。如果理性思维占据主导地位，那么所有的走势看起来都一样，结果交易者就看不到那些极佳的交易机会了。在现代股市中很少会出现完美的模式和指标。要学会在布满碎片的行情中轻松地操作。另外，不要把每个交叉点都当作重要信号来看待；也不要把无意义的价格线看成是教科书上的交易行情。如果你已经无法信任你的眼睛，那就应该远离电脑，到海边度假去吧，让自己的眼睛休息好，恢复功能。

并不是每个人都能识别出模式的。很多西方人在处理直觉和视觉时感觉非常困难。如果他们利用大量的数学计算来设定交易，并经常进行反验证，那么他们成功的概率应该很高。按系统机制交易和随性的交易往往无法并存。如果选择了系统机制，那就应该放弃经典的操作形态，而完全依靠数学的计算来交易。

机会的管理

良好的模式从来不会告诉人们应该在什么时间进行操作，或者在什么时间应该袖手旁观。它们仅仅告诉我们走势方向和时间上的临界点，在合适的条件下，这些临界点能够产生可以预测的运动。如果价格走势继续发展，波段交易者就应该利用价格变化来交易获利，保护自己免受损失。没有哪个操作方法可以用于所有的模式，也没有哪个行情会以同样的方式出现两次。所以，选好了交易策略就必须抓住预期的机会，同时要控制好意外出现的风险。

要把行情分为创新型的或是经典型的。它能够预测普通股民参与交易和双杀的情况。例如，如果普通股民都在同一个头肩形态卖出，这个模式失败的可能性就大大增加。但是，如果细心选定的探底行情结合了几个不同的模式，那么基本交易成功的可能性就很高，因为这个行情不会引起普通股民的普遍反应。如果很多人都按某模式进行交易，那交易者就应该改变自己的策略。如果形态失败，就一定要考虑反方向交易，或在第一个双杀形态时采取观望的态度，等待真正有向走势的出现。

只要可能，应该在机会突破之前就介入。在价格最终扩张之前，风险始终保持较低的状态。波段交易者在等待较大行情出现时，可以对一些低成本的仓位进行介入和离场。但一定要注意持仓时间。如果出现图利机会，却又在原地不动，时间过了机会也就过了，技术指标会开始反转，模式也突然发出了不利信号。要明智地选择介入的价位，并在行情恶化时立刻退出。

当设定好交易，却没有机会介入，此时应该耐心等待。当普通股民开始交易时，风险就急剧上升，振荡范围也开始变大。此时的交易策略应改为在折返时介入，但是如果行情已经启动，需要耐心观望。一个可图利的机会应该在形态被突破以后仍保持其价值。价格的扩张会改变回报/风险率，并迫使投资者实时重新评估。如果新分析的结果支持这个交易机会，那么就应该在折返时入场。但是，很多好模式只能预测单独的价格运动，而且一旦行情开始启动，利润的潜在价值就开始收缩盘整。

图 7—2 Adobe 公司股票 5 分钟线图

注：Adobe 公司的股票的良好三角形形态出现了两次。股市隔夜后出现缺口，完成一个三角形模式的突破，价格运动接着又出现了一个同样的模式。如果在第一个行情中错过了机会，可以在第二个模式中期轻松获得。但行情总非如人所愿。职业交易者利用急跌行情将一些不坚定的交易者从这个常见的形态中振荡出局。第二天早晨，真正的趋势得以出现，价格回到被突破的三角形之上，并朝更高价位推进。

资料来源：RealTick® © 1986—2000。保留所有权利。Townsend 公司授权使用。

当交易机会出现在日走势图上，且交易者有时间在夜间详细分析，可通过预先设定获得很好的效果。但是，很多优秀的行情模式会突然出现在日内交易的走势图上。波段交易者必须熟练掌握这些模式的原型，这样才能保证在日间行情中出现时能够应对自如。非常短期的行情可以产生极佳的短期利润。但是日内走势图的干扰噪音会远远高于日线图。不需要等待模式出现完美的状态，否则会坐失良机。要估计到在交易日中可能出现的应离场的极值、趋势线遭破坏以及混乱的 K 线图走势情况。

要结合交易日走势来做好日内交易的安排。例如，在交易日的中午时分出现模式失败的情况要少于第一和最后一小时。但是，一个针对第一或最后一小时突破行情的 2～3 天的交易设定，可以获得相当高的利润。有些模式在日内交易中的效果比在其他情况好。要避免对那些依赖具体成交量特征的模式。日内走势倾向会使虚假的成交量发出干扰信号。

好的行情都会要求进行交叉验证。综合考虑走势图里的大范围因素，就可以确定模式的回报/风险率。上升突破与波动价位都应该与其他明确的支撑或阻力位一致。要利用多个时间段的信息来确认较大行情中的力量与自己的操作相符。分析主要的移动平均线和指标，看有没有会损害仓位的背离情况。

结合创新与经典的交易模式，创立自己的交易风格，创造可持续图利的机会。要在所有行情和时间段里寻找这些重要的模式。每个交易都要运用最合适的策略，以确定低风险的介入点、利润目标和止损价位。一定要考虑到模式失败可能带来的影响。当这些行情开始往错误方向突破时，它们可能产生的回报/风险率，会高出原先设定的结果。

两个经典的应用

以下几个模式是交易技术应用的经典代表。多年来，它们的有效性已经使其成为数代人用来获利的操作模式。虽然 2B 顶模式是卖空的形式，但是它也可以变化，变成有效的底部交易模型。需要注意的是，由于这些模式很常见，所以在自如介入点必须谨慎地控制风险。要牢记，每一个极佳的交易都可以有多种成功的交易方法。以下介绍的是从股市中获利的几种方法。

2B 顶

这是双顶形态的一种变化形式，可以比其他经典的筑顶形态更早介入。若要低风险卖空，可以在价格低于之前的高点时就进行操作。

描述

- 若之前的高点验证失败，可通过 2B 顶模式来获利。

- 这个高点价位之后出现的上升行情不会重新启动这个模式，因为此时比较有利于形成一个上升突破到新的高点。
- 在价格跌破此价位之前，必须至少超过第一个高点一根价格线。
- 价格向第二个高点推进时，应该比向第一个高点推进所需的价格线数目要多。
- 要观察是否有验证行为，即 K 线图影线超过了上一个高点，但是实体则在高点之下。这种情况可能形成射击之星或十字星。
- 当价格上升开始验证，要在操作窗口下部保留一个振荡指标。第二个高点出现之前，指标应该从一个超买状态反转出来。
- 通过反向操作，可以把同样的交易原则用于新低点出现的 2B 反转行情。

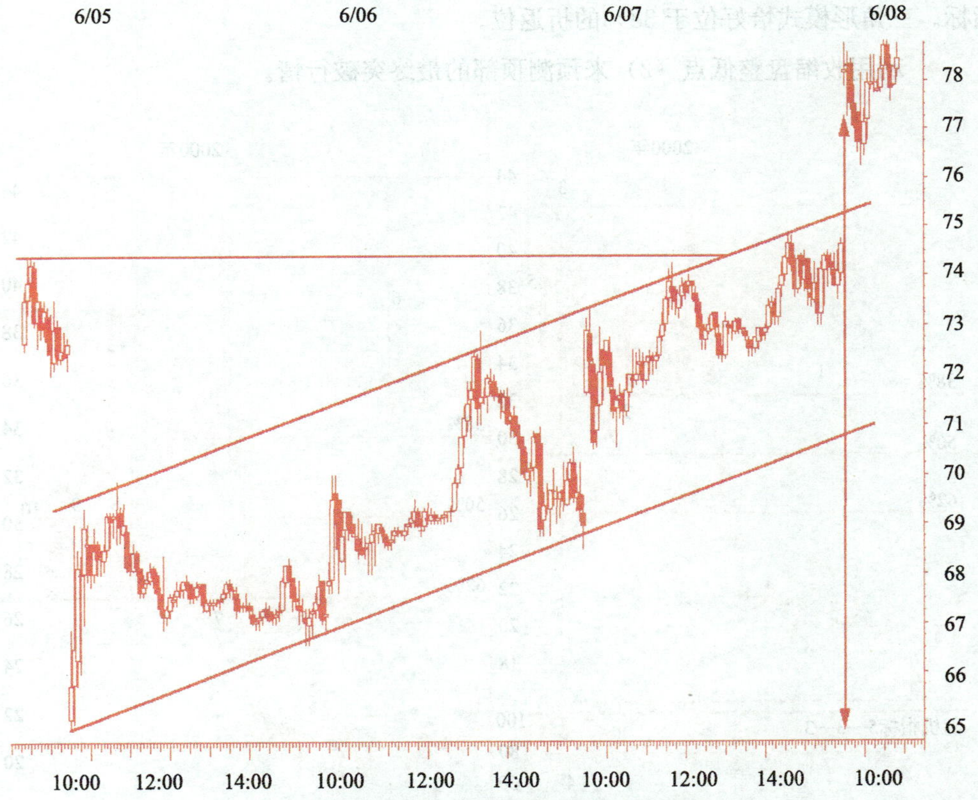

图 7—3　Qualcomm 公司股票 5 分钟线图

注：多日行情若在某个具体的日内阶段操作，效果较好。Qualcomm 公司股票的 3 天通道在交易日靠近收盘时出现一个即将发生的向上突破。最后一小时入场，第二天晨市离场，可以获得丰厚的回报，因为开盘后的振荡行为有利于扩张行情的形成。只要有可能，可以用日线背离特征来安排交易设定。

资料来源：RealTick® ©1986—2000。保留所有权利。Townsend 公司授权使用。

在模式失败之后是否介入，进行波段交易，需看筑顶模式的性质。千万不要认为行情立刻会下跌到低位，因为2B反转模式会变成收缩盘整，但仍然会被突破。若第一个高点出现抛物线上升，第二个高点失败的概率就会增加。要等第一个高点出现高成交量的情况，当价格到达那个位置进行验证时，交易热情就会大大降低。

交易设定策略（见图7—4）

- Novell公司的股票在不到3周的时间内价格涨了一倍，形成43美元的主要高点位。要注意，当价格折返验证第一个高点之前所出现的大幅折返和小型下降三角形的失败形态。
- 在原来的上升行情（1）上绘制一个斐波纳契网格，以便确定筑顶形态的S/R指标。三角形模式恰好位于38%的折返位。
- 利用收缩盘整低点（2）来预测顶部的最终突破行情。

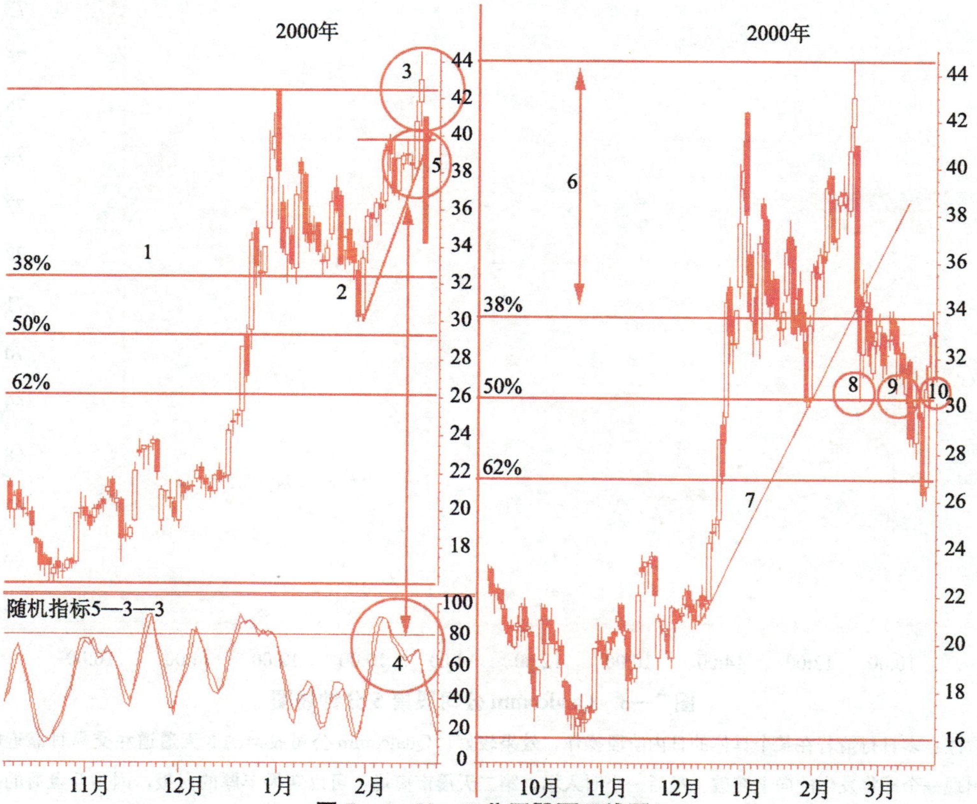

图7—4 Novell公司股票日线图

资料来源：RealTick® © 1986—2000。保留所有权利。Townsend公司授权使用。

● 利用随机指标或相对强度指标，来追踪行情是否上升到第二个高点。在靠近验证的位置寻找反转模式。Novell 公司的股票在从一个超买价位滑落后，随机指标在反转位形成一个小型双顶的模式（4）。

● 股票向上突破形成新高，并以一根牛市价格线（3）结束，但是在第二天晨市通过“墙上孔洞”的方式形成下行跳空缺口。

● 想象一下次一级时间段的周期。这个模型也有一个“墙上孔洞”反转。第一小时交易之后如果缺口仍然没有被填补，第一个卖出信号就会出现。

● 下一个支撑位在 40 美元附近（5）。当趋势线、水平线和整数价位都被突破时，第二个卖出信号就会出现了。

● 重新利用斐波纳契网格来分析第二个高点（6），并利用这个形态来分析筑顶模式。要注意看收缩盘整行情如何下行移动到 50%的折返位。

● 较长的趋势线（7）被突破，并把抛售行情推进到中间的斐波纳契折返位，并出现了几次低位收缩盘整验证。

● 在收缩盘整区域（8）内寻找简单的波段交易机会，或进行观望，直到下跌突破行情完成。

● 此模式最终在 50%的折返位（9）突破，但在到达 62%的点位后，推进速度减慢。由于斐波纳契级数的作用，出现了一个剧烈的反弹（10）。

执行与仓位管理（见图 7—5）

● 很多波段交易机会出现在双顶收缩盘整阶段。这些机会的前提是可以随时入场交易，并且持股期较短。随着模式的发展，价格最终形成一个下跌突破，可以进行较大范围的仓位交易。

● 回抽幅度超过 62%（1），是最终开始下行趋势的信号。价格跌破之前最低价，并继续大幅下跌。在另一侧的 62%处，必须严格止损。一定要在突破点附近执行操作，如不行则放弃操作。请记住，2B 底的形态在此处能够对价格进行快速的扭转。

● 从第二个高点开始的急剧下跌，预测可能会出现一个平台形的顶部反转，所产生的下降行情与上个上升行情很像。从 34 美元狂跌至 20 美元的情况（6）与 12 月份出现的价位抛物线完全一致。

● 最初的突破折返到 62%的折返位（2），形成一个高收益低风险的卖空机会。

● 下跌趋势演变为下行价格平行通道（3），导致 Novell 公司股票走出一个大型

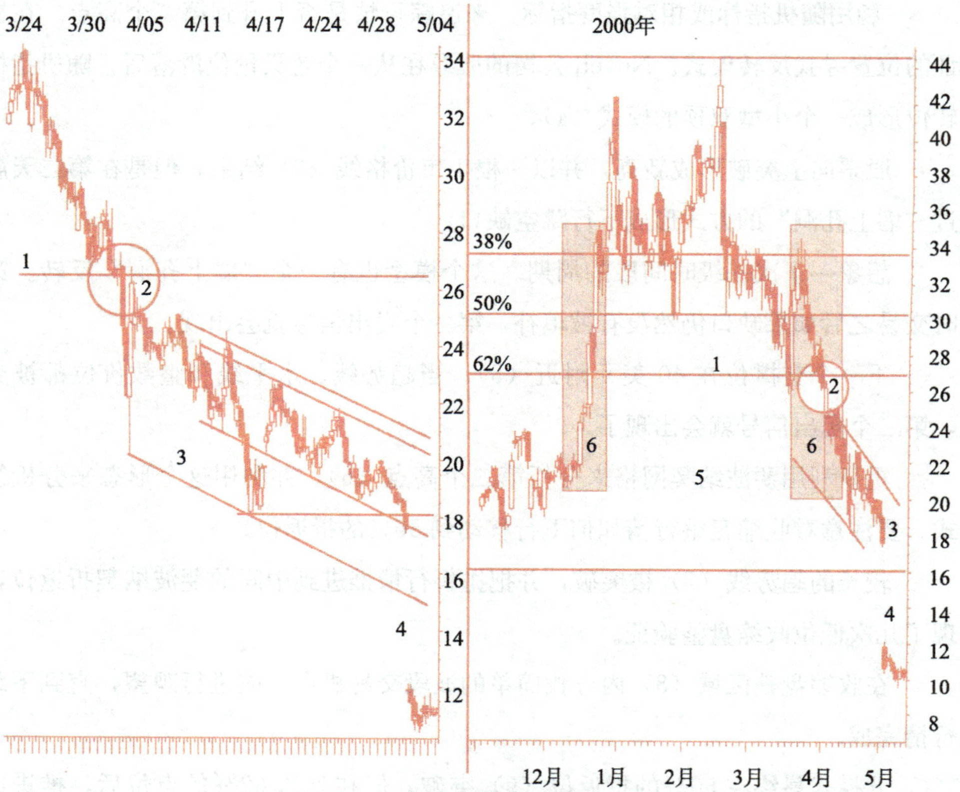

图 7—5 Novell 公司股票 60 分钟线图

资料来源：RealTick® © 1986—2000。保留所有权利。Townsend 公司授权使用。

首次下跌过程（5），其下跌幅度是主要上涨 100%的折返幅度。

- 通道最后被突破，扩张为一个大型的下跌缺口（4），但是最后一根价格线上出现的小型破坏对第二天行情急剧的变化没有提供多少线索。

回报/风险率

波段交易者在这个反转模型的发展过程中，通常面临趋势相对性错误的风险。有些人认为可以通过卖空第二个高点来卖空整个下跌行情。还有一些人则通过获得微小利润来自欺欺人，实际上，如果他们能耐心一些，利润会更大。这个交易机会说明了走势图的重要性，以及在交易前找出所有隐藏的障碍的必要性。

通道的突破

平行趋势线朝任何一个方向突破，都会形成急剧的价格扩张。这些平行价格通道的上升突破通常可靠性很高，而且不会出现双杀现象。

描述

- 价格通道由两组平行的趋势线构成，但是每个趋势线可能仅仅由 2 个点位构成，而不是 3 个。
- 衍生平行线通常会显示主要通道范围内的 S/R 指标。
- 价格从任何一边突破后，不管通道的倾角如何，价格线应该会急剧扩张。
- 若价格沿着边界线整理且幅度变窄，就会提前发出立刻发生突破的信号。
- 价格线扩张的幅度通常反映在发生突破前价格撞击通道边缘的次数。
- 在价格继续升高或下降之前，应该会返回来验证通道的突破。

通道交易策略针对交易边界止损，或者将扩张的动量作为赌注。形态完美的衍生通道能够提供精确的风险低波段交易介入点。在价格扩张之前，应该在通道本身内部操作。在模型启动之前的一两根价格线处，会显示运动的方向。

操作策略（见图 7—6）

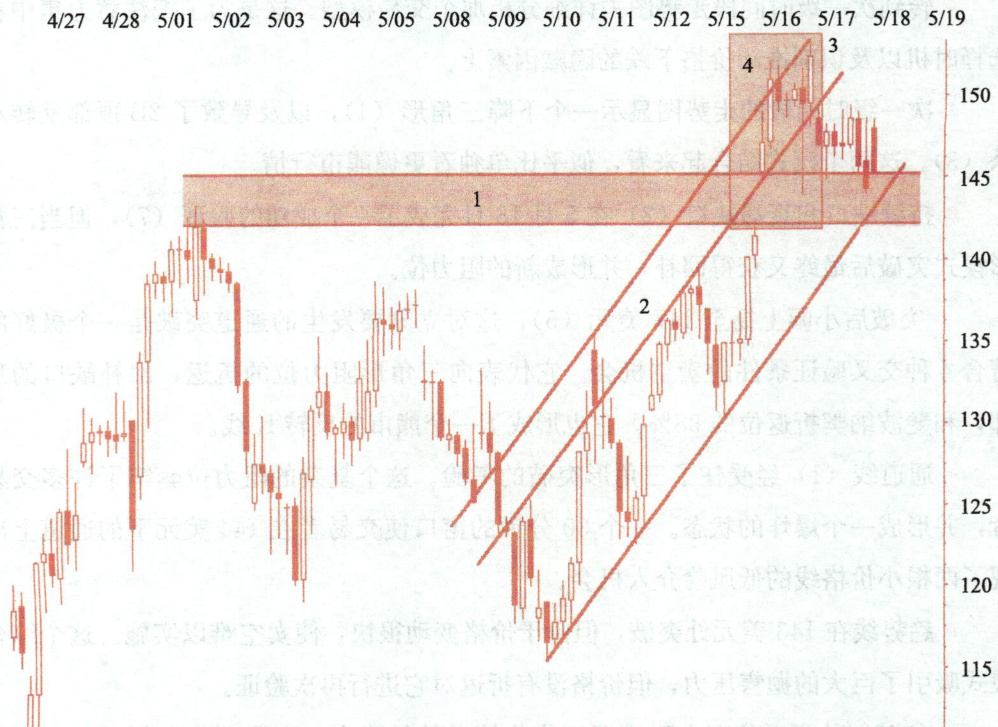

图 7—6　Ciena 公司股票日线图

资料来源：RealTick® © 1986—2000。保留所有权利。Townsend 公司授权使用。

● 图中 Ciena 公司股票的上升通道的基础是之前的高点，并引发极佳的卖空模式。请注意位于 145 美元位置的持续缺口（1），如何在两周内上升为一个衰竭缺口。

● 平行价格通道在较大边界内构建出复杂的衍生通道（2）。

● 在通道形成的初期就应该识别出来，并在通道突破前加以利用。若出现了 3 个相对高点或低点，就立刻开始验证平行直线。

● 若突破发生在对前期高点的第一次验证，此时要小心对待这个趋向新高点的突破（4）。这个区域可能形成一个 2B 顶反转。

● 价格触及了顶部的趋势线（3），而且当价格折返验证衍生通道时似乎就要突破了。若上升的价格线在顶部趋势线附近盘整，此时应该做好立刻买入的准备。

● Ciena 公司股票突然穿越衍生通道下行突破，并在持续缺口的顶部（1）收缩盘整。这是虚假突破信号，必须认真分析这个模式。

操作与价位管理（见图 7—7）

● 转到次一级时间段走势图去详细分析那个交易模型。这是为了把注意力集中在选择时机以及识别推动价格下跌的隐藏因素上。

● 次一级时间段的走势图显示一个下降三角形（4），以及导致了 2B 顶部反转双杀（3）。这两个模式结合起来看，似乎比单独看更像熊市行情。

● 持续缺口和衰竭缺口（2）在 5 月 16 日完成了一个成功的验证（7），但当三角形模式突破后最终又获得回补，并形成新的阻力位。

● 突破后小幅上扬至 147 美元（5），这对立刻要发生的通道突破是一个极好的符合 4 种交叉验证条件的卖空机会。它代表向三角形阻力位的折返，回补缺口的顶部，和斐波纳契折返位的 38%。它也形成了一个熊市的反转 K 线。

● 通道线（1）经受住了三角形突破的考验。这个复杂的阻力位套牢了许多交易者，并形成一个爆炸的状态。一个 30 分钟的窗口使交易者在 144 美元下的通道上出现了两根小价格线的低风险介入机会。

● 趋势线在 143 美元处突破，但由于价格变动很快，使卖空难以实施。这个综合模式吸引了巨大的抛售压力，但价格没有折返对它进行再次验证。

● 在 62%的折返位下方形成了密集收缩盘整的形态，表明可能立刻回升到 S/R 之上。请仔细分析收盘之前出现的那三个失败的验证。如果波段交易者观察力敏锐，而且承受能力强，又对这个熊市有正确的理解，可以考虑持仓过夜。

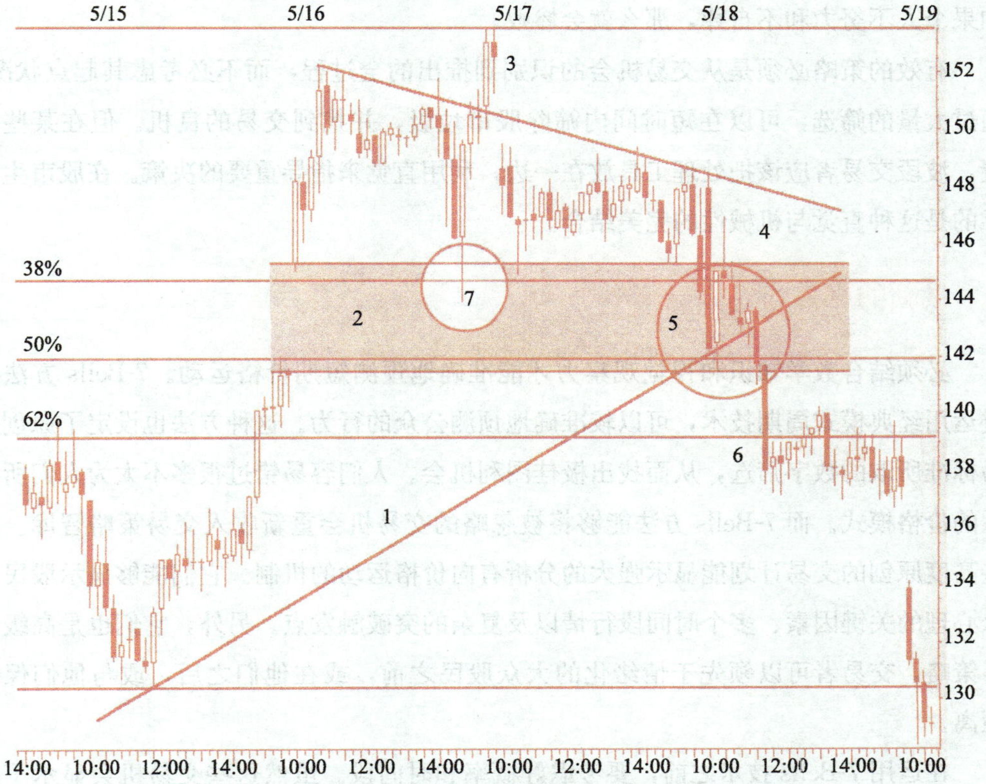

图 7—7　Ciena 公司股票 15 分钟线图

资料来源：RealTick® © 1986—2000。保留所有权利。Townsend 公司授权使用。

回报/风险率

如果不同的模式和时间段都指向同样的结果，那么操作的风险就会急剧降低。这个操作结合了 2B 顶、下降三角形、持续缺口和斐波纳契级数关系等，构建了一个可图利的通道突破交易机会。这些重叠的模式在现代股市中经常出现，但交易者必须有敏锐的观察力和熟练的操作技巧方能获利。

7 座钟（7-Bells）简介

股市中的噪音会掩盖很多获利的机会。波段交易者应该利用多种搜索工具来发现隐藏着的信号，积极建仓。自力更生的交易者会利用强大的走势图数据库来寻找可靠的行情。不少人想依靠别人的智慧来寻找最佳模式。要选股，必须先经过内部交易筛选这第一步，效果才会较好，因为这个过程把交易限制在某些具体的条件内。但是，如果个人不努力和不自律，那么就会惨败。

有效的策略必须是从交易机会的识别到推出的全过程，而不必考虑其起点状况。通过大量的筛选，可以在短时间内筛除股市垃圾，并找到交易的良机。但在某些位置，波段交易者应该把处理工具放在一边，利用直觉来指导重要的决策。在股市生存靠的是这种直觉与机械性的完美结合。

创新的交易计划及操作

必须结合数学知识和视觉观察力才能准确地预测短期价格运动。7-Bells 方法通过运用经典模式周期技术，可以较准确地预测公众的行为。这种方法也设定了原创交易标准所取的数字筛选，从而找出极佳图利机会。人们容易错过很多不太为人们所熟悉的价格模式。而 7-Bells 方法能够将被忽略的交易机会重新收入交易策略智库。这些高度原创的交易计划能显示强大的分析有向价格运动的机制。它们能够显示股民大众心理的关键因素、多个时间段行情以及复杂的突破触发点。另外，它们也是高级交易策略，交易者可以领先于情绪化的大众股民之前，或在他们之后，或与他们保持距离。

在运用 7-Bells 技术之前，要考虑好概率和时间段。虽然这些交易机会显示了短期获利的可能性，但是很多情况下它们不一定会在特定持股期内引发有利的交易。波段交易者交易前都应该分析每个模式的局限性以及它们强大的预测能力。毫无疑问，同样的原则也适用于各种成功的股市交易策略。7-Bells 方法的最大价值是与成交量没有什么关系。股票走势图在所有时间段内一遍又一遍地重复这些相似的模式。要熟练掌握这些机制，并理解它们发出的强有效的信息。然后观察行情的演变，新的机会很快会出现。

需要记住的是，7-Bells 技术所显示的机会可能永远都不会发生。懒惰的交易者如果仅仅是选择了股票，并盲目建仓，而自己又不分析，他们一定会亏损。这些模式展现出可预测的有利的结果方面的特征。但某只个股可能永远不会按预期发展，即使所有的因素都很完美，只有个人的操作技巧和极佳的时机把握才能带来利润。

每一个按每个“钟”进行的交易都是针对股市的某个侧面来进行的。有些侧面会确定突破的条件，而另外一些则显示波动行情的开始。有几种模式可能会往任何方向突破，需要根据价格运动选择操作的方向。必须把注意力和交易计划扩展到最初“钟”信号之后的第一根价格线以外的范围。因为价格运动通常滞后于模式几根价格线，需要有耐心才能获益。

要分析模式，并确定哪一个模式最适合目前的行情。要先尝试几个通常会有最好结果的方法，掌握好之后再尝试其他的方法。交易者不要在同一时间用上所有的交易计划。只选用每个机会类型中最强的计划，并结合其他走势图特征对模式进行交叉验证。除非整体条件非常有利于操作，否则保证金交易就会失败。

短期的市场条件不可能适用所有的交易计划。探底行情和盘旋反弹行情比较适合强劲的牛市。第三次观察的对象可能在盘整中被消化掉。指形的指针和强势脉冲形态会继续在所有行情中出现。在选择“钟”策略之前要识别较大范围的模式周期，并确定交易策略与当前股市情绪相符。如果创新的交易计划未能如愿，那就寻找其他的机会。

“7 座钟”的特征

探底——与强劲趋势相反的价格造成的急剧反弹

这个方法适用的是：买方会耐心等待强劲上升行情的折返。它试图寻找一个自然的位置，此处原来趋势会重启，并引发反转。某些探底行情在反弹后会自动向新的高点推进。另一些下跌行情则最终形成新的下跌。波段交易者必须对探底行情进行防御性的操作，行情一旦可以图利，立刻获利了结。

盘旋上升——价格整理演变为有向运动

这个经典的交易策略的依据是 NR7 窄幅整理的重要性，它能显示无向负面反馈与正面反馈爆发之间可能存在的空档区。这个方案要寻找的是强度相对高的股票，因为它们有利于价格扩张形成新高。但是需要通过一个双向策略来确定最佳结果，不论价格最终从哪个方向突破，都要相应建仓。通常，在 7 座钟发出信号后的两三根价格线开始，会出现盘旋上升的情况。

指形模式——在次一级时间段内，K 线发出反转信号

锤头形、十字星和被包含形分别具有预测功能的 K 线形态，会在某些地方出现。指形模式能够确定这些重要的反转点，并告诉波段交易者在这种行情下必须研究走势图。这种行情能够在早期对几个获利机会发出警告，利用随后的价格行为来获利。在理想条件下，在次一级时间段内的价格运动应该会提供特定的可以击败普通股民的策略。

“墙上孔洞”——在强势上升后出现的下跌缺口，它指出了趋势的转变

经典的缺口理论很少讨论强劲上升趋势末端的逆向趋势缺口的情况。顶部形态需要一定的时间来消耗买入的压力，然后才开始下跌。但“墙上孔洞”显示了一根能够指明一个主要的趋势变化的价格线。这个缺口可能看起来像一个逃逸缺口，却没有大型的筑顶形态。这个空洞的出现很突然，波段交易者需要寻找低风险的卖空机会，而大众股民此时仍然认为上升行情在继续。

强势脉冲——高成交量形态显示未来价格走向

高成交量反映的是大众股民的意愿。强势脉冲能够揭示几个不同的状况，如交易度达到峰值，会形成重要的走势方向。波段交易者必须先判断会出现哪种脉冲，然后再选定合适的操作策略。某些强势脉冲能显示向上或向下的突破，而其他的则会演变为具有轴心的波动形态，股价在此期间围绕这个价位波动。

熊抱——弱势行情在上升遇到阻力后快速下跌

熊抱的形态结合了两个即将出现的低风险卖空的模式。第一个模式是在主要的熊市中寻找股票，此时熊市上升到阻力位，并达到超买价位。第二个模式在 NR7 收缩盘整形态中寻找下跌强度相对较低的股票，以及其他有利于下跌扩张的条件。每个模式都需要不同的策略来管控风险，并利用下跌突破的行情。

第三次观察——三次筑顶后的上行突破显示主要的上涨趋势

行情很少在第一次对之前的高点进行验证时就出现上行突破。第三次观察的策略能够识别这种双顶失败形态，并在出现另外一个折返后寻找那些超过之前的高点的强势股票。这个经典的行情显示，从形态完美的底部和单柄杯子底部事件之后发生突破的情况。第三次观察在所有时间段走势图上都能起作用，并在较小收缩盘整形态或短期走势范围内显示中期交易机会。

交易策略

下面 7 个章节中，我们将详细讨论每一个预测模式。大多数波段交易者都是通过分析他们最喜欢的股票走势图看到这些有价值的行情的。Hard Right Edge 网站（http：//www.hardrightedge.com）免费提供 7-Bells K 线图。这个网站在美国股市下午 4 点收盘后的 90 分钟内就发布当天最高成交量的情况。如果技术分析派的投资者想重新利用股市走势图，创建自己的数据库，他们也可以在 Hard Right Edge 网站找到信息。但需要记住，通过识别简单的模式，能够在所有行情和时间段中寻找新型的操作机会。

每个模式的描述之后都进行了详细的叙述。其中分析了创造这些机会的环境、推动行情的大众股民行为，以及各种利用大众股民行为来获利的方法。它提供了走势图上造成价格运动的背景情况，并分析了特色走势。而且可以依此来分析“钟”在不同时间段的运动规律。

这些资料提供了掌握某些新型交易模式策略的方法与建议。其中内容包括时机的把握、风险的管控、走势图的特征和时间段等。还有对预期的斐波纳契折返情况的分析、集中趋势的结果以及公众行为的观察等。

应用部分提供了详细的案例分析，对很多“钟”策略提供了交易指导。案例分析了回报/风险率，以及在各种模式操作时的止损方法。案例分析针对具体的交易规则拓宽了交易策略的考虑范围，以及进行有效仓位管理的方法，还对模式的识别和交易计划进行了详细的阐述。

第 8 章

探底

特征

强势上升行情会产生突然的盘整，将普通股民振荡出局。如果条件适合，波段交易者可以在主要反转的一两根价格线内对这些折返买进。这些探底的模式说明很多抛售即是低风险的买入机会。但逆趋势行情持续的时间往往超过人们的预期，而且没有人想无辜受损。因此，有效的风险管控需要认真选股，把握合适的下跌行情和精确的时机。

股票经常会以原来上升的相同角度进行折返。要应对这种趋势，交易者需要快速分析不同类型的交易对象。陡峭的抛售行为通常会有急剧的反弹，经验丰富的波段交易者才能够控制这些增大的风险。良好的牛市旗形振荡幅度较低，形态完好，适合入场，但需要持股较长时间才能获得利润。对于非常强势的股票，大多数成功的交易是等待股价下降、成交量较低，并获得坚实的支撑才进行交易。这些获利的工具还显示了另外一个共同的规律：折返不会破坏任何重要的 S/R 价位。

探底会在动量行情中出现，仍可运用经典的波段策略。它提供了有趣的变化形式，在所有时间段中都会引起人们的关注。在《华尔街高手》中，拉斯克和康纳就他们的“圣杯交易”模式，提出了一个相关的策略。“钟”策略也追踪经典的“抄底”行为，但波段交易者必须掌握好时机，因为持股时间很短。

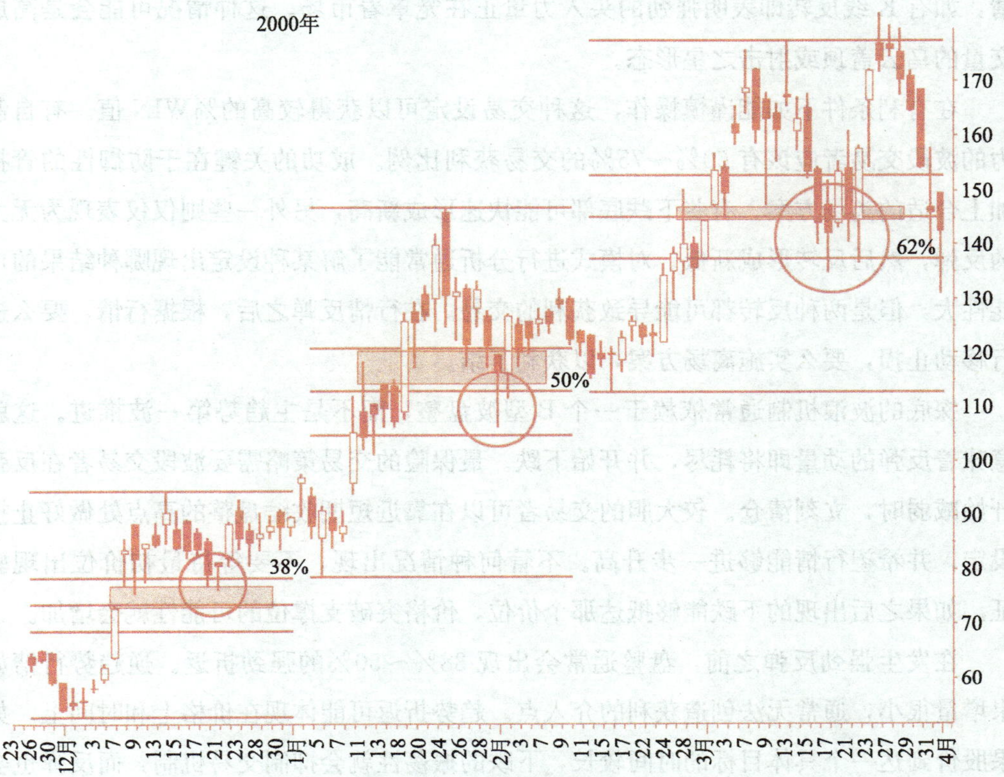

图 8—1 Exodus 通信公司股票日线图

注：Exodus 通信公司的股票在强劲上升 300%的行情中，每一波趋势之后都向明确的斐波纳契折返位发生折返。当价格超越阻力位时，形成锤头，即标志着主要的反转行情，但又会折返到价格线的闭合位。请注意，每个收缩盘整区域，都是以第二个 K 线形成小型的双底来验证折返低价。

资料来源：RealTick® © 1986—2000。保留所有权利。Townsend 公司授权使用。

交易机制

牛市的贪婪心理控制着股市上涨运动的规律。这种隐蔽的大众股民支持降低了急剧下跌行情产生重要趋势变化的风险。要认真分析下跌趋势中的成交量，确定没有隐蔽的因素在推动抛售现象。比前几根上升价格线成交量低的状况，就应该是自然获利点。高成交量折返可能会出现急剧反弹，但是在最后的下行过程中，会引发新的抛售，导致行情失衡。因此，要远离这些不可靠的环境。

根据探底行情来操作，最好在趋势阶段的初期，避免对超买行情进行操作。这样才能降低风险，提高收益。但能够图利的交易设定仍然可能在中等峰值事件之后出现。这些下跌行情会延续，但比简单的折返要强烈得多。谨慎操作，避免大爆发行情，如有K线反转即表明强劲的买入力量正在笼罩着市场。这种情况可能会是高成交量的乌云盖顶或射击之星形态。

在有利条件下如能谨慎操作，这种交易设定可以获得较高的%WIN值。有自制力的波段交易者应该有60%～75%的交易获利比例。成功的关键在于防御性的管控加上合适的离场方案。有些下跌底部可能快速形成新高，另外一些则仅仅表现为无力的反弹，然后反转形成新低。对模式进行分析通常能了解某种设定出现哪种结果的可能性大，但是两种反转都可能导致获利的交易。在行情反弹之后，根据行情，要么进行移动止损，要么实施离场方案，以获利了结。

探底的波浪机制通常依赖于一个B型波盘整，而不是主趋势第一波推进。这就意味着反弹的动量即将耗尽，并开始下跌。最保险的交易策略需要波段交易者在反弹开始减弱时，立刻清仓。较大胆的交易者可以在靠近短期收缩盘整的高点处做好止损设定，并希望行情能够进一步升高。不管何种情况出现，不要等待最初价位出现验证。如果之后出现的下跌能够抵达那个价位，价格突破支撑位的可能性就会增加。

在发生强劲反弹之前，盘整通常会出现38%～50%的强劲折返。逆趋势行情如果增量很小，通常无法创造获利的介入点。趋势折返可能体现在价格上和时间上。如果股价到达一个具体目标的时间较长，下跌的振荡性就会抑制交易机制，而反弹也会失去弹性。或者，如果盘整在之前高点的几根价格线范围内达到目标，随后发生的反转就可能显示较大的范围和获利潜力。

时间会影响价格。在建仓之前，一定要比较每个抛售和前期上涨之间在时间上的比例关系。也就是说，行情到达逆趋势底部所需要的时间，会影响持股期内发生获利性反弹的能力。时间也会影响振荡。低振荡会导致平淡行情，也会和亏损交易一样损耗账户上的资本。计算一下上个涨势中价格线的数目，看时间是如何影响预期的反弹的。再把这个数目与下跌后所出现的价格线数目进行比较。在所有情况下，盘整所用的时间应该少于上一个阶段趋势的时间。

活跃的市场也会影响交易机会。如果条件适合，建仓信号可能早在下次开盘时就引发强劲的反转。如果模式要求在没有确认目标价位的情况下买进，而且持股期内又有可能出现振荡，那么操作的风险就会增加。但这种行情中回报也会增加，因为价格会急剧上升。在机会消失前，要迅速决定是要入场还是要观望。

发展较慢的行情所显示的介入准确性较高。因此，需要做好较长期持股的交易策略，以获取较大的利润。然后就可以安心坐下，非常仔细地等待价格运动出现反弹。

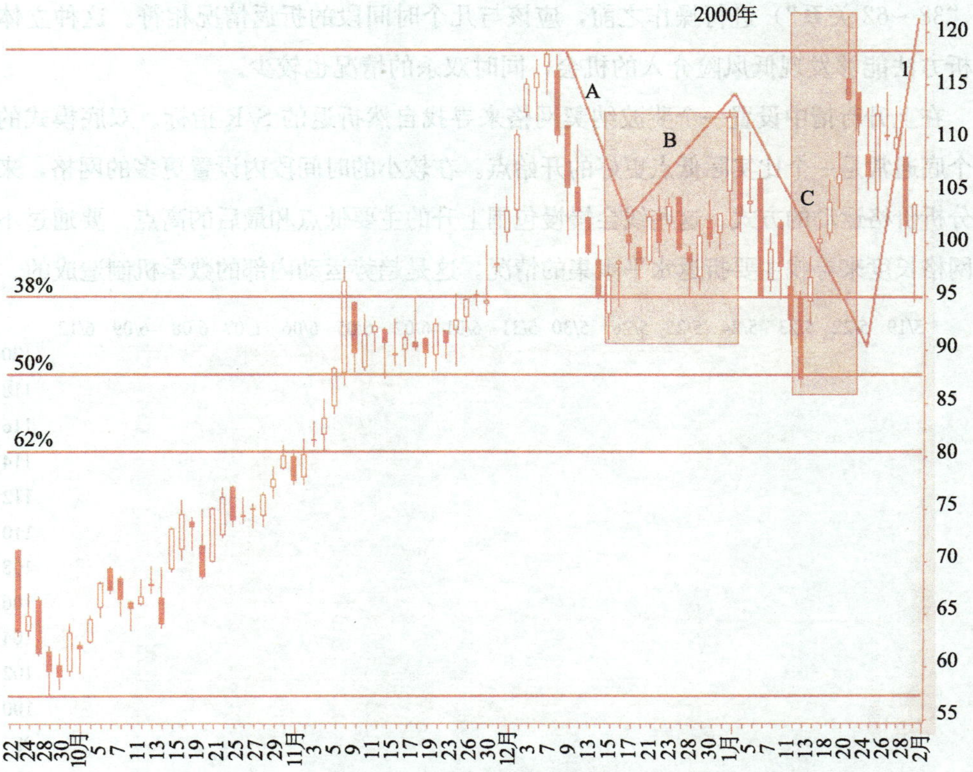

图 8—2　苹果公司股票日线图

注：探底行情可能反弹形成一个新高，或者快速反转，然后下跌。在行情积累足够力量往新高推进之前，通常会通过简单的 ABC 模式进行盘整。在 A 波或 C 波结束时发出的信号应该可以图利。B 波最终会下跌，但如果波段交易者在第一个危险信号出现时就离场，仍然可以获利。在 C 波后面出现的上升脉冲（1）在克服阻力之后会推进到一个新高位置。

资料来源：RealTick® ⓒ 1986—2000。保留所有权利。Townsend 公司授权使用。

一旦价格达到买入目标，就立刻查看次一级的时间段的走势图，在考虑建仓之前，必须确认它是一个实质性的反转。当交易不利时，较迟滞的行情也利于干净地离场。

底部交易策略

要通过斐波纳契级数关系和其他走势特征来寻找低风险介入的目标。寻找与主要折返百分比一致的自然模式的 S/R 指标。例如，寻找从之前高位的反转，同时又是上一个上涨行情盘整 62％的位置。一定要理解当时行情中存在的独特模式。折返行情应该在 38％、50％和 62％的位置反弹，但是在它们反转之前，通常会超过这些点位。有一个经典的交易策略，其做法是在一个经典百分比位置（参考“应用”部分中的“38～62 关系”）进行操作之前，应该与几个时间段的折返情况相符。这种立体的分析方法能够发现低风险介入的机会，同时双杀的情况也较少。

在上升行情中设置一个斐波纳契网格来寻找自然折返的 S/R 指标。双底模式的第二个底通常是一个比实际低点更好的开始点。在较小的时间段内设置更多的网格，来详细分析价格运动的方式。这些线会慢慢包围上升的主要低点和最后的高点。要通过不同的网格长度来寻找主要折返水平聚集的情况。这是趋势运动内部的数学机制造成的。

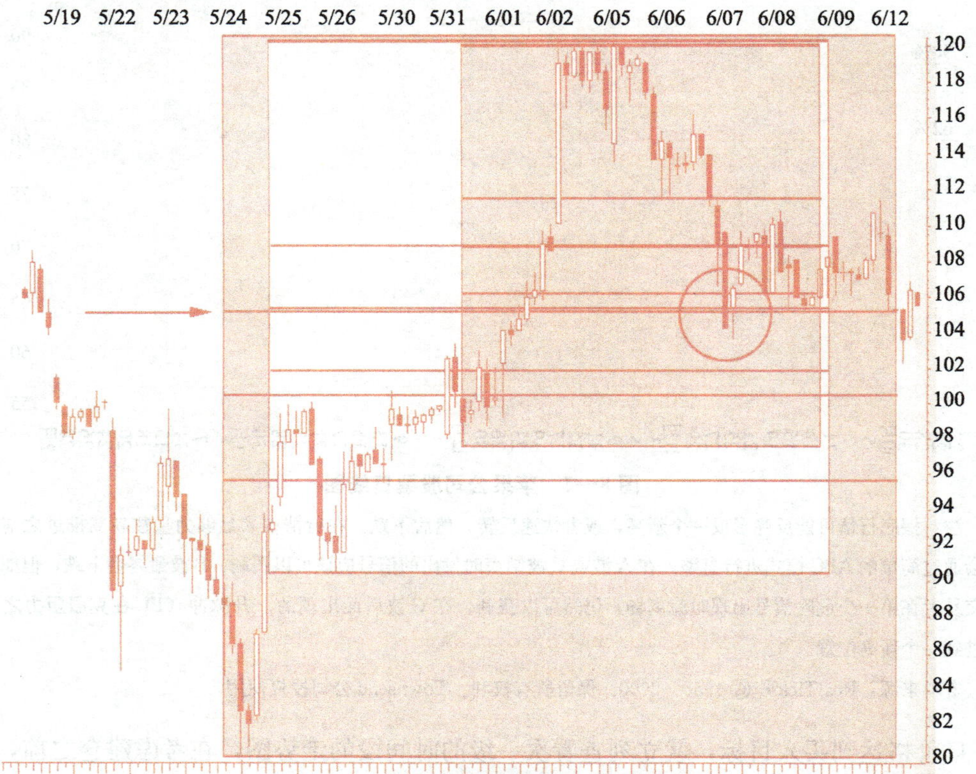

图 8—3 Sapient 公司股票 60 分钟线图

注：Sapient 公司股票在同一时间反弹出现了 38%、50%和 62%的折返行情。多个趋势同时存在于不同的上升行情中。利用斐波纳契网格来分离每一个趋势波，然后观察聚集的折返百分比情况，以便寻找那些不为公众所注意的主要反转行情。

资料来源：RealTick® © 1986—2000。保留所有权利。Townsend 公司授权使用。

在强劲的趋势中可能会按顺序展开一系列的探底行情。这些形态需要在每个上涨后进行重新测量与分析。每个交易设定都必须有特色，而且某些趋势的脉冲上涨部分的回报/风险率会比其他部分高。在行情到达超买水平之前，按前期的趋势操作，并随时牢记替换的规则。在强势行情中，收缩盘整通常在简单和复杂模式之间替换。

探底行情在所有时间段内都会出现，并引发可图利日内交易机会。一个简单的5分钟线图可以提供一个有效的框架，协助找出那些可图利的底部。要利用创新的方法来扩大日内交易方法的分析。第一小时走势内或2日走势内常见的折返情况可以显示极佳的底部交易机会。可以尝试综合几个时间段的走势来判断反转行情，但是如果交易只有几分钟，看一个走势图就够了。要记住，如果仓位与较大的折返和经典指标组合相符，获利的可能性就会增加。

斐波纳契级数关系在日内底部行情中作用效果很好，但在较短持股期中，干扰性信号也会增加。短期走势图上的一个价位就可以把主要的折返位突破。在分析日内斐波纳契级数关系之前，一定要先分析那些成交量高的股票和强劲的趋势。如果其他的模式特征都表明交易机会良好，那就接受所有水平上的小型突破，并利用工具进行第二次验证。

当活跃行情发出一个鼓励性的信号之后，要认真观察第二天的走势。开盘后45分钟内通常会出现较大的底部行情。随后的抛售通常在这个时间附近达到峰值，并形成短期的底部模式。如果外部情况支持抛售，这就是一个低风险的介入机会。在最后一小时中不要探底买进，在股价位于当日低点附近时更是如此。要耐心等到第二天早晨，即使失去机会也在所不惜。

对持续缺口的第一次验证行为是很好的反弹点。行情会从第五波顶部一直折返到第三波的中部才能到达缺口。持续缺口通常很少在第一次进行回补，这增加了一个探底行情的获利机会。只要行情下跌到缺口另外一侧时成交量依然保持较低水平，就应该考虑入场。但是较为谨慎的交易者应该降低风险程度，采取观望态度，等待价格重新上升到缺口之上。真正的缺口突破体现的是高成交量或者是一个熊市孤岛反转的形态（见图11—8）。

当这些缺口的价格重新登上支撑位时，价格行为显示出一种异常现象。它通常显示一个时间段里的持续缺口，它与相邻较短时间段的衰竭缺口有重叠。波段交易者可以通过K线和非正式的趋势波，分析出这种异常情况。有两个显示强有力立体缺口的经典K线模式，分别是乌云盖顶和反攻顺序。

如果一个前期巩固型模式与斐波纳契支撑位相符，就应该在第一次验证时买进。注意观察股价在上升三角形水平顶部反转或对称三角形顶部达到峰值时的反转情况。每一个收缩盘整区域都有独特的结构，都有利于价格的下降，并易于形成逆转趋势的平衡点。注意观察走势中极点范围内发生的价格穿越，看看它们出现之前，价格线会如何穿越这些模式。折返行情很容易进入小幅穿越的水平，但是应该不会穿越那些较

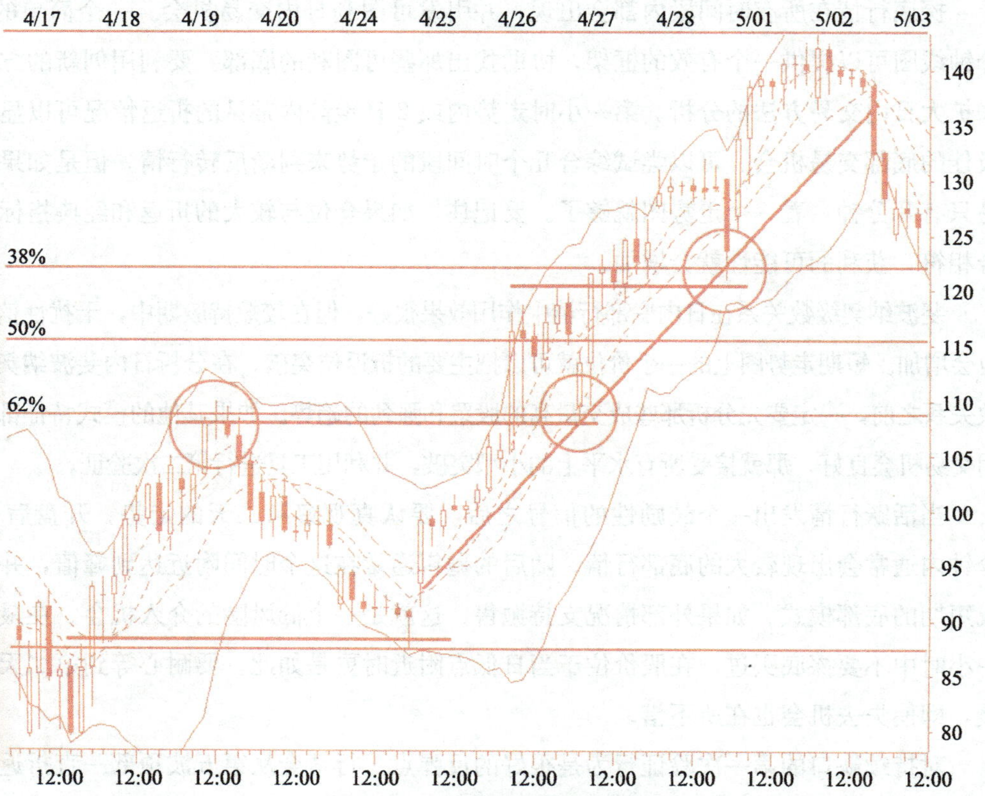

图 8—4　Ciena 公司股票 60 分钟线图

注：Ciena 公司股票在这个 60 分钟线的五波上升行情中遵循了自然斐波纳契比例关系。请注意观察股票在 38%和 62%位置的最终反转。探底行情能够提供极佳的日内操作机会，但要特别注意 60 分钟线而不是 1 分钟线或者 5 分钟线。在极端时间段走势中，干扰信号的强度急剧增加，而且在这些时间段进行的底部操作，更需要对行情有精辟解读而不是对走势图的理解。

资料来源：RealTick® © 1986—2000。保留所有权利。Townsend 公司授权使用。

为坚实的支撑位。

探底行情会出现较大的趋势相对性错误。一个小趋势中的强劲反弹在大规模回落运动开始时会很快消失。幸运的是，这些不是很好的介入点却具有数个可以安全离场的机会。如果没把握就应该先离场，然后再进行研究。不想冒险的交易者可以在进行任何底部介入之前，等待极限折返数据的出现。他们可能会错过很多很好的机会，但是一旦建仓，都可能获得较大的利润。波段交易者的获利概率增加，在延伸的价格部分，有几个不太理想的离场点。

应用

最好的探底交易策略应该结合斐波纳契级数、走势图特征和一些常识来确定规律性的反转价位。在交易分析的初级阶段一定要分析不为人们重视的 S/R 指标。在寻找新的获利机会时，整数位和艾略特波浪理论是很好的可以相互结合的对象。需要注意的是，完美的模式很少出现，很多很好的模式需要在有限的信息条件下进行操作。

38～62 关系

覆盖两个以上相邻趋势的斐波纳契网格通常能够显示隐藏的反转行情。要注意一个短期趋势折返 62%与一个较长趋势折返 38%的一致情况（较大趋势包含较小趋势阶段）。强劲的趋势在至少发生一次强烈的反弹以前，应该不会从主要上升行情折返超过 62%。这些趋势波的聚集情况显示了多时间段内的强劲行情行为。

描述

- 交易模式以一个完整的大型上升行情开始。
- 最后的上升阶段从最终折返位 62%处开始。
- 绘制两个斐波纳契网格：第一个穿越整个上升行情，第二个从最后的上升行情与高点极值交汇点开始。
- 在 38%～62%交汇点处观察之前的高点、移动平均线和其他经典 S/R 指标等多种支撑位的情况。
- 当靠近较小的 38%的折返位时，反弹会遇到阻力。

这种操作模式在所有的时间周期中都可以出现。波段交易者应该先看两个趋势之间的自然比例关系，然后再绘制斐波纳契网格，来分析不同趋势之间的一致程度。如果想识别这种情况的真实情况但结果不佳，即观察失败。其实，他们应该利用自己敏锐的眼睛来捕捉规律。类似的模式也会在 50%～62%的交汇点起作用，但是不会产生同样强劲的结果。要注意观察 3 个以上的趋势长度相符的情况，那才是极佳的获利机会。

操作策略（见图 8—5）

- 抛售从（1）开始，在随后出现上涨 50%的水平。这个模式同时也出现了一个大 W 反转，在同一水平完成了第一次上扬。

- 小 2B 底部是下跌行情的结束和新上升趋势的自然交汇点。W 的中心点在（2）和（3）之间出现，但是没有什么简单的介入点。
- 位于上涨行情中心的收缩盘整在 38%和 62%之间形成一个小的三角形模式。模式的低处（4）在最终水平的 62%处启动了最后的趋势波。
- 双底验证行情（7）与新的趋势线（3）相符。
- 趋势线的突破（6）显示了上升行情的结束，斐波纳契网格开始对价格运动起作用。
- 38～62 比例关系在位置（5）出现相符的状况。这个水平同时也交叉验证 20 美元整数位以及三角形中心的顶部。

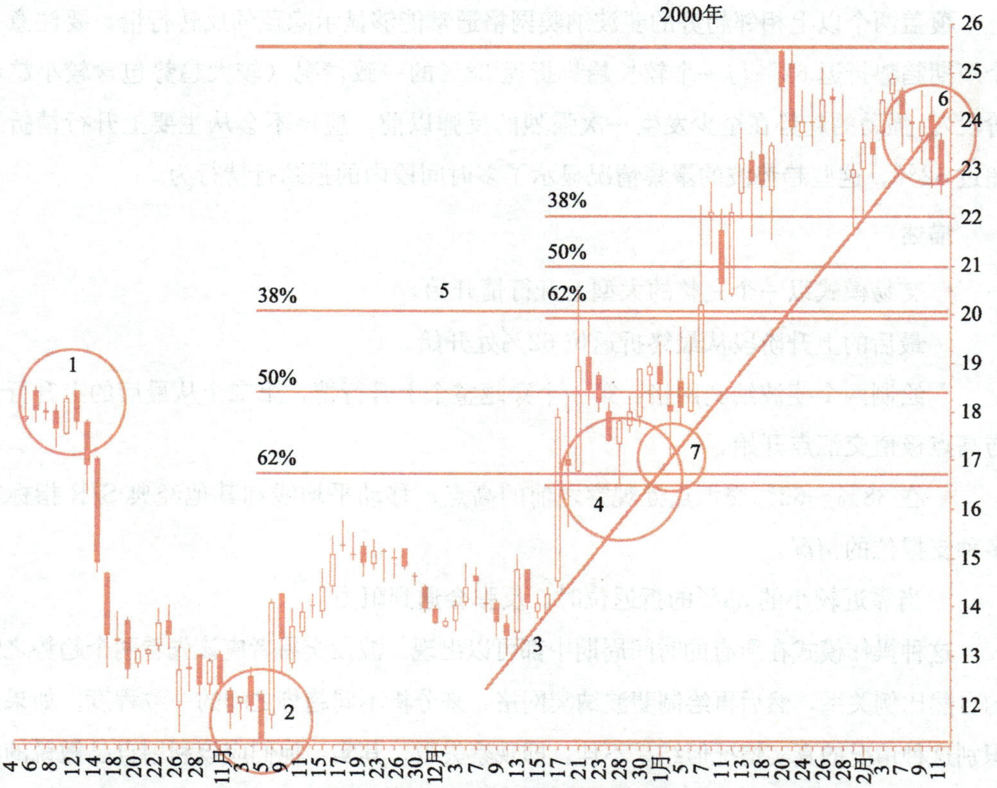

图 8—5 Andrew 公司股票日线图

资料来源：RealTick® © 1986—2000。保留所有权利。Townsend 公司授权使用。

操作与价位管理（见图 8—6）

- 连接点（1）和点（2）的线构成趋势线。锤头形（1）是一个停止操作的低点位置，且是 38%的阻力位。成功反转之后，任何反弹行为都必须穿过这个阻力位。

● 牛市旗形从下降低点开始形成。较低的通道在下降趋势中又成为另外一个支撑区域。

● 在 20 美元处（3）出现的小十字星和一个长的 K 线预示了反转。有了 4 种交叉验证条件，较为大胆的交易者可以不需要其他分析，就按 20 美元介入操作。在两个 K 线反转实体的下面，即 19.75 美元位置的设一个止损目标。

● 反弹行情从 38%的阻力位（8）反转。较为谨慎的交易者可以在黑色反转价格线（7）的位置针对小型折返进行操作。再看较小的时间段走势，利用 21 美元下的任意支撑位进行操作。

● 旗形顶部和锤头阻力位（5）在 22.75 美元处相符。在靠近 23 美元的位置离场的概率很高。

● 这个交易在持股时间较长的情况下能获得回报，因为反弹快速越过阻力位并向更高位置推进（6）。

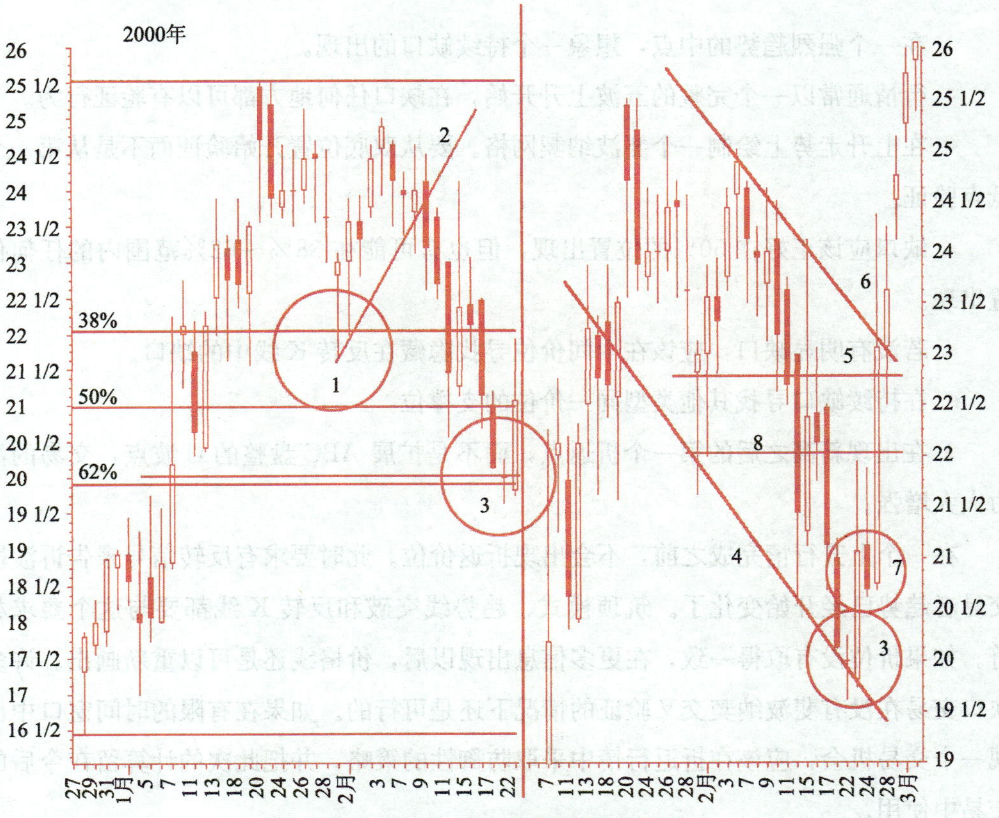

图 8—6　Andrew 公司股票日线图

资料来源：RealTick® ©1986—2000。保留所有权利。Townsend 公司授权使用。

回报/风险率

交易模式可能会失败，并使较小的趋势形成第一个下跌到16.5美元的价位。但是停止操作时要避免在这个位置产生重大的损失。可以考虑在振荡性较小的20美元的位置介入，回报/风险率为3∶1。这种情况要结合4种交叉验证条件，其结果是极佳的短线设定。

持续行情的底部

对持续缺口的第一次验证是概率较高的探底操作机会。验证行为可以有多种不同的方式。这种机会总是出现在强劲上升的环境中，其作用机制与38～62关系作用一样。它可能发生在第三波之后，但是更多时候是在整个上升行情完成之后。第一次验证时，持续缺口通常不会回补或反转。

描述

- 在一个强烈趋势的中点，想象一个持续缺口的出现。
- 行情通常以一个完整的五波上升开始，在缺口任何地方都可以有验证行为。
- 在上升走势上绘制一个斐波纳契网格。要从双底位置开始验证而不是从第一个低点验证。
- 缺口应该正好在50%的位置出现，但也有可能在38%～62%范围内的任何位置出现。
- 若没有明显缺口，应该在中间价位寻找隐藏在反转K线中的缺口。
- 在持续缺口寻找其他类型同一价位的支撑位。
- 在出现新高之后的第一个折返点，而不是扩展ABC盘整的C波点，交易的潜力大大增强。

在一个上升行情完成之前，不会出现折返价位。此时要求有反转信号来告诉波段交易者趋势已经开始变化了。筑顶模式、趋势线突破和反转K线都要与这个要求相符。如果价位没有取得一致，在更多信息出现以后，价格线还是可以重新画出。许多缺口交易在没有斐波纳契交叉验证的情况下还是可行的。如果在有限的时间窗口中出现一个交易机会，应该在折返行情中采取防御性的策略，并把此次的计算留在今后的交易中使用。

交易策略（见图 8—7）

- 抛售从（1）开始，在随后出现上涨 50%的水平。这个模式同时也走出了一个调整过的大 W 反转，在同一水平上完成了第一个上升。
- 长锤头形（2）标志着 2B 底形态，上升形成一个双底，在位置（3）进行验证。第二个低点对于斐波纳契网格形成一个更好的终点，因为折返行情通常构成一个五波上涨，那是更大行情第三波的一部分。
- 垂直上升的五波上扬（5）恰好在 50%的位置形成一个持续缺口。
- “墙上孔洞”（7）显示了上升行情的结束。这就得以绘制可以穿越五波趋势的斐波纳契网格（4）。

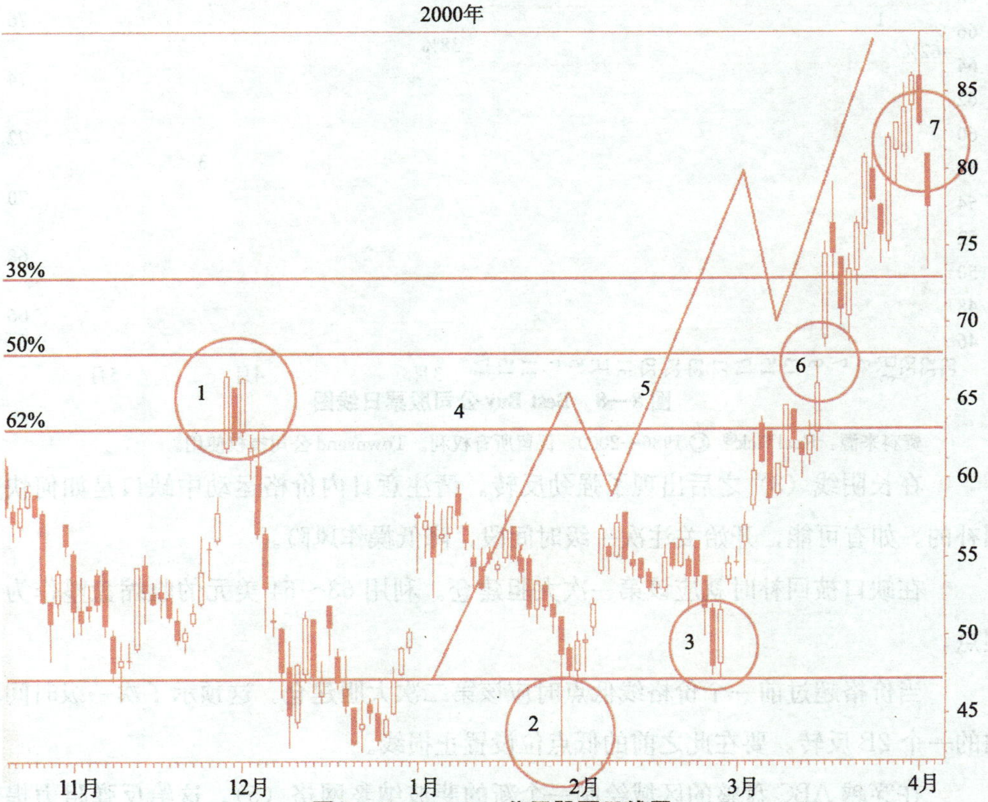

图 8—7 Best Buy 公司股票日线图

资料来源：RealTick® © 1986—2000。保留所有权利。Townsend 公司授权使用。

操作与价位管理（见图 8—8）

- 水平线（1）是抛售前的最后一个中期高点。它对缺口（2）进行交叉验证，并提高了交易的概率。

- 当价格击穿靠近38%处折返位的双顶（4）结构时，阻力位出现。

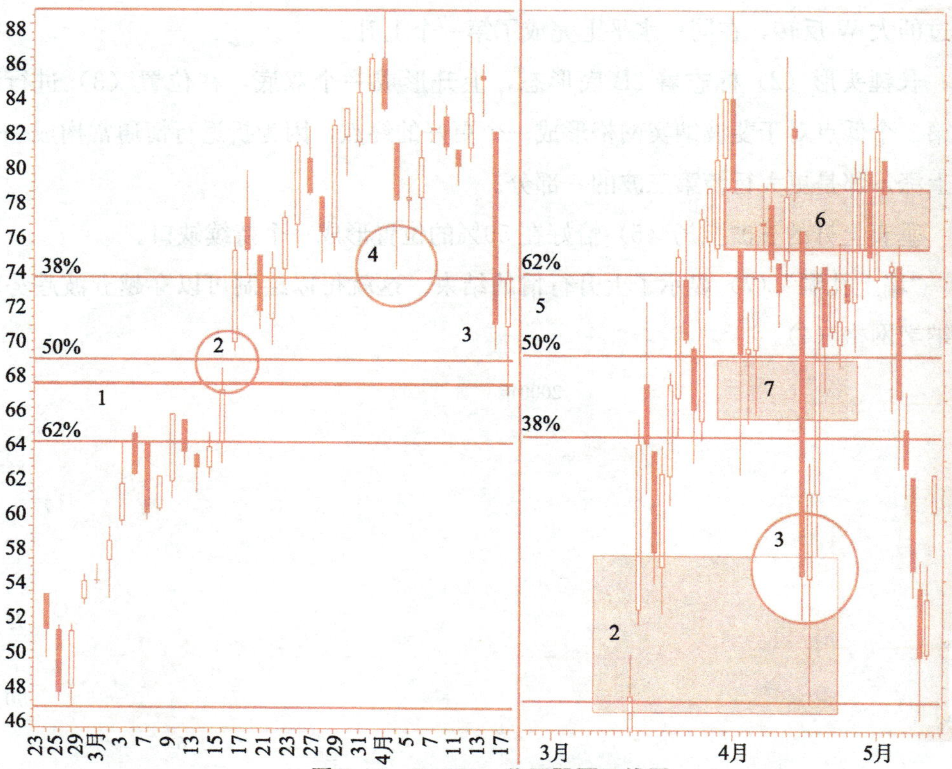

图 8—8　Best Buy 公司股票日线图

资料来源：RealTick® © 1986—2000。保留所有权利。Townsend 公司授权使用。

- 在长阴线（3）之后出现了强劲反转。请注意日内价格运动中缺口是如何快速回补的。如有可能，开始关注次一级时间段，降低操作风险。

- 在缺口被回补时就应该第一次大胆建仓。利用63～64美元的收缩盘整作为止损点。

- 当价格超过前一个价格线低点时应该第二次大胆建仓。这预示了次一级时间段内的一个2B反转。要在此之前的低点位设置止损线。

- 在穿越ABC盘整的区域绘制一个新的斐波纳契网格（5）。这给反弹阻力提供了指导。

- 价格很快穿越双顶阻力位（4）和（7），但在62%的反弹折返位暂停。因为位置（6）的强烈阻力作用，应该在此处离场。很多交易者在这里被套牢，因为低于80美元处的密集收缩盘整是探底反转之后出现的第一个折返，而他们错误建仓。

- 阻力位（6）阻止了价格推向新高。“墙上孔洞”的缺口和双顶失败缺口都降低了进一步获利的概率。

回报/风险率

这个行情在持续缺口内或靠近持续缺口处效果较好。反转之后发生的垂直上涨在到达七十几美元之前没有什么折返。被突破的双顶之上的阻力位随价格上升风险剧增。这个交易设定是 ABC 盘整中的 C 波阶段。这种情况会增加回报，但价格在高涨之前必须先越过 A 的低点。

第一次折返

在中期高点突破之后发生的第一次逆趋势，应该是一个较好的低风险介入点，前提是最初的运动需要满足某些特征条件。价格应该在市场积极参与的支持下穿越之前的阻力位。折返在每一个下跌过程都应该遇上新的买入行为。新的缺口或者扩张的价格线应该能坚持住，在价格下跌时提供支撑。

描述

- 确定一个第三次观察点、通道突破或者其他高强度突破的位置。
- 在突破位置寻找多个支撑的类型。
- 留意几根反转价格线，并且从最后一个中期低点到中期高点绘制一个斐波纳契网格。主要的折返情况应该和突破位相符。
- 第一个折返向新高点快速移动的概率，要高于任何其他的探底交易设定。
- 这个模式在价格线大幅扩张之后是极佳的日内交易机会。如果开盘价格靠近前一个 K 线的高点，而且没有向下跳空到开盘位，就应该在第一小时的下跌阶段买入。

交易策略（见图 8—9）

- Checkpoint 软件公司的股票在 60 分钟线上出现为期 2 个月的上升价格通道（1）。
- 整数阻力位在 200 美元位置（2）形成。
- 价格穿越通道与整数价位，形成上行的大缺口（3）。
- 在一根长价格线之后（4）出现了“墙上孔洞”，这标志着上升行情的结束。

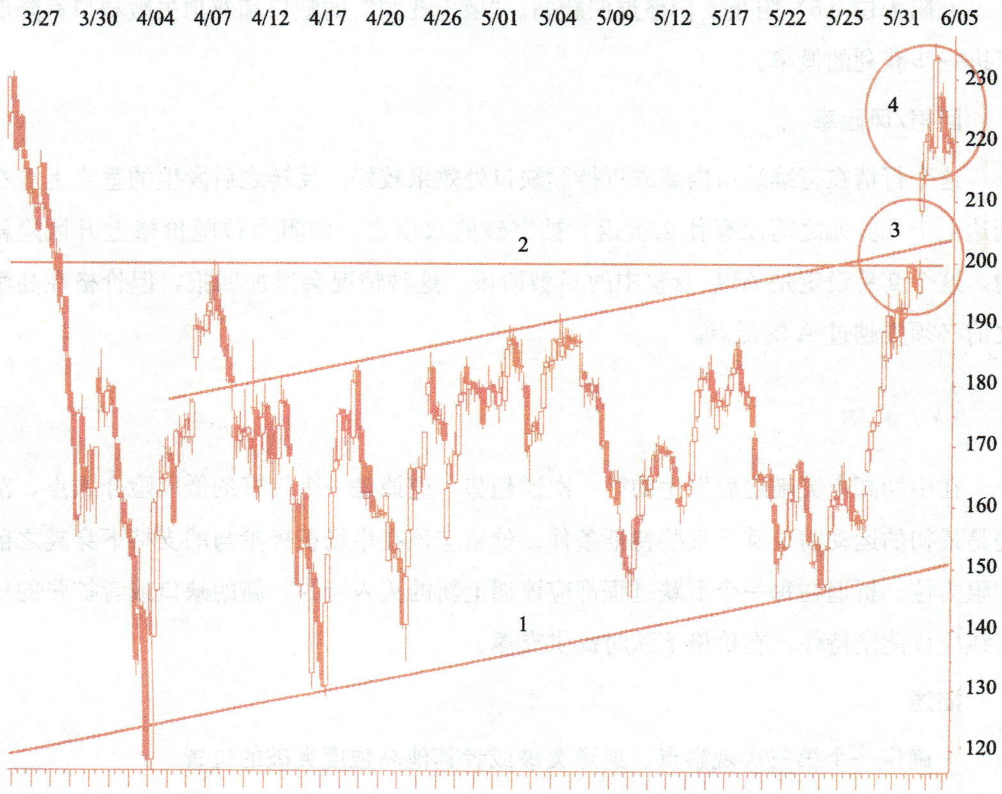

图 8—9 Checkpoint 软件公司股票 60 分钟线图

资料来源：RealTick® ©1986—2000。保留所有权利。Townsend 公司授权使用。

操作与仓位管理（见图 8—10）

- "墙上孔洞"（3）在上升价格 230 美元位置形成的强大阻力。
- 在上升行情的范围内绘制一个斐波纳契网格。注意 38%的比例线与缺口（2）、上行通道线（1）和整数价位支撑相符。
- 4 种交叉验证条件在 200 美元处形成高概率介入点，但价格从未达到这个位置。上行通道线被突破，而走势在大约 201 美元处发生反转。
- 两个 60 分钟 K 线（4）出现了双底验证，而且在 5 分钟走势图上出现小型 2B 反转行情。只要有可能，积极的交易者会在此建仓，但必须在低于 200 美元（甚至 198 美元）处制定严格的止损目标。
- 当价格越过通道线并重新穿越缺口，这就是第二个介入信号。这也是 5 根价格线组成的第一次上升的模式（8）。此时，在 205 美元附近的操作开始进行，其止损位在 201 美元这个之前的低点之下。

- 折返在靠近 210 美元（6）处形成，并提供几个极好的介入机会。回报/风险率恶化，但是越过 201 美元低点的长 K 线和第一个上升行情（8）形成新的支撑位。
- 反弹上升行情形成一个内置的五波结构（7）。
- 在 201～215 美元和 211～222 美元空档区的长 K 线是可图利离场点。它们也是新的折返介入点。
- 价格在“墙上孔洞”上出现一个缺口的回应（5）。这个突破也以快速回补的衰竭缺口终止了上升的行情。

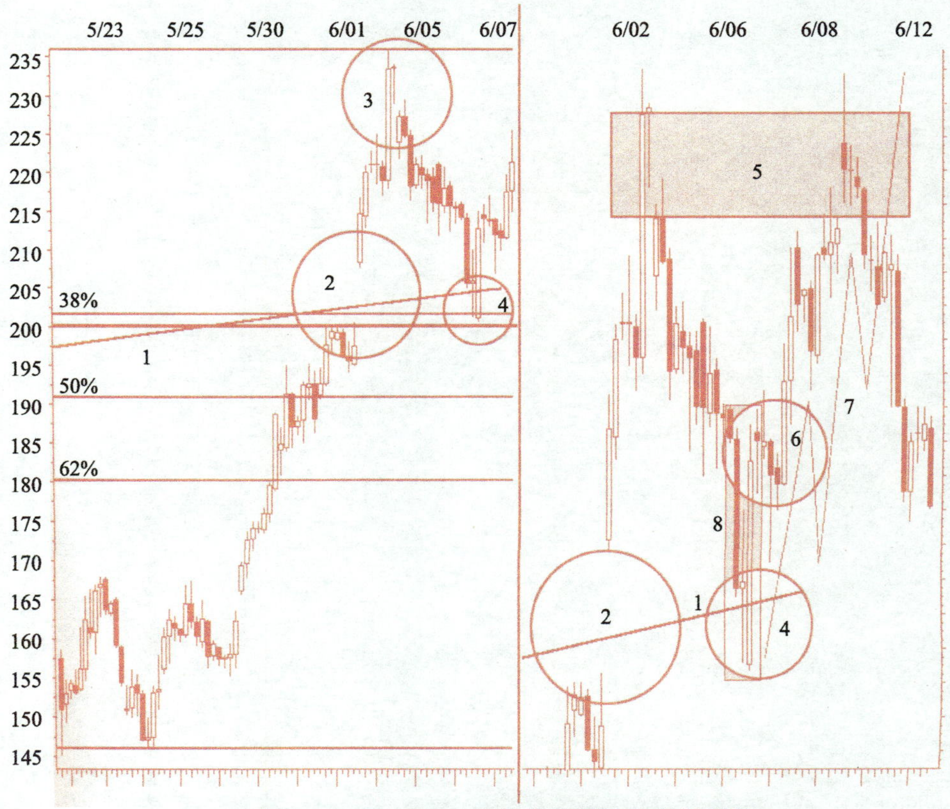

图 8—10 Checkpoint 软件公司股票 60 分钟线图

资料来源：RealTick® © 1986—2000。保留所有权利。Townsend 公司授权使用。

回报/风险率

很多波段交易者不知如何计算高价股的回报/风险率。对于 200 美元以上的活跃股票，在介入点以外 5 个点或以上设置止损点效果良好。可以通过降低仓位规模来把风险降低到可以管控的水平。要留意深度折返会造成损失，只要走势保持不变，可以考虑补仓。把分析的重点放在对 60 分钟走势图的详细分析上。5 分钟走势图上的 212 美元和 224 美元处的主要收缩盘整区，都是低风险的操作位置。

第 9 章

盘旋上升

特征

股市活动在强烈爆发和相对安静阶段之间来回变化。这种自然的收放运动可以把价格推到高位，彻底验证边界，并在形成边界后向前推进（或者反转）。因为这种周期性运动向一个新的脉冲发展，所以趋势就会出现在图表上。波段交易者能够识别并利用这种独特的趋势，而普通股民则还需要等待稍后出现的信号。

交易机制

随着交易者对价格走向失去信心，股市情况也开始改变。负面反馈出现，构建许多流行的模式中很常见的密集盘整的范围。三角形、旗形以及楔形都显示已知范围内的无向波动。波动性开始降低，这也带动了股市情绪以及价格机制，导致出现盘旋上升的信号。

很多具有预测功能的范围永远也不会完全符合经典模式的严格定义，所以波段交易者必须从另外的角度寻找，以确定是否存在获利的机会。最好的办法之一就是分析价格收缩盘整的形态而不是走势范围。这个空档区的转折位置应该能显示新的趋势以及低风险的介入点。盘旋上升的交易模式通过 NR7 分析方式来寻找这种不明确的界面。

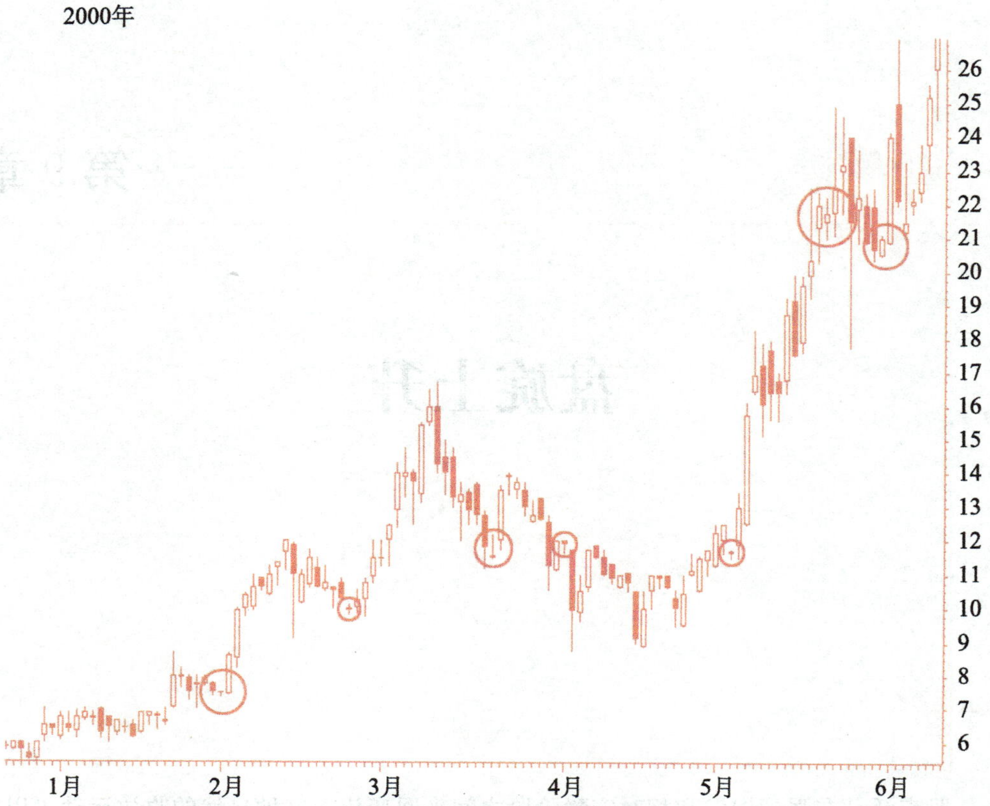

图 9—1　Adept 技术公司股票日线图

注：Adept 技术公司的股票在 5 个月内出现了一系列盘旋上升的信号。振幅狭窄的交易日形成的交易模式悄悄预测了未来价格的走势。某些价格线很快引发主要的上升行情，而其他单日价格线则逆于主要趋势。在建仓之前，必须把持续的走势/区间轴线和发展中的价格模式结合起来考虑。

资料来源：RealTick® © 1986—2000。保留所有权利。Townsend 公司授权使用。

这个小小的信号是最后七根价格线中最狭窄的价格线。如果之后立刻出现 NR7 形态，那就会引发价格的剧烈扩张。如果价格不能急速推进，突破仍有可能在 1～3 根价格线后出现。有时在下一根价格线上会出现另外一个 NR7（即 NR7-2），这是更为强烈的信号，突破的可能性增强了。

收缩盘整将之前趋势的不稳定因素消化以后，新趋势就会出现。这个新趋势会延续之前的趋势，或出现反转。单根价格线扩张也可能表示活跃状态的开始。盘旋上升的行情是试图在一个股票开始活跃的阶段进行操作。这些机会取决于股票的低幅的波动和标志着收缩盘整结束的较短价格线，但要成功交易也要求交易者能够精确预测价格的走向并把握时机。

要尽早发现波动范围，并等待振荡的消失。盘整时价格在极值之间来回振荡，同时也是收集能量为下一次价格运动做准备。大多数交易者会错过这个过渡期，因为还没等普通股民开始追这个行情，它就已经过了。当波动范围接近周期性变化，股票的波动幅度、价格线的长短、成交量都会下降。明眼的交易者在价格靠近这种空档区时都能看出，但是必须通过详细的分析来过滤那些干扰，并把注意力集中到最好的操作机会上。

最具有获利机会的盘旋上升行情信号会在之前趋势的持续阶段出现。上一个上升行情的相对力度能够显示随后发生的价格推进的力度。从收缩盘整行情突破出来的剧烈垂直运动就显示出强大的力量。之前的上升行情有利于实现获利目标和交易计划。如果走势图上的两个之前的趋势波表现出相同的角度，发生强劲趋势的可能性就会增强，但在第三波之后就会减弱。

突升行情策略

纯粹的 NR7 价格线能够毫无方向地急剧上下扩张。要盘旋上升，需有相对强度高，以分辨上升突破的机会。但是熊抱行情（详见第 13 章）则通过较低的相对强度来分辨 NR7 价格线，确定获利卖空的操作机会。要牢记的是，模式失败通常在强势形态中出现，而在反方向则是较好的操作机会。最有效的策略是做好两手方案，不论价格从 NR7 的哪个方向发生突破，都可以建仓。也就是说，行情是什么情况，就应该按行情操作。

波段交易需要在操作之前就明确走势的方向，所以要只选择那些相对强度最强的股票的盘旋上升行情进行操作。要注意靠近中期高点或盘整模式的顶部附近的价格运动。在牛市行情中通过 20 日、50 日和 200 日平均线来选择股票。要详细分析收缩盘整模式，确保牛市行情仍然处于掌控之中。同时还要记住，这种状况很少通过技术指标体现，所以不要靠它们作为操作的信号。

交易的准备工作是对收缩盘整进行密切观察。要长期观察总体走势变窄的状况，而不是孤立的 NR7 点位。分析目前走势是否会延续之前的趋势。老话说得好，走势幅度越大，底部的宽度也就越大。如果相对强度指标或者随机指标刚刚开始走出超买状态，收缩盘整需要很长时间才能消化掉上个上升行情的能量。请记住，最可能图利的模式在出现主要突破之前，会朝一个自然顶部或一个爆发点缓慢靠近。

随着收缩盘整的进行，成交量一定会逐步降低。走势图下部窗口的锯齿形表示股市热情开始消退。如果成交量激增而无法立即引起价格线扩张，纯粹突破行为发生的概率会降低。价格的总体走向应该和趋势相反，但是不会推进价格向下加速。在没有破坏任何重要的S/R指标的盘整之后，会爆发一个最强有力的趋势。可以利用斐波纳契级数和移动平均线来交叉验证这个逆趋势极值的终点位置。

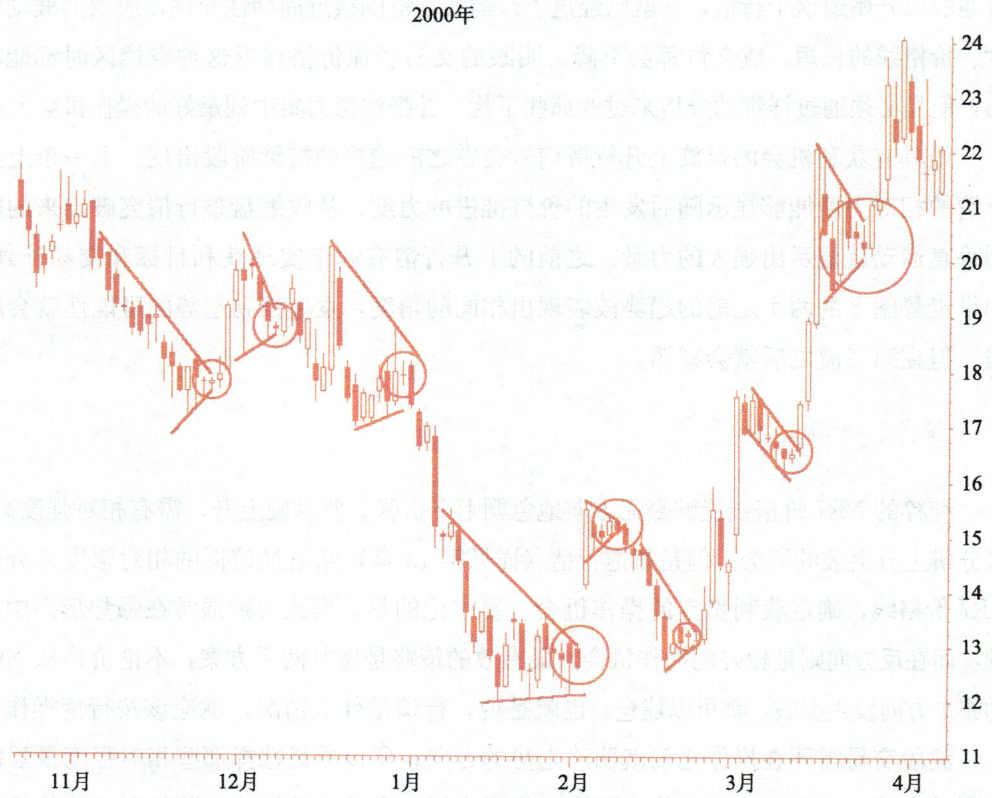

图9—2　Ross Stores公司股票日线图

注：收缩盘整情况能预测行情的最终结果。如果一个走势急速逃离主导的走势，或者在一个模式的中点变得平缓，最强有力的价格运动就会爆发。请注意观察Ross Stores公司股票是如何在逆趋势中快速变化，以及如何拉进盘旋上升行情又是如何放手的。

资料来源：RealTick® ©1986—2000。保留所有权利。Townsend公司授权使用。

次一级时间段中的模式能够向我们显示有效的交易切入点。在强势上升中出现的收缩盘整行情通常逆着趋势形成一个ABC波。谨慎的交易者也会分析发出操作信号之上的相邻时间段的走势。如果大规模的趋势与目前的交易逆向，大范围的S/R指标就会限制或者扼杀动量走势。相反，如果几个时间段中出现一致的情况，其操作的可靠性就增加，并表示一个非常强劲的结果。

如果条件允许，应该利用日内走势图上的窄幅价格线形态。在考虑利用这个设定进行交易时，每一个行情点流通量必须很高。这种方法会把任何交易日中最高成交量之外的股票排除掉。因为短期操作行为要求进行实时分析，需要特别注意盘旋上升的行情的收缩盘整状况，不要进行复杂的筛选。有效的交易行情会在 5 分钟线和 60 分钟线上出现，但不要在 1 分钟线上进行操作。要保证这些模式与行情显示、指数波动或者重要的价位相符。然后，在介入前转换到一个较大周期来确定有利的操作条件。

随着持股期的缩短，虚假信号也会增加。最好的短线盘旋操作应该不用 5 分钟价格线，要在 60 分钟线或者更长的走势图上根据 NR7 进行操作。如果有其他的因素聚集，NR7 就会对极短期的日内操作模式提供有效果的交叉验证。只要盘旋上升行情的成交量高，就可以进行操作。主要的纳斯达克 100 股票有时日成交量会超过 5 000 万股。某些股票具有指标特征，在交易水平的每个点都会有操作机会。

再谈走势价格分析

在期货市场，人们利用价格线范围分析来进行交易。托比·克莱博（Toby Crabel）在他的经典著作《利用短期价格模式和开盘范围突破进行日内交易》（*Day Trading with Short Term Price Patterns and Opening Range Breakouts*）中阐述了这些短线技术。他通过广泛的研究，分析了扩张的 K 线和棒线模式如何预测价格在很多期货商品和指数中变化的规律。当价格突破时，棒线范围通常朝主要趋势方向延伸。价格在情绪化大众股民的推动下，会以一系列上升波向前跳跃，直到顶部价格线形成一个高成交量的反转。

随机指标和其他的相对强度工具可以间接测量价格线区间，但只要简单观察价格线本身，就能发现一个非常有效的领先指标。区间分析无法精确地分析所有的行情。例如，低成交量股票的价格线波动幅度高，这会发出虚假信号。价格线分析要局限于流通量高、价格线波动幅度低和日移动幅度高的股票。不要理会在新的收缩盘整初期出现的走势信号，此时振荡性较高，而且价格走势毫无规律。

从 NR7 模式逃离的行情应该继续原来突破时的走向。在价格范围的两个极值位置都设置入场和离场目标，在执行一个操作之后取消另外一个操作。这个有向运动的规律允许操作者在相反范围极值附近设定离场操作。在取消的止损位下单交易。这个策略利用了价格的扩张，而与行情走向无关。此时虽有操作风险，但由于 NR7 模式的价格波动范围，当交易失败时损失也将被限制在小范围内。

通过检验价格线扩张与收缩盘整来锁定盘旋上升行情中的离场目标。当突破行情接触到第一个 S/R 指标时，价格运动停顿的机会较大，而后面的几根价格线会收缩

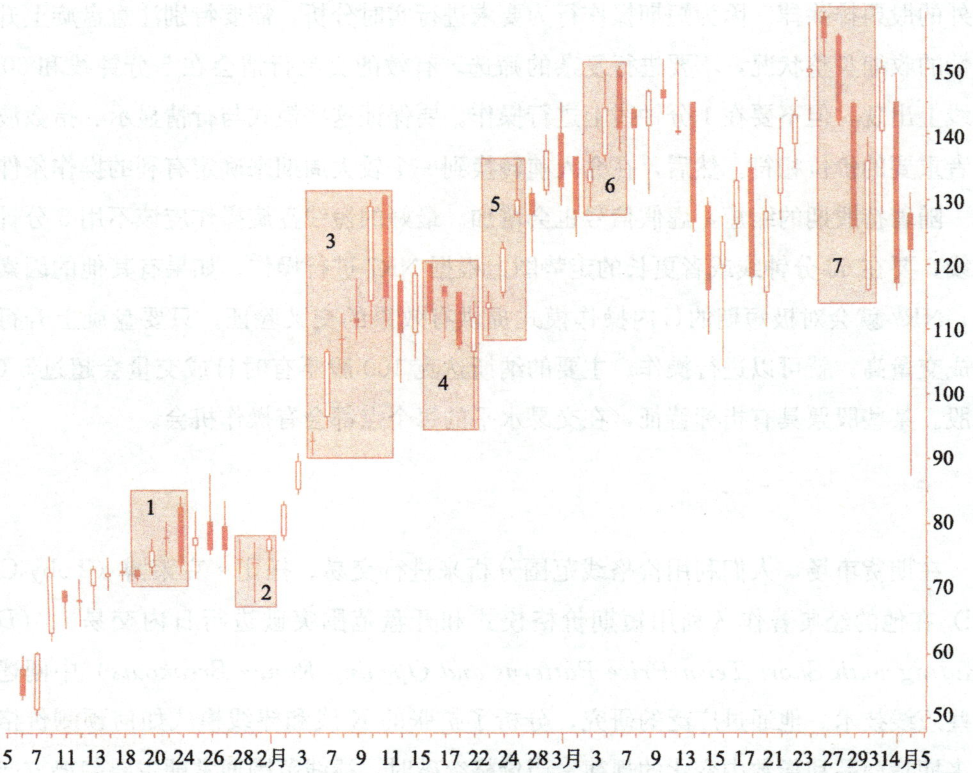

图 9—3　应用微电路公司股票日线图

注：应用微电路公司的股票在 3 个半月时间内出现了 7 个 NR7 价格线。这些盘旋上升行情中有 6 个可以利用简单的波动振幅分析来指导交易获得利润。无论价格从哪个方向逃离狭窄的价格线范围，都应该建仓，并在价格线的另外一端做离场设定。然后利用移动止损目标锁定利润。利用这些经典的交易策略，应用微电路公司股票的走势只在第二个介入点时才会造成损失。

资料来源：RealTick® © 1986—2000。保留所有权利。Townsend 公司授权使用。

盘整。因此，区间范围大的价格线虽能带来较高利润，操作仍需谨慎。要确保在进行操作之前就识别出所有的障碍。最初的突破通常需要达到介入价位之后，走势才能攀升。在介入前要确定自己是否在这个验证阶段持仓。在行情进入另外一个主升波浪之前，折返很可能会大幅降低利润。如果时间不够，无法使价格越过这些阻力位，那就应该在第一根价格线扩张时迅速离场。

当价格推进到 S/R 指标位时，应该从盘旋上升行情中离场。这个策略遵循了“平淡中建仓，波动中清仓”的经验。需要记住的是，逃离 NR7 收缩盘整后的价格扩张行为可能并不是突破的行情。如果有巨型阻力位阻挡了利润之门，那就应该立刻离场，并转到下一次操作。扩张价格线可能表现为短期的回补性上升，或者是快速反转的操作进行止损。

除非有多个交叉验证都说明会有较大利润，否则应该通过直接的价格推进获益。若盘旋上升行情在几个时间段中表现出共同的信号，那就应该在一系列的扩张价格线中持仓，并做好相应的移动止损，锁定利润。但要记住，趋势性行情仅仅占交易时间的 15%～20%，如果能够抓住几个快速运动的价格线进行操作，那会很有价值。若交易环境强烈支持长期持股，那就可以利用操作技巧和合理判断来识别操作机会。

应用

盘旋上升行情的交易机会出现在很多不同的环境中。如果定位和时机把握得很好的话，也可以提供很多其他类型的操作形态。最常见的形态出现于三角形顶部附近和下降牛市旗形顶部。每当 S/R 指标显示要发生一个突破时，就可以寻找一根 NR7 价格线。这些压力区可能发生在第三次观察形态的顶部、简单的趋势线甚至是布林带极值位置。根据盘旋上升行情操作时，一定要确保风险水平较低，而普通股民往往是事后诸葛亮。

三角形盘旋

三角形突破具有典型的盘旋上升的特征。在模式形成的初期，振荡达到峰值，并在出现主要突破前会下跌。模式的上下范围就是操作的时间和价格参量的边界。把这些边界线延长，观察它们在什么位置汇合，再看它们必须经过哪些主要的 S/R 位才能到达此位置。需要注意的是，在这个交易模式中的 NR7-2 信号是所有技术分析中效果最好的技术之一。

描述

- 收缩盘整模式的高低边界应该出现在走势范围最初的阶段。
- 在模式向突破位发展的过程中，要注意波动减幅和成交量降低的情况。
- 模式的延伸程度不应该超过之前趋势的 50%的折返水平。
- 要注意观察，在最终突破之前，行情第三次接触顶部和底部趋势线的情况。
- 突破位应该在模式出现到预计的顶部距离约 2/3 的位置。
- NR7 价格线很可能出现在三角形的中心或恰好落在趋势线的位置。

三角形的形成可以有 NR7 价格线，也可以没有。如果窄幅价格线所处位置良好，则能保证在价格突升之前，可以从内部低风险地介入操作。需要注意，在模式发展过程中信号出现过早的情况。有可能在一段时间内不会出现什么状况，然后大多数交易者会转向其他地方寻找机会。

交易策略（见图9—4）

- 长腿锤头线验证并穿过之前低点和50%折返位的水平（1）。然后价格收于50日简单移动平均线上（2）。
- 趋势线在上下边界（3）处形成，倾角相近但方向相反。
- 趋势线形成一个顶部和底部等距离的中间线（4）。价格以这个水平线为轴运动。

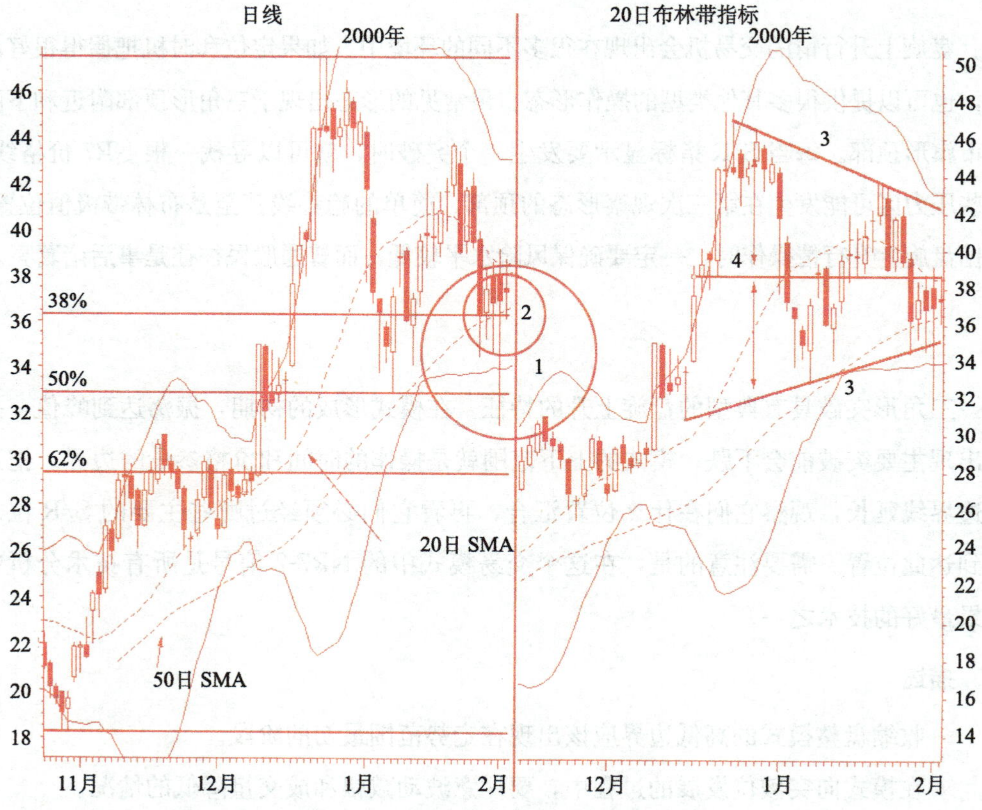

图9—4　AFCI公司股票价格走势图

资料来源：RealTick® © 1986—2000。保留所有权利。Townsend公司授权使用。

操作与价位管理（见图9—5）

- 中线（1）显示出自然的价格波动情况。
- NR7价格线正好出现在20日和50日简单移动平均线之间的中线上。然后在同一排附近的位置出现了第二个NR7价格线。

● 此时应立刻买入，或在价格越过 5 日收缩盘整范围（6）后立刻买入。在靠近 36 美元的第一个 NR7 范围的下方设置一个止损位。

● 股票在下一根价格线突破，并收于高点附近。在行情结束前的 43 美元处离场会获得好收益。但三角形突破有利于价格超过模式的高点（5）的设定。可以考虑先部分清仓，剩下的继续持仓。

● 下一根价格线越过了布林带顶部（7）。如有可能，应该在行情结束前考虑离场。下一根价格线带来 10 个点位的利润，但整根价格线已经超出了布林带的范围。为逃离趋势而确定的移动止损策略可以利用这一部分的价格运动。

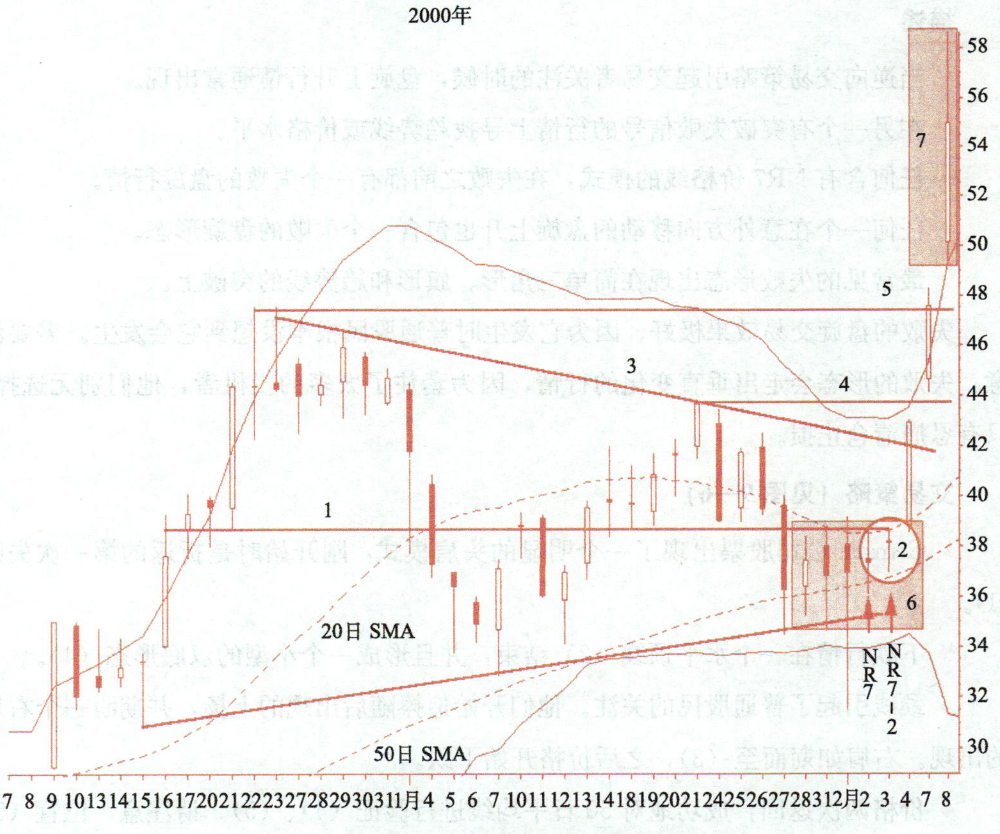

图 9—5　AFCI 公司股票 20 日布林带指标图

资料来源：RealTick® © 1986—2000。保留所有权利。Townsend 公司授权使用。

回报/风险率

盘旋上升的操作策略，风险水平较低。损失点位可能是 2 美元，而获利点位可能是 20 美元。在 44 美元和 48 美元处，明确的阻力位提供了很好的操作目标和计划。模式内部的下降趋势线即使失败，对这个早期操作仍然可能会有 2 美元的利润。突破之后的风险上升，因为逃逸缺口掩盖了简单的介入点。另外，超前于普通股民进行交易的优势很多。

盘旋形态失败类型之一

盘旋上升行情通常在发生前会发出模式失败的信号。这些介入点通常导致行情急剧波动，因为突破行情会欺骗那些等待其他结果的普通股民。当价格靠近一个失败点时，要密切关注行情的走势。在真正行情突破之前的一两根价格线之前，可能会有 NR7 形态出现。

描述

- 当逆向交易策略引起交易者关注的时候，盘旋上升行情通常出现。
- 在另一个有突破失败信号的行情上寻找趋势线或价格水平。
- 任何含有 NR7 价格线的模式，在失败之前都有一个失败的盘旋行情。
- 任何一个在意外方向移动的盘旋上升也包含一个失败的盘旋形态。
- 最常见的失败形态出现在简单三角形、旗形和趋势线的突破上。

失败的盘旋交易效果极好，因为它发生时普通股民根本没想到它会发生。需要注意，失败的形态会走出垂直变化的行情，因为套住了太多的投机者，他们别无选择，只有忍痛清仓止损。

交易策略（见图 9—6）

- Gemstar 公司股票出现了一个明显的头肩模式，刚开始时是折返的第一次失败（1）。
- 下跌行情在一个水平颈线（2）结束，并且形成一个小型的双底形态（4）。
- 颈线引起了普通股民的关注。他们开始追捧随后出现的上扬，并期盼一个右肩的出现。右肩如期而至（3），之后价格开始下跌。
- 价格两次返回，成功地对 50 日平均线进行验证（4）、（5）。请注意，位置（5）范围内的 20 日平均线如何下降到 50 日平均线，并在支撑位的作用下反弹的情况。
- 一个上升的趋势线（8）从平均线验证位开始形成。
- 在位置（6）出现的另一个反转，巩固了下降趋势线。此时的模式看起来像一个对称三角形，或者一个头肩模式。
- 随机指标在（9）位置开始平缓，并向 50 美元价位推进。

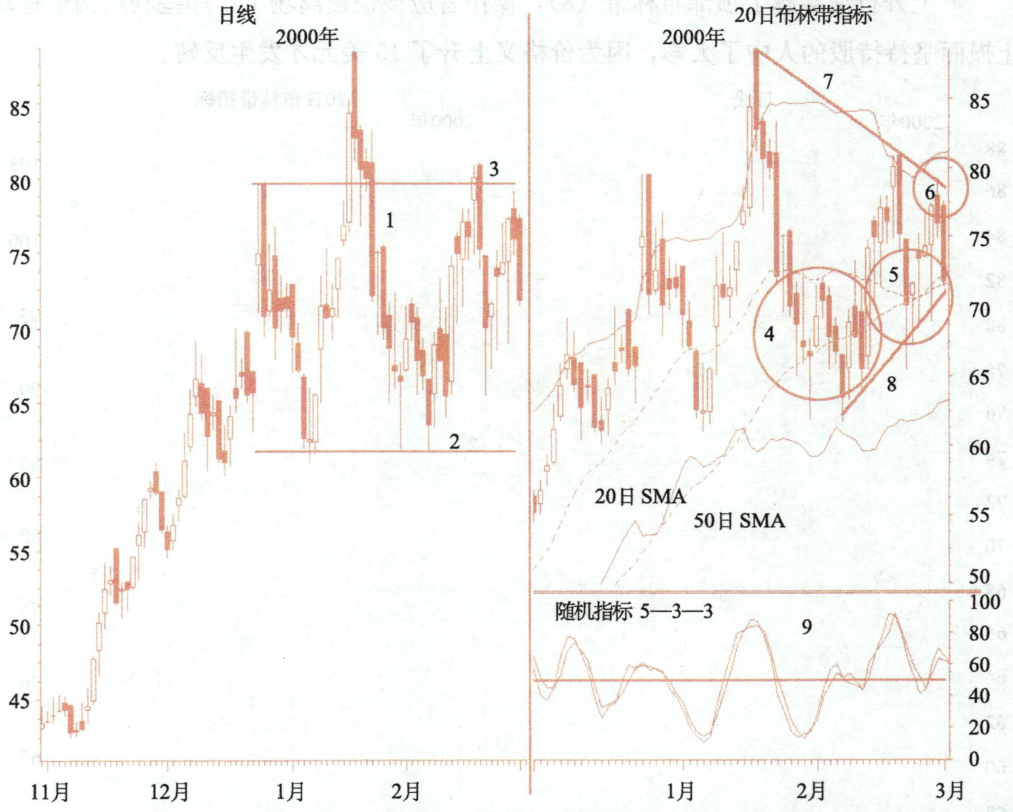

图 9—6　Gemstar 公司股票 20 日布林带指标日线图

资料来源：RealTick® © 1986—2000。保留所有权利。Townsend 公司授权使用。

操作与价位管理（见图 9—7）

- 上升的趋势线（1）通过 9 根价格线形成一个小型上升行情，支撑了价格的运动，朝三角形的顶点推进。
- 一个 NR7 盘绕模式（2）在三角形结束的中心点发出信号。
- 下一根价格线（5）接触到下降趋势线，而顶部的布林带（4）上升到支撑价位。
- 在（5）位置入场建仓，止损位则位于上升趋势线之下。这也是 NR7 走势底部的突破位。
- 在模式失败时，价格会急速推进，使补仓非常困难。在位置（6）出现的第一个阻力位，使那些在 75 美元左右建仓的人可以获得较好的利润。但是，模式的失败和三角形的突破都有利于价格超过模式的高点（7）。可以考虑先部分清仓，剩下的继续持仓。

- 上升行情穿越了顶部布林带（8），操作者应该快速离场了。那些利用调整移动止损而坚持持股的人中了大彩，因为价格又上升了 15 美元才发生反转。

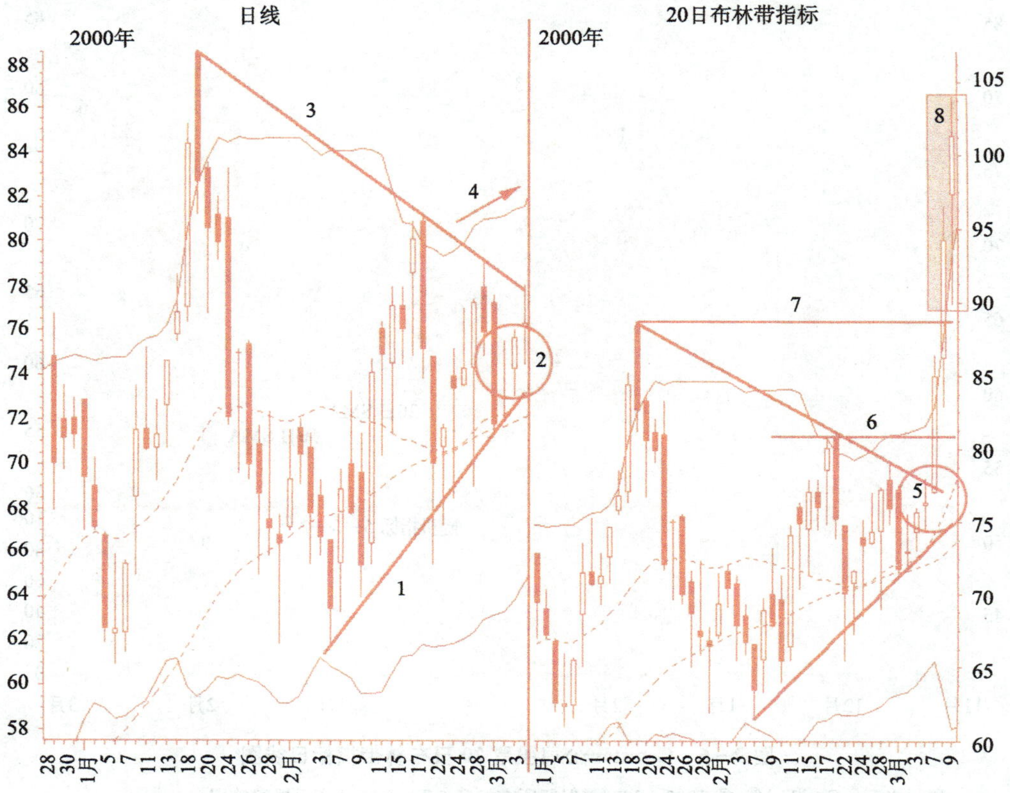

图 9—7 Gemstar 公司股票 20 日布林带指标日线图

资料来源：RealTick® © 1986—2000。保留所有权利。Townsend 公司授权使用。

回报/风险率

如果在盘旋上升信号出现后建仓，这个交易设定的回报/风险率很高。最低的操作目标也会达到大约为 2∶1 的回报/风险率，而如果管理得当，3 日持股则会获得 9∶1的回报/风险率水平。实际上波段交易者很少会在这一系列扩张价格线和价格阻力位继续持仓。如果在突破后介入，风险会增加，因为这种模式很少出现折返。

盘旋形态失败类型之二

这个交易模式告诉波段交易者，长期交易的成功在于概率和风险管控，而不是单纯解读模式。即便最完美的盘旋上升模式也可能在意想不到的时间和点位出错。如果一切方法都行不通，那就应该按自己定的交易计划来操作，要不然就只能接受炼狱的怒火了。幸运的是，即使是最炽热的炼狱偶尔也会产生很好的获利机会。

描述

- 见失败的盘旋行情之一。

失败的盘旋行情可能发生在复杂的模式或者标准的盘旋上升之中。当它们突然出现在一个意外的点位，波段交易者就应该立刻倒车，利用被套的普通股民的行为来获利。但即使有效的交易方案也会发现，经典的 NR7 信号可能向两个方向运行，概率相等。因此在交易中应该有两手策略，来应对大部分标准的盘旋上升信号。

交易策略（见图 9—8）

- Sandisk 公司的股票形成标准探底或盘旋上升的形态。一个急剧上升的行情发生反转，并以经典的 ABC 盘整的方式（2）进行折返。在价格变化范围内绘制的斐波纳契网格（1），显示出一个非常强劲的牛市。

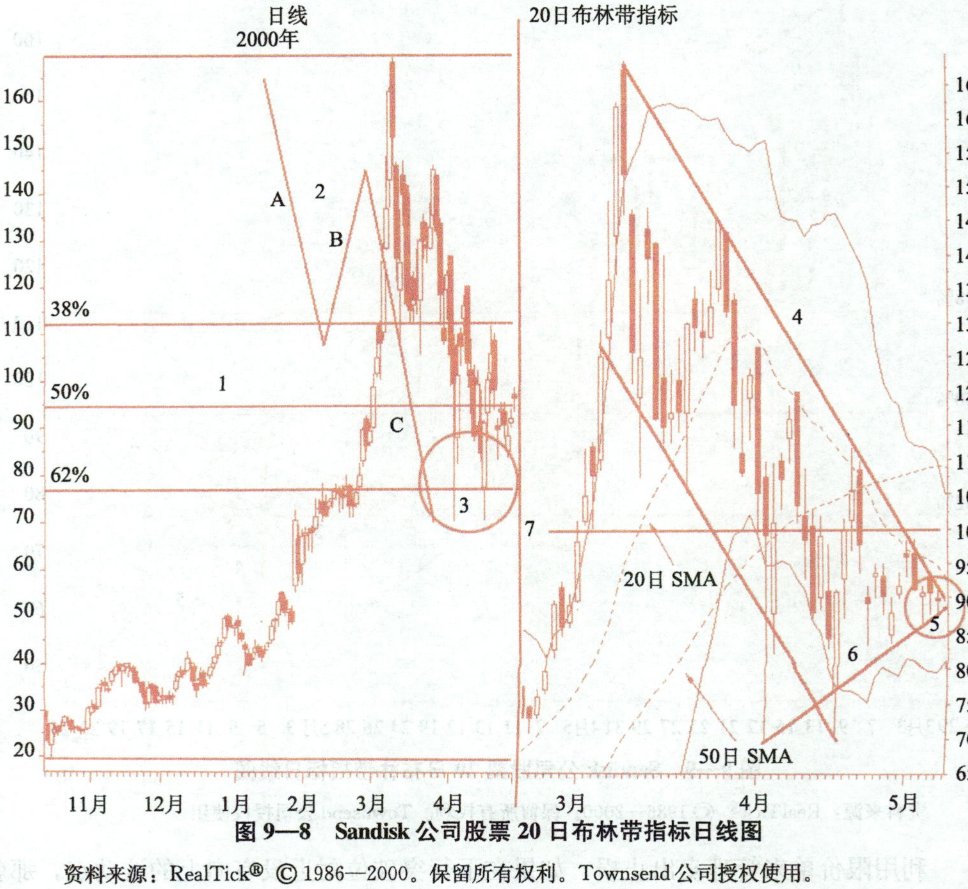

图 9—8　Sandisk 公司股票 20 日布林带指标日线图

资料来源：RealTick® © 1986—2000。保留所有权利。Townsend 公司授权使用。

- C波恰好在62%的折返位结束，形成一个陡峭的双底（3）。
- 这两个底部构成宽幅振荡，以整数位100美元为轴（7）运行。
- 折返行情演变为巨大的牛市旗形（4），且其双底恰好位于模式远端极值的位置。
- 价格从底部形成一个上升的趋势线（6），向顶部旗形通道推进。
- 一个极小的NR7价格线出现在位置（5），恰好是下降通道和上升趋势线的交点。
- 价格位于20日和50日平均线以下。

操作与价位管理（见图9—9）

- 在窄幅价格线的低点下方设一个卖空止卖目标位，在上方设一个买空目标位（2）。不论价格线的扩张朝哪个方向发展，都可以捕捉。

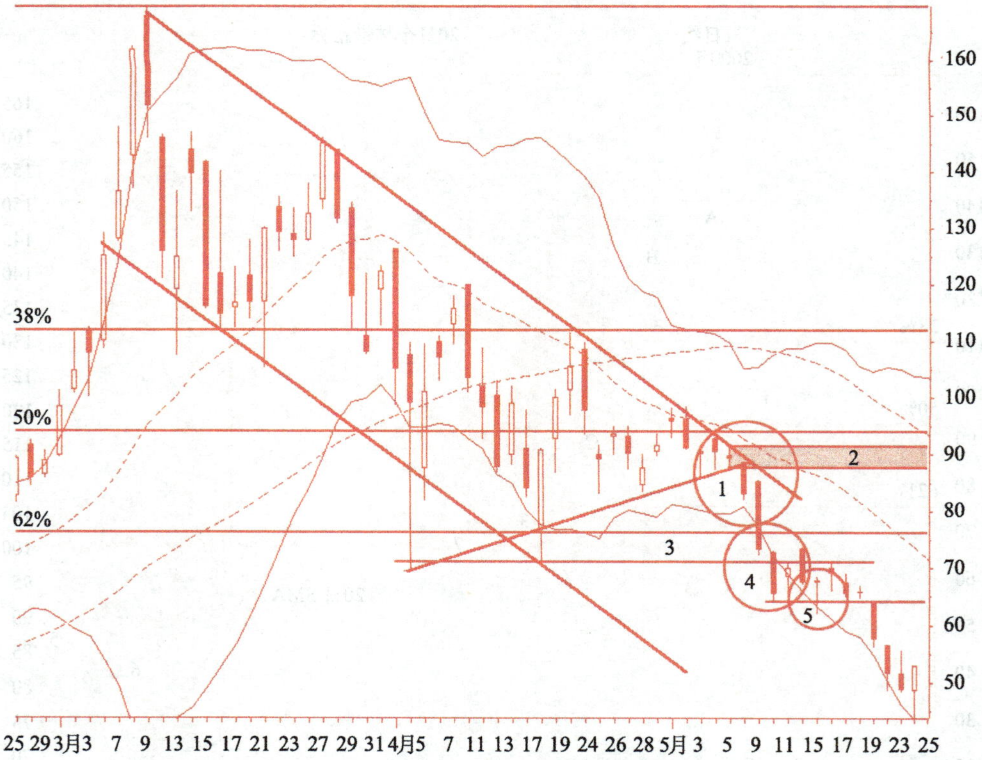

图9—9　Sandisk公司股票20日布林带指标日线图

资料来源：RealTick® © 1986—2000。保留所有权利。Townsend公司授权使用。

- 利用限价单来管理卖出止损，如果在下行突破位附近没有向上的波动点，那就不要入场。

- 入场后，取消另一个买单，并以同一价位为止损目标。
- 下一根价格线在 NR7 波动范围内开启，但是低于趋势线。这就具备了少量的双杀幅度，以防出现虚假的向下突破。
- 价格很快冲到 NR7 的下方，而且只要它能够在靠近突破方位时成交，就构成止损。
- 下一根价格线靠近双底和 62% 的折返位（3）。然后，它穿越底部布林带。
- 两个支撑位都要求波段交易者在获得 10～15 个点位的利润后离场，但需要注意一个问题。此时出现一个逆转的第三次观察的状态。跟上行趋势一样，下行趋势也有利于价格在第二次验证时突破重要的 S/R 水平。这就造成在获得丰厚利润后要面临艰难的抉择。最好的交易策略是先部分获利了结，剩下的继续持仓。
- 下一根价格线穿越低点（4）形成缺口，从布林带突破，从而形成一个折返的卖空的机会。
- 当价格跌破 60 美元，小型的十字星（5）发出了另外一个介入机会的信号。

回报/风险率

持仓越久风险越大。经典的折返和旗形都显示会发生向上的突破，然后又上升到之前的高点。但是平均线和价格没有越过 100 美元，这都表明后来的下跌概率较大。恰好位于两个趋势线交点的 NR7 价格线，是极好的低风险机会。不论价格从什么方向逃离，小型的波动范围都会引发突破。

第 10 章

指形模式

特征

全世界的波段交易者都使用日本的 K 线图来分析走势。这种技术非常实用，是观察具体价格运动的方法和发现短期交易信号的途径。现在大多数的股票软件都能显示这种强大的 K 线图走势。其实，有很多经验丰富的交易者已经完全抛弃了西方的棒线图，而只用 K 线图进行操作。

这种技术上的转变正好发生在一个幸运的时代。目前股市中的干扰性信号使传统棒线的功能减弱，难以通过重要的走势图特征来确定可靠的突破缺口。K 线图通过其特有的影线和实体结构，降低了这种双杀现象。当热衷棒线的交易者看到支撑位被破坏，不得不转移到下一个交易计划时，使用 K 线图的交易者却会发现，同一个价位仍然完好无损。这一层额外的信息保护了交易者的资金，并打开了其他人会错过的机会。

指形模式通过分析单个的 K 线来识别行情所发出的重要有向运动信号。这个优秀的工具暴露了发生在棒线以下时间段中隐藏的且能产生交易机会的价格运动。要注意那些穿越形态完好的 S/R 指标的指形模式，止损了的清除掉，然后重新回到突破点。这些内在机制为另外方向的价格波动打下了基础。

K 线为短线的价格运动提供了复杂的视觉数据。K 线不需要独立的走势图就可以确定自然极值，并为次一级时间段开创机会。影线区能够显示较小周期中隐蔽的折返与反转。若 K 线出现在重要的价格转折点，它反映的是走势大范围内的变化。

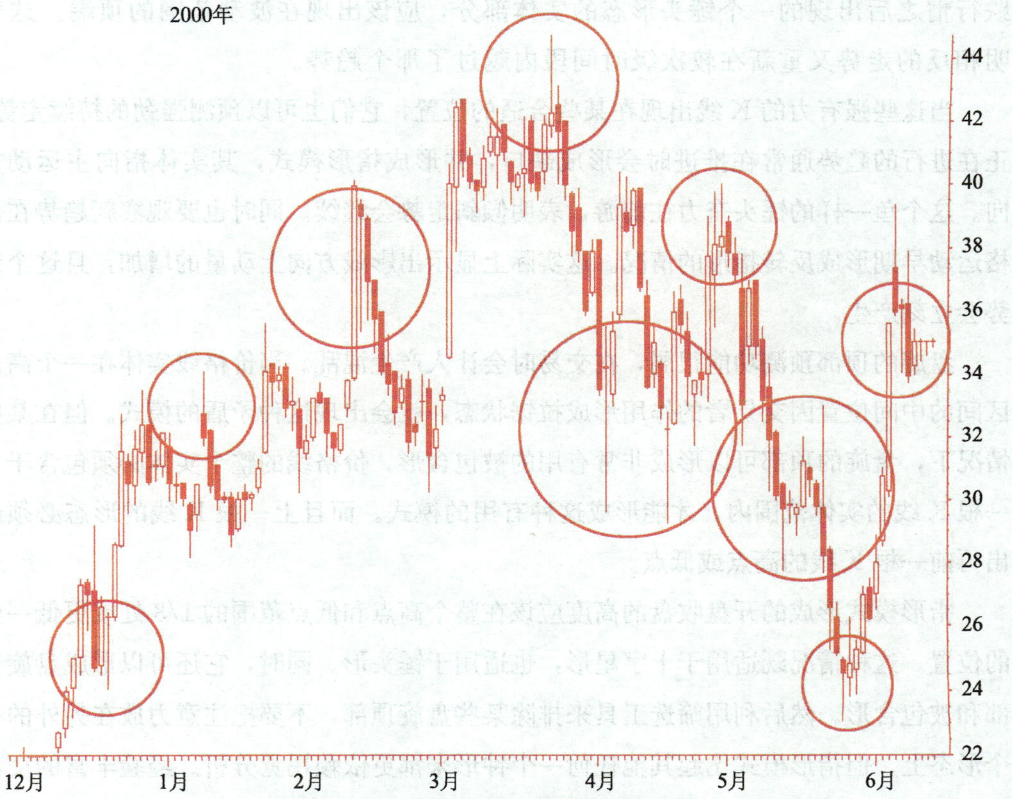

图 10—1 Crown Castle 公司股票日线图

注：Crown Castle 公司股票的走势图上不断出现锤头和十字星 K 线模式，即短线反转的信号。指形模式显示了一根单独价格线内隐蔽的价格运动。要预测这个形态会如何影响下一个价格波动，就要分析 K 线的长度和位置。

交易机制

单根价格线形成的锤头和十字星是所有 K 线模式中最有力的实时信息反馈。西方的技术分析极少能够发出这样可靠的短线信号。这些模式出现时表明牛市和熊市力量的一个关键性博弈达成平局。这种模式的预测功能要求价格满足两个特定的条件。第一，价格振动幅度的高低范围，必须大于平均值。第二，收盘点位必须等于或接近开盘点位。

K线的实体必须靠近价格线波动范围的某个极值，才能形成锤头或十字星形态。价格线的高低波动范围与近期平均值相比越长，其信号强度也就越大。反转的分析对象也应该与最后几根价格线的方向相反。例如，持续了几个交易日的下跌行情之后出现的一个锤头形态的实体部分，应该出现在波动范围的顶端。这表明相反的走势又重新在较次级时间段内越过了那个趋势。

当这些强有力的K线出现在某些合适的位置，它们也可以预测强劲的持续走势。正在进行的趋势通常在推进时会形成缺口，并形成指形模式，其实体指向主运动方向。这个鱼一样的锤头奋力往前游，表明倾斜走势会继续。同时也要观察新趋势在价格运动早期形成反转指形的情况。这实际上显示出影线方向上动量的增加，且这个走势会立刻产生。

盘旋的顶部预测功能很弱，在交易时会让人产生混乱。当价格线实体在一个高低区间的中间位置因交易者的作用形成拉锯状态，就会出现这种矛盾的模式。但在某些情况下，盘旋的顶部可以形成非常有用的被包含形。价格线的整个实体必须包含于上一根K线的实体范围内，才能形成这种有用的模式。而且上一根K线的形态必须超出再前一根K线的高点或低点。

指形模式形成的开盘收盘的高度应该在整个高点和低点范围的1/3处或更低一些的位置。这种情况既适用于十字星形，也适用于锤头形。同时，它还可以形成盘旋顶部和被包含形。然后利用筛选工具来排除某些盘旋顶部，不要把注意力放在另外的三个形态上。但指形模式比起其他任何一个钟形来都更依赖视觉分析。经验丰富的交易者可以比仅仅使用数学知识的人更好地选择有价值的操作机会。

十字星形代表了完美的开收盘平衡状态，因为价格完成时正好在原来开始的位置。锤头形则无须如此完美。收盘时，K线实体长度的中心必须小于整个价格波动范围的1/3。波段交易者在分析K线走势图时，通常会发现走势形成一个剧烈的V形底部或者顶部。这种内在的价格形态是与这两种形态有关的多种交易策略的基础。

被包含形的K线和西方分析中的交易所形成的形态一样。利用不同的规则可以将这种有效的形态的应用范围扩展出其原有的范围。只要K线的实体保持在其高点和低点形成的范围之内，可以允许它超出前一根价格线的范围。在一个强烈的上升或抛售之后，如果被包含形出现在一根长的价格扩张线内，它就可以表示可能出现反转。通过认真的分析可以发现，开盘的浮动点实际上在次一级时间段内形成了一个缺口。这种情况通常在相反方向形成“墙上孔洞”，而且能够经受住第一次的验证（见

图 5—19）。

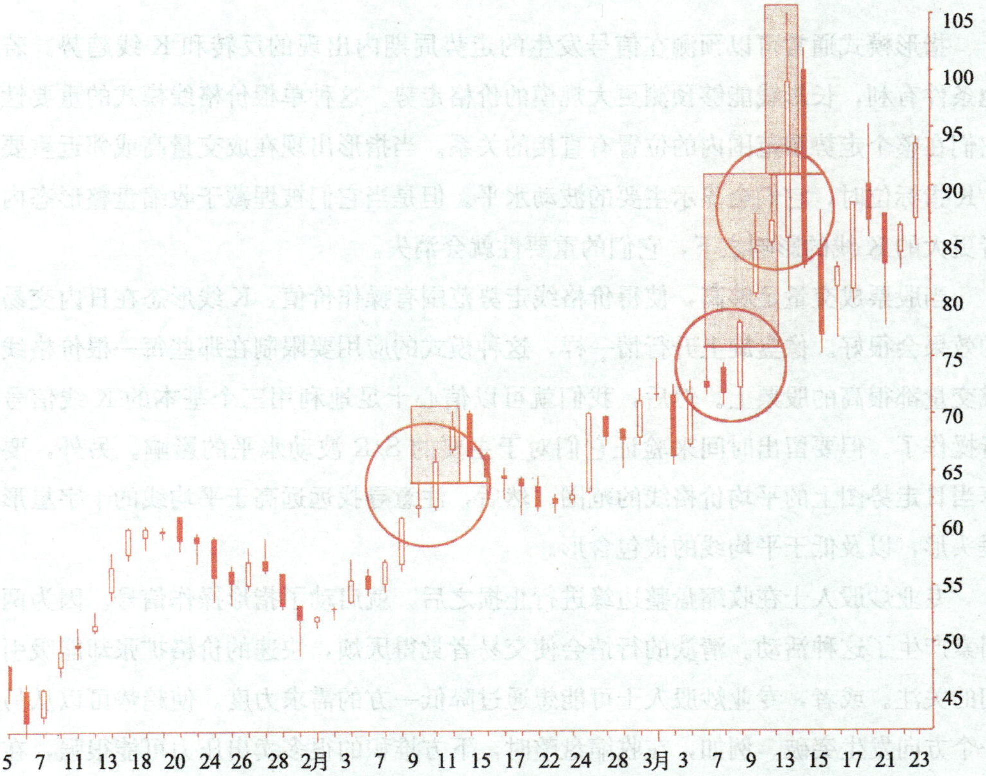

图 10—2 Rational Software 公司股票日线图

注：K 线的长影线可以带来巨大的价格差别。上涨行情通常会在新趋势的早期形成一个虚假的反转。价格会很快穿越影线的高点，然后继续推进成为一个陡峭的扩张走势。短期的顶部覆盖形态通常有利于形成可靠的现象，而业余 K 线分析者会错误地理解这些模式信号。

资料来源：RealTick® © 1986—2000。保留所有权利。Townsend 公司授权使用。

这些缺口是短线获利操作的重要边界。在出现信号后要注意观察价格的走势，选择最合适的策略。例如，若价格突破价格线实体低点，大胆的交易者可能采取短线卖空操作。较为谨慎的交易者则可以等到价格突破价格线影线的低点之后再进行操作。如果价格上升到信号价格线影线之上，并持续之前的趋势，可以考虑买入。这种情况表示模式出现失败，因为熊市价格线应该引发反转。位于被包含形之前的长价格线突破走势范围的话也可以建仓。按照所选定的介入点确定被包含形止损点，不用考虑走向。也就是说，当价格又重新进入价格线实体的范围内时，如果操作计划是根据价格线实体突破制订的，就应该清仓。

指形模式的策略

指形模式通常可以预测在信号发生的走势周期内出现的反转和 K 线趋势。若其他条件有利，长影线能够预测更大规模的价格走势。这种单根价格线模式的重要性与它们在整个走势图范围内的位置有直接的关系。当指形出现在成交量高或邻近重要的 S/R 指标位时，它们会显示主要的波动水平。但是当它们被埋藏于收缩盘整形态内或者更大的 K 线的影响之下，它们的重要性就会消失。

当股票成交量足够高，使得价格线走势范围有操作价值，K 线形态在日内交易中的效果会很好。像盘旋上升行情一样，这种模式的应用要限制在那些每一根价格线的成交量都很高的股票上。然后，我们就可以信心十足地利用三个基本的 K 线信号进行操作了。但要留出时间来验证它们对于主要的 S/R 波动水平的影响。另外，要估算当日走势图上的平均价格线的范围。然后，注意寻找远远高于平均线的十字星形和锤头形，以及低于平均线的被包含形。

专业炒股人士在收缩盘整边缘进行止损之后，就启动了指形操作信号。因为两个因素产生了这种活动。清淡的行情会使交易者觉得厌烦，快速的价格扩张却能吸引人们的关注。或者，专业炒股人士可能想通过降低一方的需求力度，使趋势可以从另外一个方向发生突破。例如，在收缩盘整时，下方堆积的很多卖出压力可能很强，在股票准备形成一波新的上升之前难以抵抗。

这些收缩盘整阶段中的十字星形和锤头形能够透露内部交易的秘密。如果买卖压力大到可以引发真正的突破，那价格就应该不会跳回收缩盘整。这种行为通过完成订单、释放有向压力来影响市场的情绪。要找出波动范围中这些 K 线形成的点位。指形反转形态显示了在新收缩盘整开始时的不稳定阶段中重要的价格状况，但是那些在波动强度降低后出现的形态，则显示股票已经准备好，可以进入周期的正面反馈阶段了。

如果强势运动与重要的止损操作模式的方向相反，操作成功的可能性较高。可以根据 K 线的长度和成交量，来估算这个反弹的强度。若突破规模较小，且市场参与较少，将会很快演变为更为明显的波动范围受限制的价格运动。但高成交量下出现的长腿十字星可能表示在另一个方向很快会发生垂直性的突破。这些情况可能会结束收缩盘整阶段，但是却没有空档区或其他的较为平静的转折点。

被包含形十字形态融合了日内交易模式和十字星的功能。这种特殊的形态出现的前提是：被包含形实体的开盘和收盘的价格相同。如果一根价格线出现在之前高价格线的波动范围内，它就可能是那个行情的重要转折点。要寻找一个长腿十字星的位置，以便增加强势反转的概率。向下转换到次一级的时间段，分析这个模式下的走势图形态。它通常会显示一个内置的 2B 反转模式。价格可能推进形成新高或新低，但在那根价格线的收盘点又会往回穿越 S/R 水平，并产生反弹。这种形态在形成反转时预测效果最好，但也需要制定模式失败所对应的设定。

振幅狭窄或行情清淡时，要忽略 K 线信号。在设定股票关注清单时，要注意成交量，排除某些股票。此时的单根价格线会变得没有价值，因为较大的价格范围、干扰性信号和被操控的行情会显示虚假的模式。应该把考虑范围扩大到周线图或更长的走势图上，但也只能限于普通的投资决策。如果要对这类股票做短线的交易，那就用其他时间工具。

其他考虑因素

大胆的交易者认识到这种 K 线的潜在功能之后，可以在十字星顶部卖空，在十字星底部买入。在价格线的波动范围外设一个止损目标，因为任何形态破坏行为都会否定反转信号。通常在几根价格线之后就会出现更多可获利的机会。大多数新的反转在演变成实质性的价格变化之前，至少会出现一次验证行为。在一个指形模式之后，应该在次一级时间段内寻找一个双顶或双底模式。这种情况会完成反转，并提供低风险的操作水平。

对于指形高点或低点的折返验证，通常发生在 3～5 根价格线之内。当指形模式被突破之后，价格通常会发生急剧的扩张，尤其超买超卖指标表明没有背离特征的时候，尤为如此。如果新趋势穿越最初的 K 线，反转形成趋势波的极值，此时需要非常注意。如果指形模式没有被突破，那就要看次一级的时间段，并按照经典的双底或双顶策略进行操作。

要分析所有在 K 线模式之后出现的任何由价格线形成的缺口。如果价格就在 K 线前形成一个缺口，这个反馈就会在次一级的时间段内完成一个岛形反转，并在信号走势图上形成一个弃婴形态。在这两种情况下，这些缺口应该在折返行情中呈现出较强的支撑或阻力。所以，它们代表了一个潜在的低风险介入水平。

要结合 K 线分析和技术指标分析，避免双杀现象，增加获利的可能性。如果出现一个明显的反转，要利用短线随机指标来验证位于超买超卖的水平极值。同时还要观察平滑异同移动平均线柱状图方向的变化。在 MA 带中寻找支撑位，以确定模式已经开始变化。最为重要的是，要把 K 线和布林带结合起来，以判断是肯定还是否定的交易信号。

主要的指形反转模式应该击穿布林带极值，或者布林带的中心位置。在外部布林带位置的价格活动，通常会比位于中心位置的具有更强的信号。价格影线应该强烈地穿过布林带，而实体部分应该仍然停留在边界内。在直接穿越之后，要寻找布林带与K线垂直交叉的情况。这是走势方向上进一步运动的强烈阻力作用。K线有时候能在几个时间段的布林带边缘呈现一致的形态。这就能够预测会发生一个直接而重大的反转机会。

要注意观察K线底部或顶部突破后所形成的第一个趋势波。它的延伸将表明指形模式会试图对哪个趋势进行反转。在十字星或锤头形之后的价格移动，通常会在次一级时间段里完成“首升/首败”的失败模式。如果这种模式成功，那么折返验证失败的概率就会大大降低。同时也要注意分析最初上涨阶段的角度。股票可能形成一个V形底部或顶部，并在新趋势继续之前没有折返的机会。

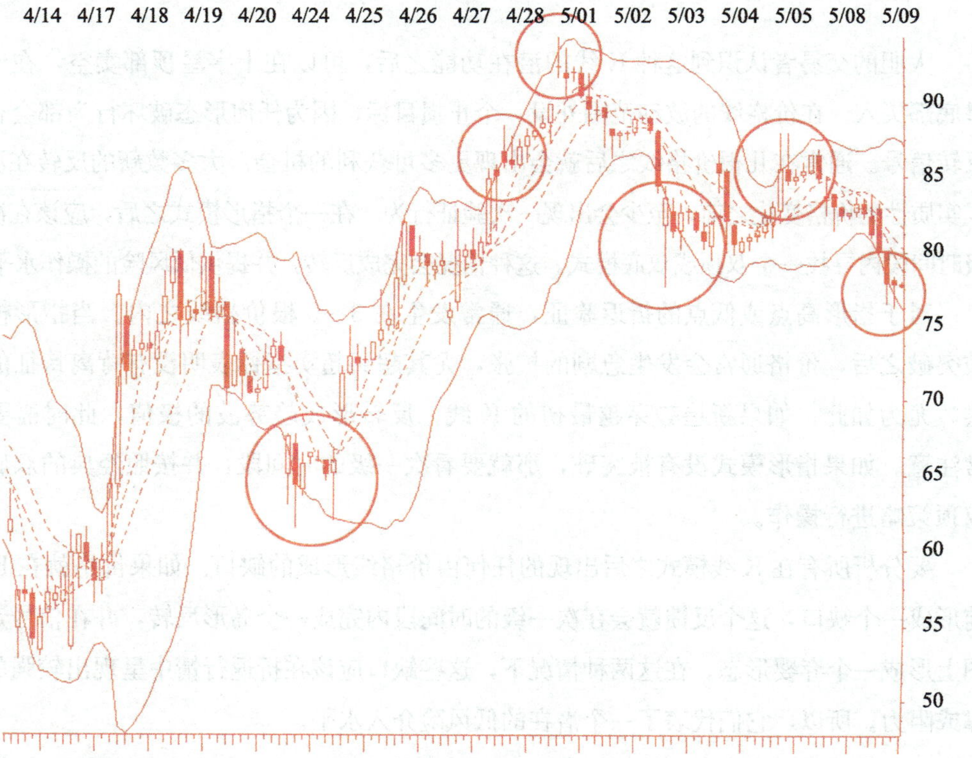

图 10—3　Mercury 公司股票 60 分钟线图

注：如果能将指形模式与布林带相结合，则可以产生强有力的信号。Mercury 公司股票在 60 分钟走势图上形成长的K线影线，突破了布林带极值范围，这表明要发生折返和反转。请注意看在 4 月 24 日，底部布林带的一个形态完好的岛形反转模式内，价格通过两个长影线启动了一个主要的上升行情。

资料来源：RealTick® ©1986—2000。保留所有权利。Townsend 公司授权使用。

应用

针对指形模式进行交易时，要注意观察所操作的走势图的次一级时间段里的走势。可以通过其他的走势图来判断反转的程度，并明智地使用信号。指形模式通常可以在 2～3 根价格线内就完成整个过程。要注意观察指形模式的位置和价格对于随后一根价格线的作用，看是否有可能会对指形极值进行验证。在分析指形模式时，一定要注意观察布林带的变化情况。极值位置的价格运动，能比运动能量小的区域的波动提供较多的机会。

隐藏着的 100

指形模式信号可能发现走势图次一级时间段中即将发生的“首升/首败”的失败行情。价格在往 100%折返位方向推进过程中突破 62%的折返位后，可能出现低风险的介入机会。最后 38%的行情必须有足够高的回报，否则不要建仓。如果其他的力量也支持在价格穿越 62%的折返位前介入，这种形态也会带来利润。

描述

- 信号 K 线的范围对于行情来说必须大大高出一般水平。
- 信号 K 线的影线会到达布林带的极值位置并发生反转。
- 影线的长度不得超过价格波动范围的 62%，且价格波动应该在 K 线极值位置终止。
- 在次一级时间段的走势图上，要寻找垂直变化 V 形底或 V 形顶部价格运动的情况，其中较少折返情况。

这种行情很有效，因为 V 形底和 V 形顶趋势的作用强劲。如果折返行情在次一级时间段里已经越过了 62%的位置，那就直接忽略。这种情况会消除潜在的回报程度，因为信号产生于收盘价格，而要等到开盘才能建仓。要小心管理这个交易的操作，因为很多反转会在 62%的位置失败，而不会完成“首升/首败”的过程。

交易策略（见图 10—4）

- Newport 公司股票出现了一个下跌的头肩模式。
- 价格突破颈线（1），抛售的压力将走势演变为一个针对心理趋势线（2）的验证行为，并在这个价位发生强劲反弹。
- 上升行情出现垂直爆发（3），并从下方向头肩颈线返回进行验证（1）。

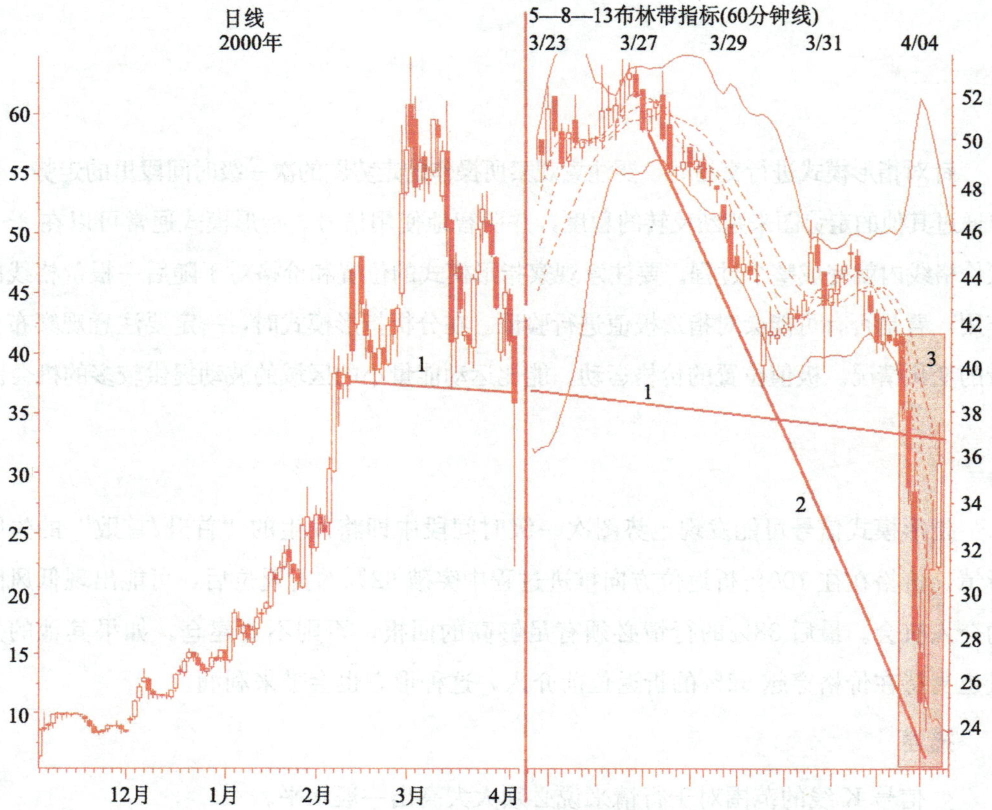

图 10—4 Newport 公司股票布林带指标日线图

资料来源：RealTick® © 1986—2000。保留所有权利。Townsend 公司授权使用。

操作与价位管理（见图 10—5）

- 当行情走势在信号日收盘时，一个狭窄的对称三角形（2）开始形成。
- 这个三角形的位置正好位于颈线（5）和 62%的折返位置之下。
- 在 40 美元整数位，前期的短期低点形成水平的阻力位（1）。
- 大胆的交易者可以在三角形突破颈线时从突破位介入。这种较小型的运动行情对那些仍然根据头肩形态进行卖空的交易者来说，会导致模式失败，并引发相当大的买入动力。在 35 美元这个恰好位于三角形顶点下的位置，需要设置一个严格执行的止损目标。
- 价格在 62%位置（3）上用了 4 个小时的时间盘整，但又低于水平阻力位（1）。顶部布林带打开，形成了更高的价格。
- 在晨市缺口 40 美元处买入，而止损位则在几个点位之下（1）。离场时，应尽可能靠近 100%的折返水平（6）。

- 行情出现一个完整的 V 形底（4）。

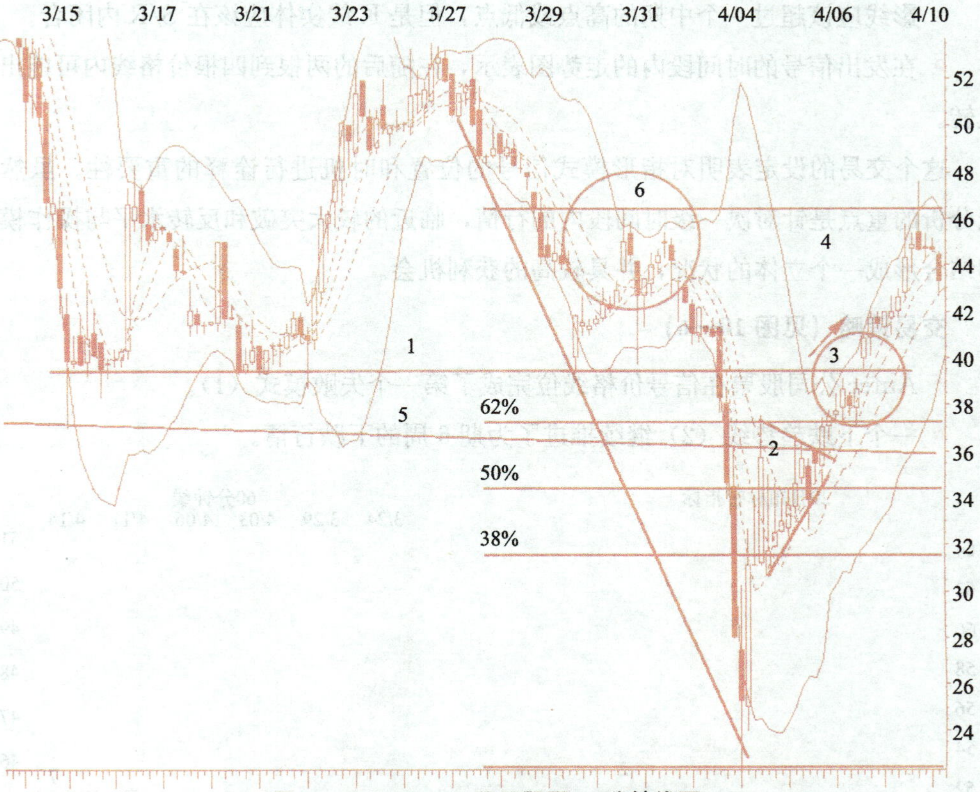

图 10—5　Newport 公司股票 60 分钟线图

资料来源：RealTick® © 1986—2000。保留所有权利。Townsend 公司授权使用。

回报/风险率

这个操作模式与经典的头肩形态定义相矛盾，后者认为向颈线的第一个折返是一个低风险的卖空机会。三角形要求波段交易者制订其他的操作计划，并留意模式失败的可能性。62%折返位上的 4 根价格线发出了强烈信号，进一步下跌不太可能，而第二天晨市缺口就是低风险的买空的机会。

2B 指形模式

指形模式的影线可能表示一个小型的 2B 底部或顶部行情，为几个时间段内的重要反转行情。在不同长度的时期内观察这个模式，把注意力集中到时机的把握上。较小的价格运动通常显示，可以比普通股民提前一两根价格线进行交易的重要机会。

描述

- 信号 K 线的范围对于行情来说必须大大高出一般水平。

- 信号 K 线的影线会到达布林带的极值位置并发生反转。
- 影线应该超过一个中期的高点或低点，但是 K 线实体应该在 S/R 内闭合。
- 在发出信号的时间段内的走势图表示，在随后的两根到四根价格线内可能出现反转。

这个交易的设定表明对指形模式信号的位置和时机进行诠释的重要性。虽然 K 线分析的重点是针对次一级时间段内的行情，临近的较大突破和反转水平与操作模式却结合形成一个立体的状况，并具较高的获利机会。

交易策略（见图 10—6）

- Antec 公司股票在信号价格线位完成了第一个失败模式（1）。
- 一个下跌趋势线（2）继续推进了为期 6 周的下跌行情。

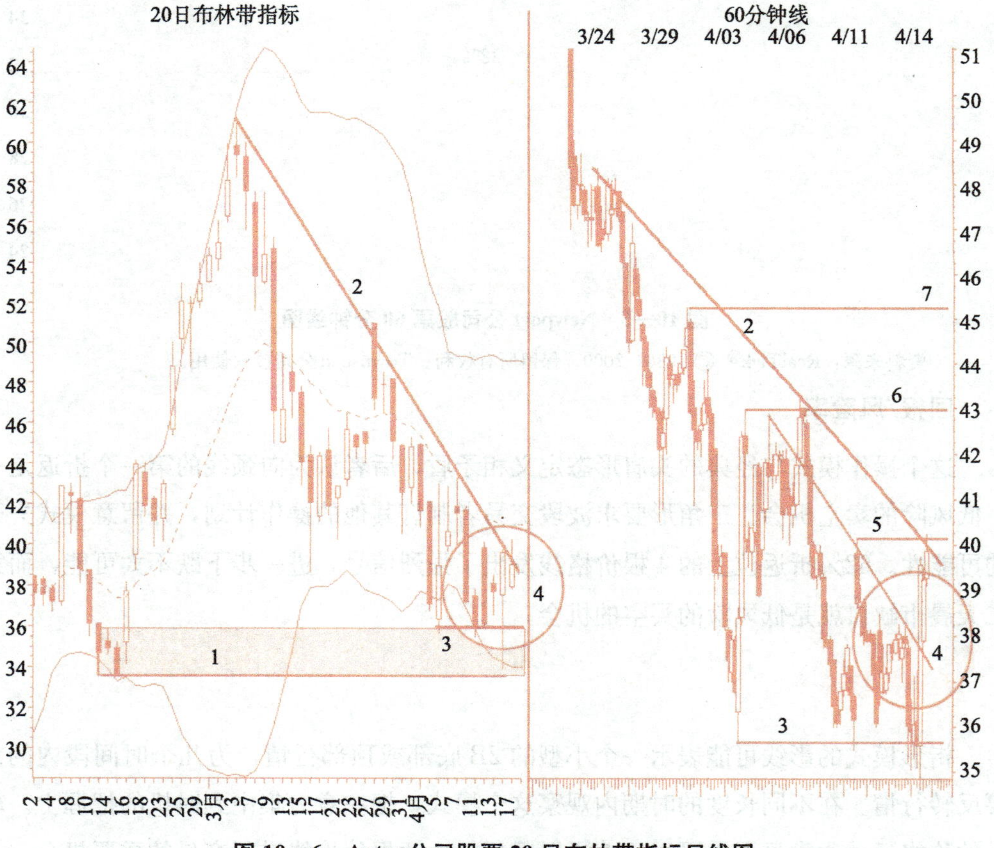

图 10—6　Antec 公司股票 20 日布林带指标日线图

资料来源：RealTick® © 1986—2000。保留所有权利。Townsend 公司授权使用。

● 指形穿过一个 8 日三底形态（3），但是在一个 2B 反转低点被破坏后，上行到很高的位置结束，这也同时表明了一个小型下降三角形（4）的模式失败。

● 信号价格线上升到下跌趋势线的位置，现在这个趋势线与上一个高点（5）和 40 美元的整数价位重合。

● 如果价格突破下跌，那么在（6）和（7）位置的高点即是阻力位和价格目标位。

操作与价位管理（见图 10—7）

● 在盘整行情里设一个斐波纳契网格，追踪新的上升趋势。

● 在指形信号后的第一根价格线正好位于趋势线下，对于即将发生的突破没有提供多少证据。

● 下一根价格线突破了下降趋势线（3），价格推进到布林带的中心，在这个位置价格形成一个日线图上的小的被包含形（1）。

● 行情在几个小时中进一步冲高，若要在最初突破时介入，交易者需要快速地回

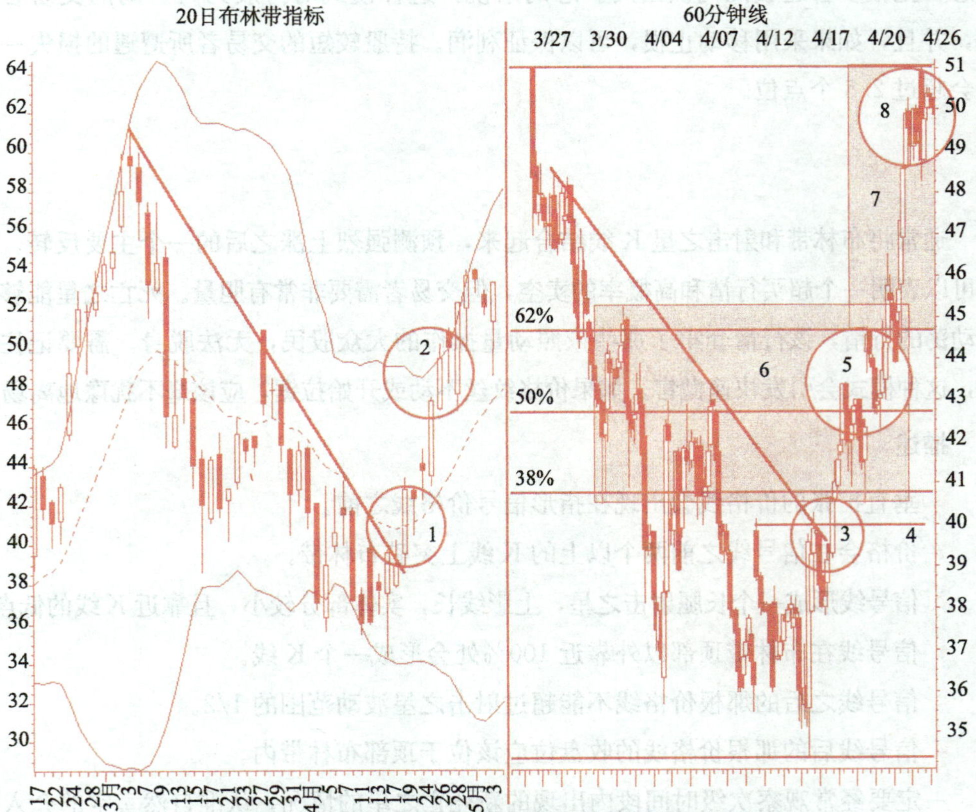

图 10—7　Antec 公司股票 20 日布林带指标日线图

资料来源：RealTick® © 1986—2000。保留所有权利。Townsend 公司授权使用。

顾分析。最好的机会是在小型的第三次观察模型的顶部（4），正好是在 40 美元形成整数阻力位。

- 被包含形发出了一个买入信号，而下一根价格线则向上跳空形成缺口（5）。这个缺口正好在 50%的折返位，使缺口持续发展的可能性加大，将把价格推过第一个上升折返线。
- 趋势镜像（6）在 38%和 62%的阻力位之间形成了强烈的双杀，不太适合低风险的介入。
- 在布林带顶部（2）和（8）的位置，价格达到 100%的折返程度。

回报/风险率

行情在趋势线被突破前没有狭窄振幅的价格线，无法介入。这就需要采取动量策略，在早晨强势时买入，或者观望等待出现更好的折返。第三次观察模式可能在 5 分钟线和 60 分钟线上呈现出一个较小的机会窗口。在 41～46 美元之间出现了很多双杀形态，把很多普通股民淘汰出局。总的来说，这种模式对持股约为一周的交易者有利，并且，如果采用移动止损，可以保证利润。持股较短的交易者所遭遇的损失一定不会超过 2.5 个点位。

死亡之星

通常将布林带和射击之星 K 线结合起来，预测强烈上涨之后的一个主要反转。它们可以表明一个超买行情和高概率的卖空，但交易者需要非常有胆量。死亡之星能够揭示动荡的行情，该行情套牢了那些依照动量操作的大众股民，无法脱身。需要记住的是，这种模式会引发快速抛售。如果价格纹丝不动或开始拉锯，应该毫不犹豫地离场。

描述

- 垂直扩张的价格线会出现在指形信号价格线之前。
- 价格会在信号线之前两个以上的 K 线上突破布林带。
- 信号线形成一个长腿射击之星，上影线长，实体部分较小，且靠近 K 线的低点。
- 信号线在布林带顶部以外靠近 100%处会形成一个 K 线。
- 信号线之后的那根价格线不能超过射击之星波动范围的 1/2。
- 信号线后的那根价格线的收盘位应该位于顶部布林带内。

一定要经常观察次级时间段内出现的新死亡之星的情况，认准自然卖空的介入水平。在价格发生实质性的下跌之前，要注意寻找双顶形态。由于这个模式在非常振荡的行情中发生，获利的操作难度可能非常大。要严格止损，并考虑通过延长或缩短持股期来避免双杀局面。

交易策略（见图 10—8）

- 苹果公司股价在超过 120 美元之后，开始了一个为期 3 天的垂直上升行情。
- 价格推进到上升趋势线（1）的顶部，并以两根价格线强劲地进行了突破。
- 在指形信号之前的最后两根价格线扩张到顶部布林带以外。
- 信号价格线（2）的开盘价位于布林带之外（3），并恰好在布林带边缘收盘，而且 K 线的波动范围几乎 100%在布林带之外。
- 这个上升行情形成了一个完整的 5 波结构（4）。
- 日内价格运动（5）在最后一小时里，出现了一个小型的三角形突破和一个主要的下跌行情。

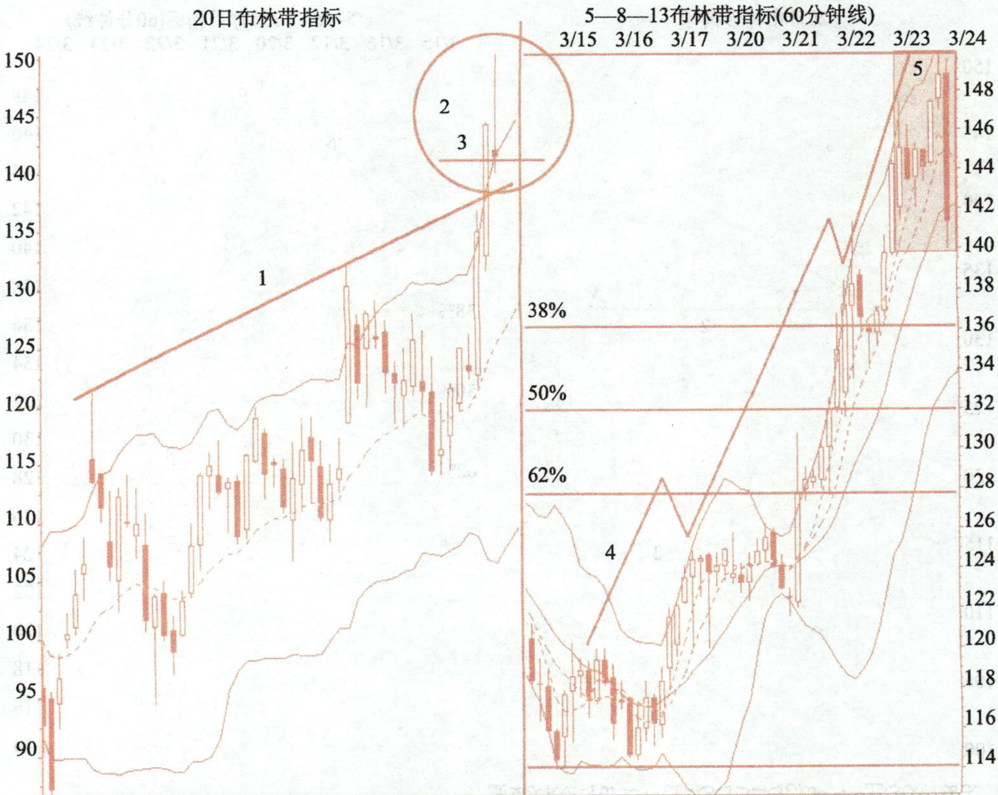

图 10—8　苹果公司股票 20 日布林带指标日线图

资料来源：RealTick® © 1986—2000。保留所有权利。Townsend 公司授权使用。

执行与仓位管理（见图 10—9）

● 60 分钟走势图上可以看出，当天收盘前，反转行情突破了布林带的中心（4）。当价格跌破 138 美元，就形成了一个具有挑战性的卖空套利的机会。

● 更好的操作机会发生在折返 38%的反弹之后（5）。一个微弱的上扬行情达到最初下跌幅度的 62%之后的折返位（6）。请注意顶部布林带是如何朝 145 美元的高点移动的。

● 交叉验证发出了一个极好的卖空介入信号。在 150 美元的顶部之前有一个小三角形，在它的顶点之上设一个止损点。这也是顶部布林带的位置。

● 在晨市下跌缺口之后出现了一个开始于 138 美元的反弹，但却不能达到最初的介入点。应该利用缺口离场策略在开盘时离场，或者在缺口回补前离场。如果持股期较长的话，可以考虑在 136 美元下、靠近双底验证行情时离场。

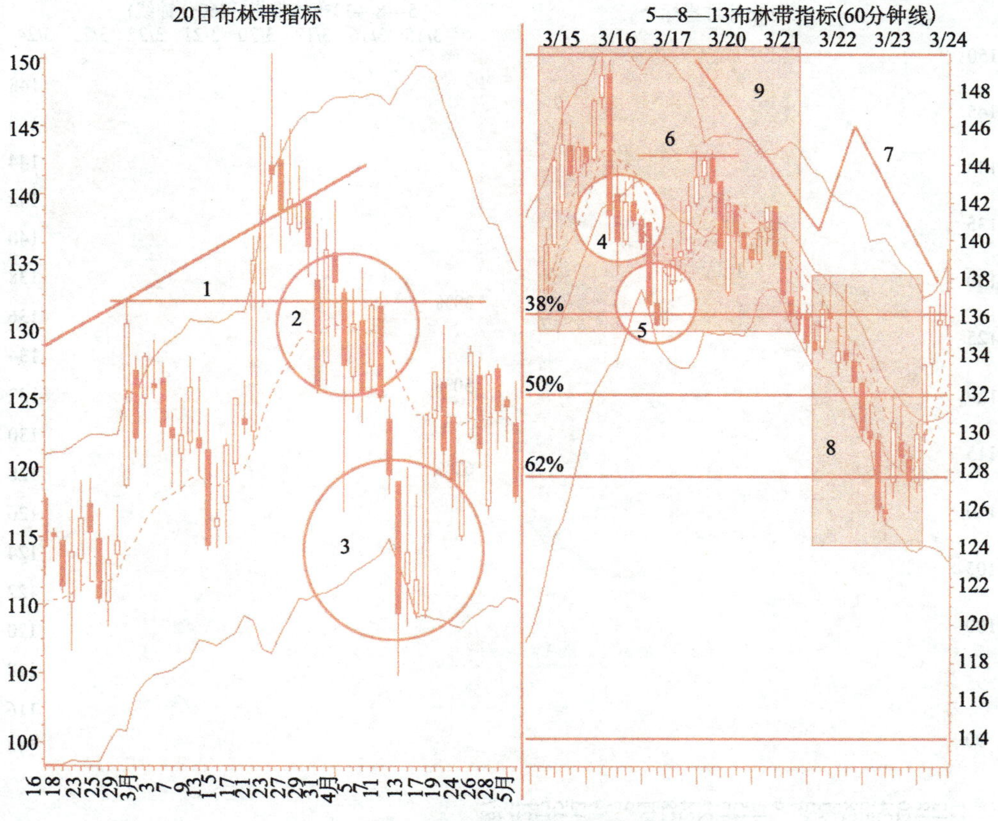

图 10—9　苹果公司股票 20 日布林带指标日线图

资料来源：RealTick® © 1986—2000。保留所有权利。Townsend 公司授权使用。

- 在 136 美元位置（9），出现了亚当与夏娃反转突破。在这个位置介入，将面临几个双杀，但会因为 11 点位的下跌（8）而获利。
- 价格从 62％的折返位反转，并强劲反弹。
- 通过分析 60 分钟的价格走势发现，可能会出现 ABC 的盘整行情（7）。
- 日线图关注的核心是 132 美元位置的水平 S/R 指标位（1）。收缩盘整形态出现在这个线（2）下面布林带的中心位置，为期 8 天的强烈双杀行情将短线交易者振荡出局。
- 收缩盘整行情最后发生了突破，在一个 20 点的下探后，价格击穿了底部布林带（3），并发生反转。

回报/风险率

这个振荡行情对于 1～3 天的波段交易策略的风险，大于日内或长线交易策略。大型的双杀行情通常在一个趋势发展的过程中的不同时间段内转变。如果波段交易者的操作策略成为目前被排挤出局的目标，那就需要快速做出反应，并改变持股期。这种情况需要高超的交易技巧和良好的时机把握。

第 11 章

墙上孔洞

特征

积极的行情走势很少会突然反转。在真正行情结束后，普通股民还会继续维持苟延残喘的上升和下跌行情。随着振荡慢慢地减缓，现金最终耗尽，一个新的主趋势阶段朝另外一个方向爆发。大多数行情周期均如此。在极少的情况下，重大事件会急剧加速这个演变过程，因此一根单独的价格线就能开始形成一个新的趋势。

交易机制

贪心的普通股民会不断推高上升的行情。但是在他们往高处冲时，行情会因为自身的重力而下跌。“墙上孔洞”这个行情就能识别这个价格的运动过程。当价格抵达上升趋势的中期高点以后，股票急剧上升出现缺口，因为外部的力量动摇了牛市心理，破坏了行情。下跌阶段的成交量超过了上一个上升阶段的成交量，显示突然下跌的新阶段。

墙上孔洞结束了上一个趋势，并可能形成可图利的交易条件。通过观察缺口的宽度、成交量的多少和行情发生前的相对强度来测量操作机会的大小。应该从严重冲突的两侧来研究趋势。这将可以看出这个行情是否可能上升到缺口阻力位，或者只能出现反转，并向更低方向发展。这个信号具有几个自然的卖空介入点。较为大胆的交易者也可以在此买入。

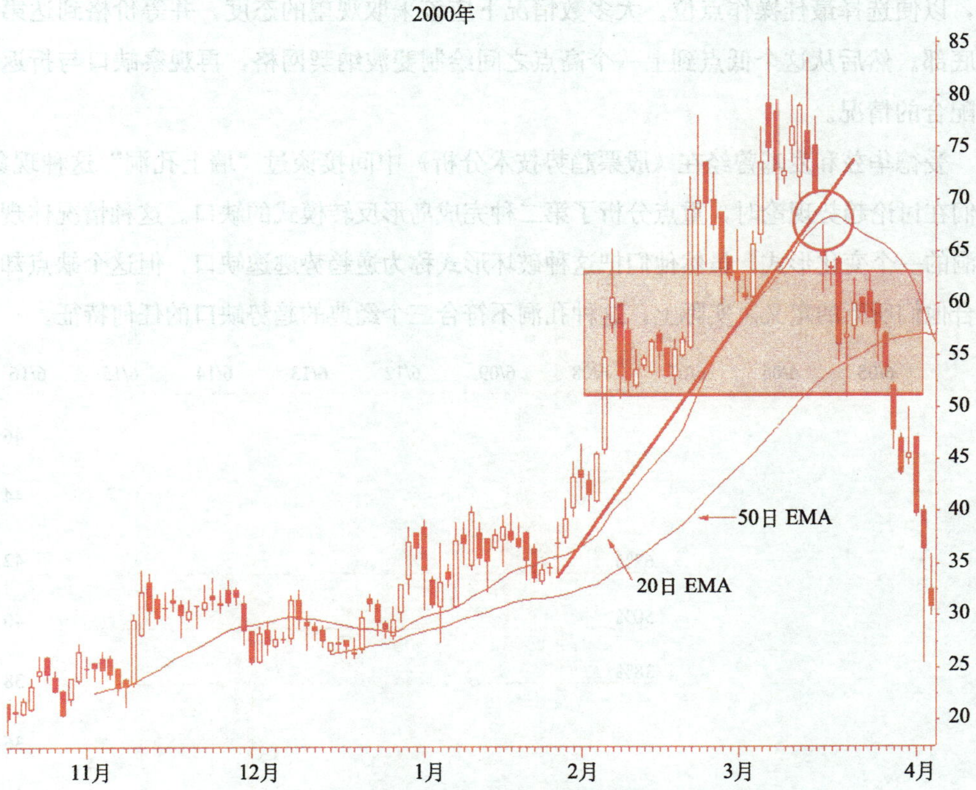

图 11—1 Breakaway 公司股票日线图

注：一个墙上孔洞型的缺口结束了 Breakaway 公司股票 50 个点位的上升行情。这骤来的突破使波段交易者有机会快速转变策略，并在普通交易者之前做好应对下跌行情的准备。若行情出现经典的倒转头肩形态，要注意孔洞会破坏一个主要的趋势线和 20 日均线支撑位。

资料来源：RealTick® ©1986—2000。保留所有权利。Townsend 公司授权使用。

并非所有的孔洞都会引发重要的下跌行情。随后的价格运动可能表示一个相反方向动态趋势的开始。或者它也可能表示一个中期的运动行情，形成横盘整理，指导价格回补缺口，并向更高价位推进。这些不同的结果反映了股票以及价格验证行为的强度。即使在较小的行情中，朝缺口的第一次折返也不会形成回补。无论最终的趋势如何，这种情况通常会提供一个连续的卖空机会。每一个孔洞都有不同的强度特征。交易者需要花时间来分析潜在的结果，然后再做长线操作。

对于缺口不进行认真分析就进行的操作，可能在一个衰竭移动的第一根价格线结束，或者也会持续一段时间。在缺口之后的短期走向决定了操作机会的性质。最好的孔洞形态通常发生在一个验证突破的折返行情上，在开盘价上设置的严格止损目标，可能很快带来丰厚的利润。在两种情况下，波段交易者都必须了解缺口形态的作用机制，以便选择最佳操作点位。大多数情况下应该采取观望的态度，并等价格到达第一个底部。然后从这个低点到上一个高点之间绘制斐波纳契网格，再观察缺口与折返计划配合的情况。

爱德华兹和麦基曾经在《股票趋势技术分析》中间接谈过“墙上孔洞”这种现象。他们在讨论趋势现论时，重点分析了第二种完成岛形反转模式的缺口。这种情况体现了孔洞的一个变化形式。虽然他们把这种破坏形式称为逆趋势逃逸缺口，但这个缺点却不符合他们所下的定义。实际上，这种孔洞不符合三个经典的趋势缺口的任何特征。

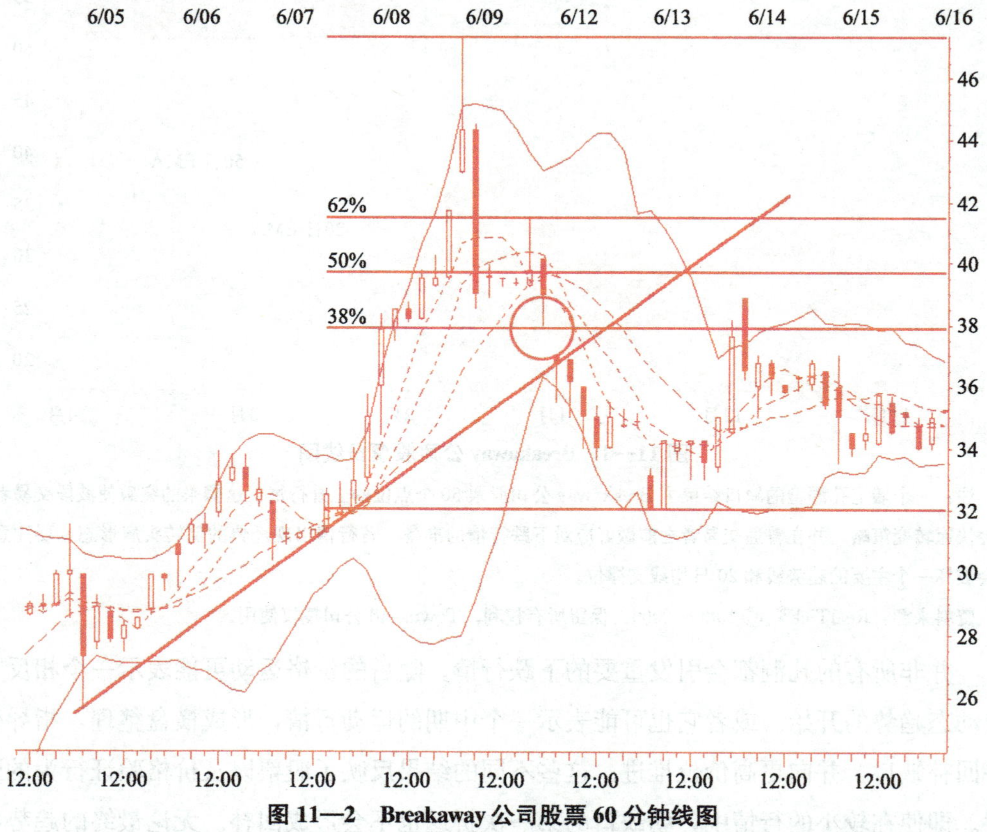

图 11—2 Breakaway 公司股票 60 分钟线图

注：Breakaway 公司股票在 6 月份的 60 分钟走势图上出现了一个孔洞。日内交易者通常会在第一小时的缺口进行卖空，以便在长线交易者注意到收盘价之前利用新的下行突破。可以利用动量策略来追踪日内的下跌行情，并要有严格的移动止损目标。再绘制一个斐波纳契网格，并在孔洞第一次验证时离场，这个时候的阻力位应该在一个主要的折返位处，获得交叉验证的支持。

资料来源：RealTick® © 1986—2000。保留所有权利。Townsend 公司授权使用。

爱德华兹和麦基通过缺口的物理动量特性来进行分类及其预测价值。逃逸缺口、持续缺口和衰竭缺口限定了明确的价格运动，在强烈趋势中不断地重复出现。但是，除了这几种形态，两位作者又讨论了其他缺口，并且认为没有多少价值，但他们错了。这些经典的定义曾经一度是有效的，但对于波段交易者来说，现在需要新的缺口操作技术。

"墙上孔洞"为交易者提供了一个新的缺口操作技术。这个缺口的形状像一个衰竭缺口，但它在某个高点错误的一方。这就增加了行情朝反方向形成逃逸缺口的可能性。但是，这些股票在发生重要突破前通常有一个筑底的阶段，所以孔洞的位置正好符合模式分析的条件。不过，这个经典的缺口不是一个新现象，它多年来就一直存在于股票走势图中。

"墙上孔洞"能够引起强烈的冲突，因为价格运动的突然变化与目前公众主要的情绪相反。这种意外行情会根据众所周知的群体机制自然进行盘旋运动，直到振荡减弱、运动最终结束。在早期阶段，孔洞策略要求在熊市上升行情中把价格推到强有力的阻力位之后，才进行卖空操作。在托尼·布拉默（Tony Plummer）的巨著《技术分析心理学》（*The Psychology of Technical Analysis*）中，他分析了这些突发的冲突可能导致哪些基于斐波纳契理论的可预测性的公众行为。

这种价格的异常运动可以发生在所有时间段中。波段交易者可以应用此技术进行日内交易和长线交易。实际上，对于日内交易，孔洞形态的效果比其他任何信号形态都好。大多数缺口发生在股市开盘的时候，所以信号会立刻出现在多日的 5 分钟和 60 分钟线上。日内交易者可以在开盘后第一小时的活跃交易阶段利用孔洞技术。这些相同的形态可能出现在日线走势图上，也可能不出现，因为某些缺口在收盘前就回补了。因为在较短时间段的走势图上获得了快速确认，所以可以实施很多积极的交易策略，无论收盘价格如何。

孔洞策略

日内交易者应该在中期上行的最后一个趋势上设置一个斐波纳契网格，并寻找晨市孔洞的折返位。这会确定折返验证中的成功卖空结果。再把网格延伸到较长的趋势上，看价格运动是否与那些水平位相符。如果缺口非常大，则表示在三个以上不同的趋势长度中交易者应该采取相应的策略。要注意观察聚集的折返情况，并在日内走势图上将它们与明显模式的 S/R 指标位相搭配。

晨市下跌缺口能够立刻引起价格的下跌。这些卖空行为在开市动荡的阶段可能难以操作。但是，如果价格上升成为一个孔洞折返验证，日内交易者就获得了极佳的时间工具。股市经验之谈：如果缺口在第一小时后仍然保持打开状态，那就不会在交易日内回补。所以，如果价格需要很长时间才反弹，并返回到日内孔洞时，随后的卖空的成功概率应该很高。

在所有时间段中可能有的最佳孔洞，会出现在第一个短期底部之后。在下跌缺口上出现的较高成交量通常会立刻结束卖出的压力。在信号价格线上形成的卖空风险很高，除非进行非常严格的管控。若一只股票被破坏，之后可能会快速反弹，因为之前的上涨趋势中充满买方期待的强大支持。若有这种情况发生，下一个卖空机会可能会立刻出现，所以应该保持充分的准备。要注意低成交量时发生的价格向缺口推进的情况，它应该接触自然的斐波纳契折返位，和其他已经被突破的模式支撑位。

若孔洞立刻导致价格下跌，则表示市场的需求很弱。要实施追踪走势的交易策略，并有严格的止损方案。离场目标应该设置在一根价格线高点的顶部之上，当获利之后就要立刻离场。要保持谨慎，并根据行情获利了结，因为一个短线顶部上升行情可能在任何时间启动。要注意下跌最终在什么水平上终止。它通常标志着第一次失败的明确行情，并在趋势镜像的另外一侧有重要的支撑位。如果确实如此，那要注意观察随后出现的一个反弹到62%水平的行情，这个位置正好是缺口的位置。这种情况形成一个极佳的反转模式。另外，如果随机指标从一个超卖水平反转，折返行情可能出现超卖的机会。

缺口的回声能快速回补孔洞。这在另一个方向上的缺口经常会发生，引起重大的损失。通过成交量可以知道需求的程度，再确定最初的突破是否真的造成实质性的损失。然后注意观察下跌行情反弹所形成的上升。在日内交易中，应该在交易日内较早的时间进行卖空，以避免过夜逆转。主要的跳空缺口很少出现在交易日的中间阶段，因此价位在收盘之前可以移动到一个可获利的位置。请记住，缺口的回声能够引发与原来行情类似的价格变化，所以不要在此被套牢。

针对每一个持股期都需要制定离场设定，但其操作都相似，这与时间长短无关。风险最低的介入发生在向孔洞返回的上升行情中。最简单的离场策略是追踪随后的下跌。对于这种形态应该采用谨慎交易，因为股票相对强度仍然较高，并且有很多交易者愿意买入。要利用交叉验证技术多方面确认交易时机，并认真计算回报/风险率。

最初发生的突破行为最好能击穿20日和50日指数移动平均线，但是有价值的孔

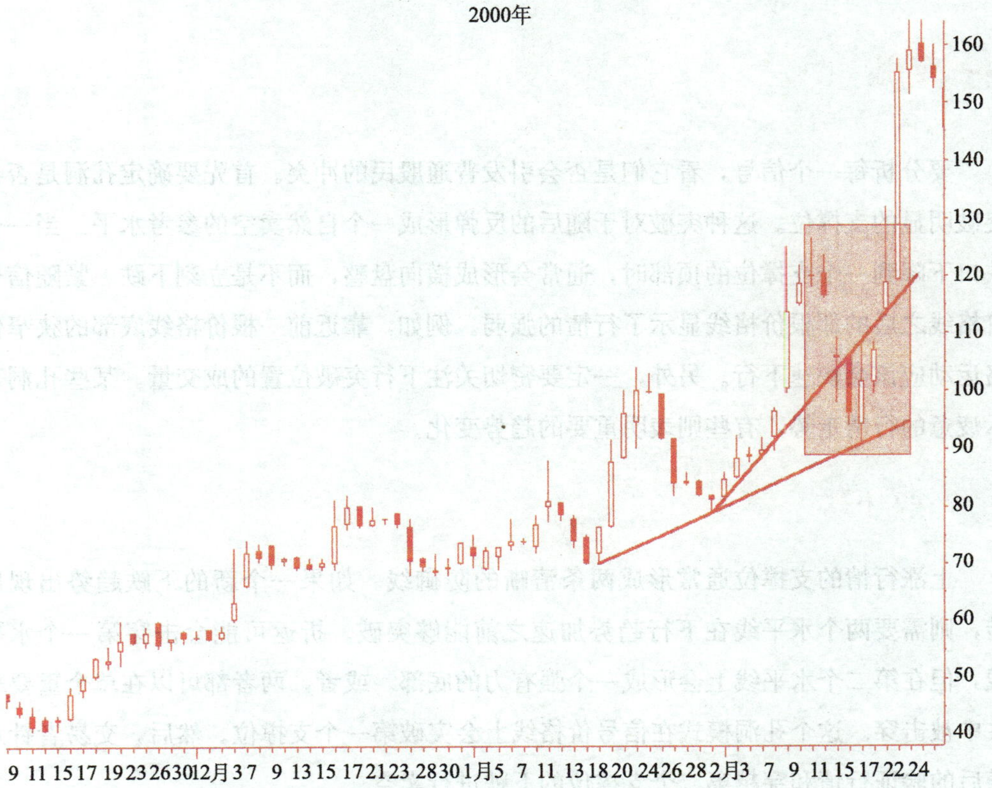

图 11—3　Keynote 公司股票日线图

注：缺口折返的行情会套牢很多波段交易者，使他们损失利润。但如果孔洞放量突破，且支撑位强劲有力，这种情况就很少发生。要具体分析孔洞行情之后，价格会在哪里下降。如果价格停留在趋势线上或者重要的平均线上，那就应该采取观望的态度，让行情自己解决冲突。注意图中 Keynote 公司股票走势中孔洞将价格下拉到趋势线上，而没有击穿它的情况。在一根或两根价格线后，股票又跳回缺口，继续上升。

资料来源：RealTick® © 1986—2000。保留所有权利。Townsend 公司授权使用。

洞仍然会出现在这些水平之上。能够保持在中期移动平均线之上的行情，比击穿这些线的行情相对强度更高。注意观察孔洞后价格与 50 日平均线的相互作用，然后衡量技术性破坏的程度。要利用更多的防御性离场的策略，等待这个平均线被破坏。

较长时间的趋势和相应的折返，会优先于短期行情。注意观察应用于缺口的最长趋势 38%位置反弹的情况。这可能低于数个较小的上升趋势阶段当中第一次失败的水平。可以退后一步，在一定距离之外观察走势图，以提前抓住这个关键的水平。经验丰富的交易者可能在这个较长的走势图上找到机会，这个走势图上能够显示出很多自然的反转。

应用

要分析每一个信号，看它们是否会引发普通股民的冲突。首先要确定孔洞是否会突破明显的支撑位。这种突破对于随后的反弹形成一个自然卖空的参考水平。当一个缺口下降到一个支撑位的顶部时，通常会形成横向盘整，而不是立刻下跌。紧随信号价格线之后的那根价格线显示了行情的强弱。例如，靠近前一根价格线底部的狭窄价格运动应该会快速下行。另外，一定要密切关注下行突破位置的成交量。某些孔洞表示疲惫的行情走势，有些则表明重要的趋势变化。

1～2 下跌

上涨行情的支撑位通常形成两条清晰的防御线。如果一个新的下跌趋势出现反转，则需要两个水平线在下行趋势加速之前能够突破。折返可能会击穿第一个水平线，但在第二个水平线上会形成一个强有力的底部。或者，两者都可以在单个重要事件中被击穿。这个孔洞模式在信号价格线上会突破第一个支撑位。然后，交易者针对随后的验证行情和穿越第二个支撑位的下跌进行卖空。

描述

- “墙上孔洞”击穿支撑位，但第二个主要的水平线完好无损。
- 价格对被破坏的第一个支撑位进行验证，但没有成功。
- 价格因抛售而跌到第二个支撑位进行验证。
- 价格击穿第二个支撑位。

这个孔洞出现的时间段是次于第二个突破的时间段。缺口发出的信号表明，可能很快就会出现较大的下行突破。价格运动与典型的 ABC 折返类似，但它穿越了自然的斐波纳契支撑位。它为波段交易者提供了在普通股民介入之前的低风险介入点。

交易策略（见图 11—4）

- Flextronics 公司股票的上涨形成了一个为期两个月的上扬平行价格通道（1）。
- 当价格突破顶部布林带形成死星（2）反转，上行的突破走势则穿越了顶部通道。
- 在 72 美元的“墙上孔洞”（3）的支撑位被下跌行情突破，回补了之前的 71 美元价位的缺口（6）。

- 扩张的价格线在找到通道底部的支撑位（5）之前，回补了 68 美元价位的第二个缺口（4）。
- 一个长影线（7）击穿了底部布林带，完成了第一个下跌，导致反转。

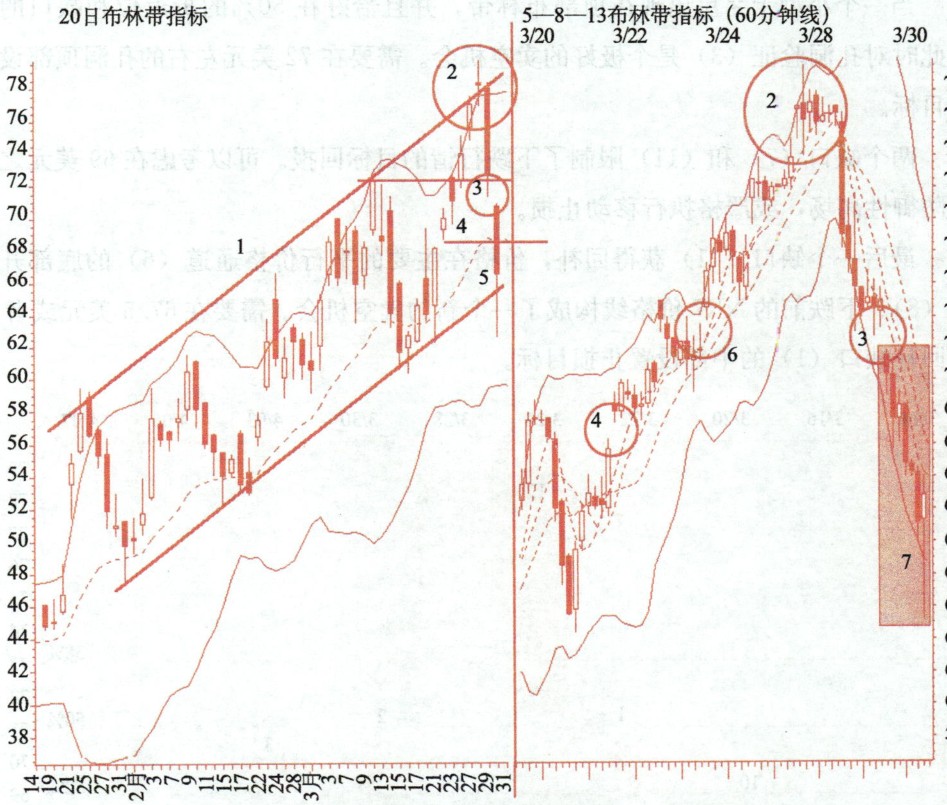

图 11—4　Flextronics 公司股票 20 日布林带指标日线图

操作与价位管理（见图 11—5）

- 在之前的上涨走势图上绘制一个斐波纳契网格。
- 这个网格显示，在 71 美元价位有一个隐蔽的持续缺口（1），恰好位于 50%的折返位。
- “墙上孔洞”（2）在缺口折返中突破了同一个价位，完成了岛形反转（12）。
- 第一次失败行情（4）形成两个趋势线（5）、（6），显示有可能会出现倒转头肩形。

● 小型的突破缺口（11）结束了短期下跌趋势，但此时买空是较高价格运动中的高风险逆趋势行为。

● 若在同一个水平卖空介入，应该遇到一个右肩与左肩高度相对应（10），但第一个缺口（7）和 62%的阻力位会形成双杀的局面。

● 当一个小型十字星出现在顶部布林带，并且恰好在 50%的折返位和缺口的底部，此时对孔洞验证（3）是个极好的卖空机会。需要在 72 美元左右的孔洞顶部设置止损目标。

● 两个缺口（7）和（11）限制了下跌行情的目标回报。可以考虑在 69 美元之下进行防御性离场，或严格执行移动止损。

● 最后一个缺口（11）获得回补，价格在主要的平行价格通道（6）的底部开始盘整（8）。下跌前的 NR7 价格线构成了一个新的卖空机会。需要在 67.5 美元或者 68 美元回补缺口（1）的中部设置止损目标。

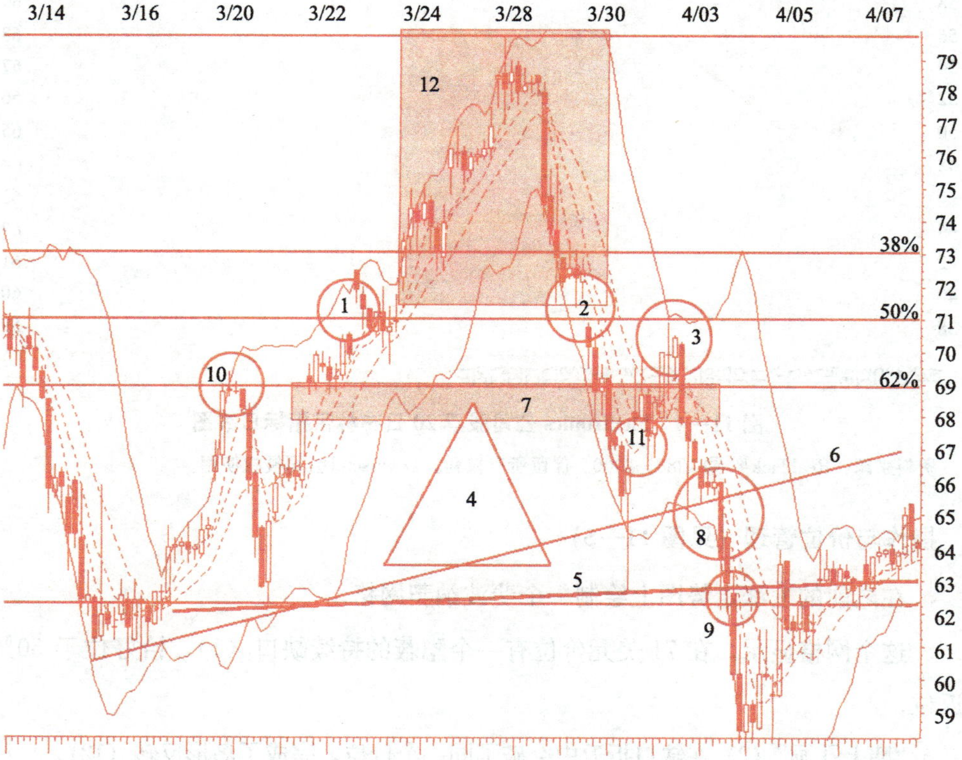

图 11—5　Flextronics 公司股票日线图

资料来源：RealTick® © 1986—2000。保留所有权利。Townsend 公司授权使用。

- 颈线（5）限制了目标回报。可以在靠近 63 美元的位置考虑防御性离场策略，或者严格移动止损，以利用通道的突破。
- 颈线在（9）位置突破，但价格运动没有向上多少。要采取观望态度，让普通股民在头肩模式中进行交易，或者在靠近突破位进行非常谨慎的卖空，并在任何双杀中离场。

回报/风险率

走势图显示了低风险介入点和整个行情中自然的危险区域。重要的双杀点位会增加风险，而几个极佳卖空机会能在支撑位之间产生可衡量的回报。交易的机会可能有 3 个点位的回报，但风险却很少超过 2 个点位。这种平庸的比例，和日线图上主要通道出现的突破的良好交叉验证形成强烈对比。

支撑型孔洞

要注意这个模式与上一个模式之间的相似性。两者都在“墙上孔洞”之前形成上升通道。但这个模式在信号位会突破通道，而不是把价格下拉到支撑位。这种情况会形成一个熊市局面，下跌的速度也更快。

描述

- 如果动量不断增大，行情也会不断强劲上升。
- 如果上升行情出现剧烈反转，“墙上孔洞”会击穿主要的支撑位。

这种状况经常发生在上升通道中，因为支撑位在上升过程中走得很高。请注意观察，在信号线上可能发生的主要移动平均线上的突破。在日线图上的 20 日或 50 日移动平均线形成了一个破坏水平，对一个通道的突破或类似的结果进行交叉验证。

交易策略（见图 11—6）

- Genome Therapeutics 公司股票出现了为期一个月的上升价格平行通道（1）。
- 价格突破到上升通道之外，但通过一个长长的乌云盖顶形态（7）出现反转。
- 抛售行情从底部通道开始反弹，并形成水平的支撑位（4）。
- 支撑位和通道在一个“墙上孔洞”内发生突破（2）。
- 在日内交易中，价格通过折返来验证缺口（5）。
- 在孔洞（3）后的价格线上，价格再次形成下跌缺口。
- 在日内交易中，价格折返来验证第二个缺口（6）。

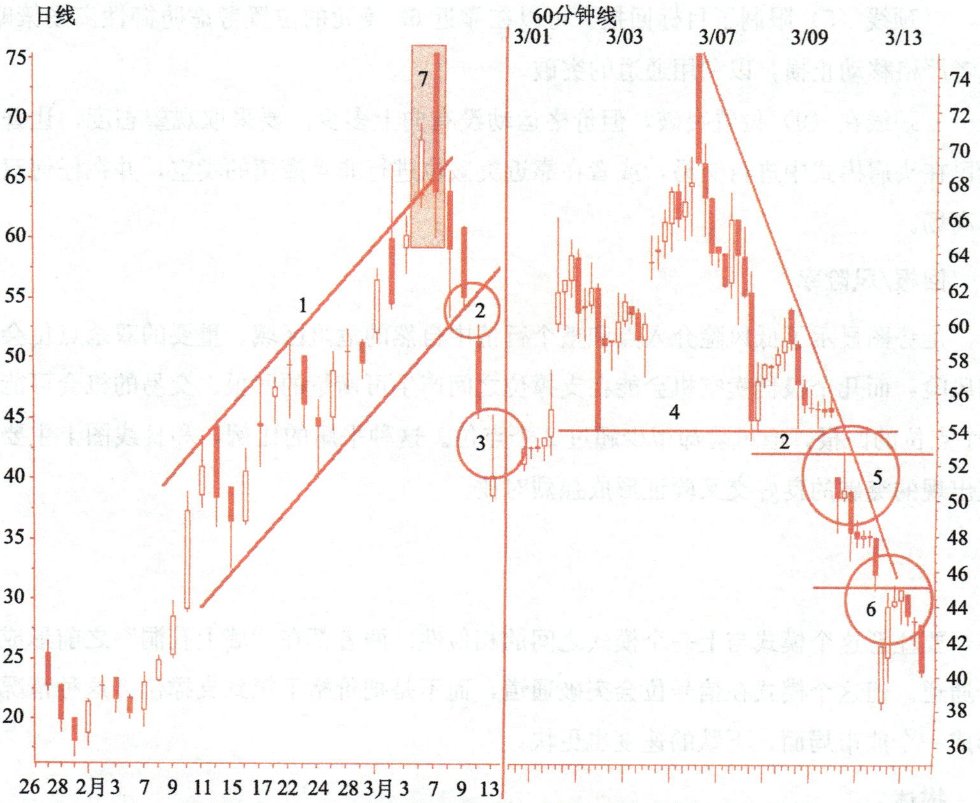

图 11—6 Genome Therapeutics 公司股票价格走势图

资料来源：RealTick® © 1986—2000。保留所有权利。Townsend 公司授权使用。

操作与价位管理（见图 11—7）

● 前两个折返（4）、（5）发生在信号价格线（1）之上或者之前，所以不会有介入的机会，除非波段交易者是在最初经观察的条件下建仓的。

● 当第二个缺口（2）出现折返，来验证阻力位（6），这就提供了一个日中卖空的机会。止损的位置应该设置在上一个 K 线实体内 1～2 个点位以内。

● 价格下跌 5 个点位，出现逼空双杀，价格返回 45 美元。如果进行防御性管理，可以在价格返回到最初介入水平之前，就获利了结。

● 当价格从一个持续了两天的低点（9）走出，这是另一个卖空机会。一个防御性仓位要求介入点靠近突破点，止损点恰好是之前的低点。

● 当价格接触到底部布林带和 50 日平均线，日线图就会发出警惕信号（3）。

● 下一根价格线的波动范围会减缓价格运动，一直到底部布林带向下出现反转。

● 价格折返，验证阻力位（7），并最终突破到一个更低的水平（8），从而形成最后的卖空介入机会。

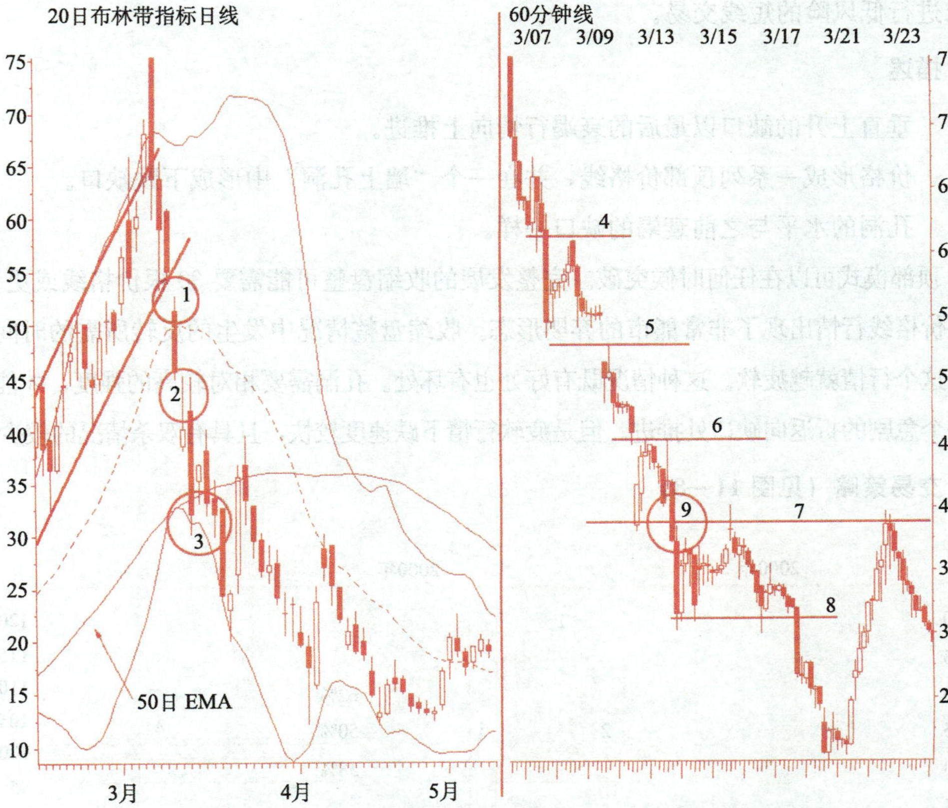

图 11—7　Genome Therapeutics 公司股票 20 日布林带指标日线图

资料来源：RealTick® ⓒ 1986—2000。保留所有权利。Townsend 公司授权使用。

回报/风险率

简单的折返和下行突破策略在这种行情中效果良好。只有一个双杀情况会对收益不利，而风险仍然保持很低，止损目标也需要明确的界定。回报程度平均在 5～8 个点位之间，而风险只有 1～2 个点位。这个模式也证明了早期警告系统的优势，它在信号价格线收盘前发出孔洞行情的信号。退一万步来说，经常炒作 Genome 公司股票的交易者能够在普通股民之前发现发展中的模式。

岛形反转

每一个从中期高点远离的岛形反转都会在下跌缺口上形成一个“墙上孔洞”的变体。对于这个经典模式的交易考虑必须包括普通股民的参与。这个情况比其他的孔洞形态具有更多的不确定性因素。但是，双缺口形态仍然会强劲地阻碍反弹的发生，并要求进行低风险的短线交易。

描述

- 垂直上升的缺口以最后的衰竭行情向上推进。
- 价格形成一系列顶部价格线，并在一个“墙上孔洞”中形成下跌缺口。
- 孔洞的水平与之前衰竭的缺口一样。

顶部模式可以在任何时候突破。完整发展的收缩盘整可能需要 30 根价格线或更多。单根价格线行情出现了非常熊市的弃婴形态。收缩盘整情况中发生的反转所需的时间越长，这个行情就越疲软。这种情况既有好处也有坏处。孔洞需要相对较高的强度，才能迫使一个急剧的折返向缺口处推进。但是疲软行情下跌速度较快，且具有双杀情况的较少。

交易策略（见图 11—8）

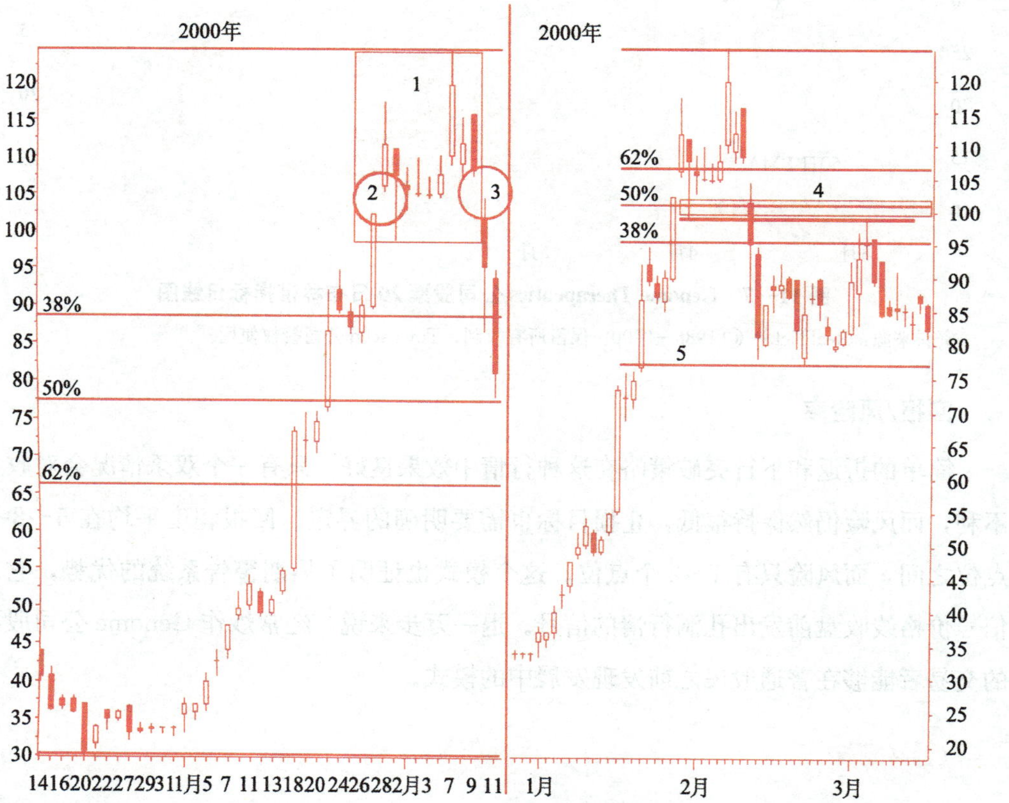

图 11—8 ITXC 公司股票日线图

资料来源：RealTick® © 1986—2000。保留所有权利。Townsend 公司授权使用。

- ITXC 公司的股票形成了一个衰竭缺口（2），导致 90 个点位上升行情的结束。
- 由 9 根价格线形成的顶部模式（1）出现了一个 2B 反转行情。
- 股票以“墙上孔洞”的模式（3）形成下跌缺口，进而形成岛形反转。
- 下跌行情在 50%的折返位（5）找到支撑。
- 价格折返到位于缺口（4）之下的支撑位，并以一个十字星顶部进行反转。

操作与价位管理（见图 11—9）

- 疲软的反弹形成了熊市的旗形（1）。
- 下跌过程中的高点形成了潜在的下跌趋势线（2）。
- 当狭窄的 K 线正好出现在趋势线与熊市旗形底部通道（3）的交汇点，布林带就会收紧。
- 在此位置实施的卖空风险较高，而在一根价格线前就有一个虚假的下行突破（8）。

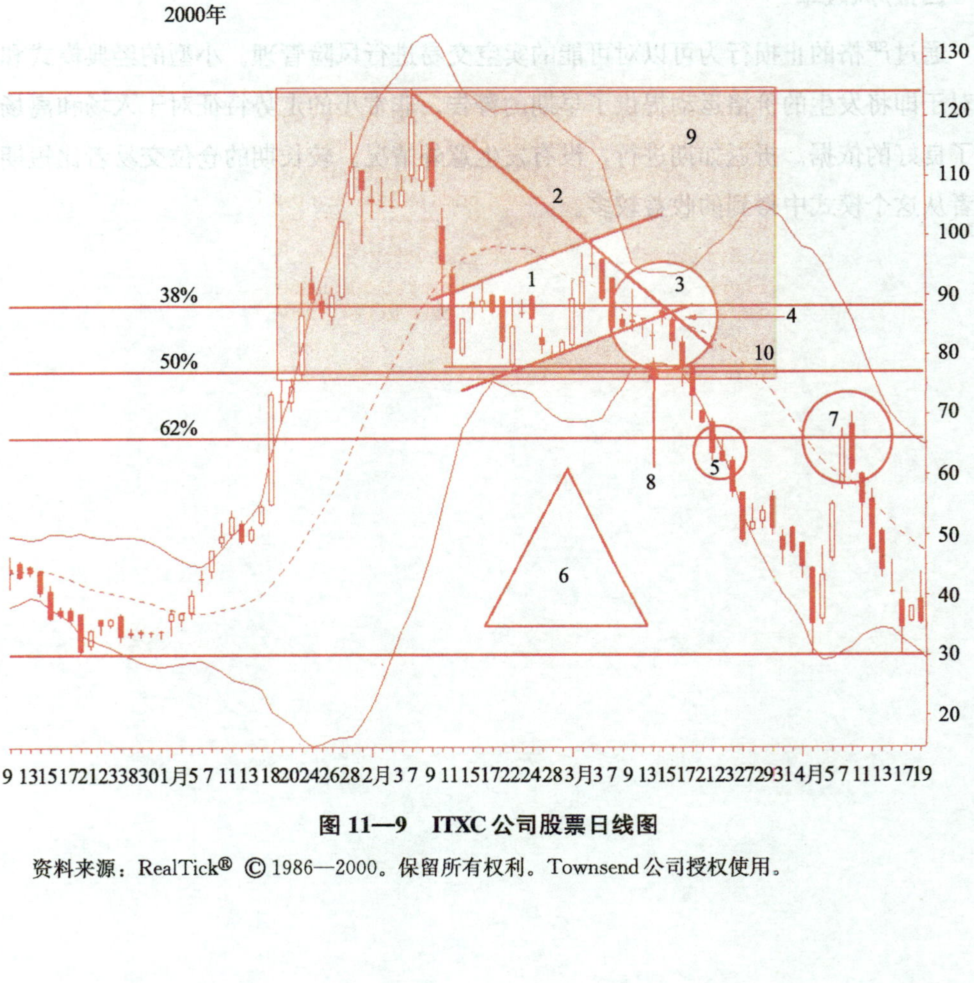

图 11—9　ITXC 公司股票日线图

资料来源：RealTick® © 1986—2000。保留所有权利。Townsend 公司授权使用。

- 下一根价格线向下扩张，并确定了趋势线的作用。同时价格也下跌到布林带中心位置之下（4）。
- 这个点位的风险水平较高。当位置（8）出现突破之后，那就是最好的卖空机会。止损目标可以设在位置（8）的低点之上的几个点。
- 价格继续推进，形成第三次观察模式（10）。虽然在前一根价格线上的介入可能会有 3～5 个点位的利润，但是行情仍然有利于穿越低点的下行突破的发生。
- 一个亚当与夏娃顶在（9）位置形成，价格突破到更低的位置。
- 抛售行情开始积累动量。下一个支撑位在 62%的折返位。价格运动穿越了这个支撑位，并从下方（5）折返，对它进行验证。
- 下跌行情演变为大型的第一次失败状况（6）。
- 在 62%的折返位的乌云盖顶模式（7）提供了最后一个卖空的机会。

回报/风险率

通过严格的止损行为可以对可能的卖空交易进行风险管理。小型的经典模式和 K 线对于即将发生的价格运动提供了早期的警告。非常小的走势特征对于入场和离场提供了良好的依据。折返如期进行，没有发生意外情况。较长期的仓位交易者比短期交易者从这个模式中得到的收益较多。

第 12 章

强势脉冲

特征

每个行情的参与情况都大致相同，其波动会表现在明显的浮动、振荡和外部事件上。价格的变化在成交量剧增时会加快，打乱这种普通的买卖状况。这个情绪化的转折点可能发生在新价格水平，或者当趋势靠近之前的对峙区域。无论位置在哪里，最后的影响是可能会改变之后几个月的走势。

交易机制

若有强势脉冲出现，成交量会猛增，超过自然的行情水平。这些趋势热点能够识别情绪化的大众股民的行为，可能引发极佳的卖空机会。这种情况表明可能会有立即交易的机会，也可能仅仅是发出干扰性的信号。需要分析成交量高的价格行为，以便筛除低收益的模式。首先，要确定走势图是否显示可能会出现的反转、上行突破、下行突破或波动轴心。对于没有上述特征之一的股票，必须排除。强势脉冲只能依据这些走势特征。同时，也要排除合并和收购的情况。合并和收购可能表现为剧烈的价格和成交量变化，但是它们的未来走势可能取决于基本面因素，如套利或预定的价值。

如果价格从底部突破，形成新的上升趋势或下跌趋势，这就提供了即将出现的卖空机会。若要获得突破到新高或新低的行情，交易者需要耐心等待折返提供安全的介入机会。反转行情的结果可能截然不同。波动轴心形成心理趋势线和 S/R 指标线，其价格之后不断周期性地穿过脉冲边界的多根价格线。针对这些奇怪模式的交易策略可能变得非常复杂。

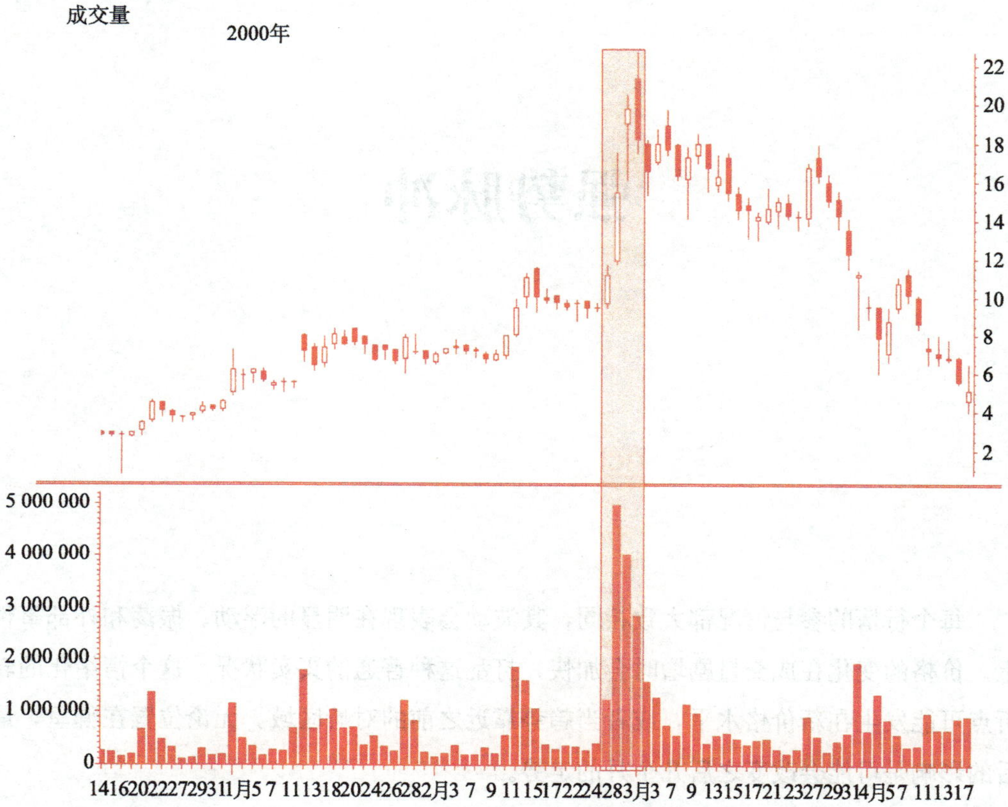

图 12—1 Jmar Technologies 公司股票日线图

注：由两根价格线形成的强势脉冲表明了 Jmar Technologies 公司股票长期上升行情的结束。峰值成交量耗尽了所有的买入能量，否定了进一步获利的可能。强势脉冲能引发多种价格运动，它可以支持或者终止正在进行的趋势。为了预测这个情绪化事件的影响和持续程度，要注意观察它在模式内的位置。

资料来源：RealTick® © 1986—2000。保留所有权利。Townsend 公司授权使用。

高成交量能够使行情穿越之前的阻力位。波段交易者分析这种显而易间的模式，可以发现普通股民的下一步操作意图。当高成交量正好出现在新高或新低位置时，虚假的突破就变得更加难以驾驭。但请记住，在脉冲信号出现之前，价格上升的模式可能早已形成。要严格自律，等待出现折返后再通过这些 K 线建仓。

靠近新高和新低的强势脉冲能够显示行情的长期走向。这是之前众多股票交易获利或损失的战场。急切的持股人在行情返回到这些关键水平之时，就会开始减仓。新手在这个时间也看到了操作机会，并从另外一方向进行交易。双方的矛盾恶化，直到价格线扩张证实了价格的走向。当这个冲突伴随着高成交量，就会引起极大的关注，并能确保随后价格线进一步的走势。

短期的价格活动会产生很多成交量信号令人困惑不解，所以一定要保持防御性心态。常规的买卖行为通常会掩盖内部人士交易的真正意图。最好的做法是保持观望，避免按照大多数自然成交量波动情况发出的信号进行操作。但在某些时候，大众股民的交易行为会发出强烈的信号，并要求操作者立刻做出反应。波段交易者通过观察那些远远超过普通行为的成交量状况来发现这些机会。

强势脉冲信号只能在日线走势图上使用。日内行情中的时间逃离会歪曲短线成交量，并发出错误的信号。第一个和最后一个小时的成交量可能占整天成交量的 60% 以上。因此应在开盘位上设定交易，而不能跟随普通股民的情绪。日内成交量对成交量非常高的股票以外的所有股票来说是很大的消极噪音和信号比。在交易开始之后，5 分钟和 60 分钟走势图被严重扭曲，此时需要杜绝交易。

但是，成交量柱状图在某些情况下可能仍然会提供有价值的日内操作信号。成交量的增加会削弱干扰信号。庞大的大众股民炒作高流通量的股票，导致了指数的实际走势。在这些股票每个价位都有非常高的成交量，因此，分析成交量能够体现流动数值和精确的价格预测功能。但是，要在趋势柱状图上运用，而不能在单个脉冲模式上运用，可以此来避免以后巨量交易中的错误和其他虚假信号。

要在成交量高的日内走势图上，研究中期顶部或底部的短期交易程度。成交量会逐渐上升，并通过反转或突破达到峰值。要把这种分析方法与 K 线分析结合起来，并注意观察锤头或十字星形态。它们经常会通过一个 K 线的扩张发出重要的信号。同时，也要密切关注潜在的日内 2B 反转。止损行为会在之前高点或低点出现突破时导致脉冲的模式。然后请注意，价格会跳回，穿越被破坏的边界，发出可以逐步介入的信号。

利用峰值的相对性来确定短期内普通股民的兴趣。第一小时的交易会确定自然交易的程度。要将随后的行为与整个交易日其他小型的脉冲相比较。成交量水平得以建立，并可用来验证价格短期内突破期间的聚散情况。同时，如果成交量能将价格推进到新高或新低，要沿着峰值的顶点绘制一根趋势线。

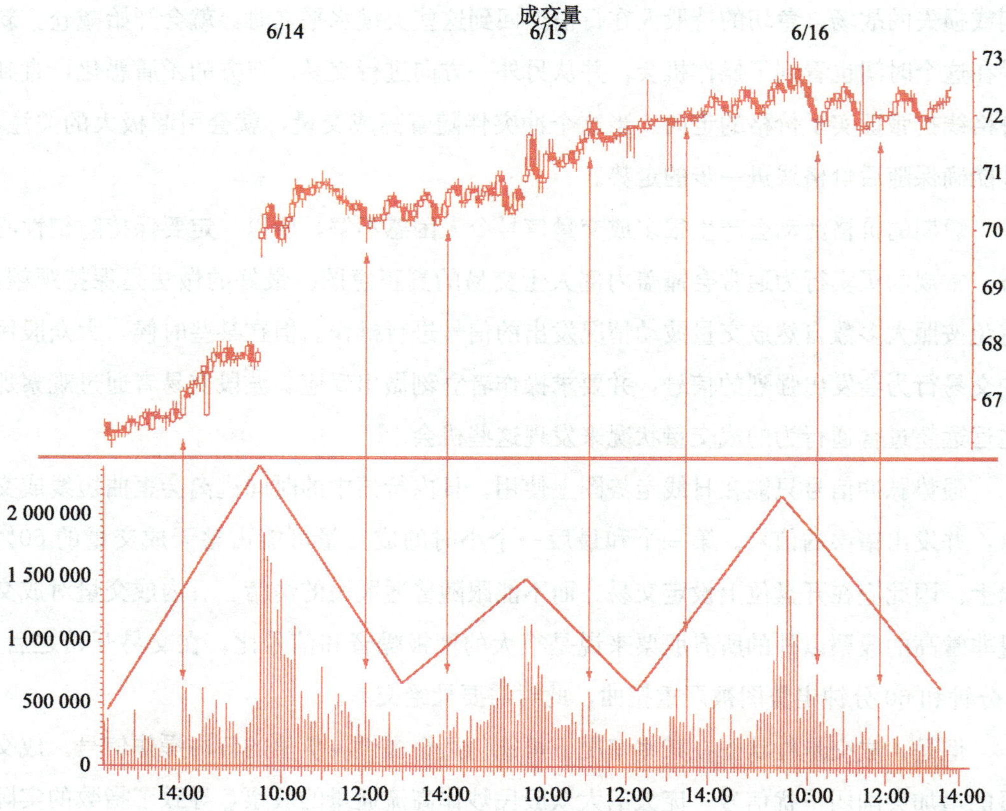

图 12—2　微软公司股票 5 分钟线图

注：在每一个交易日的第一个和最后一个小时内成交量会升高。成交量同时也在午餐后不久达到一个最低点，如微软公司股票走势图所示。重要的信号隐藏在巨型的成交量墙壁后面，表示交易程度很高。要找出同样时间段内非常突出的柱状图的巨型放量。这些脉冲表明了中期价格波动和重要的日内反转。

资料来源：RealTick® © 1986—2000。保留所有权利。Townsend 公司授权使用。

脉冲模式的策略

在成交量急剧攀升时，强势脉冲就会出现。但是，有时单靠一根价格线无法解决交易所引发的所有失衡问题。这些脉冲要经过很长时间才能形成，但其影响与单个交易日形成的影响一样。这些现象都表示有重大影响性事件发生，并会在随后几个月的趋势上留下痕迹。

强势脉冲可以通过从中期移动平均成交量的背离来识别。如果成交量是 50 日平均成交量的 3 倍或更多，一个单日脉冲就会出现。如果重要的事件持续多个交易日，就应把日成交量降低。在这些情况下，成交量必须连续两天等于或者大于 50 日平均成交量的两倍。可以根据个人的喜好来调整这些水平。高度有效的修正行为能强化操作的要求，因此只有非常剧烈的行情行为才有这样的交易价值。为实现这个狭窄的量，要把单根价格线的成交量提高到平均成交量的 5 倍、多日行情的 3 倍。

对每个交易，需要采用正确的脉冲策略。首先，要看这个机会是否依赖上行突破、下行突破、反转或是波动。然后启用经典的模式周期技术。如果走势发生垂直变化，向上和向下的突破需要折返介入或严格的套利止损。要转入次一级时间段内进行反转分析，并依靠这个模式的支持进行介入。对于波动脉冲，需要使用 1～2 个穿透策略。让价格突破轴线并进行一次验证。在下一个验证时，在价格穿越中心轴点往回波动时，根据这个方向介入。

强势脉冲可能吸引巨大的能量，会使随后的价格运动过程短路。在脉冲模式过后，活跃的趋势很快趋于平坦，因为投资群体的热情已经消失。这种现象经常会引发一系列的内线日内行为，以及价格波动范围变窄的现象。如果出现了这样的状况，要谨慎观望，因为它们不太会出现好的交易机会。如果极值成交量达到 50 日平均成交量的 5～6 倍，要开始注意衰竭的现象。

长期上升或下降趋势之后出现的信号通常会显示即将反转的行情。相对强度指标可以确认这些信号，此时的相对强度指标从超买超卖区域急剧逃离。如果价格从重要的支撑位或阻力位突破，脉冲成交量即对突破行情进行交叉验证。轴心脉冲有非常多微妙的性质。这样的脉冲通常出现在完好交易范围的中间部位。它们表示行情会在受影响的价格之间来回（轴心）波动，直到时间消化所有的不稳定因素。

看股票是否与你分析的运行路线一致，如果它否定了脉冲技术价值的话。情绪化的大众股民不一定能导致高成交量交易日的出现。某公司可能正在发行次级股票，数百万份股票可能涌入股市。或者，某单独持股人的重大投资可能在某交易日内进行。如果股票进行分割，一定要在分割后立刻进行调整，这样才能保证所观察的数据的正确性。

应用

导致高成交量的原因可能有很多，对于强势脉冲，可以运用多种交易设定。要把大部分交易的重点放在可能出现的顶部、底部和突破上。然后，把强势脉冲与其他经典模式和走势图特征相结合，寻找可图利的交易机会。需要记住，轴心脉冲的交易策略非常复杂，大多数交易者应该避免。

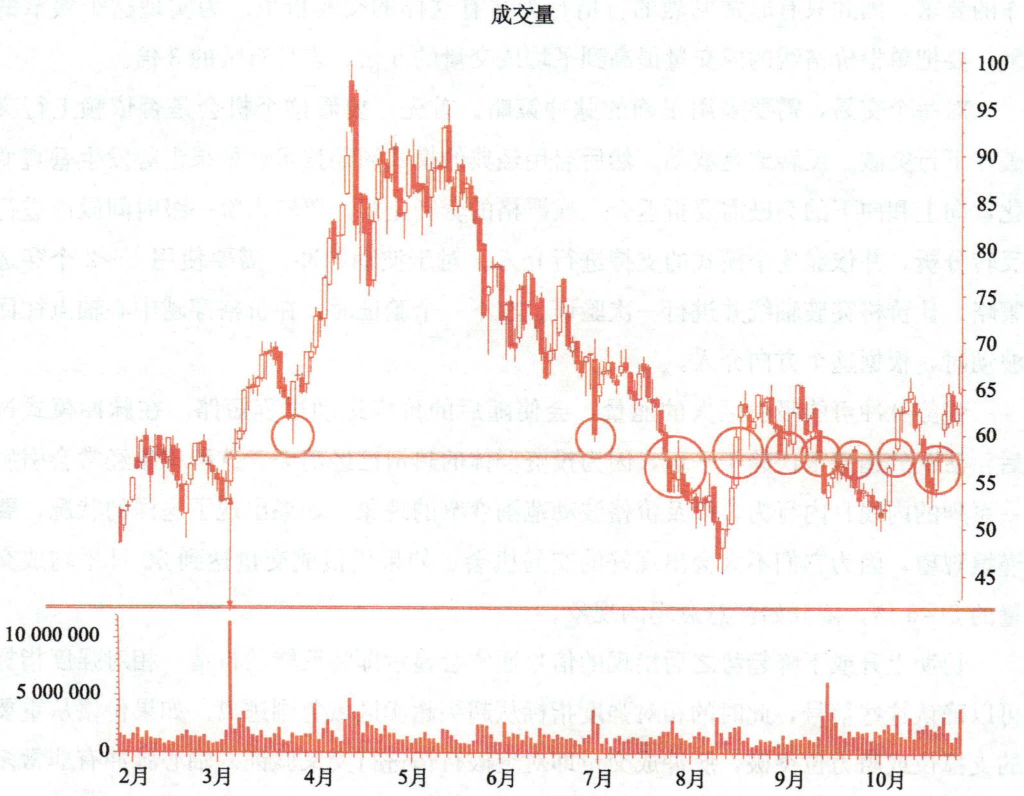

图 12—3　Level 3 通信公司股票日线图

注：Level 3 通信公司股票 3 月份的强势脉冲引发长达 8 月之久的价格走势。高成交量事件可能说明大量股份易手。在经过最初的颠簸振荡之后，可能需要数月时间才能慢慢走完全过程。这可能会使价格穿越边界来回波动，引起行情变化。如果有股票出现重大变化，如被列入 S&P500 指数，则可以关注此类型的行情变化。

资料来源：RealTick® © 1986—2000。保留所有权利。Townsend 公司授权使用。

下跌脉冲

主要支撑位的突破应该会引起成交量猛增。这种情况表明这个事件使大众股民受到震惊，并造成足够的损害，因而价格会在突破位之下停留一段时间。如果价格运动勾起大众股民虚假的希望，然后这个希望又被打破，就会引发最灾难性的下跌。

描述

- 股票建立起明显的支撑位，并保持了数月的时间。
- 这个支撑位在高成交量事件中会被突破。

● 然后价格继续下跌，但会比高成交量事件前的下跌角度温和一些。

强势脉冲很少会在下跌趋势中发出第一个下行突破的信号。它们的力量非常大，因为之前的抛售成交量通常较低。受伤的幸存者都设定了一个共同的价格来止损，超过此价格的话，他们要持仓将会非常痛苦。价格运动开始达到这个价格水平，迫使每个人在同一时间清仓逃离。这种是随后趋势出现衰竭的现象。如果所有人都把股票抛出，行情是怎么下跌的呢？物理学基本常识：重力会导致继续下降。

交易策略（见图 12—4）

● Marimba 公司股票在 8 月份靠近 20 美元的位置形成一个低点（1）。

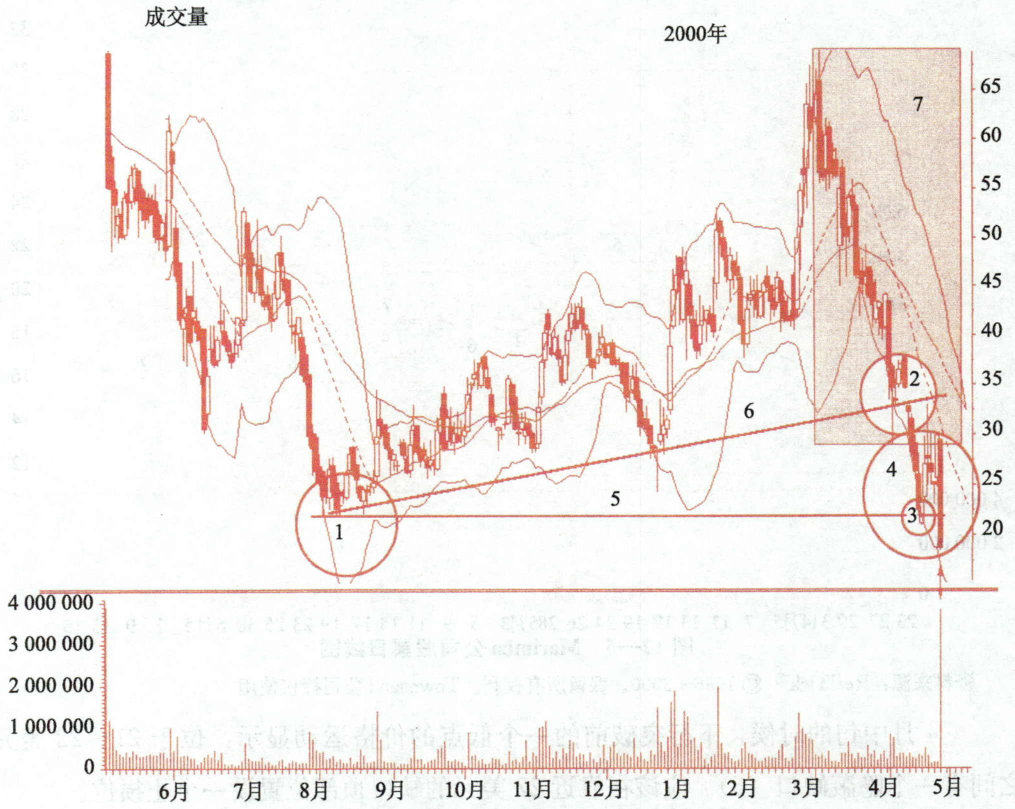

图 12—4　Marimba 公司股票日线图

资料来源：RealTick® © 1986—2000。保留所有权利。Townsend 公司授权使用。

● 之后的 6 个月当中，形成了一个缓慢上升的趋势线（6）。

● 3 月份开始出现下跌趋势（7），股票降低 40 个点位，成交量低。

● 上升趋势线开始突破（2）。

● 价格验证8月的低点（3），验证有效，并形成一个折返（4），向原来被破坏的趋势线折回。

● 低点穿越一个颠倒的第三次观察形态（5），并形成一个强势脉冲。

操作与价位管理（见图12—5）

● 价格折返到被破坏的水平支撑位（4），并显示出一个理想的卖空介入点（1）。

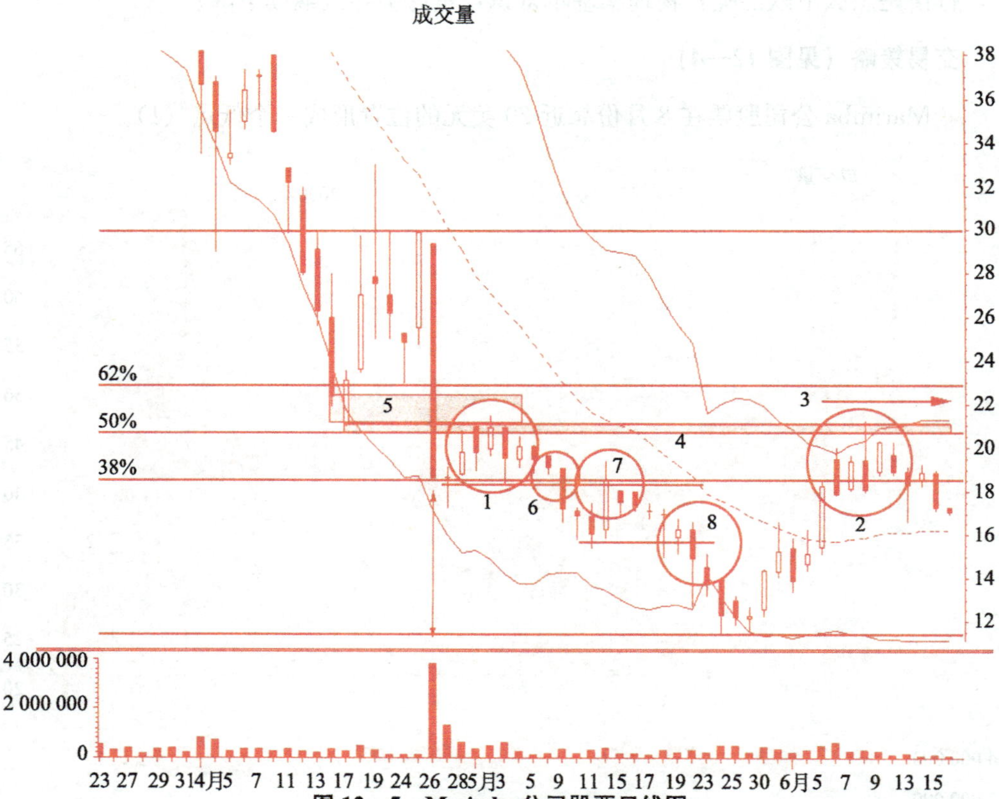

图12—5　Marimba公司股票日线图

● 4月中旬的时候，下行突破前的一个低点的价格运动显示，位于21～22美元之间有一个隐蔽缺口（5）。应该在靠近22美元的缺口顶部位置设一个止损位。

● 另一个短线介入点出现在（6）、（7）和（8）等位置。

● 如果价格靠近每一个之前的低点并进行验证，或者产生一根扩张的价格线，则可以考虑离场。

● 价格折回来验证主要下跌行情（2）、（4）的50%折返位的脉冲。布林带移动到水平位（3），显示反转已经发生。

回报/风险率

这个行情提供了很多小的机会，而且回报/风险率很小。强势脉冲之后出现了较低的振荡性。这种情况降低了双杀的可能，但获利也减少。短期持股的回报可以达到 2～3 个点位，而风险则为 1 个点位或更低。在信号之后的单个短线交易机会将会在短短的 3 周时间内产生一个 50%的利润，而只有一次对于移动止损的验证。

折返脉冲

在最初的脉冲吸收了大众股民的能量之后，高成交量的突破应该产生进一步获利的价格走势。当上升行情摆脱了长期的底部之后，就会产生最强烈的行情。需要寻找经典的因素来证实脉冲的预测结果。斐波纳契和 S/R 指标都应该能够在随后发生的行情开市前识别低风险的介入点。

描述

- 价格运动建立起一个长期而稳定的底部。
- 长长的价格线在非常高的成交量的支持下，在底部之上形成缺口，并形成一个强势脉冲。
- 价格线的收盘位应在它高低点范围的中点之上。
- 下一根价格线不会超过脉冲价格线的高点。

要把分析的重点放在事件之后的最初两根价格线上。如果价格继续向上推进，这个模式就失败了。要注意观察那些有一定振荡性但成交量萎缩的折返。在事件之后的第一根价格线上通常出现一个被包含形。把注意力转移到次一级的时间段中，并衡量由那个 K 线模式形成的“墙上孔洞”的阻力强度。

交易策略（见图 12—6）

- Meade Instruments 公司股票以强势脉冲从长期底部突破出来（1），这个脉冲形成了一根幅度为 23 个点位的价格线。
- 下一根价格线标志着一个内部交易形态，在 60 分钟走势图上完成了一个紧密的对称三角形（5）。
- 股票在第二天早晨从三角形突破形成下跌缺口（4），并下跌到整个上升行情记 62%的折返位（2）。
- 斐波纳契网格（3）显示，目标回报定位延伸到脉冲高点之上 38%的位置。

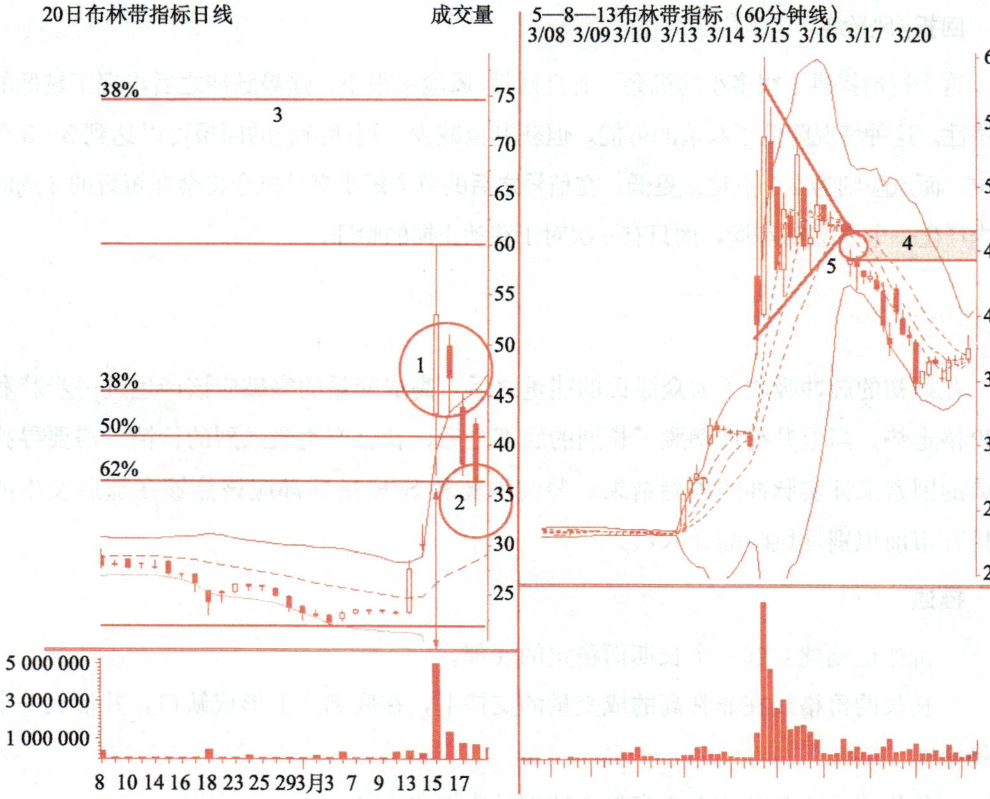

图 12—6 Meade Instruments 公司股票 20 日布林带指标日线图

资料来源：RealTick® © 1986—2000。保留所有权利。Townsend 公司授权使用。

操作与价位管理（见图 12—7）

● 当价格重新跳回到 62%折返位之上时（7），可以进入一个高风险仓位。应该在近 35 美元的低点之下设一个止损位。

● 当价格从下方向上靠近缺口进行验证时（4），设一个离场目标。

● 当价格回升并跳跃到三角形顶点的另一侧时，可以从低风险处介入。

● 当价格靠近脉冲高点（1）、（5）的验证行情时，就要制订一个离场的计划。

● 在脉冲高点之上的动量快速积累，没有提供安全的介入机会，而且它的产生也没有出现预期的双顶破坏形态。

● 价格靠近斐波纳契延伸的标位（2）并发生反转。

● 两个向脉冲高点（3）的折返和 60 美元的整数位提供了良好的介入机会。第一个折返在 60 分钟走势图上形成一个锤头反转（6）。

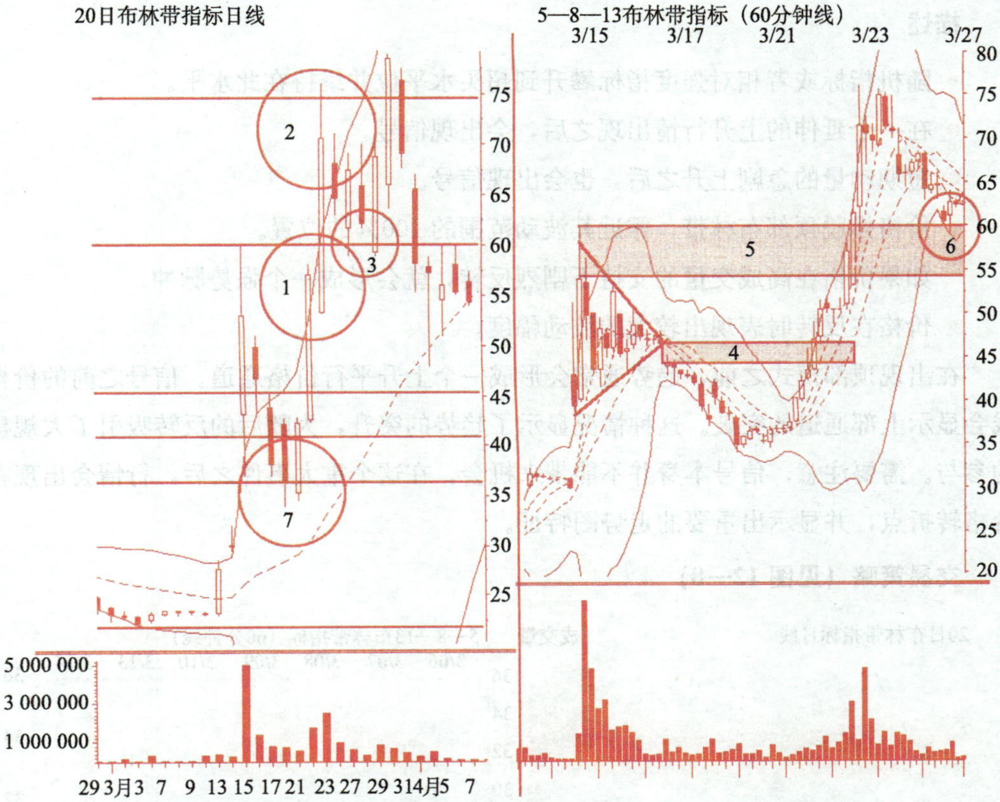

图 12—7　Meade Instruments 公司股票 20 日布林带指标日线图

资料来源：RealTick® © 1986—2000。保留所有权利。Townsend 公司授权使用。

回报/风险率

这个 23 点位的强势脉冲风险很有限。60 分钟线上的特征形成了形态良好的 S/R 范围，操作成功概率也较高。穿越三角形顶点的交易有 2～3 个点位的风险和 10～15 个点位的回报。之后，价格线穿过之前的高点，没有形成第三次观察模式。这个垂直的运动使安全介入位难以确定。

顶点脉冲

这个模式大家应该较为熟悉了。它主要是延伸上涨行情结尾时的重要反转。价格通过一个强势脉冲从顶部布林带突破，并急剧反转，回到布林带范围内。这就形成了一个著名的 K 线模式，如长腿十字星或者乌云盖顶模式。波段交易者可以根据走势图的有利特征卖空，把风险控制在最低水平。

描述

- 随机指标或者相对强度指标攀升到超买水平位并维持在此水平。
- 在一个延伸的上升行情出现之后，会出现信号。
- 短期动量的急剧上升之后，也会出现信号。
- 价格挣脱顶部布林带，靠近其波动范围的100%的位置。
- 如果价格在高成交量的支持下剧烈反转，就会形成一个强势脉冲。
- 价格在反转时表现出较大的波动幅度。

在出现顶部模式之前，趋势通常会形成一个上升平行价格通道。信号之前的价格线会显示上部通道的突破。这种情况显示了趋势的突升，为随后的反转吸引了大规模的参与。需要注意，信号本身并不能带来机会。在这个重大事件之后，行情会出现在价格转折点，并显示出重要的走势图特征。

交易策略（见图12—8）

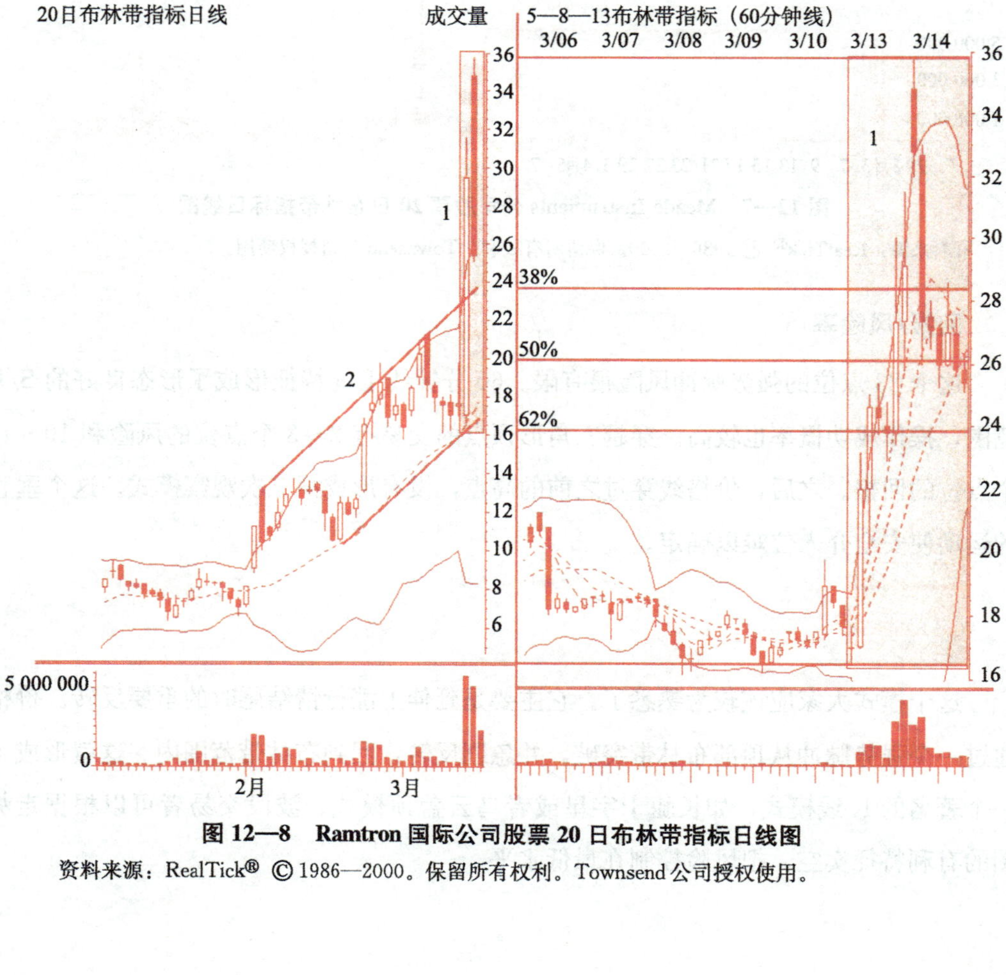

图12—8 Ramtron国际公司股票20日布林带指标日线图

资料来源：RealTick® © 1986—2000。保留所有权利。Townsend公司授权使用。

- Ramtron 国际公司形成了一个为期 6 周的上升价格平行通道（2）。
- 两根价格线形成的一个强势脉冲（1），在价格从顶部布林带突破时开始，形成 14 个点位的价格线。
- 乌云盖顶使走势出现反转，并把价格拉到顶部布林带之下。
- 日线和 60 分钟线图上都出现了类似的布林带破坏形态。

操作与价位管理（见图 12—9）

- 一个隐蔽的衰竭缺口（7）显示了第一个折返行情上的强大阻力位（4）。
- 这个位于 30 美元和 32 美元之间的折返（4）是一个不错的卖空机会，但这个模式必须在非常活跃的行情中才能运用。
- 在下跌线上绘制一个斐波纳契网格，以便确定卖空介入点。上升行情向缺口推进，恰好在 62%的折返位停止，并在缺口阻力位提供了一个完美的介入机会（1）。在这个交易部位出现了 1 天的拉锯，但再也没有验证介入点。

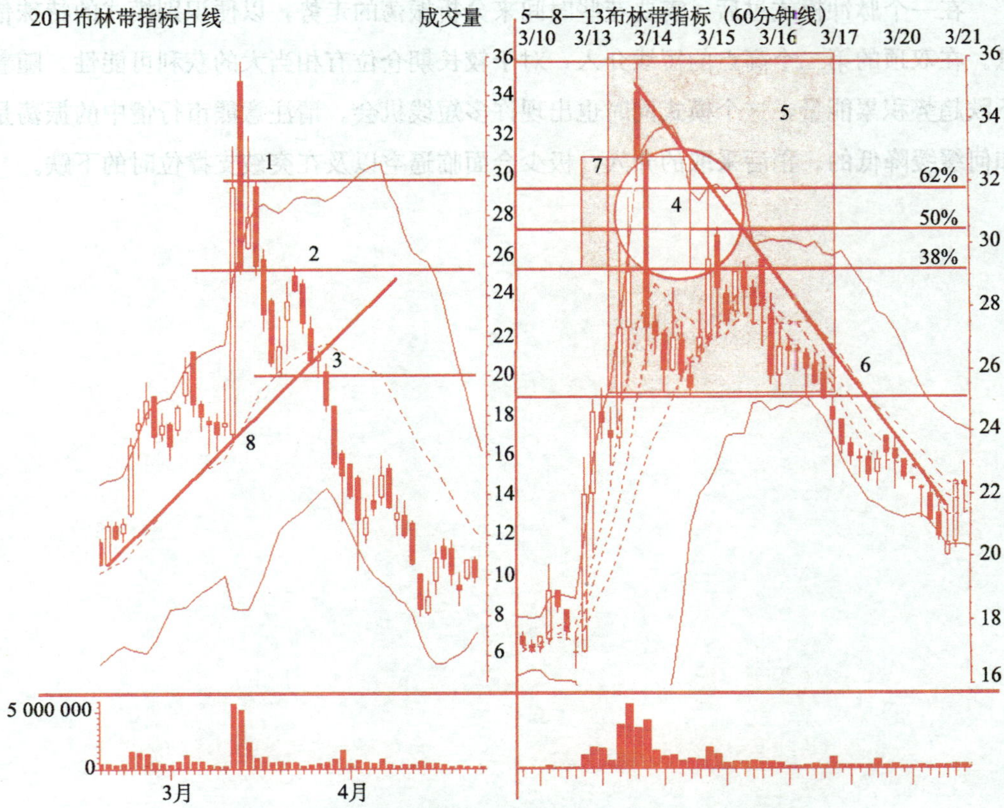

图 12—9 Ramtron 国际公司股票 20 日布林带指标日线图

● 价格突破到双杀局面以下，并向25美元的中期低点的一个验证位靠近，此时应该立刻考虑离场。

● 价格完成了一个亚当与夏娃顶形态（5），并在位置（2）向下突破。可以根据突破进行交易，并在25美元之上设止损位。

● 一个下跌趋势线（6）从下降的顶部开始形成。

● 价格从20日布林带中心的20美元位置（3）急剧反弹。

● 一个上升行情突破了下行的趋势线（6），并折返到位于25美元的阻力位（2），又提供了一个低风险的卖空机会。

● 主要趋势线（8）和中心布林带在之后的抛售中突破。

● 这个突破产生了一个8个点位、为期3天的下跌。根据20美元之下的趋势线突破或价格线扩张进行交易。

回报/风险率

在一个脉冲模式过后，需要花些时间来分析振荡的走势，以便识别模式的特殊信息。在双顶的第二个高点的短线介入，对于较长期仓位有相当大的获利可能性。随着下跌趋势积累能量，这个模式同时也出现许多短线机会。请注意熊市行情中的振荡是如何缓缓降低的。稍后采取的介入，极少会面临逼空以及在突破支撑位时的下跌。

第13章

熊抱模式

特征

卖空比买空需要更高的准确性。波段交易者刚刚从买空策略中成功操作，之后通常会被套牢。上升和下跌行情是由不同的机制推动的。要有需求和高成交量，才能提升股价，但是在合适的条件下，如果成交量萎缩，长期持股也会面临下跌的危险。剧烈抛售也可能随时停止，没有任何预兆。当股价击穿支撑位，但又在那个位置停留，股价就会下跌；如果大范围的牛市影响大多数没有希望的股票，那股价就会上升。

专业人士清楚地知道那些对股市不甚了解的交易者会在什么位置试图卖空。他们等待时机，制造逼空，以此利用订单在行情中积累购买压力。卖空交易策略必须要分析短线覆盖性上升的行情。在挤压行情中不要行动，要在上升的顶部正当其他交易者放弃时进行交易。就像很多波动策略一样，这种棘手的交易需要耐心和敏锐的眼力。

交易机制

股市行情具有内在的牛市倾向。很多交易者只是根据动量买入，却很少使用其他的技术。这些投机交易者从来不学习真正的交易的技术，而这个技术可以保证从行情的两个方面来获利。需要花时间来练习这个重要的技术。即使买进的概率比较高，也要从小规模的卖空交易入手。要避免常见的动量错误，如追逐大型下跌等。必须谨慎操作，认真观察行情。挤压开始的位置，同时也是交易者估计会发生快速下跌的位置。当价格毫无理由地突然找到支撑位时，先离场，然后再分析其原因。

要使卖空与低风险的行情条件相符。要避免在第一个和最后一个小时内操作，直到积累了足够的经验，能够识别活跃行情中的诸多危险再说。高浮动、低振荡的股票是极好的目标，而且风险较低。首先要学习对很多不同的单个机会进行交易的技术，然后再尝试需要高超技术的卖空“全垒打”。要多重视横盘整理到缓慢上升的行情，下跌走势可以放在次要地位。这些沉闷的行情普通交易者很不喜欢，不过依然能产生很好的机会。

熊抱模式利用两种不同的行情来确定卖空的机会。每一个行情都依赖一个不同的、使价格进一步下跌的模式。第一种寻找熊市，股票到达阻力位，完成逆势上升。第二种则分析盘旋上升行情，但被研究的对象的相对强度必须比较低。在两种情况中，熊抱模式都可以在下挫的边缘发现很多即将下跌突破的股票。

下跌的股票只会下跌一段时间。一个缓解的上升行情可能在任何时间突破，将卖空者挤压出局，并累积起上升的希望，直到阻力位产生新的卖出压力。或者这些备受磨难的股票可能会长期处于底部，并几次试图返回牛市，但都没有成功。第一个熊抱模式就是寻找这些行情的类型，而不是寻找将要突破的上升趋势。在这个环境中，卖空的价值通常较低，而行情能够如期产生更多的可靠信号。

在趋势掉头形成新的下跌走势之前，要注意观察失败的上涨态势。这些熊市的上升行情通常会抵达中期阻力位，如 50 日指数移动平均线。它们可以形成一个下跌 62%的折返幅度，或者从一个水平天花板位置急剧反弹。这个模式应该会表现出强烈的阻力特征和几个明显的反转。这些验证价位显示，即将会出现新的熊市脉冲。

在确定了良好的操作对象以后，需要把握时机才能获得利润。在超卖行情中进行卖空，会产生不利的结果。要注意相对强度指标在上升到一个超买水平之后，又掉头向下的情形。或者注意随机指标从顶部下降，形成一系列逐步降低的形态。在上述两种情况下，行情中必须显示，之前的牛市已经耗尽了这只股票的需求潜力。

在进行交易之前要认真分析行情模式。熊市上升行情应该出现明显的筑顶，如一个双顶或下降三角形。如果走势图表面呈现熊市形态，但不符合所有的特征，就应该转向次一级的时间段来分析短期的价格线。这些价格线应该能证实或否定反转，并显示潜在的介入点。不过，千万不能草率操作。因为下跌的行情需要一定时间来积累动量。不要

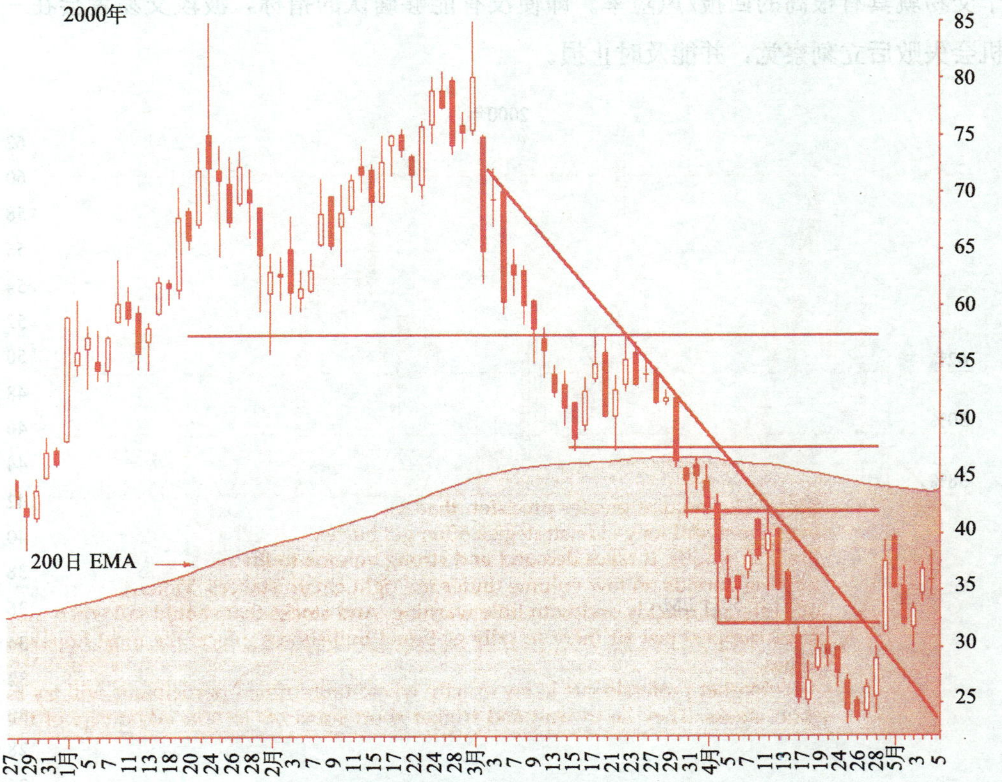

图 13—1　Verio 公司股票日线图

注：Verio 公司股票在 200 日指数移动平均线的上方和下方都提供了极好的卖空机会。当行情穿越这种重要的心理阻力位时，走势就发生了一个重要的角色转变。买方根据它的上方进行操作，卖方则根据它的下方进行操作。但是熊市参与程度和振荡性往往比牛市低，这可能会限制或强化短线交易的条件。

资料来源：RealTick® © 1986—2000。保留所有权利。Townsend 公司授权使用。

进入盘整的行情而被套牢，不要等待模式来透露秘密，要采取旁观的态度来等待。

在盘旋上升行情狭窄的走势之后，应该进行第二次筛查。因为普通的 NR7 模式对于价格的扩张缺乏有向的倾向（即它向两个方向移动的概率一样），通过观察可以确定熊市的概率是否会加大。在这种行情中，价格在下跌和振荡性减弱以后会收缩盘整成一个非常窄的范围。这种情况会通过一个不同的机制，而不是一个释放性上升，来消耗牛市能量。下跌的压力最终会占上风，导致股价下跌。

在 NR7 之后进行卖空操作，或者在下跌发生后，设置一个卖出目标，以利用下跌突破。当交易确实起作用时，价格会以一系列的台阶形态快速扩张。在收缩盘整的另外一侧设定目标严格止损，以找出不利的操作点。当其他因素也有利于下跌时，这个交易就具有很高的回报/风险率。即便没有能够确认的指标，波段交易者会在一个机会失败后立刻察觉，并能及时止损。

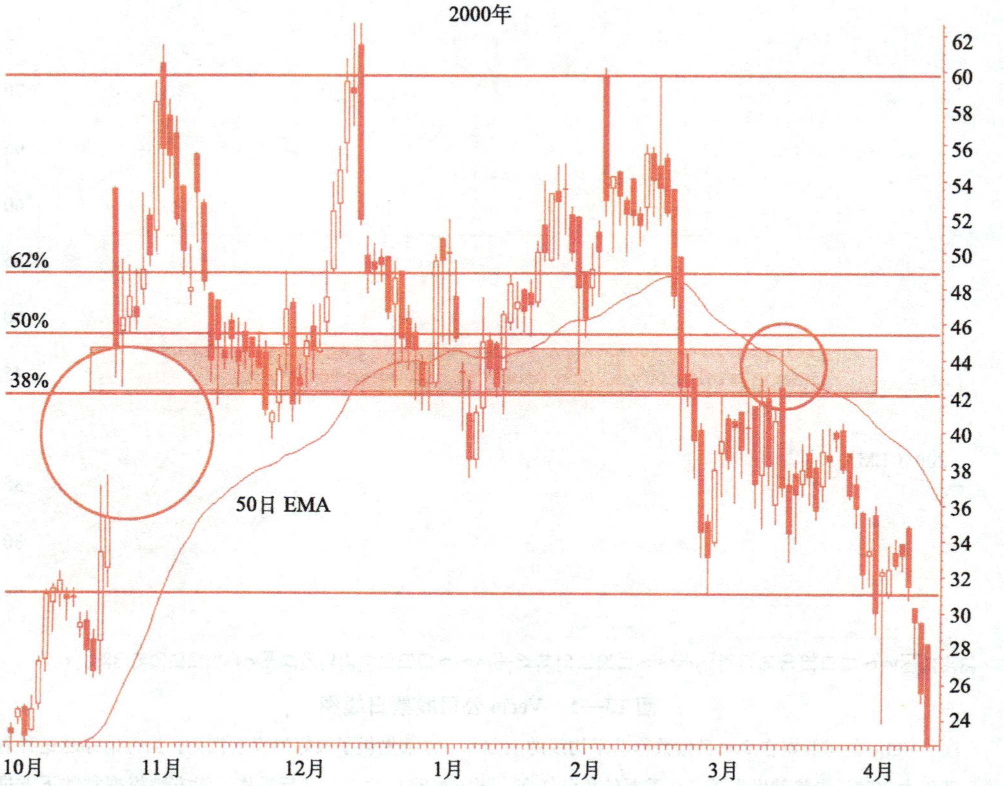

图 13—2 Viant 公司股票日线图

注：在股票突破 50 日指数移动平均线后，下跌行情的初期会出现极佳的交易机会。这个中期衡量单位在折返行情中起到了强烈的阻力位作用，此时其他走势特征也应该验证这个价位。注意观察图中 Viant 公司股票如何突破到 50 日指数移动平均线之下，然后回补过去的一个缺口，之后又反弹来验证这个平均线的。在 40 美元出头的底部的圆锯状阻力，显示可以立刻进行卖空的机会。

资料来源：RealTick® © 1986—2000。保留所有权利。Townsend 公司授权使用。

通过寻找下一个主要低点来衡量两个熊抱模式的回报水平。熊市可以从一个不稳定的地板上升，也可以从一个剧烈的顶部反转形态构成。当价格靠近时，之前的支撑位可能会立刻被击破，也可能在一个重要的底部形态中坚守。所以要看是否在介入点和这个低点之间有足够的回报，是否值得交易。有一种做法是，在价格尚未突破，抵达一个低点验证之前，部分持仓。但是，如果交易策略对持股期有限制，那么在往这个支撑位扩张时就应该坚决离场。

最佳的卖空收益发生在快速下跌的行情中。这就需要准确地把握时机或需要等待完好的形态。平台顶（见图 15—3）是个卖空机会，很少人知道，其回报特征也很独特。这种模式是一个特殊的双顶顶部失败模式。在下跌的价格运动中引发的价格机制非常强大有力。平台顶的下跌倾角与其上升的角度完全一样。这种模式的下跌在抵达 100%的折返水平前，通常仅仅出现一个反弹。

这种模式可以通过方形顶或陡峭顶部之后出现的陡峭双顶来辨认。观察从第二个高点开始的第一次下跌，它的走势形成前期上升行情的镜像。这表明下跌在击穿双顶支撑位以后，会继续以相同的强度推进。最有获利潜力的卖空机会出现在价格突破上一个上升行情 62%的折返线以后。

熊市策略

在选择卖空机会时要控制好风险。必须在阻力位抛售，此时仓位出现的一个微小变化也能确定交易的失败。这样的操作需要投资者心理承受能力很强。这种操作机会的出现正逢行情看涨，新的上升趋势也已经开始时，较为谨慎的交易者可以放轻松，等待价格反转，不要想挤上飞速的火箭。或者，可以注意关键阻力位的双杀破坏，而价格又快速返回到阻力位之下的情况。这会形成射击之星或十字星 K 线，显示次一级时间段内的一个顶部。

要学会识别那些不太明显的阻力位，大众股民大多会疏忽，因此这是较为安全的介入机会。在这些较为平静的价位进行的操作，大大降低了逼空的风险。在大众股民把注意力投向水平天花板或移动平均线时，自己的关注点应该放在次一级的阻力位上。下行平行价格通道或布林带极值是高回报卖空机会，出现双杀的概率较低。或者，可以绘制一个斐波纳契网格，但需要将几个趋势长度叠加，来寻找那些没人注意的小型转折点。

逼空能够形成新的短线机会所需的优秀条件。盖顶型上升行情清除买入压力并达到新的平衡，上攻动量减弱。在开始时引起抛售的条件突然出现了。股市中的交易者预感到这种情况，从而很快将短期趋势进行反转。波段交易者能够比其他人更早地预测到一个倾轧行情的结束。在抛售阶段应该利用一个斐波纳契网络覆盖上升行情折返形态。上升幅度不应该超过前期下跌的 62%，除非有强大的买家介入操作。挤压行情很少会突破到主要阻力位之上，所以技术派交易者不会投入操作。更为可能的是，只有那些对时机把握很差的买方才会在看到股价上升时投下赌注。

要避免在强烈的下跌走势中进行交易。在一个急速上升行情出现时如果追跌，风险就会大大上升。在考虑进行一个新的操作前要注意寻找一个反弹或逼空形态。颇具讽刺意味的是，向次要点位平缓上升的走势能够形成良好的短线机会，风险低而且挤压的概率小。如果行情快速下跌，绝对不要进行交易。挤压可以出现在任何时间段，而且毫无预兆。交易订单可能抓住一个突然上升的上行点位，并在出现离场机会前蒙受巨大的损失。

下跌缺口是极佳的卖空介入工具。在突破后要注意寻找第一个上升形态，如果价格击穿这个空间就可以考虑操作。在一个重大事件发生时，一个下跌缺口会使被套的交易者实施强大的抛售压力。第一次反弹让他们限制了损失，并提供了一个离场机会。如果缺口又同时突破了一个顶部形态，就要注意寻找标志收缩盘整行情底部边界

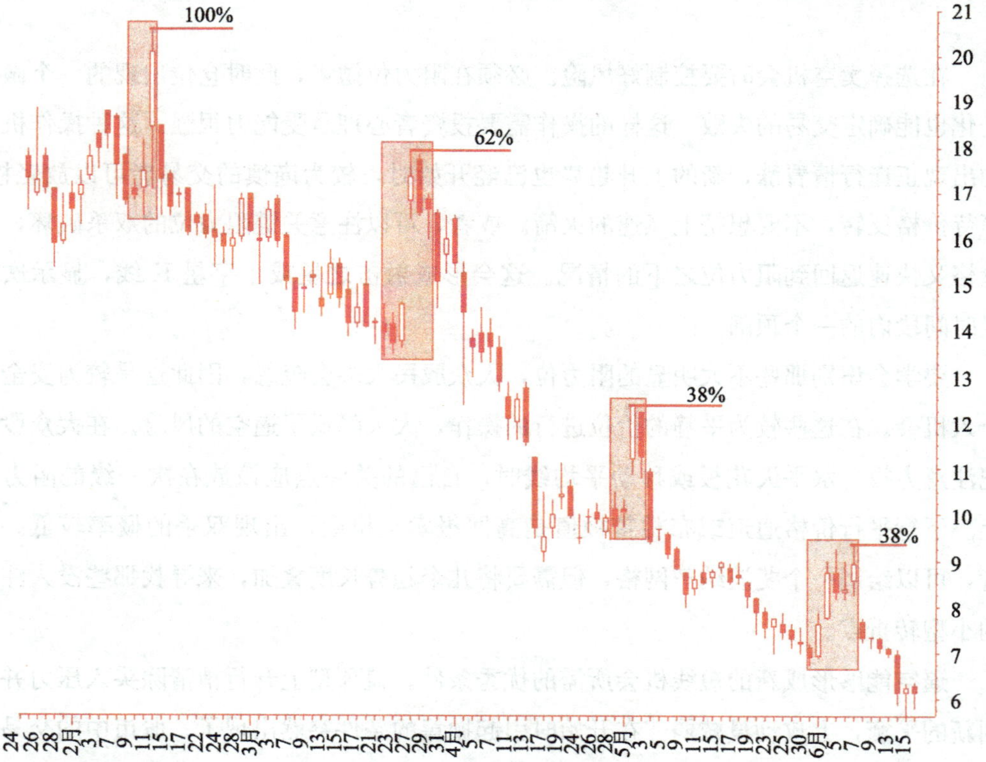

图 13—3　Talk. com 公司股票日线图

注：在 Talk. com 公司股票持续下跌的走势上，短线挤压不断出现，而且毫无预兆。过夜缺口会套牢短线操作，但是在挤压结束后，抛售又会立刻出现。在熊市行情的早期，挤压的跳跃可高达 100%的折返幅度。但是，随着行情的恶化，上升的能力也逐渐减弱。最后两个上升的幅度只能达到上一下跌阶段的 38%的折返水平。

资料来源：RealTick® © 1986—2000。保留所有权利。Townsend 公司授权使用。

的十字星或锤头线。它们的影线会告诉波段交易者抛售会在什么位置扭转行情。但是，一定要注意对应于缺口的反转形态。如果价格在一个新的上升缺口中又再次穿越阻力位，就要立刻离场。

日内卖空交易的策略与长线交易策略一样。但是，因为持股时间的减少，退出的机会也相应减少，所以逼空行情会产生更大的风险。第一小时的交易建立的趋势通常会贯穿整个交易日。要对那些开盘疲软，并在最初 60 分钟交易期后保持在压力位下的股票进行卖空。这些股票大部分会随着交易日时间的推移，试图进行一次强劲的上升行情。对于这些反弹，如果波段交易者能够锁定一个自然的下跌点，就是一个最佳的卖空获利机会。如果股票在交易日开盘时没有形成下跌缺口，这个价位应该远远低于日内高点。利用斐波纳契网格来预测顶部，并针对一个短线随机指标的下跌确定介入的时间。

应用

熊抱模式的核心是针对弱势行情的，而不是试图从逆势介入强势行情。它能够在熊市下跌中显示可操作的股票，这些股票看起来立刻要进行另一轮的下跌。需要注意的是，这个形态实际上依赖于两个不同的情形。NR7 熊抱模式随着价格从一个狭窄的范围脱离出来以后会很快产生效果。熊市上升熊抱模式需要在信号发出后先推进到收缩盘整形态之下，之后下跌动量才能增加。很多卖空策略在一些小型的行情中效果非常良好。换言之，一出现危险的迹象就发生背离，此刻就要考虑短线介入，如果行情波动有利就要立刻重新介入。

50～200 弹球形态

位于 50 日和 200 日移动平均线之间的区域，在价格进入此区域以后可能会诱发剧烈的振荡运动。如果条件合适，这个行情结束时会以一个主要的熊市下跌向下突破 200 日移动平均线。在这种异常的收缩盘整行情末期，可以在 50 日线验证失败情况下进行卖空。这种情况下即使价格不能穿越较低的阻力位也会产生利润。

描述

- 在强势牛市阶段过后，股票开始抛售，击穿 50 日移动平均线。
- 价格进行验证，但仍然保持在 200 日移动平均线之上。
- 相对强度增加，但随后发生的反弹在 50 日移动平均线附近失败。

- 收缩盘整模式完成，行情继续下探。

要在收缩盘整行情中寻找一个类似的筑顶模式，即使它出现在一个中期低点，也要给予重视。在这个位置的头肩顶或亚当与夏娃模式有利于卖空交易。如果这种获利模式频繁出现，波段交易者就能够在普通的走势图分析中发现。

交易策略（见图 13—4）

- Vical 公司股票在 3 月份沿强劲趋势线上升（1）。
- 趋势线在一个墙上孔洞型的缺口处突破（2）。
- 价格击穿 50 日指数移动平均线（3）。
- 在 50 日指数移动平均线和 62% 折返位之下形成了收缩盘整（4），但是又在 200 日指数移动平均线之上。
- 价格在 50 日指数移动平均线下跌（5）并可能形成一个双顶模式。
- 价格下跌到 200 日指数移动平均线位置，并形成一个小型的 NR7（6）。

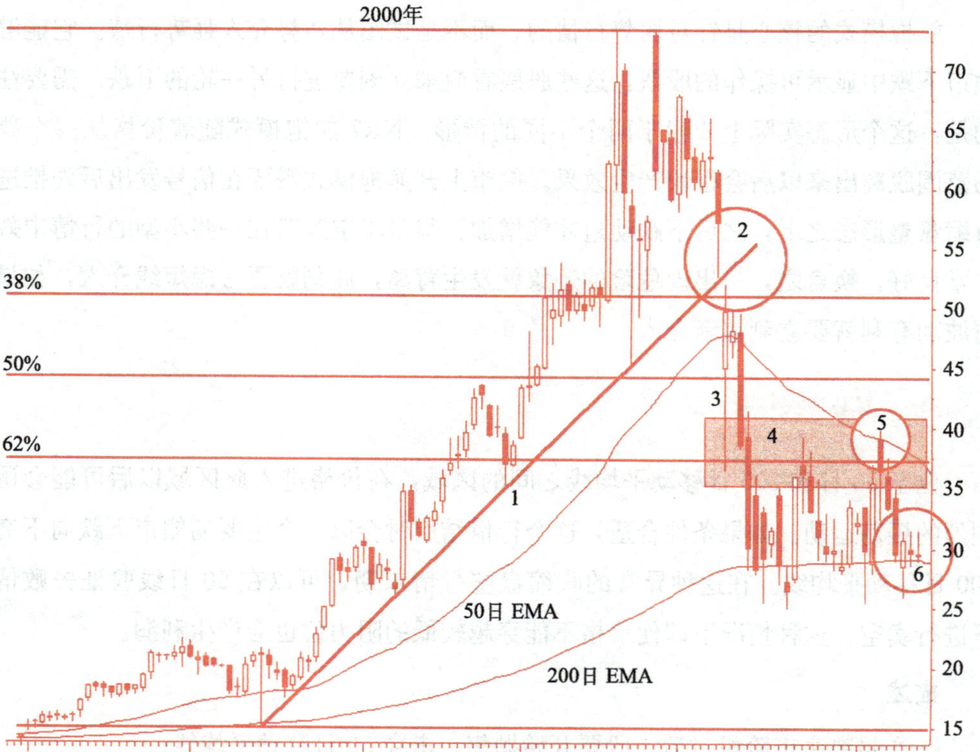

图 13—4 Vical 公司股票日线图

操作与价位管理（见图 13—5）

- 价格在下一根 K 线越过 200 日指数移动平均线，形成缺口，在接下来的两天大幅下跌。这种情况有利于根据 50 日指数移动平均线或 NR7 进行卖空交易。
- 收缩盘整模式在两个较低趋势线（2）、（3）位置又持续了一个小时，然后才发生突破。在 26～28 美元间的卖空需要将订单规模控制在较小幅度内，以便控制风险。
- 在日线图和 60 分钟走势图上的扩张价格线显示在收盘前离场比较有利。在下跌加速时，基于动量的移动止损效果良好，可有效管理利润的增长。
- 在之前的上升行情起点处折返出现第一次失败时，下跌结束（5）。
- 下一个机会出现在下跌行情折返位 38%的地方（6）。一个十字星模式表明会出现短期折返，并最终会形成一个双底验证。

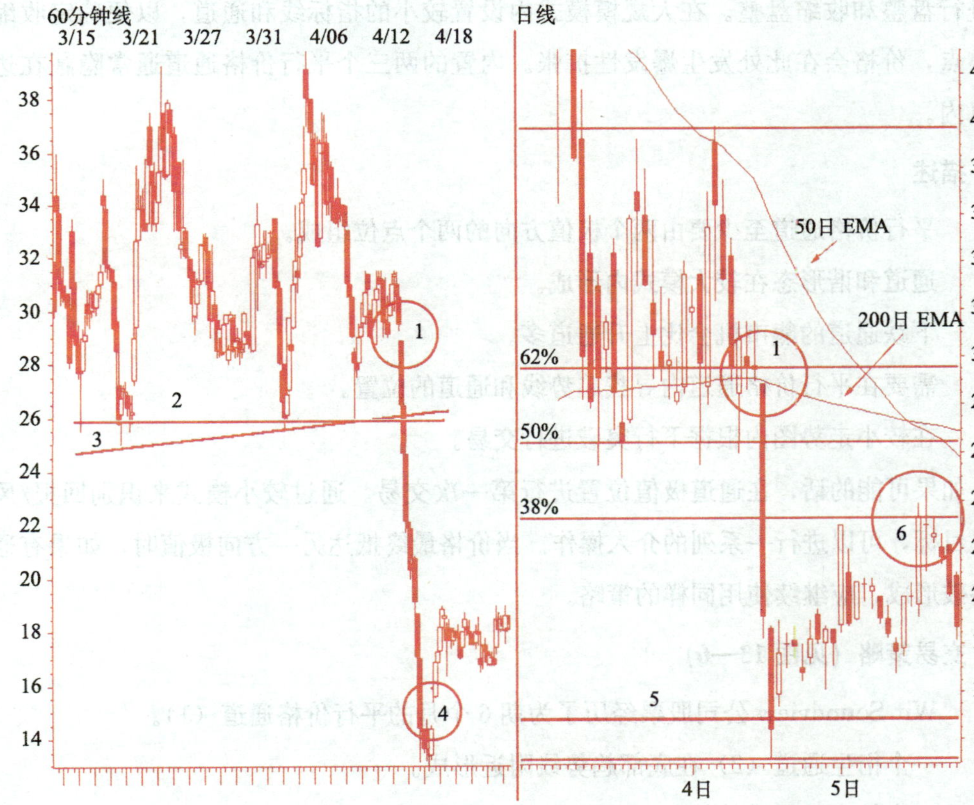

图 13—5 Vical 公司股票价格走势图

资料来源：RealTick® © 1986—2000。保留所有权利。Townsend 公司授权使用。

回报/风险率

在 50 日指数移动平均线的失败验证位和最终低点之间的危险，出现在靠近 30 美元的收缩盘整支撑位附近。一个简单的追踪趋势的策略会在 50～200 区域内和随后的下跌中出现极佳的回报。因为众多交易者在收缩盘整阶段参与非常多，这种形态潜力很大。一旦 200 日 EMA 被击穿，人们就纷纷逃离。

价格通道卖空

这种方法是在平行价格通道的范围内卖空，而不是根据通道突破来形成模式而进行交易。平行价格通道及其和谐形态对低风险的介入形成了清晰的 S/R 指标。在操作时通常假设通道不会被破坏，除非价格在最近一次冲击后，沿其中一根趋势线进行盘整和收缩盘整。在大规模模式内设置较小的指标线和通道，以便确定收缩盘整点，价格会在此处发生爆发性扩张。内置的两三个平行价格通道通常隐蔽在边界以内。

描述

- 平行价格通道至少要由两个极值方向的两个点位组成。
- 通道和谐形态在较大模式内形成。
- 下跌通道的熊市机会比上升通道多。
- 需要在平行价格通道内寻找趋势线和通道的位置。
- 在较小走势图内根据下行突破进行交易。

如果可能的话，在通道极值位置进行第一次交易。通过较小模式来识别回报/风险率目标，可以进行一系列的介入操作。当价格最终抵达另一方向极值时，如果有通道突破形成，应继续使用同样的策略。

交易策略（见图 13—6）

- Wit Soundview 公司股票经历了为期 6 个月的平行价格通道（1）。
- 一个衍生通道（2）在底部趋势线附近形成。
- 一个较小的上升趋势（3）从上一个底部通道的冲击点开始上行。
- 价格跳空上升至顶部通道并反转（4）。
- 50 日指数移动平均线仍然保持在 200 日指数移动平均线下方运行。

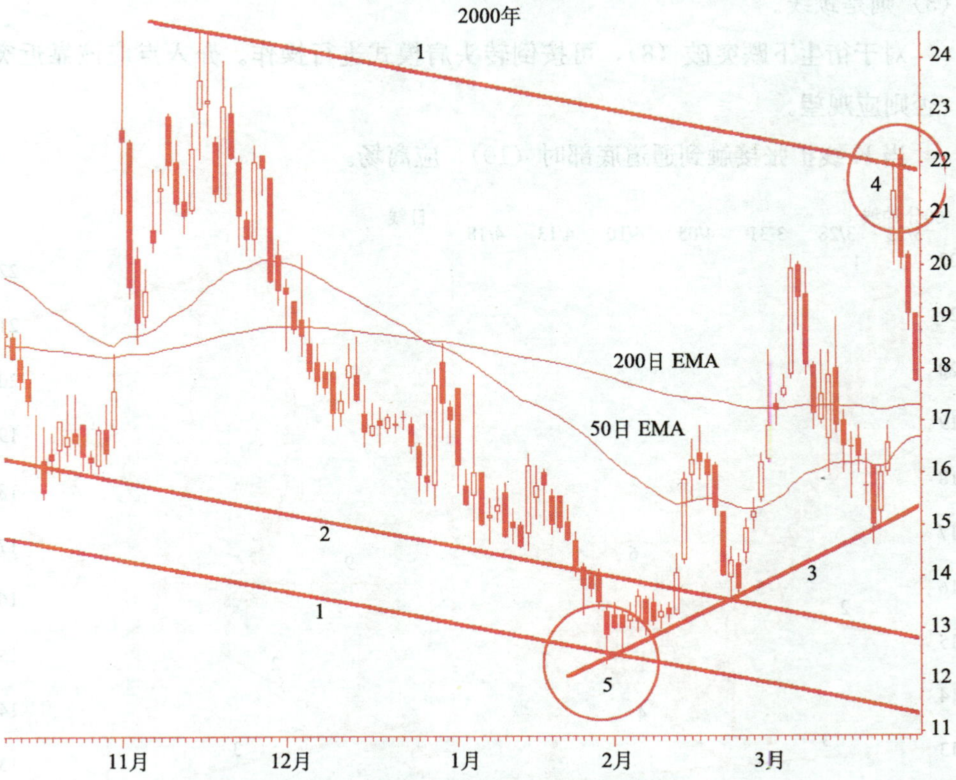

图 13—6　Wit Soundview 公司股票日线图

操作与价位管理（见图 13—7）

● 在通道顶部的位置（1）根据反转进行卖空。最好的介入点位于 21.75 美元价位的缺口处。第二个机会出现在 20 美元处，一个小双顶突破下跌。

● 价格出现一系列波浪式的下跌，跌至 15 美元附近。这个行情需要快速离场，避免出现双杀。

● 价格向小型上升趋势线靠拢（2）并穿越（5）。如果交易发生在 15.5 美元附近，则可在突破位介入操作。

● 当价格扩张进入衍生行情（3）时离场。

● 价格再次验证被突破的趋势线（6），并构筑另外一个较小的趋势线（4）。在位置（6）介入可进行类似 2B 顶反转的卖空。当第二个趋势线被突破后（7），交易机会更好。

● 在趋势线（2）出现的验证，形成一个头肩模式的右肩（9），而其中的衍生通道（3）则是颈线。

- 对于衍生下跌突破（8），可按倒转头肩模式进行操作。介入点应该靠近突破点，否则应观望。
- 当 K 线扩张接触到通道底部时（10），应离场。

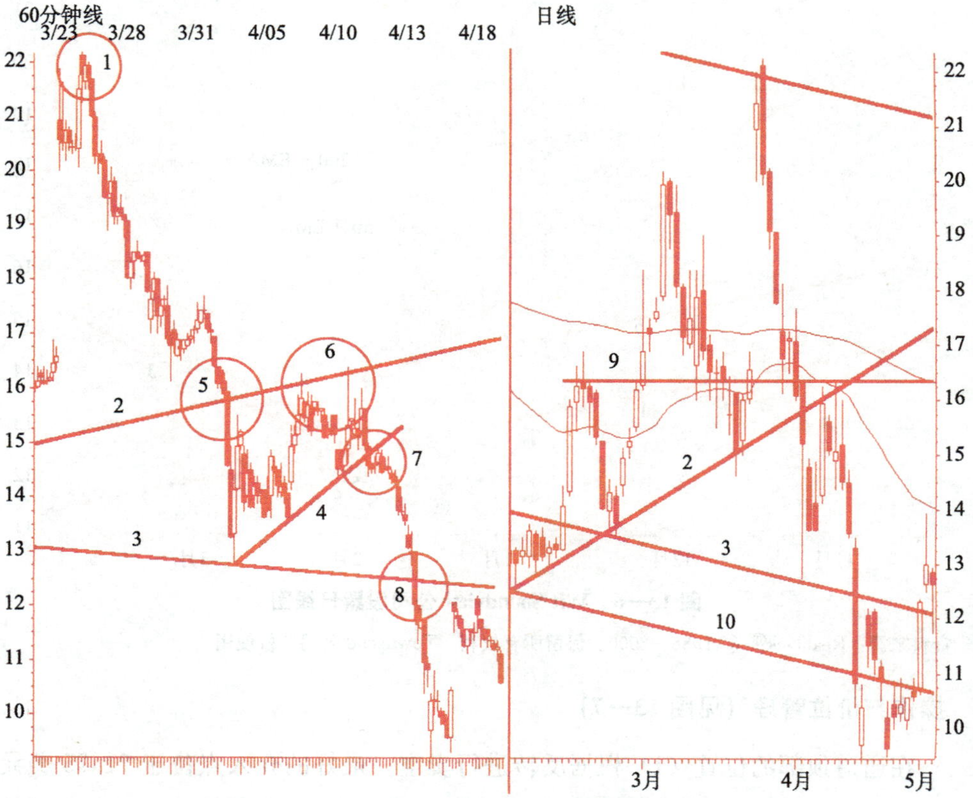

图 13—7　Wit Soundview 公司股票价格走势图

资料来源：RealTick® © 1986—2000。保留所有权利。Townsend 公司授权使用。

回报/风险率

在价格从通道顶部到底部的振荡过程中，会出现一系列的低风险操作机会。回报预期为 2～3 个点位，与半个点位风险的不良交易相符。在这个案例中，每一个价格的扭结和反转似乎都能形成另外一个经典的模式。这种现象非常普遍，会出现许多可图利的通道交易机会。

日内卖空交易

成交量高的股票最适合日内卖空交易。虽然一个上行趋势可能在一个较大的时间周期中会持续，但是卖空策略却掉头下行并按照 5 分钟线进行操作，而表现出强烈的熊市下跌特征。因为这些下跌行情仅仅持续几个小时的时间，而不是数日，所以应该寻找一个 60 分钟线中立刻就要发生的下行突破，并利用那个走势图来确定第一个操作价位。这就能保证操作策略可以捕捉住一个较小下跌行情的绝大部分机会。

描述

- 只考虑流通量大的股票和活跃的行情进行交易。
- 在 60 分钟走势图上，看是否有 5～10 日上升行情正在开始折返。
- 在走势图上绘制一个斐波纳契网格。
- 在靠近折返水平 38％或 62％的地方看行情是否出现失败。
- 转到 5 分钟走势图，然后对折返水平 38％～62％处的失败进行交易。
- 继续用 5 分钟走势图，对折返水平 62％～100％处的失败进行交易。

在交易区内必须有足够的回报，操作才有价值。这个操作的基础在于从 5 分钟走势图内寻找低风险的卖空机会。如果没有合适的情况出现，就应该观望。在 60 分钟走势图上的下跌突破的性质决定了获利的程度和概率。位于 38％水平的失败往往会形成一个 C 波，非常强劲。位于 62％水平的失败可能会形成一个主趋势的第五波，从而引发垂直下跌的行情。

交易策略（见图 13—8）

- 亚马逊公司股票在 60 分钟走势图上出现了一个 7 日的上升行情。
- 上升趋势以一个持续缺口（2）突破，形成新高（1）。
- 趋势在一根扩张线（3）上达到顶峰，然后迅速反转。
- 折返（5）在碰到上升趋势线（4）时，成功验证之前的高点和持续缺口。
- 窄幅价格运动形成一个小型下跌趋势线（6）。
- 两个趋势线在 38％的折返位形成一个对称三角形。

操作与价位管理（见图 13—9）

- 三角形向下突破（1），并在 52 美元处形成一个卖空机会。需要在上升趋势线的另外一侧设置一个止损点。

图 13—8　亚马逊公司股票 60 分钟线图

- 注意观察 50 美元的整数位（4）；或者，在 Level Ⅱ开始造成风险增加时迅速离场。
- 股票在没有反弹的情况下一直下跌到 50.5 美元的位置（3）。在 51 美元价位的快速反转，降低了获利程度，此时应该迅速离场。
- 股票折返到小型下跌（2）的 38%的折返位，和 8 日移动平均线的位置。在一个大型下跌之后出现的第一个折返不应该太剧烈，大胆的交易者可以考虑介入，其他人则应该等待更为稳妥机会的出现。
- 低点被突破，50 美元价位（4）出现了套利的机会。获利目标只有 0.5 个点位，大多数交易者都会采取观望的态度。
- 向 50.5 美元的折返（3），接触到 13 日移动平均线以及上一个阻力位的顶部。这也是极佳的卖空介入的机会。下一个接触将把价格拉到 50 美元整数支撑位以下。这种情况回报较好，并且是在普通股民介入前就可操作。
- 价格突破 50 美元（4）。当价格从布林带底部突破到 49.25 美元价位，或者小型锤头模式（8）一旦形成，应立刻离场。

- 价格折返到 50 美元（4），这又是一个极佳的卖空介入机会。
- 当价格验证锤头模式并出现失败（5），应持仓不动。此时行情疲软，说明风险不大，而这个卖空行情有可能将价格推过 48.5 美元。
- 下行趋势线的突破（6）说明潜在的底部，并向较大的 62%折返位推进。
- 下午 3：30 出现下跌（7），将股价推向交易日的低点，但是要想获利需要快速行动。

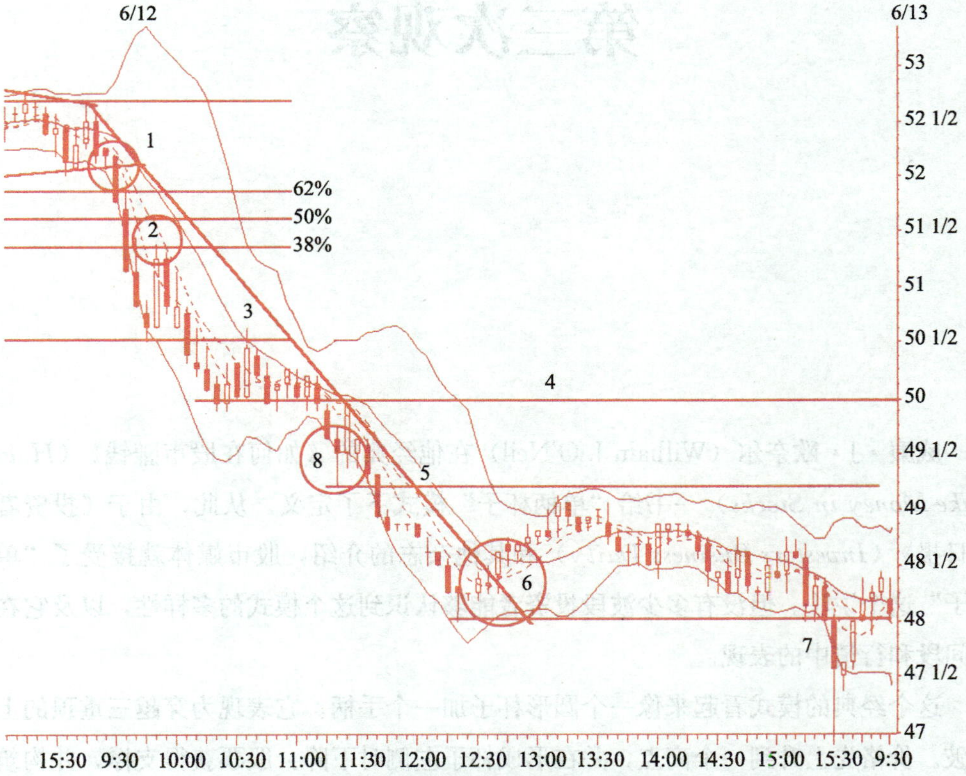

图 13—9　亚马逊公司股票 5 分钟线图

资料来源：RealTick® © 1986—2000。保留所有权利。Townsend 公司授权使用。

回报/风险率

三角形突破显示了 5 分钟走势图上的一个主要的熊市行情。这个配合简单的折返策略，在阻力位出现。双杀局面是可以控制的，活跃的卖空介入能获得持续的利润。要密切关注不断变化的行情。猛烈的抛售状况下午得以结束，最后一小时的快速逼空会套牢卖空交易者。

第 14 章

第三次观察

特征

威廉·J·欧奈尔（William J. O'Neil）在他经典的《如何在股市赚钱》（*How to Make Money in Stocks*）一书给“单柄杯子”模式下了定义。从此，由于《投资者商务日报》（*Investors Business Daily*）和其他杂志的介绍，股市媒体就接受了“单柄杯子”这个说法。但没有多少波段投资者能够认识到这个模式的多样性，以及它在各时间段和行情中的表现。

这个经典的模式看起来像一个圆形杯子加一个手柄。它表现为穿越三重顶的上行突破。价格先上升到一个高点，并在形成杯子左侧时下降。股票获得支撑，并构筑横盘整理。一个新的上升行情爆发并向之前的高点靠拢。这就形成了杯子的右侧。在双顶位置又出现抛售情况，股票发生折返。下个阶段的下跌形成较小的手柄，直到价格重新稳定下来。股价继续形成第三次上升，并急剧上升至新高。

交易机制

要注意分析这个模式背后的行情机制。在出现第一个高点之后，价格会先急剧折返，然后再反弹。这种情况使振荡指标反转，买空者应该清仓。波段交易者在价格靠

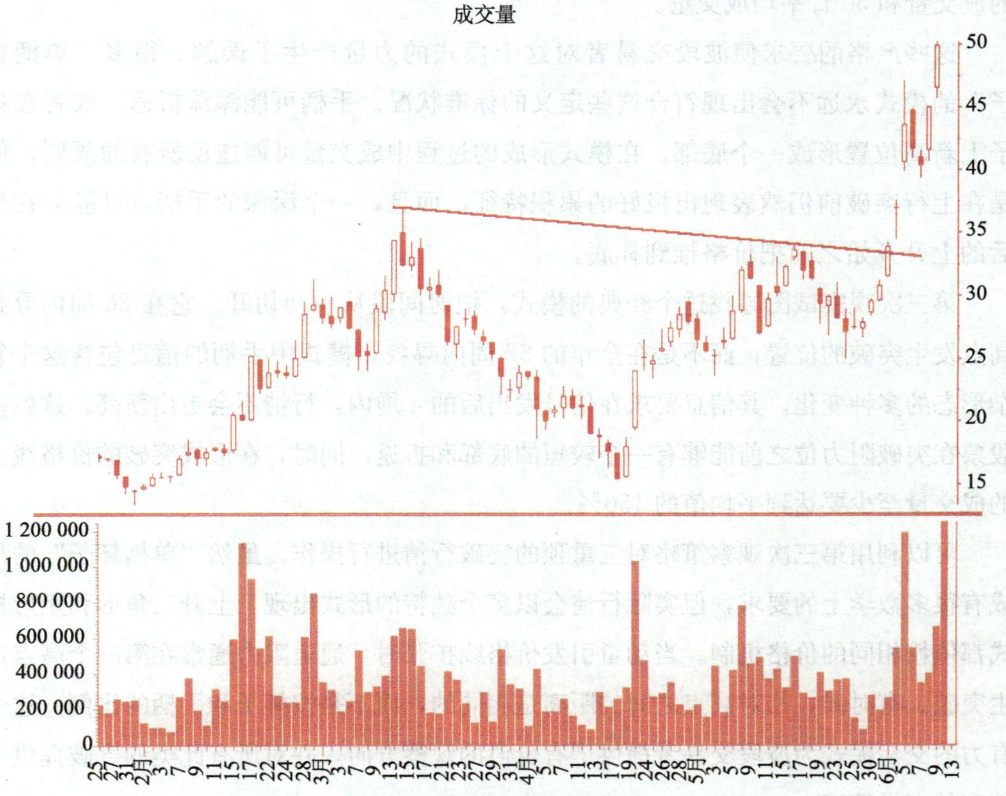

图 14—1　Keithley 仪器公司股票日线图

注：Keithley 仪器公司的股票出现了一个形态完好的“单柄杯子”，这个上行突破结束了为期 3 个月的收缩盘整。股价通过较长时间形成一个又深又宽的杯子，后面带着一个小小的圆手柄。请注意观察手柄底部的锤头形是如何预告行情的上升的。第三次观察模式在一个失败的双顶之后消化了价格运动，可以显示这个经典模式的多个变化形式。

资料来源：RealTick® ©1986—2000。保留所有权利。Townsend 公司授权使用。

近双顶考验时应该进行新的卖空介入。这有助增加抛售压力，迫使行情再次折返。价格最终获得支撑，而指标也从超卖水平得以恢复。买空者开始觉得这是新的机会，向之前的高点推进时不断积累成交量。这就形成了一个手柄的底部，阻止了行情的进一步下跌，不断积累能量。价格第三次到达高点，并向上突破。

新上升行情的价格运动要靠成交量的支持才能成功。欧奈尔最初的方法要求：上升突破的成交量在形成新高之前必须超过 50 日平均成交量 50%以上。这种方法操作时要求上升行情中成交量高，利于形成上行突破，不能依靠下跌行情。经典的定义对杯形内部的成交量进行了筛选，在杯子右侧的上升阶段的成交量应该要高于下降阶段的成交量和 50 日平均成交量。

这些严格的要求使波段交易者对这个模式的力量产生了误解。很多“单柄杯子”的模式永远不会出现符合这些定义的标准状况。手柄可能深深折返，或者在杯子上新高位置形成一个底部。在模式形成的过程中成交量可能违反所有的规则，但是在上行突破前仍然表现出极好的累积特征。而且，一个深深的手柄也可能会在最后的上升开始之前把价格推到杯底。

第三次观察试图寻找这个经典的模式，把时间段从中间切开。它在 26 周内寻找高点发生突破的位置，而不是在全年的 52 周内寻找。模式中手柄的信息包含这个复杂形态的多种变化。其信息要求在信号发出后的 4 周内，行情不会走出新高。这就使股票在突破阻力位之前能够有一个较短的底部和折返。同时，在形成突破的价格线上的成交量至少要达到平均值的 150%。

可以利用第三次观察策略对三重顶的突破行情进行操作。虽然“单柄杯子”的形成有很多数学上的要求，但实际行情会以多个独特的形式出现。上升三角形和矩形模式都依赖相同的价格机制。当动量引发价格线扩张时，通道阻力通常在第三个高点产生突破。有时候，相对高点之间的距离是相同的，而不是按杯子和手柄的比例。这个有力的交易模式为波段交易者提供了有价值的观察方向，并对所有此类的突破提供了获利的交易策略。

手柄的位置说明了累积的量。在前一章中已经分析了成交量通常会超前或滞后于价格，尤其在新高和新低时更为如此。当手柄在杯子下方形成时，这就说明要积蓄更大能量才能产生上行突破。或者，如果在两个之前高点的上方形成收缩盘整，就要求坚挺的股票在完成新平台之后急剧地形成走势。此时要留心有可能出现的双手柄形态。这种古怪的模式在之前的两个高点的两侧形成底部。如果双柄杯子模式出现，就要从第一个手柄下方开始测量上一个趋势。把这个距离加到第二个手柄的底部，估算下一个上升行情的价格目标。

这个模型在大多数的中等高点上很有效。于是，波段交易者就有了另外一个非常有价值的工具，从狭窄的收缩盘整中根据突破进行交易。要注意看所有水平的阻力位，看出现了多少个高点。追踪行情返回到第三个高点，并等待价格在阻力位出现暂时的停顿。在价格突破处测算可能有多少回报。很多短期的观测都发现没有足够的获利潜力，不值得交易。当一个形态显得很有可能成事，可以在靠近高点的位置从狭窄范围介入，或者等待上行突破的出现，并在第一个折返时进行交易。

第三次观察能提供极好的日内交易机会。这个模式不像其他短线环境中的模式有那么多限制。这个模式很可靠，经常出现在短线走势图上，并有利于快速获得利润。除了简单看那些高点以外，要注意寻找第一小时内的第三次尝试时形成突破的走势范围。即使小投机者也可以有效地利用这种策略。在 1 分钟走势图上，找出中等高点，针对快速飙升的价格进行交易，或对超过此水平的突破行情进行交易。

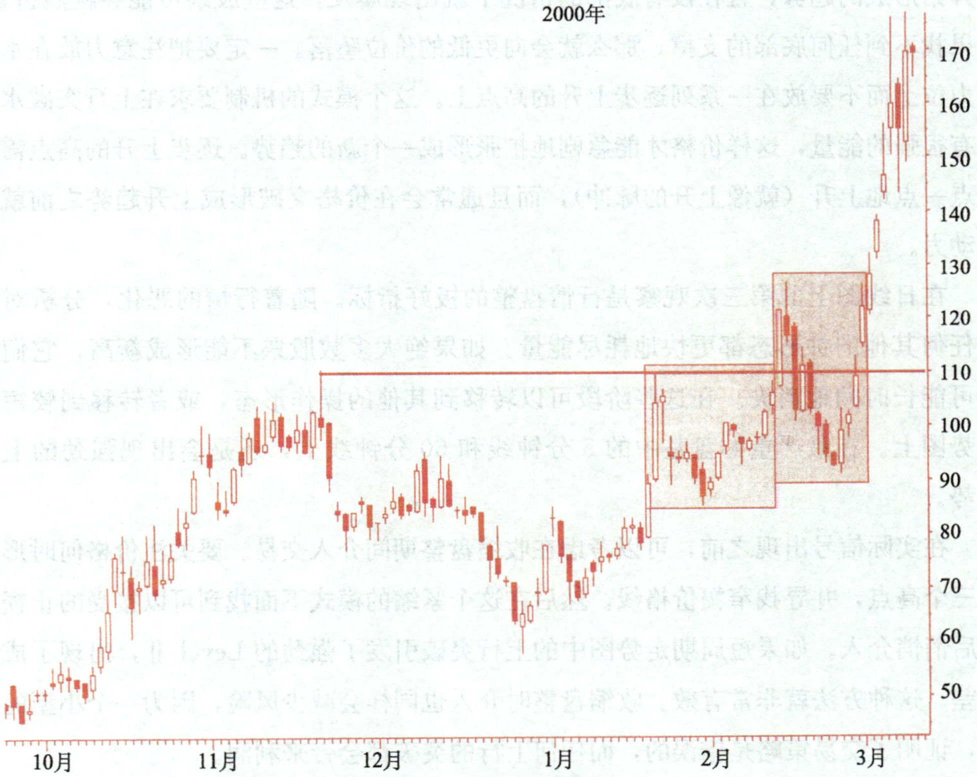

图 14—2 Clarent 公司股票日线图

注：Clarent 公司股票的双柄杯子模式正在为笔直上升的行情做铺垫。形成新高的上行突破必须对交易者有足够的吸引力才能把股价推升到更高的位置。如果股票支撑不够，发展中的趋势就可能会停顿，在新的收缩盘整阶段积蓄能量，直到积累出足够的能量产生新高。双柄杯子模式是完成这个重要任务的有效工具。

资料来源：RealTick® ©1986—2000。保留所有权利。Townsend 公司授权使用。

主要的日内行情通常在交易日的最后一小时达到最高峰。一个强劲的走势通常在交易日的早期达到第一个峰值，并用几个小时的时间来验证新的走势范围。如果走势保持强势的话，上升的惯性会在交易日后段把价格再次推到日内的高点。这种情况会鼓励那些等待另一轮上升或预计下一个交易日会持续走势的观望者采取行动。有时行情就在价格达到峰值时收盘，但不会形成向上的爆发。当第二天晨市交易继续的话，形成上行突破缺口的概率就会增加。

观察的策略

一定要等待从收缩盘整行情出现的上行突破，而不能依靠远远低于之前高点的位置开始形成的趋势，且在没有底部的情况下就出现爆发。这些股票可能会剧烈折返，如果找不到任何底部的支撑，那么就会向更低的价位坠落。一定要把注意力放在水平阻力位上而不要放在一系列逐步上升的高点上。这个模式的机制要求在上行突破水平具有很强的能量，这样价格才能急剧地扩张形成一个新的趋势。逐步上升的高点需要一点一点地上升（就像上升的脉冲），而且通常会在价格突破形成上升趋势之前就耗尽动力。

在日线图上的第三次观察是行情盘整的极好指标。随着行情的恶化，分析对象比任何其他的钟形态都更快地耗尽能量。如果绝大多数股票不能形成新高，它们甚至可能长时间地消失。在这些阶段可以转移到其他的操作形态，或者转移到较短的走势图上。在最严重的盘整中的 5 分钟线和 60 分钟线上，还是会出现强劲的上升趋势。

在实际信号出现之前，可以考虑在收缩盘整期间介入交易。要关注价格何时形成第三个高点，并寻找窄幅价格线。然后在这个紧缩的模式下面找到可以接受的止损目标后悄悄介入。如果短周期走势图中的上行突破引发了强劲的 Level Ⅱ，出现了成本价差，这种方法就非常有效。收缩盘整时介入也同样会减少风险，因为一个小型的下跌，证明了交易策略是错误的，而任何上行的突破都会带来利润。

把收盘价作为日走势的第三次观察信号，避免虚假的上行突破。要尽量靠近过去的高点进行操作，降低风险。在剧烈上行突破之后，这种情况只能出现在一个深度的折返中。如果强劲的价格运动无法折返到这个水平，在上行突破之后，在靠近一两根扩张价格线顶部的行情中注意寻找高水平的紧密收缩盘整现象。如果价格在第四根或者第五根价格线处朝顶部收缩盘整，再出现一根快速移动的价格线就可能很快爆发。当其他模式都失败之后，应该开始关注次一级的时间段，如果有小型折返就可以介入。然后用平缓的止损目标来积累动量，且不会导致额外的风险。

如果出现新高，不要追逐逃离的行情。在股票开始垂直上升后，出现剧烈反转的可能性就会大大增加。随着价格垂直上升达到新高，会越过自然的支撑水平，而且找不到可以起引导作用的趋势镜像。当反转最终出现，股票的走势无法阻挡，直到卖盘消失，或者抵达一个支撑位。要用平缓止损的方法控制这类风险，如果下跌变得太过剧烈，成本价差现象会急剧增加。

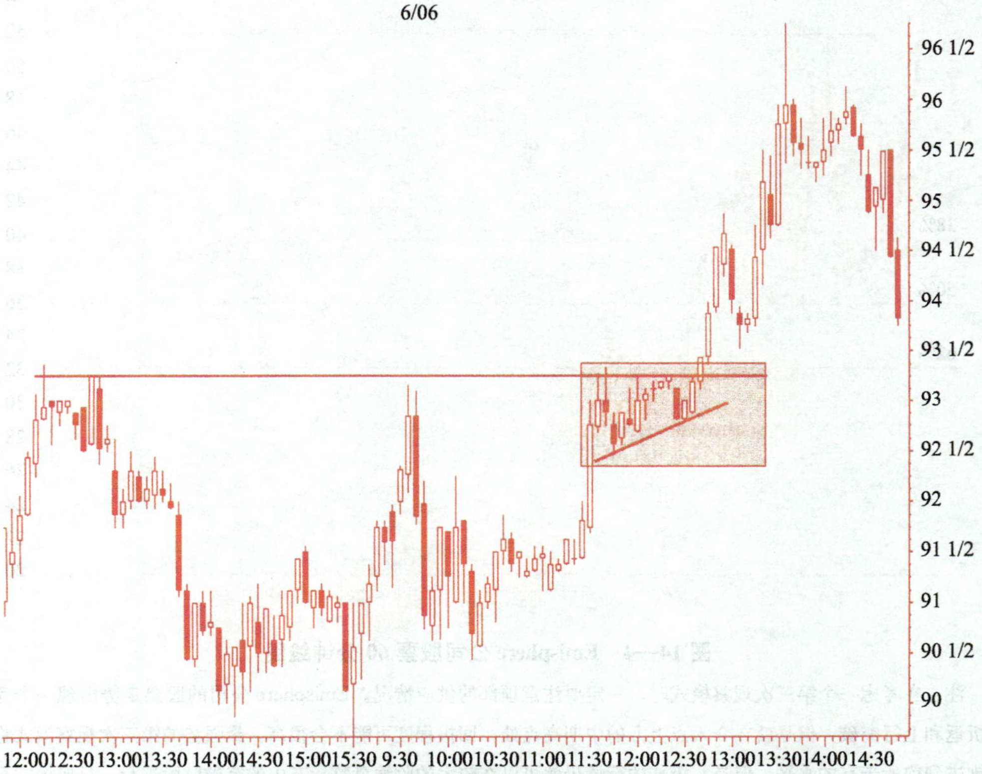

图 14—3 苹果公司股票 5 分钟线图

注：从第三个高点的收缩盘整向更高的价位爆发时，会出现一个低风险的操作机会。普通股民中的大多数人会等向上突破出现之后才介入操作。这会增加风险，限制回报。从窄幅行情介入，需要利用大众股民的交易热情快速获利，并在双杀破坏交易之前就离场。

资料来源：RealTick® ©1986—2000。保留所有权利。Townsend 公司授权使用。

第三次观察有利于形成多种图利离场策略。波段交易者在针对新高突破进行交易时，要考虑持股时间长于其他类型的模式。当模式趋近获利水平，就要在价格下方设一个移动止损目标位。这些趋势会急剧攀升，而且这个简单的策略能够图利很多。或者，可以考虑在介入后直接下限价订单，使它既反映利润目标又反映止损目标。持股时间较短的策略如果能够在介入后的第一个急剧价格扩张时操作，应会获得收益。这个策略很可靠，等到普通股民也快速涌入时，可以考虑再进行一次交易。

离场的策略应取决于介入点是位于一个趋势镜像内还是在一个绝对高点上。穿越

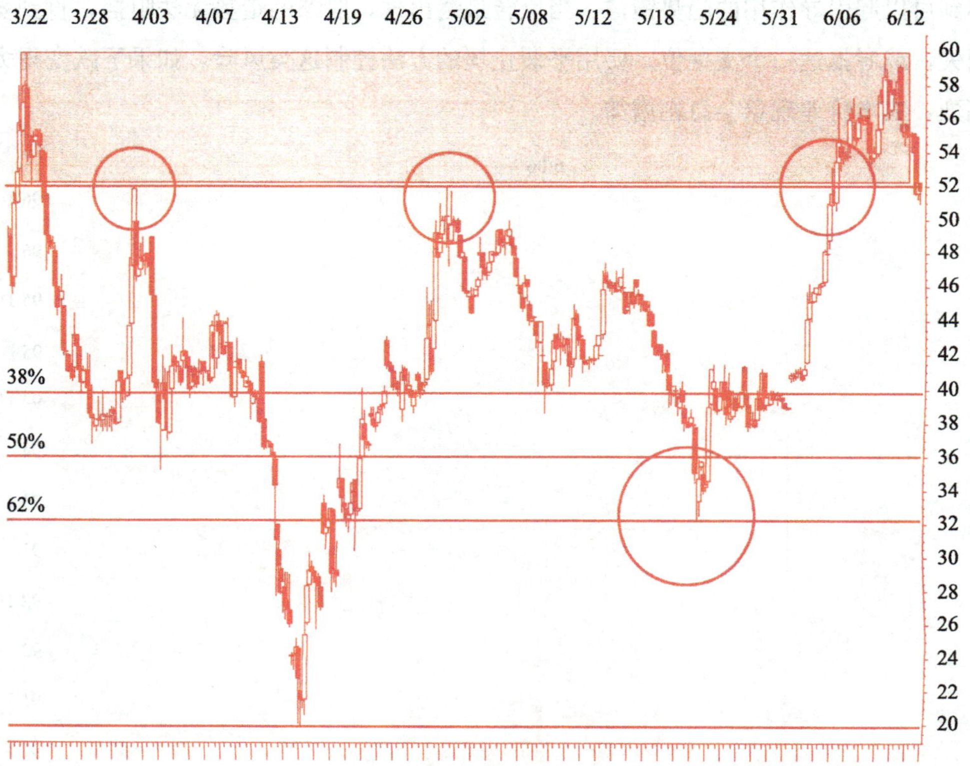

图 14—4　Emisphere 公司股票 60 分钟线图

注：在考虑一个第三次观察模式时，一定要注意顶部的供应情况。Emisphere 公司的股票走势出现一个完美的折返和上行突破，但是就在介入点上方的中期高点处，回报程度可能不会很高。最强势的第三次观察模式将价格推进到前所未有的水平。但是，极佳的行情仍然可以在较大的收缩盘整形态内的突破阶段进行。只要模式显示出足够的利润目标就可以介入，然后再根据要求退出。

资料来源：RealTick® ©1986—2000。保留所有权利。Townsend 公司授权使用。

中等高点的突破仍然会面临顶部的阻力，而这会限制利润。可以通过测量与下一个明显的阻力位的距离来设立获利目标。如果这个交易可图利，就应该在阻力位下方离场，除非是计划在预期的折返位控制风险。如果能在折返获得支撑后，从一个双顶失败的深度折返时买进，这将是非常好的图利机会。然后，在上升阶段一直持股到第三个高点，然后稍微减仓，再继续持股等到上升突破。

应用

第三次观察的突破在所有时间段内都可能发生。这个行情的功能非常强大，但只给日线形态提供了小部分的交易机会。要学会识别这个机会多种多样的变化形式。当收缩盘整形态在第二个高点下方积蓄力量，并在主要的阻力位起作用前产生一个小型突破，这个模式能够产生更多的威力。在高点之上的收缩盘整形态可能会令人备感挫败。这个形态可能会产生一个由上升高点形成的趋势线，限制动量的加速。

观察回音

一个好模式会带出一个好的机会。这个模式表明了在趋势发展过程中不规则碎片的重要性。价格走势图形成一个复杂的第三次观察突破，然后立刻创新高，并在此位置形成一个类似的模式。通过认真分析会发现，两个手柄都各自形成了完整的第三次观察模式。

描述

- 行情创下新高，并在第二个顶部开始下跌。
- 价格在一个较小的时间段内重新验证失败的顶部，然后折返。
- 价格上升，再次考验，并在两个时间段内保持同步。
- 行情在两个时间段内都突破了阻力位。
- 走势图在一个更高的价格位开始相同的过程。
- 从底部低点到高点阻力位的垂直距离是上行突破的一个价格目标。

不必因为观察回音而制订计划，这个复杂的模式出现的时候进行分析即可。它会不断重复，可以帮助我们预测折返水平和多个周期的突破点位。

交易策略（图 14—5）

- 环球工业公司股票在 11.5 美元位置（1）形成一个主要高点。
- 价格下跌形成小双底并折返 62%，然后在十字星反转位（9）下跌。
- 在低点的一个验证（4）形成大 W 底。
- 价格完成第一个上升（2），然后以双顶验证（3）开始下降。
- 下一个低点折返到 62%的折返位（6），形成双底，又开始上升。
- 收缩盘整（7）在第二个高点下开始积蓄力量。此时完成了第三次观察的变化形式（5），就在 10.5 美元下出现了一个上行突破点。
- 价格从小型的第三次观察模式突破上行（8），形成 3 根价格线的较大模式。

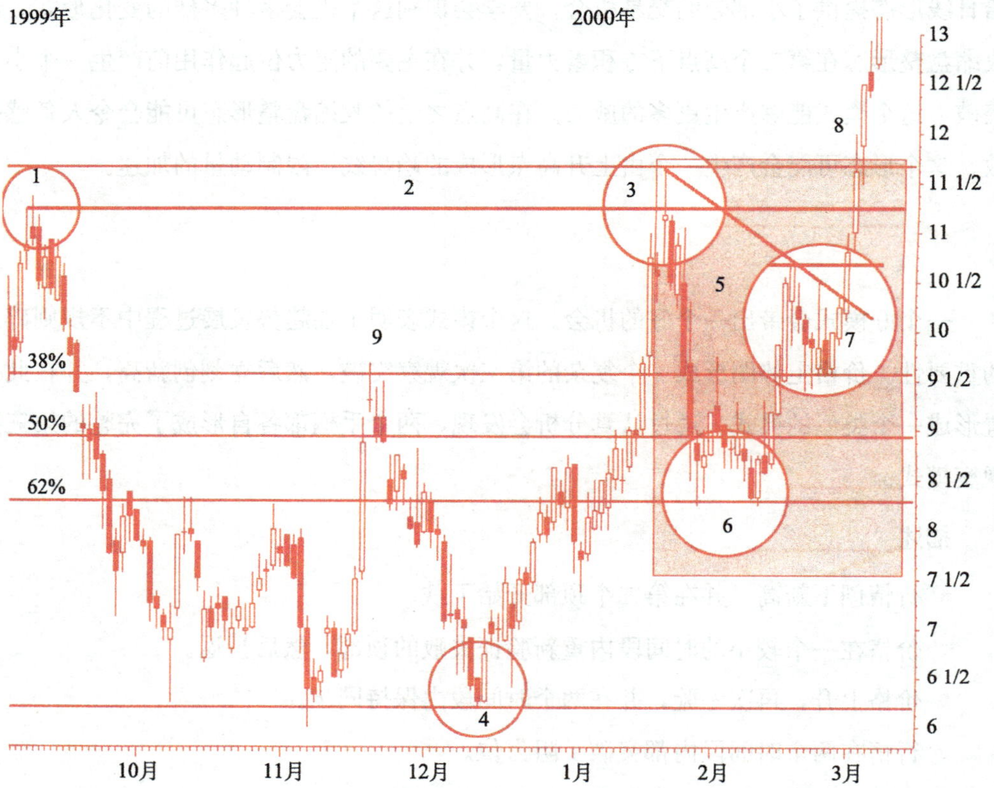

图 14—5　环球工业公司股票日线图

资料来源：RealTick® © 1986—2000。保留所有权利。Townsend 公司授权使用。

操作与价位管理（见图 14—6）

● 如果较小模式在靠近 10.5 美元附近突破，可进行买空。在 11.25 美元位置的水平高度出现验证时继续持仓，因为很可能这个位置在第三次尝试时，会成功上行突破这个水平。这可能会有 30%的利润，然后在 14 美元处（7）开始振荡盘整。

● 一个新的第三次观察模式（4）从位置（1）开始形成。低点（2）在上升阶段折返 62%处形成。

● 低点（2）同时也是向之前的第三次观察模式进行第一次折返的位置，并且是极佳的介入点。应该在 11 美元之下设置一个严格的止损位。

● 新高在 15 美元之上的验证失败（3）。

● 下一个折返以长锤头线结束。价格上升到 15.5 美元位置，折返一根价格线，然后推进到更高的价格位（5）。针对上行突破进行交易，把止损点设在 15 美元下。

- 一个快速进行的振荡对价位进行验证（8）。
- 向第三次观察模式的顶部（6）靠拢的第一个折返，是另外一个低风险的介入点。

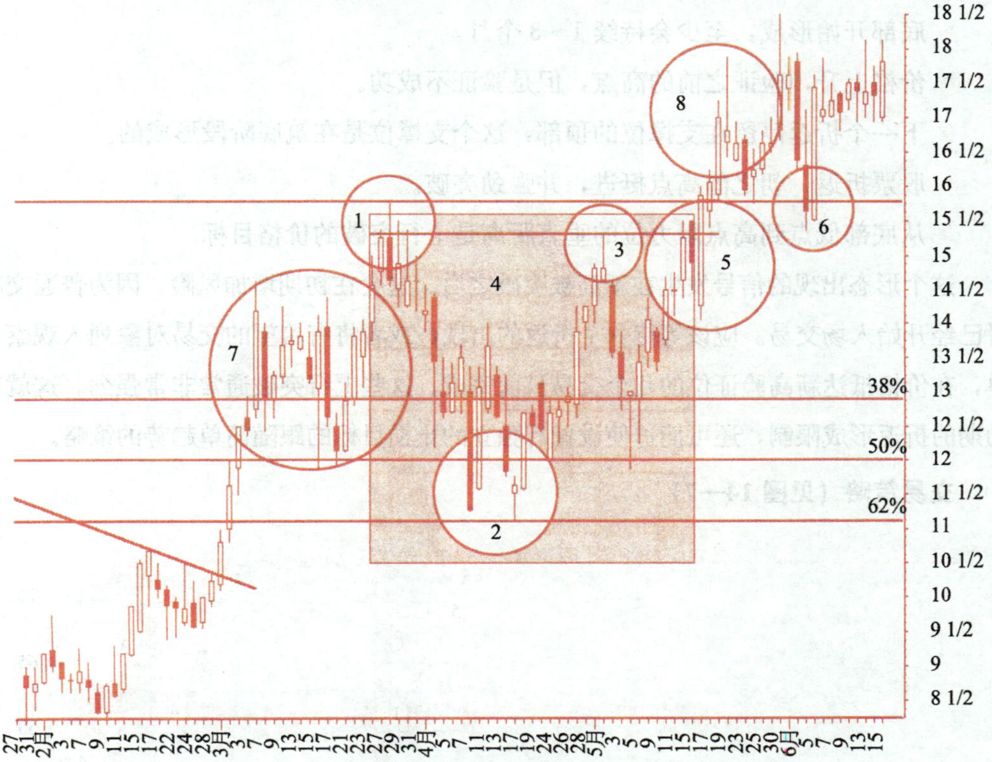

图 14—6　环球工业公司股票日线图

资料来源：RealTick® ©1986—2000。保留所有权利。Townsend 公司授权使用。

回报/风险率

这个流通程度小的股票风险低，却能够提供可观的利润。风险程度在大多数情况下保持在一个点位以下，而回报却保持在 2～3 个点位。如果价格运动幅度小，就不允许非常短期的交易，只有利于长线交易。要注意折返如何对第三次观察的高点支撑位进行回应的。这些自然的阻力位形成低风险的探底过程。

经典的第三次观察

这个模式代表着经典的单柄杯子的突破模式，在日线走势图的分析中可以体现。这是长线交易的机会，除非短线运动能够快速获得利润。在突破开始后，情况变得有趣，此时动量策略能产生最佳的回报。若内在的行情保持坚挺，可以在折返时买入。

描述

- 股票出现长期高点并强劲反转。
- 底部开始形成，至少会持续1～3个月。
- 价格上升，验证之前的高点，但是验证不成功。
- 下一个折返停留在支撑位的顶部，这个支撑位是在筑底阶段形成的。
- 股票折返，朝之前高点挺进，并强劲突破。
- 从底部低点到高点阻力位的垂直距离是上行突破的价格目标。

这个形态出现的信号发生在新高被突破之后。这会在初期增加风险，因为普通交易者已经开始入场交易。应该等待一个折返的出现，或者将有希望的交易对象列入观察名单，在价格抵达新高验证位的几个交易日前完成。这些上行突破通常非常强劲。这就对初期的折返形成限制，还可能迫使设置有独立的止损目标的跟随简单趋势的策略。

交易策略（见图14—7）

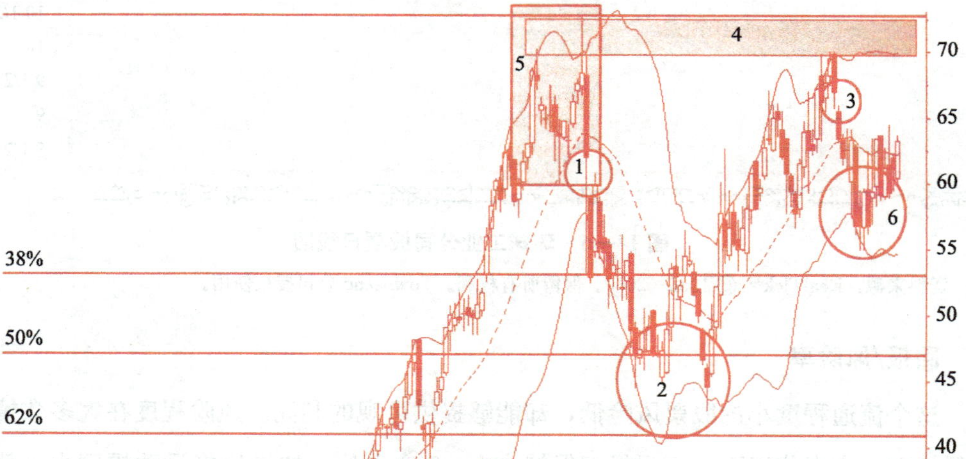

图14—7 Idec制药公司股票日线图

资料来源：RealTick® © 1986—2000。保留所有权利。Townsend公司授权使用。

- Idec 制药公司股票的长期上升行情以双顶模式（5）结束，通过一个墙上孔洞的缺口（1）破位下行。
- 强劲的阻力位（4）在模式顶部的长影线内形成。
- 价格折返到上升行情的 50%的折返位，并通过一个 2B 底（2）验证获得支撑。
- 股价又上升，返回第一个高点，并通过一个新的墙上孔洞（3）缺口下降。
- 折返在底部低点（6）之上找到支撑，并第三次开始上升。

操作与价位管理（见图 14—8）

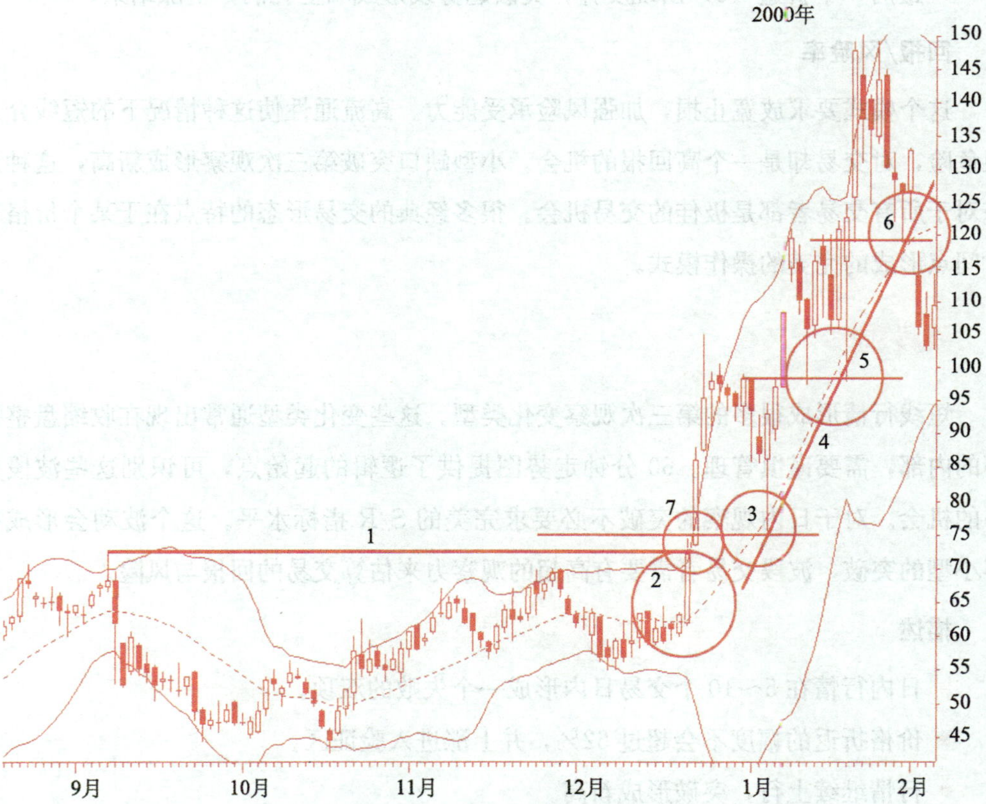

图 14—8 Idec 制药公司股票日线图

资料来源：RealTick® © 1986—2000。保留所有权利。Townsend 公司授权使用。

- 一根长的扩张价格线（2）推进到 9 月份的高点（1），并预告第三次观察模式的上涨突破。
- 第二天早晨开盘时，出现小型的缺口（7）。如果波段交易者能够认真分析交易日中第一小时的走势，并确认缺口有效，那么这就是极好的日内介入机会。

- 在 9 月份的影线中设置一个止损位进行长线交易。在缺口后设置一个止损位，进行日内交易或短期波段交易。
- 接下来的两根价格线从布林带顶部突破，此时必须快速离场。
- 若要向第三次观察高点推进第一个折返（3），需要介入时有高超的技巧，因为它不会抵达支撑位。较短周期的走势图可能会表现出一个低风险的日内交易机会。
- 向 100 美元（5）靠拢的两个折返都是极佳的介入机会，但操作需要快速。
- 趋势线（4）从折返开始形成。
- 最后一个折返（6）出现反弹，突破趋势线形成墙上孔洞，上涨结束。

回报/风险率

这个模式要求放宽止损，加强风险承受能力。高流通性使这种情况下的短线介入很危险，对交易却是一个高回报的机会。小型缺口突破第三次观察形成新高，这种形态对于所有交易者都是极佳的交易机会。很多经典的交易形态的特点在于某个价格和时间点形成的完美的操作模式。

波段观察

短线行情形成很多的第三次观察变化类型。这些变化类型通常出现在收缩盘整行情的内部，需要谨慎管理。60 分钟走势图提供了逻辑的起始点，可识别这些波段交易的机会。对于日内观察的突破不必要求完美的 S/R 指标水平。这个波动会形成很多小型的突破，波段交易者需要有高超的观察力来估算交易的回报与风险。

描述

- 日内行情在 5～10 个交易日内形成一个失败的双顶。
- 价格折返的幅度不会超过 62%，并上涨进入验证区。
- 行情继续上行，突破形成新高。
- 从底部低点到高点阻力位的垂直距离是上行突破的价格目标。

折返行情可以通过几个价格点就突破深层的斐波纳契水平，但是当折返向 100% 折返位下降时，应观望。这就说明，可能出现趋势的变化或者一个不同的收缩盘整形态。当走势图干扰严重，不好分析，就要试图寻找逻辑的上升突破点。需要记住的是，交易当天的时间点会影响短期的交易效果。小型的第三次观察上涨突破，在时间上的对应要优于与价格上的对应。

交易策略（见图 14—9）

- 得克萨斯仪器公司股票在 75 美元处形成一个十字星（4），它标志着波段的结束。
- 相关的价格线在 74.25 美元处形成一个阻力线（1）。
- 第一个高点以岛形反转（9）下跌突破。
- 价格重复形成缺口（3），穿越 50 日平均线。
- 双顶验证（5）形成一个下跌趋势线（2）。
- 价格折返到 62%折返位，并形成一个小型双底形态（7）。
- 下一轮上升又推进到趋势线（2）并进行一天的收缩盘整（6）。
- 一个晨市缺口（8）突破趋势线（2）和阻力线（1）。

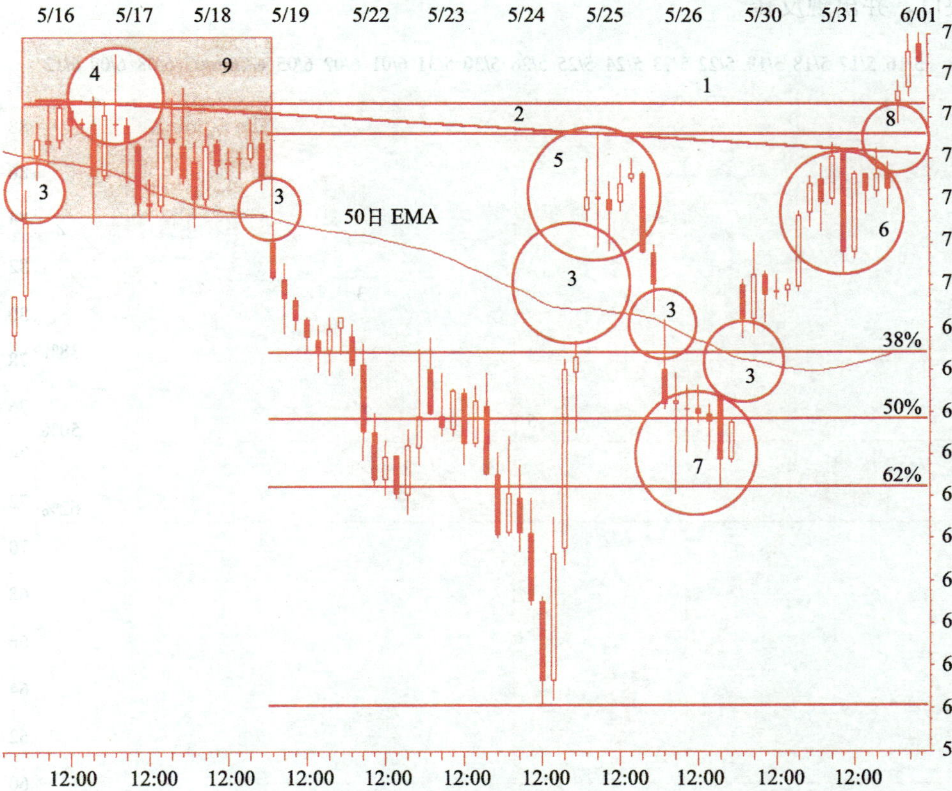

图 14—9 得克萨斯仪器公司股票 60 分钟线图

资料来源：RealTick® © 1986—2000。保留所有权利。Townsend 公司授权使用。

操作与价位管理（见图 14—10）

● 在第一小时的验证过后，根据缺口（1）进行交易。上涨突破价格线的幅度较小，因此风险也较低。

● 价格在整个交易日中上升，双杀形态少，且有 NR7 模式，并在最后一小时（2）内突破，创下新高。股票收盘时停留在交易日高点附近，交易者会希望持股过夜。

● 第二天晨市形成一个强劲的缺口（3）和宽幅价格线。对于这样的 5 点位缺口，需要快速离场。这根扩张价格线也说明可能获利。

● 第三次观察上涨突破的位置，位于整个上升行情的中点（5）。

● 在随后的 6 个交易日中，价格是一个紧缩的对称三角形（4），最终向下突破回补缺口，并出现反转。

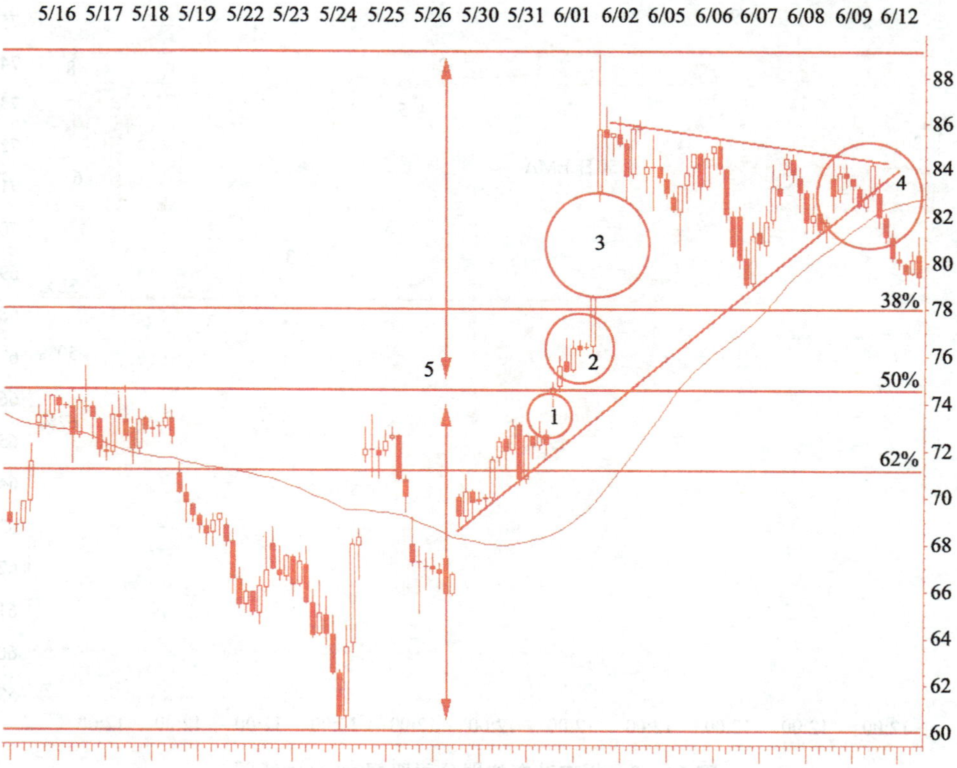

图 14—10 得克萨斯仪器公司股票 60 分钟线图

资料来源：RealTick® © 1986—2000。保留所有权利。Townsend 公司授权使用。

回报/风险率

一个为期两天的波动操作能够很轻松地产生10个点位的利润，而且风险不大。第三次观察高点出现上行突破，且双杀状况很少。此时的价格运动有利于持股过夜。如果不持股过夜，快速离场，仍然有1～3个点位的利润。最大的危险会是在宽幅缺口位置的买进，但是波段交易者永远不会进行这样的危险操作。

第三部分

开始交易

第15章

精确交易

时机与方法

操作错误能把完美的交易给毁了。要寻找极佳的交易条件，否则就耐心等待有利行情的出现。要行动就要用正确的方法，并管理好仓位获利了结。

操作目标

操作目标（ET）就是决定在什么价位何时买进卖出。可图利的行情要的是狭窄的价格水平，通过详细分析S/R、识别模式和评估回报/风险率来实现。波段交易者在确定这个重要的价位时，还要分析各种可能影响操作的外部因素。要牢记，随着之前走势新数据的不断补充，操作目标会出现重大变化。一个价位的改变就可能影响回报/风险率的计算，甚至排除某个操作。

操作区域（EZ）位于短期价格运动与预选的操作目标之间，是计划介入的关注区域范围。如果价格进入价格区域，波段交易者开始关注操作目标。制定这个目标时要多留些空间，当价格达到目标时，就可以有较多时间来分析是否应该操作。要识别有用的操作区域。其中简单的方法就是，只看近期的流通量，在距离操作目标的相对固定且足够的距离处，设一个点。另外一个方法就是寻找上一个中等的S/R指标，股价必须在抵达操作目标之前越过这个点，就把它设置在那里。

要仔细观察价格在操作区域中移动时，短期走势图和价格运动的情况。应该要看到实质性的证据才能确定交易的分析和预期的操作。时间、大众股民和趋势都必须支持所预测的反转、突破或止损行情如期出现。通常在时间和价位上的爆发性事件都会出现所有需要的确认信息。但要牢记，有些极佳的信号要求参与的大众股民不能太多。例如，介入一个收缩盘整的空档区，界面只有很窄的操作区域和低风险的操作目标。

图 15—1 Nextel 公司股票价格走势图

注：Nextel 公司股票在出现晨市缺口后开始折返。这个巨大的孔洞在开盘第一小时内没有被破坏，增加了一个成功验证的可能性。一条趋势线在 60 美元整数位和 38%的折返位形成。把操作目标设在 59.75 美元附近合乎正常逻辑，因为这个模式有利于在 60 美元以下进行低风险的介入。61 美元下方有完美的操作区小反弹行情。波段交易者就可以设一个限价交易，保证价格在操作区域中如出现不利情况时，交易单可以立刻取消。

资料来源：RealTick® © 1986—2000 年。保留所有权利。Townsend 公司授权使用。

当价格进入价格区域，波段交易者必须决定是操作还是观望。这个重要的决定需要技巧和经验。股市永远不会提供足够的信息，让人们能做出绝对有自信的决定。所有的机会都会有风险，概率也有限。即便完美的交易行情，在某些情况下也会产生不利仓位。所以，在不理想的环境中要学会思考，操作要理性，并认识到操作的决策绝非易事。

操作区域所需要的反馈，随着每一个情况的改变也会发生变化。只要认真关注，很快就会带来交易的成功，而且是低风险高回报的成功，因为某个具体的模式依赖最佳的操作价格。除了累积利润，管理完好的操作区域策略能够让波段交易者避免亏损，因为在拿资金冒险之前，他们能够看到时间和行情所显示的秘密。

长期持仓就不需要过多的时间管理。一旦价格抵达预定目标，立刻进行操作，不必理会实时屏幕上的微小变化。要精心选定明确的止损点进行操作，不要依靠不确定的操作区域。随着持股期的缩短，时间和时机的把握就越发重要，对行情密切关注就是交易决策的关键因素。对于大部分波段交易者来说，主要用日内走势图而不是日线走势图。利用日内走势图来分析短线交易的设定、执行操作。如果实时走势图和价格不支持交易设定，就不要操作，等待下一个机会。

在交易计划中一定要对时机进行筛选。这个额外的分析会强迫波段交易者对许多看似极佳的交易机会不采取行动。例如，如果选用的交易策略与时间段不符，在第一小时内所接触的操作目标就不应引发操作。机会必须和操作相符。一个低风险的操作目标可能不会在预定的持股期内显示出极佳的机会，或者流通性不足，使得预期价格无法彻底回补。

交易日

交易者在每个交易日都要决定如何进行交易操作和管理仓位。专业人士会观察每个价位的变化并应对每个短期行情的变化。业余投资者只读了早报就认为获得了足够的信息可以关注自己的股票。大多数波段交易者处于这两种极端之间。他们一般都有全职工作，但可以通过网络随时了解实时行情。

由于可以随时了解实时行情，这大大有利于持股过夜的操作。要有过硬的操作技术才能进行 1～3 天和 3～7 天的操作，使利润最大化。波段交易者所需要的短期交易策略的重要细节，日线图无法提供。60 分钟走势图较符合这两种多日持股的情况。这个较长的日内走势图反应较慢，所以交易者有时间去做自己其他的工作。它也能让交易者了解一定时间段内的实时行情，并做出正确的决定。

这个重要的时间区域能适用于多种不同的交易策略，可以充分利用机会、控制风险。但是，一个标准的直接交易的界面可能无法提供较长持股期所需要的限价订单的要素。虽然可以通过传统的佣金经纪商来操作，但可以优先考虑身兼经纪商和交易商的操作人员，因为他们能在庄家、专家和众多 ECN 之间进行交易。这些复杂的交易订单系统为那些偶尔涉足股市的兼职股民提供了方便。

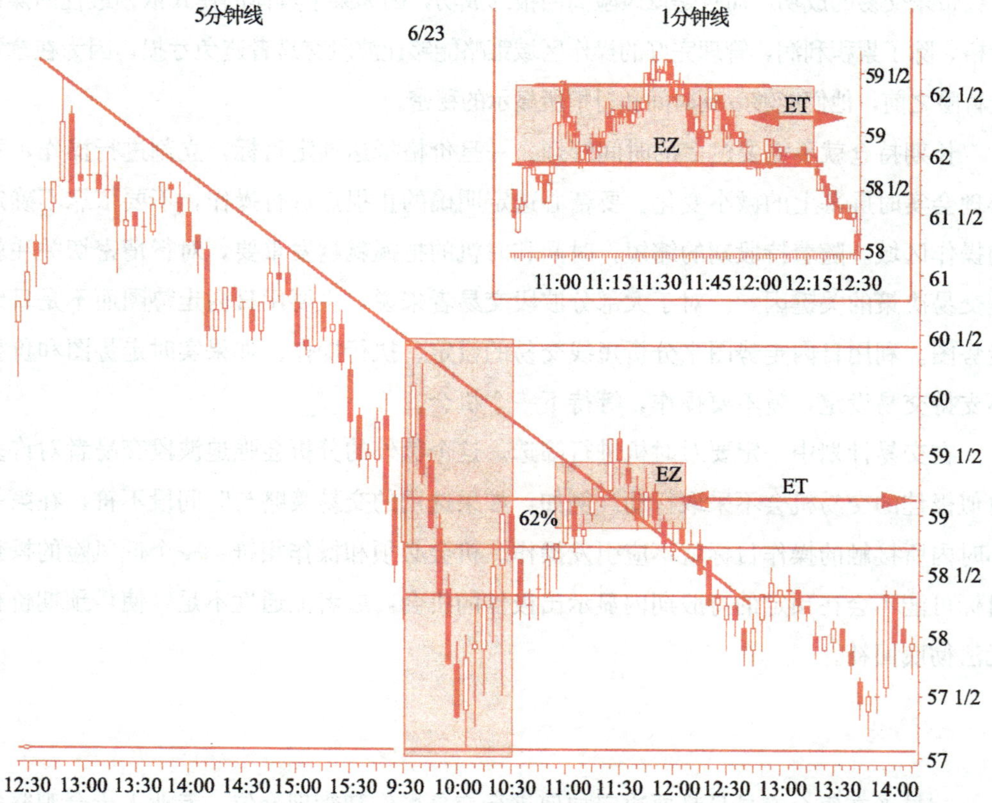

图 15—2 Broadvision 公司股票价格走势图

注：Broadvision 公司的股票要逃离下跌的趋势。开盘第一小时内的斐波纳契网格显示，上午 11 点之后不久，在趋势线和 62%的折返位的收缩盘整会上升。股价跃上趋势线，开始第一次折返。在上涨突破线下方设一个操作区域，条件有利时可以从支撑位买进。但是，1 分钟线很快出现了一个小型头肩顶形态，而 5 分钟线图上，价格降到 62%的折返位之下。这两个强劲预警信号足以让交易者保持观望，或从新交易中快速离场。

资料来源：RealTick® © 1986—2000。保留所有权利。Townsend 公司授权使用。

每一个交易日都会出现意想不到的机会。趋势行情可能会产生新的模式，财务报告可以将价格推进到新区域。不管哪种情况，波段交易者必须快速识别哪些是可以图利的操作目标，哪些会有风险。在新交易日之前认真分析流通量大的股票，胜算较大。当主要的波段价位已经深深植入短期记忆，日内的价格运动就会使对策略的信心倍增。

总体情绪、突发事件和股票的流通性，都是波段交易是否成功的影响因素。操作一定要与当前行情条件相符。当操作目标达到了，要看主要的指数和纽交所行情价位是否相符。逆势而行的热门股票可以带来巨大的利润。如果进行短周期支持操作，%WIN和 AvgWIN 都会得以改善。这种自然的一致性为一贯的风险管理提供有力的筛查，使交易者能长期生存。

利用交易当天时间点的知识，追踪驱动短期行情的 90 分钟的周期。注意看哪里有躁动的普通日内交易者所隐藏着的买卖波动。这种经典的波动情况周期较长，通常为 3 天，其中交替出现买进、卖出和卖空。波段交易者可以通过实践，在所有这些险恶市场行为中找到自己的位置，并利用那些盲目交易的人犯下的失误。

若有重大影响的事件在股市中出现，要注意观察第一和最后一小时的行情是如何扰乱重要周期的。突发事件会转变人们的情绪性行为，他们会重新考虑时机、重新设定计划，因而改变了买卖的流量。这种突然失衡为波段交易者提供了机会，他们可以快速调整策略，对新情况加以利用。

要密切关注日内标志，以其作为价格异常行为的证据。第三根价格线的反转通常验证开盘趋势，并进行止损。一方可能在第一小时结束时让步，造成急剧的趋势性运动。随着时间向午餐时间推进，双杀和虚假移动可能是此阶段行情的特征。午餐过后，要注意新成交量的爆发和交易兴趣的猛增。要密切关注下午2：30可能出现抛售，因为此时债券市场只剩最后半小时的交易时间。在下午 3：30，交易日就要结束之际，要观察行情的最后衰退。一定要记住，如果标志性事件没有如期出现，那么行情就会很快逆转。

要和普通股民保持距离，不要被他们的非理性行为所影响。买卖的情绪化爆发通常显示了相反方向的操作信号。这种相反的规律揭示了现代股市令人万般无奈的特征：利润很少跟随普通股民那一方。价格可能会在所有时间段和机会中，与股民大众普遍预测的方向逆向而行。如有可能，采取逆大众的行为，不要跟随情绪化的行为。不同投资观点可能会导致成功的投资。而且，最图利的交易会在最让人痛苦的条件下出现。

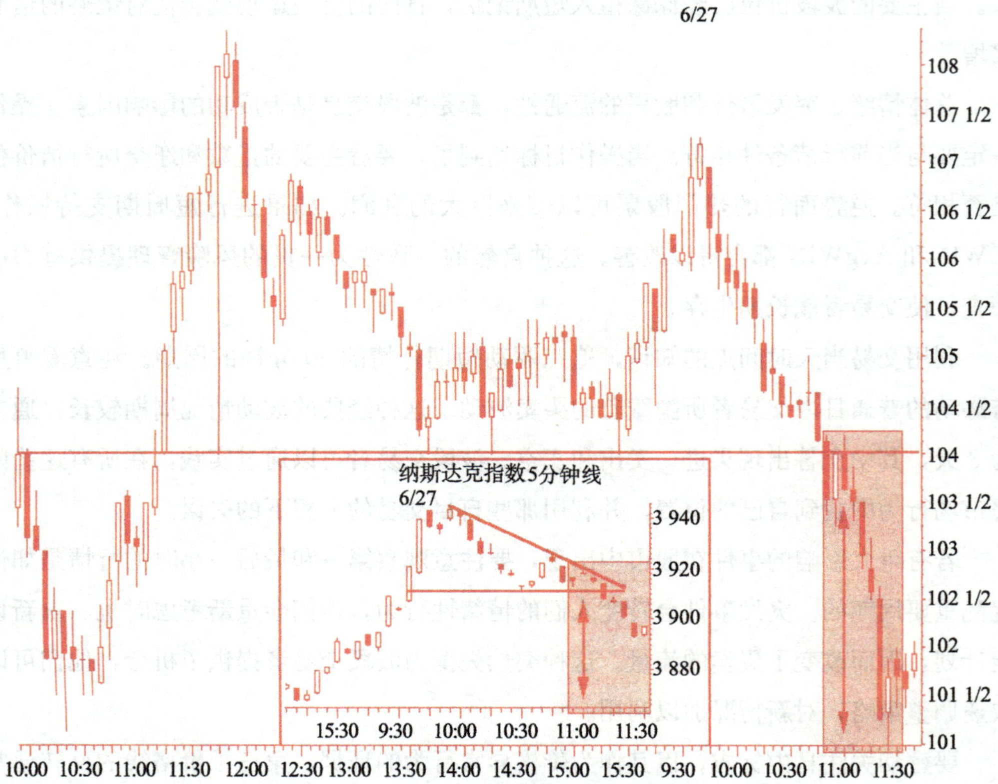

图 15—3　Altera 公司股票 5 分钟线图

注：根据较大市场来确定操作时间，这样可以改善操作效果。Altera 公司的股票整整一天都在构筑一个重要的平台顶模式。然后，价格靠近位于 104 美元的下跌突破位，纳斯达克此时正好进入小型下降三角形的最后阶段。当股票折返交易后，支撑位被破坏，开始了中午时间段的下跌。

资料来源：RealTick® © 1986—2000。保留所有权利。Townsend 公司授权使用。

锻炼交易能力

成功的交易需要逻辑判断和简单行事。通过 7-Bells 形态和股票关注清单，可以找出价格发生急剧扩张前的经典机会。对众多时间段走势进行扫描，就能够评估很多机会。交易当日的时间点，可将行情带入有利或不利的周期，而走势图则重点关注最低风险的介入。上升的价格击穿操作区域，波段交易者就在价格接触操作目标时出手。

要获得持续的业绩，需有创造性的思考与观察。思想要开放，凭直觉来找出新的交易机会。然后，利用操作工具来筛选，以确认较明显的倾向。如果交易策略死守定义或狭隘的系统，波段交易者就会错失很多机会。每个行情都会和上一个不同。永远

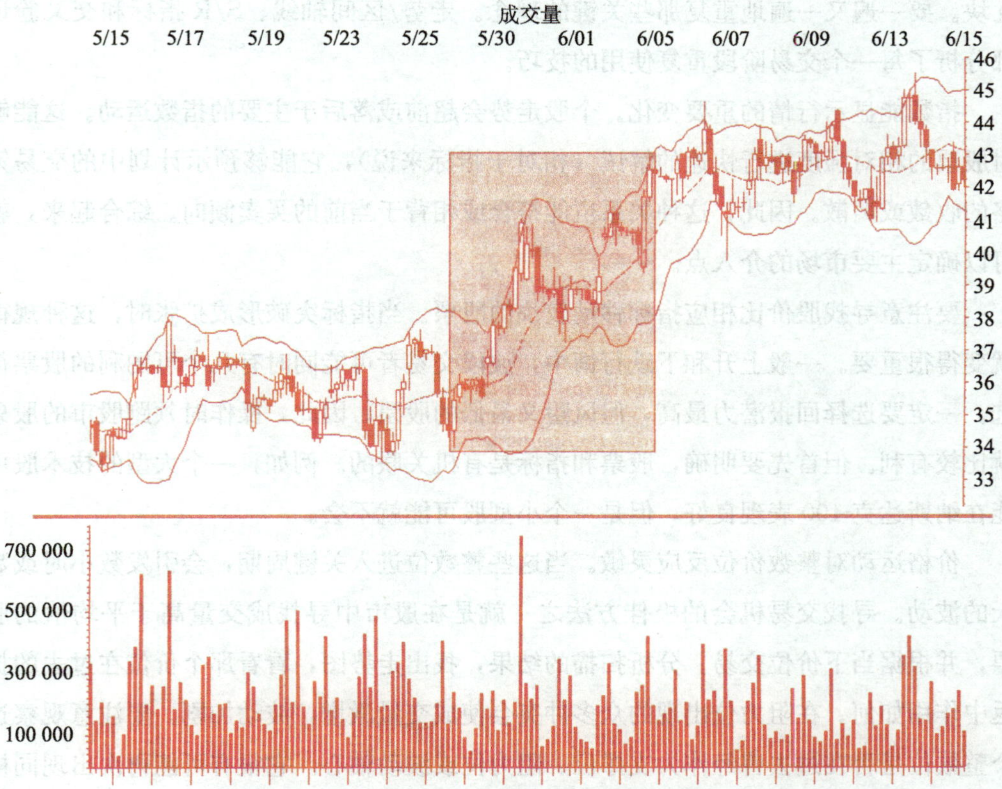

图 15—4　Chiron 公司股票 60 分钟线图

注：Chiron 公司股票在 60 分钟线图上通过短期逆转的形式反复波动。注意价格线到达最低点或最高点，但又立刻折返的情况。只有 34 分到 43 分之间的变化有利于动量交易者，然而，混乱的击穿行为和痛苦的双杀，是走势平衡作用的表现。

资料来源：RealTick® © 1986—2000 年。保留所有权利。Townsend 公司授权使用。

不要用同一种方法来操作。

当行情出现聚集，不要随性操作，只需在操作目标位置介入即可。4 种交叉验证条件就是这样一种图利的机会。当一个操作目标被 4 个以上方式交叉验证时，就可以仅仅依据价格进行交易。当行情不断地指向一个单独的价位时，就会出现很高的信号/噪音比。这就大大提高了交易成功的概率。然而，这个策略也可能引发严重的不适。通常，要求在一个下跌缺口买进，或者违反个人的操作原则。所以，一定要在每一个验证因素上力求准确，在几个价位内确定介入点。如果交易进展不利，就要进行风险管控。

要学会多种操作方法，直到它们的形式深深印入你的脑海。当有技巧的聪明人开始创造性地消化复杂的信息时，介入就变得无比轻松。幸好，交易的拼图仅需要区区几块。要一遍又一遍地重复那些关键的理念。走势/区间轴线、S/R 指标和交叉验证都分析了每一个交易阶段重复使用的技巧。

指数能显示行情的重要变化。个股走势会超前或落后于主要的指数运动。这能够对股票的相对强度进行快速的解读（相对于指标来说），它能够预示计划中的交易策略的收敛或离散。因此，这种关系也能符合或相背于当前的买卖倾向。综合起来，就可以确定主要市场的介入点。

要注意寻找股价比相应指标移动较快的股票。当指标突破形成扩张时，这种规律就变得很重要。一般上升和下跌行情中，波段交易者可能同时有几个可图利的股票待选。一定要选择回报潜力最高，但风险又最低的股票。因此，操作时领跑股市的股票就比较有利。但首先要明确，股票和指标是有机关联的。例如，一个大型的技术股可能在纳斯达克 100 表现良好，但是一个小型股可能就不会。

价格运动对整数价位反应灵敏。当这些整数位进入关键周期，会引发数小时或数天的波动。寻找交易机会的极佳方法之一就是在股市中寻找成交量高于平均值的股票，并根据当下价位交易。分析扫描的结果，找出走势图，看看那个价位在过去的折返中作用如何。在阻力位出现的众多冲突会使成交量激增，波动加剧。要注意观察这个整数位是否在过去曾经作为支撑位、阻力位或波动轴心。它很有可能再次出现同样的特征。

日内分时走势同样与整数价位相符。除了 10 的倍数以外，个位数也可以反映较小价值和较低幅波动的股票波动水平。在这些整数价位上设置止损点，当价格触及时，会产生巨大波动。要注意寻找小型折返后的小型击穿的情况。微型的收缩盘整模式会出现在 1 分钟走势图上，它们利用数字的一侧形成 S/R 指标。要记住，单个数字仅仅是小型阻力位，当较大因素起作用时，它们很容易被突破。

第一小时的区域突破技术是从期货市场借来的有效策略。在 9：30 到 10：30 形成的高点和低点，反映了交易日的主要 S/R 指标。波段交易者根据上行突破的水平，在其上下介入操作，或者在中午通过低买高卖产生突破。经典的折返通常发生在第一小时突破之后，并会出现低风险介入机会，其技巧的使用像其他类型的 S/R 一样。早期的波动范围极值可能在第一小时之后很久才形成，所以不要太密切关注时间。这些高点、低点和 2、3 日极值都与相同的交易策略相符。

对日内斐波纳契级数的分析要简洁。即使一个价位的变化也会破坏经典的折返位。用斐波纳契网格来分析较长日内趋势，不要用它来分析极短期的波动。无须太关注小型折返，只需关注 38%、50%和 62%的折返位。在日线图上要留意较大的折返水平，除非它们是较大交易策略的一部分，否则就观望即可。斐波纳契级数能以很多方式发生作用，但也无须把它们全都找出来。最佳的操作形态会出现在波段交易者面前，交易者无须特地去找。

图 15—5　CMGI 公司股票 60 分钟线图

注：CMGI 公司股票在走势图上形成晨市下跌缺口，它是一个高概率 4 种交叉验证条件的卖空模式。请注意聚集的要素：(1) 价格突破 62%的折返位。(2) 价格突破下降趋势线。(3) 价格跳空穿越主要支撑位。(4) 缺口回补了反方向的缺口，完成一个岛形反转。同时也要注意，第一根价格线突破整数位 50 美元的情况。这种情况要求尽可能靠近开盘价立即介入操作。

资料来源：RealTick® © 1986—2000。保留所有权利。Townsend 公司授权使用。

斐波纳契网格交叠了几天的行情，找到了隐藏的波动水平。价格要折返多远才会突破第一小时的波动范围，要看交易日最后一小时的极值和下个交易日第一小时的极值形成的范围。或者在第一小时的波动范围上设一个网格，以协助不同的突破策略。这些趋势测量的极佳工具可以确定急剧开盘缺口之后的走势行情。回补区域通常就出现在 62%的折返位，如果价格回补孔洞，就证明趋势会反转。

在针对缺口进行交易之前，要识别每一个缺口的类型。要知道大多数缺口是多个时间段的事件。同一根价格线可能在一个周期中是持续性运动，在另一个时间段中却是衰竭反转。如果缺口在不同趋势中出现矛盾，它就会引发重要的双杀形态，应该避免交易。在一个缺口之后立刻出现的价格运动表明价格将如何处理第一个验证。如果价格立刻从新的上升缺口逃离，说明有需求，且会在第一个折返位发生强劲反弹。价格不会回补缺口，除非反弹失败并下跌。如果价格在新缺口之后立刻反转，可能很快回补，并在相反方向继续出现扩张行为。

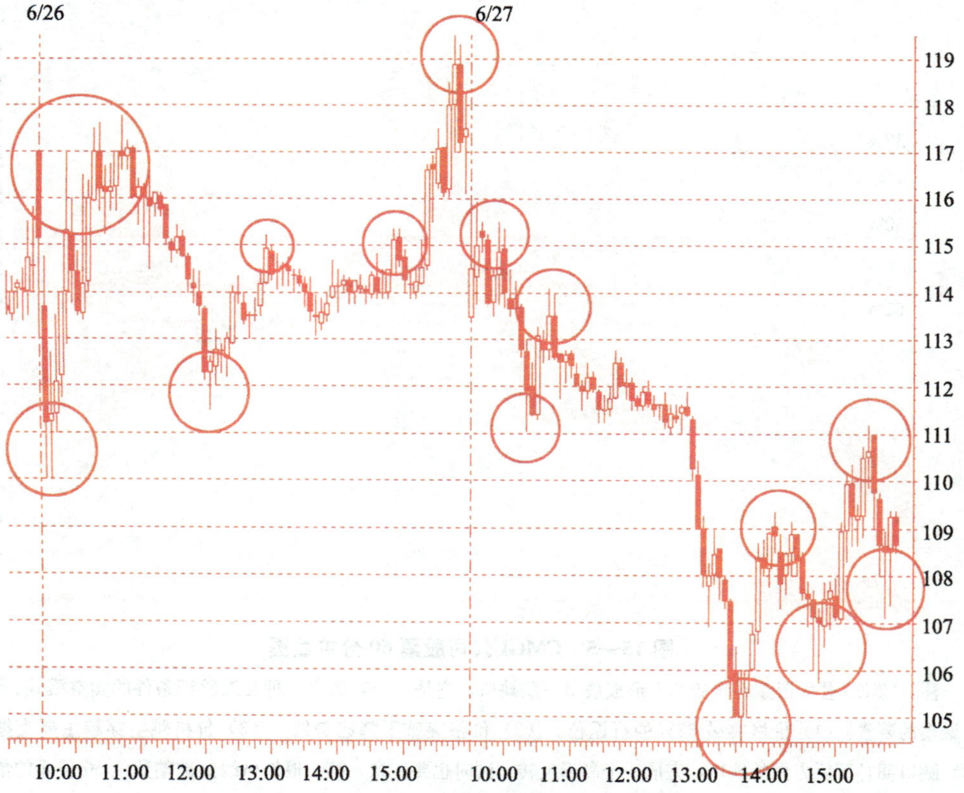

图 15—6　Rambus 公司股票 5 分钟线图

注：Rambus 公司股票在两日走势中剧烈动荡，一直在整数位周围波动。请注意观察数字型 K 线的影线是如何穿越了整数位，然后又在 5 分钟线收盘前回弹的。这个价格行为朝相反方向发出剧烈的运动信号之后，很快清理了主观与客观的止损位。要把交易重点放在整数位的 S/R 上，以提高时机的把握。

资料来源：RealTick® © 1986—2000。保留所有权利。Townsend 公司授权使用。

在考虑日内交易之前，要先学习从长线交易赚到钱。持股期增长，能降低风险，并让交易新手在不很艰难的环境中实习。波动幅度小的股票移动速度较慢，要通过它们来积累知识。地区电话承运商、公共设施公司和零售商的股票趋势明显，与经典的技术分析相符。但是，它们的反应太缓慢，可能导致很多交易错误，虽然代价很小。减小仓位、放松心情，并在每一个分析中按原则操作，不要草率。在信心增强之后，可以尝试大胆的仓位操作，使交易管理成为本能。

日内交易要求在一个充满噪音干扰的环境中熟练地使用复杂的工具。若想从日内交易中获利，思维要敏捷，操作要快速，还要有领先的股市知识。很多交易新手在实践中面临众多困难，失败惨重。股价实时屏幕上眼花缭乱的颜色和数字就像电子游戏。但事实完全不是这样。在这些数字背后，一个欺骗游戏的高手不断从新手那里赚钱。而交易新手从来也没有认识到，如果想生存，就应该和内部人士保持一致而不能和他们对抗。

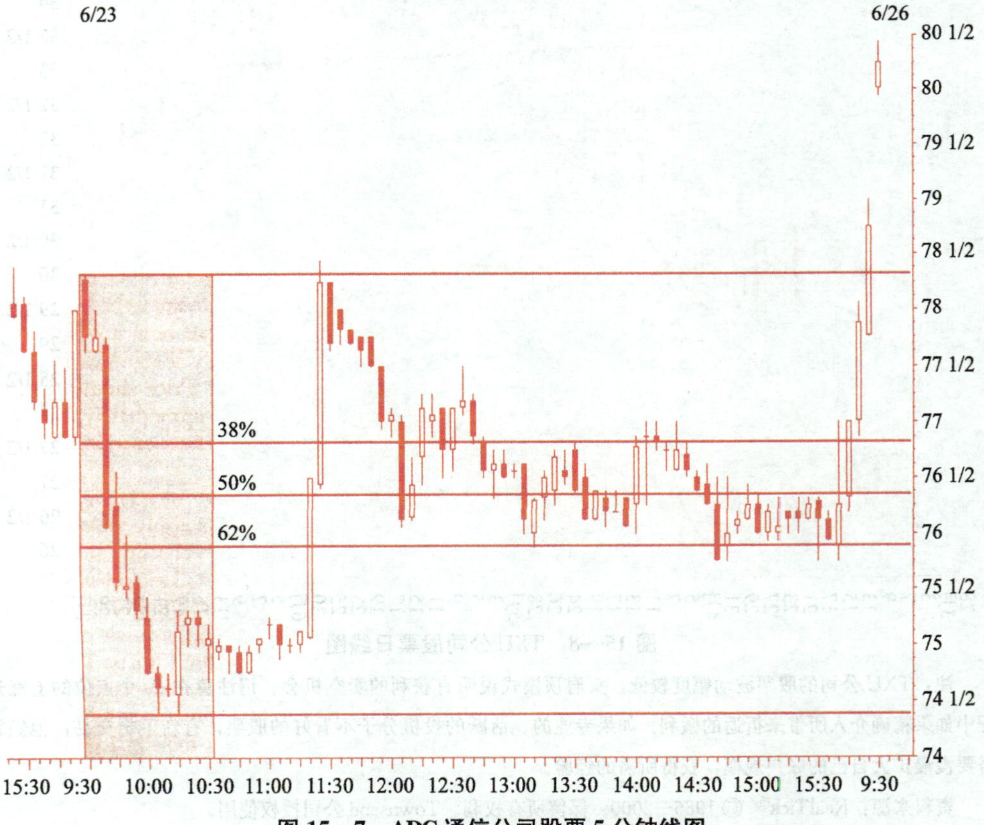

图 15—7 ADC 通信公司股票 5 分钟线图

注：在第一小时的价格范围内设一个斐波纳契网格，以确定自然的日内波动水平。ADC 通信公司的股票出现了一个 4 个点位的晨市范围，当天大部分时间内保持了这一状态。在开盘下跌后，价格出现第一个上升模式，然后折返，验证 62%的折返位。最后一小时的上升将价格推过之前的高点，为第二天的晨市打开了一个缺口。

资料来源：RealTick® © 1986—2000。保留所有权利。Townsend 公司授权使用。

投机交易和日内波段交易是两种不同的策略。某些纳斯达克的交易者通过 Level Ⅱ的出价/要价以及 1 分钟走势图上的微小变化进行投机。这种相反的做法通过最小的波动行情起作用。但是，很多其他的日内趋势会按照经典的波段策略运行。持股期的不同，如 5 分钟到 6 小时之间，会出现很多不同的机会。即使 15 分钟到 30 分钟的持仓，提供的回报也比投机的微利要高。不管是 30 分钟还是 3 周的模式，波段交易者都可以运用同样的模式周期技术。

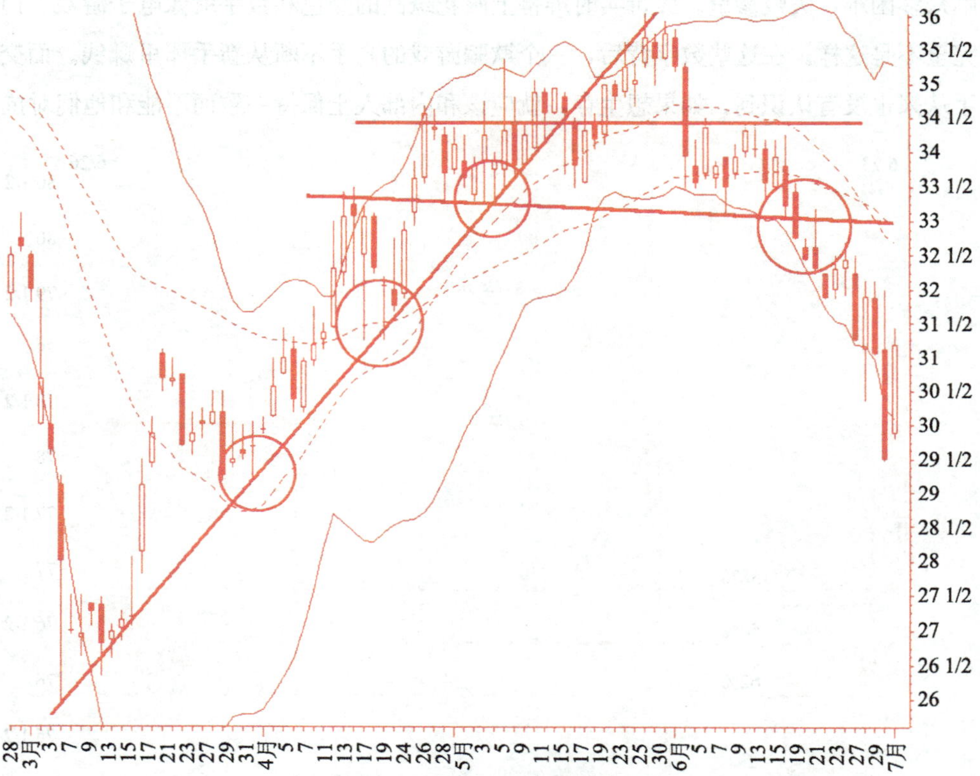

图 15—8 TXU 公司股票日线图

注：TXU 公司的股票波动幅度较低，头肩顶模式说明有获利的卖空机会。请注意在 10 个点位的上涨过程中如果精确介入所带来折返的微利。如果专业的、活跃的投机分子不看好的股票，有新手想交易，他们就需要慢慢扩大自己的账户规模，获得所需的经验。

资料来源：RealTick® © 1986—2000。保留所有权利。Townsend 公司授权使用。

折返操作

一只可图利的股票爆发，价格迅速攀升，波段交易者有时会错过介入的机会，他们非常后悔，眼看着股价一路上升。终于，股票走势慢慢换下来，并发生反转。在 Level

Ⅱ的 5 分钟走势上，出现了一个下跌和抛售压力，此时需要做出重要决定了。波段交易者是应该在错失第一次机会后看到折返就买进，还是观望，以免陷入虚假突破的风险？

针对日内趋势的折返进行交易，要想获利的话，需有技巧和耐心。某些盘整或熊市上升会持续，而其他时候则会快速反转，向新高或新低挺进。那么，什么样的信号会显示哪种结果更可能出现呢？什么样的短线工具能够预测，在主趋势重新开始之前，这个趋势会折返多远？

上行或下行突破之后的第一个折返，朝新趋势方向快速推进的概率较高。但要特别注意反向趋势的深度，看是否有隐藏的障碍。例如，如果一个盘整在反弹之前突破几个小的支撑位，新的上升趋势在价格验证短期高点时，很可能会下跌。这种情况很常见，却也是图利的好机会。如果在介入点和短期高点之间存在着足够的回报，就在双顶下 1/16 或 1/8 处下单，然后在反弹快速回补中图利。

利用“6 线突破”规则对第一个折返进行测算并交易。从低于新上升趋势陡直扩张下的第 1 根价格线开始计算。下段行情的开始应该不晚于收缩盘整阶段的第 6 根价格线。为什么会这样呢？因为很多日内交易者把短期走势指标设定为 5～8 根价格线。第 6 根价格线的盘整就显示了这些常用设定的短期支撑，并利诱交易者根据新的价位介入。如果价格没有飙涨，下一根价格线就会在很多走势图上预告一个短期的趋势变化，并引发反射式的下跌。这会导致一个较大规模的折返，在验证价格扩张有效性之前，会出现更复杂的模式。

如果走势图上折返的角度是新趋势的镜像，上行或下行突破的概率就会增大。例如，在上行趋势出现之后，价格通常会以同样的 45°折返。这个角度的镜像预告了牛市的到来，在大多数情况下，价格上升是持续的运动。如果模式在折返中不明显，但角度又是正确的，就要看次一级时间段的周期，看看走势在那个图中的状况。这个较小的时间段里，通常会隐藏着一些预告。

在出现急剧上行突破扩张之后，要注意寻找一个小型的横向整理模式。在上行趋势中，这个收缩盘整出现在上部价格区域附近，上下徘徊。这些又高又窄的旗形是经典的持续模式，可以进行低风险交易。在下跌突破之后的熊市阶段，这些做法也很有效。要用“6 线突破”规则来管理这些简单的范围。在多个周期走势中出现信号之前，下一轮上涨不会开始。所以，可以在第 4 或第 5 根价格线上开始交易，并把限价订单设在小型模式的内部。这个限价订单可以保证，若 6 线脱离失败，可以较小的损失而离场。

日内行情通常以经典的 ABC 波浪形模式来盘整。反回升趋势会自然折返，反弹，然后再次折返，直到找到支撑位。波段交易者通常自欺欺人，在第一次反弹中草率介入，却没有等待盘整完全结束。这个策略可能获利，但也会产生很多趋势相对性错误。一个趋势发生盘整范围越大，它就不太可能会快速超越过去高点或低点，然后形成另外一个波浪。因此，只有小而紧密的ABC模式才是主趋势新脉动的可靠信号。

可以利用斐波纳契网格来测算ABC模式。因为盘整通常在38%、50%或62%的位置折返，形态完好的波形就能预告在哪一个水平最有可能出现折返。当折返突破形成C波时，可以把A波的长度加到C波的起点上，来预测价格推进的幅度。它们的大小通常相符，并能预测主要的斐波纳契级数水平。或者，干脆观望，直到这个折返完成，并出现短期的反转，如双顶或双底。然后，从相反方向针对上行突破进行交易。可以通过不同长度的交叠网格来提高准确度。一个38～62的模式目标能够确定主要的反弹区域和重要的折返。如果不同长度的网格信息不一致，则可能出现双杀和较高的行情干扰。

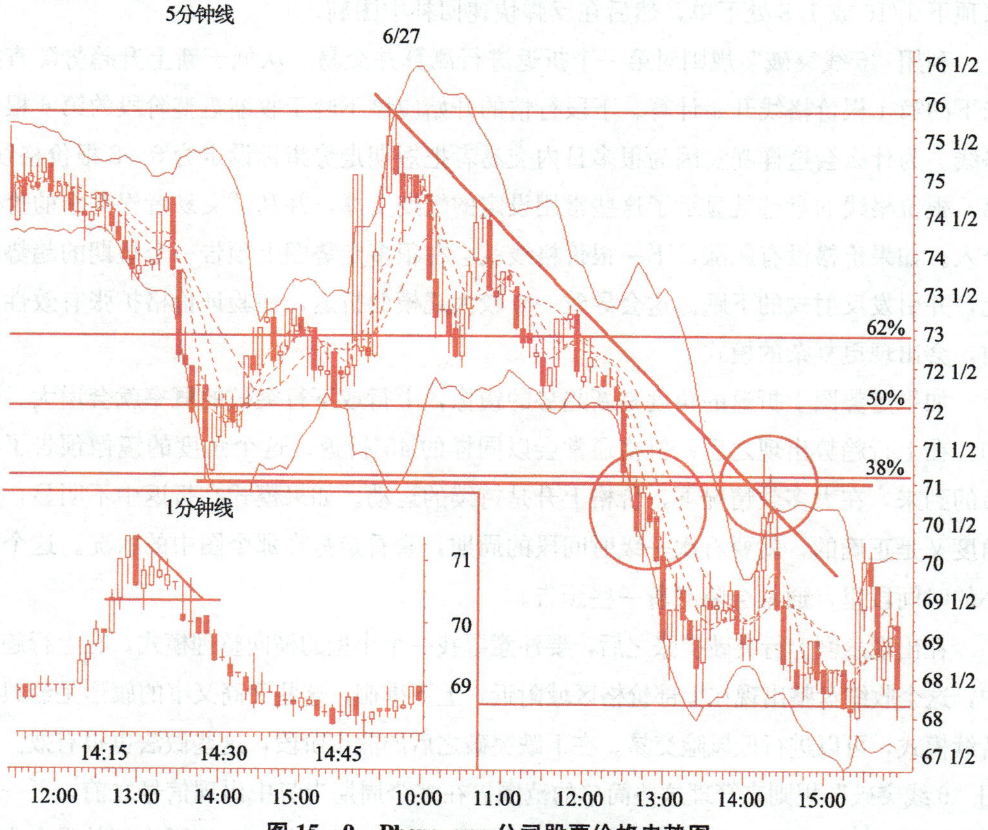

图 15—9 Phone.com公司股票价格走势图

注：Phone.com公司股票的两个折返带来了快速图利的机会。价格在临近午餐时下跌到新低，在至少下跌了3个点位后折返产生交易机会。股价缓慢爬回到之前的趋势线、被突破的低点和38%的折返位。然后，价格又击穿顶部布林带，在1分钟线上走出乌云盖顶的状况。在1分钟走势图上利用亚当与夏娃模式进行快速卖空，可以获利2～3个点位。

资料来源：RealTick® © 1986—2000。保留所有权利。Townsend公司授权使用。

在趋势中通过动量技术来运用波段策略，但针对折返进行交易时必须很清醒。在上升趋势时的下探买入实际上是波段交易的方法。当价格从另外一个方向朝内在的回升移动时，操作要在折返的次一级时间段内进行。这种时间上的对应使介入比在新高点追涨图利更安全。

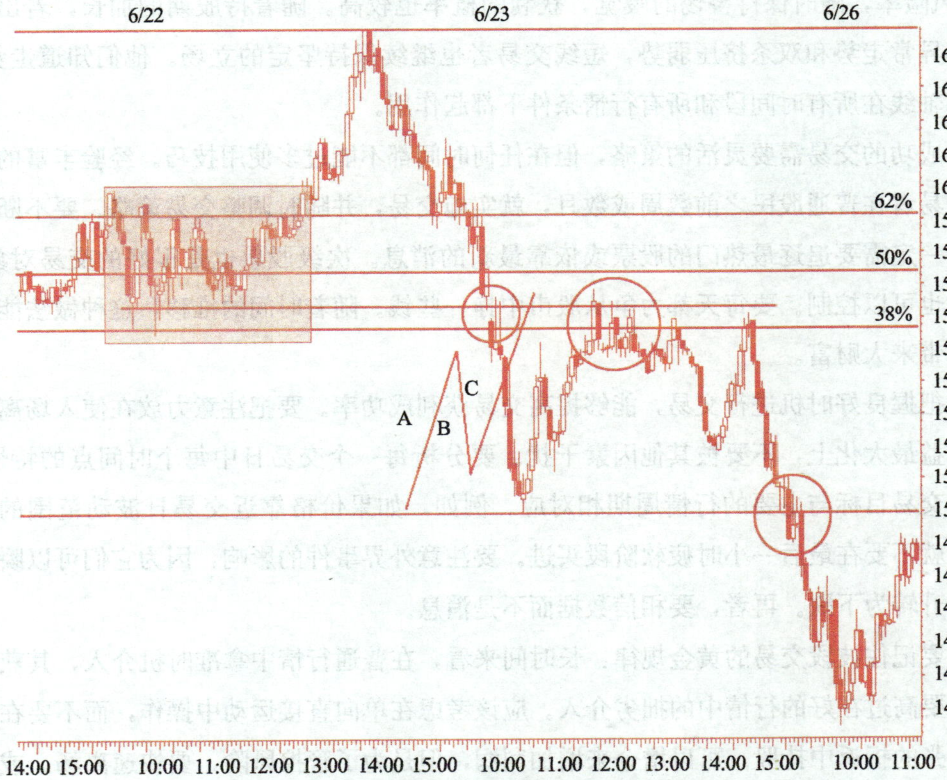

图 15—10　Ciena 公司股票 5 分钟线图

注：Ciena 公司股票创下新低后反弹，寻求阻力位。那个小缺口把股票拉到 155 美元和 160 美元之间的收缩盘整区。价格在 150 美元处获得支撑，并借助 ABC 波的熊市反弹开始上涨。注意 A 波和 C 波的长度几乎一样。38%的价格折返标志着明显的抛空，证实了缺口和上方的抛售压力。但有几个波动使股价摆脱之前的卖空行为，直到价格最终跌破日内最低点。

资料来源：RealTick® © 1986—2000。保留所有权利。Townsend 公司授权使用。

交易管理

成功的波段交易者必须熟练掌握时机和信息。通过短期分析，能够发现可图利的时间/金钱特性，比简单的投资有更大的图利机会。但如果没有高超的技巧和管理能力，这种方法也可能带来重大损失。

完美介入

短线交易者充分利用了通过模式周期体现出来的各种股市情况。他们认真计算回报/风险率，随时保持警惕的嗅觉，获利的概率也较高。随着持股期的加长，若出现微小异常走势和双杀挤压弱势，短线交易者也继续保持坚定的立场。他们知道走势/区间轴线在所有时间段和所有行情条件下都起作用。

成功的交易需要灵活的策略，但在任何时间都不能过多使用技巧。经验丰富的波段交易者在普通股民之前数周或数月，就实施交易，并随时调整交易策略。要不断获利不一定需要追逐最热门的股票或依靠最新的消息。次级股票也是很好的交易对象，风险也可以控制。要每天都力争从股市中挣一些钱。随着时间的推移，这种做法能够给你带来大财富。

把握良好时机进行交易，能够提高交易获利成功率。要把注意力放在使入场离场的利益最大化上，不要被其他因素干扰。要分析每一个交易日中每个时间点的特性，并把交易目标与主要的行情周期相对应。例如，如果价格靠近交易日波动范围的底部，就不要在最后一小时疲软阶段买进。要注意外界事件的影响，因为它们可以瞬间将上升转为下跌。再者，要相信数据而不是消息。

要记住波段交易的黄金规律：长时间来看，在普通行情中拿准时机介入，其获利程度要高过在好的行情中的拙劣介入。应该考虑在单向直接运动中操作，而不要在令人紧张的折返中持股。可以增仓来增加利润，但是为了管控风险，要快速离场。或针对仓位进行部分投机，然后等待下一轮较大的价格运动。在两种情况下，要记住从平缓行情介入，在疯狂行情退出。

要学会在折返时，领先于普通股民介入，而在上行突破中则要落后于普通股民。若行情有利于反转，一定要时刻做好准备，可以与大众股民的操作逆向而行。如果行情主体较为混乱，而且大众股民行为缺乏方向性，此时应采取观望的态度。要通过股价来识别大众股民的交易情绪，并好好研究他们的心理。每个模式都有一个自然的突破点，大众股民的行为在此将失控、放弃或不可理喻。要找到这个点，然后在股市大戏开幕之前进行操作。

若交易能够实时严格管控，要利用股市订单快速介入。若市场不活跃，或根据当时系统的要求，必须用限价订单交易。这些限价的订单同时要求将交易决策与某个价位数字挂钩。这是掌控交易策略和风险管理的极佳的工具。例如，在离操作区域较远的一端设置一个限价订单，然后就不用管了。只有低风险的交易机会出现了，才会启动交易。如果价格没能达到那个水平，则取消订单，再等待其他的交易机会。

如果外部消息不能改善交易的效果，就不要听了。在交易过程中，尽量不要受股票价格屏幕、电视财经节目和新闻的影响。一定不要将基本面数据与技术数据混淆：一个提供了虚假信息，另外一个则说出真相。不要因个人的喜好影响短线的决策。或许金融世界末日很快会到来，但绝对不是 30 分钟或 3 天以后。

先看数字，然后多学交易技巧。进行波段交易，要求交易者有很多的技巧和对于走势图的扎实理解。现代的技术能使好交易者更好，但无法给失败者带来成功。随着股市软件的发展，交易执行系统更透明，对活跃的交易者来说紧迫性也减弱了，但这永远不会发生在波段技巧或波段策略上。随着自己经验的增长，要掌握这种技术。但要记住，长线成功需要高度创造性的方法方能击败竞争对手。

股票配对机制

要明智地选择波段交易经纪人。当代股市提供众多的操作途径，而这个选择正确与否会严重影响交易结果。为提供标准的和批量的交易，贴现经纪人收取较低的佣金。直接交易的界面对于每笔交易收费较高，因为是通过 ECN 和较快的交易系统进行处理。新一代的经纪人的特点是操作方式多样，服务费以股票数量为准，不收取固定的佣金。

要考虑价位差和佣金对交易计划的影响。因为这些因素会排除某些特定的策略，缩小经纪人的范围。新股民总是低估这些成本，从而错误估算他们的业绩。交易成本高了，操作利润就低了。如果要求交易频繁或者股票数量小才能进行操作，那就可能产生最严重的影响。相反，波段交易者进行小仓位操作而持股时间又较长，交易成本只会耗费总体利润的较小的部分。

贴现经纪人通过多种不同的渠道处理订单，但会优先处理订单付费流通系统。批量交易的庄家与经纪人订立合同，让他们处理极少量的订单，并对每笔交易收取少量的佣金。限价订单会通过批量系统出现在 Level Ⅱ屏幕上。但是，交易的实施取决于经纪人与庄家所订立的合同的性质。很多批发商在普通行情中提供交易担保。但是，交易者在这些操作中很少能看到价格好转，成交报告拖延、失败的交易和被搁置的离场订单也让交易者痛苦不堪。

成交报告拖延会对交易策略产生不利影响。若有可执行的订单，但相应的成交报告无法立刻返回，此时应避免介入新的日内交易。使用贴现经纪人时要延长持股期。如果在振荡性价位接收到成交确认，可能已经过去数分钟时间了。这会增加风险，因为在仓位确认之前不能离场。较长的持股期会降低在接到成交确认之前主观止损的概率。不管哪种情况，如果经纪人总是延误成交确认，就应该换交易账户或者考虑直接交易的方式。

直接交易的经纪人能结合 ECN 交易与先进的订单交易路径处理。通过 Level Ⅱ 界面公开订单，内部交易受理后 1～2 秒钟内就会实现。如果正好有交易者做反向的操作，那么两边的操作几乎是同时进行。直接交易的交易者在清淡的行情中，可以很轻松地按出价买入按要价卖出。但是，这种做法在强劲的趋势中几乎不可能操作。

现代先进的系统的缺点是缺少流动性。ECN 依靠用户积极交易来实现各个市场间的订单处理。即使有了先进的 ECN 系统，也只有成交量高的股票才能显示出足够的兴趣来避免严重的价位差。使用这些经纪人的波段交易者应该注意，要避免行情出现不利于股票顺利操作的情况，或者必须选择较长的持股期使延误产生的影响较小。直接交易能够使订单的信息直接进入大户和内部交易网络。这解决了部分流动性问题，但是当交易者很快就接受了现存的订单时，这些系统在快速波动的行情中变得疲软。

新股民不顾自己的实际需要，一心想使用昂贵的直接交易的系统。这些实时彩色屏幕不断闪烁着行情信息，使那些不熟练的交易者大脑一片混乱。实时软件是开发者特意根据电子游戏的形式设计的，不是一个版面严肃的工具。每个人都想成为玩家，并希望靠技术来弥补交易经验的不足。这些交易软件背后的指导思想并不会阻止交易者的幻想。这些软件成为以成年男子为主的股市主力的有力工具。

很多经纪人的账户不支持全套的软件系统。这些账户的资金耗尽会很快，并鼓励那些负担不起的人过度交易。他们还造成这样的错误观点，即 Level Ⅱ 能够显示重要的秘密信息。很多大户提供这种昂贵的显示屏是作为交易工具而不是作为操作工具的。这种做法没有什么根据。如果噪音/信号比较大，掩盖了长线买卖压力，而专业人士也隐藏了真实的需求，谁也无法精确地预测几个价位之后的行情。

Level Ⅱ 还是个强大的执行系统。当针对短期趋势进行交易时，ECN 的能量就显示出来了。随着股市的变化，高流通量使实时配对得以实现，没有价位差。波段交易者可以利用这些时间针对当前市场情绪构思对策。不需要全套系统的新股民如果是使用贴现经纪系统的话，仍然应该考虑 Level Ⅱ的交易方法。

直接交易的系统需要进行技巧性改变，以适应从贴现经纪人那里转来的用户。因为配对没有保证，所以出现了新的延误风险，交易者需要学习几个新的技巧。应该花一点时间来分析现在可用的方法技巧以及它们的缺点。新用户不要使用软件里只能交易的功能，因为在订单被处理前，它会阻止各种方法的实施。虽然这种人工智能可以减少大脑的使用，还支持复杂的交易策略，但它同样也比直接的 ECN 下单慢；并且如果仓位不断偏离限定的价格时，它也会带来麻烦。应该首先利用基本的选择方法，在弄懂了这些工具在不同行情条件下的工作情况后，再加进智能选股功能。

极小型的交易者应该重点关注交易成本，而不是交易本身。小资金可以积累财富，但长线成功的概率不是很高。可以利用廉价的网上报价来控制成本，不做任何形式的日内交易。在全面分析之后，仅对小仓位进行操作，而且通过延长持股期来管理风险。避免多仓操作，而且不要草率操作。在获得好收益之前，不要开始另一个交易。

关注活跃仓位

关键时刻到了。价格击穿操作区域，而且有利的条件也显示介入可以实现操作目标。在这个时候，波段交易者必须已经清楚自己仓位的大小，以及在发现错误时必须离场的价位。操作目标被触及时，他们就开始打电话操作、设定限价订单、或直接上网或直接输入。当成交报告返回时，应立刻重新计算。如果操作的位置离操作目标超过一根价格线，应重新确认风险承受能力，并重新计算离场价位。此时，真正棘手的时刻到来了。

重新观察价格及走势图，确定自己的进仓是正确的选择。如果自己的交易计划是执行策略的一部分，就要设置一个明确的离场目标。如果不是，那么你必须在脑海中明确价格目标和条件。随着每根价格线的更新，走势图也在变，你也要随时更新你的分析。

如果出现某个价格，证明交易错误，此时必须离场。失败可能最终变成双杀，此时不要试图弄清真相，以免离场太晚。如果事后分析表明有过多振荡出局的情况，就要修改交易计划，使仓位有更大余地，或者找到较低风险的目标。要记住，随时都有入场的机会。但必须根据各种实际情况来确定操作方法。这就要求重新评估回报/风险率和操作目标。要记住，重新介入通常会失败，因为开始的振荡出局情况一般都显示模式的失败，并有趋势的变化。

如有可能，要用手工方式处理亏损。这样可以培养严格的操作习惯，因为这代表交易者承受了交易的责任。同时，它也显示，止损需要根据不断变化的情况来执行，而不是固定的数字。每根价格线、价格读数和时间周期都影响着潜在的交易利润或损失。确定的止损目标很少能精确地触及这个移动的目标。

交易者心里必须随时考虑止损时间。如果走势移动花了很长时间还没走到获利位置，那它很可能会走不到。设定一个持股期目标，如果交易不理想，迅速离场。要小心那些只横向移动，并幅度慢慢减弱最终消亡的股票。如果条件允许，要利用小幅波动，进行限价订单来赚回交易成本。如果交易策略要求无论盈亏都要平仓，那就要注意收盘的时间。

日内走势图会实时反馈行情。观察股价运动，预测下一根 K 线会如何结束。注意观察买卖的价格如何影响布林带曲率的变化。要小心突破布林带中心的 K 线和走势变化的信号。要注意分析重要价位处于 K 线之间的重要缺口，即使是小缺口。当价格推进到关键 S/R 或平均线水平，预测一下，如果价格突破这些水平，你会采取哪些措施来应对。如果模式预告股票会飙升到获利价位，那就选中这个点位进行交易。要先想好应对的方法，以防一段时间过后价格没有扩张。

如果波段交易者对行情分析过头，会容易失控。每一个介入机会都必须满足条件。如果条件不满足，应立刻离场，寻找其他机会。随着交易的发展，不同的指标、工具或时间可能产生主导的作用。在不同情况下，技术和经验会发挥要追踪哪一个的主导作用。若大脑的两个半球都积极进行交易管理，这个过程会很轻松。若有不祥预感或信心膨胀，那是潜意识中与情绪化普通股民类似的情况。要结合这种直觉的感受和实在的数字，接受行情实际情况。

在介入后，要密切关注行情。如果你按动量进行交易的，价格就应该像操作前一样保持趋势，迅速发展。在折返后，就要注意看是否有证据显示抛售压力已经减轻。要通过时间和交易价格来测量脉动和成交量。然后，将它们与关联价格变化进行比较。若大规模的交易没有推动价格，它就可能预示一个隐蔽的抛售将导致行情出现反转。对股价的解读也是对价格波动幅度的解读。要注意观察价格在验证短期边界的过程中如何扩张、如何收缩盘整。

Level Ⅱ提供了纳斯达克主要交易者综合性的形势图。但是，这个信息可能不适用于某些交易风格。例如，纽交所的中央专家系统不提供类似的信息。如果波段

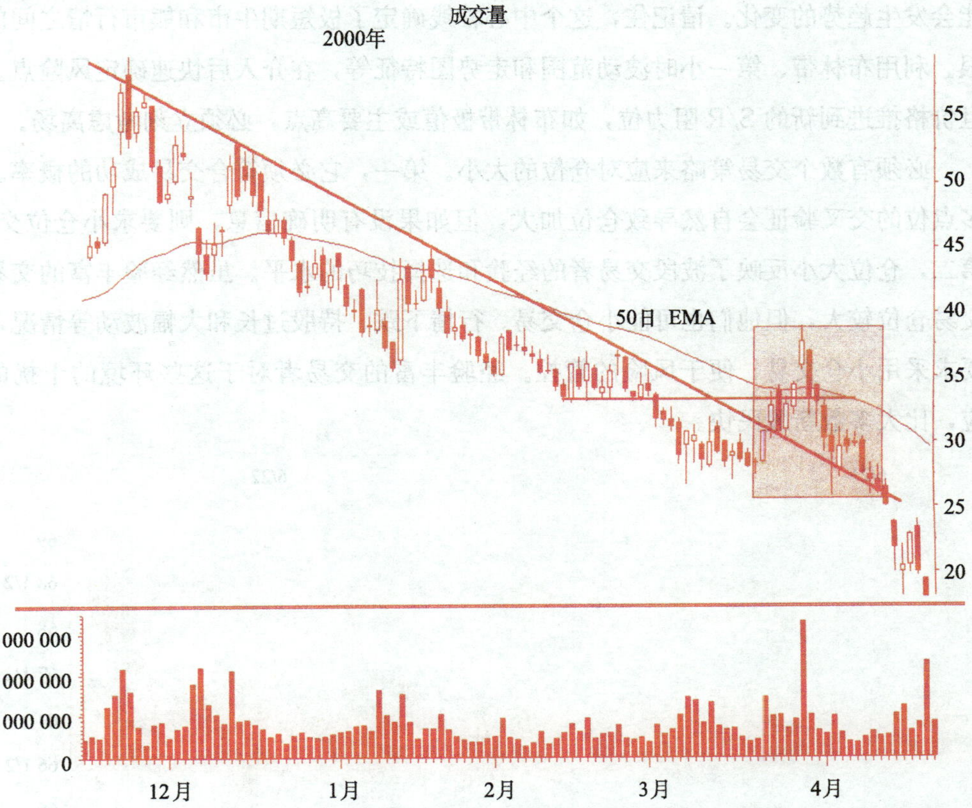

图 15—11　@Home 公司股票日线图

注：即使所有迹象都显示交易会获利，最终还是可能会出错。经过 4 个多月的下跌趋势，@Home 公司股票出现了放量上行突破。然后，股票出现折返，接着在更高成交量情况下把价格推升到 50 日 EMA 之上。不幸的是，涨势从此终结。当缺口回补、价格下跌到平均线之下，波段交易者应该立即离场。如果还要等待进一步的确认，那可能是灾难性的结果。趋势线在价格被下跌行情向下拖了 9 个点位之后才被破坏。

资料来源：RealTick® © 1986—2000。保留所有权利。Townsend 公司授权使用。

交易者能理解简单许多的 Level I 行情，大多数人都能够获利。交易日中所有发生作用的冲突因素所带来的最后结果，Level I 都有概括性的显示。利用 Level I 来测算上升或下跌之后出现的窄化价差，并观察移动终止的信号。或者，找一个平淡行情，价差紧缩和成交量低的，这可能提供上行突破前的极佳投机操作，或低风险介入的机会。

5—8—13 布林带出现了一种连续提供信息反馈的机制，包围着日内 K 线。在整个交易日中，这些设定可以轻松地测算某只股票短期趋势的强度和方向。强势移动包围着 5 日线，有利的折返逐渐向 8 日线靠拢，而对于 13 日线中心的突破，则说明可能会发生趋势的变化。请记住，这个中心轴线确定了极短期牛市和熊市行情之间的界限。利用布林带、第一小时波动范围和走势图特征等，在介入后快速确定风险点。一旦价格推进到新的S/R阻力位，如布林带极值或主要高点，必须立刻考虑离场。

必须有数个交易策略来应对仓位的大小。第一，它必须符合交易成功的概率。更多点位的交叉验证会自然导致仓位加大，但如果没有明确信息，则要求小仓位交易。第二，仓位大小反映了波段交易者的经验和选择技巧的水平。虽然经验丰富的交易者交易仓位较大，但他们也可能小仓交易。行情下跌、持股过长和大幅波动等情况，都要求采用小仓交易，便于风险的管控。经验丰富的交易者对于这些环境的干扰的反应，比大多数新股民快。

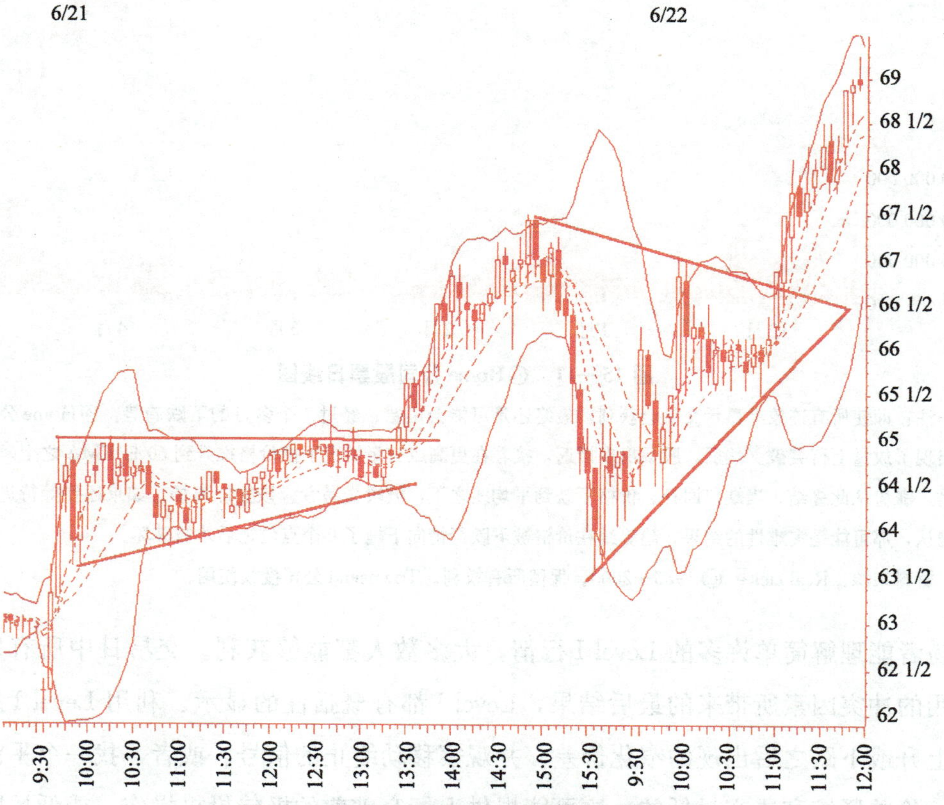

图 15—12　Qualcomm 公司股票 5 分钟线图

注：5—8—13 布林带和一个形态较好的分析线能提高日内交易的利润。技术派认为价格运动的重点是在具体的爆发点上。利用简单的趋势线和时间来分析，可以事先确定这些点位，然后密切关注价格穿越布林带和平均线的特征来管理开盘时的仓位。注意观察 5 日和 8 日平均线是如何支撑活跃趋势的，而向 13 日平均线靠近的折返则显示在有限范围内波动的行情。

资料来源：RealTick® © 1986—2000。保留所有权利。Townsend 公司授权使用。

新股民应该进行小仓操作避免麻烦。很多经验不丰富的交易者忽视了正确的风险管理，使仓位规模超出了能够控制的范围。因为他们开设了证券保证金账户，所以他们就认为必须把所有的购买力都在交易中用上。这种观点既危险又错误。交易策略要求每一个仓位都必须有合理的规模，不管交易账户资金的多少。在价格飞涨的盈利时期，如果风险降低，可以加仓。若遭遇重大下跌，就要减仓，直到下跌的乌云散去。新股民应该尽全力执行好操作，不要过分担心是否赚钱。

离场

波段交易者离场是为了获利了结、止损或终止失败的交易机会。他们对这些重要工作完成得好与不好，会严重地影响交易账户的资金。体面的离场，需要在触顶时不要被情绪妨碍判断力，而失去自律。若要终止一个交易，先深深吸上一口气，整理一下思路。顺利离场比完美的入场要重要得多。

如果实践证明自己的操作有错，应该立刻离场。在介入操作之前要知道能够证明出错的价位。失败目标显示行情已告失败，交易必须终止。S/R 突破点指向自然的失败目标。若价格穿越主要的平均线，或走出一个下跌模式，日内交易者就会发现。普通交易者通常在“首升/首败”阶段以及虚假突破时才发现失败目标。开始交易之后，如果有充足的理由，则应该修改失败目标的参数，但很多交易者在此时通常自欺欺人。要制订书面计划，维持失败目标，直到拥有了丰富的经验，才能采取更灵活的交易。

根据行情许可的情况进行获利了结。若上涨的价格靠近一个强大的阻力位，应该离场。在最初估算回报/风险率时，就要设定利润目标，但随着每根价格线提供了新的信息，需要重新考虑利润目标是否仍然合理。任何时候都可能发生折返。若在折返行情中等待，那可能会破坏利润，除非操作计划要求在持股期内经历过几个价格波。当普通股民朝另外一个方向蜂拥时，最好的离场时机就到来了。

离场佳期的大门在整个交易日中开开合合。如果错过了一个机会，就要立刻决定下一个可行动的方向。波段交易者有时候必须忍痛割肉，无论仓位如何都要坚决离场。这可能会产生损失，但在当时的情况下应该仍是最好的办法。或许某个买空交易会获得不错的收益，但之后会突然遭遇一个大幅折返。随着价格返回平衡状态，应立刻终止操作，或者也可以忍受小幅亏损，等待下一轮行情出现反弹。有时候，只有靠经验才能做出正确的决定。有些折返一定会反弹，而另外一些则会坠入深坑。

如果在股市中表现得像惊恐的小鹿，那就不会赚到什么钱。它们在夜行车灯的照射下会僵化，从而付出惨痛的代价。如果波段交易者不能迅速做出决定，应对风险，他们也会遭遇同样的下场。例如，若有某只热门股票跳空上涨，而新手在开始上升时买进。突然出现外部的重大事件，行情开始下跌。随后 15 分钟内，稍有几个错误就能轻松地葬送这个人的投资梦。

对于外部的重大事件的第一个自然反应就是不相信、拒绝接受。不幸的是，这会阻碍快速防御性措施的实施。若事先能够分析，则能在出现这些情况时也带来丰厚的利润。波段交易者应该在内心不断演练，就像进行火灾演习，若这种情况真出现了，他们会自然采取相应的措施。简单来说，当他们的仓位出现自由落体运动时，他们会先离场，然后再问为什么。他们不会等待反弹的出现，或者寻找理由，或者等妈妈过来拉他们的手。他们必须找到最近的逃生通道，然后快跑。而在里边的人通常只会尖叫："着火了！"

巨大的损失到来之前都发出过警告。如果波段交易者相信的话，技术分析工具能够提供早期的反转活动的线索。大多数形态较好的模式具有清晰的 S/R 指标线，如果它们被突破，那就是信号，预告着趋势的变化。缺口能够对动量的变化提供单一价格线的反馈信息。超买超卖振荡指标表明了价格和购买力之间的离散的关系。而明确的个人计划能够指明风险的容忍程度，具体的离场设定也可以在出现麻烦之前进行过滤。

确定点位，评估价值，介入操作，具体分析，退出操作。在 5 分钟或日线图上，机会会浮出水面，引发交易，有可能带来利润，也有可能带来损失。在不利行情下，波段交易者不会持股，除非交易策略的目标是针对两个或两个以上的趋势波，并至少会使用在交易日中的 2 小时或以上。90 分钟变化周期有利于这个时间段走势的单向直接运动。较长周期的交易策略有利于价位的定向退出，例如在小型折返和双杀阶段的持股。小投机者和短期投机分子无法享受这样的奢侈。若有价格线扩张接触阻力位，或突破了重要的平均线，他们就必须逃离。

波段交易者如果中途改变持股期，或忘记了某些重要的数字，那么他们就会前功尽弃。若某个操作开始获利，贪婪的心理就会产生强烈的力量，破坏重要的交易规则。这种做法毫无意义，因为这些交易规则之所以存在，就是用来应对这些情况的。缜密的交易规则胜算比较大。如果某些价位产生突破，可能会增加利润，不要等待那种价位的出现。它们只是过滤的工具，帮我们在股市中长期生存。

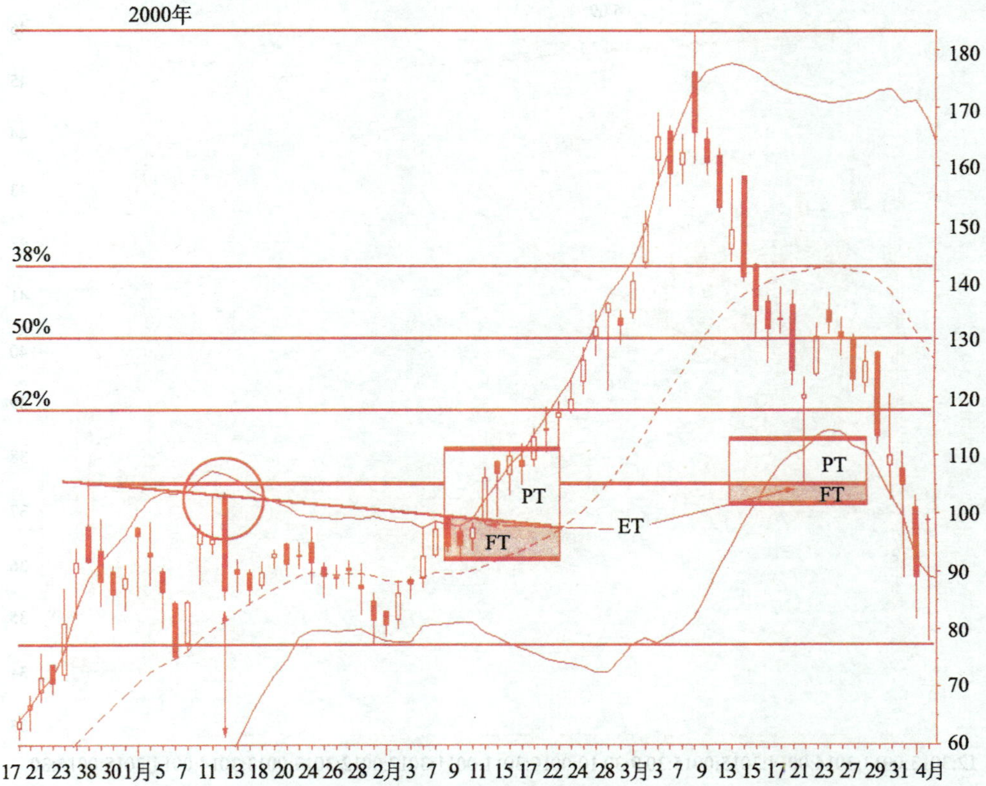

图 15—13 Ariba 公司股票日线图

注：Ariba 公司股票有两个交易机会，说明了认真选择利润和失败目标的重要性。在上行突破前的收缩盘整价格线上，从第三次观察位置介入操作，或者尽可能贴近趋势线介入。利用上一个 K 线的低点作为失败目标。最初的利润目标为越过顶部布林带的第一个上涨点，因为在那个走势上没有其他阻力位。一个月后，出现探底行为，其操作位置恰好在 105 美元的折返验证位。失败目标恰好位于 6 月 12 日第三次观察的高点之下，而利润目标在价格折返到底部布林带后，风险立刻增加。

资料来源：RealTick® © 1986—2000。保留所有权利。Townsend 公司授权使用。

战胜股市

长期交易成功的概率是非常低的。股市每年都有很多新手开始学习股市知识。但是，绝大多数人很快就发现，波段交易是股市中最难的挑战。这个简单的事实让大多数的新股民抬不起头。但是，仍有少数执着的人长时间坚持在股市奋战，结果学到了成功的操作技术。你是想做胜利者，还是想失败者呢？

交易风格会随着最新软件的功能和媒体的言论发生改变。例如，20 世纪 90 年代网络科技蓬勃发展，纳斯达克的 Level Ⅱ 就成了股市的主角。但是，经典的波段

图 15—14 Intermedia 通信公司股票 5 分钟线图

注：任何时候都可能出现致命的危险，而且毫无征兆。Intermedia 通信公司的股票在前一个交易日出现了非常强劲的上升波，第二天开盘继续上涨。在午餐阶段，出现一个熊市三角形，此时很多观望者都期待股票能像火箭一样再度腾飞。但这只股票却另有安排。下午，股票先缓慢下降，然后突然加速成为自由落体。那些坚持着想要找出答案的人别无选择，只能在 30 美元左右清仓。

资料来源：RealTick® © 1986—2000。保留所有权利。Townsend 公司授权使用。

交易技术领先直接交易系统达数十年。多年来，技术分析和走势图分析发展出许多股市可图利的交易策略。技术分析直到今天依然是期货市场的主导技术。当然，他们没有太多选择余地，因为在动荡的行情中，没有庄家可供追随，也没有 Axes 系统来分析。

要持续获利就与躁动不安的普通股民逆向而行。这需要一定的勇气，可惜绝大多数股民缺乏这种勇气。要尽快培养这种技能，并利用每一个机会进行实践。大多数股市专业人士会根据股票走势图来默默锁定并对较好的状况交易。他们掌握了这种经典技术，与那些无知的普通股民分道扬镳。他们每天都在试图从对方口袋里掏出钱来。

股市的经验非常极端化。波段交易者在股市里没有绝对的成功，他们随时体验着输与赢。这种过山车的体验使很多原本可图利的交易者很快被股市淘汰。西方世界充满了阳性的好胜欲望。无论交易者能够多么坦然地接受损失，但每次失败都伴随着许多负面情绪。或许，这就是为什么阴柔原则（无论个人倾向如何）对每种交易风格都有益处。赢和亏都要平等对待。技术要靠培养，利润要靠累积。要以成熟的心态和幽默感去对待不利的行情。

要把交易的智慧融入操作计划，并融入自己的身心。股市的老法则还是能够起作用的，因为真理不会随着时间而改变。应该看一些技术分析的经典著作，例如，约翰·墨菲的《金融市场技术分析》（*Technical Analysis of the Financial Markets*），爱德华兹和麦基的《股票趋势技术分析》，以及亚历山大·埃尔德的《炒股谋生》。它们所分析讨论的特别事情和策略等，比任何网站或周末论坛都更详细。每天都拓宽对股市的了解，使自己在竞争中拥有坚实的优势。

止损要坚决，并不断从主观失误、错误的决定和操作中吸取教训。如果由于个人原因，时间和精力不够，就不要进行交易。要知道，自律性不强比缺乏操作知识更能快速断送炒股生涯。不可过度交易。慢慢出血会损耗资金，让思想变得迟钝，无法看清真正的机会。要向经验丰富的行家或明师学习，多了解坏习惯及亏损的问题。但在咨询之前，一定要搞清楚你的导师是不是真的很在行。庸师的后果不堪设想。

大多数新股民不愿意跟别人讨论自己的错误。老师所教授的应该有利于他们的成功，但他们不学。所以交易者应该克服害羞和尴尬的心理。他们宁愿自己去冒险出错，希望从中获得教训。这种错误通常会断送他们的炒股生涯。所以，在第一次操盘之前，要找一位老师对自己进行指导。要承认自己犯下的每条错误，对自己的盈亏不要隐瞒。明师的指导会使你避免损失大笔资金，以及长久失败的挫折。

今天学的交易策略 6 个月或 1 年之后就无效了。但是，可以保留下来，作为自己职业发展历程的记录。把它输入电脑，并经常完善之，但老版本也要保留。要经常比较目前的与以前的操作风格。这个做法相当有效，大多数交易者都会感到惊讶。真正的炒股知识需要多年累积，而且绝大多数的人在找到规律之前都是在黑暗中摸索着冒险。

个人操作计划远远不只是简单的走势图和行情。成功的交易也体现在具体操作上。这个古老的方法与东方人的冥想和瑜伽术密切相关。要像高超的音乐家一样，演奏好每一个音符，而不只是考虑整个乐曲。有这样一个笑话：有个游客问卡耐基演奏大厅的路怎么走，答案是：练习练习再练习。

不要陷入复杂的陷阱。有些交易者斥巨资购买走势分析系统，进行验证、反证、平滑化，并想优化复杂的交易系统。虽然这些做法对于某些具体的策略有效，但它也通常证明，交易者无法对自己做出的决策负责。最好的机会是在自己的鼻子底下。机会出现的方式与50年前一样，获利的方法和50年后我们的后代使用的也一样。如果有完美的行情出现，就要把软件完全抛开。

追逐行情的行为是因为交易者不想在商业世界里随波逐流。媒体也崇尚这种高尚的追逐，因为媒体称现代交易者是无赖和叛徒。但是，如果在公司坐了20年冷板凳，有机会放纵一下谁不乐意呢？但财富之门只向那些技巧极高的交易者打开。大多数人最后会失败，并被迫到别处去寻宝。

来点禅宗境界吧：开悟之前，要砍柴挑水。开悟之后，还是要砍柴挑水。聪明人在一生中会学习很多东西，而炒股的精湛技术也像其他事情一样，只是难度更大。成功人士会发现自己找到了意想不到的世界。他们的狂热会慢慢消退，其交易也越来越像其他的行业。这很自然。真正的股市高手乐于在股海弄潮，会寻找新的方法来实现更高的人生目标。

掌握看盘技巧

波段交易者解读股价跟看走势图一样有效。虽然这个学习可能需要多年，但一点儿也不复杂。挑一些自己喜欢的股票，并记住主要的S/R参数值。然后注意观察股价，等待特殊情况的出现。要注意观察，随着价格靠近某些自然波动位的时候，股市参与的程度会急剧扩张。更奇怪的是，股价既可能隐藏也可能显示下一步的走势。当价格进入操作区，要特别留意。要注意观察股价的反应，并看主要的折返是否能够提前预测。

ECN和直接交易

直接交易的环境迫使波段交易者去学习新的技巧。这种高科技的界面能匹配散户之间的订单，或者在不同的商业用户之间实时流通。但如果操作不当，直接交易就没有保障，并且风险会很大。复杂的订单传输路径可能引起重大损失，而草率入场则可能不断达成部分成交。直接交易的好处要远远高于风险，因为它绕过了收费昂贵的经纪人。所以，绝大多数严肃的交易者最终应该直接交易，学会这种机械语言来下单操作。

电子通信网是直接交易的操作平台。但是，很多利用电子中介的交易者对其工作原理不太了解。他们过于依靠中介，希望在自己的订单输入内部市场之后，ECN 能够自动进行处理。不幸的是，如果没有用户下单来匹配，就不可能有 ECN 完成交易。如果波段交易者对 ECN 只有皮毛的了解，他们就会在严重的下跌中被套，而且无法脱身。

直接交易的经纪人比电子经纪人所收取的平均佣金要高。波段交易者必须通过操作技术克服这一缺点。要认真分析如何下单，使之与短期行情相符，使成交在大部分时间内能够穿越价格波动的范围。虽然贴现经纪人允许客户通过限价订单买进卖出，但是直接交易可以提供实时成交报告，速度令人难以置信。如果行情发生变化，交易者可以在几秒钟内下单或撤单。他们可以瞬时取消一个刚刚下的单，或者分批进行，以期获得较好的平均价格。迟钝的软件和众多中间商在典型的贴现经纪人那里无法快速反应。

直接交易者必须理解“岛屿”（Island）交易系统的订单，才能管理流动性大的股票。“岛屿”交易系统目前对于每款零售 ECN 都有透彻的理解，并免费实时公布订单情况。在进行新操作之前，先要到那里去查看大众股民参与的程度。要观察多层次的订单，分析它们如何随股票的运动而变化。这个简单的做法能够预测操作的流动性。要记住，大众股民入场的自由度比其离场的自由度要高。要确定在离场时，“岛屿”交易系统能显示足够的有利条件来处理一只股票。

要学会根据“岛屿”交易系统有效地进行操作。要在 Level Ⅱ显示中确定股票的流动性，追踪“岛屿”的股价。零散的交易能引发 ECN 的变化，在股市买卖双方堆积的订单对当前的供需失衡情况提供了很好的信息反馈。要知道，一旦订单堆积，在此方向的有效成交就不太可能了，必须等到波动完成，并朝反方向运动时才能实现。要等待出现折返，不要追逐某个操作。“岛屿”交易系统的用户包括很多小投机者，一旦非常短的走势消失，他们就会追赶顶部。

“岛屿”交易系统通常会实现部分成交。通过查阅订单登记来分析藏在介入操作之间的非常小的活跃订单，可以避免部分成交。进行这些微小交易的人们通常在内部市场之外下限价订单，并在第一次机会出现时清仓。这可能需要数天的时间。所以，这个烫手的山芋总是从一个交易者手上跑到另一个交易者手上。幸运的是，这个交易系统显示大部分疯狂的股票，所以精明的交易者会观望，或在这些情况下采取不同的措施。

如果策略允许的话，就要利用最老最庞大的ECN系统进行交易。Instinet系统为商业用户提供匿名服务，且颇具深度。散户会发现Instinet的服务较贵，但很有用。没有其他交易者同步操作时，Instinet还立于内部市场。使用Instinet系统的交易者在股市独领风骚，说明机构投资者按照自己的逻辑进行买卖，或者庄家躲避在ECN之后，试图掩盖自己的真实目的。在上述两种情况下，如果没有他人碰这些订单，Instinet巨大的流动性可以让波段交易者买进卖出。

如果直接交易不能提供有利的交易价格，则应观望。个人的交易计划需要管控这种环境所产生的额外风险。建立新仓位需要有流动性的支持，并利用流动性离场。行情变化飞快，我们必须根据这些变化进行实时的分析。按照最初的计划，若一个交易没有成交，就要快速重新计算回报/风险率。原因很明显，应该以不是非常图利的价格针对可图大利的行情进行操作，但所有边界性机会都要精确计算。

直接交易的离场危险比入场危险要大。这种系统要求交易者抓住离场机会，不要错失良机。很多下跌和空头回补性上涨会突然爆发，没有任何预兆。随着散户快速地撤单，突然的波动就会将某方向上的能量耗空。之后的真空状态使价格上涨，或下跌，到下一个S/R边界，波动在此结束。除非波段交易者能够立刻采取行动，否则这种情况会导致严重的价位差。将订单的价格设在略高或略低于当前内部行情的位置，以便快速成交。如果不能立刻成交，就要撤单，然后在离当前价格更远的地方下单，直到成交。另外，在这些波动行情中也要巧用通信方式，因为这有可能增加快速离场的概率。

若可图利行情仍然在发展，就应该获利了结。ECN在这些快速变化的行情中能够极大地优化价格。例如，若根据急剧上升行情下单，其价格应该在内部要价的1/4～1/2。惊心动魄的交易会使人变得贪婪，人们容易草率操作，错误地下单。聪明的交易者情愿在此时离场，从那些渴望买进的人的手中夺取更大的利润。但行动要快，因为其他人也可以利用这种技术，并开始清仓离场。这种情况最终将使上涨行情短路，引起大幅折返。

表 15—1　　**AMAT 股票成交情况**

	740441	36 7/16	600	11：10：25		269939	35	171	09：47：28
	743241	36 7/16	100	11：09：35		50898	35	150	08：00：04
	738295	36 7/16	90	11：08：14		248191	35	100	09：44：53
	738369	36 7/16	30	11：08：15		210173	35	100	09：40：24
E	725831	36 3/8	30	11：05：12		108563	35	100	09：21：15
	730413	36 1/4	500	11：06：02		108287	35	100	09：21：14
	736988	36 1/4	300	11：07：53		746341	36 9/16	200	11：10：26
	103403	36 1/16	600	09：18：19	E	725182	36 9/16	200	11：09：24
	121566	36 1/16	200	09：25：46		743249	36 5/8	100	11：09：35
	384788	36	500	10：03：01		712233	36 15/16	2 000	11：01：35
	105203	36	500	09：20：28		729524	37	425	11：05：48
	109102	36	200	09：21：21		696603	37	200	10：58：09
	108693	36	150	09：21：16		705886	37	36	11：00：11
	566024	36	100	10：30：21		723279	37	20	11：04：10
	534132	36	100	10：24：38		641008	37 1/16	500	10：44：34
	508667	36	100	10：20：44		547224	37 1/8	100	10：26：59
	445092	36	100	10：11：18		568648	37 1/4	200	10：30：51
	109067	36	100	09：21：21		547626	37 1/4	200	10：27：04
	108291	36	100	09：21：14		617400	37 1/4	50	10：39：37
	107782	36	100	09：21：11		546826	37 5/16	240	10：26：55
	69631	36	90	08：53：08		519118	37 7/16	1 200	10：22：22
	40730	36	75	07：58：21		510772	37 7/16	100	10：21：04
	319862	36	50	09：54：13	E	141769	37 7/16	100	09：32：17
	108352	36	10	09：21：14		319808	37 7/16	60	09：54：12
	66098	35 15/16	1 000	08：45：29		483740	37 1/2	3 000	10：17：02
	729938	35 3/4	350	11：05：55		534581	37 1/2	900	10：24：42
	104530	35 3/4	300	09：19：39		719298	37 1/2	100	11：03：09
	224959	35 3/4	200	09：42：04		579418	37 1/2	50	10：32：35
	108261	35 9/16	600	09：21：14		395107	37 5/8	200	10：04：29
	669366	35 17/32	25	10：50：57		733156	37 5/8	100	11：06：47
	47801	35 1/2	5 000	07：59：12		197069	37 5/8	15	09：38：57
	463923	35 1/2	150	10：14：06		485107	37 3/4	2 000	10：17：13
	109078	35 5/16	300	09：21：21		65572	37 3/4	1 000	08：44：00
	53387	35 1/4	250	08：07：09		518052	37 3/4	230	10：22：13
	549922	35 1/4	200	10：27：28		105753	37 3/4	145	09：21：01
	109316	35 1/16	600	09：21：28		692803	38	250	10：57：11
	109315	35 1/16	300	09：21：28		495896	38	200	10：18：47
	719358	35	200	11：03：10		268429	38	200	09：47：16
	104289	35	200	09：19：19		43200	38	175	07：58：34
	37654	35	200	07：58：05		449393	38	100	10：11：56

续前表

296080	38	100	09：51：15	108127	38	50	09：21：13
108163	38	100	09：21：13	107711	38	4	09：21：11
100912	38	100	09：15：30	294386	38 3/16	500	09：51：00
108941	38	80	09：21：19	46664	38 1/4	100	07：59：00
570165	38	60	10：31：07	624758	38 1/4	50	10：41：10
108280	38	60	09：21：14	33738	38 3/8	250	07：57：47

注：大型纳斯达克股票表现出相当大的 ECN 深度和流动性。随着这些交易系统的普及，又在贴现订单系统中占了一席之地，它就会影响更多的股票和其他的债券交易。但要注意，部分成交的特性会耗费佣金耗费精力。要注意，低达 4 股的小订单可能欺骗那些粗心的交易者。

先交易变化缓慢的股票，对直接交易工具运用得很顺手了，再去碰波动性较大的股票。纳斯达克 100 指数中很多股票很平稳，价格运动很有序。这为快速操作提供了非常好的实习场地。先积累经验，然后寻找其他有良好深度的行情，并谨慎管控风险。在任何时候，都要对什么地方是安全出口和什么时间应该快速从出口退出做到心中有数。

股价

现在波段交易者能够使用三个层次的股价信息。以前，职业交易者只能依靠滚动屏幕显示股价。如今电视屏幕底部显示的股价，就是这个早期版本的改进版，用来显示交易情况而不是具体的股票活动。如果每天需要关注的股票不多，这种简单的方法效果不错。这种滚动显示方式在如今的显示软件中被保留下来，但真正作用不大。但当数据第一次穿过狭窄的阻力位时，它能有效地捕捉重要的机构或巨型交易的偏向。

Level I 能够显示实时数据，体现内部交易的要价与出价，以及每只股票具体交易的数据。所有重要的交易所目前都提供这种具体交易的实时信息。很多成功的交易者仍然仅仅依靠 Level I 系统来解读股价。这种总结的信息不是分析行情的复杂状况，而是消化牛市与熊市之间发生的冲突。交易节奏通过单位交易显示出脉动，它能确定转变时的盈与亏。自从 Level I 启用以来，已经发生了实质性的变化。处理能力增强，数据成本低廉，提供额外的历史时间和销售网络状况，以及其他先进的特征，最初的产品不断完善。

纳斯达克的 Level Ⅱ通过追踪市场中所有关键交易者的行为，对交易数据处理进行了革命性的改进。卖方和其他聪明的交易者一直坚持，认为如果能正确解读 Level

Ⅱ，就能够揭示重大的行情秘密，但这种说法大都错了。这种有价值的工具通常只用来追踪非常短期的买卖行为。但若与日内走势图波动水平相结合，这种工具就能更有效地解读股价。它也允许直接交易者通过操作层次的深度和订单的流动，来确定可用操作的水平。

即使有更多的详细信息，不一定能改善交易的效果。Level Ⅱ对庄家和他们的交易规模能够提供实质性的数据。不幸的是，这可能会使波段交易者把重点放在过程上而不是结果上。短期价格竞争得到最后解决，比众多非决定性的战斗提供的信号更有价值。要多重视内部行情，不要太多关注外部订单流量。要多根据时间和股价来关注价格的发展，不必多看 Axe 或者 Instinet 系统。

在实施操作之前，一定要注意股价的流动情况。时间、市场情绪、股票本身的特点和走势图的波动水平，都影响着交易数据的可靠性。要牢记，想要对股价有精准的解读，必须有可以看出图利信号的能力：内部操作人士总是跟随行情的大方向来驱动市场。最基本的解读股价原理就是根据订单的流动情况，来分析利用普通股民的情绪。

要理解分析专业人士操控行情的众多方法。他们一方面关注自己的股票，另一方面又关注影响价格的外部因素。他们根据订单表来操控股价，使其向最高的成交量发展，以期能引发交易。午餐时间、假期和其他清淡的阶段能突破重要的支撑位，引发常见的止损位。在宽幅振荡阶段，即使成交量低，还是能把价格向重要的水平推进，并验证上行突破的水平，看它们能够引发多大程度的交易兴趣。

要通过股价显示、行情宽度和指数走势图来分析股价信息。测量这些指数之间的集散程度，以及股价订单流动的情况。例如，股票通常会追踪相关的指数运动。某只股票的股价应该反映交易的刺激和兴奋程度，因为它反映的是上涨突破的情况。而且，一个强劲的股价能够在疲软的行情阶段引起强烈的信号。这个活动能够揭示即将发出的消息或重要的内部信息。

股市的盈亏取决于四大要素：选择可图利行情，选择买空还是卖空，找到介入点，清仓离场。为了成功完成以上四要素，要求波段交易者能够熟练地解读股价信息。数字是股市的催化剂。核心价值及其根据时间的变化率规定了所有股票的趋势。在时间和销售记录上，通过 Level Ⅱ屏幕观察价格的脉动，再结合其他工具，就能提供非常精确的短期预测。走势图能够显示公众行为的隐蔽模式，贪欲和恐惧也在股价上通过快速爆发性的变化显示出来。

出价要价分布图通过股价记录了内在的供求关系。多年来，这种情况使得股市经纪人在让投资者能够操作自己所选择的股票之前，可以从中大赚一笔。在过去的几年中，这个不公平的操作系统已经发生了很大的变化。集体诉讼案件、ECN 以及不同市场因素结合起来，缩短了股票买卖价格之间的距离。这个积极的趋势还会持续，而且，统一价格或只有 1 分价差的价格将来可能会主导股市交易。

由于对不断变化的市场状况进行反应，价差引擎不断收缩盘整或扩张。但绝大多数的出价要价运动仅仅释放出噪音，无法预测价格。虽然一个小投机商能够根据价差进行操作，并快速获利，波段交易者却必须采取观望态度，等待更为清晰的机会。价差有时会发出有向运动信号，形成有图利的介入机会。

出价和要价会将股市的交易分开，有助于形成股票的合理价值。这个复杂的机制使交易者很纠结，因为所有的操作都是根据变化着的股价在进行。纳斯达克的价差是由所有股市参与者的竞争而产生。纽约交易所的专家和他们的订单序列控制着出价要价的显示屏，虽然第三级市场也影响着他们的独特交易。价差显示价格和成交量要素，这二者根据需求、操控和法律需求而变化。

要学习通过每一个要素的相对强度来分析价差。在任何时间，出价要价的强度都有强劲、中性或疲软的状态。例如，强劲的出价表示很多交易者强烈的购买兴趣，或者有大量股票被投放市场。疲弱的出价表明没有多少交易者交易，显示的股票数量少。中性出价则表示一个混合的状态，支持或反对都不确定。

比较价差两个方向上的强度，就可以预测非常短期的价格运动。当强势遇上弱势，价格可能往弱势方向突破。如果两个方向旗鼓相当，就会出现对峙的状态。即使行情的中性兴趣和另一方的强或弱结合起来，也不会提供有向运动的线索。要记住，这个短期的信息在多数情况下只能预测下一个或两个价位。但是，可以根据这个微观动量对操作进行微调，并在临近主要 S/R 极值位置时，它也会提供重要的线索。

在阻力位被突破之前，价格可能会不断地验证一个重要的 S/R 水平。当价格触及这些重要的水平时，要注意价差，以确定供求关系如何发生作用。要考虑任何可能的维护边界的保护性措施，以及是否反向力量已经准备好要发起攻击了。在冲突中到底哪一方更坚定一些？这些战斗在关键的价格点可能需要几个小时才有结果，一方会以做出让步而告终。

要花时间学习价差对于每一个交易工具的影响。如果行情产生波动或失衡，出价要价的波动范围就变大，少量股票的价格会向远处扩张。虽然这种运动不会让人紧张万分，但这个机制是造成价格摆动的重要原因，这也是每天的交易所依靠的基础。如果仓位与股市行为方向一致，大幅度的价差就很有利；但如果行情向相反方向发展，就会出现灾难。

电子股票市场与挂牌交易市场的操作方式不同。纳斯达克 Level Ⅰ只显示最好的出价要价，隐藏着竞争性庄家系统；而 Level Ⅱ则显示所有追逐内部价格的参与者。一个专家和几个第三方交易者就能牵引纽交所市场的价格运动。在交易所的行情显示屏上所显示的可交易的股票的数目是很精确的。但是，在纳斯达克交易所的数据，却相当有欺骗性。单调的 10×10 神秘排列已经消失好多年了，交易规则歪曲了价差，使内线交易者图利，伤害了投资者和普通交易者。

虽然市场最终会决定价格走向，股市专业人士却总是利用内线消息推动成交量的变化，使自己图利。专家有小黑本，里面写着所有停止操作订单的位置和规模。庄家在 Level Ⅲ和更高级的 Instinet 终端也有着类似的优势。即使市场压力不大，内线操作人士还是把价格推向最高成交量的方向，或者能够使他们获得最大利益的方向。一个中性到中性偏弱的出价要价或者高成交量、高反向出价要价最适合空中接匕首的情况，好好接吧。在中性行情中，现金会等待机会的出现，价格在机会出现时会快速跳跃。极其活跃的行情，而且有宽大的高度阴性的价差，就预示着短期的底部，可能很快会反弹产生利润。但是，永远不要仅仅依靠价差进行操作。只有在通过交叉验证了重要的反转机会之后，才能介入这种高风险的交易。

LEVEL Ⅱ

可以利用 Level Ⅱ屏幕来微调操作目标。随着价格穿越操作区，在新介入点之前，要把重点转移到非常短期的操作上来。观察日内走势图，注意外部的 Level Ⅱ层次，这是操作目标的位置。这能保证在价格达到目标之前对 S/R 进行初步的分析。有时，这些水平不会提供多少线索。但它们可能表明，其他交易者已经准备利用同一个机会进行操作了。

当价格抵达操作目标时，再看一眼 Level Ⅱ确定交易的正确性。在自己希望的方向的强烈需求，可能不是最好的介入机会，因为新订单必须排队等候处理。最佳的条件所表现的价格通常只有中性的支撑，只是抗拒被对方挤出局而已。这表明，在预期方向上的隐蔽的兴趣，仍然能够允许针对目标进行精确操作。每种行情状况都要求不同的处理方法。如果其他交易者也看到了一个好机会，而你却错失了，这太不应该了。但是，在公众采取行动之前就介入，会降低风险，操作成功的概率也更高。

可以通过 Level Ⅱ界面来实现对某只股票走势图的认识，并进行交易。要持续获利的话，就要在两个方面具有操作技巧和洞察力。如果不能正确解读股价，即使有分析走势图的高超技术，也是会亏损的。看专业显示屏幕的人可以利用小型机会，但可能错失大型机会。成功的波段交易者能完全掌握对走势图的分析，同时也要通过 Level Ⅱ来管控操作的过程。

没有两个行情是一样的。在发现一个新机会以后，就要进一步行动，掌握股票的行为特征。通过 Level Ⅱ来观察价格运动，并找出重要的风险特征。观察 ECN 的参与程度，以及哪个庄家在内部交易中起主导作用。通过稳定行情中一个价格波动的合理宽度来测量其波动幅度。例如，如果一个 50 美元价位的股票在几分钟内前后摆动了 2 点，那么它就比一个在一小时内摆动了 3/8 个点位的股票风险更高。

然后在快速变化行情中观察这只股票。注意在下跌过程中出价快速消失的情况。看股票在 2～3 分钟内能够升降多少个点。贴出来的订单的大小是否能够反映现实，或者交易者是否总是用新报价更新数量？价格是否在自然走势图水平摆动，或者 Level Ⅱ有自己内在的 S/R 逻辑指标？在几个层次之外观察交易情况。如果行情活跃，就表明有好的前景和盈利。

可图利的行情可能引起极大的兴奋，但在股价上却不一定被看好。各方面都表现良好，机会才能产生利润。如果 Level Ⅱ不支持模式，那就要等待较好的确认，或者转移到下一个交易对象。如果股价表现的信息较为混乱，不要犹豫，介入交易，但是必须先根据新的挑战重新计算回报/风险率。通常，股价会落后于模式本身。也就是说，交易先沿着预期的方向运动，然后在二级屏幕上积累兴奋程度。

通过回答下列关键问题来解读 Level Ⅱ屏幕：

- 价差是如何移动的，是哪些人在推动？
- 它们是如何加宽和收缩盘整的？
- 股票在什么时间倾向于正向或反向运动？
- 股票在什么时间抵达中等高点或低点？
- 股票突破第一小时波动的范围的难易程度如何？
- 在交易日的第一个和最后 15 分钟内出现了什么样的情况？
- 在午餐时间出现了什么情况？
- 从收盘到开盘形成缺口的难易程度如何？

Level Ⅱ能够交叉验证对股票走势的观察结果，相当程度地改进回报/风险率，并提高利润。当股价走势的移动方向与计划的操作方向相反，但成交量却开始降低，此时应该在 S/R 位置准备进行经典的波段交易。如果 Level Ⅱ表现出与操作方向同步的强烈特征，就需要对上升突破进行确认。在牛市时，必须观察小型折返的内在强度；熊市行情只被软弱的上升或逼空情况所干扰。

很多波段交易者忽略时间与销售记录，而把注意力集中到更加有利可图的走势图上。但是，个股交易的快速流动对于上涨突破、反转和其他的行情波动提供了关键信息。价格线也缺乏变化范围的数据，以及那个内在的压力会如何演变为价格的变化。将 Level Ⅱ与时间和销售相结合，寻找庄家的操作意向的线索，观察他们之间是如何相互作用的，以及他们的交易倾向等。

股市谎言

股市里充满了谎言。价格有可能攀升到阻力线上，吸引了强烈的购买兴趣，各种迹象都表明会发生上涨突破，然后行情突然下跌进入原来的波动范围内。模式能够形态完美，但永远不会形成趋势。Level Ⅱ的卖方会共同推动价格的上涨，并观察不断上行的行情。欺诈使每一个合理的移动都变得可疑，而且每一个真正有效的观察都会发现假突破。

假突破

内线操作人士之所以会进行欺骗是因为欺骗有效。教科书和媒体会教新股民很多金融世界中的游戏规则。但是，它们却没讲述推动现代股市的真实动力。每一个作用力都有一个平等而相反的作用力。内线人士不愿意直接将价格向目前合理的价值推进。在操作的过程中，他们采用进两步退一步的方法获得更好的利润。最后，他们实现了目标，但是他们经过杀戮，留下伤痕累累的短线交易者的战场。

行情的演变不会遵守什么逻辑。如果普通交易者认为行情该上升，那行情肯定会下降。当时间预告将会上升突破，下降突破的危险性却加大。这个令人费解的概念，可以利用下面这个简单的真理解释：无论预测行情会发生什么变化，那种变化可能不会立刻实现。例如，即使有利好的力量完美组合，也不要期望会如期发生上涨突破。行情可能最终还是会突破，因为随着时间的推移，供求关系的影响也会加强。但是，内在的机制会将反普通股民的期待加以扭转，直到普通股民解除戒备。结果，趋势很有可能会像最初预测的那样继续发展。

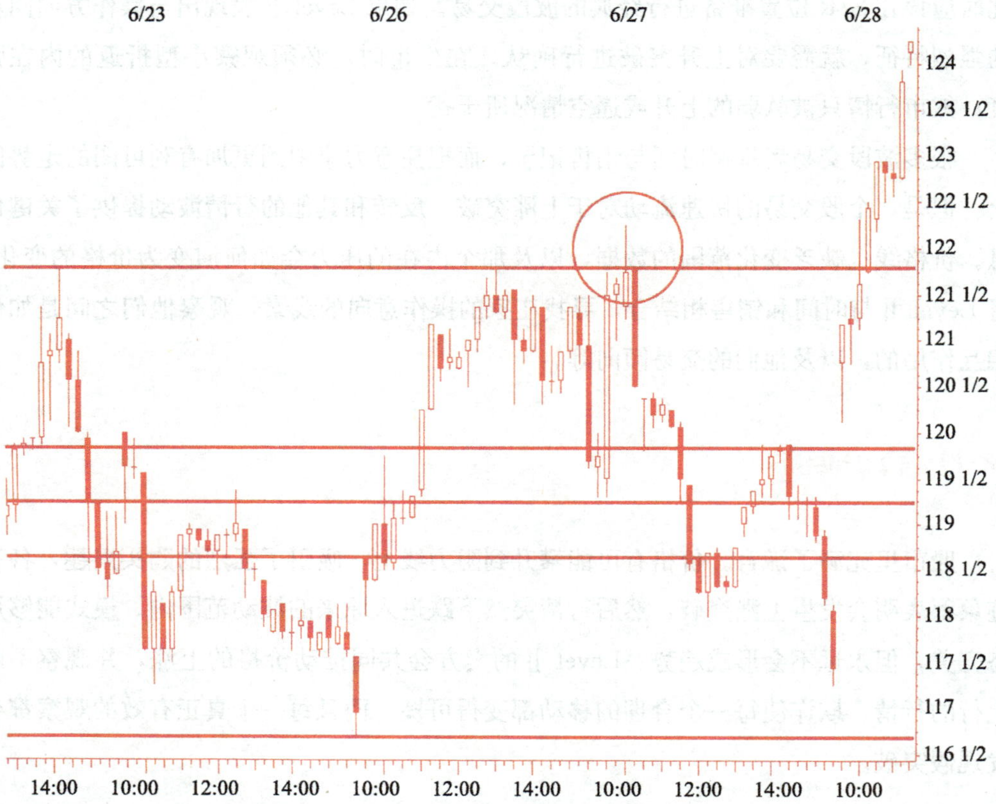

图 15—15　惠普公司股票 15 分钟线图

注：惠普公司股票形成了一个完美的第三次观察形态，套牢了卖方，并形成急剧的下跌。然后，纽交所的专家们将亏损者和短期交易者排挤出局，行情立刻就掉头，并穿越突破位。在大众股民失去信心之后，如果一个形态确实如期发生变化后，就要立刻识别是否存在着欺骗。

资料来源：RealTick® © 1986—2000。保留所有权利。Townsend 公司授权使用。

针对不协调的节奏，再把时机考虑进去，或观望，或在大众股民之前操作，或与其逆向而行。尽管有信号说明需要买进或卖出，但还是要考虑在什么时间停顿和等待。这种策略会错失极佳的交易机会，但也避免了主要的假突破。将操作重点重新指向自然假突破点，这能够消除虚假的移动。可以设身处地地想想，那些过早采取行动的人什么时候会放弃。那个水平可能就是行情的转折点以及上行突破的最佳介入机会。

很多交易者觉得这个时机的变化很难把握。竞争的市场气氛使人们根深蒂固地采取过早入场的倾向。当然，那些屈服于这种诱惑的人会面临最严重的欺骗。要学会三思而行，回想一下过去的经历。不要只考虑盈利的机会，想想此时被套的概率是多少。如果交易已经启动，你又来不及介入，那就放弃这次机会；但是当交易向山顶冲刺时，就要做好准备，该采取行动了。

双杀

如果一个不可阻挡的力量遇到一个不可移动的对象，就会出现突破。这个解释虽然有点怪怪的，但它说明了牛市/熊市力量冲突的内在机制。谁也无法确切地知道到底需要多大的压力和多大的成交量才能将价格推上一个可图利的趋势。不管情况多完美，内部消息多利好，每个仓位风险都很大。而且，每一个行情运动都会产生强劲的反作用力。

令人痛苦的双杀可以是自然形成的，也可能是故意操纵产生的。因为行情总是在平衡与失衡之间变化，当行情套住一方时，就会突然出现反转。虽然大家都知道上升突破的关键数字，但当价格到达那个位置的时候，没有人知道行情会如何进展。行情随着时间不断积累，在 S/R 的上涨突破就需要成交量。每次的验证都会引发普通股民群体的确认，更加认清形势。如果价格折返，开始新的验证，每个人都关注着行情的变化。

一般来说，成功的上涨突破有两个发展阶段。第一，成交量增大，价格击穿 S/R 指标。价格会先扩张数根价格线，随后大家兴趣减退，继而折返。接着出现的第二波把价格推升超过之前的水平，此时趋势加强成为一个斜坡形态。成功的操作需要交易双方有积极的交易冲动来唤醒新的动量。

如果突破无法有效地产生第二个上升波，双杀行情就会将价格往回拉。这个失败的波动是否能导致虚假的上升突破，谁都不确定。折返迫使意志不坚定的交易者很快就清仓出局，使价格自动呈现螺旋状的重要反转。但是，如果退出的压力很快消失，另一个上行突破很可能会出现。当然，这会使那些刚刚斩仓止损的人非常失望。

行情经常会超越自然的目标。它们可能轻松地穿越 S/R 线、布林带和移动平均线。然后，就在交易者在寻找其他机会时，趋势突然反转，并把价格拉回到预计范围。近年来，这些难缠的双杀形态变得非常普遍。公众开始热衷于技术分析，双杀形态在以后很长一段时间内会是走势的常态。

超越行情的现象会因对 S/R 的了解而获利。内线人士知道交易策略会在重要的价格波动时发生变化，所以行情会穿越这些水平，迫使出现波动和成交量。明显的信号会增加突破方向的动量，并把价格进一步推进到孔洞之中。当价格推进到下一个主要阻力位时，反转终于开始出现，把价格拉回穿过最初的突破位。那么，波段交易者如何判断某个超越是预示趋势的真正变化呢？很不幸，这个问题没有简单的答案。一个明显的超越可能反映了真正的突破，也可能只是一个普通的振荡出局行为。在交易事件过后，若有可能，要用K线的影线来解释超越的情况，并采取保护性风险管理。

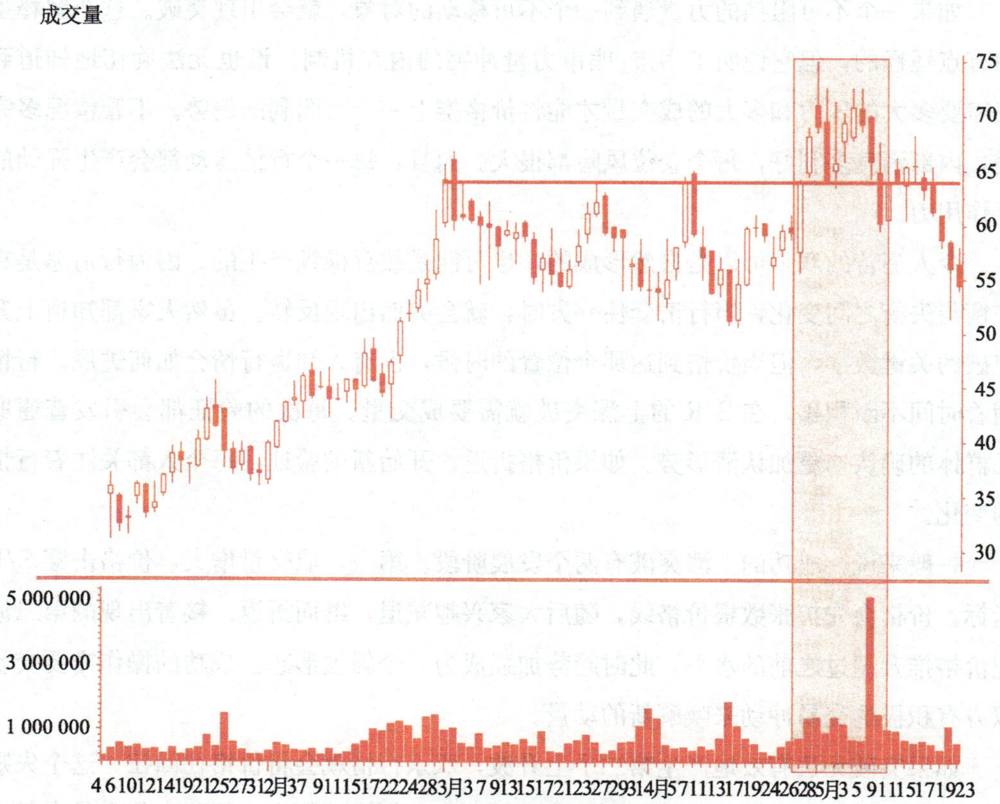

图15—16 Burr-Brown公司股票日线图

注：Burr-Brown公司股票走出了第一步，但无法继续发展。在第三次观察上行突破缺乏成交量，这暗示随后可能出现双杀。价格会如期折返，有利于低风险的介入。但折返会在靠近中等高点附近反转，并在亚当与夏娃顶处反转，构成放量下跌。

资料来源：RealTick® © 1986—2000。保留所有权利。Townsend公司授权使用。

斐波纳契折返行情应该坚守住62%的位置，才会不受影响。但折返行情通常在反转之前会超越到75%的位置。若行情抵达62%的阻力位，此时应该观望，等待超越的情况。价格可能会几次击穿这个水平，同时将翘首以盼的普通股民振荡出局。在超越之后就可以考虑介入，动量则开始在相反的方向积累。利用K线的影线来观察斐波纳契的支撑水平。只要价格线收盘在折返边界内，就能承受大幅的突破。

在每个转折点，股市都给波段交易者造成错觉，随着每个成功的交易的进行，交易者越来越有远见，能够看到突破之后的情况。内线人士无法废除股市的运动规律，另外，在大部分时间里，是由供求关系来指导短期走势方向。估算一下，要将价格提升到新高或推到支撑位之下所需要的能量。如果股市热情跌落这个重要水平之下，双杀和超越就可能会产生。

噪音

不确定的仓位会使人们充满期待和幻想，而不是进行风险管控。有效的策略必须能够同时满足期待，通常产生好结果。股市交易者总是喜欢追求那些得不到的东西，每天的小波动就给他们提供了很多机会。因为波动范围会在大部分时间有效，很多中期高点和低点会使人们误解而引起重视，最终会造成人们做出错误的决定。解读股价信息和 Level Ⅱ使这个问题更复杂，把兴奋和痛苦进一步结合。

在较短时间段中技术干扰较多，而在较长时间段中干扰较少。这个内在的机制说明了为什么日内交易者仓位过多时损失很严重。市场的小波动也被他们当成介入的信号，他们没有耐心等待交叉验证的完成。较长的时间段会较少干扰，因为主要行情的力量仍有力量，并指导趋势的发展。当选择了较短的持股期，一定要通过较大范围的趋势来筛选交易对象，寻找最佳图利交易。

不要在短期走势图上用斐波纳契网格，除非趋势特别强劲、行情流动性特别大。5 分钟走势图的折返能起到作用，但之前波段交易者必须根据严重干扰和双杀进行调整。日内波动范围如果较小，通常会弱化折返的信号，甚至使之毫无价值。在日内走势图上要交叠较长期趋势，在较弱的价格运动中可以忽略折返水平位。

交易日的第一小时和最后一小时是价格较强的阶段。这些振荡的阶段能够激活很多预期的趋势、反转和振荡出局的行情。在此时进行操作时，应加强防御性策略。如果要预测短期行情的方向，要考虑整个大市场的因素。要全面观察较长期的走势图。目前的行情是否发生在一个主要的上涨突破水平，还是只有较小的因素在起作用？尽量杜绝在第一个和最后一个 15 分钟进行交易。在这些阶段，噪音非常严重，大部分的交易策略会变成纯粹的赌博。

结束语

波段交易大师 30 条游戏规则

交易技巧

每一个交易日都会出现极好的交易模式。但很多经验丰富的交易者却会因为选股失误或时机把握不佳而被淘汰。为什么他们的经验无法使他们避免最终的挫败呢？这个问题的答案对每个交易者来说都是大智慧。一言以蔽之，长线生存更多地取决于操作自律，而不是股市知识的多寡。草率的操作否定了明师的教导。自信心不足所造成的损失高于行情的突然下跌。而且，态度不端正也无法处理好一只好股票。

保证金交易者贪婪地寻找操作机会。他们不遵守规则或技巧，只追逐热门股，并期望中大奖。幸运之神或许会偶尔眷顾，从天上扔下个馅饼；但利润来得太容易，通常会增强交易者的冒险心理，并最终导致他们灭亡。股市职业投资者很快就能发现这些盲目的交易者，把他们赶出去，使他们找找其他兴趣。

机会等待人们去发掘。但是，现代股市需要随时随处都有周详的安排和精确的执行。掌握标准模式，是通往成功的道路的第一步。根据模式周期来逐步培养高超的操作技巧，发掘股市的巨大交易潜力。在每个交易中都要验证模式周期的实时表现，形成个人的操作风格，使之适应个人的需求。然后，在交易过程中要严格按规则办事。

要深解走势图，选择最好的模式进行交易。要根据数据、时间以及对公众行为的敏锐嗅觉进行操作。掌握好标准的模式有利于进行独立的操作，且能保证极佳的风险管理。这种有关趋势的科学能够培养波段交易者掌握系统技术，避免鲁莽行事。要花时间来分析这个隐蔽的环境，逐步成为真正的交易高手。

交易规则

交易管理要求人们对于复杂的股市因素具备简单的理解。利用这些久经考验的规则，来牢牢掌握推动股价创造机会的经典机制。

股市智慧

- 不听新闻，只看数据。

新闻将会如何影响价格走向，非你能理解。走势图早就从数据上体现并反映。在预期新闻到来之前就进行集散的分析，把价格行为与目前的预期进行比较。当走势图与普通股民的认识发生剧烈的背离，那才是最佳新闻。

- 如果你想找机会，一定找不到。

别靠你的文凭，要靠本能。最佳的操作机会将从股市噪音中脱颖而出，并使交易充满紧迫感。深吸一口气，对手头的数据进行交叉验证。然后，在机会消失之前快速行动。

- 价格是会重复的。

当价格上次抵达这个水平时，表现如何？价格很有可能重复上次的表现。趋势镜像能捕捉住这个运动的某些部分，但实际经验更有利于达成好的成果。如果自己喜爱的一只股票返回到过去的一个改变盈亏的水平时，要密切关注。之前的行情会深深根植于交易的潜意识里，并会指导新的操作。

- 利润和痛苦是一对双胞胎。

要注意看是哪些模式最让你感到恐惧。因为这有可能就是你需要的交易模式。在一个活跃的仓位最终完结之前，你别想能够轻轻松松的。如果你能感觉轻松，其他人也都会以相同的方式来操作，于是就形成交易群体行为。

- 在任何时候，都要与普通股民保持距离。

可以在普通股民交易之前、之后或逆向操作。利润之门一打开，你就应该进去，一获利就出来。在别人从你腰包中掏走钱之前把他们的钱拿走。一定要充分利用普通股民的错误决定、不良判断和糟糕的时机。你的成功靠的就是别人的错误。

波动

- 在第二个低点买进。在第二个高点卖出。

价格极值会引发相反的交易策略。对新高点的第一次验证通常会失败。对新低点的第一次验证通常会成功。当第二次验证时，可能会出现上行或下行突破。

- 在新高发生第一次折返时，应该买进。在新低发生第一次折返时，应该卖出。

当市场之神伸手之时，应该迅速接住。折返能够让交易者跳上运行着的列车。同时也提供能量，将行情推进到更高或更低的水平。

- 在支撑位买进。在阻力位卖出。

当行情坚挺不动，你该怎么办呢？如果价格抵达阻力位，只有两种可能：继续前行，或者反转。选择正确的方向，然后等着计算利润。

- 对上涨进行卖空，不要对下跌卖空。

如果行情下降，卖空者准备卖出止损，新的卖空行为就非常艰难。要等待，直到出现逼空行情，或者这些人在更高价位时被振荡出局，然后再悄悄介入，此时没有人再看。

时间

- 趋势受时间段的影响。

趋势相对性错误会使炒股生涯完结。一定要确定交易模式在想要交易的时间段内有效。交易机会必须与某些时间片断相符。要想交易获利，就必须找到正确的时间段，而亏损则是因为选择了错误的交易时间段。

- 要像管理价格一样有效管理时间。

在股市，时间就是金钱。如果不想亏损，这两个都不能浪费。利润的多少与市场分析的时间长短成正比。要给每个交易定好持股期。要时刻注意时间，才能在股市存活。

- 开盘时不要交易。

别人都等着你来呢。在开盘时，最好的策略就是终结旧的交易，然后耐心等待新机会的到来。

- 趋势是你的好朋友。

强势会更强，弱势会更弱。在趋势行情中永远要迎浪冲击。做好思想准备，迎接可能出现的折返和盘整。

执行

- 一旦你下了单，行情可能会立刻反转。

在闯进股市交易之前，一定要定好安全交易的范围。如果安全离场的门太遥远，则应该保持观望。要等待折返或者下跌，然后在次一级的时间内进行操作。绝对不可以用往喷泉里抛硬币的方法来祈求自己的梦想成真。

- 要确定操作方法与行情状况相符。

如果交易无效，要尽快调整策略。当公众都采取和你一样的策略，行情的价值就会消失。不过，一扇旧门关闭，一扇新的交易之门会为你打开。要找到这样的机会并从中获利，但当公众也开始采取相同的策略了，就要离场了。

- 要根据股价显示进行交易，而不要违背。

要随着资金的流向进行交易。围绕股价绘制趋势线和通道，预测下一个重要行情发生的方向，然后顺着这个风向进行交易。

- 如有主要集聚出现，那就是最佳交易机会的信号。

要留意牛市行情的闪光点。要注意观察那些不断提醒有交易机会的价格和时间点。市场总是试图告诉你一些内部消息。

- 不要把操作的执行和机会混淆起来。

Donkey Kong 这样的软件，周末在家里玩玩就好。漂亮的色彩和快捷的手指不会带来成功。对价格行为和行情的运行机制的理解，却是保证操作胜利的因素。在爱上一个软件之前，要先弄清楚极佳交易模式的结构。

机会与风险

- 完美的条件几乎不存在。

要学会在灰色地带进行交易。利润的大小取决于市场无效水平的高低。当条件都成熟了，不要等待，要采取行动。

- 要知道能够突破模式的价位。

在任何时候都要兼顾风险与回报。如果价格仅需要移动一小段距离就能证明交易错误，那就要仔细关注那个价格。然后从相反方向寻找可图利的目标，所有的机会都要用上这个数学方法。只对低风险高回报的价位进行交易，然后根据每个新的价位的出现，随时进行分析。

- 先管控好风险，回报自然来。

在任何时候都要系好股市贞操带。只关注利润，这是交易技术不成熟的标志；关注损失则标志着交易经验的丰富。股市不会把钱送给那些想不劳而获的人。

- 要根据百分比和距离进行波段交易。

既要学会单垒打，又要学会全垒打。如果交易设定显示最高的 AvgWIN 和 %WIN，那就是最好的获利机会。要把注意力集中在股市对立力量的积累上。

- 严重的亏损通常都会有事先的警告。

谁也不能怪，只能怪自己。走势图告诉你应该离场，新闻也告诉你要离场了。要学会能够预见不利的情况，并在几根价格线发出不利消息之后，进行妥善的处理。

价格走势图的秘密

- 牛市行情在 200 日平均线之上运动，而熊市在它之下运动。

要弄清楚自己是和鸟一起飞，还是和鱼一起游。200 日平均线把投资分为两种。牛市和贪婪行为在 200 日平均线之上，而熊市和恐慌在它之下。在这条线的下方，卖方吃进所有的上升，而买方还在实施援救。

- 大动作隐藏于价格收缩盘整之外。

在平和的阶段介入，在疯狂的阶段离场。不要把普通股民强烈的情绪当作交易的信号。在他们行动的时候想要轻松获利已经为时太晚。只要有可能，就要在支撑位和阻力位的窄幅价格线中实施新的操作。

- 放量的成交会扼杀趋势。

行情如果出现爆发，买卖双方都会被逼出股市。如果成交量形成顶部过猛或过快，就会终止目前的主要走势。这些峰值事件将公众振荡出局，其效果就像疲弱行情一样。

- 当下价格是未来价格走向的最好路标。

最新的数据对于行情有什么作用？答案是，它能够预测下一个数据是上行或下行。但是，为避免出错，在继续操作之前，应该增设几个有用指标。

- 最完美的模式，失败的风险也可能最大。

在自己的交易模式中，应该有美中不足的东西。如果大家在同一时间针对同一模式进行交易，股市的规律就是大多数人都会失败。如果完美模式出现了，就要非常小心失败的到来。

- 只有大的变动才会引发趋势。

反转也是慢慢积累的。投资者通常像驴子一样的顽固，必须经过很多痛苦才会承认自己失败。卖空交易者就是不信邪，一定要力争过后才会进行止损。

- 有些缺口是永远不会回补的。

过时的交易经验往往很骗人。衰竭的缺口会回补，但是逃逸和持续的缺口可能永远不会回补。当价格第一次靠近缺口时，要按照其支撑位的要求进行操作。

波段交易大师

要致力于终生与机会和矛盾打交道。职业交易者仍然会面临意外的下跌和利润的损失，但是他们知道股市长生不老的关键在于摆脱短线的厄运，然后再转移到下一个操作机会上。并且，他们对于在下一个价位获利充满信心。

充实股市知识，但是要避免仅仅利用知识进行游戏。书籍和研讨会中的经验在经过几年的交易实践后会减弱交易成功的威力。要知道，临时抱佛脚既不会产生利润，也不会改善技艺。真正的股市智慧来自个人的交易实践。

仓位的大小不重要。不要有这样的偏见，认为随着交易经验的增加，仓位规模和职业责任也必须增加。有些人可能成为帮别人理财的行家。有些人则应该在家里看孩子，让股市为他们支付午餐费。没有哪个单一的特征能够描述成功的波段交易者。这种交易专家可能是个商人，是小资妈妈或是个软件迷。

对这个事业要有非常敬畏之心。在每个交易机会中都要结合圣徒的自律和斗牛犬的坚韧精神。在每个行情变化中，股市都会把大多数人给骗了。如果一不小心，你突然变成了你不愿成为的普通股民，不要大惊小怪。从这个危险的人群中摆脱出来之前，要利用这个机会仔细观察，看看自己的情况。

要喜欢学习股市苟日新日日新的知识。行情的每一次扭曲，都可能是一块宝石，将行情带入积极的状态。随着时间的推移，满身的创伤会使人们对股市产生深刻的理解。当新股民历经沧桑成为职业股民时，他们就登堂入室，成为高级俱乐部的会员。当他们的能力增长后，他们通常会想，对于股市这头猛兽，他们是否有能力完全驯服并掌控。但是，这种幻想永远不会实现。

即使是波段交易大师，也必须坦然接受市场所赐予的任何结果，带着几分谦卑、几分幽默。

附录

专业词汇

弃婴——一个由三根 K 线组成的反转模式。一根价格线向上或向下形成缺口，然后第二根线马上在相反方向跳回来。单独的价格线的影线永远不会穿越第一个缺口之前的价格线的影线，或者第二个缺口之后的价格线的影线。

累积/派发指标——某只个股内在的买卖压力。

亚当与夏娃模式——顶部或底部反转模式，其突出特征是第一个高点（或低点）陡峭而波动性大，而第二个高点（或低点）变化平缓。

上升三角形——一个常见的持续模式，由一个底部上升的趋势线和一个顶部水平阻力线构成。

平均亏损——业绩测量指标，由损失的总额除以亏损交易的笔数得出。

平均盈利——业绩测量指标，由盈利的总额除以盈利交易的笔数得出。

庄家——制造行情的交易者，对某只个股具有最大的影响力。

熊抱——在弱势行情中寻找卖空机会的交易策略，此时的弱势行情上升到阻力位，或者在下跌突破的边缘，价格线振幅变窄。

布林带——位于价格线上下的弹性支撑和阻力通道，由价格朝某方向剧烈运动后向中心回归而构成。布林带的中心带位于所选指标的移动平均线位置。

逃逸缺口——《股票趋势技术分析》一书中推广的经典的缺口类型，显示了漫长底部阶段过后的新趋势的开始。

桶店——20世纪初出现的股票赌博店，专营短线投机行为。经典作品《股票大作手回忆录》中的人物杰西·利弗莫尔描述了自己在这些小店里的经历。

立体走势图——立体走势图通过一个价格图的多层信息来分析复杂的价格行为。

盘旋上升——一种交易的策略，在盘整行情和趋势行情的交接处进行建仓。

持续缺口——《股票趋势技术分析》一书中推广的经典缺口类型，显示了一个持续趋势的动态中点。

收敛与离散——有两个或两个以上的立体走势图的特征对一个预期的价格结果进行的确认或否认。

晴空——由于行情平淡，持仓程度低，而导致的股价大幅振荡的状况。

爬梯子——布林带模式的一种，显示强劲而持续的回升行情。

交叉验证——在单一价格水平出现的与走势方向无关的收敛情况。

4种交叉验证条件——通过至少4种不相关的方法分析得出的某一价格和时间的高可能性交易。

单柄杯子——常见的模式，通过三重顶引发一个上行突破。其形态是在中等高点之后形成一个长而深的底部。行情回升形成双顶失败，即构成杯子的部分。行情回抽形成一个小型圆状盘整，再形成手柄，然后上涨达到新高。

双柄杯子——单柄杯子的变形，会在价格爆发形成强劲的上升突破之前，在模式的右侧形成两个盘整。

乌云盖顶——由两根价格线形成的反转模式。第一根价格线形成高高的上升K线。第二根价格线向上跳空，但是收盘价完全在前一根价格线的内部。

下降三角形——常见的反转模式，由一根上部的下降趋势线和一根水平底部支撑线组成。

探底——在活跃牛市中买进回抽的交易策略。

十字星——由一根K线形成的反转模式，它的开盘价和收盘价一样（或几乎一样），而且高、低点形成的波动范围高于行情的平均值。

双底——常见的反转模式。价格出现新低，反转形成回升，然后在继续上升之前回探验证低点。

双顶——常见的反转模式。价格出现新高，反转形成下跌，然后在继续走低之前返回再次验证高点。

道氏理论——20世纪初由查尔斯·道提出的对于趋势性质进行分析的理论。这个理论也认为，如果三个主要行情的平均值都向新高或新低靠拢时，大行情的趋势就会变化。

电子通信网——计算机股票交易系统，它能够快速处理订单，并向用户报告限价订单的情况。

艾略特波浪理论——拉尔夫·尼尔森·艾略特在1939年提出的一种识别模式的方法。这个理论认为，主要行情中的有向趋势行情都以五波推进的方式运行；主要行情的盘整，由三个不同的波浪构成。

空档区——在平淡的盘整行情末端和有力新趋势性行情的初始之间的交接处。

操作目标——在介入建仓时应该考虑的价格、时间和风险上预先设定的点。

操作区——根据一个操作目标的时间和价格制定的区域，应认真考虑是否应该介入操作。

衰竭缺口——《股票趋势技术分析》一书推广的经典缺口类型，它显示了最后一个热情或恐慌的爆发，并终结一个活跃的趋势。

止损策略（Fade）——波段交易策略。在阻力位卖出，在支撑位买入。

失败目标——预估的亏损价格，应在此处终止交易。这个价格将证明交易是错误的。

法雷累积/派发指标——用于测量累积/派发趋势的技术指标。

斐波纳契级数——趋势的数学规律，在上一个动态行情折返38%、50%和62%的位置寻求支撑。

指形模式——一种交易策略。它依靠一根K线的反转引出多种策略。

首升/首败（FR/FF）——在一个延伸形趋势行情之后出现的针对上一个剧烈价格运动的第一个100%的折返。

5—8—13——日内布林带和移动平均线的设定参数，与斐波纳契短期周期一致。把布林带设定为13根价格线及两个标准的衍生。把移动平均线设定为5线和8线的简单移动平均线。

五波下降——经典的下跌模式。它表现为三波急剧的下跌趋势和两波微弱的熊市回升模式。

旗形——小型的持续形态，与主要走势的方向相反。

地板脚——布林带模式，显示短线支撑和反转。

不规则碎片——小型预测模式，在走势图上以越来越大的时间间隔不断重复出现。

缺口回声——在最近一个缺口出现之后，在同一水平的反方向出现的突破的缺口。

锤头——由一根价格线形成的反转模式，其开盘/收盘的幅度范围远远小于本行情中平均线之上的高点/低点的幅度范围。其实体部分必须位于高点/低点幅度范围的一个极值位置。

被包含形——由一根K线形成的反转模式，其中开盘/收盘幅度范围远远小于之前长实体的内部高点/低点的幅度范围。

最右侧——在价格图中，下一根价格线将出现的位置。它也显示了波段交易者必须预测的未来走势的点位。

头肩形态——经典的反转模式，由两个较低的高点及之间的扩张的高点形成。把与3个高点相对的3个低点连接起来形成的趋势线称为颈线。当颈线被突破后，一般认为会出现大规模的抛售。

顶板头——布林带模式，显示短期阻力和反转。

历史性振荡——与目前的活动相对应的过去的一段时间内的价格运动范围。

墙上孔洞——在一个大型回升行情后，立刻发生的急剧下跌的缺口。

内包日线——一根价格线与前一根价格线相比，低于其高点，高于其低点。

倒转头肩形——经典的反转模式，由两个较高的低点及中间扩张的低点构成。把与3个低点相对的3个高点连接的趋势线称为颈线。通常认为当颈线被突破后就会出现大的回升。

1月效应——在年底核税销售之后，1月份出现的股票回升规律。

平台顶——一个双顶反转模式，其下降的角度与之前的上涨的角度相同。

平滑异同移动平均线——用来追踪趋势的指标，它可以追踪位于零线上下的2个指数平滑的移动平均线。

移动平均线交叉——一个移动平均线与另外一个移动平均线或价格线的交叉点。

移动平均线带——与数学相关的彩色移动平均线的宽带。

窄幅价格线（NR）——长度比前一根价格线短的价格线。

NR7——最近的7根价格线中最短的那根。这种低幅度时间/价格的收敛，常常出现在一个大型价格扩张之前。与前6根线的长度相比，第7根价格线最短。

NR7-2——连续的第二个NR7。这种低幅度时间/价格的收敛，常常出现在一个大型价格扩张之前。

颈线——在一个头肩模式支撑位下，或在一个倒转的头肩模式阻力位之上的趋势线。

负面反馈——无向价格运动，价格线在界限内来回移动。

干扰信号——价格和成交量的波动行为，干扰对行情方向的解释。

平衡成交量——一个成交量的指标，用来测算累积/派发指标的程度。

振荡指标——一组次级技术指标，通过设定超买和超卖价格水平来精确测量平缓的行情状况。

超买——价格运动到购买压力被耗尽的状态。

超卖——价格运动到抛售压力被耗尽的状态。

模式分析——通过在走势图上不断重复出现的形态来解读普通股民行为的价格预测。

模式周期——在所有时间段中重复相同价格形态的一种行情规律。它是行情形态的原型，可以衍生出所有的走势图模式。

三角旗形——小型持续模式，与主要趋势的方向相反。

%WIN——业绩测量的指标，以盈利交易的总次数除以交易的总次数获得。

正面反馈——在有向价格运动中，价格线不断聚集动量，并从一个水平移动到另外一个。

强力楔形——一种交易的策略，用于寻找高成交量事件，并利用它们特殊的性质来操作获利。

目标利润——一个预估价格，可以终止成功的交易。在这个价格，交易形态将面临第一次阻力。

随机行走理论——这是一个经典的理论，各种复杂的因素驱动所有的行情行为，而且认为价格运动是不可预测的。

矩形——小型持续模式，对于主要的趋势形成横盘整理模式。

相对强度指标——一个技术分析指标，用来测量一只股票在特定时间内上升或下降的能力。这个波动指标是由J·威勒斯·怀尔德（J. Welles Wilder）发明的，用于测量超买、超卖和背离等情况。

带状交叉——由移动平均线交叉形成的水平支撑与阻力区域。

上升楔形——一种反转模式。它在上升趋势中缓慢上升，直到价格突然爆发转而成为下跌行情。

季节性——某些可预测的行情特征的出现，反映并重复了某些特定日期的事件。

交易形态——一系列的价格线、模式或其他的走势图特征，可用来预测未来价格运动的方向与发生的时间。

射击之星——由 1～3 根 K 线形成的一个反转模式，实体很小，影线很大，在突然改变方向之前会穿越一个中等高点。

路标——在走势图上的一个点位，可以显示即将出现的交易机会。

沉默的警钟——一种罕见的高成交量信号，价格线波幅狭窄，显示即将会发生上行突破。

成本差——预计交易成本与实际交易成本之间的差值。

滑动坡面——布林带模式，显示一个持续下跌的行情。

标准偏差——一个随机变量与其平均值之差的预期平方数值的正平方根。

随机指标——一个超买/超卖波动指标，可用来比较当前的价格线与事先选定的高点和低点价格。这个指标以 0～100 的数值表现在图表上。

支撑/阻力——水平或非水平的阻力位，在没有足够有向运动能量的条件下，无法穿越这些阻力位。

波段交易——一种复杂的交易策略，通过走势图的分析来识别交易机会。

对称三角形——由下降与上升趋势线组成的一个常见的形态。这个形态在两个方向发生突破的概率相同。

技术分析——分析预测行情的方法，通过价格和成交量的变化来分析普通股民行为。

三波之第三波——在一个完整的艾略特五波上升或下降行情的中间部分，是最强烈的价格运动。

第三次观察——一个交易策略，可根据它来操作三顶突破的长线交易。

趋势镜像——之前的走势图，它能影响当前的趋势方向和发展以及波幅范围。

趋势相对性错误——一种常见的错误。交易者分析某个时间段的行情，但在另外一个时间段中进行操作。

小趋势——小范围走势图状态，随着时间时而出现，时而消失。

趋势线——连接一系列高点或低点的线。趋势线可以代表上升趋势中的支撑线，也可以表示下降趋势中的阻力线。水平趋势线可以是支撑位，也可以是阻力位和波幅限制的情况。

三角形——一种由相关三边形成的常见盘整模式。

波浪——价格在反转界限内高点和低点的持续有向运动。

双杀——飘忽的价格行为，会生成虚假信号，并导致交易出现亏损。

门面装修——机构在季度末的买卖行为，目的在于使报表结果比实际的要好。

致谢

我写《波段交易大师》时，很多朋友和熟人给我提供了很大的帮助，我将永远牢记在心。写书，即便是对老作家来说也不是一件易事。写一本能帮助成千上万股民在股市中获胜的书，难上加难。以下人士为波段交易的传播发展起了重要的作用，他们应该备感自豪。

特别感谢托尼·奥兹，他多次与我就当今股市交易的压力及其引发的问题进行长时间的深入探讨，我们常常谈到深夜。我非常感激他给我的指导，我也非常珍惜我们之间的友谊。同时，我也向蒂姆·博奎（Tim Bourquin）、吉姆·舒格曼（Jim Sugarman）、乔·柏顿卡特（Joe Bettencourt）和希拉里·马科斯（Hillary Marks）表达我个人的感谢，因为他们让我这个新人有机会在全国股票交易展览会上发言。这些人很敬业，他们代表了股票交易教育的光明未来，他们对财经界的影响将持续数十年。

我还要特别感谢罗斯·迪特拉夫（Ross Ditlove），还有加利福尼亚州埃尔·塞贡多（El Segundo）的 MB 交易团队，他们为我提供了一个 Townsend Real Tick 账户，让我能够为本书配备优质的图表。MB 交易团队提供专业便捷的经纪服务。本书读者如果在他们那里开设新账户，头 60 天每笔交易手续费只收 5 美元。详情请洽：1-888-790-4800。

我必须感谢戴维·星格曼（David Singerman），他参加过我的股票操作网上课程。他人很好，花了很多时间来阅读我的书稿并给予评论。对于细节，他观察敏锐，完全超出了我的能力。我非常感激他为我做的这些工作。

我还感谢其他专业人士提供的特别指导，他们每天都教给我新的东西。有人认为财经市场的知识早已被人著述完了，这种观点大错特错。当然没有被写完，以下这些优秀人士今后将继续开拓大家的视野。他们是：马克·斯莱兹诺夫（Mark Seleznov）、艾里克·帕特森（Eric Patterson）、乔·迪纳波里（Joe DiNapoli）、麦克·特纳（Michael Turner）、特雷莎·罗（Teresa Lo）、罗根·拉比尔（Rogan LoBier）、奥斯瓦尔德·卡斯蒂罗（Oswald Castillo）、琳达·布莱德福特·拉斯克、迈克尔·威廉姆斯（Michael Williams）、克里斯·威勒（Chris Wheeler）、杰夫·莫特（Geoff Mott）、史蒂夫·贝尔（Steve Bell）、布伦顿·费德里克森（Brandon Frederickson）、托尼·汉森（Toni Hansen）和凡登·格里佛（Vadym Graifer）。

我要特别感谢以下人士，正是他们这些媒体和网络业界的人士，使网上交易成为新世纪最强大的财经力量之一，他们还使我的网站 Hard Right Edge 强大无比。他们是马克·艾兹科恩（Mark Etzkorn）、弗兰克·卡拉（Frank Kollar）、米歇尔·瑞雷（Michelle Riley）、托德·斯威泽（Todd Switzer）、诺布·厄萨德（Noble Ershad）、戴夫·哈夫（Dave Huff）、汤姆·尼尔逊（Tom Nelson）、特雷莎·凯瑞（Teresa Carey）、盖瑞·史密斯（Gary Smith）、汤姆·佩里（Tom Perry）、安吉拉·阿莱默（Angela Alaimo）、丹尼斯·谢波德（Dennis Shepherd）、查克·汤姆森（Chuck Thompson）和乔希·弗雷德曼（Josh Friedman）。

最后，我要向两位加州的朋友——史蒂夫·摩比斯（Steve Moebius）和史蒂夫·桑多（Steve Sando）——表示诚挚的谢意，他们总是在我写作极度困难的时候鼓励我不要放弃，勇往直前。

Alan Farley
The Master Swing Trader：Tools and Techniques to Profit from Outstanding Short-Term Trading Opportunities
0-07-136309-2

北京市版权局著作权合同登记号：01-2016-7080

图书在版编目（CIP）数据

波段交易大师/（美）艾伦·S. 法雷著；艾博译. —北京：中国人民大学出版社，2017.2
书名原文：The Master Swing Trader
ISBN 978-7-300-23376-5

Ⅰ. ①波… Ⅱ. ①艾…②艾… Ⅲ. ①股票交易-基本知识 Ⅳ. ①F830.91

中国版本图书馆 CIP 数据核字（2016）第 217976 号

波段交易大师
[美] 艾伦·S·法雷 著
艾博 译
Boduan Jiaoyi Dashi

出版发行	中国人民大学出版社		
社　　址	北京中关村大街 31 号	**邮政编码**	100080
电　　话	010－62511242（总编室）		010－62511770（质管部）
	010－82501766（邮购部）		010－62514148（门市部）
	010－62515195（发行公司）		010－62515275（盗版举报）
网　　址	http://www.crup.com.cn		
经　　销	新华书店		
印　　刷	固安县铭成印刷有限公司		
开　　本	787 mm×1092 mm　1/16	**版　　次**	2017 年 2 月第 1 版
印　　张	27.5 插页 1	**印　　次**	2024 年 10 月第 5 次印刷
字　　数	475 000	**定　　价**	79.00 元